TÍTULOS DA COLEÇÃO CLÁSSICA

Anfitrião (bilíngue)
Autoria: Plauto
Tradução: Leandro Dorval Cardoso

Arte Poética (bilíngue, capa dura)
Autoria: Horácio
Tradução: Guilherme Gontijo Flores

Confissões
Autoria: Agostinho de Hipona
Tradução: Márcio Meirelles Gouvêa Júnior

Diálogo dos oradores
Autoria: Cornélio Tácito
Tradução: Júlia Batista Castilho de Avellar, Antônio Martinez de Rezende

Dicionário do latim essencial
Autoria: Antônio Martinez de Rezende, Sandra Braga Bianchet

Ele que o abismo viu: Epopeia de Gilgámesh
Autoria: Sin-léqi-unnínni
Tradução: Jacyntho Lins Brandão

Epopeia de Gilgámesh (capa dura)
Autoria: Sin-léqi-unnínni
Tradução: Jacyntho Lins Brandão

Elegias
Autoria: Sexto Propércio
Tradução: Guilherme Gontijo Flores

Eneida (capa dura)
Autoria: Virgílio
Tradução: João Carlos de Melo Mota

Epigramas (bilíngue)
Autoria: Calímaco de Cirene
Tradução: Guilherme Gontijo Flores

Epopeia da criação – *Enuma eliš*
Autoria: desconhecido
Tradução: Jacyntho Lins Brandão

Fastos
Autoria: Públio Ovídio Nasão
Tradução: Márcio Meirelles Gouvêa Júnior

Medeias latinas
Autoria: vários
Organização e tradução: Márcio Meirelles Gouvêa Júnior

Os Adelfos (bilíngue)
Autoria: Públio Terêncio Afro
Tradução: Rodrigo Tadeu Gonçalves

Por que calar nossos amores? Poesia homoerótica latina
Autoria, organização e tradução: vários

Prometeu Desacorrentado e outros poemas
Autoria: Percy Bysshe Shelley
Tradução: Adriano Scandolara

Sobre a Natureza das Coisas – *De rerum natura*
Autoria: Lucrécio
Tradução: Rodrigo Tadeu Gonçalves

Utopia (bilíngue)
Autoria: Thomas More
Tradução: Márcio Meirelles Gouvêa Júnior

ORGANIZAÇÃO, TRADUÇÃO E NOTAS
Márcio Meirelles Gouvêa Júnior

Agostinho de Hipona

CON FIS- SÕES

autêntica C|L|Á|S|S|I|C|A

Copyright © 2023 Autêntica Editora

Título original: *Confessiones*

Todos os direitos reservados pela Autêntica Editora Ltda. Nenhuma parte desta publicação poderá ser reproduzida, seja por meios mecânicos, eletrônicos, seja via cópia xerográfica, sem a autorização prévia da Editora.

EDITORAS RESPONSÁVEIS
Rejane Dias
Cecília Martins

COORDENADOR DA COLEÇÃO CLÁSSICA,
EDIÇÃO E PREPARAÇÃO
Oséias Silas Ferraz

REVISÃO DE TRADUÇÃO
Guilherme Gontijo Flores

REVISÃO
André Freitas

PROJETO GRÁFICO
Diogo Droschi

DIAGRAMAÇÃO
Waldênia Alvarenga

CAPA
Alberto Bittencourt
(Sobre retrato de Santo Agostinho, Reprodução/Rijksmuseum)

Dados Internacionais de Catalogação na Publicação (CIP)
(Câmara Brasileira do Livro, SP, Brasil)

Agostinho, Santo, Bispo de Hipona, 354-430
  Confissões / Agostinho de Hipona ; organização, tradução e notas Márcio Meirelles Gouvêa Júnior. -- 1. ed. -- Belo Horizonte : Autêntica, 2023. -- (Clássica)

  Título original: Confessiones.
  Bibliografia.
  ISBN 978-65-5928-210-4

  1. Agostinho, Santo, Bispo de Hipona, 354-430 2. Teologia - História - Igreja primitiva, ca. 30-600 I. Gouvêa Júnior, Márcio Meirelles. II. Título. III. Série.

22-120899   CDD-922.22

Índices para catálogo sistemático:

1. Santos : Igreja Católica : Autobiografia 922.22

Eliete Marques da Silva - Bibliotecária - CRB-8/9380

Belo Horizonte
Rua Carlos Turner, 420
Silveira . 31140-520
Belo Horizonte . MG
Tel.: (55 31) 3465 4500

São Paulo
Av. Paulista, 2.073, Conjunto Nacional,
Horsa I . Sala 309 . Bela Vista
01311-940 . São Paulo . SP
Tel.: (55 11) 3034 4468

www.grupoautentica.com.br
SAC: atendimentoleitor@grupoautentica.com.br

A coleção Clássica

A coleção Clássica tem como objetivo publicar textos de literatura – em prosa e verso – e ensaios que, pela qualidade da escrita, aliada à importância do conteúdo, tornaram-se referência para determinado tema ou época. Assim, o conhecimento desses textos é considerado essencial para a compreensão de um momento da história e, ao mesmo tempo, a leitura é garantia de prazer. O leitor fica em dúvida se lê (ou relê) o livro porque precisa ou se precisa porque ele é prazeroso. Ou seja, o texto tornou-se "clássico".

Vários textos "clássicos" são conhecidos como uma referência, mas o acesso a eles nem sempre é fácil, pois muitos estão com suas edições esgotadas ou são inéditos no Brasil. Alguns desses textos comporão esta coleção da Autêntica Editora: livros gregos e latinos, mas também textos escritos em português, castelhano, francês, alemão, inglês e outros idiomas.

As novas traduções da coleção Clássica – assim como introduções, notas e comentários – são encomendadas a especialistas no autor ou no tema do livro. Algumas traduções antigas, de qualidade notável, serão reeditadas, com aparato crítico atual. No caso de traduções em verso, a maior parte dos textos será publicada em versão bilíngue, o original espelhado com a tradução.

Não se trata de edições "acadêmicas", embora vários de nossos colaboradores sejam professores universitários. Os livros são destinados aos leitores atentos – aqueles que sabem que a fruição de um texto demanda prazeroso esforço –, que desejam ou precisam de um texto clássico em edição acessível, bem cuidada, confiável.

Nosso propósito é publicar livros dedicados ao "desocupado leitor". Não aquele que nada faz (esse nada realiza), mas ao que, em meio a mil projetos de vida, sente a necessidade de buscar o ócio produtivo ou a produção ociosa que é a leitura, o diálogo infinito.

Oséias Silas Ferraz
[coordenador da coleção]

A Oséias, José Quintão e Ana Amélia,
primeiros leitores deste trabalho.

13 Introdução

41 Breve cronologia de vida de
Agostinho de Hipona

47 Bibliografia

57 **Confissões**
Agostinho de Hipona

357 Notas e comentários

413 Apêndice: Seleção de cartas

Retrato de Santo Agostinho com coração em chamas trespassado por uma flecha (c.1596-1678), Rijksmuseum, Amsterdã.

Afresco de Agostinho. Capela dos Santos dos Santos. Arquibasílica de São João Latrão. Roma. Mais antigo retrato conhecido de Agostinho. Séc. VI.

Agostinho em seu gabinete de trabalho. Têmpera sobre madeira. Sandro Botticelli, 1494. Galeria Uffizi.

Introdução

1. O livro

As *Confissões* foram escritas entre 397 e 401 d.C.,[1] logo após a consagração de Agostinho como bispo auxiliar de Hipona Régia. Elas são um dos mais antigos relatos autobiográficos da cultura ocidental, e sua permanência transformou-as em um dos principais monumentos literários da Antiguidade Tardia. Seu texto é um longo poema em prosa escrito para louvar a divindade cristã, para registro penitencial do autor e para a sua profissão de fé. Lê-se nelas um canto polifônico tecido sutilmente pela reunião de mais de 1.600 trechos dos autores clássicos (hebreus, gregos, romanos e cristãos), entremeado pelos sentidos expresso e latente de cada citação, referência e alusão, em um grande diálogo de tradições cujo fim teológico é, como Agostinho afirmou no Livro VI do tratado *Sobre a Música*, elevar os leitores e os ouvintes, por meio do ritmo das palavras, da reflexão dos sentidos e do amor à verdade, à participação da alma humana na divindade e à vida eterna.

Mas, para além do estrito sentido teológico, que não é objeto desta edição, as *Confissões* são uma doce melopeia do mundo antigo. São um hino suave e contínuo, trazido ao ânimo de quem as lê pela imanente recordação do entoar dos salmos e dos hinos litúrgicos, que juncam suas páginas. E nessa diáfana musicalidade, também ecoam os poemas latinos, com a solene cadência dos hexâmetros, com o sabor de Virgílio. Regido pelas antífonas chamadas pela voz do autor, seu *carmen perpetuum* evoca ao fundo as vozes épicas de Eneias, Dido e Anquises; mas também alude à moça de Andros e aos *Adelfos*, de Terêncio, às

---

[1] Há grandes divergências quanto ao tempo de composição das *Confissões*. Majoritariamente se considera o período de 397 a 401, embora Fox (2015, p. 41) formule a hipótese de que a obra tenha sido toda composta durante a quaresma de 397, e Hombert (2000, p. 9-13) sustente que a composição tenha se estendido até a primavera de 403.

Odes de Horácio e às *Sátiras* de Pérsio, em um grande centão ampliado, costurado com trechos trazidos de todo o acervo literário ocidental e misturado à já milenar tradição hebraica.

E, nesse cantochão *a cappella*, Agostinho arrebatou leitores. Elevou-os, durante mais de dezesseis séculos, às máximas alturas do pensamento e da poesia, à dimensão do estilo sublime (*grandis dictio*), que ele explicou no Livro IV da *Doctrina Christiana*. É o mesmo sublime do Pseudo-Longino, o *hypsos* (ὕψος), que se traduz por "máxima elevação". Encontram-se nas *Confissões*, sob o inato dom da palavra do orador, a construção narrativa que alça seu público às grandes cogitações, à formulação das mais altas concepções da existência, aos cumes da condição humana. Sob essa congênita capacidade de elaboração poética, sob o estro do escritor singular, Agostinho ainda instrui, agrada, move e convence. Ele desperta o entusiasmado afeto capaz de inspirar veementes emoções, levando os leitores aos mais profundos mergulhos e aos mais alterosos voos da mente. Por outro lado, aliada à sua eloquência inata, há sua *ars rhetorica*, que o fez célebre professor em Cartago, Roma e Milão. Por isso, encontra-se nos treze livros das *Confissões* a hábil disposição das figuras de pensamento e linguagem, provinda da capacidade incomum de imaginação e de manejo do pensamento. E ainda há ali, para perfeição do entendimento de seu público, a rica sucessão dos estilos, como ele mesmo preconiza (*Doctr. chr.* 4.20.38). Desse modo, a obra ensina por meio do estilo simples (*submissa dictio*), deleita, louva e censura por meio do estilo temperado (*genus temperatum*), e convence por meio do estilo sublime (*grandis dictio*). Há, por fim, a formulação nobre das expressões, em linguagem figurada e elaborada, que resulta em uma composição magnífica, dignificante e com vista à elevação do pensar (Longino, 8.1) e a tornar amada a virtude e abominado o vício (*Doctr. chr.* 4.26.53).

Por tudo isso, as *Confissões* são uma obra de altitudes, um planalto cuja decida aos vales dá-se apenas para descanso momentâneo do leitor, para que ele possa logo retomar a suave caminhada, sem tropeços. Elas são um canto, sem gaguejos; ouvido, lido, relido e repetido como poucos na história do pensamento humano.

Impressas pela primeira vez ainda no surgimento da imprensa, nas gráficas de Johannes Mentelin, entre 1465 e 1470, as *Confissões* foram logo editadas e comentadas por Erasmo de Rotterdam, entre 1528 e 1529. Depois, foram emuladas por gênios como Montaigne e Rousseau; estudadas e citadas desde Tomás de Aquino, Dante, Petrarca e Lutero até por Schopenhauer, Kierkegaard, Nietzsche, Freud, Heidegger, Jaspers, Arendt, Ricœur, Foucault e Derrida. São uma obra que transcende as amarras das concepções teológicas, litúrgicas ou religiosas, que ultrapassa os limites das correntes filosóficas balizados pelas horas e dias, que vence o crivo do tempo para se tornar um monumento eterno, de um tempo em que não há passado, nem futuro, apenas um eterno presente. Elas são pura música, ritmo perene, eterna harmonia. É o canto sublime guardado nesse hino ao mesmo tempo romano, hebreu e cristão, nesse texto de suma poesia.

2. Contexto histórico

Até meados do século IV d.C., a herança cultural greco-latina ainda era preservada na formação escolar dos oradores que constituíam a elite política e intelectual do Império Romano. Nesse período, contudo, ela começou a dividir espaço com a cada vez mais difundida literatura cristã. E foi rápida a propagação dos textos bíblicos, transmitidos nas ainda precárias traduções latinas, ainda que repletas de imprecisões e barbarismos. Esses textos difundiam-se sobretudo a partir da tradução da versão greco-alexandrina do original hebreu do Antigo Testamento, conhecida como *Septuaginta*, e dos livros do Novo Testamento escritos em grego *koiné*. Essas compilações bíblicas em língua latina, cujos registros são encontrados desde o norte da África até o norte da Itália, tornaram-se conhecidas com o nome genérico de *Veteres Latinae*, embora possam ser divididas ao menos em dois grandes grupos: a *Afra*, em circulação em Cartago já no século II, e a *Itala*, difundida na Europa e citada em grandes trechos por Lúcifer de Cagliari no último quarto do século IV (DE LA FUENTE, 1994, p. 131).

E com esses textos, lidos nas reuniões clandestinas dos primeiros grupos cristãos quando ainda perseguidos pelo estado romano e depois difundidos nas basílicas após a liberação do culto cristão, intensificou-se a difusão das obras dos primeiros autores doutrinais em uma literatura que ficou conhecida como patrística. Essa nova produção intelectual tinha o propósito de divulgar a doutrina cristã, defender a liturgia, criar costumes, combater heresias e debelar cismas, que surgiam praticamente em cada comunidade. Então, nesse esforço de unificação e propagação da ortodoxia cristã, a circulação dos textos religiosos e homiléticos não só ocorreu nas áreas já cristianizadas, mas também fez parte do trabalho de expansão da crença sobre as populações que ainda permaneciam fiéis aos cultos dos antigos deuses, como Ísis, Mitra e o Sol-Invicto.

Esse movimento de difusão religiosa tornou-se massivo com o fim das grandes perseguições promovidas pelos imperadores Décio, Valeriano e Diocleciano, sobretudo depois da conversão de Constantino, ocorrida na véspera da Batalha da Ponte Mílvia, em 312 d.C. Começaram, então, a ser convocados concílios e sínodos para a discussão de todo tipo de questões, desde a igualdade de natureza entre o Pai e o Filho, como em Niceia, em 325 d.C., até o estabelecimento do cânone das Escrituras e a instituição do celibato clerical, em Hipona, em 393 d.C. E no novo Estado romano cristianizado, o paganismo começou a ser considerado pelas elites intelectuais uma espécie de superstição desprezível, uma forma de barbárie.

A esse novo contexto religioso somou-se a influência da nascente e logo dominante corrente filosófica do neoplatonismo, que reelaborava a tradição platônica para lhe dar o sentido místico da pressuposição da origem de todo universo no Deus Uno, inefável e transcendente. Foram seus principais difusores Plotino e Porfírio. Essa vertente filosófica era fruto do sentimento de nostalgia em relação aos tempos de esplendor e estabilidade do Império Romano, devastado por cinco décadas de anarquia militar.

E foi nesse efervescente caldeirão histórico que se viu aflorar uma verdadeira explosão cultural. Sob a fermentação de novas visões sobre a fé e ameaçado pelas quotidianas revoltas na Gália, no Danúbio e no Eufrates, o mundo romano, que se encontrava esgarçado por disputas internas de poder, tanto religiosas quanto laicas, deparou-se com o surgimento de um novo grupo de grandes intelectuais, em sua maioria célebres oradores convertidos ao cristianismo. Esses novos pensadores comunicavam-se por uma eficaz rede de troca de correspondências e livros, animados por longas viagens, disputas e celeumas, que, ao fim de ferozes discórdias, estruturaram os fundamentos da religiosidade ocidental, que se manteve hegemônica por mais de quinze séculos, até as reformas no século XVI.

Naquele período da consolidação do cristianismo que ficou conhecido como o *Século de Teodósio* (FONTAINE, 1992, p. xix), delimitado pelas datas de consagração do bispo Ambrósio de Milão e da morte de Agostinho, a nova literatura latina alcançou seu esplendor. Era uma produção literária que já menosprezava a cultura pagã e que se mostrava profundamente doutrinal e apologética. Seu surgimento deu-se duzentos anos antes, no norte da África Proconsular, com a transcrição, cópia e difusão dos *Acta Martyrum Scilitanorum* – o registro do processo e condenação à morte de seus mártires de Cílio – e da *Passio Perpetuae et Felicitatis* – a narrativa da captura, prisão e execução de Saturo e seus catecúmenos. Mas essa nova literatura foi aperfeiçoada, burilada e multiplicada no século III pelo gênio intenso e apaixonado de pensadores como Tertuliano, Cipriano de Cartago e Minúcio Félix, de Arnóbio de Sica e Lactâncio. E, no século IV, viu o advento de poetas como Proba, Juvenco e Mavórcio, de um filósofo como Mário Vitorino, de teólogos como Hilário de Poitiers, Ambrósio de Milão, Jerônimo de Estridão, Ausônio, Prudêncio e Paulino de Nola. E era chegado, sobretudo, o tempo de Agostinho de Hipona.

Na sequência cronológica desse complexo período de ebulição intelectual, Aurélio Agostinho foi, decerto, o representante de seu apogeu. Ele foi a própria consubstanciação do momento de maior perenidade e glória daquela geração que viu se consolidar o cristianismo como nova forma de vida. Sua longa existência foi marcada por eventos de suma importância histórica. Ele nasceu durante o reinado de Constâncio II; foi educado no tempo da apostasia do imperador pagão Juliano; tornou-se orador durante o reinado dos valentinianos; foi ordenado presbítero quando Teodósio era o imperador; foi consagrado bispo no governo de Honório; viu a divisão final do Império Romano entre os Impérios do Ocidente e do Oriente, soube na velhice sobre o saque de Roma, e morreu na cidade Hipona cercada pelas tropas de Genserico.

Nesse transcurso histórico privilegiado, sua notável capacidade retórica e eloquente fluência garantiram-lhe, no início ambicioso do *cursus honorum*, ser nomeado professor de retórica em Cartago, Roma e Milão. Prova de seu sucesso foi ter sido convidado por Símaco, o prefeito de Roma, para proferir o *Panegírico* em homenagem a Valentiniano II. Esse reconhecimento deu-se muito tempo antes de ele se tornar o teólogo que moldou o pensamento cristão ocidental com a formulação de conceitos fundamentais como *Livre Arbítrio* e *Pecado Original*. Leitor desde cedo de Horácio e Cícero, ele sabia que, antes de tudo, as funções do orador eram *docere, delectare et mouere* – ensinar, deleitar e convencer os ouvintes. E à vasta cultura adquirida na juventude pela leitura de Cícero, Virgílio, Salústio e Terêncio – autores fundamentais para a formação dos jovens latinos –, uniram-se nele o ardor púnico e berbere, a mística musicalidade dos salmos da *Septuaginta* e dos hinos bíblicos, e a harmonia dos responsórios e antífonas ambrosianas para a criação de uma nova linguagem nas *Confissões*, um novo latim, um latim cristão, um latim místico, ao mesmo tempo clássico e bíblico, ao mesmo tempo humano e divino, rico em ritmos e sonoridade, estranho para os antigos, mas de uma beleza *tão antiga e tão nova*.

3. Do título

A partir do século XX, análise do título das *Confissões* costuma ser o início da reflexão sobre a obra, como a chegada do visitante ao nártex das basílicas paleocristãs – o vestíbulo dos prédios que no período romano haviam abrigado tanto as assembleias cívicas quanto os tribunais, mas que, sob o cristianismo, foram adaptados para a realização dos cultos religiosos, como na *Basilica Pacis*, em Hipona Régia, a sede episcopal de Valério e de Agostinho há mais de dezesseis séculos. Tanto tempo depois, na árdua e sempre ingrata tarefa dos arqueólogos e tradutores, quando apenas ruínas restam daquela basílica e da produção intelectual do período, vê-se que as línguas modernas não conseguem abranger as nuances do vocábulo no qual se radica o título da obra máxima de Agostinho: o verbo *confiteor*. No caso específico do sentido cristão, como relaciona o *Thesaurus Linguae Latinae*, a palavra guarda as seguintes acepções: 1 – recordar e narrar os pecados passados (como já usado no latim clássico jurídico para se referir à admissão dos crimes); 2 – louvar e agradecer (sob a interpretação de que os dois sentidos, tão díspares nas línguas de hoje, eram unidos pela acepção do verbo grego *exomologeistai* (ἐξομολογεῖσθαι), que continha os dois significados, como foi utilizado na versão bíblica alexandrina da *Septuaginta*); e 3 – professar a fé, como declaração da obediência aos fundamentos e credos da religião.

E foi a partir desses sentidos do substantivo latino *confessio* que os primeiros estudiosos do tema buscaram definir a extensão do título. Melchior Verheijen, na obra *Eloquentia pedisequa – observations sur le style des* Confessions *de St. Augustine* assim resumiu essas variações de significado: "Confessar é falar a Deus, com toda sinceridade, com a consciência dada pela luz divina, que Deus é o criador de tudo e o salvador da humanidade; [...] é falar a Deus a propósito de algum assunto, com a humildade que convém ao homem, pequeno e pecador que é; mas, ao mesmo tempo, com o reconhecimento que convém ao ser criado e resgatado" (VERHEIJEN, 1949, p. 35; 50). Foi nesse contexto semântico que ele propôs encontrar o sentido agostiniano do título das *Confessiones*, acreditando que o substantivo plural latino abrangeria aquelas três noções, mas com o viés teológico, de modo que significaria a um só tempo a confissão dos pecados, a confissão do louvor e a confissão da fé – em uma construção que se manteve praticamente irretocável entre os estudiosos que se seguiram.

4. Da estrutura da obra

Se a questão do título das *Confissões* não aparece como real preocupação dos pesquisadores anteriores ao século XX, a busca pela coerência estrutural da obra parece remontar ao próprio tempo de vida de Agostinho, e tem gerado uma controvérsia tão acirrada que ainda hoje acumula hipóteses de explicação. Não por outra razão, já nas *Retratações* 2.6.1, o próprio autor teve a preocupação de explicar a estrutura de sua obra, dividindo-a em duas partes: a primeira, que versa sobre ele mesmo, dos Livros I a X; a outra, sobre Deus, dos Livros XI a XIII: "Do livro primeiro ao décimo, tratam de mim; os três restantes lidam com as Escrituras Sagradas, desde: 'No início Deus criou o céu e a terra' até o descanso do *sábado*".

No entanto, a mera afirmação de Agostinho não bastou. Facilmente se vê que essa estrutura por ele definida foi há muito tempo questionada. Ainda nos comentários de Erasmo (MIGNE, 1874, v. 47, p. 213), publicados na edição quinhentista das oficinas frobenianas, aparece referência a uma já então conhecida dúvida quanto à inserção do Livro X, o que remete, por consequência, à divisão ternária das *Confissões* ao medievo, o que levaria à estruturação dos livros em uma disposição em três grupos: os Livros I-IX, Livro X, e Livros XI-XIII, como, quinhentos anos depois, também considerou Verheijen (1949, p. 47-82), ao propor que os sentidos do título das *Confessiones* se espelhariam nessa divisão da obra, de sorte que os Livros I a IX referir-se-iam à acepção de *recordari*; o X, à noção de *dare gratias* e *laudare*; e os XI a XIII, ao conceito de *confessio fidei*.

Se na primeira metade do século XX as obras sobre Agostinho eram esparsas, notadamente com os estudos de Pierre de Labriolle, Giovanni Papini, Henry Marrou, Hannah Arendt e Karl Jaspers, na segunda metade houve uma verdadeira revolução e profusão dos estudos agostinianos, em acelerado acúmulo de novas teses, tratados, estudos e artigos. Em 1950, Pierre Courcelle, nas *Recherches sur les* Confessions *de Saint Augustin*, publicou o primeiro grande esforço de estudo conjunto das *Confissões* cotejadas com o restante das obras de Agostinho, o que resultou em uma obra fundamental para todo o estudo agostiniano posterior, contribuindo para a mudança de paradigma pela expansão das pesquisas em direção às influências filosóficas neoplatônicas. Quanto à estrutura das *Confissões*, é curioso que Courcelle as tenha considerado expressamente mal compostas, sem uma estrutura que unisse as três partes, senão, como na hipótese de Verheijen, as acepções de significado do vocábulo *confessio*. Assim, Courcelle formulou a hipótese de que Agostinho haveria reunido textos desconexos, feitos a pedido de seus leitores.

Naquele mesmo ano, Jean-Marie Le Blond, concordando com a já majoritária noção da divisão ternária da obra, mas discordando de Courcelle no sentido da unidade dos treze livros, propôs a unificação das *Confissões* pelo conceito agostiniano da memória, central ao Livro X. Para o jesuíta, o texto se dividiria em *memoria, contuitus* e *exspectatio*. Nesse sentido, *memoria* seria a consciência atual do passado, a confissão das faltas e o reconhecimento da conduta, e teria se dado nos Livros I-IX por meio de uma tripla conversão: da fé, sobretudo pelo contato com Ambrósio de Milão; do intelecto, pela descoberta dos neoplatônicos; e do coração, que a consumaria em seu sentido de crença na divindade cristã. Em seguida, como objeto do Livro X, o *contuitus* seria o estudo da conversão na época em que foram escritas as *Confissões*, em que a presença de Deus, já então submetida à análise filosófica, satisfez Agostinho e o preparou para a *exspectatio*, a última parte da memória, descrita nos Livros XI-XIII, em que a exegese alegórica do *Gênesis* revela o verdadeiro sentido do porvir, o sentido da escatologia da alma: a eternidade e a supressão do tempo, sendo, assim, esse porvir o próprio Deus.

O jovem padre Joseph Ratzinger, cuja tese de doutoramento cinco anos antes havia sido intitulada "Povo e Casa de Deus na doutrina da igreja de Santo Agostinho", em artigo publicado em 1957, quando ele ainda era professor de filosofia e teologia em Frisinga, elaborou sua interpretação teológica para o título e a unidade das *Confissões,* e utilizando as acepções de *confessio-confiteri* já compiladas por Verheijen, primeiro propôs que, a partir da leitura dos capítulos 1 a 4 do Livro X, esses termos fossem compreendidos sob três aspectos: *facere ueritatem* – praticar a verdade –, *uenire ad lucem* – vir para a luz – e *confessio sicut sacrificium* – confissão como sacrifício. Nessa leitura, "praticar a verdade" e "vir para luz" proviriam do versículo 3,21 do Evangelho de João; ao passo que a "confissão como sacrifício" remeteria ao *sacrificium laudis* e a *hostia iubilationis* como canto de louvor, em uma alusão à representação da unidade da oração terrena e à liturgia celestial, como descrito em Apocalipse 8,3. Então, sob a compreensão dessas definições, Ratzinger propôs outra conformação para a tríade constituinte das *Confissões* (apud BRACHTENDORF, 2010, p. 243) de modo que os Livros I a VII conteriam a confissão dos pecados do passado e do presente, os Livros VIII a X, os louvores a Deus à luz da conversão, e os livros XI a XIII, a convicção da fé na palavra de Deus. Essa tese, no entanto, nunca se tornou majoritária, e a antiga divisão dos livros permaneceu como proposta desde a publicação de Erasmo de Rotterdam.

Três décadas mais tarde, em 1987, Marjorie O'Rourke Boyle, professora de teologia na Universidade de Toronto, também discordou de Pierre Courcelle no que se refere à falta de unidade entre as três partes das *Confissões* – o que, segundo ela, seria um absurdo para um orador excelente como Agostinho, professor de retórica e profundo conhecedor dos ensinamentos de Cícero. Para ela, a obra foi composta exatamente segundo as regras ciceronianas, em especial aquelas referentes à *invenção retórica*. Para Boyle, Agostinho teria composto um clássico discurso do gênero epidítico, ou seja, um *encômio* a Deus. Além disso, como a virtude é elemento central da caracterização do orador, Agostinho teria elaborado as *Confissões* sob as regras de uma das virtudes: a prudência. E o próprio Agostinho, no *Sobre oitenta e três diversas questões* 31.1, de 396, ano anterior ao início das *Confissões*, estabeleceu como partes da prudência: memória, inteligência e previsão. Dessa maneira, o *prudens* orador Agostinho teria estruturado seu encômio segundo os elementos dessa virtude, de modo que os Livros I-IX seriam referentes à memória; o Livro X, à inteligência; e os Livros XI-XIII, à previsão, sendo, essa, portanto, a estrutura que daria unidade ao livro.

William Stephany, da Universidade de Vermont, em 1989, mais uma vez concordando com a divisão ternária das *Confissões*, analisou especificamente a primeira parte da obra – Livros I a IX –, e viu nela um quiasma, que teria como centro o Livro V, ou o eixo da própria conversão. Para Stephany, o objetivo da construção dessa primeira parte seria sobretudo estético, sob a interpretação de que cada livro não apenas deveria ser bem construído, mas também precisava alcançar sua beleza no conjunto. Nessa composição, o Livro I teria como tema o nascimento físico, ao passo que o Livro IX, o nascimento espiritual, por meio do batismo. Esses dois extremos delimitam a jornada do Filho Pródigo, uma das linhas condutoras da obra. Já os Livros II e VIII teriam como objeto as cenas nos jardins, sendo que no Livro II o jardim representa a queda, o pecado, ao passo que no Livro VIII dá-se a conversão, ou seja, a libertação dos pecados. Note-se também a função dos amigos nesses dois livros – no Livro II, os amigos incitam ao crime; no Livro VIII, são os responsáveis pela conversão. Nos Livros III e VII encontram-se os momentos de encontro com a filosofia, de modo que, no Livro III Agostinho, ao ler o *Hortensius*, aceita a seita maniqueia, ao passo que, no VIII, com os Livros Platônicos, ele abandona essa crença. Por sua vez, os Livros IV e VI têm por objeto o amor e a amizade, e o uso apropriado do mundo material. Se no Livro IV ele busca as riquezas e tem início sua relação com a mãe de Adeodato, no Livro VI ele a deixa e renuncia às ambições seculares. Por fim, o Livro V, que começa com o encontro com o bispo Fausto, tem por centro a viagem da África para Milão, o abandono da seita maniqueia e o encontro com Ambrósio, tornando-se o ponto de inflexão do processo de conversão.

Em 1992, foi a vez de Kenneth Steinhauser, professor de teologia na Universidade Saint Louis, no Missouri, buscar explicar a unidade das *Confissões*. Como a maioria de seus antecessores, ele também adotou a hipótese de tripartição da obra, dividida nos Livros I-IX, X e XI-XIII. Porém em seu método de análise, ele primeiro buscou a comparação do texto com outras obras do autor, e, a partir das *Retratações*, considerou a composição de completa e unitária, sem a inserção do Livro X, como, apesar da discordância de Erasmo, sugere Courcelle. Steinhauser determinou ainda que o objetivo das *Confissões* era o de louvar e elevar a Deus os louvores dos homens. Em seguida, a partir da reflexão sobre o tratado *De Pulchro et Apto*, único trabalho citado expressamente por Agostinho nas *Confissões*, o teólogo do Missouri concluiu pela preocupação do autor quanto ao conteúdo estético da existência, e propôs uma leitura das *Confissões* sob esse viés, tendo por axioma a indagação que o próprio Agostinho, quando professor em Cartago, fazia aos amigos, como descrito no parágrafo 4.13.20 – "Acaso amamos algo senão o belo?". Sob esse argumento, Steinhauser afirmou encontrar a resposta da indagação central da primeira parte das *Confissões* no Livro XI,4.6, na passagem em que Agostinho afirmou quanto a Deus que "tu que és belo (pois todas as coisas são belas)", e concluiu ser esse o elemento central da terceira parte da tríade da obra. Por fim, na análise do Livro X, no parágrafo 27.38, o teólogo estadunidense vê que Agostinho deixa de procurar Deus fora de si, para o encontrar em sua interioridade, no célebre poema "Bem tarde te amei, ó beleza tão antiga e tão nova", que revelaria o objeto da parte central da tríade que compõe o livro. Desse modo, a unidade das três partes, do passado, presente e futuro de Agostinho, repousaria nessa ascese guiada pela estética, que teria por fim a adesão a Deus, a suma beleza.

Na década seguinte, em 2001, Henry Chadwick, deão da Igreja Anglicana, professor em Oxford e consagrado tradutor das *Confissões*, não considerou expressamente a divisão ternária já consagrada pela tradição dos estudos agostinianos. Sem se referir a essa hipótese, Chadwick seguiu uma divisão binária própria. Considerou os Livros I a IX como de caráter parcialmente autobiográfico, como a história da criatura racional que se afastou de Deus por negligência, preferindo as coisas externas e a satisfação corporal. Ele viu nesse primeiro bloco da narrativa de Agostinho um mosaico de ecos literários e filosóficos, revestido de intensa poesia, sob o aprofundamento radical na leitura das cartas de Paulo de Tarso. Na sequência, interpretou os Livros X a XIII como a descrição do presente dos pensamentos de Agostinho, já consagrado bispo em Hipona e preocupado com a exposição das escrituras. Chadwick, então, analisou esses últimos quatro livros sob o enfoque neoplatônico da memória, do tempo e da criação. Assim, as *Confissões* encontrariam sua unidade na percepção de Agostinho de que sua biografia seria como uma espécie de microcosmo da criação do ser humano, ou seja, a alegoria da queda no abismo do caos e a conversão pelo amor de Deus, encontrado na memória dos seres, presente na mente de quem quer ordenar a vida na obediência das regras divinas. Em resumo, as *Confissões* encontrariam sua unidade na experiência do Filho Pródigo, descrita nos Livros I a IX, elevada à dimensão cósmica, nos livros X a XIII.

Em 2006, foi a vez de Michael Foley, professor de Patrística na Universidade de Baylor, Texas, propor uma nova análise teológica para a unidade dos livros das *Confissões*, agora sob o enfoque litúrgico dos sacramentos praticados na igreja do norte da África no período de Agostinho. Sem questionar a divisão ternária dos treze livros, Foley afirmou que na primeira parte da obra, dos Livros I a IX, na narração do passado, há uma centralidade do sacramento do batismo, sendo a sequência dos nove livros uma descrição da jornada desde o catecumenato de Agostinho, noticiado no capítulo 1.11.17, com a referência ao seu ritual, que consistia na imposição do sinal da cruz e na degustação do sal, passando pelo motivo da postergação do batismo, no mesmo parágrafo, até sua concretização, no Livro IX. Nesse meio tempo, Agostinho teria elencado seus comportamentos pecaminosos até o Livro VII, quando, já no Livro VIII, ele retomaria seu caminho de catecúmeno por meio da Liturgia da Palavra, simbolicamente referenciada na leitura da Carta de Paulo, pouco antes do batismo. Sabe-se que os catecúmenos não recebiam a eucaristia e, durante os cultos, ficavam no vestíbulo da basílica, sendo-lhes concedida apenas a possibilidade de ouvir as prédicas do bispo. Já o Livro X teria por objeto o Sacramento da Eucaristia, uma vez foi que escrito não para a comunidade ampla, mas para os irmãos (10.4.5), em continuação da própria liturgia, como a eucaristia, concedida apenas aos batizados. E essa centralidade da eucaristia é expressa sobretudo no final do Livro X, quando Agostinho afirmou que Cristo é o sacramento da reconciliação com Deus (10.42.67). Por fim, na conclusão da análise de Foley, os Livros XI a XIII teriam por núcleo o sacramento da ordenação episcopal, com sua função de desvelar os mistérios das Escrituras, como descrito por Possídio na *Vita Agostini* 5.2, mais precisamente na informação de que apenas o bispo pregava a palavra de Deus. Assim, os três últimos livros das *Confissões* conteriam as funções do bispo: a exploração da polissemia bíblica, a administração dos sacramentos e a pregação da palavra divina (11.2.2).

No ano seguinte, Virgínia Burrus e Catherine Keller remontaram ao romance *Asno de Ouro*, de Apuleio de Madaura, para explicar a estrutura das *Confissões*. Nessa análise, os dez primeiros livros de ambas as obras retratariam o caminho de desenvolvimento espiritual dos protagonistas, ao passo que os Livros XI a XII das *Confissões* corresponderiam, em termos metaliterários, ao Livro XI da obra de Apuleio, quando Lúcio, após suas aventuras pelo mundo da magia, dedica-se aos mistérios e ao culto de Ísis e Osíris.

No desenvolvimento das reflexões, em 2008, o jesuíta Roland Teske, professor na Universidade de Marquette, em Milwaukee, também sem discordar da divisão ternária das *Confissões*, preferiu buscar outra explicação para sua unidade além da mera sucessão de significados do título latino, da concepção teológica ou da estrutura litúrgica do texto, mas na própria doutrina filosófica agostiniana. Para tanto, a partir da análise do termo *Céu dos Céus*, presente sobretudo no Livro XII, o jesuíta buscou as fontes neoplatônicas da obra, principalmente em Plotino, de quem, com realce, Agostinho aproveitou a noção de tempo e eternidade, exposta nas *Eneadas* 3,7. Assim, ele encontrou a expressão *Céu dos Céu* como uma criatura espiritual, como o lar de onde as almas caíram e para onde, pela *peregrinatio*, deverão retornar. Desse modo, os Livros X e XI a XIII se uniriam pela compreensão da fé cristã sob a perspectiva do neoplatonismo; e essas duas partes se uniriam aos Livros I a IX pela compreensão destes como a história alegórica de cada um dos seres humanos, e não apenas a autobiografia de Agostinho, em uma conclusão próxima da de Chadwick, apesar da diferença do caminho percorrido para chegar a essa compreensão.

Por seu turno, Johannes Brachtendorf, professor de filosofia na Universidade de Tübingen, nos *Studia Patristica* de 2010, em uma hipótese inteiramente nova, propõe outra divisão ternária dos livros, agora sob o foco da condição humana. Na primeira parte da tríade, os Livros I a IX consistiriam na descrição da própria condição humana, de modo que o Livro I retrataria a perversão original dos homens, elucidada pela história dos irmãos de leite; o Livro II, a raiz do mal, pela vontade de ser igual a Deus, ilustrada pelo roubo das peras; os Livros III, V e VI, com a odisseia intelectual de Cícero aos maniqueus, e desses aos céticos, explicada pela sede de fama e prazeres; o Livro VIII, a inabilidade de amar o bem supremo sobre todas as coisas, demonstrada pela fraqueza da vontade; e nos Livros IV e IX, a mudança das emoções exemplificada pela diferença dos lutos pelas mortes do amigo e da mãe. Na segunda parte da tríade, o Livro X conteria a possibilidade da busca por Deus, sendo que a análise das tentações ofereceria a descrição da condição após a conversão, com a possibilidade da perfeição apenas após a morte. Já o Livro XI, em sua análise do tempo como uma distensão da alma, que deve se tornar uma extensão na busca pela adesão a Deus, à unidade, na vida eterna, afirmaria que tudo isso só seria possível para a condição humana com o conhecimento de Deus, e sua transformação no amor a ele. Por fim, na última parte da tríade, os Livros XII e XIII poriam o destino humano em contexto com a criação e a redenção, comparando a vida humana com a dos anjos, modelo último de sua perfeição. Assim, para Brachtendorf, Agostinho, nesse tratado da condição humana, tema central que une as *Confissões*, descreveria o caráter da busca por Deus, sob qual forma ela seria possível e qual o destino da alma humana.

Em novo esforço dos estudos agostinianos, concretizado no *Companion* organizado por Mark Vessey em 2012, Catherine Conybeare, professora de humanidades no Bryn Mawr College, na Pensilvânia, apresentou uma nova e interessante leitura sobre a estrutura e a unidade das *Confissões*. Considerando a obra uma inimitável mistura de fatos e ficção, de texto e exegese, de emoção e invocações, Conybeare afastou a possibilidade de lê-las como autobiografia, apesar de conterem elementos autobiográficos; tampouco as considerou uma narrativa teológica, apesar dos elementos exegéticos nelas presentes; também não as classificou como uma prece, apesar das diversas preces dispostas no texto. Para ela, as *Confissões* não pertencem a um gênero literário específico, mas devem ser percebidas como uma música, que eleva o coração pelas palavras sagradas que nela ressoam. Logo após a conversão, Agostinho escreveu o *Da Musica*, em que se tem a notícia de suas lágrimas ao cantar os salmos; após a morte de Mônica, é o canto do hino ambrosiano que lhe traz repouso, já que a música produz o silêncio da alma, em que Deus é ouvido. Assim, as *Confissões* foram escritas para serem ouvidas, e Agostinho cantou desde a abertura do livro, cantando cada citação salmódica no seu modo natural. Então, o leitor de Agostinho, cantando com ele, ganha mimético acesso ao seu estado interno, e os dois se movem juntos. Afinal, as *Confissões* são uma obra para ser compartilhada, para ser lida e ouvida. Como diz Agostinho no capítulo 13.14.15, *é canto que celebra uma festividade*. Mas, como nós humanos somos incompletos, as *Confissões* são uma música da incompletude, já que vivemos incompletos até encontrarmos nosso repouso para nossa busca, até nos tornarmos completos por Deus, na paz e na plenitude. Assim, as *Confissões* são um canto de louvor a Deus, um canto perpétuo, que convida o ouvinte a uma repetição contínua, a um infinito retorno ao começo, uma volta à prece inicial.

Por fim, estabelecida minimamente a cronologia da evolução do entendimento sobre a divisão e a unidade dos treze livros das *Confissões*, e aderindo à noção da estrutura ternária da obra, construída não só pelos três significados da palavra que lhe dá título, pela dimensão litúrgica do texto ou pela leitura da alegoria da condição humana, mas sobretudo pela reflexão sobre os três estados do tempo como concebidos por Agostinho, vislumbrou-se nesta introdução a possibilidade de se palmilhar outra via ainda não transitada, e aqui oferecer a possibilidade de mais um caminho em busca da unidade das três seções do livro. Desta vez, nem por excurso teológico nem filosófico, mas tendo por guia um aspecto do tratado *Da Música*, escrito ainda em Milão, conjugado com a noção do tempo, como exposta no Livro XI.

Concordamos com Conybeare no sentido de que as *Confissões* devem ser tratadas como uma música, como um salmo magnífico, suave como a caridade; um salmo que, ao ser executado até o fim, pede seu recomeço, em um canto recorrente e interminável de louvor e profissão de fé. E, como Agostinho explica no *Comentário ao Salmo 132*, as palavras do saltério têm um som agradável, uma doce melodia; são palavras que, cantadas ou ouvidas, fazem os irmãos desejarem viver juntos; palavras que ressoam por toda a terra reunindo os que se encontram dispersos; palavras não escutadas apenas na Judeia, mas no mundo inteiro.

Então, lembrando-nos da reflexão de Agostinho sobre o tempo, cuja passagem se dá como a entoação de um hino, mais especificamente o canto do primeiro verso de Ambrósio, *Deus creator omnium*, também citado tantas vezes no *Da Musica*, sob a compreensão de que o presente não existe como uma extensão física, mas que o tempo só pode ser medido no interior do ânimo, no âmago da consciência, durante a passagem da espera à memória, podemos entender que os tempos dos pés jâmbicos daquele verso do hino ambrosiano, os quatro compassos formados cada um por uma sílaba breve seguida por uma longa, cuja soma perfaz doze tempos, é o próprio espelho dos capítulos das *Confissões*, em que os nove tempos do passado, ou os tempos da memória descrita nos Livros I a IX, somados ao tempo presente de inexistente extensão, do Livro X, e mais aos três tempos do futuro, dos livros do porvir, resultam nos doze tempos do verso do bispo de Milão, do hino de celebração do deus cristão, de modo a unir os treze livros não apenas pela explicação agostiniana do tempo, mas também da música hinária, que completa seu sentido salmódico de louvor, na proclamação de: *Deus, criador de todas as coisas*.

5. Motivações e destinatários da obra

Se a definição da estrutura e da natureza do título das *Confissões* levou a tão grande esforço de reflexão durante mais de dezesseis séculos, não menos empenho se deu na pesquisa quanto à motivação e os destinatários da obra. Já Possídio, único biógrafo que conviveu com Agostinho, no prefácio da *Vita Agostini*, explicava quanto a essas questões:

5. Não vou contar todas as coisas que o próprio beatíssimo Agostinho sobre si mesmo expôs em seus livros das *Confissões*, como ele era antes de receber a graça e como viveu depois de recebê-la. 6. Ele assim o quis fazer, como diz o Apóstolo (2 Cor 12,6), para que nenhum dos homens o tivesse em maior conta em razão do que dele soubera ou ouvira, em nada falhando no costume da santa humildade, e buscando a glória não sua, mas de seu Senhor, pela própria libertação das dívidas e pelos dons que já havia recebido de Suas mãos, pedindo as orações dos irmãos e daqueles de que desejava receber. 7. Na verdade, como afirma a autoridade do anjo, é bom manter oculto o segredo do rei, mas é louvável manifestar e glorificar as obras do Senhor (Tb. 12, 7).

No século XX, mais precisamente em 1926, Pierre de Labriolle, professor da Universidade de Poitiers e até então principal tradutor das *Confissões*, apresentou uma teoria de motivação da composição da obra, apontando, inclusive, embora sem desenvolver o tema, sua ideia quanto à unidade dos treze livros, ligada à etimologia do título. Nessa argumentação, em resposta a um artigo de Max Wundt, publicado em 1923 com o título de "Zur Chronologie augustinischer Schriften", Labriolle discordou da possibilidade de Agostinho haver escrito as *Confissões* para se defender dos detratores, que procuravam diminuir sua autoridade e a eficácia de seu apostolado. A hipótese de Wundt era relacionada a um possível ataque contra o recém-nomeado bispo de Hipona, e as *Confissões* seriam uma resposta de Agostinho a Petiliano e Crescêncio, que o haveriam acusado de ser um acadêmico, de haver sido maniqueu, de ter tomado parte em todas as impurezas do século e ainda se manter ligado à seita dos maniqueus, de não existir prova de seu batismo e de ter sido ordenado de forma irregular, contra a vontade de Megálio, primaz da Numídia. Contra esses argumentos, Labriolle alegou, contudo, que tanto o tratado *Contra litteras Petiliani*, quanto o *Contra Cresconium grammaticum Donatistam* haviam sido escritos após as *Confissões*, e que, nesta última resposta de Agostinho (*Contr. Cresc.* 3.80.92) há a informação de que Megálio se retratara das acusações feitas contra ele. Labriolle, então, sugeriu que a chave das *Confissões* se encontra no início do desenvolvimento da teoria da Graça, a partir do conceito "Dá o que ordenas e ordena o que quiseres" (*Da quod iubes et iube quod uis – Conf.* 10.29.40), e teriam por objetivo mostrar sua ação, seja entre os homens, seja no universo.

Já Peter Brown, professor da Universidade de Princeton, na vasta biografia de Agostinho publicada em 2000, viu como destinatários das *Confissões* dois públicos, tanto os *serui dei*, mencionados no capítulo 9.2.4, mais precisamente os *spiritales*, que queriam saber como se processara a notável conversão do novo bispo de Hipona Régia, quanto os maniqueus e pagãos neoplatônicos, antigos amigos de Agostinho, aos quais ele dirigia seu apelo para se juntarem a ele na fé confessada.

Na sequência, Chadwick, no estudo *Augustine: a very short introduction*, publicado em 2001, analisou as motivações das *Confissões* por um ângulo diferente. Ele concordou com Labriolle que, apesar da consagração irregular de Agostinho, feita fora das regras previstas na legislação eclesiástica estabelecidas no Concílio de Nicéia, e apesar de seu passado entre os maniqueus e da falta de explícita confirmação do batismo em Milão pelas mãos do bispo Ambrósio, a obra não fora direcionada a contraditar seus detratores, mas foi escrita de modo mais amplo como uma espécie de palinódia a seu tempo entre os maniqueus e como uma resposta aos donatistas quanto às críticas à sua forma de exegese bíblica, ainda não aceita no norte da África. Em 2009, na biografia *Augustine of Hippo: a life*, Chadwick ainda relacionou como motivação das *Confissões* o pedido de Paulino de Nola a Alípio, feito na Carta XXIV, para que este lhe enviasse sua biografia. Essa narrativa sobre Alípio teria sido escrita por Agostinho, o que lhe serviria como inspiração para a elaboração do registro da própria vida.

Em 2005, na biografia de Agostinho, James O'Donnell, professor na Universidade de Georgetown e organizador da monumental edição crítica das *Confissões*, publicada em 1992 pela *Oxford University*, retomou a hipótese de que a função das *Confissões* seria combater os detratores do bispo recém-consagrado, minimizando a importância da seita maniqueia em sua vida, a notícia de excessos sexuais de sua juventude e as dúvidas quanto ao batismo realizado em Milão, do qual não há registros senão o testemunho do próprio Agostinho.

Por fim, ainda sem qualquer pretensão de aqui esgotar o tema ou sua bibliografia, Jason BeDuhn, professor da Universidade Northern Arizona, propôs, em 2009, a leitura das *Confissões* como uma narrativa da conversão do Agostinho maniqueu ao católico, também como forma de contestação das acusações contra ele dirigidas sobretudo pelos donatistas, que se valeram das alegações do bispo Megálio, em uma carta escrita antes da consagração como bispo auxiliar, e do processo de verificação da idoneidade de Agostinho na elevação ao episcopado, efetuada por um sínodo especificamente designado para essa investigação.

6. Historicidade e diálogos literários das *Confissões*

Apesar da narrativa em primeira pessoa de eventos pretensamente vividos e percebidos pelo autor durante o processo de sua conversão, as *Confissões* não podem ser lidas de modo rigoroso como um relato fidedigno de uma vida. São, antes, a história idealizada da *peregrinatio animae*, da peregrinação ascensional da alma do bispo Agostinho de Hipona, e a construção virtuosa da imagem daqueles que, de algum modo, participaram desse processo de descoberta da fé, como sua mãe Mônica e seu amigo Alípio. Nesse sentido, as *Confissões* inserem-se na tendência de proliferação de relatos das *Vitae* cristãs ocorrida na antiguidade tardia, escritas sob o modelo dos Evangelhos, e cuja função era apresentar a vida dos convertidos como paradigma de existências virtuosas, dignas de serem imitadas e seguidas (URBANO, 2018). Por isso, não se leem nas *Confissões* os fatos reais e indubitáveis sobre Agostinho, mas uma seleção de episódios, não se sabe se verídicos ou não, dispostos de forma premeditada para demonstrar a presença de Deus nas escolhas que o levaram à conversão, tornando-se, assim, antes uma obra retórica e literária do que propriamente um documento histórico (KOTZÉ, 2018).

Então, como uma obra literária de ficção elaborada por um erudito orador e mestre de retórica, como foi Agostinho, e, por isso, inserida em uma consistente tradição cultural, as *Confissões* revelam subjacente nelas um imenso jogo intertextual que colocou em diálogo as tradições clássica, hebraica e cristã, para, desse modo, criarem os exemplos de virtude pretendidos pelo autor, com função parenética de exortação ou homilética de pregação.

Tendo em vista o processo de elaboração das *Confissões*, e analisando as citações clássicas espalhadas sobretudo pelos seus nove primeiros livros, constituídas por trechos de Virgílio, Salústio, Terêncio e Cícero, e comparando-as com as citações bíblicas, em especial com as centenas de trechos do *Livro dos Salmos*, considerados como um verdadeiro compêndio dos Testamentos, que apontavam para Cristo (MCCARTHY, 2009), percebe-se haver subjacente à narrativa, e ao seu conteúdo manifesto, um verdadeiro confronto entre a antiga literatura clássica e a nova produção literária cristã, formada não só pelas Escrituras, conhecidas ainda nas versões anteriores à *Vulgata* de Jerônimo, e pelas obras dos cristãos, já em circulação sobretudo no norte da África. Por meio do uso dessas tradições literárias, as *Confissões* mostram, então, dois claros caminhos discordantes, em que são retratadas duas formas incompatíveis de vida. Virgílio e os autores clássicos representam, sob esse ponto de vista, a cultura imperial romana pagã que, na visão cristã, institucionalizara a desordenada exaltação do sujeito acima do plano divino, em uma arrogância que seria a fonte de todos os males da humanidade; ao passo que os *Salmos* e os textos bíblicos teriam a possibilidade de trazer à humanidade a cura para a fixação no próprio ego, e ajudar os seres na busca pelo deus cristão. Assim, os clássicos representariam a soberba, enquanto os *Salmos*, a humildade.

Foi, portanto, em um verdadeiro mar de citações, referências e alusões provindas de todas as fontes que desembocavam no contexto cultural tardo-antigo que Agostinho moldou artificialmente a imagem de sua mãe, Mônica, tornando-a exemplo supremo do cuidado materno, como uma metáfora da própria igreja. E o fez construindo-a por meio de referências a Dido, a Vênus, a Anquises e à mãe de Euríalo buscadas em Virgílio; a Cornélia, de Sêneca; à moça de Ândria, de Terêncio; e a Cristo e Paulo de Tarso, advindas da Bíblia. Pode-se acompanhar pelas notas ao texto que são poucas as ocorrências relacionadas a Mônica que não se lastreiem em uma referência literária, que não remetam a um *topos*, a um trecho conhecido e reconhecível da tradição cultural do período. Do mesmo modo, Alípio, futuro bispo de Tagaste, tornou-se o virtuoso amigo de Agostinho depois de construído por meio das citações de Terêncio, no episódio quase cômico do furto das treliças de chumbo, que teriam lhe servido para aprender a bem julgar.

Em uma leitura mais detalhada do uso das citações das Escrituras nas *Confissões* e em uma indagação estritamente literária, vê-se que para Agostinho os Testamentos compõem um todo unificado e coerente, com a função de fazer o homem amar o deus cristão e o próximo (Lehman, 2014). Cristo, então, seria o *telos* da Lei divina, de modo que o propósito da leitura e da citação dos versículos bíblicos nas *Confissões* seria expressar nelas a teoria que Agostinho denominou como *Totus Christus*, ou seja, a mudança de paradigma greco-latino que levou à compreensão de Cristo tanto como Deus quanto como a própria Igreja, sendo, portanto, cabeça e corpo. Isso porque, para Agostinho, ler os textos bíblicos era como ouvir a voz de Cristo, que deveria, portanto, ressoar nas *Confissões*, para calar as vozes dos antigos vates da literatura clássica, e entender a centralidade desse *Totus Christus* nas *Confissões* seria indispensável para a compreensão e recepção eficaz da obra. Assim, a linguagem dos salmos citados recriaria, reconstruiria e expandiria a alma do leitor ou ouvinte em direção ao deus da cristandade, afastando o conteúdo anteriormente apreendido no processo escolar tradicional, baseado na leitura e interpretação dos textos clássicos. Nesse sentido, a abertura das *Confissões* orientaria todo o resto da obra, transformando-a, de fato, em uma longa prece. O homem é apresentado, assim, em uma circularidade, em razão da qual ele foi feito pelo deus cristão para louvá-lo, e só assim encontra a paz, pois ela apenas existe no retorno a esse mesmo deus que o criou.

Vê-se que, por meio das referências literárias usadas, as *Confissões* estabelecem um profundo diálogo entre o mundo em que Agostinho vivia antes da conversão e aquele em que passou a viver depois daquele evento, descrito na cena do Horto em Milão, e que ressoa, desde então, o enigmático canto de convite aos leitores e ouvintes da obra: *Tolle lege, tolle lege* – "pega e lê, pega e lê".

7. Da linguagem, do estilo e do gênero das *Confissões*

Agostinho foi um escritor notavelmente profícuo e virtuoso, talvez o melhor exemplo da literatura latina produzida durante o baixo-império. Restam dele extensa obra escrita: dezenas de tratados, a análise completa dos cento e cinquenta salmos, o longo comentário ao Evangelho de João, mais de trezentas cartas, quase quatrocentos sermões, além de ao menos duas obras primas literárias inquestionáveis: as *Confissões* e a *Cidade de Deus*. Por outro lado, ele foi uma novidade cultural em sua época.

Revolucionou e renovou a literatura, deu-lhe vida, vigor e sentido, nos tempos em que se observava nos principais círculos literários eruditos um verdadeiro culto à palavra, à forma e à linguagem perfeita, de modo que o que hoje faz parecer efeito de certa decadência cultural era então considerado por aqueles escritores a demonstração do refinamento supremo da técnica, na busca de seus efeitos mais sutis (MARROU, 1949, p. 515).

Uma breve reflexão sobre a evolução do latim cristão utilizado por Agostinho permitirá clarear mais essas afirmações. Os estudos de Christine Mohrmann, que foi professora das Universidades de Amsterdam e Radboud, auxiliam na tarefa. Em um retorno ao início da expansão do cristianismo, sabe-se que ao romper as fronteiras palestinas a nova crença na ressurreição do nazareno propagou-se por meio do grego koiné, a língua franca de comerciantes, marinheiros, prisioneiros de guerra e viajantes da área oriental do Mediterrâneo. Era a língua dos textos religiosos – do Velho Testamento, em sua versão grega da *Septuaginta*, dos Evangelhos e das Cartas dos Apóstolos –, que poucas décadas depois do início da pregação dos seguidores da nova crença alcançou a Urbe, ainda nos tempos do imperador Nero. Porém ao encontrar em Roma, na Gália e no norte da África o latim nativo como substrato linguístico dos novos convertidos, uma população em sua maioria de baixo extrato social, de trabalhadores urbanos e de escravos que não conheciam o grego dos textos religiosos, tornou-se inevitável o início do processo de latinização da igreja. Por isso, nos séculos II e III surgiram as primeiras traduções da Bíblia e apareceram as primeiras cartas dos bispos escritas em latim, embora o grego ainda permanecesse a língua oficial da liturgia até meados do século IV, em torno do ano 360, conforme a datação fornecida pelo texto *Aduersus Arianos* 2.8, de Mário Vitorino (MOHRMANN, 1957).

No entanto, o cristianismo, cada vez mais dominante, era uma corrente de pensamento e de espiritualidade inteiramente nova, e, por isso, exigia uma língua especial, capaz de ser veículo para seus conceitos. Surgiu, assim, por necessidade ontológica, uma língua original, uma língua popular, rica em neologismos, que recusava o artificialismo da arte pela arte da retórica romana, e ainda sem qualquer preocupação literária. Ao mesmo tempo, o escrúpulo dos primeiros tradutores da Bíblia, que traduziram os textos gregos palavra por palavra com o receio de violar a palavra do deus dos Testamentos, incorporou ao vernáculo cristão uma nova sintaxe, herdeira do semitismo originário e do grego koiné, e que logo transformou o latim em uma língua que não seria reconhecida pelos falantes da geração de Cícero. Nesse processo, formaram-se em grande profusão palavras de noção abstrata, que designavam as nascentes ideias e concepções: *beatificare, cohabitare, fornicari, glorificare* – em outra discrepância em relação ao latim arcaico, uma língua com predominância de palavras de sentido concreto em razão de sua origem rural. Em outra vertente simultânea, eram importados por transliteração termos gregos ligados à liturgia: *apostolus, ecclesia, baptisma, propheta*. Em resumo, essa evolução linguística era testemunho da profunda revolução espiritual provocada pelo cristianismo, de seus primórdios até o século IV, quando se tornou a religião da corte imperial dos sucessores de Constantino (MORHMANN, 1950).

Nesse mundo transformado até os fundamentos, esse novo latim já se havia estabelecido como língua dominante, e permitiu outra revolução, agora literária. Os convertidos passaram, então, a provir de estrato social elevado, e contavam entre eles os principais oradores e escritores do império, educados segundo o clássico modelo escolar romano, como descrito pelo retor Sêneca e por Quintiliano. Esses novos cristãos, em contato com a literatura bíblica e com os recursos desse novo latim praticado pelos seus companheiros de fé e culto, esse latim vivo pelo uso homilético e palpitante pela recitação das orações da crença, deram início também a uma literatura especial, criada sob novas regras da oratória, que seriam primeiro descritas por Agostinho na segunda década do século V, no Livro IV da *Doutrina Cristã*.

Orador de prestígio nas principais cidades do mundo ocidental, como acima já se viu, Agostinho, que no início da vida considerava o linguajar bíblico indigno e rude (*Conf.* 3.5.9), aos poucos, como ocorreu com quase todos os oradores cristianizados, familiarizou-se durante a conversão com essas estruturas que já haviam alterado para sempre o uso do próprio latim formal e praticado pelos altos extratos culturais. E, como espelho de seu tempo e das novas concepções espirituais e filosóficas, ele não hesitou em se pôr a ornar suas obras com as incomuns estruturas e imagens das Escrituras (MORHMANN, 2004). Se seus primeiros diálogos, compostos ainda em Cassicíaco, apresentavam estrita ligação com o modelo retórico ciceroniano, já nas *Confissões*, escritas apenas uma década depois, outra foi a estrutura literária, outra foi a língua escolhida, e outro foi o estilo. A poesia hínica bíblica o havia encharcado, a sintaxe salmódica, repetida cinco vezes ao dia, moldara sua fraseologia, e a nova eloquência cristã se encontrava vivaz em cada pensamento, em cada capítulo do caminho da conversão do bispo de Hipona.

Ao leitor contemporâneo, a estrutura das *Confissões* leva ao estranhamento; oferece-lhe inversões incomuns, construções sintáticas desconhecidas em textos do período republicano da história de Roma, e sonoridades raras e muitas vezes de difícil compreensão. Nesse grande poema em prosa, Agostinho pratica uma pluralidade de estilos, desde uma prosa hipotática, com largos e extensos períodos de feição ciceroniana, até seu contrário, uma estrutura paratática e antitética, formada por paralelismos e haurida dos Salmos, conscientemente elevado, saturado de citações e delicada análise psicológica. Ele cria quase um idioleto, que interpreta sua vida interior, sua experiência mística e sua realidade transcendente, inspirada na Bíblia, nos autores clássicos romanos e na filosofia neoplatônica (De La Fuente, 1994, p. 462). Porém a um leitor atendo à melodia dos salmos e ao sentido musical e ao ritmo dos hinos, as *Confissões* cantam, em uma música imanente. Cantam ora em tom doce e suave e em estilo simples, quando querem explicar e dar algum conceito a conhecer, ora em tom florido, quando querem encantar, agradar e edificar os ouvintes, ora em tom grandioso sublime, quando querem persuadir, emocionar, convencer e converter. Cantam unindo versos literários e versículos bíblicos, em uma sucessão de vozes supratemporais, em um coro multifônico, mais que angelical, profundamente humano.

Daí se chega à indagação quanto ao gênero em que se encaixam as *Confissões*, última das grandes questões literárias relativas ao texto. E, como todas as grandes questões, também aqui não há consenso. Os primeiros estudos durante o século XX as viam como uma autobiografia. Labriolle (1925, v. 1, p. vii), em 1925, as considerava uma autobiografia, sob o modelo da *Vita Sua*, de Emílio Scauro, das *Meditações*, de Marco Aurélio, e da *Autobiografia*, de Gregório de Nazianzo. Christine Mohrmann, no prefácio à edição milanesa da RCS Rizzoli Libri, de 1958 (Sant'agostino, 1958, p. 21), classificou as *Confissões* como criação pessoal claramente literária, como uma autobiografia que, não tendo prosperado entre os gregos e latinos, floresceu no século IV d.C., com Agostinho e Gregório Nazianzo; nesse sentido, elas seriam um canto autobiográfico de louvor à bondade e à graça divina, que permite o pecador encontrar o deus cristão. Já Karl Jaspers (1962, p. 66), considerou-as uma autobiografia em que os pensamentos filosóficos e teológicos aparecem como substância de uma vida que sabe estar sob a condução divina. Peter Brown, em 1967 (p. 159-160), as classificou como um ato de terapia, um veículo de indagação especulativa e uma autobiografia intelectual. No mesmo sentido de entendimento das *Confissões* como uma autobiografia posicionaram-se Angel Vega, em 1974 (p. 18), Chadwick (Saint Augustine, 1992, p. 7), na introdução à sua tradução, em 1992, e James O'Donnell, na introdução à tradução de 1992 (Augustine, 1992, v. 1, p. xxxii), com a peculiaridade de as considerar uma autobiografia especificamente intelectual, em que se traçam as mudanças de opinião de Agostinho em relação à filosofia e à religião, em uma ascensão da ignorância à iluminação. No mesmo ano, porém, na introdução à monumental edição milanesa da Mondadori, Jacques Fontaine (Sant'agostino, 1992, v. 1, p. liii) considerou as *Confissões* não como uma obra pertencente ao gênero da autobiografia, mas a um gênero plural, em parte ficção, em parte efusão lírica, em parte meditação. Por fim, Annemaré Kotzé, em 2004 (p. 45-52), em estudo específico sobre os propósitos e a recepção das *Confissões*, vê essa obra pertencente ao gênero protréptico, uma forma da oratória clássica exortativa à maneira de *Protréptico*, de Aristóteles, ou o *Hortensius*, de Cícero (que tem posição de destaque nas *Confissões*), com o fim exortativo de captação de seguidores. Nesse sentido, o público inicial pretendido por Agostinho seria o dos maniqueus, convidados então à conversão.

8. Sobre a tradução

Traduzir é sempre um desafio perigoso, quanto mais quando se trata de um texto já tantas vezes traduzido, como as *Confissões*. Infidelidades, imprecisões e más escolhas podem comprometer de modo fatal o trabalho, afastando o texto de chegada de tal modo do texto de saída que o torna uma paráfrase, e não uma tradução. Nesse desafio de fazer existir em uma língua e em um tempo uma obra de outra língua e de outro tempo somam-se as marcas da idade, tanto da própria obra original quanto das traduções, as opções dos tradutores que antecederam, cristalizadas nas leituras de gerações, e as mudanças de entendimento dos conceitos do texto original e de significado das palavras na língua para qual se traduz. Por isso, antes de tudo, é fundamental delimitar o viés pretendido em cada novo esforço de leitura e registro, e deixá-lo claro ao esperado público de leitores; e o viés desta tradução é antes de tudo literário.

As *Confissões* são uma obra peculiar no conjunto da produção agostiniana. Não têm a feição educativa dos *Sermões* e de tratados como *A Trindade* ou o *Livre Arbítrio* e, por isso, não precisam preservar facilidade do entendimento e da compreensão, em construções simples e diretas, feitas para educar. Também não são uma obra de estrutura filosófica e histórica, como a *Cidade de Deus*, com seu cariz retórico e sua forma ciceroniana, em longas formulações frasais e encadeamento de orações. As *Confissões* são antes um longo poema, urdido pela reunião de gêneros e fragmentos literários, e assim pediram sua tradução. São um centão de autores e gêneros, um imenso mosaico, cujas emendas se escondem tão bem que sequer são percebidas. Há nessa obra, usando a terminologia utilizada por Agostinho na *Doutrina Cristã*, trechos de estilo simples, temperado e sublime, em uma composição unitária de louvor e de agradecimento.

Então, para reproduzir no tempo atual as *Confissões*, para fazê-las ecoarem no diapasão da contemporaneidade e permitirem aos leitores de hoje perceber algo de sua compleição original, de sua musicalidade e ritmo, de sua sintaxe e formulação frasal peculiares, preservaram-se ao máximo as estruturas latinas do texto, já à época de sua elaboração consideradas exóticas pelo público acostumado ao latim castiço dos oradores e poetas clássicos, uma vez que o autor foi buscá-las nas estruturas bíblicas, notadamente no Livro dos Salmos da *Septuaginta*, impregnado de helenismos e hebraísmos, preservados nas primeiras traduções latinas, a que Agostinho tinha acesso. Seguindo, então, a análise de Verheijen (1949), buscou-se encontrar e recuperar os trechos de feição poética do texto agostiniano, o que resultou na estruturação em versos de determinadas passagens, especificamente aquelas de cunho confessional e de oração. Por outro lado, nesse mesmo processo de tentativa de fazer as *Confissões* reverberarem na leitura atual com harmonia compatível com a de sua origem, optou-se pelo uso das versões católicas da Bíblia (Bíblia de Jerusalém, CNBB e Ave Maria) como paradigma das citações e alusões presentes em praticamente todas as páginas da obra. Essa escolha se deu não apenas para manter a concordância da numeração dos salmos com aquela utilizada por Agostinho nos *Comentários aos Salmos*, mas também para possibilitar a utilização dos livros não recepcionados pelas outras tradições exegéticas, como a bela versão de João Ferreira de Almeida. Por fim, optou-se pelo uso da segunda pessoa do singular para as interpelações e preces dirigidas ao deus invocado em todo o texto, não por alguma informalidade no trato, mas pela proximidade intrínseca do confidente; e preferiu-se de modo intencional o uso de um vocabulário menos coloquial na maior parte do livro, sobretudo nas passagens em que o original se apresenta sob um estilo de *grandis dictio*, como nos momentos em que o autor se dirige diretamente à divindade.

Breve cronologia de vida de Agostinho de Hipona

354 – Agostinho nasceu na Numídia Proconsular, em 13 de novembro do 17º ano do dominato de Constâncio II, e 1107º ano da fundação de Roma. Costuma-se atribuir-lhe o *praenomen* de Aurélio, embora essa informação seja tardia e sem comprovação, transmitida nos colofões dos manuscritos medievais (O'DONNELL, 1992). Tagaste, sua cidade natal, era uma vila próxima da moderna Souk-Ahras, na Argélia. O povoado já existia havia mais de trezentos anos e, apesar de pequeno, permitia aos moradores uma vida minimamente confortável. Essa percepção advém da notícia de lá existirem termas, um anfiteatro e uma basílica, que logo abrigou um monastério e a sede episcopal. Patrício, pai de Agostinho, era um *tenuis municeps*, um pequeno proprietário de terras e oficial da municipalidade, de baixa projeção política. Ele era adepto às crenças pagãs, mas converteu-se ao cristianismo na maturidade e recebeu o batismo pouco antes de morrer. Já sua esposa, Mônica, vinha de uma família cristã. Ainda que os pais dela aparentemente fossem de condição social inferior à de Patrício, gozavam de uma situação econômica razoável, dada a informação de que em sua casa havia uma adega, e de que ao menos duas servas serviam à família. Ao que as fontes reportam, Agostinho teve um irmão mais velho, chamado Navígio, e uma ou duas irmãs, cujos nomes não foram preservados, mas sobre as quais se sabe que uma delas tornou-se religiosa e administradora do convento em Hipona. Dessa parentela ainda se tem notícias de uma sobrinha, cujo nome também não se preservou, e de um sobrinho de Agostinho, chamado Patrício.

361 a 367 – Agostinho começou os estudos no início do reinado de Juliano, o imperador apóstata que buscou retomar o culto aos antigos deuses pagãos, desvalorizados desde a conversão de Constantino ao cristianismo. Seguindo o costume educacional dos jovens no mundo romanizado, Agostinho iniciou o aprendizado com algum *ludi magister* em sua vila natal. No entanto, provavelmente aos doze anos, mudou-se

para Madaura, uma cidade conhecida pelas suas escolas de retórica e filosofia. Ali, ele prosseguiu seu aprendizado com algum *grammaticus*, responsável pela transmissão do conhecimento do grego e do latim e pela explicação dos principais escritores nas duas línguas – embora ele próprio deixe clara a sua preferência pelas obras latinas e alguma dificuldade na compreensão da língua grega. Não há referências à sua eventual fluência em púnico, a língua local, da qual, no entanto, ele sabia ao menos os rudimentos, como atesta sua correspondência com o bispo Máximo de Madaura (*Ep*. 17).

370 – Finda a derradeira tentativa de restauração do paganismo com a morte do imperador Juliano na luta contra os sassânidas, e já sob o reinado de Valentiniano I, Agostinho, por dificuldades econômicas familiares não explicadas em sua obra, viu-se obrigado a abandonar os estudos em Madaura e a regressar para Tagaste. Então, aos dezesseis anos, ele viveu um período conturbado e transgressivo, durante o qual ele relata a ocorrência de suas primeiras experiências sexuais.

371 – Com a ajuda do abastado Romaniano, uma espécie de *patronus* ou benfeitor da família de Patrício, Agostinho pôde retomar os estudos. Mudou-se para Cartago, onde seria aluno de algum *rhetor*. Cartago era a capital cultural do norte da África. E ali ele viveu um período de agitação social, de diversões nos teatros e de amores, que culminaram no início do concubinato com uma mulher aparentemente de baixo estrato social e de pouca educação formal, que o acompanharia fielmente por quatorze anos. Apesar do longo convívio, nome dela nunca foi mencionado.

372 – Ainda estudante, Agostinho, no mesmo ano em que perdeu o pai, viu nascer o filho, gerado, segundo ele próprio, contra a vontade. O menino foi chamado Adeodato.

373 – A leitura do tratado protréptico *Hortensius*, de Marco Túlio Cícero, despertou em Agostinho vivo interesse pelos estudos filosóficos. Mas as indagações sobre o cristianismo (a religião de sua mãe) decorrentes dessa leitura, sobretudo quanto às práticas poligâmicas dos patriarcas veterotestamentários e às contradições dos Evangelhos em relação à genealogia de Cristo, levaram-no à adesão à seita maniqueia, que, naquele estágio de desenvolvimento intelectual, ofereceu-lhe explicações convincentes para a natureza do Mal, como uma concreta

força divina do reino das trevas, que vivia em confronto com o Bem, representado pelo reino da luz.

374 – Concluída a formação como orador, Agostinho, com a concubina e o filho, retornou para sua cidade natal, Tagaste, onde se estabeleceu como um *magister grammaticus*. No entanto, não foi admitido pela mãe na casa familiar, em razão da adesão ao culto dos maniqueus. Por isso, Agostinho hospedou-se na casa do antigo protetor, Romaniano, onde permaneceu até sua mãe o receber de volta, após ela relatar um sonho místico que lhe garantia a futura conversão do filho. Ainda naquele ano, em razão do luto pela morte de um amigo cujo nome é desconhecido, Agostinho voltou para Cartago, onde se empregou como professor de retórica.

383 – Começando a nutrir dúvidas quanto à consistência da teologia maniqueia, Agostinho, após longa espera, teve a chance de se encontrar com o bispo Fausto, de quem esperava receber respostas para suas indagações. Porém, frustrado com o encontro, por se deparar com um homem de grande facúndia, mas sem conteúdo convincente, ele iniciou seu gradual afastamento da seita de Manes. No mesmo ano, já sob o reinado de Valentiniano II, partiu para Roma com a concubina e o filho, talvez para fugir da perseguição aos maniqueus, talvez em busca de uma carreira prestigiosa. Lá, estabeleceu-se como mestre de retórica, abrindo sua escola. Tendo contato com as obras de Plotino e Porfírio, começou a se interessar pela filosofia neoacadêmica. Iniciava-se uma nova fase na evolução de seu pensamento, de majoritário cariz filosófico.

384 – Por intercessão de Símaco, prefeito de Roma e adepto dos maniqueus, Agostinho foi indicado para o cargo de professor de retórica em Milão. Essa nomeação foi uma espécie de oposição ao bispo Ambrósio, de quem Símaco era parente e adversário político e religioso. No entanto, Agostinho, que não havia deixado de ser catecúmeno cristão nem renunciara formalmente a religião materna durante os dez anos de adesão à seita maniqueia, logo passou a frequentar a basílica e a ouvir os sermões de Ambrósio e, graças a essas prédicas, mudou o entendimento em relação à interpretação dos textos da Bíblia. Passou a ver neles uma estrutura alegórica, cuja decodificação mostrou-se capaz de elucidar as dúvidas que ele até então nutria.

385 – Deixando as propriedades na África, Mônica partiu com a família para Milão a fim de se reunir ao filho. Então, instado por Mônica, Agostinho separou-se da concubina e, também por insistência da mãe, aceitou o acerto de um casamento que lhe pudesse ser vantajoso para alcançar honras públicas, na expectativa de obter a nomeação como governador de alguma pequena província.

386 – No entanto, frustrando os planos de Mônica, ocorreu, no horto da casa em Milão, o momento central da vida de Agostinho – sua conversão, descrita por ele como um evento místico. Logo depois dessa alteração radical de projetos e concepções, ele se mudou para a vila em Cassicíaco – propriedade de Verecundo. Formou ali um grupo de estudiosos, que liam os textos virgilianos e discutiam temas filosóficos na presença de notários, que copiavam os diálogos, logo transpostos em forma de tratados filosóficos. Além disso, começaram os preparativos para seu batismo, com o oferecimento de seu nome para a lista de candidatos.

387 – Agostinho foi batizado pelo bispo Ambrósio na noite do sábado de Páscoa. A tradição, não confirmada, atribui a Ambrósio a composição do hino *Te Deum* para a ocasião. Não há na obra de Agostinho qualquer descrição da cerimônia. Ele, então, decidiu voltar com os parentes para a África, mas Mônica morreu durante o trajeto, em *Óstia* Tiberina, enquanto esperavam a retomada sazonal das navegações.

388 – Após a morte da mãe, Agostinho não pôde prosseguir para Tagaste. Precisou regressar a Roma, onde permaneceu durante um ano, retido pelas revoltas civis provocadas por Máximo da Aquileia e pelo bloqueio naval imposto por Teodósio, novo imperador. Só depois do fim dos confrontos, ele pode retornar à sua cidade natal, onde, com Adeodato e Alípio, fundou um mosteiro aos moldes do cenóbio organizado por Antão nos desertos do Egito.

391 – Em visita a Hipona Régia, quando procurava um local para construção de um mosteiro maior do que o de Tagaste, Agostinho foi ordenado sacerdote por intercessão e imposição do bispo Valério, e aclamação do povo.

392 a 394 – Como presbítero, Agostinho envolveu-se em polêmicas contra os maniqueus e os donatistas.

396 – Apesar das irregularidades na consagração, questionada pelo bispo Megálio, primaz da Numídia, Agostinho foi elevado à condição de bispo-auxiliar de Valério. No mesmo ano, com a morte do titular, Agostinho foi confirmado na sé de Hipona Régia.

397 a 401 – Agostinho escreveu as *Confissões*.

413 a 426 – Agostinho escreveu a *Cidade de Deus*.

430 – Agostinho morreu em 28 de agosto, quando Hipona Régia encontrava-se cercada pelos vândalos, comandados por Genserico.

Bibliografia

Textos latinos:

AUGUSTINE. *Confessions: vol 1 – Introduction and text*. Edição de James J. O'Donnell. Oxford: Clarence, 1992.

AUGUSTINE. *Confessions: vol II – Commentary on books 1-7*. Edição de James J. O'Donnell. Oxford: Clarence, 1992.

AUGUSTINE. *Confessions: vol III – Commentary on books 8-13*. Edição de James J. O'Donnell. Oxford: Clarence, 1992.

AUGUSTINUS. *Sancti Aurelii Augustini Opera Omnia*. Accurante Jacques Paul Migne. Parisiis: 1841. Patrologia Latina, v. 32, a. 47.

SANT'AGOSTINO. *Confessioni*. A cura di J. Fontaine, M. Cristiani, J. Girau, L. F. Pizzolato, M. Simonetti, P. Siniscalco. Traduzione di G. Chiarini. Ostiglia: Fundazione Lorenzo Valla; Arnoldo Mondadori, 1992. v. 1-7.

Traduções consultadas:

AGOSTINHO DE HIPONA. *Carta a Nebrídio (Carta 3)*. Tradução de Paula Oliveira e Silva. *Civitas Augustiniana*, v. 3, p. 107-115, 2014.

AGOSTINO. *Confessioni*. Traduzione dal latino di Robeta De Monticelli. Milano: Garzanti, 1991.

AGOSTINO. *Soliloqui, Confessioni*. A cura di Aldo Moda. Torino: Editrice Torinese, 2013.

AUGUSTINE. *Confessions*. Translation by Sarah Ruden. New York: The Modern Library, 2017.

AUGUSTINE. *Confessions*. Translation by Thomas Williams. Cambridge: Hackett, 2019.

AUGUSTINE. *Earlier Writings*. Translation by J. H. S. Burleigh. Louisville: SCM-Canterbury, 1953.

AUGUSTINE. *St. Augustine's Confessions in two volumes*. Translation by William Watts. London: William Heinemann, 1912.

SAINT AUGUSTIN. *Confessions*. Texte établi et traduit par Pierre Labriolle. Paris: Les Belles Letres, 1925. v. 1-2.

SAINT AUGUSTIN. *Les Aveux*. Nouvelle traduction des *Confessions* par Frédéric Boyer. Paris: P. O.L., 2008.

SAINT AUGUSTINE. *Confessions*. Translation by Henry Chadwick. New York: Oxford University, 1992.

SAINT AUGUSTINE. *Confessions*. Translation by Vernon J. Bourke, Ph.D. Washington: The Catholic University of America, 2008.

SAINT AUGUSTINE. *The Confessions*. Translation and notes by Maria Boulding, O. S. B. New York: New City, 2008.

SAINT AUGUSTINE. *Letters – vol 1 (1-82)*. Translation by Sister Wilfrid Parsons, S.N.D. Washington: The Catholic University of America, 2008.

SAINT AUGUSTIN. *Œuvres completes*. Traduites en français sous la direction de M. Poujoulat et de M. l'abbé Raulx. Bar-Le-Duc: Louis Gérin, 1864.

SAN AGUSTÍN. *Obras: Las Confessiones*. Traducción y notas de Angel Custodio Vega. 7ª ed. Madrid: Editorial Católica, 1979.

SAN AUGUSTÍN. *Confessiones*. Introducción José Luís Aranguren y traducción y notas de Angel Veja. Madrid: Brugera – Libro Clasico, 1984.

SAN AGUSTIN. *Obras*. Preparado por el padre Victorino Capanaga. Madrid: La Editorial Catolica, 1949.

SANT'AGOSTINO. *Le confessioni*. Introduzione di Christine Mohrmann e Traduzione di Carlo Vitali. Milano: RCS Rizzoli, 1958.

SANT'AGOSTINO. *Soliloqui*. A cura di Manlio Simonetti. Milano: Fondazione Lorenzo Valla, Arnoldo Mondadori, 2016.

SANTO AGOSTINHO. *Confissões*. Tradução de Maria Luiza Jardim Amarante. São Paulo: Paulus, 1984.

SANTO AGOSTINHO. *Confissões*. Tradução de J. Oliveira Santos e A. Ambrósio de Pina. São Paulo: Nova Cultural, 2000.

SANTO AGOSTINHO. *Confissões*. Tradução de Lorenzo Mammì. 2ª ed. São Paulo: Companhia das Letras, 2017.

SANTO AGOSTINHO. *Confissões – Livros VII, X e XI*. Tradução de Arnaldo do Espírito Santo, João Beato, Maria Cristina Castro-Maia de Sousa Pimentel. Covilhã: Universidade da Beira Interior, 2008.

SANTO AGOSTINHO. *Solilóquios e A Vida Feliz*. São Paulo: Paulus, 1998.

ST. AUGUSTINE. *The Soliloquies*. Translation by Rose Elizabeth Cleveland. Boston: Little, Brown and Company, 1919.

ST. AUGUSTINE. *Two Books of Soliloquies*. Translation by Charles Starbuck. Edinburgh: T&T Clark, 1888.

ST. AUGUSTINE. *Select Letters*. Translation by James Houston Baxter, B.D. London: William Heinemann, 1930.

Estudos utilizados:

ARENDT, Hannah. *O conceito de amor em Santo Agostinho: ensaio de interpretação filosófica*. Lisboa: Instituto Piaget, 1997.

ARISTÓTELES, HORÁCIO, LONGINO. *A Poética Clássica*. 7ª edição. São Paulo: Cultrix, 1997.

ASIEDU, F. "Caritas", "amicitia" and the ideal reader: Paulinus of Nola's reception of Augustine's early works. *Augustiniana*. v. 53. n. 1-4. 2003. p. 107-138.

BAKER-BRIAN, Nicholas. Manicheis. *Augustine in Context*. Ed. Tarmo Toom. Cambridge: Cambridge University, 2017. p. 137-144.

BARNES, T. D. Augustine, Symmachus and Ambrose. *Augustine from Rhetor to Theologian*. Ed. Joanne McWilliam. Ontario: Wilfrid Laurier University, 1992. p. 7-13.

BEATRICE, Pier. *Quosdam platonicorum libros* – the platonic readings of Augustine in Milan. *Vigiliae Christianae*, v. 43, 1989. p. 248-281.

BEDUH, Jason. Augustine Accused: Megalius, Manicheism, and inception of the *Confessions. Journal of Early Christian Studies*, v. 17, n.1, 2009. p. 85-124.

BENNETT, Camille. The Conversion of Vergil: The Aeneid in Augustine's Confession. *Revue d'Études Augustiniennes et Patristiques*. Paris. v. 34. p. 47-69. 1988.

BERNON, Emmanuel. Un échange entre Augustin et Nebridius sur la phantasia (Lettre 6-7). *Archives de Philosophie*, v. 72, n. 2, 2009. p. 199-223.

BOGAERT, Pierre-Maurice. Le bibles d'Augustin. *Revue Théologique de Louvain*. v. 37. n. 4, 206. p. 513-531.

BOIN, Douglas. *Ostia in late Antiquity*. New York: Cambridge University, 2013.

BOISSOU, Guillem. Note – A.A., Sero te amavi (Confessions, X, XXVI, 38). *Revue d'Études Augustiniennes et Patristiques*. Paris. v. 7, n. 3, p. 247-249, 1961.

BONNER, Gerald. Augustine's conception of deification. *The Journal of Theological Studies*, Oxford. v. 37, n. 2, p. 369-386, 1986.

BOUGAUD. *Histoire de Sainte Monique*. Paris: Librairie Poussielgue et Fils. 1866.

BOYLE, Marjorie. The Prudential Augustine: the virtuous structure ad sense of his *Confessions. Recherches Augustiniennes et Patristiques*, v. 22, 1987, p. 129-150.

BRACHTENDORF, Johannes. The human condition as a unifying theme of the *Confessions. Studia Patristica*, v. 49, 2010, p. 241-252.

BRANDÃO, Ricardo E. A criação e as formas arquétipas divinas: o exemplarismo em Santo Agostinho. *Civitas Augustiniana*, v. 7, 2018, p. 43-54.

BROWN, Peter. *Agostino d'Ippona*. Torino: Einaudi, 2013. Edição Kindle

BURTON, Philip. *Language in the* Confessions *of Augustine*. Oxford: Oxford University, 2007.

BURRUS, Virginia; KELLER, Catherine. Confessing Monica. STARK, Judith. *Feminist Interpretations of Augustine*. Pennsylvania: The Pennsylvania State University, 2007, p. 69-95.

BUSTAMANTE, R. M. da C. Circunceliões: revolta rural na África Romana? CHEVITARESE, A.L. *et al.* (Org.). *O Campesinato na História*. Rio de Janeiro: Mauad, 2002. v. 1, p. 39-64.

CAIN, Andrew. Terence in Late Antiquity. *A Companion to Terence*. Ed. Antony Augoustasskis e Ariana Traill. Oxford: Wiley-Blackwell, 2013. p. 380-396.

CAMERON, Michael. Valerius of Hippo: A Profile. *Augustinian Studies*, v. 40, n.1, 2009. p. 5-26.

CATAUDELLA, Quintino. I "Sololoqui" di Agostino e il libro I delle "Tusculane". *Aevum*. v. 40. n. 5-6. 1966. p. 550-552.

CHADWICK, Henry. *Augustine – A very short introduction*. Oxford: Oxford University, 2001.

CHADWICK, Henry. *Augustine of Hippo: a life*. New York: Oxford University, 2009.

CLARK, E.G. Adam's womb (Augustine, *Confessions* 13.28) and the salty sea. *Proceedings of the Cambridge Philological Society*, v. 42, 1996. p. 89-105.

CLARK, Gillian. Augustine's Virgil. *The Cambridge Companion to Virgil*. Ed. Charles Martindale, F. Mac Góráin. 2 ed. Cambridge: Cambridge University, 2019. p. 77-87.

CLARK, Gillian. *Monica: an ordinary saint*. Oxford: Oxford University, 2015.

CONYBEARE, Catherine. Reading *Confessions*. *A Companion to Augustine*. Ed. Mark Vessey. Oxford: Wiley-Blackwell, 2012. p. 99-110.

COOPER, Stephen. Scripture and Biblical Commentaries. In *Augustine in context*. Edited by Tarmo Toom. Cambridge: Cambridge University, 2017. p. 86-93.

COOPER, Stephen. Scripture at Cassiciacum: 1 *Corinthians* 13:13 in the Soliloquies. *Augustinian Studies*. v. 27. n. 2. 1996. p. 21-47.

COURCELLE, Pierre. Dans les *Confessions* de Saint Augustin. *Hermes*, v. 80, 1952. p. 31-46.

COURCELLE, Pierre. Du nouveau sur la vie et les oeuvres de Marius Victorinus. *Revue des Études Anciennes*, v. 64, n. 1-2, p. 127-135.

COURCELLE, Pierre. Le jeune Augustin, second Catilina. *Revue des Études Anciennes*. v. 73. n. 1-2. p. 141-150. 1971.

COURCELLE, Pierre. L'oracle d'Apis et l'oracle du jardin de Milan (Augustin, *Conf.*, VIII, 11,29). *Revue de l'histoire des religions*. v. 139, n. 2, p. 216-231, 1951.

COURCELLE, Pierre. *Recherches sur les Confessions de Saint Augustine*. Paris: Éditions E. de Boccard, 1968.

COURCELLE, Pierre. Source chrétienne et allusions païennes de l'épisode du "Tolle, Lege". *Revue d'histoire et de philosophie religieuse*, v. 32, n. 3, 1952, p. 171-200.

CRESS, Donald. Hierius and St. Augustine's account of the lost "De Pulchro et Apto". *Augustinian Studies*, v. 7, 1976, p. 153-163.

DAVIDSON, F. *O Novo Comentário da Bíblia*. Tradução de Russel Shedd. São Paulo: Vida Nova, 1990.

DE LA FUENTE, Olegário. *Latin Biblico y Latin Cristiano*. Madrid: CEES, 1994.

DE LA PEZA, Edgardo. El significado de "cor" em san Augustín. *Revue d' Études Augustiniennes Et Patristiques*, v. 7, n. 4, p. 339-368, 1961.

DELÉANI, Simone. L'ouverture des *Confessions* de saint Augustin: quelques éléments d'explication. *Vita Latina*, n. 151, p. 35-43, 1998.

DELFOUR, Jean-Jacques. Du fondement de la distinction entre monologue et soliloque. *L'annuaire théâtral – revue québécoise d'études théâtrales*, n. 28, p. 119-129, 2000.

DOBBS-ALLSOPP, F. W. Poetry of the Psalms. In: BROWN, William P. (Ed.). *The Oxford Handbook of the Psalms*. New York: Oxford University, 2014. p. 79-98.

DOUCET, Dominique. *Sol.* I, 14, 24-15, 30 et le médicin complaisant. *Revue des Sciences Religieuses*, v. 65, n. 1-2, p. 33-50, 1991.

DOUCET, Dominique. *Soliloques* II, 13,23 et *les magni philosophi*. *Revue d'Études Augustiniennes et Patristiques*, Paris, v. 39, n. 1, p. 109-128, 1993.

DOUGLAS, James Dixon. *O Novo Dicionário da Bíblia*. Tradução de Russel Shedd. São Paulo: Vida Nova, 1990.

DULAY, Martine. Le chandelier à sept branches dans le christianisme ancien. *Revue d'Études Augustiniennes et Patristiques*, Paris, v. 29, n. 1-2, p. 3-26, 1983.

DUMONT, Jean-Paul. *Elementos de história da filosofia antiga*. Tradução de Georgete M. Rodrigues. Brasília: UNB, 2004.

FERRARI, Leo. Astronomy and Augustine's Break with the Manichees. *Revue d'Études Augustiniennes et Patristiques*, Paris, v. 19, n. 3-4, p. 263-276, 1973.

FERRARI, Leo. Augustine's "Nine Years" as a Manichee. *Augustiniana*, v. 25. n. 3-4, p. 210-216, 1975.

FERRARI, Leo. "Ecce Audio Vocem De Vicina Domo" (*Conf.* 8.12.29). *Augustiniana*, v. 33, n. 3-4, p. 232-245, 1983.

FERRARI, Leo. Halley's Comet of 374 AD: new light upon Augustine's Conversion to Manicheism. *Augustiniana*, v. 27, n. 1-2, p. 139-150, 1977.

FERRARI, Leo. Monica on the Wooden Ruler (*Conf.* 3.11.19). *Augustinian Studies*, v. 6, p. 193-205, 1975.

FERRARI, Leo. Paul at the Conversion of Augustine. *Augustinian Studies*, v. 11, p. 5-20, 1980.

FERRARI, Leo. Saint Augustine on the Road to Damascus. *Augustinian Studies*, v. 13, p. 151-170, 1982.

FERRARI, Leo. Symbols of Sinfulness in Book II of Augustine's *Confessions*. *Augustinian Studies*, v. 2, p. 93-104, 1971.

FERRARI, Leo. The Arboreal Polarisation in Augustine's *Confessions*. *Revue d'Études Augustiniennes et Patristiques*, Paris, v. 25, n. 1-2, p. 35-46, 1979.

FERRARI, Leo. The Dreams of Monica in Augustine's *Confessions*. *Augustinian Studies*, v. 10, p. 3-17, 1979.

FERRARI, Leo. The Barren Field in Augustine's *Confessions*. *Augustinian Studies*, v. 8, p. 55-70, 1977.

FERRARI, Leo. The Boyhood Beatings of Augustine. *Augustinian Studies*, v. 5, p. 1-14, 1974.

FERRARI, Leo. The Pear-Theft in Augustine's *Confessions*. *Revue d'Études Augustiniennes et Patristiques*, Paris, v. 1, n. 3-4, p. 233-242, 1970.

FERRARI, Leo. The Theme of the Prodigal Son in Augustine's *Confessions*. *Recherches Augustiniennes et Patristiques*, v. 12, p. 105-118, 1977.

FERRARI, Leo. Young Augustine: both Catholic and Manachee. *Augustinian Studies*, v. 26, n. 1, p. 109-128, 1995.

FITZGERALD, Allan. When Augustine Was Priest. *Augustinian Studies*, v. 40, n. 1, p. 37-48, 2009.

FOLEY, Michael. A Spectacle to the World: The Theatrical Meaning of St. Augustine's *Soliloquies*. *Journal of Early Christian Studies*, v. 22, n. 2, p. 243-260, 2014.

FOLEY, Michael. The Liturgical Structure of St Augustine's *Confessions*. *Studia Patristica*, v. 43, p. 95-99, 2006.

FOLLIET, Georges. "Deificari in otio" Augustin, *Epistula 10,2*. *Recherches Augustiniennes et Patristiques*, v. 2, p. 225-236, 1962.

FOX, Robin. *Augustine Conversions to Confessions*. New York: Basic Books, 2015.

FOX, Robin. Augustine's *Soliloquies* and the Historian. *Studia Patristica*. v. 43, p. 173-189, 2006.

FRANCHI, Roberta. Sogni e visioni di madri: tra tradizione classica e innovazione cristiana. *Augustinianum*, v. 60, p. 231-255, 2020.

GABILLON, Aimé. Romanianus, alias Cornelius: du nouveau sur le bienfaiteur et l'ami de saint Augustin. *Revue d'Études Augustiniennes et Patristiques*, Paris, v. 24, n. 1-2, p. 58-70, 1978.

GAVIGAN, John. St. Augustine's Friend Nebridius. *The Catholic Historical Review*, v. 32, n. 1, p. 47-58, 1946.

GILSON, Étienne. *A Filosofia na Idade Média*. São Paulo: Martins Fontes, 1998.

GILSON, Étienne. *Introdução ao estudo de Santo Agostinho*. São Paulo: Paulus, 2007.

GILSON, Étienne. *The Christian Philosophy of Saint Augustine*. New York: Randon House, 1960.

GOLDBACHER, Alois. *S. AURELI AVGVSTINI Hipponiensis Episcopi Epistulae – recensuit et commentario critico instruxit. Pars I*. In: *Corpus Scriptorum Ecclesiasticorum Latinorum*. v. 33. n. 2. Viena: Library Binding, 1895.

GOUVÊA JÚNIOR, Márcio. *Medeias latinas*. Belo Horizonte: Autêntica, 2014.

GOUVÊA JÚNIOR, Márcio. Monnica Ficta - Construção Literária da Vita Monnica nas Confissões, de Agostinho de Hipona. *Rónai - Revista de Estudos Clássicos e Tradutórios*, p. 16-38, 2022.

HIERONYMUS. De Viris Illustribus Liber ad Dextrum. *Patrologia Latina*, v. 23, p. 631-760, 1841.

HOMBERT, Pierre-Marie. *Nouvelles recherches de chronologie augustinienne*. Paris: Institut d'Études Augustiniennes, 2000.

HÜBNER, Wolfgang. Die praetoria memoriae in zehnten Buch der Confessiones. Verglisches bei Augustin. *Revue d'Études Augustiniennes et Patristiques*, Paris, v. 27. n. 3-4, p. 245-236, 1981.

JASPERS, Karl. *Plato and Augustine*. Edited by Hannah Arendt. New York: Harcourt, Brace & World, 1962.

JENKINS, Claude. Augustine's classical quotations in his letters. *The Journal of Theological Studies*, v. 39, n. 153, p. 59-66, 1938.

JOLY, Robert. Curiositas. *L'Antiquité Classique*, v. 30, p. 33-44, 1961.

KATÔ, Takeshi. Melodia Interior. Sur le traité *De pulcro et apto*. *Revue d'Études Augustiniennes et Patristiques*, Paris, v. 12, n. 3-4, p. 229-240, 1966.

KOTZÉ, Annemaré. *Augustine's* Confessions*: Comunicative Purpose and Audience*. Leiden: Brill, 2004.

KOTZÉ, Annemaré. Reading Psalm 4 for the Manicheans. *Vigiliae Christianae – a review of Early Christian Life and Language*, v. 55, n. 2, p. 119-136, 2001.

KOTZÉ, Annemaré. Augustine on Himself. In: TOOM, Tarmo (Ed.). *Augustine in Context*. Cambridge: University, 2018. p. 22-28.

LABRIOLLE, Pierre. Pourquoi Saint Augustin a-t-il rédigé des *Confessions?*. *Bulletin de l'Association Guillaume Budé*, v. 12, p. 30-47, 1926.

LE BLOND, Jean-Marie. *Les Conversions de saint Augustin*. Paris: Aubier, 1950.

LEHMAN, Jeffrey. "As I read, I was on fire": On the Psalms in Augustine's *Confessions*. *Logos: A journal of catholic thought and culture*, v. 16, n. 2, p. 160-184, 2014.

MACDONALD, Scott. Petit larceny, the beginning of all sin: Augustine's theft of the pears. *Faith and Philosophy: Journal of the Society of Cristian Philosophers*, v. 20, n. 4, p. 393-414, 2003.

MCCARTHY, Michael. Augustine's mixed feelings: Vergil's *Aeneid* and the Psalms of David in the *Confessions*. *Harvard Theological Review*, v. 102, n. 4, p. 453-479, 2009.

MACKEY, Jacob. The silence of *Aeneid* 6 in Augustine's *Confessions*. In: GLADHILL, Bill; MYERS, Micah Young (Eds.). *Walking through Elysium: Vergil's Underworld and the Poetics of Tradition*. Toronto: University of Toronto, 2020.

MADEC, Goulven. Ex tua castitate (*Confessions* IV, II, 3) *Adulecens... valde castus* (*Ibid*, IV III, 6). *Revue d'Études Augustiniennes et Patristiques*, Paris, v. 7, n. 3, p. 245-247, 1961.

MADEC, Goulven. L'historicité des *Dialogues* de Cassiciacum. *Revue d'Études Augustiniennes et Patristiques*, Paris, v. 32, n. 3-4, p. 207-231, 1986.

MADER, Godfried. Blocked Eyes and Ears: The eloquent gestures at Augustine, *Conf.*, 6.8.13. *L'Antiquité Classique*, v. 69, p. 217-220, 2000.

MAGNY, Ariane. *Porphyry in Fragments: Reception of na Anti-Christian Text in Late Antiquity*. London: Routledge, 2014.

MANDOUZE, André. *Prosopographie Chrétiene du Bas-Empire (303-533)*. Paris: Centre National de la Recheche Scientifique, 1982.

MANZANAS, Almudena. "Aspectus animae ratio est": apuntes sobre la razón em los Soliloquios de san Agustín. *Revista Española de Filosofía Medieval*, v. 5. p. 191-205, 1998.

MARROU, Henri. *Saint Augustin et la fin de la culture antique*. Paris: Boccard,1949.

MERTENS, Cées. Note de lecture: Le rêve de Monique et le Maître intérieur. *Revue d'Études Augustiniees et Patristiques*, Paris, v. 53, p. 315-232, 2007.

MILES, Margaret. To Die For: Bodies, Pleasures, and the Young Augustine. *Augustinian Studies*, v. 48, n. 1-2, p. 93-103, 2017.

MOHRMANN, Christine. Le latin langue de la chrétienté occidentale. *Aevum*, v. 24, n. 2, p. 133-161, 1950.

MOHRMANN, Christine. *Liturgical Latin: Its Origins and Character*. Washington: The Catholic University, 1957.

MOHRMANN, Christine. Saint Augustin écrivain. *Revue d'Études Augustiniennes et Patristiques*, Paris, v. 50, n. 1, p. 123-146, 2004.

NASH, Ronald. Some Philosophic Sources of Augustine's Illumination Theory. *Augustinian Studies*, v. 2, p. 47-66, 1971.

NAWAR, Tamer. Augustine on the Dangers of Friendship. *The Classical Quarterly*, v. 65, n. 2, p. 836-851, 2015.

O'CONNELL, Robert. Pre-existence in Augustine's Seventh Letter. *Revue d'Études Augustiniennes et Patristiques*, Paris, v. 15, n. 1-2, p. 67-73, 1969.

O'DALY, Gerard. Did St. Augustine Ever Believe in the Soul's Pre-Existence?. *Augustinian Studies*, v. 5, p. 227-236, 1974.

O'DALY, Gerard. Friendship and Transgression: *Luminosus Limes Amicitiae* (Augustine, *Confessions* 2.2.2) And The Themes Of *Confessions* 2. In: STERN-GILLET, Suzanne; CORRIGAN, Kevin (Eds.). *Reading Ancient Texts – Volume II: Aristotle and Neoplatonism*. Leiden; Boston: Brill, 2007. p. 211-224.

O'DONNELL, James. Augustine's Classical Readings. *Recherches Augustiniennes et Patristiques*, v. 15, p. 144-175, 1980.

O'DONNELL, James. Augustine, *Confessiones* 10.1.1-10.4.6. *Augustiniana*, v. 29, p. 280-303, 1979.

O'FERRALL, Margaret. Monica, the Mother of Augustine: A Reconsideration. *Recherches Augustiniennes et Patristiques*, v. 10, p. 23-44, 1975.

O'MEARA, John. Augustine's *Confessions*: Elements of Fiction. MCWILLIAM, Joanne et al. (Eds.). *Augustine from Rhetor to Theologian*. Ontario: Wilfrid Laurier University, 1992. p. 77-96.

O'MEARA, John. Monica, the mother of Augustine. *The Furrow*, v. 5, n. 9, p. 555-562, 1954.

O'MEARA, John. Virgil and Augustine: The *Aeneid* in the *Confessions*. *The Maynooth Review*, v. 13, p. 30-43, 1988.

ORTIZ, Jared. *You Made Us for Yourself: Creation in St. Augustine's Confessions*. Minneapolis: Fortress, 2016.

PATTERSON, James. Augustine's Fig Tree (*Confessiones* 8.12.28). *Augustinian Studies*, v. 47, n. 2, p. 181-200, 2016.

PLOTINO. *Tratados das Enéadas*. Tradução de Américo Sommerman. São Paulo: Polar, 2002.

PLOTINUS. *Plotinus – in seven volumes*. Translation by A. H. Armstrong. Cambridge: Harvard University, 1984.

PUCCI, Joseph. The Dilemma of Writing: Augustine, *Confessions* 4.6 and Horace *Odes* 1.3. *Arethusa*, v. 24, n. 2, p. 257-281, 1991.

RACHET, Guy. Saint-Augustin et les *Libri Platonicorum*. *Bulletin de l'Association Guillaume Budé*, [s.v.], n. 3, p. 337.347, 1963.

RAMAGE, Carol. The *Confessions* of St. Augustine: The *Aeneid* revisited. *Pacific Coast Philology*, Berkeley, v. 5, p. 54-60, 1970.

RATZINGER, Joseph. Originalität und Uberlieferung in Augustins Begriff der *confessio*. *Revue d'Études Augustiniennes et Patristiques*, Paris, v. 3, n. 4, p. 375-392, 1957.

ROSA, Fabio. Appunti sulla presenza di Terenzio nell'opera di Sant'Agostino. *Quaderni Urbinati di Cultura Classica*, v. 33, n. 3, p. 119-133, 1989.

SALAVILLE, Sévérien. La connaissance du grec chez saint Augustin. *Échos d'Orient*, v. 21, n. 127-128, p. 387-393, 1922.

SCOTT-MACNAB, David. St. Augustine and the Devil's "Mousetrap". *Vigiliae Christianae*, v. 68, n. 4, p. 409-415, 2014.

SHANZER, Danuta. Pears before Swine: Augustine, *Confessions* 2.4.9. *Revue d'Études Augustiniennes et Patristiques*, Paris, v. 42, p. 45-55, 1996.

SHUMATE, Nancy. The Augustinian Pursuit of False Values as a Conversion Motif in Apuleius' *Metamorphoses*. *Phoenix*, v. 42, n. 1, p. 35-60, 1988.

SIZOO, A. The Year of Alypius' Birth. *Vigiliae Christianae*, Amsterdam, v. 2, n. 1, p. 106-108, 1948.

SMITHER, Edward. An Unrecognized and Unlikely Influence? The Impact of Valerius of Hippo on Augustine. *Irish Theological Quarterly*, v. 72, n. 3, p. 251-264, 2007.

SOLIGNAC, Aimé. Doxographies et manuels dans la formation philosophique de saint Augustin. *Recherches Augustiniennes et Patristiques*, v. 1, p. 113-148, 1960.

SOUTER, Alexander. *A Glossary of Later Latin to 600 A.D.* Oxford: Clarendon, 1957.

STEINHAUSER, Kenneth. The Literary Unity of the *Confessions*. In: MCWILLIAM, Joanne *et al.* (Eds.). *Augustine from Rhetor to Theologian*. Ontario: Wilfrid Laurier University, 1992. p. 15-30.

STEPHANY, William. Thematic Structure in Augustine's *Confessions*. *Augustinian Studies*, v. 20, p. 129-142, 1989.

STOCK, Brian. *Augustine the Reader – Meditation, Self-Knowledge and Ethics of Interpretation*. Cambridge: Harvard University, 1996.

STOCK, Brian. *Augustine's Inner Dialogue – The Philosophical Soliloquy in Late Antiquity*. Cambridge: Cambridge University, 2010.

TAYLOR, John H. Augustine, *Conf.* 11.10.24. *The American Journal of Philology*, v. 79, n. 1, p. 66-70, 1958.

TAYLOR, John H. St. Augustine and the *Hortensius* of Cicero. *Studies in Philology*, North Carolina, v. 60, n. 3, p. 487-498, 1963.

TESKE, Roland. The Heaven of Heaven and the unity of Augustine's *Confessions*. In: *To Know God and the Soul – Essays on the thought of Saint Augustine*. Washington: The Catholic University of America, 2008. p. 259-274.

TOMLIN, Roger S. O. *Spe Saeculi* – Augustine's wordly ambition and carrer. In: VESSEY, Mark (Ed.). *A Companion to Augustine*. Oxford: Blackwell, 2012. p. 57-68.

TORCHIA, Joseph. "Pondus meum amor meus" – The Wheight-Metaphor in St. Augustine's Early Philosophy. *Augustinian Studies*, v. 21, p. 163-176, 1990.

UHLE, Tobias. Truth and dialects in Augustine's *Soliloquies*. In: BAUN, J. *et al* (Eds.). *Studia Patristica – vol. XLIX*. Leuven: Peeters, 2010. p. 223-228.

URBANO, Arthur. Biography in Late Antiquity. In: TOOM, Tarmo. *Augustine in Context*. Cambridge: Cambridge University, 2018. p. 13-20.

VAN OORT, Johannes. Augustine and the books of the manichaeans. In: VESSEY, Mark (Ed.). *A Companion to Augustine*. Oxford: Blackwell, 2012. p. 188-199.

VAN OORT, Johannes. The Young Augustine's Knowledge of Manichaeism: An Analysis of the *Confessiones* and Some Other Relevant Texts. *Vigiliae Christianae*, v. 62, n. 5, p. 441-466, 2008.

VERHEIJEN, Melchior. *Eloquentia Pedisequa – Observations sur le style des* Confessions *de saint Augustin*. Nijmegen: Dekker & Van de Vegt, 1949.

WALSH, P. The Rights and Wrongs of Curiosity (Plutarch to Augustine). *Greece & Rome*, v. 35, n. 1, p. 73-85, 1988.

WENTZEL, Rocki. *Reception, Gifts and desire in Augustine's* Confessions *and Vergil's* Aeneid. Ohio: The Ohio State University, 2008. Dissertation (Doctor of Philosophy). Graduate Program in Greek and Latin, Graduate School of The Ohio State University. Ohio, 2008.

WEST, Rebecca. *St Augustine*. Edinburgh: Peter Davies, 1933.

WIJDEVELD, Gérard. Note: Remarques sur quelques passages des *Confessions*. *Revue d'Études Augustiniennes et Patristiques*, Paris, v. 6, n. 4, p. 314-316, 1960.

WISKOTTEN, Herbert. *Santi Augustini vita scripta a Possidio Episcopo*. Princeton: Princeton University, 1919.

WRIGHT, David. Monnica's Baptism, Augustine's Deferred Baptism, and Patricus. *Augustinian Studies*, v. 29, n. 2, p. 1-17, 1998.

ZIOLKOWSKI, Eric. St. Augustine: Aeneas' antitype, Monica's boy. *Literature and Theology*, v. 9, n. 1, p. 1-23, 1995.

ZIOLKOWSKI, Jan; PUTNAM, Michael. *The Virgilian Tradition: the first fifteen hundred years*. New Haven: Yale University, 2007.

CONFISSÕES
Agostinho de Hipona

Livro I[1]

Proêmio em forma de prece.[2]

1.1.1.[3] Grande és, Senhor, e louvável infinitamente[4] (Sl 47,2; 95,4)
grande é o poder teu, e a sabedoria tua não tem número (Sl 144,3; 146,5, Tb 13,1).[5]

E louvar-te quer o homem, ínfima parcela da criação tua,
o homem, que carrega consigo a mortalidade,
e carrega consigo o testemunho do pecado seu (2 Cor 4,10),[6]
e o testemunho de que aos soberbos resistes: (Tg 4,6; 1 Pd 5,5)[7, 8]
e, no entanto, louvar-te quer o homem, ínfima parcela da criação tua.

Tu incitas que nos deleite te louvar,
pois nos fizeste para ti voltados,
e inquieto é o coração nosso[9]
até repousar[10] em ti.[11]
Dá-me, Senhor,
saber e compreender o que vem primeiro, se invocar-te ou louvar-te;
e compreender o que vem primeiro, se conhecer-te ou invocar-te.
Mas quem te invoca sem te conhecer?
Pois quem não te conhece pode invocar outro que não sejas tu.[12]
Ou será que antes serás invocado para seres conhecido?
Pois como haverão de invocar alguém em quem não creem?
E como crerão, sem que haja um pregador (Rm 10,14)?
E louvarão o Senhor aqueles que o buscam (Sl 21,27):[13]
pois os que buscam o encontrarão (Mt 7,7-8),
e os que o encontrarem hão de louvá-lo.
Busque-te eu, Senhor, invocando-te;
e que eu te invoque, crendo em ti, pois tu nos foste anunciado.
Invoca-te, Senhor, a confiança[14] minha,
aquela que me concedeste e me inspiraste pela humanidade[15] do filho teu, e pelo ministério do teu pregador (Rm 10,15).[16]

1.2.2. E como invocarei o Deus meu,[17] o Deus e Senhor meu,
já que para dentro de mim o chamarei[18] quando o invocar?
E que lugar há em mim para onde me venha o Deus meu,
para onde Deus venha em mim,
Deus que fez o céu e a terra (Gn 1,1; 2 Cr 2,11)?
É assim, Senhor Deus meu?
Há algum lugar em mim que possa te conter?
Será que o céu e a terra, que criaste e nos quais me criaste, te contêm?
Por acaso, já que sem ti não existiria nada do que há, tudo que há te
contém?
E é assim também que eu existo,
já que rogo que venhas a mim,
eu que não existiria se não estivesses em mim?
Porque ainda não estou no inferno,[19] e tu lá estás;
em verdade, se eu descer ao inferno,
presente lá também estarás (Sl 138,8).
Logo, eu não existiria, Deus meu, eu jamais existiria,
a não ser que estivesses em mim.
Ou antes, eu não existiria a não ser que eu existisse em ti,
a partir de quem tudo, por quem tudo e em quem tudo quanto há
existe (1 Cor 8,6; Rm 11,36).
Assim é, Senhor, assim é.
E para onde te invoco, quando estou em ti?
Ou de onde vens a mim?
Para onde me afastaria, para fora do céu e da terra,
para que venha a mim o Deus meu, que disse:
"O céu e a terra eu preencho?" (Jr 23,24).

1.3.3. Será que, então, contêm-te o céu e a terra, já que tu os preenches?
Ou os preenches e sobejas, já que não te contêm?
E para onde estendes aquilo que, preenchidos o céu e a terra, sobeja
de ti?
Ou será que não tens necessidade de em algo seres contido,
tu que contêns todas as coisas,
já que todas as coisas que preenches, as preenches contendo-as?
Afinal, não são os vasos que estão cheios de ti que estável te fazem,

porque, ainda que se quebrem, tu não te derramas.
E quando tu te derramas sobre nós (At 2,17-18),[20]
não te espalhas, mas nos elevas (Sl 145,8);
nem és dissipado, mas nos reúnes (Is 11,12).
Todas as coisas, porém, que preenches,
tu as preenches contigo todo.
Será que, porque não podem te conter todo todas as coisas, parte de
                                                                    ti contêm,
e a mesma parte de ti todas as coisas ao mesmo tempo contêm?
Acaso cada parte te contém,
e as maiores contêm uma parte maior,
e as menores, uma menor?
Haverá, então, alguma parte tua que seja maior e outra menor?
Ou em todo lugar tu és todo, e nada inteiro te contém?[21]

1.4.4. O que és, então, Deus meu?
O que és, eu indago, senão o Senhor Deus?
Pois que Senhor há além do Senhor (Sl 17,32)?
Ou que deus além do Deus nosso?
Ó sumo, ótimo,
potentíssimo,[22] onipotentíssimo,
misericordiosíssimo e justíssimo,
secretíssimo e presentíssimo,
belíssimo e fortíssimo,
estável e incompreensível,
imutável que muda tudo,
nunca novo, nunca antigo, e tudo inovando,
à decrepitude conduzes os soberbos, sem que percebam (Jó 9,5).
És sempre o que age, sempre quieto;
o que congrega, sem necessitares,
o que carrega e preenche e protege,
o que cria e nutre e aperfeiçoa e busca, ainda que nada te falte.
Amas e não estuas; enciúmas-te e seguro és; arrependes-te e não sofres;
iras-te e tranquilo permaneces;
as obras mudas, e não mudas a decisão;
recobras o que encontras e nunca perdeste;

nunca és pobre e te regozijas com os lucros,
nunca és avaro e os juros exiges (Mt 25,27).
Muito se despende contigo para que devas;
e quem tem algo que não seja teu?
Saldas as dívidas, sem a ninguém dever;
perdoas os débitos, sem nada perder.
E o que dizemos, Deus meu, vida minha, santa doçura minha,
ou o que diz alguém quando fala de ti?
Mas ai dos que se calam sobre ti: mesmo falantes,[23] mudos serão.[24,25]

1.5.5. Quem me dará repousar em ti?
Quem me dará vires a meu coração e o inebriares,
para que eu me esqueça dos males meus
e, a ti, único bem meu, eu abrace?
O que para mim és?[26]
Apieda-te, para que eu fale.
O que para ti sou eu, para que te amar me ordenes,
e para que, a não ser que o faça,
tu te ires contra mim e me ameaces com imensa miséria?
Pequena é ela se eu não te amar (Sl 84,6)?
Ai de mim! Dize-me,
pela misericórdia tua, Senhor, Deus meu,
o que para mim és.
Dize à minha alma: "A salvação tua eu sou" (Sl 34,3).
Assim dize, para que eu ouça.
Eis os ouvidos do coração meu diante de ti, Senhor.
Rompe-os e dize à alma minha: "Tua salvação eu sou".
Correrei atrás dessa voz e te alcançarei.
Não ocultes de mim a face tua (Dt 31,17; 32,20; Ex 33,20):
que eu morra para não morrer, e assim a veja.[27]

1.5.6. Estreita é a casa da alma minha para que venhas até ela (Is 49,20):
expande-a a partir de ti.
Está em ruínas, restaura-a (Ez 36,10).
Há coisas que ofendem os olhos teus, confesso e sei.
Mas quem as purificará?

Ou a quem mais, senão a ti, clamarei:
"De minhas ocultas faltas purifica-me,
e das faltas alheias poupa o servo teu?" (Sl 19,12-13).
Creio, e é por isso que digo (Sl 114,10), Senhor: tu sabes (Tb 8,9).
Não te revelei contra mim os delitos meus, Deus meu,
e não tiraste a maldade de meu coração (Sl 31,5)?
Não litigo contigo (Jó 9,2), porque a Verdade és tu (Jo 14,6),
e não quero enganar a mim mesmo,
para que a maldade minha não minta para si.
Não discuto o veredito teu,
pois se as maldades considerares, Senhor,
Senhor, quem restará (Sl 129,3)?[28]

Infância.

1.6.7. Consente que eu fale à tua misericórdia (Mc 1,34), pó e cinzas que sou (Gn 18,27). Consente-me falar, uma vez que eu falo à tua misericórdia, e não ao homem, que me escarnece. Talvez tu rias de mim (Sl 2,4; Ter. Heaut. 982), mas, voltando-te em minha direção, tu te apiedarás de mim (Sl 70,20). O que eu quero dizer, Senhor, senão que não sei de onde vim até aqui, a esta vida que não sei se chamo de vida mortal ou de morte vivente? Não sei. Mas as consolações de tua misericórdia me receberam (Sl 93,19; 50,5),[29] como ouvi dos pais de minha carne, do qual e na qual tu me criaste no tempo. Entretanto, de fato eu não me lembro. Logo, as consolações do leite humano me acolheram, e nem minha mãe nem minhas amas enchiam por si mesmas os seios – eras tu que, por meio delas, me davas o alimento da infância, segundo os teus desígnios e as riquezas depositadas até no fundo das criaturas. Tu me concedias não querer mais do que me davas, e concedias às amas quererem dar-me o que me davas; pois, por uma preordenada afeição, elas queriam dar-me aquilo que, graças a ti, elas tinham em abundância. Era um bem para elas o meu bem, que vinha delas, pois era a partir delas que ele vinha, e não por elas. Porque todos os bens vêm de ti, ó Deus, e de meu Deus vem a minha inteira salvação. Isso eu compreendi depois, quando tu me chamaste por meio dos dons, que concedeste dentro e fora de mim. Naquela época eu sabia apenas sugar, receber os deleites e chorar as dores de minha carne, e nada mais.[30]

1.6.8. Logo eu comecei a sorrir, primeiro adormecido, depois acordado. É verdade que as pessoas me contaram tais coisas sobre mim, e acreditei, já que as vemos nas outras crianças; pois não me lembro desses eventos acontecidos comigo. Mas eis que aos poucos fui percebendo onde eu me encontrava, e queria mostrar as minhas vontades àqueles que as satisfaziam. No entanto, eu não conseguia fazê-lo, porque as vontades estavam dentro de mim, e aqueles que as satisfaziam estavam fora, e por meio de nenhum de seus sentidos eles podiam entrar em minha alma. Assim, eu mexia os membros e chorava, emitindo sinais semelhantes às minhas vontades, os poucos que eu conseguia emitir, e da maneira como eu conseguia. Aqueles sinais não eram, contudo, semelhantes às minhas vontades. E quando as pessoas não me atendiam, ou por não me compreenderem, ou para eu não ser prejudicado, eu me indignava com aqueles insubmissos adultos, com aqueles seres livres e não servis, e deles eu me vingava por intermédio de meu choro. Eu percebi que as crianças, como eu pude observar, são assim. E, sem saberem, elas me revelavam mais como eu fui do que as amas, que me conheceram.

1.6.9. Eis que a minha infância há muito tempo morreu, e eu sigo vivo. Porém Senhor, tu que sempre vives e em quem nada morre, já que existes desde antes do alvorecer dos séculos e de tudo que pode ser chamado de anterior, e és Deus e Senhor de tudo quanto criaste, e junto de quem estão as causas de todas as coisas instáveis, e permanecem imutáveis as origens de todas as coisas mutáveis,[31] e vivem as eternas razões de tudo que é irracional e temporal, dize-me, a mim, teu suplicante, Deus misericordioso, dize a teu mísero se a minha infância sucedeu a qualquer idade minha morta, ou se é essa a que passei no ventre de minha mãe? Pois dessa idade alguma coisa me foi revelada e eu mesmo vi mulheres grávidas. O que antes disso, então, eu era, ó doçura minha, Deus meu? Existi em algum lugar, ou era alguém?[32] Não tenho quem isso me responda. Não poderiam responder nem meu pai, nem minha mãe, nem a experiência dos outros, nem minha memória. Ris, por acaso, de que eu te pergunte tais coisas, tu que me ordenas louvar-te e confessar-te[33] o que sei?

1.6.10. Confesso-te, Senhor do céu e da terra (Mt 11,25; Lc 10,21),[34] e louvo-te pelos primórdios e por minha infância, de que não me lembro. Tu deste ao homem conjecturar sobre si a partir dos outros, e acreditar em muitas coisas quanto a si mesmo a partir da autoridade das mulherezinhas. De fato, eu existia e vivia, e os sinais com que expressasse minhas sensações eu já buscava executar, aprendidos no final da infância.[35] De onde provinha tal animal, senão de ti, Senhor? Será que alguém se faria artífice de si mesmo? Ou há algum manancial de onde o ser e o viver corram até nós, além daquele que tu nos fazes, Senhor, em quem o ser e o viver não são diferentes, já que o ser supremo e o viver supremo são a mesma coisa? Afinal, és supremo e imutável (Ml 3,6), e o dia de hoje não se completa em ti, embora se complete em ti, porque em ti estão todas as coisas: afinal, não haveria caminhos para atravessar, a não ser aqueles que conténs. E já que teus anos não têm fim (Sl 101,28), todos os anos são o dia presente. E quantos dias já passaram para nós e para nossos antepassados pelo teu dia presente, e dele receberam seus modos e a seu modo existiram, e quantos outros ainda passarão outros e receberão seus modos de ser e existirão. Tu, porém, és o mesmo (Sl 101,28; Hb 1,12),[36] e todas as coisas de amanhã e as futuras, e todas as coisas de ontem e as passadas farás hoje, hoje as fizeste. Que importa, se alguém no entende? Regozije-se ao perguntar: "O que é isso?" (Ex 13,14; 16,15).[37] Regozije-se ainda assim, e prefira encontrar-te não te encontrando a, encontrando-te, não te encontrar.

As misérias da infância.

1.7.11. Ouve, Deus (Sl 54,2): ai dos pecados da humanidade (Is 1,4)! É um homem quem o diz; apieda-te dele, porque o criaste, e não criaste nele o pecado. Quem me faz recordar do pecado de minha infância, já que ninguém está limpo do pecado diante de ti, nem mesmo a criança, cuja vida na terra é ainda um único dia (Jó 14,4)?[38] Quem me faz recordar? Será que algum menininho, ainda pequerrucho, em quem vejo o que não recordo sobre mim? O que eu pecava? Será porque, chorando, eu abria a boca para os seios? Se agora eu o fizesse, não mais pelos seios, mas desejando a comida condizente com meus anos, eu seria escarnecido e muito justamente repreendido. Naquela época, eu praticava ações repreensíveis, mas, porque eu não podia compreender quem me repreendesse, nem era costume nem a razão permitia que eu fosse repreendido. De fato, expurgamos e lançamos fora essas atitudes quando crescemos. Nunca vi ninguém consciente que, quando purifica algo, lança fora o que há de bom. Ou será que era bom, mesmo naquela idade, exigir por meio do choro até o que, se me fosse concedido, me seria prejudicial, e encolerizar-me com violência, não contra os servos, mas contra homens livres e contra os adultos dos quais fui gerado, além de contra outras pessoas mais sensatas, que não se curvam a um aceno de vontade, e feri-las e escorraçá-las o quanto podia por não obedecerem às ordens (Sen. *Cons. Sap.* 11.2), que se obedecidas me seriam perniciosas? Assim, a fraqueza dos membros infantis é inocente, mas não o ânimo[39] das crianças. Eu mesmo vi e observei um pequenino ciumento; ainda não falava, mas olhava pálido, com o rosto amargo, o seu irmão de leite. Quem não sabe disso? Dizem que as mães e as amas esconjuram esses comportamentos, não sei com que remédios. Mas, enfim, será inocente aquela criança que, na fonte que mana o leite abundante, não suporta o companheiro necessitado de recursos com esse único alimento para sustentar a vida? Com brandura, porém, suportam-no, não porque sejam ninharia ou pouca coisa, mas porque desaparecerão com o passar da idade. Prova disso é que, com igual ânimo, tais coisas não podem ser toleradas quando surpreendidas em alguém de mais idade.

1.7.12. Tu, Senhor Deus meu, que deste à criança a vida e o corpo, que, assim como vemos, proveste-a com sentidos, construíste-a com membros, aformoseaste-a com a forma e, em prol de sua completude e incolumidade, insuflaste o instinto de um ser animado, ordenas-me te louvar por tais coisas, e confessar-te e salmodiar teu nome, ó altíssimo (Sl 92,1), porque és Deus onipotente e bom, ainda que só houvesses feito tais coisas, que ninguém mais pode fazer, senão tu, ó único, a partir de quem provém toda a medida, ó formosíssimo, que dás a forma de todas as coisas e tudo ordenas segundo tua lei. Por isso, Senhor, essa idade que não lembro ter vivido, mas que conheci a partir dos outros, que conjecturei ter passado a partir de outras crianças, que, contudo, são conjecturas muito fiéis, envergonho-me de enumerar nesta minha vida, que vivo neste século (Tt 2,12-14).[40] Pois tudo que pertence às trevas de meu esquecimento é igual àquilo que vivi no útero (Sl 51,5) de minha mãe. Porquanto, se fui concebido na iniquidade (Sl 50,7) e entre os pecados minha mãe nutriu-me no útero, onde, Deus meu, rogo-te, onde, Senhor, eu, servo teu (Sl 115,16), onde ou quando eu fui inocente? Mas eis que passou ao lardo daquele tempo: o que ainda tenho eu com ele, de que nenhum vestígio recordo?

A meninice.

1.8.13. E avançando da infância, não cheguei à meninice? Ou antes, ela não veio a mim, e sucedeu à infância? Esta não se afastou – para onde partiria? Entretanto, já não existia. Pois eu não era um bebê que não falava, mas um menino falante. Disso eu me lembro, apesar de que só depois entendi como aprendi a falar. Com efeito, os homens mais velhos não me ensinavam apresentando-me as palavras segundo um método de instrução[41] formal, como pouco depois ocorreria com as letras, mas eu próprio, com a inteligência que me deste, Deus meu, com gemidos e vozes variadas, e vários movimentos dos membros, procurava demonstrar os sentimentos de meu coração, para que obedecessem à minha vontade, embora não conseguisse tudo o que queria, nem daqueles todos de quem queria. Desse modo, apelava para a memória. Quando alguém chamava algo pelo nome, e, conforme essa palavra, moviam o corpo em direção àquilo, eu via e retinha que aquilo era chamado pelo nome que pronunciavam quando queriam mostrá-lo. Isso também revelava o que eles queriam expressar por meio dos movimentos do corpo, que são como palavras naturais de todos os povos, e que se formavam com o corpo: o movimento dos olhos, a ação dos membros e o som da voz, indicando as afecções do ânimo para pedir, ter, rejeitar ou evitar as coisas. Assim, pouco a pouco, eu retinha as palavras arranjadas em seus lugares nas várias sentenças, repetidamente ouvidas como sinais daquelas coisas. E já domando a boca conforme os sinais, por meio deles eu enunciava minhas vontades. Então, com aqueles entre os quais eu vivia, comuniquei os sinais das vontades que deveriam ser enunciadas, e ingressei mais profundamente na procelosa sociedade da vida humana (Sl 76,20), sob a autoridade dos pais e a aprovação dos mais velhos.

Aprendizado e punições.

1.9.14. Deus, Deus meu, que misérias e enganos experimentei (Ter. Ad. 867) quando, menino ainda, propunham-me, para viver com retidão, obedecer aos que me alentavam para que florescesse naquele mundo secular, e brilhasse nas artes da linguagem, servis instrumentos da ambição dos homens e das falsas riquezas. Fui, então, mandado à escola para aprender as letras,[42] cuja utilidade eu, mísero, não conhecia. No entanto, se eu fosse preguiçoso no aprendizado, apanhava com varas. Isso era elogiado pelos mais velhos, e muitos que antes de nós percorreram essa vida pré-traçaram as dolorosas vias pelas quais éramos obrigados a passar, multiplicando a fadiga e a dor dos filhos de Adão (Gn 3,17). Encontramos, porém, Senhor, homens que te invocavam, e aprendemos com eles, a perceber como podíamos, que podes ser grande, embora invisível a nossos sentidos, e podes nos ouvir e socorrer-nos. Ainda menino comecei a invocar-te como auxílio e refúgio meu (Sl 17,3), e na tua invocação rompia os nós de minha língua, e rogava, pequeno, mas não com pequeno fervor, para não apanhar na escola. E quando não me ouvias, o que era para meu bem (Sl 21.3), riam os homens mais velhos e até meus próprios pais, que não queriam que algo de ruim me atingisse, de minha surra com vara, então o meu maior e mais grave tormento.[43]

1.9.15. Há, porventura, algum ânimo tão magnânimo, Senhor, ligado a ti por tão grande afeto (pois também a estupidez pode fazê-lo), ligado a ti tão piamente que desprezte os cavaletes de tortura, as unhas de ferro e os vários tormentos similares[44] (para se livrar dos quais os homens de todas as terras, com grande temor, dirigem-te súplicas); há alguém que com eles se divirta e aprecie ver os que de maneira tão terrível temem esses suplícios, como nossos pais, que riam dos tormentos que nós, meninos, recebíamos dos mestres? Contudo, não temíamos menos os castigos e não menos suplicávamos a ti que deles escapássemos, e, no entanto, a escrever, ler ou refletir sobre as lições menos do que era exigido de nós, também pecávamos. Não me faltava, Senhor, nem memória nem inteligência bastantes com que quiseste nos dotar para aquela idade, mas me deleitava brincar, e éramos castigados pelos que agiam em verdade do mesmo modo. Com a diferença que as brincadeiras dos adultos são chamadas negócios, enquanto as dos meninos, ainda que sejam iguais às dos adultos, são punidas por eles, e ninguém se compadece nem dos meninos, nem dos adultos, nem de ambos. A não ser que um bom juiz, que julga com retidão, fustigue-me porque, quando menino, eu brincava com a bola, e pela brincadeira era impedido de algum modo de aprender com mais rapidez as letras com que, ao me tornar adulto, eu brincaria de modo mais perverso. Ou agiria de outro modo aquele mesmo que me fustigava, ele que, se fosse vencido em alguma questiúncula por seu adversário, era atormentado por mais ira e inveja do que eu, quando na disputa da bola era superado pelo oponente no jogo?

Incoerências da educação.

1.10.16. No entanto, eu pecava, Senhor Deus, ordenador e criador de todas as coisas naturais – embora sejas apenas o ordenador dos pecados –, eu pecava, Senhor Deus meu, ao agir contra os preceitos de meus pais e dos mestres. Pois eu poderia no futuro fazer bom uso das lições que eles queriam que eu aprendesse, qualquer que fosse seu ânimo para comigo. Além disso, eu não lhes desobedecia ao escolher coisas melhores para fazer, mas, pelo contrário, por amor aos folguedos, ao amar as orgulhosas vitórias nas disputas e ao sentir pruridos em meus ouvidos com falsas histórias (2 Tm 4,3-4), que mais ardentemente me excitavam e avivavam mais e mais a curiosidade dos olhos,[45] ao me atraírem aos espetáculos e os jogos dos adultos, nos quais, aqueles que os presidem, sobressaem-se tanto pela dignidade de oferecer, que quase todos desejam isso para seus filhos, e, não obstante, de boa vontade consentem em que estes mesmos sejam castigados, se são impedidos do estudo, pelos mesmos espetáculos, que deles desejam que no futuro patrocinem. Vê essas coisas, Senhor, e com misericórdia livra-nos delas, nós te rogamos, e livra também aqueles que ainda não te rogam, para que te invoquem e os libertes.

O batismo diferido.

1.11.17. Eu ouvia, quando ainda menino, sobre a vida eterna prometida a nós pela humildade[46] do Senhor nosso Deus, que desceu até a nossa soberba, e fui marcado pelo sinal da cruz e condimentado com sal[47] mal saído do ventre de minha mãe, que punha em ti muitas esperanças. Viste, Senhor, quando, certo dia, ainda menino, contraído o estômago de repente e a arder em febre, eu quase morri; viste, Deus meu, tu que então já eras meu guardião (Jó 7,20; Gn 28,15), com que afã do ânimo e com que confiança eu supliquei à piedade de minha mãe e da mãe de todos nós (Gl 4,26),[48] a tua igreja, o batismo de teu Cristo, Deus e Senhor meu. E perturbada, porque paria com mais cuidado minha salvação eterna no casto coração em tua fé, a mãe da carne minha cuidaria apressada de iniciar-me nos sacramentos da salvação, e de purificar-me, confessando-te, Senhor Jesus, na remissão dos pecados (Mc 1,4-5), quando de repente comecei a melhorar. Foi então diferida minha purificação, como se fosse necessário continuar a me corromper, já que eu iria viver, porque depois daquela purificação (Tt 3,5-6) seria maior e mais perigosa a recaída na sordidez dos pecados. Assim eu já acreditava, como também minha mãe e todos da casa – exceto meu pai, que, no entanto, nunca me esbulhou o direito à crença materna para impedir-me de crer em Cristo, como ele ainda não acreditava. Pois minha mãe ansiava que fosses meu pai, Deus meu (Sl 26,10), mais do que aquele, e nisso a ajudavas para que vencesse o marido, a quem melhor servia, porque nisso a ti servia, e servia ao que ordenavas.

1.11.18. Rogo-te, Deus meu: eu quereria saber, se também tu assim quiseres, tu por cujo desígnio postergou-se que eu fosse batizado, se foi para meu bem que, por assim dizer, soltaram as rédeas do pecado. Ou se elas não foram soltas? Por que razão, então, ainda agora de uns e outros chega-me de toda parte aos ouvidos: "Deixa-o fazer, pois ainda não foi batizado?". Embora assim não digamos da saúde do corpo: "Deixa que fique mais enfermo, pois ainda não foi curado". Quanto, então, seria melhor e mais rápido ser curado, e que a minha diligência e a dos meus se ocupassem de mim, para que a recebida salvação de minha alma (Sl 34,3) estivesse assegurada pela tua proteção, que tu terias dado. Melhor, decerto. Mas quantas e quão grandes ondas de tentações pareciam ameaçar contra mim depois da meninice, minha mãe já as conhecia e preferia expor a elas a terra (Gn 1.2),[49] que ainda haveria de ganhar feição, em vez da forma já pronta.[50]

Obrigação dos estudos.

1.12.19. Ainda na meninice, quando para mim havia menos que temer do que na adolescência, eu não amava as letras e odiava ser a elas obrigado; obrigavam-me, no entanto, e bem me faziam, sendo eu que não agia bem. Pois eu não aprenderia se não fosse obrigado, afinal ninguém age bem a contragosto, ainda que o que faça seja bom. Tampouco os que me obrigavam agiam bem, mas um bem me vinha de ti, Deus meu. Pois eles não percebiam para onde me levaria o que me obrigavam a aprender, e tão somente para saciar a insaciável cobiça[51] por abundante raridade e ignominiosa glória. Mas tu, para quem são contados os nossos cabelos (Sl 78,5; Mt 10,30), usavas em meu proveito o erro de todos que me instavam a estudar, e usavas para meu castigo o meu erro, castigo do qual eu certamente era merecedor, pois ainda que fosse menino tão pequeno, era tão pecador. Assim, por meio dos que não me faziam o bem, tu o bem me fazias, e a mim mesmo, que pecava, retribuías-me (Sl 141,8) com retidão. Pois mandaste, e assim é, que todo ânimo desordenado seja seu próprio castigo.

Primeiros aprendizados.

1.13.20. Qual era a razão de eu odiar as letras gregas, que aprendia quando menininho?[52] Até hoje não me foi suficientemente explicado. Amava, porém, as letras latinas, não as que os professores primários ensinavam, mas as que ensinavam os mestres gramáticos.[53] De fato, as primeiras, quando aprendia a ler, escrever e contar, eu as considerava não menos pesadas e penosas do que as gregas. Mas de onde vinha isso, senão do pecado e da vaidade, em razão de que eu era carne e sopro que passa e não volta (Sl 77,39)? Com efeito, quão melhores, porque mais certas, eram aquelas primeiras letras, por meio das quais eu poderia, e de fato posso, ler tudo que encontro escrito, e escrever, se assim quero, quão melhores do que aquelas pelas quais eu era obrigado a memorizar não sei quais errâncias de Eneias, esquecido de minhas próprias errâncias,[54] e a deplorar Dido morta, porque se matou por amor, quando, nesse meio tempo, misérrimo eu mesmo, de olhos secos morria, Deus e a vida minha (Catul. 45.13; 109.1),[55] longe de ti.

1.13.21. O que há, enfim, de mais mísero do que um mísero que não tem misericórdia por si, e chora a morte de Dido, que o fez por amor a Eneias, e não chora, porém, a própria morte, que se dava por não te amar, Deus, luz do coração meu (Jo 1,9) e pão (Jo 6,35) da íntima boca da alma minha, virtude (1 Cor 1,24) fecundante de minha mente, seio de meu pensamento? Não te amava e fornicava[56] longe de ti (Sl 72,27), e, a fornicar, soava por toda parte: "Muito bem, muito bem!". Pois a afeição deste mundo longe de ti é fornicação, e "Bravo, bravo!" (Sl 39,16),[57] se diz para que o homem não se envergonhe de ser assim. E por essas coisas eu não chorava, e chorava pela falecida Dido, *que na espada buscou a morte* (Verg. A. 4.457), enquanto eu próprio, abandonando-te, buscava as ínfimas coisas de tua criação, pó que seguia o pó (Gn 3,19). E se me proibissem de ler tais obras, eu sentiria dor, porque não lia o que me doía. E essa insânia é considerada mais honrada e produtiva do que o aprendizado das letras, em que se ensina a ler e a escrever.

1.13.22. Mas agora, que meu Deus clame em minha alma, e a tua verdade me diga: "Não é assim, não é assim; aquela primeira instrução é muito melhor". Pois eis que estou mais disposto a esquecer as errâncias de Eneias e todas as coisas similares, do que a esquecer como escrever e ler. Com efeito, pendem cortinas nas portas das escolas dos gramáticos, mas elas não representam mais a honra do segredo do que a cobertura dos erros. Não gritem contra mim aqueles que já não temo, enquanto confesso a ti o que quer minha alma, Deus meu, e descanso na repreensão de meus malignos caminhos (Sl 118,101), para que eu ame os bons caminhos teus; não gritem contra mim os vendedores e compradores de literatura, pois se lhes proponho a questão de que, se é verdade que Enéias alguma vez chegou a Cartago, como diz o poeta, os indoutos dirão que não sabem, e os mais doutos negarão que seja verdade. Mas eu se lhes pergunto com que letras se escreve o nome de Enéias, todos os que as aprenderam me responderão o mesmo, segundo aquele acordo e convenção com que os homens entre si estabeleceram os signos. Do mesmo modo, se eu lhes indagasse qual o maior incômodo para a vida, se esquecer a leitura e a escrita ou todas aquelas ficções poéticas, quem não vê o que se responderia? Quem estaria tão fora de si? Logo, quando menino eu pecava ao antepor por gosto aquelas histórias vazias às úteis, ou antes, odiava estas e amava aquelas. Na verdade, "um mais um, dois, dois mais dois, quatro" era para mim uma odiosa cantilena, ao passo que eram um dulcíssimo espetáculo a frivolidade do cavalo de madeira cheio de homens armados, o incêndio de Tróia e até o fantasma de Creúsa (Verg. A. 2.272).

Grego e latim.

1.14.23. Por que, então, eu odiava a literatura grega, em que se cantavam coisas tais? Pois também Homero era perito em tecer historietas, e era dulcissimamente frívolo – ainda que para mim, menino, fosse amargo. Creio que para os garotos gregos Virgílio também o seja, quando são obrigados a estudá-lo, como eu a Homero. De fato, a dificuldade, sim, a dificuldade de ter de aprender uma língua estrangeira aspergia com fel as doçuras das fabulosas narrativas gregas. Pois nenhuma das palavras eu conhecia, e com cruéis terrores e castigos eu era instado com veemência a conhecer. Por outro lado, as palavras latinas, sendo ainda criança, tampouco eu conhecia, porém, ao prestar atenção, as aprendia sem medo ou tormento, entre as carícias das amas, os gracejos dos que riam e as alegrias dos que brincavam. Aprendi, em verdade, sem o grave peso dos castigos, quando me urgia o coração a dar à luz seus conceitos, e não havia outro caminho, a não ser aprendendo algumas palavras, não com professores, mas com os que falavam, nos ouvidos dos que eu professava o que sentia. Daqui bem se percebe ter mais força para aprender a livre curiosidade do que a medrosa necessidade. Porém com esta se restringe o fluxo daquela, conforme tuas leis, Deus, tuas leis, que estabelecem desde as palmatórias dos mestres até as provas dos mártires, segundo tuas leis poderosas, que sabem ministrar saudáveis amargores que nos chamem a ti do pestífero deleite, pelo qual estamos afastados de ti.

Prece.

1.15.24. Ouve, Senhor, a prece minha (Sl 60,2),
para que a alma minha não se desfaleça (Sl 83,3; Sl 118,81) sob o
ensino teu,
e eu não me desfaleça ao confessar-te as misericórdias tuas,
pelas quais me arrancaste dos péssimos caminhos meus (2 Rs 17,13),
para que te tornes para mim mais doce do que todas as seduções que
eu seguia,
e eu te ame com todas as forças
e abrace a mão tua com todo o coração meu;
arreda-me de toda tentação, até o fim.
Eis aqui tu, Senhor, rei meu e Deus meu (Sl 5,3),
e que a ti sirva tudo que de útil quando menino aprendi,
que a ti sirva o que falo e escrevo e leio e enumero,
pois ao mesmo tempo em que coisas vãs eu aprendia
tu me davas o conhecimento teu,
e os pecados dos deleites naquelas coisas vãs me perdoaste.
Aprendi, deveras, com elas muitas palavras úteis,
mas que também podem ser aprendidas no que não é vão,
e esse é o caminho (Jo 14,6) seguro que os meninos deveriam trilhar.

Os métodos de ensino.

1.16.25. Ai de ti, ó rio dos costumes humanos![58] Quem resiste a ti (Sl 75,8)? Até quando não secarás? Até quando arrastarás os filhos de Eva até o mar imenso e assustador, que a custo atravessam aqueles que sobem no lenho?[59] Não li em ti que Júpiter troveja e comete adultérios? Ao mesmo tempo não podia fazer os dois, mas foi representado assim para que alguém tivesse a autonomia para o imitar num verdadeiro adultério, com o ardil de um trovão. Quem, contudo, dos mestres vestidos de pênula,[60] ouve com ouvidos sóbrios um homem do mesmo pó, que grita e diz: "Homero inventava tais histórias e transferia aos deuses as características humanas; ao passo que eu preferia que ele nos transferisse as divinas?" (Cic. *Tusc.* 1.26.65). Mas com mais verdade se diria que ele inventava as histórias para que, atribuindo aos homens viciosos os costumes divinos, os vícios não fossem considerados vícios, e ninguém que os cometesse parecesse imitar homens perdidos, mas deuses celestes.

1.16.26. E, apesar disso, ó rio tartáreo,[61] são jogados em ti, com o pagamento dos honorários, os filhos dos homens para aprenderem tais histórias. E isso é considerado importante, já que é feito em público, no fórum, sob a proteção das leis, que, além dos honorários, determinam o recebimento de salários.[62] E tu bates tuas pedras soantes (Verg. *A.* 6.551) dizendo: "Aqui se aprendem palavras e aqui se adquire eloquência, maximamente necessária para a persuasão e para explicação das sentenças".[63] De fato, não conheceríamos expressões como "chuva de ouro", "regaço", "logro", "templos do céu" e outras que estão escritas em sua obra, se Terêncio não apresentasse um jovem inútil a propor Júpiter como exemplo para o estupro, enquanto contempla uma pintura na parede onde havia a imagem que representava, como dizem, a cena em que Júpiter mandou sobre o regaço de Dânae, certa vez, uma chuva de ouro, logrando a mulher? Vê o modo como se incita à libertinagem a partir do celeste magistério: "Mas que deus", pergunta, "abalou com o enorme troar os templos do céu? Eu, homenzinho, não o farei? Eu, pois, o fiz satisfeito" (Ter. *Eun.* 584-591).[64] De modo algum se aprendem mais facilmente tais palavras por meio dessa torpeza; mas por essas palavras perpetra-se a torpeza com mais confiança. Não acuso as palavras, que são como vasos escolhidos e preciosos,[65] mas o vinho do erro que neles é servido pelos ébrios doutores;[66] mas, se não o bebêssemos, apanharíamos sem podermos apelar a algum sóbrio juiz. Apesar disso, eu, Deus meu, em cujo olhar não está segura minha lembrança, de boa vontade aprendi tais coisas, e, mísero, com elas me deleitava, e em razão delas era apontado como um menino de grande futuro.

Exercícios literários.

1.17.27. Permite-me, Deus meu, dizer algo sobre minha inteligência, dom teu, e em quais delírios eu a gastava. Propunham-me uma tarefa, fonte de ansiedades para minha alma tanto pelo prêmio dos elogios e pela honra quanto pelo medo das surras: que eu compusesse as palavras de Juno colérica e cheia de dor porque "não pôde afastar da Itália o rei dos troianos" (Verg. *A.* 1.38), coisa que eu nunca ouvira Juno dizer. Mas éramos obrigados a seguir, errantes,[67] as pegadas das ficções dos poetas, e a dizer em prosa aquilo que o poeta dissera em versos. E recebia mais elogios aquele que, conforme a dignidade da personagem representada, realçava com maior semelhança os sentimentos de ira e de dor, e adornava as sentenças com palavras mais apropriadas. De que me valia, ó verdadeira vida (Jo 14,16), Deus meu, ter sido mais aclamado nas declamações do que muitos coetâneos e colegas meus? Eis que não é tudo fumaça e vento? Não havia algo mais em que exercitasse minha inteligência e minha língua? Os louvores a ti, Senhor, os louvores a ti, contidos em tuas escrituras, teriam sustentado o rebento de meu coração, e eu não seria arrebatado pelo torpe vazio das inutilidades, como presa de aves. Pois não de um só modo se presta sacrifício aos anjos caídos.[68]

Inútil retórica.

1.18.28. Mas por que é de se admirar que eu fosse levado assim pelas vaidades, Deus meu, e andasse para longe de ti, quando me propunham como modelo que eu imitasse homens que se perturbavam por serem repreendidos não por deles se relatarem malfeitos, mas lhes apontarem alguns ditos contendo barbarismo ou solecismo,[69] ao passo que, se se contassem seus desregramentos com palavras corretas e de acordo com as convenções, com facúndia e elegância (Cic. *Tusc* 1.4.7), seriam louvados e glorificados? Vês essas coisas, Senhor, e te calas paciente, veraz e cheio de misericórdia (Sl 85,20). Será que sempre te calarás (Is 42,14; Ter. *And.* 498)? Pois agora tiras desse espantoso abismo a alma que te busca sedenta (Sl 41,3-4) por teus deleites, cujo coração te diz: "Busquei tua feição". Tua feição,[70] Senhor, eu busquei (Sl 26,8): pois quem está longe de tua face vive em tenebrosa perturbação. Mas não é com os pés nem pela distância dos lugares que nos afastamos ou nos aproximamos de ti; aquele teu filho caçula (Lc 15,11-18),[71] procurou cavalos, carros ou barcos, ou voou com asas invisíveis, ou fez o caminho a pé, quando vivendo na longínqua região, prodigiosamente dissipou o que lhe deste quando partiu, doce pai, porque deste, e ainda mais doce com o que voltava necessitado? Assim, estar em perturbação libidinosa, isto é, tenebrosa, é estar longe de tua face.

1.18.29. Vê, Senhor Deus, e, como és paciente, vê com que diligência os filhos dos homens observam as convenções das letras e das sílabas, recebidas dos primeiros falantes, e negligenciam as convenções eternas da perpétua salvação recebidas de ti, de tal modo que aquele que sabe ou ensina as antigas regras de pronúncia, se contra as leis gramaticais disser a palavra *homo* sem a aspiração da primeira sílaba, desagradaria mais aos homens que se, contra teus preceitos, odiasse o homem, embora sendo homem. Como se alguém sentisse ser mais pernicioso o inimigo do que o próprio ódio com que se irrita contra ele, ou que prejudicasse alguém mais gravemente o perseguindo do que se prejudica o próprio coração que guarda a inimizade. Com certeza, o conhecimento das letras não é mais interior do que a inscrita consciência (Rm 2,15), que manda não se fazer ao outro o que não se quer sofrer. Quão secreto és tu, que habitas as alturas em silêncio, Deus único e imenso, que espalhas, com a lei infatigável, cegueiras punitivas sobre ilícitas cobiças, quando o homem, buscando a fama da eloquência, diante de um homem juiz, rodeado por uma multidão de homens, a perseguir seu inimigo com o ódio mais feroz, cuida vigilantíssimo para que por erro de regência não diga "entre aos homens", e não cuida, pelo furor de seu ódio, de não tirar um homem de entre os homens.

Erros da infância.

1.19.30. No umbral dos costumes, eu, mísero menino jazia, e aquela era a arena onde eu me exercitava, onde eu mais temia cometer barbarismos, que eu evitava cometer, e se cometia, invejava os que não cometiam. Digo e confesso a ti, Deus meu, tais coisas, pelas quais eu era elogiado por aqueles a quem agradar era então para mim viver honradamente. Pois eu não via a voragem da torpeza em que era lançado para longe de teus olhos (Sl 30,23). Afinal, entre eles, quem era mais corrompido do que eu, quando desagradava até a eles quando enganava com inumeráveis mentiras o pedagogo,[72] os mestres e os pais pelo amor ao jogo, o desejo pela frivolidade dos espetáculos e a ânsia pelas divertidas imitações? Também cometia furtos na dispensa de meus pais e na mesa, ou pela gula imperiosa ou por ter o que dar aos meninos que vendiam seu jogo, embora se divertissem o mesmo tanto que eu. E no jogo, vencido pela cupidez de sobressair-me, muitas vezes caçava vitórias fraudulentas. Porém não queria tolerar e repreendia de modo atroz se surpreendia nos outros o que eu mesmo fazia. E se era eu o surpreendido, preferia agredir a ceder. Será essa a inocência dos meninos? Não é, Senhor, não é. Digo-te, Deus meu: pois essas mesmas atitudes que são tomadas contra aos pedagogos e mestres por causa de nozes, pelotas e passarinhos, quando se chega à idade adulta, são praticadas contra os prefeitos e reis, por causa de ouro, prédios e escravos; e, do mesmo modo que às palmatórias, sucedem-se maiores suplícios. Logo, rei nosso, demonstraste, sem dúvida, o símbolo da humildade apenas por meio da estatura das crianças quando disseste que "delas é o reino dos céus" (Mt 19,14).

Ação de Graças.

1.20.31. Mas, Senhor, graças te rendemos, ó excelentíssimo criador e supremo governante do universo, Deus nosso, mesmo que por teus desígnios quisesses que eu não vivesse além de menino. Entretanto, eu já então existia, vivia, sentia e cuidava de minha incolumidade, vestígio da secretíssima unidade[73] a partir da qual eu existia, vigiava por um senso interior, pela integridade de meus sentidos, e deleitava-me nos meus frágeis pensamentos com a verdade das pequenas coisas. Não queria ser enganado, tinha boa memória e instruía-me na conversação, comprazia-me com a amizade, fugia da dor, da abjeção e da ignorância. O que há em um tal vivente que não seja admirável e elogiável? Pois tudo isso são dons de meu Deus. Não me dei tais dons, que são bons, e todos eles sou eu. Bom, portanto, é aquele que me fez, e é ele que é o meu bem, e eu o exalto por todos os bens, em razão dos quais eu existia, mesmo sendo um menino. Eu pecava porque, não nele, mas em suas criaturas, procurava os prazeres, as grandezas e as verdades, e, por isso, lançava-me às dores, às confusões e aos erros.

Graças te sejam dadas, doçura minha, glória minha, confiança minha,
                                                                    Deus meu,
graças te sejam dadas pelos dons teus (2 Cor 9,15).
Guarda-os para mim, e assim me haveis de guardar,
e os dons que me deste hão de crescer e de se aperfeiçoar,
e eu estarei contigo, porque, se sou, é porque tu me deste ser.

Livro II

Amarga recordação.

2.1.1. Das passadas torpezas minhas quero me lembrar
e das corrupções carnais da alma minha,
não porque eu as ame, mas porque te amo, Deus meu.
É por amor ao teu amor[74] que o faço,
chamando de volta meus caminhos mais perversos
ao amargor da recordação minha,
para que tu me adoces, ó dulçor nunca enganoso, ó feliz e firme dulçor,
recolhendo-me da dispersão que em pedaços fui dividido
quando do uno que tu és fui afastado,
e em coisas sem conta me desvaneci (Is 11,12).
Muitas vezes na adolescência me inflamei de saciar as baixezas
e ousei florestar-me de vários e sombrios amores;
consumi minha beleza e me apodreci diante de teus olhos (Sl 78,10),
agradando a mim e desejando agradar aos olhos dos homens (Sl 52,6).

O aprendizado do amor.

2.2.2. E em que eu me deleitava senão em amar e ser amado? Mas eu não guardava os limites de uma alma para outra,[75] adequados à luminosa fronteira da amizade, pois nuvens de limosa (Sl 39,3) concupiscência da carne e pruridos da puberdade exalavam, obnubilavam e ofuscavam o meu coração, que não discernia entre a serenidade da afeição e a caligem da libido.[76] Uma e outra em confusão abrasavam e arrastavam minha débil idade aos despenhadeiros dos desejos, e a imergiam na voragem dos vexames. Tua ira se fortalecia sobre mim, e eu não sabia. Eu me ensurdecia com a estridência das correntes de minha mortalidade, em castigo da soberba de minha alma. E eu me afastava para mais longe de ti, e tu consentias; e eu me jogava, mergulhava, esbaldava e fervia nas fornicações;[77] e tu te calavas. Ó meu tardio gozo! Tu te calavas e eu me afastava para mais longe de ti, atrás, mais e mais, das estéreis sementeiras das dores, com soberba abjeção e inquieta lassitude.

2.2.3. Quem moderaria as minhas tribulações, converteria em útil para mim a beleza fugaz das mais recentes novidades[78] e imporia limite às suas seduções, para que as ondas de minha idade fossem estuar na praia do casamento, quem as moderaria se a tranquilidade das ondas não podia ser alcançada, contida pela finalidade da procriação dos filhos, como prescreve tua Lei (Gn 1,28), Senhor, que assim crias a propagação de nossa vida mortal, podendo pôr a doce mão como lenitivo aos espinhos, excluídos de teu paraíso (Gn 3,18)? Pois tua onipotência não está longe de nós, mesmo quando estamos longe de ti. Decerto eu deveria ter me voltado com mais atenção ao som de tuas nuvens: (Sl 35,8) "Todavia, os tais terão tribulações na carne; e eu quereria poupar-vos" (1 Cor 7,28); e "É bom para o homem não tocar em mulher alguma" (1 Cor 7,1); e "Quem não tem esposa dedica-se às coisas de Deus e pensa em como agradar a Deus; quem, porém, está unido em matrimônio pensa nas coisas que são do mundo e em como agradar a esposa" (1 Cor 7,32-33). Pois eu deveria ter ouvido essas vozes mais atenção, e, mutilado em prol do reino dos céus (Mt 19,12), esperaria mais feliz os teus abraços.

2.2.4. Mas, mísero, fervi-me a seguir o ímpeto de minhas ondas, e, após te abandonar, ultrapassei todas as tuas leis, e não escapei a teus flagelos. Quem, porém, dos mortais o fez? Pois tu estavas sempre ao meu lado, com misericórdia te irando, a aspergir com os mais amargos desgostos todas as minhas ilícitas alegrias, para que eu buscasse me alegrar sem te ofender, e eu não pudesse encontrar nada em parte alguma exceto tu, Senhor, exceto tu, que nos moldas a dor como preceito (Sl 93,20), que nos feres para nos curar e que nos tombas, para que não morramos longe de ti (Dt 32,39). Onde eu estava? E quão longe eu me exilava das delícias de tua casa naquele décimo sexto ano da idade de minha carne, quando a insânia do prazer[79] empunhou sobre mim seu cetro, e a ela eu estendi as mãos, permitida pela desonra dos humanos, mas ilícita segundo tuas leis? Os meus não cuidaram de evitar minha queda por meio do matrimônio, mas apenas cuidaram que eu aprendesse a fazer ótimos discursos e que pudesse persuadir os outros com a fala.

A inquietação da juventude.

2.3.5. Naquele ano, meus estudos foram interrompidos quando fui chamado de volta de Madaura, cidade vizinha onde eu fora começar a aprender literatura e oratória. Meu pai, cidadão muito modesto de Tagaste, estava preparando o necessário para uma viagem mais longa, a Cartago, com mais ânimo do que com recursos. Mas por que conto isso? Não é a ti, Deus meu, porém é diante de ti que conto esses fatos ao meu gênero, ao gênero humano, qualquer que seja a partícula dele que possa tropeçar em minhas letras. E por que o faço? Para que eu e qualquer um que lermos estas palavras pensemos de quão profundo (Sl 129,1) devemos te chamar. E o que há mais próximo de teus ouvidos do que um coração que se confessa e uma vida dedicada à fé (Hab 2,4; Rm 1,17)? Quem não cumularia de elogios aquele homem, meu pai, que, indo além das forças dos bens familiares, propiciou ao filho tudo o que era necessário à longa viagem de estudos? Pois muitos cidadãos, muito mais ricos do que ele, não tinham nenhum empenho para com os filhos. Entretanto, esse mesmo pai não se interessava na mesma medida em que eu crescesse para ti, ou fosse casto, exceto em que eu fosse diserto, ainda que deserto[80] de teu cultivo, Deus, tu que és o único verdadeiro e bom Senhor de teu campo, o meu coração (1 Cor 3,9).

2.3.6. Mas quando, aos dezesseis anos, impostas as férias por falta de recursos familiares, livre de toda escola, fui viver com meus pais, os espinhos da libido subiram à minha cabeça,[81] e nenhuma mão os arrancava. Pelo contrário, quando nos banhos meu pai me viu pubescente, revestido da inquieta adolescência, como se assim já pudesse ter netos, com regozijo contou a minha mãe, regozijando-se na embriaguez que faz este mundo se esquecer de ti (Rm 1,25), seu criador, e amar em teu lugar a tua criatura – na embriaguez que nasce do vinho invisível de sua perversa vontade, inclinada às coisas inferiores. Entretanto, tu já havias começado a erguer o teu templo no peito de minha mãe (1 Cor 3,16) e fazer o início de tua santa morada, ainda que meu pai fosse apenas catecúmeno, e mesmo assim, recente. Ela se sobressaltou em pia trepidação e tremor (2 Cor 7,15), pois, já que eu não era batizado, temeu os tortos caminhos, que trilham aqueles que te dão as costas, e não o rosto (Jr 2,27).

2.3.7. Ai de mim! Ouso dizer que te calaste, Deus meu, quando era eu que me afastava para mais longe de ti? Será que te calavas diante de mim? De quem, senão tuas, eram as palavras que, por minha mãe, fiel tua, cantaste nos meus ouvidos? Mas nenhuma delas desceu-me ao coração para que eu as cumprisse. Pois minha mãe queria, e recordo-me de que me admoestou em segredo com grande solicitude, que eu não fornicasse, e sobretudo, que eu não cometesse algum adultério com a esposa de alguém. Mas esses avisos pareciam-me feminis, e eu me envergonhava de lhes obedecer. Eles, porém, eram teus, e eu não sabia. Achava que te calavas, que era ela quem me falava; mas por meio dela tu não te calavas para mim, ainda que fosses desprezado nela por mim, por seu filho, pelo filho de tua serva, pelo teu servo (Sl 115,16). Mas eu não sabia e precipitava-me com tamanha cegueira, que entre meus coetâneos envergonhava-me de ser o menos indecoroso, já que os ouvia se jactarem de seus opróbrios, tão mais vangloriosos quanto mais torpes, satisfeitos não só pela libidinagem, mas antes pelo fato de serem elogiados. O que há digno do vitupério senão o vício? E eu, para não ser vituperado, fazia-me mais vicioso, e quando não cometia algo com que me igualasse aos corrompidos, fingia ter feito o que não fizera, para não parecer tanto mais abjeto quanto mais inocente, nem mais vil, quanto mais casto.

2.3.8. Eis os companheiros com quem eu percorria o caminho das praças da Babilônia (Ap 17,5),[82] e revolvia-me em sua lama (Jr 38,22), como se fosse em cinamomo e perfume precioso (Ct 4,14). E para que em seu umbigo eu me agarrasse com mais força, o inimigo invisível calcava-me e seduzia-me, seduzível que eu era. E nem mesmo aquela que já havia fugido do meio da Babilônia (Jr 51,6), mas que das outras faltas se afastava mais lenta, a mãe de minha carne, assim como havia me aconselhado a castidade, cuidou de conter com os laços conjugais o que sobre mim ouvira de seu marido, e que percebia pestilento e perigoso no futuro, se não podia ser cortado de imediato. Não cuidou disso porque tinha medo de que o vínculo matrimonial frustrasse a esperança que tinha em mim, não aquela, da vida futura, que minha mãe depunha em ti, mas a esperança das letras, que ambos, pai e mãe, tanto queriam que eu aprendesse – ele, embora nada pensasse a respeito de ti, cogitava para mim muitas glórias vãs, enquanto ela, porque acreditava que os costumeiros estudos literários não só não me seriam um estorvo, mas que não seriam de pouca valia para eu chegar a ti. E assim conjecturo, lembrando-me, o quanto posso, dos costumes de meus pais. Afrouxaram-me, contudo, na dissolução de várias paixões as rédeas do jugo além do que era permitido pela severidade; e de tudo isso elevava-se a caligem que de mim ocultava, Deus meu, a serenidade de tua verdade; e a maldade brotava como que de minha gordura (Sl 72,2).

O furto das peras.[83]

2.4.9. Decerto tua lei pune o furto, Senhor, a lei que está inscrita nos corações humanos (Rm 2,14), e que nem mesmo a maldade apaga. Ora, que ladrão suporta de boa vontade outro ladrão? Tampouco o rico suporta aquele que foi levado ao furto pela miséria. E eu quis cometer, e cometi, um furto, e não o fiz impelido pela necessidade, a não ser por penúria e fastio da justiça, e por excesso de maldade. Tanto assim que furtei o que me sobrava, e que eu tinha muito melhor. Eu não queria tanto fruir da coisa furtada quanto me apetecia o furto, que me apetecia pelo próprio furto, pelo pecado. Havia, perto de nosso vinhedo, uma pereira carregada de frutos, não cobiçáveis pela beleza nem pelo sabor. Para sacudi-la e levar seus furtos, nós, adolescentes dissolutos, aproximamo-nos dela tarde da noite, pois de acordo com o doentio costume, havíamos nos atrasado nos folguedos na rua (Sal. Cat. 10,6; 17,5; 32,1). E levamos então uma enorme carga, não para nossa alimentação, mas para lançá-la aos porcos (Mt 7,6; Hor. Ep. 1.7.13-21), ainda que algumas poucas tenhamos comido, sendo que aquilo nos agradava por ser proibido. Eis meu coração no fundo do abismo, Deus, eis meu coração, de que tiveste misericórdia. Que meu coração agora te conte o que ali procurava, quando era mau sem motivo e não havia outra causa para minha maldade senão a maldade. Era torpe, e amei-a. Amei perecer, amei minha queda, não aquilo em razão do que caía, mas amei a própria queda, torpe alma que, saltando de teu alicerce ia para o extermínio, sem buscar na infâmia senão a própria infâmia.

O pecado.

2.5.10. Com efeito, há atrativos na aparência dos corpos, no ouro, na prata e em tudo mais; para o tato da carne, contudo, mais vale a congruência das partes – ao passo que para os outros sentidos há nos corpos seu modo conveniente. Também as honras temporais e o poder de mandar e ser superior têm seu atrativo, de onde nasce a avidez pela vingança. No entanto, para adquirir tudo isso, não é preciso afastar-se de ti, Senhor, nem se desviar de tua lei. A vida que aqui vivemos tem sua sedução em razão de certa maneira sua de beleza, e pela harmonia com as outras belezas inferiores. A amizade dos homens também é doce por um caro laço, pela unidade que faz de muitas almas. Por todas essas coisas, e outras semelhantes, comete-se o pecado quando, por uma inclinação imoderada para elas, ainda que sejam coisas inferiores, abandonam-se o que há de melhor, ou seja, tu, Senhor, Deus nosso, a verdade tua e tua lei. As coisas inferiores têm seus deleites, mas não como meu Deus, que fez todas as coisas, porque nele o justo se compraz, e ele é as delícias para o coração dos retos (Sl 63,11).

2.5.11. Quando, portanto, se indaga por qual razão se praticou um crime, essa razão não costuma ser digna de crédito até se concluir que pode ser o apetite de conseguir algum daqueles bens que chamamos de inferiores, ou o medo de os perder. São sem dúvida coisas belas e atraentes, embora, se comparadas às superiores e beatíficas, sejam abjetas e desprezíveis. Alguém cometeu um homicídio. Por que o fez? Desejava a esposa da vítima ou a sua propriedade; quis roubar algo para viver, ou temia que dele algo fosse tomado; ou, após ser lesado, ou se abrasava por vingança. Por acaso cometeria um homicídio sem causa, deleitando-se com o próprio homicídio? Quem acreditaria? Pois ainda daquele que foi dito ser um homem sem coração e excessivamente cruel, porque sem motivo era maldoso e cruel (Sal. *Cat.* 16.13), ainda assim a causa foi explicada: "Para que, por ócio", dizia ele, "não se lhe entorpecesse a mão ou o ânimo" (Cic. *Catil.* 16). Também aí se pergunta: "Por que?". É evidente que o fez para que, no exercício dos crimes, capturada a Urbe, ele conseguisse honras, poder e riquezas, e não tivesse medo das leis e das dificuldades em razão da pobreza familiar e da consciência dos crimes. Assim, pois, nem o próprio Catilina amou seus crimes, mas aquilo por cuja causa ele os cometia.

As paixões humanas e a perfeição de Deus.

2.6.12. O que, eu mísero, amei em ti (Ter. *Eun.* 328), ó furto meu, ó meu noturno crime do décimo sexto ano de minha vida? Afinal, não eras belo, já que eras um furto. Ou será que és algo, para que eu fale de ti? Eram belos os frutos que furtamos, pois eram criação tua, ó mais belo de todos, criador de todos, Deus bom, Deus sumamente bom e verdadeiro bem meu. Belos eram aqueles frutos, mas não foram eles que minha miserável alma desejou. Afinal, eu tinha em abundância outros melhores, e aqueles eu colhi apenas por furtar. Pois os colhi e lancei-os fora, me banqueteando apenas com a maldade, de que eu me alegrava por fruir. Porque se algum daqueles frutos entrou em minha boca, o sabor ali era o crime. Agora, Senhor, Deus meu, pergunto o que no furto me deleitaria, e eis que não encontro beleza alguma: já não digo da que existe na justiça e na prudência, nem tampouco daquela que há na mente do homem e na memória, nos sentidos e na vida vegetante, nem da que há nos belos astros, na maravilha de suas órbitas, na terra e no mar cheio de seres, que, ao nascer, sucedem aos que morrem, nem ao menos de alguma beleza sombria dos vícios enganosos.

2.6.13. De fato, a soberba imita a altura, embora sejas tu, Deus, o único excelso sobre todas as coisas (Jó 36,22). O que a ambição busca senão as honras e glórias, embora sejas tu sobre todos o único que deve ser honrado e glorificado pela eternidade? A sevícia dos poderosos quer ser temida: quem, porém deve ser temido senão o único Deus; e quem poderia escapar ou subtrair-se a seu poder? Quando, onde, para onde ou por que o poderia? As carícias dos lascivos querem ser amadas. Mas nada há mais carinhoso que tua caridade, nem nada é mais amado do que a tua formosa e luminosa verdade. A curiosidade parece ambicionar o estudo da ciência, quando tu conheces sumamente todas as coisas. Até a ignorância e a estupidez cobrem-se com o nome de simplicidade e inocência; mas nada há mais simples do que tu. Quem é mais inocente do que tu, quando as obras do mal são as suas inimigas?

A preguiça é a busca pelo repouso; mas que verdadeiro repouso há fora do Senhor? A luxúria quer ser chamada de saciedade e abundância, porém és tu a plenitude e a interminável quantidade da incorruptível suavidade. A prodigalidade estende-se à sombra da liberalidade; mas és tu o mais largo dispensador de todos os bens. A avareza quer possuir muitas coisas, mas és tu quem as possuis todas. A inveja litiga contra a excelência; mas o que é mais excelente do que tu? A ira pede vingança; mas quem se vinga com mais justiça do que tu? O temor espanta-se com as coisas insólitas e repentinas, contrárias às que são amadas por quem se acautela de as assegurar; mas para ti o que há de insólito, o que há de repentino, ou quem há que arrebate o que amas? Ou onde, senão junto a ti, está a firme segurança? A tristeza abate-se com as coisas perdidas, com as quais se deliciaria a cupidez, porque queria que de si, assim como de ti, nada pudesse ser tirado.

2.6.14. Assim a alma fornica (Sl 72,27) quando está afastada de ti e procura fora de ti aquilo que puro e cristalino não encontra senão quando retorna a ti. Perversamente te imitam todos os que se fazem longe de ti e contra ti se erguem. Mas ainda assim, ao te imitar, indicam que és o criador de toda a natureza. Portanto, não há para onde se afastar de ti. Por que, então, deleitei-me com aquele furto, e em que imitei meu Senhor, ainda que viciosa e perversamente? Acaso auferi prazer em infringir por fraude a lei, já que não podia fazê-lo pela força, simulando, cativo, uma liberdade manca em fazer impunemente o que não é permitido, pela tenebrosa impressão da onipotência? Eis que aquele servo, fugindo de seu Senhor, seguiu uma sombra. Ó podridão, ó monstruosidade da vida e abismo da morte. Podia me agradar o que não era lícito não por outra razão senão por ser ilícito?[84]

A Graça Divina.[85]

2.7.15. Como que retribuirei ao Senhor (Sl 115,12)
pelo que traz de volta a memória minha,
sem que a alma minha tema por isso?
Amar-te-ei, Senhor, e graças darei e confessarei o nome teu,
já que me perdoaste tantos males e nefárias obras minhas.

À Graça tua atribuo, e à tua misericórdia, que os pecados meus, como
gelo, derreteste (Eclo 3,17).
À Graça tua atribuo também outros males eu não haver praticado.
O que, afinal, eu não poderia fazer, eu, que gratuitamente o crime amei?
E que todas as coisas me foram perdoadas eu confesso,
e as más, que por minha vontade eu cometi
e as que, guiado por ti, não cometi.
Quem há dos homens que, pensando em sua fraqueza,
ousa atribuir às próprias forças a castidade e a inocência sua,
para que menos te ame, como se menos necessária lhe fosse a
misericórdia tua,
pela qual perdoas os pecados dos que se convertem a ti (Sl 50,15)?
Que então aquele chamado a ti,
que seguiu a voz tua e evitou aquelas coisas que lê de mim,
coisas que eu mesmo recordo e confesso,
não escarneça de mim por haver sido curado da doença por aquele
médico,
que o preservou para que não adoecesse,
ou melhor, para que adoecesse menos;
e antes, sim, ele deve tanto e ainda mais te amar,
por me ver livre dos langores[86] de tantos pecados meus,
graças àquele por quem ele se vê livre dos langores de tantos pecados.

As más companhias.

2.8.16. Que fruto eu, mísero que sou, colhi das ações de que agora, ao recordá-las, me envergonho, sobretudo daquele furto, em que amei o próprio furto, e nada mais, já que ele mesmo era nada, e por ele eu me fiz mais mísero? Mas sozinho não o cometeria (assim recordo de meu ânimo), sozinho de forma alguma o teria cometido. Logo, amei ali também o consórcio daqueles com os quais o cometi. Não amei, portanto, algo mais do que o furto? Na verdade, mais nada, porque nada mais há. O que há, na verdade? Quem é que me ensina senão aquele que enche de luz meu coração (Eclo 2,10), separando suas sombras? Por quê?[87] O que me vem à mente para perguntar, discutir e considerar? Porque se eu amasse os frutos que furtei, e deles quisesse fruir, poderia fazê-lo só; se me houvesse bastado, eu poderia haver cometido aquela maldade pela qual cheguei ao meu deleite, sem acender, com a fricção[88] dos ânimos cúmplices, o prurido de minha cupidez. Mas já que naqueles frutos eu não tinha prazer, este estava no próprio crime, e fazia-o o consórcio dos que comigo pecavam.

O consórcio no mal.

2.9.17. Qual era aquele sentimento do ânimo? Decerto era imensamente torpe. Ai de mim, que o tinha. Mas, enfim, o que era? Os delitos, quem os entende (Sl 18,12)? Era um riso, como que a fazer comichões no coração, quando enganávamos os que achavam que nós não poderíamos praticar tais atos e que, com veemência, eram contrárias a eles. Mas por que me deleitava com aquilo que eu não fazia sozinho? Será porque ninguém ri facilmente sozinho? De fato, pessoa alguma ri facilmente sozinha, mas ainda que sozinha, sem ter ninguém presente, o riso às vezes a vence, se algo muito ridículo ocorre aos sentidos ou ao ânimo. Mas eu sozinho não cometeria aquilo, não cometeria de modo algum se estivesse só. Eis que diante de ti, Deus meu, está a viva recordação de minha alma (Nm 10,9). Sozinho eu não cometeria aquele furto, em que não me agradava o que eu furtava, mas porque furtava. Pois estivesse eu sozinho, não me agradaria praticá-lo, nem o praticaria. Ó tão inimiga amizade, sedução inescrutável da mente, avidez pelo jogo e pelo divertimento nocivo, apetite pelo dano alheio, sem nenhum proveito meu e sem desejo de vingança. Mas basta que se diga "Vamos, façamos", para que nos envergonhemos de não nos provarmos desavergonhados.

Terra desolada.

2.10.18. Quem desatará tão tortuosíssimo e emaranhadíssimo nó?
É abjeto; não quero fitá-lo, não quero vê-lo.
Quero-te, justiça e inocência,
bela e formosa, com honestos brilhos e insaciável saciedade.
Imensa quietude há junto de ti
e vida imperturbável.

Quem entra em ti, entra no gozo do Senhor seu (Mt 25,21) e não
temerá
e encontrar-se-á perfeitamente bem no que é o perfeito bem.
Afastei-me de ti e andei errante, Deus meu,
muito arredado de tua estabilidade na adolescência,
e para mim mesmo me tornei terra desolada.[89]

Livro III

Em Cartago.

3.1.1. Cheguei a Cartago e, à minha volta, crepitava o estrago[90] de viciosos amores. Eu ainda não amava, mas amava amar; e, na secreta miséria,[91] odiava-me por ser pouco miserável. Buscava o que amar, amando amar. Odiava a segurança e o caminho sem armadilhas (Sb 14,11),[92] já que, embora eu tivesse dentro de mim uma fome de alimento interior, fome de ti, Deus meu, eu não sentia essa fome e não desejava os alimentos incorruptíveis – não por estar pleno deles, senão porque, quanto mais vazio deles eu me encontrava, mais enfastiado ficava. Por isso minha alma não passava bem, e, ulcerada, projetava-se fora de si, miseravelmente ávida de roçar no contato das coisas sensíveis (Jó 2,7,8). Mas se essas coisas não tivessem alma, não seriam decerto amadas. Amar e ser amado revelava-me ser mais doce se eu pudesse fruir do corpo de cada amante. Desse modo, eu conspurcava a veia da amizade com a sordidez da concupiscência, e embaciava seu candor com o inferno da libido.[93] Embora feio e indigno, eu parecia ser elegante e cortês, por abundante vaidade. Afundei-me, então, no amor, porque queria ser apanhado. Deus meu, misericórdia minha, com quanto fel não aspergiste em mim aquela suavidade e quão bom foste, porque fui amado, e cheguei secretamente ao vínculo do fruir e contente fui amarrado por infortunados laços, para ser atingido pelos vergalhões de ferro ardente do ciúme, das suspeitas, dos temores, das iras e discórdias (Gl 5,20).

Paixão pelos espetáculos.

3.2.2. Arrebatavam-me os espetáculos teatrais,[94] repletos de visões de minhas misérias e acendalhas de meu fogo (Ter. *Eun.* 85). Por que o homem assiste lá a cenas tristes e trágicas e deseja sentir dores que não quer suportar na realidade? No entanto, o espectador quer suportar aí a dor, e a própria dor é seu prazer. O que será isso, senão a espantosa insânia? Tanto mais cada um se comove com as cenas quanto menos está curado das emoções ali presenciadas, embora, quando esse próprio indivíduo as sofre, costuma chamar de miséria o sofrimento, ao passo que, quando o compartilha, chama de misericórdia.⁹⁵ Mas que misericórdia é essa pelas situações fictas e cênicas? Afinal, o espectador não é provocado a ajudar, sendo apenas convidado a sofrer, e aprova tanto mais o ator das cenas quanto mais sofre. E se as calamidades dos homens, quer antigas, quer fictícias, não fazem que o espectador sofra, ele sai enfastiado e reclama; se, porém, sofre, permanece atento e com regozijo chora.

3.2.3. Logo, também as dores são amadas. Decerto, todo homem quer se regozijar. Ainda que a ninguém agrade ser mísero, agrada-nos, porém, sermos misericordiosos. E já que isso não se dá com a dor, essa não será a única causa de as dores serem amadas? E isso também provém do veio da amizade. Mas para onde vai? Para onde flui? Por que deságua na corrente de pez ardente, nos ardores imensos das tétricas paixões, onde, por vontade própria, transforma-se e afasta-se da serenidade celeste, corrompida e abandonada? Logo, a misericórdia deve ser repudiada? De modo algum! Amem-se as dores algumas vezes, mas guarda-te da imundice, ó alma minha, sob a tutela de meu Deus, Deus dos nossos pais, louvável e superexaltado por todos os séculos (Dn 3,52); guarda-te da imundice. Contudo, nem por isso deixei de sentir misericórdia. Naquele tempo, porém, no teatro, eu me comprazia pelos amantes, quando eles fruíam dos opróbrios, ainda que assim agissem apenas no plano imaginário, no jogo cênico. E quando eles se perdiam, por ser eu misericordioso, entristecia-me com eles, e dos dois modos me deleitava. Agora, porém, sinto mais misericórdia pelo que se regozija no opróbrio do que por aquele que muito sofre a perda de um pernicioso prazer e pela privação da mísera felicidade. Essa é a mais verdadeira misericórdia, e nela a dor não se deleita. Ainda que o dever da caridade aprove que nos condoamos pelo mísero, quem é verdadeiramente misericordioso prefere que não haja do que se condoer. Pois se a benevolência fosse malévola, o que é impossível de ocorrer, tampouco poderia haver alguém misericordioso que, verdadeira e sinceramente, quisesse que haja míseros, para que lhes tivesse misericórdia. Há, deveras, dores que devem ser aprovadas, mas nunca amadas. Por isso tu, Senhor Deus, amas as almas de modo muito mais puro e alto do que nós, e de modo incorruptível tens misericórdia, porque não és ferido de nenhuma dor. Mas quem é disso capaz (2 Cor 2,16)?

3.2.4. E eu, mísero, amava me condoer, e buscava o que me provocasse dor. No infortúnio alheio, falso e cômico, agradava-me a ação do histrião, e aliciava-me com mais veemência quando ele me arrancava lágrimas (Ter. *Heaut.* 167). O que espanta, porém, que eu, infeliz[96] ovelha (Verg. *Ecl.* 3.3) perdida de teu rebanho (Sl 118,176), rebelde de tua proteção, estivesse conspurcado por torpe sarna? Daqui vinha o amor das dores, por aquelas dores que não me penetravam (pois eu não amava sofrer coisas iguais às que eu assistia), mas por aquelas ouvidas e fingidas, que na superfície apenas me arranhavam, como as unhas que, quando coçamos uma ferida, inflamam um abcesso e provocam pus e podridão. Tal era a minha vida (Ter. *And.* 63). Mas será que era vida, Deus meu?

Os destruidores.

3.3.5. E a tua misericórdia pairava sobre mim e ao meu redor, permanecendo fiel mesmo à distância. Em quantas maldades eu me dissolvia! E era levado por sacrílega curiosidade até que, afastando-me de ti, precipitei-me nos abismos da infidelidade e nos serviços enganosos dos demônios, para os quais eu imolava minhas obras más (Dt 32,17). E em todas essas obras, tu me flagelavas. Até ousei, na celebração de tuas solenidades, dentro das paredes de tua igreja, agir com concupiscência e cumprir a tarefa de procurar o fruto da morte. Daí, castigaste-me com graves penas, mas nada em comparação à minha culpa, ó imensamente grande misericórdia minha, Deus meu, refúgio meu nas terríveis desgraças, nas quais eu com a cabeça orgulhosa vaguei, afastando-me para longe de ti, a amar os meus caminhos e não os teus, amando a liberdade do fugitivo.

3.3.6. Eu frequentava os honrados estudos, voltados para as lides forenses, para que neles eu me destacasse, tanto mais elogiável quanto mais fraudulento. Tamanha é a cegueira dos homens, que até se vangloriam da cegueira. E eu já era o maioral na escola de retórica e regozijava-me com soberba, e inflava-me, embora fosse muito cordato, Senhor, tu sabes (Tb 8,9), e de todo afastado das *destruições*[97] que perpetravam os *destruidores* (pois esse era o nome sinistro e diabólico que se tornou símbolo de refinamento), entre os quais, contudo, eu vivia com impudente pudor de não ser como eles. Mas eu andava com eles e algumas vezes me deleitava de sua amizade, embora sempre me aborrecessem as *destruições* com que, insolentes, eles surpreendiam a ingenuidade dos inexperientes, aos quais perseguiam com zombarias, alimentando, assim, suas malévolas alegrias. Nada é mais parecido com aquele comportamento do que as ações dos demônios. O que haveria de mais verdadeiro que os chamar de *destruidores*, se antes eram eles próprios destruídos e pervertidos pelos espíritos que deles zombavam e os seduziam à socapa com falácias, justamente porque eles gostavam de zombar e de enganar os outros.

O encontro com a filosofia na leitura do *Hortênsio*.

3.4.7. Entre esses eu, em tenra idade, aprendia nos livros de oratória – arte em que eu desejava me sobressair com o fim condenável e enfatuado dos gozos da vaidade humana. Seguindo a ordem do aprendizado, cheguei ao livro de um certo[98] Cícero, cuja linguagem quase todos admiram, ainda que não tanto o coração. Mas seu livro, chamado *Hortênsio*,[99] que contém exortação à filosofia, de fato mudou meu sentimento e desviou em tua direção, Senhor, minhas preces e transformou meus propósitos e desidérios. Para mim, toda a vã esperança envileceu-se de repente. Eu ambicionava, com incrível ardor do coração, a imortalidade da sabedoria, e começava a me erguer para voltar-me a ti. Não era para afiar a língua – o que me parecia que eu poderia comprar com o dinheiro de minha mãe –, que eu lia aquele livro quando eu já tinha dezenove anos de idade, e tendo completados dois anos da morte de meu pai; não era para afiar a língua nem era o estilo do autor que me persuadia, mas o que ele falava.

3.4.8. Como eu me abrasava, Deus meu, como eu me abrasava por alçar voo acima das coisas terrenas em direção a ti, e não sabia o que fazias comigo. Pois junto de ti está a sabedoria (Jó 12,13). Mas o amor pela sabedoria tem o nome grego de "filosofia", pelo qual as letras me inflamavam. Há autores que nos seduzem por meio da filosofia, ao colorirem e adornarem seus erros com nome grandioso, brando e honesto. E quase todos daquela época, ou anteriores, que assim agiam são retratados naquele livro, e ali se manifesta o saudável aviso de teu espírito, dado por teu servo bom e pio: "Vede, que ninguém vos engane por meio da filosofia e da sedução vazia, segundo a tradição dos homens e os elementos deste mundo, e não segundo Cristo, porque corporalmente toda a plenitude da divindade o habita" (Cl 2,8,9).[100] E eu, naquele tempo, tu bem sabes, luz do meu coração (Jo 1,9), como eu ainda não conhecia as mensagens apostólicas, apenas me deleitava naquela exortação o que me excitava no discurso, acendia-me e inflamava-me a amar, buscar, seguir, reter e abraçar fortemente não esta ou aquela escola, mas a própria sabedoria, onde quer que ela estivesse. E só uma coisa me esfriava em tamanha flagrância: que o nome de Cristo ali não estivesse, já que esse nome, conforme a tua misericórdia (Sl 24,7), Senhor, esse nome de meu salvador, de teu filho, no próprio leite materno meu terno coração piamente bebeu e reteve fundo, e qualquer coisa que existisse sem esse nome, ainda que literária, polida e verídica, não me arrebatava completamente.[101]

As primeiras leituras da Bíblia.

3.5.9. Assim determinei aplicar meu ânimo nas sagradas Escrituras e ver como eram. E eis que vejo algo que não foi revelado aos soberbos, nem desnudado às crianças, mas que era humilde no começo, sublime no avanço e velado de mistérios. E eu ainda não era tal que pudesse nelas entrar ou inclinar a cerviz à sua passagem. Pois não foi como conto que senti quando fixei a atenção naqueles escritos, mas me pareceram indignos quando os comparei com a dignidade tuliana.[102] Minha intumescência recusava seu estilo, e minha agudeza não penetrava seu interior. Contudo, era a agudeza que cresce com os pequenos; mas eu desdenhava de ser pequeno e, túrgido de soberba, achava-me crescido.

Entre os maniqueus.[103, 104]

3.6.10. Desse modo, caí entre os delirantes da soberba, entre os excessivamente carnais e falastrões, em cuja boca há laços do diabo (1 Tm 3,7) e uma liga viscosa, feita com a mistura das sílabas de teu nome, dos nomes do Senhor Jesus Cristo e do Paracleto e consolador nosso, o Espírito Santo. Esses nomes não se afastavam de suas bocas, mas eram apenas som e estrépito da língua; pois seu coração estava vazio da verdade. Diziam: "Verdade, verdade", e muitas vezes diziam-me, mas ela nunca estava neles; antes diziam falsidades, não só de ti, que és verdadeiramente a Verdade, mas também dos elementos deste mundo, criação tua, sobre os quais, ainda que dizendo os filósofos coisas verdadeiras, eu deveria ter ultrapassado por teu amor, meu pai sumamente bom, beleza de toda beleza. Ó verdade, ó verdade pela qual no íntimo suspiravam por ti as medulas de meu ânimo, quando aqueles muitas vezes e de muitos modos citavam-te apenas com a voz, e em muitos e enormes livros.[105] Eram travessas de iguarias em que, estando eu faminto de ti, serviam-me, em vez de tu, o sol e a lua, belas obras tuas, mas que são apenas obras tuas, e não tu, nem sequer tuas primeiras criaturas. Pois tuas obras espirituais são superiores às corpóreas, ainda que luminosas e celestes.[106] No entanto, eu tinha sede e fome não daquelas, mais importantes, mas de ti, de ti, verdade, de ti em quem não há mudança nem sombra de sucessão (Tg 1,17). E naquelas travessas eram-me servidas ainda aparições[107] esplêndidas, nas quais era melhor amar esse sol, ao menos verdadeiro para os olhos, do que aquelas falsidades que pelos olhos enganavam o ânimo. Porém porque as tomava por tu, comia-as, mesmo sem fome, pois não sabias na minha boca como és (porquanto não eras tu aqueles fingimentos vazios), nem eu me nutria delas, e mais me exauria. O alimento no sonho é muito semelhante ao alimento dos que estão acordados, mas não alimenta os adormecidos, pois dormem. Mas eles não eram semelhantes a ti, como agora me disseste, porque eram corpos espectrais, falsos corpos; mais verdadeiros do que eles são os corpos que vemos com a visão carnal, como os corpos celestes e os terrestres, que vemos como veem as reses e as aves. Nós os vemos, e eles são mais reais do que os imaginamos. De volta, com mais certeza imaginamos aquelas coisas do que aquelas outras, que conjecturamos maiores e infinitas, e que não existem. Com tais inanidades eu era então alimentado, e não era alimentado. Mas tu, amor meu, tu em quem eu desfaleço (Sl 118,81) para fazer-me forte, não és esses corpos que vemos mesmo no céu, nem és aqueles que aqui vemos, porque tu criaste essas coisas, e não as tens entre as tuas mais altas criações. Quão longe estás de meus fantasmas, fantasmas de corpo, que não existem. Mais certas do que essas coisas são as imagens dos corpos que existem, e mais certos do que as imagens são os corpos, que, no entanto, não és tu. Porém também não és a alma, que é a vida dos corpos (portanto, vida melhor e mais certa que a dos corpos), mas és tu a vida das almas, a vida das vidas, que vives por ti mesma, que não mudas, ó vida de minha alma.

3.6.11. Onde e quão longe estavas para mim? E longe de ti eu peregrinava (2 Cor 5,6), excluído até das bolotas dos porcos, que se alimentam de bolotas (Lc 15,16).[108] Quanto melhores eram as historietas dos gramáticos e dos poetas do que aquelas ciladas. Com efeito, os versos, o poema e Medeia voando[109] são mais úteis do que os cinco elementos variegados[110] em razão dos cinco antros das trevas, que de todo não existem e matam os que acreditam. Porém transformo o verso e o poema em verdadeiro alimento;[111] pois ainda que eu cantasse o "voo de Medeia", não o afirmava, pois mesmo que ousasse cantar, não acreditaria. Mas ai de mim! Acreditei naquelas coisas. Por quais passos desci às profundezas do abismo (Pr 9,18), já que me fatigava e estuava pela falta de verdade, enquanto te procurava, Deus meu (pois a ti confesso, a ti, que de mim tiveste misericórdia, ainda que sobre ti eu confessasse), quando eu te buscava não conforme o intelecto da mente, com que quiseste que eu me sobressaísse aos brutos, mas conforme a percepção da carne? Tu, porém, eras mais interno que meu cerne, e mais elevado do que meu mais alto elemento. Deparei-me com aquela mulher audaz (Pr 9,13-17),[112] desprovida de prudência, enigma de Salomão, assentada em uma cadeira à porta dizendo: "Comei à vontade os pães ocultos e bebei a doce água furtada" (Pr 9,17). Ela, que me seduziu porque me acho fora de mim, habitando o olho de minha carne e ruminando em mim tudo que por ele eu devorara.

A justiça divina e a justiça humana.

3.7.12. Eu não sabia que existia outra realidade, e eu era impelido incisivamente a assentir com os estultos impostores quando me perguntavam de onde vem o mal, se Deus era ou não limitado pela forma corpórea, se tinha cabelos e unhas, se se deviam ou não considerar justos aqueles que tinham muitas mulheres ao mesmo tempo, e os que matavam homens e sacrificavam animais.[113] Eu, ignorante dessas coisas, perturbava-me e, afastando-me da verdade, acreditava ir em direção a ela, porque não sabia que o mal nada mais é do que a privação do bem, até chegar inteiramente ao nada.[114] Afinal, como eu podia vê-lo, se com a visão dos olhos eu via apenas o corpo, e com os olhos do ânimo, apenas fantasias? Eu tampouco sabia que Deus é espírito, que não tem membros que se estendessem em altura ou em largura, que não é matéria, porque a matéria é menor na parte que no todo, e, se fosse infinita, seria menor em alguma parte, em certo espaço, limitada pelo infinito, e não pode estar toda em toda parte, como o espírito, como Deus. E que aquilo que há em nós, graças ao que existimos, e que com retidão é dito nas escrituras ser a imagem de Deus, isso eu ignorava.

3.7.13. Eu não conhecia a verdadeira justiça interior, que não julga pelo costume, mas pela lei retíssima do Deus onipotente, pela qual se formam os costumes das regiões e dos tempos, conforme as regiões e os tempos, sendo ela sempre a mesma em toda parte, sem ser diferente em outro tempo ou lugar, segundo a qual foram justos Abraão, Isaac, Jacó, Moisés, Davi e todos aqueles louvados pela boca de Deus. Mas esses foram julgados pecadores pelos ignorantes, que julgam de acordo com o dia humano (1 Cor 4,3) e medem os costumes dos homens a partir de seus costumes, do mesmo modo que alguém que desconhece na armadura qual parte deva ser ajustada em qual membro e que quer cobrir a cabeça com a couraça e calçar o capacete, e murmura que não servem de maneira conveniente. Ou, em um dia determinado como feriado após o meio-dia, alguém se encolerizasse por não lhe ser concedido expor algum produto à venda, já que de manhã lhe fora permitido. Ou como se em uma mesma casa vê-se algo ser tocado pela mão de algum servo, o que não seria permitido ao que ministra as bebidas, ou fazer atrás da estrebaria o que é permitido diante da mesa, e se indignasse, porque, apesar de serem uma mesma casa e uma mesma família, em toda parte e a todos não caibam as mesmas atribuições. Assim são esses que se indignam quando ouvem que em outro tempo se permitia ao justo algo que hoje não se consente, e porque Deus preceituou isso a uns e aquilo a outros, conforme a diferença dos tempos, servindo uns e outros com a mesma justiça. Como se não vissem que no mesmo homem, no mesmo dia e na mesma casa, uma coisa convém a um membro; e outra, a outro. E o que há pouco foi lícito, após uma hora pode já não ser, e o que em um canto é permitido ou ordenado, no outro é proibido e penalizado. Será que a justiça é vária e mutável (Verg. A. 4:569)? Mas os tempos por ela presididos não são semelhantes a ela – afinal, são tempos. Os homens, no entanto, dos quais a vida sobre a terra é breve (Sb 15,9), como, pela razão, não conseguem conectar as causas dos séculos passados e dos outros povos, que não conheceram, com as que conheceram, e, por outro lado, podem ver facilmente em um único corpo, ou dia, ou casa, o que convém a tal membro, a tais circunstâncias, a tais partes ou pessoas; e assim àquelas condenam, e a estas aprovam

3.7.14. Essas coisas eu não conhecia, nem sobre elas refletia, e de todos os lados feriam meus olhos, e eu não via. Eu compunha poemas, e não me era permitido pôr o pé que quisesse onde quisesse,[115] mas em um ou em outro metro, e um ou outro pé; e em único verso o mesmo pé não podia ser colocado em todos os lugares.[116] A própria arte conforme a qual eu versejava não tinha uma regra aqui e outra ali, mas era um conjunto unitário. Porém eu não percebia a justiça, a que os bons e santos homens serviam de modo muito mais sublime e excelente, ao mesmo tempo ter tudo o que preceitua, e não variar em nenhuma parte, sendo toda em vários tempos; percebia, contudo, que ela distribuía e determinava o que é apropriado. Eu, cego, repreendia os pios patriarcas que, não só usaram o presente como Deus mandara e inspirara, mas que, como também Deus revelara, prenunciaram o futuro (Cl 2,17).

Opróbrios e pecados.

3.8.15. Será que em algum tempo ou em algum lugar foi errado amar Deus com todo coração, com toda alma e toda mente, e amar o próximo como a si mesmo (Mt 22,37-39)? Por isso, as torpezas[117] que são contrárias à natureza por toda parte e sempre devem ser detestadas e punidas, como as dos habitantes de Sodoma; e que, se todos os povos cometeram, de todos fariam réus do mesmo modo pela lei divina, que não fez os homens para serem usados daquele modo. Pois assim se viola o laço social que deve existir entre nós e Deus, quando essa mesma natureza, cujo autor é ele, é conspurcada pela perversão da libido.

Mas os opróbrios que são cometidos contra o costume dos homens devem ser evitados em razão da diversidade dos costumes, a fim de que o pacto entre si dos cidadãos e dos povos, firmado por costume ou por lei, não seja violado por nenhuma libidinagem de cidadão ou estrangeiro. Pois é torpe por toda parte o que não é congruente com o todo. No entanto, quando Deus ordena algo contra o costume, ou contra qualquer pacto, – mesmo que isso ali nunca tenha sido feito, deve ser feito, e se se deixou de fazer, deve ser restaurado, e se não era instituído, dever-se-ia instituir. Pois se é lícito ao rei na cidade em que reina ordenar algo que antes dele ninguém, nem ele próprio, nunca ordenara, e não é contra o laço social dos cidadãos obedecer (por ser pacto geral da sociedade humana obedecer a seus reis), quanto mais se deveria obedecer a Deus, rei do universo, por sua criatura em tudo o que ordenasse, sem hesitação. Assim como nos poderes da sociedade humana o maior se antepõe ao menor (Rm 13,1) para a obediência, assim é Deus em relação a todos.

3.8.16. O mesmo se dá em relação aos crimes, quando há desejo de cometer o mal, seja por agressão, seja por injúria, seja por ambos, seja por causa de vingança, assim como um inimigo a outro inimigo, ou para se alcançar algum bem aproveitando-se de outrem, como o ladrão do viajante, ou por evitar o mal, como o que teme, ou invejando, como o mísero ao feliz ou àquele que prosperou, receando ser por ele igualado, ou sofrendo por ser igual, ou apenas pelo desejo do mal alheio, como os espectadores dos jogos gladiatórios, ou dos que riem e escarnecem de quem quer que seja. Essas são as fontes da maldade, que pululam do prazer de mandar, ver e sentir, (Jo 2,16) ou de uma, ou de duas delas, ou de todas juntas. E vive-se no mal contra o Três e o Sete, o saltério de dez cordas(Sl 32,2),[118] o decálogo teu, Deus altíssimo e dulcíssimo (Ex 20,3-8; Sl 143,9). Mas que vício há em ti, que nunca és corrompido? Ou quais delitos podem ser cometidos contra ti, a quem ninguém pode fazer mal? Mas o que punes é o que os homens perpetram contra si, porque até quando pecam contra ti, impiamente o fazem contra suas almas, e a maldade a si mesma se engana, corrompendo e pervertendo sua natureza, que tu fizeste e ordenaste, ou usando sem moderação as coisas concedidas, ou ardendo pelas que não são concedidas, no seu uso contrário à natureza. Ou tornam-se réus, pelo ânimo e pela palavra, os que se enfurecem contra ti e recalcitram contra o aguilhão (At 9,5), ou quando, rompidos os limites da sociedade humana, alegram-se audazes com alianças privadas, ou conforme lhes for de agrado ou desgosto. E tudo isso fazem os que te abandonam, ó fonte da vida (Sl 35,10), tu que és o único verdadeiro Criador e regente do universo, e com soberba privada ama-se na parte a falsa unidade. Assim, só com humilde devoção é que se volta para ti, e tu nos purgas dos maus costumes, indulgente com os que confessam os pecados, tu que ouves os gemidos dos cativos (Sl 101,21) e rompes os grilhões que forjamos para nós mesmo, desde que já não ergamos contra ti os chifres da falsa liberdade (Sl 74,5), a cobiça de possuir mais do que podemos e o dano de tudo perder, por amarmos mais o nosso interesse do que a ti, que és o bem de todos.

Pecados manifestos.

3.9.17. Mas entre os opróbrios, crimes e tantas maldades, há os pecados dos que estão progredindo, que são censurados pelos que julgam corretamente segundo a régua da perfeição, e são louvados pela esperança do fruto, como o broto na seara. Há coisas semelhantes ao vício ou ao crime e que não são pecados, porque não te ofendem, Senhor, Deus nosso, nem ofendem ao convívio social, como quando se procuram coisas convenientes para o uso da vida, de acordo com o tempo, e é incerto se vêm do desejo de possuir; ou quando se castiga alguém com o intuito de corrigir, no uso do poder ordinário, e é incerto se há o desejo de causar o mal. Muitas coisas, que aos homens parecem reprováveis, são aprovadas por teu testemunho, e muitas que são louvadas pelos homens são condenadas por ti, já que, com frequência, uma coisa é a aparência do fato, a outra, o ânimo de quem o pratica e as vicissitudes circunstanciais do tempo. Mas quando tu, de repente, ordenas algo inusitado e imprevisto, ainda que em algum tempo o tenhas proibido, ainda quando tu ocultas por algum tempo as causas de teu mandamento, e ainda que seja contra algum pacto da sociedade dos homens (Gn 22,1-2), quem duvidará que se deva cumprir, sendo justa a sociedade dos homens que te serve? Mas bem-aventurados são os que sabem o que tu ordenas. Pois tudo é feito pelos teus servos, ou para mostrar o que é necessário no presente ou para prenunciar o que deve ser praticado no futuro.

Os maniqueus.

3.10.18. Desconhecendo tais coisas, eu ria dos teus santos servos e profetas. E o que fazia quando deles ria, a não ser te dar motivos para rires, e pouco a pouco fui levado à tolice de crer que um figo chorava quando colhido lágrimas de leite, com sua mãe, a árvore? E que se algum santo maniqueu comesse o figo, colhido não por crime próprio, mas alheio, e o misturasse nas entranhas, exalaria delas depois anjos, e até partículas de Deus, quando gemiam e arrotavam em orações; que tais partículas do supremo e verdadeiro Deus estavam ligadas àquele fruto, a não ser que fossem soltas pelos dentes e pelo ventre do santo eleito. E eu, mísero, acreditei que se deveria ter mais misericórdia para com os frutos da terra do que para com os homens, em razão dos quais nasceram. Se alguém, faminto, que não fosse maniqueu, me pedisse o fruto, parecia-me que se lho desse seria como condenar aquele bocado ao suplício capital.

A mãe e o sonho.

3.11.19. E do alto mandaste tua mão (Sl 143,7) e da profunda caligem tiraste a alma minha (Sl 85,13), já que por mim chorava a ti minha mãe, fiel tua, mais do que choram as mães sobre os corpos dos filhos defuntos. Pois ela via minha morte a partir da fé e da espiritualidade que recebia de ti; e a ouviste, Senhor. Mas tu a ouviste e não desprezaste suas lágrimas que, correndo, regavam a terra sob seus olhos em todo lugar de suas orações. Ouviste-a. Pois de onde veio aquele sonho[119] com que a consolaste, para que cedesse em vir viver comigo e dividir a mesma mesa na casa? Porque havia começado a não o querer, por aversão, detestando as blasfêmias de meu erro.[120] Viu-se, com efeito, de pé sobre alguma régua de madeira,[121] e vindo para perto dela, um jovem esplêndido, alegre e risonho, enquanto ela se encontrava triste e amargurada. Esse jovem, quando lhe perguntou a razão das lágrimas cotidianas, com o intuito de instruí-la, como de costume, e não para aprender, e tendo-lhe ela respondido que chorava por causa de minha perdição, ele ordenou que sossegasse, e aconselhou que atendesse e visse que onde ela estivesse, ali também eu estaria. Pois quando ela prestou atenção, viu-me junto de si, parado sobre a mesma régua. De onde veio, a não ser porque teus ouvidos estavam no coração dela, ó onipotente e bom, que assim cuidas de cada um de nós, como se cuidasse só de um, e de todos, como de cada um?

3.11.20. E de onde também veio que, quando ela me contou sua visão e eu tentei convencê-la de que, pelo contrário, não deveria se desesperar de que no futuro ela haveria de estar onde eu então estava, de pronto, sem hesitação, respondeu-me: "Não! Pois não me foi dito 'onde ele estiver, aí estarás tu', mas 'onde estiveres tu, aí estará ele'". Confesso-te minha recordação, Senhor, quanto me lembro e muitas vezes tenho dito, que então fui mais movido por aquela tua resposta, dada por meio de minha vigilante mãe, que não se perturbou com a falsidade de minha interpretação, mas que de pronto percebeu o que tinha de ser percebido, e que na verdade eu não havia percebido antes de ela dizer; confesso-te que fui mais movido por aquela resposta do que pelo próprio sonho, por meio do qual foi predito à piedosa mulher com tanta antecedência, para consolação de sua aflição presente, o regozijo futuro. Pois se passaram quase nove anos, durante os quais me revolvi no limo profundo e nas trevas da falsidade, e sempre que tentava me erguer, mais pesado me afundava, enquanto aquela viúva casta, pia e sóbria, como aquelas que amas (1Tm 5,3), já então mais alegre pela esperança, mas não menos solícita nos choros e gemidos, não cessava, durante as orações, de chorar a ti por mim; e as preces dela chegavam à tua presença (Sl 87,3), embora me deixasses revolver e envolver-me na caligem.

A profecia do bispo.

3.12.21. Deste-me, naqueles dias, outra resposta, de que ainda bem me lembro. Em verdade, já que me apresso em te confessar as coisas que me são urgentes, e de muitas outras não me lembro, deixo de lado muitas delas. Mas deste-me a outra resposta por intermédio de um sacerdote teu, um bispo crescido em tua igreja e instruído em teus livros. Como aquela mulher lhe rogasse dignar-se a conversar comigo, para refutar meus erros, desenganar-me do mal e ensinar-me o bem (já que ele assim fazia com aqueles que considerava idôneos), ele, por prudência, como percebi depois, não assentiu. Respondeu que eu ainda era incapaz de aprender, por estar inflado pela novidade da heresia e por já haver perturbado muitos ignorantes com questiúnculas sem importância, como ela lhe havia contado. "No entanto", disse ele, "deixa-o aí. Apenas roga por ele ao Senhor. Ele próprio, por meio das leituras, encontrará o erro e o tamanho de sua impiedade". E, ao mesmo tempo, contou como também ele, pequenino, fora dado aos maniqueus por sua mãe,[122] seduzida por eles, e que chegara não só a ler, mas também a copiar seus livros; e como a ele ficou claro, sem que ninguém argumentasse contra, nem precisasse de o convencer, o quanto deveria fugir daquela seita, de que fugiu. Quando ele assim falou, ela não quis concordar, mas mais o instou pedindo e copiosamente chorando para que me encontrasse e conversasse comigo. Ele então, já enfastiado por tédio, disse-lhe: "Vai-te de mim e vive em paz, pois não é possível que pereça um filho dessas lágrimas". O que assim recebeu, ela sempre recordava nas conversas comigo como tivesse ressoado do céu.

Livro IV

Professor em Cartago.

4.1.1. Durante nove anos, do décimo nono até o vigésimo oitavo de minha vida, fomos seduzidos e seduzimos, fomos enganados e enganamos, segundo a variedade de nossos desejos; publicamente, o fomos pelas artes liberais;[123] em segredo,[124] sob o falso nome de religião, fomos naquelas soberbos, nesta supersticiosos, e por toda parte vãos; naquelas, perseguimos a futilidade da glória popular até os aplausos no teatro, os concursos de poesia e a disputa pelas coroas de feno,[125] as futilidades dos espetáculos, a intemperança das libidos; nesta, esperando nos purgarmos das imundices, levamos alimentos aos chamados *eleitos* e *santos*,[126] para que deles, nas oficinas de seus estômagos, fabricassem para nós anjos e deuses, pelos quais haveríamos de ser libertados. Tudo isso eu seguia e praticava com meus amigos, por mim e comigo enganados. Zombem de mim os arrogantes, que ainda não salutarmente foram prostrados e derrubados por ti, Deus meu. Mesmo assim, que eu te confesse as minhas torpezas, em teu louvor. Concede-me, suplico-te, e dá-me percorrer, com a memória do presente, os percursos passados de meu erro,[127] e imolar-te a hóstia[128] do júbilo (Sl 26,6). O que, afinal, sem ti, sou eu para mim, senão um alguém que se conduz para o precipício? Ou o que sou, quando comigo és propício, senão alguém que suga teu leite (Dt 33,19) e te consome, ó alimento que não se corrompe (Jo 6,27)? E o que é o homem, qualquer que seja o homem, quando é homem? Que zombem de mim os fortes e poderosos (1Cor 4,10), de mim, fraco e pobre (Sl 73,21), que confesso a ti.

A concubina e a magia.

4.2.2. Naqueles anos, eu ensinava a arte retórica, e, vencido pela cobiça, vendia a vitoriosa eloquência. Preferia, porém, Senhor, tu bem sabes (Tb 8,9), ter bons alunos, assim chamados bons, e ensinava-lhes, sem artimanhas, as artimanhas, não para as usarem contra a vida de um inocente, mas em favor da vida de algum culpado. E, Deus meu, viste de longe (Lc 15,13) minha fé tropeçar no engano e brilhar na densa caligem, minha fé, que eu exibia no magistério aos amantes da vaidade e buscadores das mentiras (Sl 4,2), sendo deles companheiro. Naquele tempo, eu tinha uma única mulher,[129] em um vínculo que não era reconhecido como de legítimo matrimônio, mas era ela a quem o meu errante ardor, desprovido de prudência, buscava. Uma só, no entanto, que também guardava a fidelidade do leito, e com quem experimentei claramente, por meu exemplo, a distância que há entre a moderação do prazer conjugal combinado para a procriação e o pacto libidinoso do amor, no qual os filhos nascem contra a vontade dos votos, embora, quando nascidos, nos leve a amá-los.[130]

4.2.3. Recordo-me de que, como eu desejava participar dos concursos de poesia, não sei qual arúspice[131] mandou perguntar-me que recompensa eu estaria disposto a lhe dar para vencer. Eu, porém, que detestava e abominava aqueles abjetos sortilégios, respondi que nem se aquela coroa fosse de ouro imperecível eu permitiria que se sacrificasse sequer uma mosca pela minha vitória. Pois o arúspice pretendia matar animais em seus sacrifícios, e com essas honras invocar demônios que me concedessem os votos. Entretanto, não repudiei aquele mal em razão de tua santidade,[132] Deus do meu coração (Sl 72,26-27). Porque não sabia te amar, eu, que não sabia pensar senão nos fulgores corpóreos. Afinal, a alma que suspira por tais ficções não fornica longe de ti (Sl 72,26)? Não confia em falsidades e não se alimenta de ventos (Os 12,1; Pr 10,4)? É certo, contudo, que eu não queria que fossem praticados em meu proveito sacrifícios aos demônios, para os quais, naquela superstição, eu mesmo sacrificava. Que outra coisa, afinal, é alimentar os ventos, senão alimentar os demônios, isto é, por erro ser deles prazer e escárnio?

A astrologia.

4.3.4. No entanto, eu não cessava de consultar os impostores conhecidos pelo nome de matemáticos,[133] uma vez que não usavam sacrifícios nem dirigiam preces a algum espírito para fazer as adivinhações – o que a verdadeira fé cristã repele e condena. Bom é, portanto, confessar-te, Senhor (Sl 9,12), e dizer: "Apieda-te de mim, cura minha alma, porque pequei contra ti" (Sl 40,4). Porém não se deve abusar de tua indulgência para obter a licença de pecar (Eclo 15,21), mas recordar das palavras do Senhor: "Eis que estás curado; não queiras mais pecar, para que algo pior não te aflija" (Jo 5,14). Os matemáticos, porém, tentam destruir a salvação quando dizem: "Vem do céu para ti a causa inevitável de pecares" e "Vênus fez isso, ou Saturno, ou Marte". Evidentemente para que o homem, que é carne, sangue (Mt 16,17) e soberba podridão, não tenha culpa, e o culpado seja o criador, o ordenador do céu e das estrelas. E quem é esse criador senão o nosso Deus, que é suavidade e origem da justiça (Sl 144,7), aquele que concede a cada um conforme sua obra, e não despreza o contrito e humilde coração (Sl 50,18-19)?

4.3.5. Havia naquele tempo um homem sagaz, perito em medicina,[134] arte em que era muito reconhecido. Fora ele que, como procônsul, pusera com sua mão aquela disputada coroa em minha insana cabeça, e não como médico. Pois daquela enfermidade só me curarias tu, que resistes aos soberbos e dás a Graça aos humildes (Tg 4,6; Pd 5,5). No entanto, ainda que por intermédio daquele ancião, será que me abandonaste ou deixaste de tratar minha alma? Não, pois tendo eu me familiarizado com ele, e tornando-me assíduo em suas conversas, que eram agradáveis e graves, despidas do culto à verbosidade, mas com a vivacidade das frases, em que eu permanecia atento, quando ele soube que eu me dedicava aos livros genetlíacos,[135] de forma benevolente aconselhou-me a que deles me afastasse, e que não gastasse em vão com tais futilidades minha atenção e meu esforço, necessários a assuntos mais úteis. Disse que também se havia dedicado à astrologia, a ponto de nos primeiros anos da idade ter desejado tomá-la como profissão, por meio da qual pretendia ganhar a vida, pois se havia entendido Hipócrates,[136] também poderia entender aqueles ensinamentos. Entretanto, para seguir a medicina, os abandonou, não por outra razão senão por a haver descoberto falsos, e por não querer, como homem sério que era, buscar seu alimento a enganar os homens. "Mas tu", disse-me ele, "que te sustentas entre os homens, tens a retórica, e segues essa falácia por livre interesse, e não por necessidade de sustento familiar. Para que mais te convenha acreditar em mim no tocante a tais coisas, percebe que me esforcei em aprendê-las tão perfeitamente que quis viver apenas delas". Como, porém, eu lhe indagasse a causa de tantas situações que prognosticavam serem verdadeiras, ele respondeu, como pôde, que a força do acaso o faz, espalhada sobre tudo que há na natureza. Pois se quando, por acaso, alguém consulta nas vagas páginas de um poeta qualquer,[137] que cantava algo muito distante, sempre encontra um verso que responde de maneira admirável a questão, tampouco é de se espantar que, de algum instinto superior, vindo da alma humana, inconsciente do que se passa, soe, não por arte, mas por sorte, algo que concorde com as questões e fatos do interrogador.

4.3.6. E foi assim que por ele, ou por meio dele, cuidaste de mim, e que depois, quando eu mesmo procurei, gravaste em minha memória. Mas então, nem ele próprio, nem meu caríssimo Nebrídio,[138] adolescente muito bom e moralmente casto,[139] que ria de todo aquele tipo de adivinhações, puderam me persuadir a rejeitá-las, já que a autoridade dos autores mais me movia, e eu ainda não havia encontrado nenhum documento evidente, como eu procurava, que sem ambiguidades me mostrasse que as verdades proferidas por meio daquelas consultas fossem ditas por sorte, e não pela arte da observação dos astros.

A morte do amigo inominado.[140]

4.4.7. Naqueles anos, quando comecei a lecionar no município onde nasci, tive como companheiro nos estudos um amigo muito caro, da minha idade, que desabrochava comigo na flor da juventude.[141] Havíamos crescido juntos desde meninos; frequentado juntos a escola e juntos brincado. Mas ele ainda não era tão amigo como se tornou depois – embora nem tanto tenha sido mais tarde, no sentido da verdadeira amizade, que não é verdadeira senão quando tu, com ela, ligas os que estão unidos por ti pela caridade vertida em nossos corações pelo Espírito Santo, no que nos foi dado (Rm 5,5). Era uma doce amizade, cozida no fervor dos mesmos estudos. Eu cheguei a afastar aquele adolescente da verdadeira fé que ele tinha, embora ainda não profundamente interiorizada, para o arrastar às supersticiosas e perniciosas historietas, em razão das quais minha mãe chorava por mim.

Aquele homem já errava comigo no ânimo, e minha alma não podia mais estar sem ele. Mas eis que tu, no encalço de teus fugitivos, Deus vingador (Sl 93,1) e ao mesmo tempo fonte de misericórdias, tu que nos convertes a ti por modos maravilhosos, eis que tiraste aquele homem desta vida, quando mal completava um ano nossa amizade, mais doce para mim que todos os dulçores de minha vida.

4.4.8. Quem sozinho pode enumerar teus louvores (Sl 105,2), ainda que apenas dentre os que só em si tenha experimentado? O que fizeste, Deus meu? Quão inescrutável é o abismo (Rm 11,33) de teus juízos? Como meu amigo se debilitava em febres e estava acamado havia muito tempo, sem sentidos e banhado em suor letal, quando foi desenganado, batizaram-no, mesmo inconsciente. Quanto a isso não me importei, presumindo que sua alma mais reteria o que de mim recebera do que o que recebera no corpo inconsciente. No entanto, a realidade foi outra. Pois ele logo se reanimou, e tão pronto como pude lhe falar (e pude assim que ele conseguiu, já que não me afastava dele, de tal modo dependíamos um do outro), tentei rir em sua presença do batismo que recebera, sem consciência nem sentidos, mas do qual já sabia haver recebido, a crer que ele riria o mesmo tanto comigo. Ele, porém, olhou-me horrorizado, como a um inimigo, e advertiu-me com surpreendente e repentina liberdade, dizendo que se eu quisesse continuar a ser seu amigo, que cessasse de lhe dizer aquelas coisas. Perplexo e confuso, eu reprimi meus ímpetos, para que ele antes convalescesse e, recobradas as forças, eu pudesse tratar com ele a meu modo do assunto. Mas ele foi arrebatado de minha demência para ser guardado junto a ti, para minha consolação. Poucos dias depois, quando eu me encontrava ausente, as febres retornaram, e ele morreu.

4.4.9. Com que dor meu coração se entrevou (Lm 5,17)! Tudo que eu via era morte. A pátria era para mim um suplício, e a casa paterna uma estranha infelicidade. Tudo relacionado a ele, sem ele se tornava um tormento. Meus olhos o buscavam-no por toda parte, e não o vinha. Eu odiava todas as coisas, porque já não o tinham nem podiam me dizer: "Eis que ele vem", como quando vivia e estava ausente. Tinham-me feito de mim um grande problema, pois eu interrogava à minha alma a razão de estar triste, e por que motivo me perturbava tanto (Sl 41,6). E ela nada soube me responder. E se eu dizia "Tem esperança em Deus" (Sl 41,6) ela, com razão, não obedecia, porque o homem caríssimo que eu perdera era mais verdadeiro e melhor do que o fantasma[142] em que ela me mandava confiar. Só o choro era doce e sucedeu meu amigo nas delícias de meu ânimo (Sl 138,11).

O lenitivo do pranto.

4.5.10. E agora, Senhor, tudo passou e, com o tempo, minha ferida teve alívio. Posso, por acaso, te ouvir, tu que és a verdade (Jo 14,6), e mover o ouvido de meu coração até tua boca, para me contares a razão de o choro ser doce para o mísero? Por acaso, embora estejas presente em toda parte, afastas nossa miséria para longe de ti? Será que tu permaneces em ti (Sb 7,27), enquanto nos revolvemos nas provações? E, a não ser chorarmos em teus ouvidos, nada restará de nossa esperança. De onde, afinal, vem a doçura do fruto que se colhe da amargura da vida, o gemer, o chorar, o suspirar, o queixar-se? Ou a doçura está na esperança de que nos escutes? Isso ocorre nas preces porque têm o desidério de chegarem a ti. Mas na dor de algo perdido e no luto eu era então oprimido. Já não esperava que meu amigo ressuscitasse, nem pedia isso com lágrimas; apenas sofria e chorava. Mísero eu era, e perdera meu regozijo. Será que o pranto, amargo que é, nos deleita quando nos enfastiamos do que antes fruíamos, e que agora nos causa aversão?

Amor e morte.

4.6.11. Mas por que falo disso? Não é tempo de perguntar, mas de confessar. Mísero eu era, como é mísero todo ânimo vencido pelo amor às coisas mortais, e que é despedaçado quando as perde, e sente a miséria que o faz mísero mesmo antes de as perder. Assim eu era naquele tempo; chorava amarissimamente, e só no amargor encontrava repouso (Jó 3,20).[143] Assim eu era mísero, e tinha por mais cara a própria vida miserável do que aquele amigo. Pois embora eu quisesse mudá-la, não queria perdê-la mais que a ele, e não sei sequer queria se perdê-la por ele, como se conta de Orestes e Pílades,[144] se isso não for coisa inventada, que queriam morrer ao mesmo tempo um pelo outro, porque não viverem juntos era pior do que a morte. Mas não sei que sentimento tão contrário àquele havia nascido em mim, pois o aborrecimento de viver era em mim gravíssimo, e, também, o medo de morrer. Creio que quanto mais o amava, mais odiava e temia a morte como a mais atroz inimiga, porque o tomara de mim, e eu achava que ela de repente iria consumir todos os homens, porque pôde fazê-lo com ele. Assim eu me encontrava; lembro-me bem. Eis meu coração, Deus meu, ei-lo por dentro. Vê por que razão me lembrei, esperança minha (Sl 70,5), de que me purificas das imundices de tais afeições, dirigindo meus olhos a ti e arrancando o laço de meus pés (Sl 24,15). Espantava-me os outros mortais viverem, porque aquele, a quem eu amava como alguém que não deveria morrer, morrera; e, por ele ser outro eu, espantava-me mais por eu viver, estando ele morto. Bem disse alguém do amigo que é metade de sua alma (Hor. *Od.* 1.3.8).[145] Pois eu senti que minha alma e a dele eram uma única alma em dois corpos,[146] e por isso para mim a vida era horrível, porque eu não queria viver pela metade, e por isso temia morrer, para que aquele a quem eu havia tanto amado não morresse totalmente.

As preocupações dos mortais.

4.7.12. Ah, que demência é não saber amar os homens como homens![147] Ó homem estulto, que sofre sem moderação pelo que é humano. E assim era eu. Assim irava-me, suspirava, chorava e perturbava-me, sem descanso nem propósito. Eu trazia a alma rasgada e ensanguentada;[148] ela não suportava ser levada por mim, e eu não a encontrava onde a havia deixado. Nem nos amenos bosques, nem nos jogos e cantos, nem nos lugares de doce perfume, nem nos aparatosos banquetes, nem na volúpia da alcova e do leito, nem mesmo nos livros e poemas ela se aquietava. Tudo me causava horror, mesmo a luz. Tudo que não era o que ele fora era-me vil e odioso, exceto os ais e as lágrimas; pois só neles eu encontrava repouso. Quando, porém, minha alma se afastava dali, pesava com o grande fardo da miséria. Eu sabia, Senhor, que a ti ela deveria ser elevada (Sl 24,1) e curada, mas eu não queria nem tinha forças para fazê-lo, porque não eras para mim sólido e firme, quando sobre ti eu meditava. Pois o meu deus não eras tu, mas um fantasma vazio e meu erro. Se eu tentava colocar ali a alma, para que repousasse, ela deslizava pelo vazio e de novo ruía sobre mim. E eu permanecia em um lugar infeliz, onde nem podia ficar nem de onde podia me afastar. Para onde, afinal, meu coração fugiria de meu coração?[149] Por isso, fugi da pátria. Pois menos o procurariam meus olhos onde não costumavam vê-lo. E da cidade de Tagaste fui para Cartago.

O conforto da amizade.

4.8.13. Os tempos não param, nem passam ociosos sobre nossos sentimentos. Realizam no ânimo obras maravilhosas. Eis que vinham e passavam, de dia em dia (Sl 60,9), e, vindo e passando, inseriam em mim novas esperanças e outras memórias, e aos poucos restituíam-me aos antigos deleites, a que aquela minha dor foi cedendo. Mas sucediam-se, é certo, senão novas dores, pelo menos causas de novas dores. Pois de onde vinha a dor, que tão facilmente e na intimidade me penetrava, senão porque eu derramara na areia minha alma, ao amar o que haveria de morrer, como se não houvesse de morrer? Mas reparava-me e recreava-me o consolo de novos amigos, com quem eu amava o que em teu lugar eu amava, ou seja, o imenso mito[150] e a longa mentira, cuja adulterina fricção corrompia minha mente, que sentia comichões nos ouvidos (2 Tm 4,3). Mas esse mito não morria para mim, se algum de meus amigos morria. Havia neles coisas que mais me tomavam o ânimo, como conversar, rir, trocar benevolentemente obséquios, ler com eles livros deleitosos, gracejarmos juntos e juntos nos honrarmos, discordarmos às vezes sem ódio, como cada um consigo, e por meio dessas raríssimas discordâncias, afirmarmos juntos muitos consensos, ensinar algo uns aos outros e aprender em reciprocidade, sentir saudade dos ausentes e receber os que chegavam com alegria; esses, e outros sinais também vindos do coração dos que são amados e dos que amam de volta, manifestando-se pela boca, pela língua e por mil gestos gratíssimos, como brasas que conflagram os ânimos, e de muitos fazem um só.[151]

A verdadeira amizade.

4.9.14. É isso que amamos nos amigos. E assim se ama, de tal maneira que a consciência humana se considera culpada se não ama a quem a ama de volta, ou se não ama de volta quem a ama, nada buscando daquele ser senão indícios de benevolência. Daqui, por isso, vem o luto se alguém morre, e as trevas das dores e o coração encharcado pela doçura transformada em amargor, e pela perdida vida dos mortos, a morte dos vivos. Bem-aventurado quem te ama, e que ama o amigo em ti, e o inimigo em razão de ti (Tb 13,18; Mt 5,44). Em verdade, só não perde nenhum amigo aquele de quem todos são amigos naquele que nunca perdemos. E quem é esse senão o nosso Deus, o Deus que fez o céu e a terra (Gn 1,1), e os preenche, porque, os preenchendo, os fez? Ninguém te perde a não ser se te abandona. E, se te abandona, para onde vai ou para onde foge, senão para longe de tua bondade, em direção à tua cólera? Pois onde não achará tua lei para seu castigo? E tua lei é a verdade (Sl 118,142), e a verdade és tu (Jo 14,16).

Os bens terrenos.

4.10.15. Deus das virtudes, converte-nos a ti, mostra-nos tua face e seremos salvos (Sl 79,3). Pois para qualquer parte para onde a alma humana se voltar, em qualquer lugar, que não sejas tu, agarra-se às dores, ainda que se apoie nas belezas que estão fora de ti e fora de si, belezas que também nada são, a não ser que provenham de ti. Essas belezas nascem e morrem, e, ao nascer, começam a existir e a crescer, e aperfeiçoam-se; perfeitas, envelhecem e perecem. Nem tudo envelhece, mas tudo perece. Logo, quando os seres nascem e começam a existir, quanto mais rápido crescem para o ser, tanto mais se apressam para o não ser; e é essa a sua condição. Tu lhes deste só isso, porque são partes de coisas que não são todas ao mesmo tempo, mas que, ao morrerem e se sucederem, compõem a totalidade, de que são partes. (Eis que assim também nossas conversas se completam por meio de sinais sonoros. Pois a conversa não existiria se uma palavra não se extinguisse quando soassem suas partes, para que outra sucedesse.) Que minha alma te louve (Sl 145,2), Deus, criador de todas as coisas,[152] mas que não se apegue a elas pelos sentidos do corpo com o visgo do amor. Porque elas caminham para seu destino, para o não ser, e despedaçam a alma com desejos pestilentos, já que a própria alma quer ser, e ama repousar naquilo que ama. Ela, no entanto, não tem repouso, porque as coisas não são estáveis: elas fogem. E quem as segue com o sentido da carne? Quem há que as compreenda, ainda que sejam presentes? Lento é o sentido da carne, porque é o sentido da carne, e é de sua condição ser lento. É suficiente àquele outro fim para que foi criado, mas não é suficiente a este, para deter o transcurso das coisas, desde o devido início até o fim determinado. Pois, em verdade, ouve-se no teu Verbo, pelo qual tudo foi criado: "Desde aqui, até aqui" (Jó 38,11).

Exortação à própria alma.

4.11.16. Não sejas vã, alma minha,
nem ensurdeças o ouvido do coração com o tumulto da vaidade tua.
Ouve também tu:
o próprio Verbo clama que voltes,
e aí está o lugar de descanso imperturbável,
aí onde o amor não é abandonado, se ele próprio não abandona.
Eis como essas coisas passam para que outras se sucedam,
e de todas as suas partes forma-se o universo inferior.
"Será que me afasto para outro lugar?", diz o Verbo de Deus.
Estabelece aí a morada tua (Jo 14,23)
e deposita nela tudo o que tens, alma minha,
já fatigada das mentiras.
À verdade entrega tudo o que te vem da Verdade.
E nada perderás e a podridão tua reflorirá.
E serão curadas todas as enfermidades tuas (Mt 4,23)
e as inconstâncias tuas serão reformadas,
e, renovadas, estarão unidas a ti,
e não te arrastarão por onde descem,
mas ficarão estáveis contigo
e permanecerão com o sempre estável e permanente Deus (Sl 101,13).

4.11.17. Por que, ó perversa, segues a carne tua?
Que ela te siga e se converta.

Tudo o que por ela sentes é parte,
e ignoras o todo,
do qual são essas partes que te deleitam.
Mas se o sentido da carne tua fosse capaz de compreender o todo,
e não fosse reduzido em justa medida por um castigo teu,
a compreender só uma parte do universo,
quererias que se passasse tudo aquilo que existe no presente,
para que tudo mais te aprouvesse.
Pois também o que falamos,
pelo mesmo sentido da carne é que tu ouves,
e não queres que as sílabas parem,
mas que passem,
para que outras venham e ouças o todo.
Assim acontece com todas as coisas,
pelas quais o uno se compõe
(e não são todas juntas aquelas pelas quais se compõem):
mais deleitam todas as coisas que cada uma,
se for possível apreendê-las todas.
Mas muito melhor do que elas é quem as fez todas,
e é ele o nosso Deus (Sl 99,3),
que não se retira,
porque nada o sucede.

Amar a Deus.

4.12.18. Se te agradam os corpos, a Deus neles louva (Sl 145,2), e ao artífice deles retribui o amor, para que no que te agrada não o desagrades. Se te agradam as almas, que em Deus sejam amadas, porque elas são mutáveis, e nele se estabilizam, tornando-se fixas. De outro modo, elas passariam e morreriam. Logo, sejam nele amadas, e arrebata dele contigo todas as coisas que podes, e dize: "Amemo-lo: ele as fez e não está longe. Não as fez e depois as deixou, mas existem por ele e nele (Rm 11,36). Eis onde se encontra, onde se saboreia a verdade:[153] está no íntimo do coração. Mas o coração se fez errante (Sl 118,176) para longe dele. Voltai, transgressores, voltai ao coração (Is 46,8) e apegai-vos a quem vos fez. Estai com ele e permanecei estáveis. Descansai nele e ficareis descansados. Aonde ides nas tribulações? Aonde ides? O bem que amais vem dele, mas só é bom e doce quando a ele se dirige. Mas justamente será amargo, porque injustamente é amado, ao abandonar aquele, e o que dele vier. Por que percorrer os caminhos difíceis e fatigantes (Sb 5,7)? Não há descanso onde buscais. Buscai o que buscais, mas não está ali onde buscais. Buscais a vida feliz na região da morte (Is 9,2). Não está ali. Como, enfim, procurais a vida feliz[154] onde não há vida?

4.12.19. "A Vida, a própria Vida desceu[155] até aqui, até nós. Levou nossa morte e a matou (2 Tm 1,10), pela abundância de sua vida. E trovejou, a chamar que retornemos a ela, para aquele lugar secreto de onde procedeu[156] até nós, primeiro ao ventre virginal onde desposou a natureza humana, carne mortal, para não ser sempre mortal. E, de lá, como um noivo que sai de seu leito, saltou como um gigante a percorrer o caminho (Sl 18,6-7). Não tardou, (Sl 39,18) mas correu, a clamar com palavras, com feitos, com a morte, com a vida, com a descida e com a ascensão (Ef 4,8-9), a clamar que retornemos a ele. E afastou-se dos olhos (Lc 24,51), para que voltemos a ele; e afastou-se dos olhos para que voltemos ao coração e o encontremos. Afastou-se, e eis que aqui está (Mt 24,23). Não quis permanecer conosco por muito tempo, e não nos deixou. Afastou-se de onde nunca se retirou, porque o mundo foi feito por ele (Jo 1,10), e estava neste mundo, e veio a este mundo salvar os pecadores (1 Tm 1,15). Minha alma a ele se confessa, e ele a cura (Sl 40,5), pois pequei contra ele. Filhos dos homens, até quando sereis pesados no coração (Sl 4,3)? Será que depois da descida da vida não quereis ascender e viver? Mas para onde ascendeis, já que estais no alto e abris vossa boca contra o céu (Sl 72,8-9)? Descei para ascenderdes, e ascendei a Deus. Pois caístes ao te levantares contra Deus." Dize-lhes isso, alma minha, para que chorem no vale de lágrimas (Sl 83,6-7), e, assim, leva-os contigo a Deus, porque é de seu Espírito que vêm essas palavras, se as dizes a arder no fogo da caridade.

O Belo e o Adequado.

4.13.20. Isso eu não conhecia, e amava as belezas inferiores. Eu caminhava para o abismo (Is 31,6) e dizia a meus amigos: "Será que amamos algo além do belo?¹⁵⁷ O que é, afinal, o belo? O que é a beleza? O que é que nos atrai e nos une às coisas que amamos? Em verdade, se não houvesse neles os adornos e a beleza, não nos inclinaríamos em direção a eles". E eu voltava minha alma e via que nos mesmos corpos que uma coisa era o todo, e por isso belo, e que outra coisa era aquilo conveniente, por acomodar-se de modo adequado a algo, assim como uma parte do corpo a seu conjunto, ou o calçado ao pé, e coisas semelhantes. E essa consideração brotou em meu ânimo do íntimo de meu coração, e eu escrevi os livros sobre "O Belo e o Adequado"¹⁵⁸ – creio que dois ou três volumes: tu sabes quantos, Deus, pois já me esqueci. Não os tenho; extraviaram-se, não sei como.

Dedicatória a Hiério.

4.14.21. Afinal, Senhor Deus meu, o que me fez dedicar aqueles livros que escrevi a Hiério,¹⁵⁹ orador da cidade de Roma? Eu não o conhecia pessoalmente, mas amava o homem pela fama da doutrina, que dele era brilhante, e por algumas palavras suas, que eu ouvira e que tanto me haviam agradado. Além disso, como ele agradava aos outros, que o cumulavam de elogios, admirados por um homem sírio que, educado antes na oratória grega, mas que chegara a se tornar um admirável falante da língua latina e conhecedor profundo dos estudos da sabedoria, também me agradava. Ele era elogiado e amado, mesmo ausente. Mas será que esse amar da boca do que elogia entra no coração de quem ouve? De modo algum. De um amante, porém, acende-se outro. Por isso, ama-se o que é elogiado quando se crê que os elogios não nasçam de um coração falaz, isto é, quando se ama de verdade a quem se elogia.

4.14.22. Assim, eu amava os homens pelo juízo dos homens, e não pelo teu, Deus meu, no qual ninguém se engana. No entanto, por que eu não o elogiava como a um célebre auriga ou a um caçador, afamados na aclamação do povo, senão de forma muito diversa, mais séria, como eu mesmo gostaria de ser elogiado? Decerto eu não queria ser louvado e amado como os histriões, embora eu mesmo os louvasse e amasse. Preferia ser desconhecido a ser conhecido dessa maneira, ou ainda ser odiado que assim ser amado. Como se distribui em uma única alma o peso de vários e diversos amores? O que amo no outro? O que, por outro lado, não amo, a não ser que eu odeie ou que deteste em mim e repila, já que ambos somos humanos? Não quereria alguém, ainda que pudesse, ser como aquele bom cavalo por ele amado. E isso pode ser dito do histrião, que é companheiro de nossa natureza. Logo, será que, sendo eu um humano, amo no humano o que odeio ser? Grande abismo é o homem, de quem até os cabelos tu (Mt 10,30), Senhor, tens contados, e nenhum se perde para ti. No entanto, os cabelos dos homens são mais enumeráveis do que seus afetos e movimentos do coração.

4.14.23. Aquele retor[160] era do gênero dos que eu amava, igual a quem eu queria ser. Eu andava em errâncias por causa da soberba, arrastado em giros pelos ventos (Ef 4,14), embora capitaneado[161] em segredo por ti. E de onde vem que eu soubesse, e de onde vem que confesse a ti que o amava antes pelo amor dos que o elogiavam do que pelos próprios atributos em razão dos quais era elogiado? Porque se, em vez de o elogiarem, o vituperassem, e, ao vituperá-lo desprezá-lo, contassem os mesmos atributos, eu não me entusiasmaria nem me encantaria com ele, ainda que os atributos não fossem outros, nem fosse outro o homem, mas tão só fosse outro o afeto dos que contaram sobre ele. Eis onde jaz a alma débil, ainda não aderida à solidez da verdade. Assim como a brisa das palavras sopra do peito dos opiniosos, do mesmo modo ela é levada e trazida, torcida e retorcida, e a luz cobre-se de nuvens e a verdade não é discernida mesmo diante de nós. Mas me importava que aquele homem conhecesse meus discursos e estudos. Se os aprovasse, empolgar-me-ia mais; se os reprovasse, ferir-se-ia meu coração, vão e vazio de tua firmeza. E aquele "O Belo e o Adequado", que para ele eu escrevera, eu revolvia em meu ânimo com prazer, sob a face de minha contemplação, e o admirava sem precisar de que ninguém comigo o elogiasse.

Autocrítica.

4.15.24. Mas eu ainda não via o âmago de coisas tão grandes em tua arte,[162] ó onipotente, tu, o único que fazes maravilhas (Sl 72,18); e meu ânimo seguia pelas formas corpóreas. Ele definia o belo como o que agrada por si mesmo, e o adequado como o que era agradável pela comodidade que proporciona a algo. E eu distinguia e confirmava com exemplos corpóreos. Voltei para a natureza do ânimo, e a falsa opinião que eu tinha das coisas espirituais não me permitia perceber a verdade. A própria força da verdade adentrava-me nos olhos, mas eu desviava a mente palpitante da realidade corpórea para os contornos, as cores e as avultadas magnitudes. E porque não podia ver tais coisas no ânimo, julgava que não poderia ver o ânimo. Como amasse na virtude a paz, e no vício odiasse a discórdia, percebia naquela a unidade, e nesta, alguma divisão, e pareciam-me residir na unidade a mente racional e a natureza da verdade e do sumo bem. E eu, mísero, pensava que residiam na divisão a substância da vida irracional e a natureza do sumo mal, que não apenas era substância, mas a própria vida, embora não vinda de ti, Deus meu, de quem vêm todas as coisas (1 Cor 8,6). Àquela eu chamava de "mônada", como a mente assexuada; a esta eu chamava de "díade",[163] a ira nos crimes, o desejo nos vícios, sem saber o que dizia. Pois não sabia, nem aprendera, que o mal não é uma substância,[164] e que nossa mente não é o sumo e imutável bem.

4.15.25. Pois assim como surgem os crimes, quando é vicioso o movimento do ânimo em que está o ímpeto, que se atira insolente e túrbido; ou assim como se dão as infâmias, se é imoderada a afecção da alma da qual as volúpias carnais se alimentam, assim também os erros e as falsas opiniões contaminam a vida, se a mente racional é viciosa, como estava a minha, que não sabia que deveria ser iluminada por outra luz, para ser partícipe da verdade, por não ser a própria natureza da verdade, porque tu iluminarás a minha lâmpada, Senhor Deus, tu iluminarás minhas trevas (Sl 17,29), e de tua plenitude nós todos recebemos (Jo 1,16). Pois tu és a luz verdadeira, que ilumina todos humanos que vieram a este mundo (Jo 1,9), porque em ti não há mudança, nem sombra momentânea (Tg 1,17).

4.15.26. Eu me esforçava para me aproximar de ti, e me repelias para longe de ti (Sl 42,2), para eu saborear a morte (Mt 16,28), já que resistes aos soberbos (Tg 4,6; Pd 5,5). O que, afinal, é mais soberbo do que afirmar, com incrível insanidade, que eu, por natureza, era o mesmo que tu? Pois sendo eu mutável, e sendo-me isso manifesto – porque se seu queria ser sábio, era para fazer-me melhor a partir do pior –, preferia, entretanto, crer-te mutável a não seres o que tu és. Assim, me repelias e resistias à minha enfatuada cerviz. Eu imaginava as formas corpóreas, e, por ser carne, acusava a carne, e, vento que passa e não volta (Sl 78,39), eu ainda não me convertia a ti. Vagando, eu vagava nas coisas que não existem em ti, nem em mim, nem no corpo, nem eram criadas para mim por tua vontade, mas eram inventadas por minha vaidade a partir do corpo. E eu dizia aos pequeninos (Mt 11,25) fiéis teus, meus concidadãos,[165] dos quais, sem saber, eu me afastava; dizia a eles, tagarela e inepto: "Por que, afinal, a alma que Deus criou comete erros?". E eu não aceitava que me perguntassem: "Por acaso Deus comete erros?" Mas eu preferia insistir em que tua substância imutável era obrigada a errar, a confessar que a minha substância era mutável, e que por vontade própria havia se desviado e cometia erros por castigo.

4.15.27. Eu tinha talvez vinte e seis ou vinte e sete anos de idade, quando escrevi aqueles volumes, revolvendo imaginações estrepitosas nos ouvidos de meu coração, que eu aplicava, ó doce verdade, à tua melodia interior, enquanto pensava sobre "O Belo e o Adequado", e desejava estar diante de ti e ouvir-te, e, com regozijo, regozijar-me à da voz do esposo (Jr 25,10; 33,11; Jo 3,29; Ap 18,23). Mas não podia, porque as vozes de meu erro arrebatavam-me para fora, e, com o peso de minha soberba, eu me precipitava nas profundezas. Porque em verdade, não davas à minha audição gozo nem alegria, nem exultavam meus ossos, que não tinham sido humilhados (Sl 50,10).

As artes liberais.

4.16.28. De que me serviu (Eclo 2,15), quando eu tinha mais ou menos vinte anos, haverem chegado às minhas mãos, e eu ter lido sozinho e compreendido, os tratados aristotélicos chamados *As Dez Categorias*,[166] que, quando um retor cartaginês, meu mestre,[167] e outros tidos por doutos citavam pelo nome, com a boca a estalar soberba, eu suspirava em suspense como se estivesse diante de algo grande e divino)? Porque, como eu os comentava com os que diziam tê-los entendido (só a custo e graças a mestres eruditíssimos que não só lhos havia explicado com falas e com muitos desenhos na areia), nada puderam me dizer de diferente do que eu sozinho aprendera, ao ler comigo mesmo. Os tratados me pareceram bastante claros quando discorreram sobre a substância[168] (como é o homem); sobre as coisas que há nela (como a figura do homem); sobre sua qualidade (quantos pés de altura); sobre seu parentesco (de quem é irmão); sobre onde se encontra, quando nasceu, se está de pé ou sentado, se está calçado ou armado, se faz ou sofre algo; e sobre tudo aquilo inumerável compreendido na própria categoria da substância ou nas outras nove categorias de que citei exemplos.

4.16.29. De que isso tudo me serviu, se também me prejudicou, porque, crendo eu que tudo estava incluído nos dez atributos, esforçava-me por entender-te da mesma forma, Deus meu, maravilhosamente simples e imutável, como se tua magnitude e beleza subsistissem em ti, como os acidentes subsistem nas substâncias, por exemplo, nos corpos. Tu, porém, és tua magnitude e beleza. O corpo, pelo contrário, não é grande ou belo por ser corpo, pois se fosse menor ou menos belo fosse, seria menos corpo? Assim, era falsidade o que de ti eu pensava, e não verdade; era também ficção da minha miséria e não a firmeza de tua beatitude. Pois ordenavas, e assim me acontecia, que a terra produzisse espinhos e cactos para mim, e que com o trabalho eu alcançasse meu pão (Gn 3,18).

4.16.30. E de que me serviu ler por mim mesmo, servo mais perverso da cupidez malévola, e entender todos os livros que pude ler das disciplinas liberais? Regozijava-me neles, e não sabia de onde vinha o que ali havia de verdadeiro e certo. Eu tinha o dorso voltado para a luz e a face para o que estava iluminado.[169] Por isso, não estava iluminada a minha face, com que eu via as coisas iluminadas. Tudo da arte de falar e da dialética, tudo da dimensão das figuras, da música e dos números, aprendi sem grande dificuldade e sem a transmissão dos homens. Sabes o tu (Tb 6,8), Senhor Deus meu, porque a rapidez do aprendizado e a agudeza do discernimento são dons teus (embora eu ainda não as oferecesse em sacrifício a ti (Sl 53,8); e assim, não me eram úteis, e só me causavam danos, porque eu cuidava de ter em meu poder, boa parte de minhas posses, e guardava para ti a minha fortaleza (Sl 58,10). Mas me afastei-me de ti, para longínquas regiões, onde a dissipei com as meretrizes da concupiscência) (Lc 15,13). Mas, de que me serviam os bons dons, se não os usava bem? Eu não percebia que aquelas artes eram compreendidas com dificuldade pelos estudiosos e inteligentes, a não ser quando eu as tentava explicar, e só o melhor dentre eles entendia com pouca lentidão o que eu expunha.

4.16.31. Mas de que isso me servia se eu julgava que tu, Senhor Deus, suprema verdade, eras um corpo luminoso e imenso, e que eu era um pedaço desse corpo? Imensa perversão! Todavia, assim eu era, e não me enrubesço, Deus meu, de confessar-te tuas misericórdias comigo, e invocar-te, eu, que não me enrubesci quando proferi aos homens minhas blasfêmias e ladrei contra ti (Jd 11,15).[170] De que me servia uma inteligência tão ágil para aquelas doutrinas e não ter necessidade do magistério humano para deslindar tão enredados livros, quando errava na doutrina da piedade, com disforme e sacrílega torpeza? E em que se prejudicaram teus pequeninos de inteligência muito lenta, quando eles não se afastavam de ti, quando no ninho de tua igreja todos se emplumavam, e as asas da caridade se nutriam (Sl 83,4) com o alimento da sadia fé? Senhor Deus nosso, esperemos sob a sombra de tuas asas (Sl 16,8); protege-nos e nos carrega. Tu nos carregarás tanto quando pequeninos quanto nos carregarás até que nossos cabelos se embranqueçam, já que nossa firmeza existe quando está em ti. Então, é a firmeza, mas quando é nossa, é a debilidade. Nosso bem vive sempre junto de ti, e somos perversos se de ti nos afastamos. Retornemos já, Senhor, para que não tombemos. Junto a ti vive nosso bem, sem defeito, porque tu és o bem, e não temeremos que não haja para onde retornar, por ser de onde caímos. Pois na nossa ausência não se arruinará nossa casa, que é a tua eternidade.

Livro V[171]

Hinos de ofertório.

5.1.1. Aceita o sacrifício das confissões minhas (Sl 50,21),
feitas com a mão da língua minha (Pr 18,21),
que formaste e incitaste, para confessar pelo nome teu (Sl 53,8),
e cura todos os ossos meus (Sl 6,3), para que proclamem:
"Senhor, quem há semelhante a ti?" (Sl 34,10).
Pois nada te informa do que se passa consigo quem a ti se confessa,
porque ao olho teu não obsta um fechado coração,
nem à mão tua repele a dureza dos homens (Rm 2,5),
pois tu abres o que queres,
ou quando te compadeces ou te vingas,
e não há quem se esconda do calor teu (Sl 18,7).
Mas louve-te a alma minha (Sl 145,2), para te amar,
e confesse-te as misericórdias tuas (Sl 106,8), para te louvar.
Os louvores teus não cessam nem calam o conjunto da criação tua,
nem os espíritos todos (Tb 3,14), por meio dos lábios voltados a ti,
nem todos os animais e os corpos, pela boca dos que os contemplam,
para que da lassidão ressurja em ti a alma nossa,
a se apoiar no que fizeste,
e atirar-se em direção ti,
que a fizeste maravilhosamente (Sl 71,18).
E o descanso e a verdadeira força aí estão.

5.2.2. Vão e fujam de ti os inquietos pecadores![172]
Mas tu os vês e separas as sombras suas.
E eis que todas as belezas estão neles, ainda que torpes eles sejam.
Que mal, porém, fizeram a ti?
Em que macularam o império teu,
que desde o céu até as mais ínfimas regiões é justo e íntegro?
Para onde, afinal, fugiram (Sl 138,7-8),
quando fugiram da face tua?
E onde tu não os encontrarás?

Mas fugiram para não te ver,
tu que os vias,
e, cegados (Rm 11,7-11), tropeçaram em ti,
porque não abandonas nada do que fizeste (Sb 11,25).
Em ti tropeçaram os injustos,
e com justiça são castigados,
subtraídos da brandura tua,
ao tropeçarem na retidão tua
e caírem no rigor teu.
Decerto não sabem que em toda parte estás,
que não te circunscreve nenhum lugar,
e que só tu és presente até mesmo para os que se afastam de ti.
Convertam-se e te busquem,
Porque eles próprios abandonaram o criador seu,
tu não abandonas a criatura tua;
que eles se convertam.
E eis que estás no coração deles,
no coração dos que confessam a ti,
dos que se lançam a ti
e dos que choram em teu seio,
depois dos difíceis caminhos seus (Sb 5,7).
E tu facilmente secas as lágrimas deles (Ap 21,4; Is 25,8),
e eles mais choram e regozijam-se no choro,
porque tu, Senhor, não és um homem, carne e sangue (Jo 1,13),
mas tu, Senhor, que os fizeste, os refazes e os consolas.
E onde eu estava, quando te procurava?
Tu estavas diante de mim,
e eu, porém, afastava-me de mim,
e não me encontrava,
muito menos a ti.

Fausto, o maniqueu.

5.3.3. Na presença de meu Deus, eu falarei agora sobre o vigésimo nono ano de minha idade.[173] Havia chegado a Cartago um bispo dos maniqueus, chamado Fausto,[174] uma grande armadilha do diabo

(1Tm 3,7), que a muitos enredava com a suavidade de sua eloquência. Embora eu também a elogiasse, ainda assim a distinguia da verdade das coisas, que eu estava ávido por aprender. Não me atentava tanto na vasilha dos discursos quanto no alimento da ciência que aquele famoso Fausto me servia. Chegara-me dele a fama de ser peritíssimo nas doutrinas mais nobres e erudito nas disciplinas liberais.[175] Como eu havia lido muitas páginas dos filósofos[176] e guardava na memória seus ensinamentos, comparava com alguns daqueles escritos as longas fábulas dos maniqueus, e pareciam-me mais prováveis os escritos dos filósofos, que tinham luz bastante para perscrutar o mundo, ainda que não tenham encontrado o Senhor. Porque és imenso (Sl 144,3), Senhor, e vês as coisas pequenas; porém, de longe, tu conheces as criaturas sublimes (l 138,6), não te aproximas senão do contrito coração (Sl 33,19) e não és encontrado pelos soberbos, ainda que eles enumerem com indagadora perícia as estrelas e os grãos de areias, meçam as plagas siderais e investiguem o curso dos astros.

5.3.4. De fato, eles investigaram esses fenômenos e fizeram muitas descobertas: prognosticaram os eclipses dos luzeiros do sol e da lua vários anos antes, em qual dia, hora e lugar haveriam de ocorrer, e o fizeram só com a mente e a inteligência que lhes deste. E os cálculos não falhavam. Tudo acontecia como prenunciavam, e eles escreveram as leis que descobriram, leis que ainda hoje são lidas e a partir das quais se pode prever em que ano, em que mês do ano, em que dia do mês, em que hora do dia, e em que parte de seu disco luminoso a lua ou o sol se eclipsarão. E sempre acontece como prenunciado. Os homens que conhecem essas leis se admiram, os ignorantes se espantam; exultam e exaltam-se os que as conhecem e por ímpia soberba afastam-se e se eclipsam de tua luz – eles preveem tão bem um futuro eclipse do sol, e não veem o seu próprio eclipse no presente, já que não indagam religiosamente de onde receberam a inteligência, por meio da qual fazem essas indagações. E mesmo se descobrem que tu os fizeste, não se entregam a ti em sacrifício para que tu conserves o que fizeste, e, como se houvessem criado a si mesmos, não sacrificam a ti, nem destroem suas ambições, como as aves que voam, nem suas curiosidades, como os peixes do mar, que erram pelos secretos caminhos do abismo, nem suas luxúrias, como as feras selvagens (Sl 8,8), para que tu, Deus, fogo devorador (Dt 4,24; Hb 12,29), consumas suas preocupações mortais e os recries na imortalidade.

5.3.5. Eles, porém, não conhecem o caminho, o teu Verbo, por meio do qual tu fizeste tudo que eles enumeram, e fizeste aqueles mesmos que enumeram, e o sentido com que eles entendem as coisas que enumeram, e a mente que as enumera; eles não entendem que a tua sabedoria é inumerável (Sl 146,5). O próprio Unigênito fez-se para nós a sabedoria, a justiça e a santificação (1 Cor 1,30). Foi enumerado entre nós[177] e pagou tributo a César (Mt 22,21). Eles, no entanto, não conhecem esse caminho pelo qual desceriam de si ao Salvador, e que, por ele, a ele ascenderiam. Não conhecem esse caminho e acham-se sublimes e brilhantes, como as estrelas. E eis que caíram na terra (Is 14,12), e seu coração insensato não se obscureceu (Rm 1,21). Dizem muitas coisas verdadeiras sobre as criaturas, mas a verdade (Jo 14,6),[178] que é o artífice da criação, eles não buscam piamente (Mt 7,7), e por isso não a encontram, ou, se a encontram, conhecendo Deus, não a honram como Deus e não lhe dão graças. Eles se desvanecem nas cogitações e dizem-se sábios, atribuindo a si os bens que são teus. Por isso, esforçam-se com a mais perversa cegueira em também te atribuírem coisas que são deles, isso é, esforçam-se em imputar mentiras a ti, que és a verdade, quando trocam a glória de um Deus incorruptível pela semelhança da imagem de um homem corruptível, ou de um pássaro, de um quadrúpede, ou de um réptil (Rm 1,23), e convertem tua verdade em mentira, e a cultuam. Servem mais à criatura do que ao criador (Rm 1,25).

5.3.6. Eu, porém, retinha dos filósofos muitas informações verdadeiras sobre as criaturas, e tinha quanto a essas informações a comprovação racional advinda dos números, da sequência do tempo e do testemunho visível dos astros. E eu comparava tudo com as palavras de Manes, que, delirante, escreveu muito sobre esses temas.[179] Eu, entretanto, não entendia a razão dos solstícios nem a dos equinócios, nem dos eclipses do sol e da lua, nem nada que naqueles livros de sabedoria profana eu aprendera. Ali eu era obrigado a acreditar em coisas totalmente diferentes, que não concordavam com as de sua doutrina, coisas que eu próprio observava, por cálculo matemático e por meus olhos.

A ciência humana.

5.4.7. Por acaso, Senhor Deus da verdade (Sl 30,6), será que já te compraz quem conhece essas coisas? Infeliz do homem que as conhece, mas não te conhece. Bem-aventurado é o que te conhece, embora não as conheça. E aquele que, em verdade, as conhece e a ti, não por elas é mais bem-aventurado, mas por ti, se, te conhecendo (Rm 1,21), glorifica-te, rende-te graças e não se desvanece em cogitações. Assim como é melhor para o que te conhece possuir uma árvore e, por seu uso, render-te graças, embora não saiba qual sua altura e largura em cúbitos, do que aquele que a mede e enumera seus ramos, mas que não a possui, não conhece seu criador, nem o ama. Assim é o homem fiel (Pr 17,6), a quem pertence todo mundo de riquezas e que tudo possui como se nada tivesse (2 Cor 6,10), está unido a ti, a quem todas as coisas servem (Sl 118,91). Ainda que ele não conheça os giros do Setentrião,[180] seria tolice duvidar se é ou não superior ao que é negligente contigo, que dispuseste tudo na medida, no número e no peso (Sb 11,21), embora meça o céu, enumere as estrelas e pese os elementos.

Os erros dos maniqueus.

5.5.8. Mas quem mandou esse Manes, a quem não conheço, escrever sobre esses assuntos, sem cujo conhecimento não se poderia ensinar a piedade? Pois disseste ao homem: "Eis que a piedade é a sabedoria" (Jó 28,28). Manes poderia desconhecer a piedade, mesmo que conhecesse com perfeição as matérias. Mas como, não as conhecendo, impudentemente ousou ensiná-las, não poderia conhecê-las. É vaidade jactar-se do conhecimento das coisas mundanas, ainda que as conheça; é piedade, porém, confessar-te. De onde, contudo, desviando-se dessa regra, ele falou tanto sobre tal assunto, que, refutado pelos que de fato estudaram, ficou claro o pouco crédito que merecia no que pretendia ensinar de sua obscura seita. Sem querer que o desconsiderassem, tentava persuadir que nele, em pessoa, estava o Espírito Santo, na plenitude de sua autoridade, consolador e riqueza de seus fiéis. Assim, quando foi surpreendido a dizer falsidades sobre o céu, as estrelas, os movimentos do sol e da lua, embora esses erros não se relacionassem com a doutrina religiosa, ficou bastante evidente seu atrevimento, quando dizia coisas que não só eram ignoradas por mim, mas também falsas, com tão louca vaidade que não hesitava em atribuí-las a si, como se fosse pessoa divina.

5.5.9. Quando ouço de algum irmão cristão que desconhece essas questões e confunde uma coisa com outra, escuto com paciência sua opinião, e não vejo que isso lhe seria prejudicial, contanto que não creia acerca de ti, Senhor criador de tudo,[181] coisas indignas, ainda que ignore por acaso a situação e a natureza das criaturas corpóreas. Todavia, prejudica-se se julga que isso pertence à própria forma da doutrina da piedade, e se pertinazmente ousa afirmar o que ignora. Mas essa fraqueza é tolerada nos berços da fé pela mãe caridade, até que um novo homem cresça (Ef 4,24), até que se torne um varão feito e não possa ser arrebatado por qualquer vento da doutrina (Ef 4,13,14). Mas aquele que ousou se fazer doutor, mestre e príncipe dos que foram persuadidos por seus ensinamento, a ponto de se persuadirem de que não seguiram um homem comum, mas teu Espírito Santo, quem julgará com tanta insanidade, assim que fosse demonstrado que ele dizia coisas falsas, que não deve ser detestado e afastado para longe? No entanto, eu ainda não discernia com clareza se o que eu lera em outros livros sobre a alternância dos dias e das noites, mais longos ou mais breves, sobre a sucessão dos próprios dias e das noites, e sobre os eclipses dos luzeiros poderia ser explicado de acordo com seus ensinamentos, o que, se fosse por acaso possível ocorrer, já me deixaria incerto entre as coisas serem assim ou não. Mas eu antepunha sua autoridade à minha fé, em razão de acreditar em sua reputação de santo.

Conversa com Fausto, o maniqueu.

5.6.10. E pelos quase nove anos em que, com o ânimo errante, ouvi[182] os maniqueus, esperei com ansiedade a chegada de Fausto. Se, por acaso, eu encontrava outros discípulos, que falhavam em responder as questões por mim objetadas, prometiam-me que ele, quando chegasse, dissiparia com uma simples conversa aquelas minhas dúvidas, e talvez outras maiores, que eu intrincadamente propusesse. Logo, quando ele chegou, pude comprovar que era um homem agradável, alegre com as palavras, mas que expunha as mesmas coisas que os demais costumavam dizer, ainda que de uma forma bem mais doce. De que servia à minha sede, entretanto, esse elegantíssimo servidor de copos preciosos? Meus ouvidos já estavam saciados de tais teorias, que não me pareciam melhores por serem ditas de melhor maneira, nem mais verdadeiras porque apresentadas de forma mais eloquente, nem me parecia mais sábia a alma por ser o rosto mais equilibrado e mais formosa sua fala. De fato, os que o haviam recomendado a mim não eram bons avaliadores, e por isso ele lhes parecia prudente e sábio, pois muito os deleitava com sua fala. Conheci, porém, outro tipo de homem, que tinha a verdade sob suspeita e não a recebia se exposta em linguagem copiosa e floreada.[183] Todavia, Deus meu, já me havias ensinado de forma maravilhosa e oculta (pois creio que eras tu que me ensinavas, já que o que eu aprendia era verdadeiro, e ninguém, exceto tu, é o mestre da verdade, onde quer que ela brilhe, e como quer que fulgure). Logo, eu havia aprendido contigo que não deveria ver algo como verdadeiro só porque foi dito com eloquência, nem considerar como falso, só porque soava com rudeza nos lábios. Por outro lado, nem deveria considerar algo verdadeiro só porque fora rudemente enunciado, nem, da mesma maneira, falso, por provir de um esplêndido discurso. A sabedoria e a estultice são como alimentos úteis ou inúteis; e as frases elegantes ou triviais são como pratos sofisticados ou rústicos, que podem servir ambas as refeições.

5.6.11. Minha avidez, com que por tanto tempo eu esperara por aquele homem, deleitava-se com o movimento e a emoção das discussões, e com as palavras apropriadas que lhe ocorriam com facilidade para adornar as sentenças. Deleitava-me, de fato, como a muito outros, ou melhor, mais do que a muitos outros. E eu o elogiava e o exaltava; mas não gostava de que na reunião dos ouvintes não me fosse permitido apresentar-lhe, e com ele dividir, as preocupações de minhas questões, nem conversar com ele com familiaridade, nem ouvir e responder seus discursos. Por isso, assim que possível, comecei com meus amigos a ocupar seus ouvidos com o que não era indecoro conversar, e expus alguns temas que me inquietavam. Notei, primeiro, que Fausto conhecia das disciplinas liberais apenas a gramática – e, mesmo assim, com um conhecimento nada extraordinário. Porque lera algumas orações tulianas, uns pouquíssimos livros de Sêneca, alguma coisa dos poetas e uns poucos volumes de sua seita, que eram escritos em elegante latim, e porque exercitava-se diariamente na oratória, impressionava com a fala, de modo agradável e sedutor pelo bom emprego da inteligência e de alguma graça natural. Mas foi assim como me recordo, Senhor Deus meu, árbitro de minha consciência? Diante de ti (Nm 10,9) estão meu coração e minha memória, que tu trazias no oculto segredo de tua providência, e exibias meus desonestos erros diante de minha face (Sl 49,21), para que eu os visse e os odiasse.

Qualidades de Fausto.

5.7.12. Depois que Fausto se me revelou imperito nas artes em que eu pensava ele se destacar, comecei a perder as esperanças de que ele pudesse elucidar ou responder as questões que me inquietavam. Decerto ele as poderia ignorar e ter a verdadeira reverência religiosa, desde que não fosse maniqueu. Porque os livros dessa seita são cheios de fábulas prolixas sobre o céu e as estrelas, sobre o sol e a lua, que eu ou já não julgava que ele pudesse argutamente explicar, como eu desejava, comparando-as com os cálculos dos números que eu lera em outro lugar para ver se eram melhores do que o contido nos livros dos maniqueus, ou se, ao menos, apresentavam igual explicação. E quando propus questões e assuntos a serem discutidos, com grande modéstia ele não ousou aceitar tal encargo. Reconheceu não conhecer aqueles temas e não se envergonhou de o confessar. Não era daqueles homens, como os falastrões que muitas vezes eu tolerava, que tentavam ensinar e nada diziam. Ele, em verdade, tinha coração, que, embora não fosse reto para ti (Sl 77,37), era ao menos muito cauteloso para consigo. Não era de todo ignorante em sua ignorância e não quis temerariamente enredar-se em disputas de onde poderia não sair, ou das quais não seria fácil se retirar. Por isso, agradou-me um pouco mais. Porque é mais bela a temperança do ânimo que confessa seus limites do que aquilo que eu gostaria de conhecer. E em todas as questões difíceis e sutis, eu o encontrava com essa disposição.

5.7.13. Fraturado o entusiasmo que eu dedicara aos livros maniqueus, mais perdi a confiança no restante de seus doutores, já que o mais renomado deles se revelara desse modo em relação às muitas questões que me inquietavam. Comecei, então, pelo interesse que o inflamava em relação à literatura, a tratar com ele do que eu, já professor, ensinava aos adolescentes de Cartago. Lia com ele ou o que ele desejava ouvir ou o que eu próprio julgava conveniente a um espírito como o seu. Quanto ao resto, todo esforço que eu pusera para progredir na seita acabou quando conheci aquele homem, embora não a ponto de eu me separar inteiramente de seus adeptos, pois não achando solução melhor, determinei permanecer de maneira provisória na situação em que de todo modo já me encontrava, até que, por acaso, algo preferível me aparecesse. Assim, aquele Fausto, que para muitos fora uma armadilha mortal (Sl 17,6), sem querer nem saber começou a relaxar o laço em que eu fora capturado. Pois tuas mãos, Deus meu, no oculto de tua providência, não abandonavam minha alma, e minha mãe, noite e dia, por mim sacrificava a ti as lágrimas do sangue de seu coração; e procedeste comigo de maravilhosa maneira. Tu procedeste assim, Deus meu, pois os passos dos humanos são dirigidos por ti, Senhor, que lhes aprovas o caminho (Sl 36,23). Quem poderá procurar a salvação, exceto por tua mão, que restaura o que fizeste?

Partida para Roma.

5.8.14. Fizeste, então, que me persuadissem a ir para Roma, e a ali ensinar o que ensinava em Cartago. Não deixarei de te confessar o que me persuadiu a isso, porque nessas situações deve-se reconhecer a profundidade de teus desígnios e exaltar tua misericórdia presentíssima para conosco. Não que eu tenha decidido ir a Roma por maiores interesses e maior glória, como prometiam os amigos que tentavam me convencer a ir, embora essas razões também conduzissem meu ânimo. Mas a causa principal e quase única foi por ficar sabendo que ali os adolescentes eram mais sossegados para estudar, moderados pela coerção regrada da disciplina, e que não irrompiam desordenada e impudentemente a classe de outro professor, que não o deles, a não ser quando eram admitidos e que o docente claramente permitisse. Pelo contrário, em Cartago,[184] a liberdade dos estudantes é torpe e destemperada. Irrompem de forma impudente e, com o comportamento quase furioso, perturbam a ordem que qualquer um institui para o avanço de seus discípulos. Com espantosa arrogância cometem insolências, que deveriam ser punidas pela lei, não fossem patrocinadas pelo costume. Isso os mostra tão mais míseros, porque cometem, como se fosse permitido, o que por tua lei eterna nunca o seria, e julgam fazê-lo impunemente, quando com a própria cegueira com que o fazem são punidos, ao padecerem males muito piores do que aqueles que cometem. Logo, esses costumes, que quando eu estudava não quis que fossem meus, eu era obrigado a tolerar de outros alunos quando fui professor. Por isso, desejava ir para onde todos que conheciam me indicavam não ocorrerem tais situações. Na verdade, porém, tu, esperança minha e meu quinhão na terra dos vivos (Sl 141,6), para me a induzires mudar de lugar na terra para a salvação de minha alma (Sl 34,43), movias-me espinhos em Cartago, para dali me afastares, e me propunhas as delícias de Roma, pelas quais me atraísse, por meio dos homens que amam esta vida mortal, dos quais uns cometiam insanidades, outros prometiam recompensas vãs. E, para corrigires meus passos, usavas ocultamente minha perversidade e a deles. Pois tanto os que me perturbavam o sossego estavam cegos de torpe raiva, quanto os que me convidavam a outro lugar saboreavam a terra (Fl 3,18-19); eu, porém, detestava ali a verdadeira miséria, e lá buscava a falsa felicidade.

5.8.15. Só tu, Deus, sabias o motivo de eu partir dali e ir para lá, mas não o revelavas nem a mim nem a minha mãe, que chorou com amargor a minha partida, e seguiu-me até a orla do mar. Enganei-a, porém, quando impetuosa ne retinha e chamava-me de volta, ou pedia para seguir comigo. Eu fingi que não queria deixar sozinho um amigo[185] até que, com a chegada o vento, ele zarpasse. Menti para minha mãe, para aquela mãe! Fugi, mas com misericórdia tu me perdoaste, preservando-me das águas do mar, eu, pleno de execráveis imundices, até alcançar a água de tua Graça,[186] pela qual, purificado, secaram-se os rios dos olhos de minha mãe, rios com que, todos os dias, ela, diante de ti, regava a terra. Naquela noite, recusando-se ela a retornar para casa sem mim, com esforço a persuadi a ficar em um lugar próximo ao nosso navio, em um posto dedicado à memória do bem-aventurado Cipriano.[187] E naquela noite, às ocultas, eu parti. Eu parti, e ela não. Permaneceu a rezar e chorar. O que ela te pedia, Deus meu, com tantas lágrimas, senão que não me deixasses zarpar? Mas tu, observando do alto a importância de seu desejo, não cuidaste do que então ela te rogava, quando me fazias o que ela sempre pedia. O vento soprou, enfunou a vela, e sumiu de nossa vista a praia, onde, pela manhã, ela se enlouqueceu de dor, e encheu de queixas e gemidos teus ouvidos, que não os atendiam (Verg. A. 4.586-588).[188] Arrebatavas-me com minhas concupiscências para findar as mesmas concupiscências, e castigavas o desejo da carne com o justo flagelo das dores. Pois ela queria minha presença ao modo das mães, mas muito mais intensamente, mas não sabia que regozijos lhe trarias a partir de minha ausência. Ela não sabia; por isso chorava e se lamentava. Naqueles tormentos, acusava-se nela a herança de Eva (Gn 3,16), ao buscar com gemidos aquele que entre gemidos parira. Por fim, depois de reprovar minhas mentiras e crueldades, voltou a rogar-te por mim, e retornou à vida costumeira. E eu cheguei a Roma.

A doença.

5.9.16. Eis que fui recebido ali pelo flagelo da enfermidade corporal, e já ia descer ao inferno (Jó 7,9) levando todos os males que cometera contra ti, contra mim e contra os outros, muitos e graves pecados, sob o grilhão do pecado original, pelo qual todos morremos em Adão (1 Cor 15,22). Porque ainda não me havias perdoado nenhuma das faltas em Cristo, nem ele havia apagado com a cruz as disposições hostis (Ef 2,15) que eu contraíra contigo por conta de meus pecados. Como, então, Cristo as apagaria na cruz, quando eu acreditava que ele era um fantasma?[189] Quão falsa para mim parecia a morte de sua carne, e tão verdadeira era a de minha alma; quão verdadeira era a morte de sua carne, e quão falsa a vida de minha alma, que nisso não acreditava. Com o agravamento das febres, eu já estava a ponto de partir e morrer. Mas para onde eu iria, se daqui me fosse, senão para o fogo e os tormentos dignos de meus feitos (Mt 25,41), segundo a verdade de teus desígnios? E minha mãe desconhecia tais acontecimentos, e, ainda que distante, continuava a rezar por mim. E tu, presente em toda parte, a ouvias de onde ela estava, e onde eu estava te apiedavas de mim, para que eu recuperasse a saúde do corpo, embora meu coração ainda se mantivesse sacrílego. E nem em tamanho perigo eu desejava o teu batismo. Quando criança eu fora melhor, porque o supliquei à devoção materna, como já contei e confessei. Mas, em desonra minha, eu havia crescido, e, louco, zombava dos conselhos de tua medicina, de ti, que me permitiste assim o dano da dupla morte (Ap 2,11).[190] Pois se o coração de minha mãe se ferisse com essa ferida, nunca se sararia. Não sou bastante eloquente para dizer que ânimo ela tinha em relação a mim, e sua solicitude era tanto maior em me gerar pelo espírito (Gl 4,19) do que fora ao parir-me pela carne.

5.9.17. Por isso, não vejo como o coração de minha mãe seria curado se minha morte trespassasse as vísceras de seu amor (Cl 3,12). Onde estariam tantas preces, tão repetidas sem interrupção (1 Ts 5,17)? Em parte alguma, senão junto de ti. Será que tu, Deus das misericórdias (2 Cor 1,13), desprezarias o coração contrito e humilhado (Sl 50,19) de uma viúva casta e sóbria, frequente esmoler (Lc 2,21), obsequiadora e obediente a teus santos, que não deixava passar um dia sem levar oferendas a teu altar, duas vezes, de manhã e de tarde, indo à tua igreja sem faltar, não para vãs conversas e falações de velhas, mas para te ouvir em tuas palavras, e tu a ouvires em suas orações? Tu desprezarias as lágrimas com que ela te pedia não ouro e prata, nem algum bem frágil e volúvel, mas a salvação da alma de seu filho? Tu, por cujo favor ela era assim, negarias teu auxílio? Não, Senhor. Em verdade, estavas presente, escutavas e fazias tudo segundo a ordem que predestinaras que tudo fosse feito. Longe de se imaginar que a enganavas nas visões e em tuas repostas, das quais algumas me lembrei, não de outras, mas que ela fielmente guardava no peito e, sempre rezando, lembrava-te como se fossem assinaturas de tua mão (Cl 2,13). Uma vez que tua misericórdia é pelos séculos (Sl 117,1), concede aos que perdoaste todas as dívidas (Mt 18,32) te tornares tu devedor das promessas.

Os maniqueus.

5.10.18. Logo, me curaste da enfermidade e salvaste o filho de tua serva (Sl 85,16) para, mais tarde, lhe dares ao corpo uma salvação melhor e mais firme. Ligara-me eu, então, em Roma aos falsos e falaciosos santos e, de fato, não só a seus ouvintes, em cujo número se contava aquele em cuja casa eu adoecera e convalescera,[191] e sobretudo entre os chamados "eleitos".[192] Ainda me parecia que não éramos nós que pecávamos; que era outra natureza, desconhecida, que pecava em nós. E isso deleitava minha soberba, por isentá-la de culpa. Quando eu cometesse algum mal, não teria de confessar que o praticara, para que amasses minha alma, já que pecava contra ti (Sl 40,5); pelo contrário, preferia escusar-me e acusar algo que não sabia o que era, e que estava em mim, mas que não era eu. Porém tudo era eu, e a impiedade me havia dividido contra mim mesmo (Mt 12,26), e esse era um pecado irremediável, porque eu julgava não ser um pecador. Que execrável iniquidade, Deus onipotente, era preferir que fosses vencido em mim, para minha derrota, que venceres tu em mim, para minha salvação. Pois ainda não havias estabelecido um guardião em minha boca, e uma porta de contenção ao redor de meus lábios, para que meu coração não se inclinasse às más palavras para buscar desculpas para meus pecados entre os homens que operam maldades (Sl 140,3). Por isso, eu ainda mantinha contato com seus "eleitos", embora já fosse perdendo as esperanças de que aquela falsa doutrina pudesse me ser útil; contudo, permanecia enquanto não encontrava algo melhor. Preferia perseverar, ainda que negligente e sem firmeza.

5.10.19. Vieram-me, então, ao pensamento, aqueles filósofos mais esclarecidos, chamados acadêmicos,[193] porque pensavam que de tudo se deveria duvidar, e afirmavam que nada de verdadeiro poderia ser compreendido pelos homens. Assim, pelo menos, me pareceu que pensavam, como de ordinário se pensa sobre eles, pois eu ainda não havia entendido suas intenções.[194] Não me furtei de reprimir até mesmo meu anfitrião pela excessiva crendice que nele percebi no tocante às narrativas fabulosas de que os livros maniqueus estavam cheios. Fruía, no entanto, com mais intimidade da amizade deles do que dos outros homens, que não participavam daquela heresia. Eu não a defendia com a animosidade anterior. Mas a intimidade com os maniqueus (pois Roma esconde muitos como eles[195]) impedia-me de fazer mais perguntas, sobretudo após ter perdido a esperança em tua igreja, Senhor do céu e da terra (Mt 11,25), criador de tudo visível e invisível, (Credo de Niceia) a esperança de poder encontrar a verdade, de onde me afastara. Parecia-me muito torpe crer que tu tinhas uma imagem de carne humana, e que eras contornado pelas formas corpóreas de nossos membros.[196] Porque quando eu queria pensar em meu Deus, não sabia pensar senão em massas de corpos, pois não me parecia poder existir que assim não fosse. Essa era a maior e quase única razão de meu inevitável erro.

5.10.20. Por isso, então, eu acreditava na existência de uma substância do mal propriamente corpórea, composta ou por uma massa escura, disforme e grossa, chamada terra, ou por outra tênue e sutil, como o ar, que os maniqueus imaginavam que fosse um espírito maligno que rastejasse sobre a terra. E porque a minha crença me obrigava a acreditar que um deus bom não criaria nenhuma natureza má, eu concluía existirem duas massas opostas, ambas infinitas, embora a do mal fosse menor, e a boa maior. E desse princípio pestilento seguiam-me outros sacrilégios. E quando o meu ânimo tentava retornar à fé católica, era impedido, porque a fé católica não era o que ele julgava que fosse. E mais pio me parecia, Deus meu, a quem eu confessava tuas misericórdias (Sl 106,8), crer-te infinito por todas as outras partes, exceto por uma, pela qual se opunha a ti a massa do mal, a ser obrigado a admitir-te e considerar-te limitado em todas as partes pela forma do corpo humano. Parecia-me melhor crer que não havias criado o mal (que parecia à minha ignorância não só ser alguma substância, mas também alguma massa corpórea, por a mente não conseguir cogitar senão um corpo sutil que se espalha pelo espaço), do que crer em que a natureza do mal, como imaginava, procedia de ti. Pensava que nosso salvador, teu Unigênito, enviado para a nossa salvação, também vinha da massa luminosíssima de teu corpo, de modo que quanto a ele, eu não acreditava senão no que eu podia, por vaidade, imaginar. Julgava que sua natureza não poderia ser gerada de Maria Virgem, a não ser misturando-se à carne;[197] mas, como imaginava eu, não via como sua natureza se misturaria sem se conspurcar. Eu temia que, se acreditasse em que ele havia nascido da carne, seria obrigado a crer que ele fora conspurcado pela carne. Agora, teus homens espirituais (1 Cor 2,15) rirão branda e amavelmente de mim, se lerem estas confissões. Entretanto, eu ainda era assim.

Os maniqueus contra as Escrituras.

5.11.21. Por outro lado, o que os maniqueus repreendiam em tuas Escrituras, eu julgava não poder defender. Vez por outra, eu desejava consultar alguém doutíssimo em cada um daqueles livros, e saber o que ele deveras percebia. Ainda em Cartago, já haviam começado a me interessar os discursos de um tal Elpídio,[198] que perorava e dissertava em público contra os maniqueus, citando algumas passagens das Escrituras, que não eram refutadas com facilidade. Pareceu-me que as respostas às questões por ele propostas haviam sido fracas, e que, ainda por cima, não eram dadas em público, mas em segredo, quando nos disseram que as Escrituras do Novo Testamento haviam sido falseadas não sei por quem, que quisera inserir a lei dos judeus na fé cristã, sem que pudesse apresentar nenhum exemplar delas incorrupto. Mas o que sobremaneira me havia prendido e sufocado era o pensamento as massas corpóreas, que me oprimiam, e arquejante sob elas não eu podia respirar a brisa cristalina e pura de tua verdade.

Os estudantes de Roma.

5.12.22. Com zelo, comecei a ensinar a arte retórica – motivo pelo qual eu viajara a Roma. Primeiro, pus-me a reunir alunos, entre os quais eu começava a ser conhecido. Eis que me informaram de uma prática que ocorria em Roma, mas não na África. Fora-me dito que ali não eram costumeiras as *demolições* perpetradas pelos adolescentes pervertidos. "Mas, de repente", contaram-me, "para não pagarem o salário ao mestre, muitos adolescentes combinam e mudam de professor, faltando à lealdade e aviltando a justiça por amor ao dinheiro". O meu coração os odiava, ainda que não com perfeito ódio (Sl 138,22).[199] Odiava mais o prejuízo que sofria do que o ilícito que cometiam. Contudo, eles são torpes e fornica longe de ti (Sl 72,27), amam os fugazes passatempos e a recompensa do lodo (Tt 1,7), que suja a mão daquele que o apanha, e, abraçando o mundo que foge, desprezam-te, a ti que permaneces os chamando de novo, a ti que perdoas a alma humana adúltera que retorna a ti. Também odeio os depravados e os corrompidos, embora tu os ames e os corrijas, para preferirem a própria doutrina que aprendem ao dinheiro – e antes do que a ela, a ti, Deus, verdade, abundância do bem verdadeiro e paz castíssima. Mas, naquele tempo, eu preferia, mais por meu interesse, que os estudantes não fossem maus a que eles se fizessem bons por amor a ti.

A ida para Milão e o encontro com Ambrósio.

5.13.23. E quando chegou a Roma um pedido enviado de Milão ao prefeito da Urbe, para que ele providenciasse para aquela cidade um mestre de retórica, inclusive tendo sido concedida a faculdade do uso do transporte público para o deslocamento, eu solicitei por meio aqueles ébrios de maniqueia vaidade (dos quais eu ia me separar, embora não soubéssemos) que, proposto um tema para dissertar, e tendo eu sido aprovado no exame, o prefeito Símaco[200] me enviasse. E, assim, cheguei ao milanês bispo Ambrósio, reputado como ótimo por todo orbe da terra, pio cultuador teu, dotado de uma eloquência que ministrava a teu povo o alimento de teu trigo (Sl 147,14), a alegria do azeite (Sl 4,7) e a sóbria ebriedade do vinho (Sl 80,17).[201] A ele tu me conduzias sem que eu soubesse, para que por ele, já eu o sabendo, eu fosse a ti conduzido. Aquele homem de Deus (Dt 33,1) recebeu-me paternalmente e, como bispo, gostou de minha peregrinação. E eu comecei a amá-lo, primeiro não tanto como doutor da verdade, pois eu não esperava encontrá-la em tua igreja, mas como um homem benigno comigo. E com atenção comecei a ouvi-lo pregar ao povo, e o fiz não com a intenção que convinha, mas para explorar sua facúndia e ver se correspondia à sua fama, ou se tinha essa eloquência maior ou menor do que lhe atribuíam. Atento, eu permanecia suspenso em suas palavras, ainda que pouco curioso com o que dizia, e que eu desprezava. Mas me deleitava a suavidade de seus discursos que, embora mais eruditos do que os de

Fausto, eram menos festivos e agradáveis, no que se referia ao modo de os proferir. Do restante dos aspectos, nenhuma comparação havia: pois Fausto errava pelas falácias maniqueias, ao passo que o bispo Ambrósio, salubérrimo, ensinava a salvação. A salvação, porém, está longe dos pecadores, como então eu era (Sl 118,155); contudo, eu ia me aproximando dela de maneira insensível, sem perceber.

O catecúmeno.

5.14.24. Ainda quando não me esforçava por aprender o que ele dizia, mas apenas ouvia como discursava (pois era esse inútil cuidado que me restava, já que eu havia perdido as esperanças de que se abrisse ao homem um caminho para ti), vinha-me ao ânimo, junto com as palavras de que eu gostava, temas que ainda desprezava, porque não podia separar as questões. E enquanto eu abria meu coração para receber o que ele dizia com eloquência, ao mesmo tempo também entrava em mim o que ele proferia de verdadeiro, ainda que aos poucos. Pois primeiro, aquelas questões pareceram-me defensáveis, e que a fé católica, em prol da qual eu acreditara que nada se podia dizer em resposta aos adversários maniqueus, eu agora concluía poder ser defendida sem imprudência, principalmente tendo ouvido uma, outra e muitas vezes, e sendo explicados os enigmas do Velho Testamento, que se eu interpretasse de forma literal (2 Cor 3,5-6) pereceria. Assim explicados em sentido espiritual muitos dos trechos dos livros, já eu repreendia minha desesperação, que me havia feito crer que eu não poderia resistir àqueles que zombavam e detestavam a Lei e os Profetas (Mt 5,17). Entretanto, nem por isso eu sentia que deveria seguir o caminho católico, porque, embora esse caminho pudesse ter doutos defensores, que copiosa e não absurdamente refutassem as objeções, nem por isso me parecia que devesse condenar as concepções que havia abraçado, porque se equivaliam os argumentos em defesa de ambas. Assim, não me parecia vencido o caminho católico, que entretanto ainda não se mostrava vencedor.

5.14.25. Apliquei então o ânimo de verdade e com vigor, para ver se poderia com documentos certos convencer os maniqueus da falsidade.

Porque, se eu pudesse cogitar uma substância espiritual, todas as suas invenções de pronto se dissolveriam e seriam lançadas fora de meu ânimo. Mas eu não podia fazê-lo. No entanto, ao considerar e comparar mais e mais o que os filósofos sentiram quanto ao corpo deste mundo e quanto a toda natureza, que são objeto do sentido da carne, julgava-os muito mais razoáveis. Assim, os modos dos acadêmicos, como se crê, que duvidavam de tudo e hesitavam entre todas as coisas, determinei abandonar os maniqueus, arbitrando que, durante o tempo de minhas dúvidas, eu não deveria permanecer na seita, a que já antepunha alguns filósofos.[202] Porém a esses filósofos, porque não traziam o salvífico nome de Cristo, eu me recusava a confiar inteiramente a cura dos langores de minha alma (Mt 9,35). Determinei, portanto, durante aquele tempo, ser catecúmeno na igreja católica recomendada por meus pais, até que brilhasse uma direção certa, para onde eu dirigisse meu percurso.

Livro VI

Com Mônica.

6.1.1. Onde estavas para mim, ó esperança minha desde a juventude (Sl 70,5), e para onde te retiraste (Sl 9,1)? Será que tu não me fizeste, não me diferenciaste dos quadrúpedes e não me criaste mais sábio do que as aves do céu? Mas eu andava pelas trevas (Is 50,10) e atoleiros; buscava-te fora de mim, e não encontrava o Deus de meu coração (Sl 72,26). Cheguei às profundezas do mar (Sl 67,23), e desconfiava e perdia as esperanças de encontrar a verdade.[203] Já havia chegado até mim a minha mãe,[204] forte na devoção, por terra e mar me seguindo (Verg. A 9.491-496),[205] segura de ti em todos os perigos. Pois mesmo nos perigos do mar ela consolava os nautas, como fazem aqueles que costumam consolar os viajantes inexperientes, quando assustados com o alto mar. Prometia-lhes a chegada a salvo, porque assim tu lhe havias prometido em uma visão (At 27,1-26).[206] E ela chegou a mim, que periclitava em grave desespero na indagação da verdade. Quando lhe informei que já não era maniqueu, embora ainda não me houvesse tornado cristão católico, ela não saltou de alegria, como quem ouve algo inesperado, por já se haver feito segura em relação àquela parte de minha miséria, em razão da qual chorava por mim como por um morto, mas que haveria de ser ressuscitado por ti. E, no féretro das cogitações, oferecia-me para me dizeres como ao filho da viúva,[207] "Digo-te, jovem, levanta-te" (Lc 7,11-17), para que ele revivesse e começasse a falar, e tu o entregasses à sua mãe. Logo, seu coração não se estremeceu por nenhuma turbulenta exaltação quando ouviu que, em grande parte, já se havia cumprido o que ela aos prantos todos os dias te pedia que acontecesse, uma vez que, embora eu não fosse adepto da verdade, já havia sido arrancado da falsidade. Então, porque estava certa de que tu lhe darias o que faltava, tu que tudo lhe prometeras, plácida e com o peito cheio de confiança, ela me respondeu confiar em Cristo, e que antes que partisse desta vida, me veria um fiel católico. Isso era quanto a mim. A ti, porém, ó fonte de misericórdia, ela dedicou preces e lágrimas mais abundantes, para que acelerasses (Sl 30,3) teu auxílio e iluminasses minhas trevas (Sl 17,29). Com mais afinco corria à igreja e ficava suspensa nos lábios de Ambrósio, como em uma fonte de água que jorrava para a vida eterna (Jo 4,14). Ela amava aquele homem como a um anjo de Deus (Gl 4,14), porque reconhecera que, no ínterim, eu por ele fora levado àquela hesitante instabilidade, por meio da qual passaria, como ela firmemente presumia, da enfermidade à saúde, saindo de um grave perigo intercorrente, como o que os médicos chamam de estado crítico.

Mônica e o cuidado com os mortos.

6.2.2. Como, segundo costume em África, ela levava em oferenda papas, pão e vinho aos sepulcros dos santos,[208] e fora disso impedida pelo – ocasião em soube que o bispo proibira a prática –, era tão pia e obediente que aceitou a ordem, de modo que eu mesmo me admirei de quão lesta se tornou ela própria acusadora do costume, antes que crítica da proibição. Isso porque a violência não dominava seu espírito, nem o amor ao vinho a estimulava ao ódio contra a verdade, como ocorre com muitos homens e mulheres que, diante do cântico da sobriedade, ficam nauseados como os ébrios diante de uma bebida aguada. Antes, quando levava o cesto com as solenes refeições, para comer e distribuir, não enchia mais que um único copinho, temperado segundo seu paladar bastante sóbrio, que consumia nas honrarias. E se fossem muitos os sepulcros dos defuntos a honrar, enchia da mesma maneira modo um único cálice, levando-o à toda volta, de forma que já estava não só aguadíssimo, mas também quente, e ela repartia com os que estavam presentes seu conteúdo em pequenas porções, porque aí buscava a piedade, e não o prazer. No entanto, assim que recebeu do pregador e sacerdote da piedade a ordem de não prosseguir com o costume, ainda que praticado apenas por aqueles que o faziam com sobriedade, para não lhes dar ocasião de beberem à embriaguez, e porque, semelhante às *parentálias*,[209] a prática fosse parecida com as superstições dos gentios, ela se absteve bom grado, e, em lugar do cesto cheio de frutos terrenos, aprendeu a levar ao sepulcro dos mártires o peito repleto de votos purificatórios e a dar aos necessitados o que pudesse. Assim, celebrava ali a comunhão com o corpo do Senhor, por cuja imitação da paixão foram imolados e coroados os mártires. Mas ainda me pareceu, Senhor meu Deus (e assim meu coração crê diante de ti), que talvez minha mãe não teria cedido tão facilmente à interrupção daquele costume se fosse impedida por outro, que não por Ambrósio, a quem ela amava, pois o amava sobretudo por causa de minha salvação, assim como ele a ela, pela tão devota conversação com que, fervorosamente praticando boas obras (Rm 12,11), frequentava a igreja, de sorte que sempre irrompia, ao me encontrar, em louvores a me elogiar por ter tal mãe, sem saber que filho era eu, que duvidara de todas aquelas coisas e julgava impossível encontrar o caminho da vida (Sl 15,11). [210]

Ambrósio.

6.3.3. E eu já não gemia em preces para que me socorresses, mas o meu ânimo estava ocupado em procurar e inquieto por discutir; e eu considerava Ambrósio um homem feliz segundo o século, ele a quem tantos poderosos honravam. Apenas seu celibato me parecia difícil. Quanto às esperanças que ele nutria e as lutas que travava contra as tentações da própria excelência, os consolos nas adversidades e os saborosos regozijos que experimentava ao ruminar teu pão com boca oculta do seu coração, eu não conseguia adivinhá-las nem as experimentar; nem ele conhecia meus ardores, nem a cova de meus perigos. Pois eu não podia lhe perguntar o que queria, nem o que não queria, por apartarem-me de seu ouvido e de sua boca uma caterva de homens de negócio, a cujas fraquezas ele acudia. Quando não estava com eles, o que era um curtíssimo tempo, ou ele o recuperava corpo com o necessário sustento; ou restaurava o ânimo, por meio das leituras. Note-se que, quando lia, conduzindo os olhos sobre páginas, seu coração lhes esquadrinhava o sentido, embora a voz e a língua permanecessem quietas. Muitas vezes, na nossa presença (pois não era proibida a ninguém a entrada e não era costume anunciar quem chegava), assim o víamos ler em silêncio,[211] e nunca de outro modo. Permanecíamos em longo silêncio (quem, afinal, ousaria interromper tamanha aplicação?), e nos afastávamos e conjecturávamos que ele, nesse breve tempo, conseguia descansar sua mente, livre do estrépito das causas alheias, e que ele não quisesse se ocupar de outras coisas. Talvez Ambrósio se precavesse de, na existência de algum ouvinte suspenso e atento, caso encontrasse algum trecho mais obscuro nos textos que lesse, tivesse a necessidade de explicar ou de dissertar sobre questões mais difíceis, trabalho no qual trabalho ele gastaria o tempo, o que faria que lesse menos do que gostaria. No entanto, talvez a maior razão que o fizesse ler em silêncio fosse conservar a voz, que facilmente se lhe enrouquecia. Fosse, porém, qual fosse o ânimo com que aquele homem o fazia, era bom que o fizesse.

6.3.4. O certo é que eu não tinha ocasião de indagar o que desejava de tão santo oráculo teu, de seu peito, senão quando dele ouvia algo, o que ocorria brevemente. Pois as minhas inquietações requeriam encontrá-lo muito ocioso, e eu assim nunca o encontrava. No entanto, ouvia-os todos os domingos predicar ao povo a palavra reta da verdade (2 Tm 2,15), e mais e mais confirmava-se para mim que poderiam ser deslindados todos os nós das malícias que os nossos detratores enredavam contra os livros divinos. Logo, então, compreendi que nem mesmo teus filhos espirituais, aqueles que regeneraste pela Graça da madre igreja católica, entendiam de fato as palavras que dizem que "o homem foi feito à imagem tua" (Gn 1,26), de modo que acreditavam que tu eras delimitado pela forma do corpo humano. Eu, embora ainda não suspeitasse sequer de algum modo da existência da substância espiritual, ainda que a me regozijar, enrubesci-me por haver ladrado durante tantos anos contra a fé católica, mas não contra as ficções das cogitações corporais. Eu fora temerário e ímpio, porque, repreendendo, dissera o que eu deveria aprender perguntando. Pois tu, altíssimo e próximo, secretíssimo e presente, cujos membros não são uns maiores e outros menores, mas que és todo em toda parte, e em nenhum lugar, que não tens decerto esta forma corpórea, fizeste o homem à tua imagem, e eis que esse homem, da cabeça aos pés, ocupa um lugar.

Dúvidas e temores.

6.4.5. Como, então, eu não sabia de que maneira a tua imagem subsiste no homem, batendo à porta (Mt 7,7) deveria perguntar como se deve crer, e não, com insultos, opor-me, como se eu acreditasse que assim fosse. No entanto, o cuidado de conhecer o que é certo tanto mais acerbamente roía meu íntimo quanto mais me envergonhava de, durante tanto tempo, eu ter sido iludido e enganado pela promessa das certezas; e, com erro infantil e animosidade, ter palreado tanto tantas incertezas, como se fossem certezas (Ter. *And.* 389-390). Porque clareou-se para mim o que era falso. Deveras eram incertas, e algumas vezes as tive como certas, quando, com cegas discussões, eu acusava tua igreja católica, a que eu ainda não reconhecia como mestra da verdade, mas que ao menos não ensinava aquilo de que mais gravemente eu a acusava. Assim, ao me confundir, me convertia, Deus meu, e regozijava-me porque a igreja única, corpo de teu único filho, na qual (Cl 1,18), quando eu era criança, ouvi ser mencionado o nome de Cristo, não saboreava bagatelas infantis e não tinha em sua sã doutrina que tu, criador de tudo, supremo e amplo, estivesses confinado em algum espaço, limitado pela figura dos humanos.

6.4.6. Regozijava-me também porque as antigas Escrituras da Lei e dos profetas já não me eram entregues para serem lidas, ao menos não sob aquele olhar com que antes pareciam absurdas, quando eu acusava teus santos de pensarem, quando na verdade nunca haviam de tal modo cogitado. Contente, eu ouvia Ambrósio dizer nos sermões para o povo e recomendar muito diligente essa regra: "a letra mata, mas o espírito vivifica" (2 Cor 3,6). Assim, aquilo que literalmente parecia ensinar a perversidade, retirado o véu místico (2 Cor 3,14-16), aparecia agora de modo espiritual, sem dizer o que quer que fosse que me ofendesse, embora eu ignorasse se o que diziam era ou não verdadeiro. Por isso, eu mantinha o coração afastado de todo assentimento, por temer o precipício. Mas essa suspensão mais me matava.[212] Eu queria estar certo de coisas que não via, como sete mais três serem dez. Porém eu não era tão insano que pensasse que nem essa proposição pudesse ser compreendida, mas assim como isso eu podia entender, eu desejava compreender o restante, quer as coisas corpóreas que não estão presentes a meus sentidos, quer as espirituais, que eu não sabia imaginar, a não ser corporalmente. Eu poderia, crendo, ser curado, pois com os olhos de minha mente, eu seria dirigido de algum modo à tua verdade, sempre permanente (Sl 116,2) e indefectível. Mas assim como acontece com quem se consulta com um mau médico e passa a temer se confiar a um bom, da mesma forma se dava com a saúde de minha alma, que, decerto, a não ser crendo não poderia ser curada, e que, para não crer em coisas falsas, recusava-se a ser curada, resistindo a tuas mãos (Sl 16,8), de ti, que fabricaste os medicamentos da fé e os espargiste sobre as enfermidades do orbe da terra, e a esses medicamentos atribuíste grande autoridade.

A leitura das Escrituras.

6.5.7. Desde então, já começando a preferir a doutrina católica, eu percebia que nela se prescrevia, de modo mais razoável e não enganoso, que se acreditasse no que não era demonstrável – seja porque, se houvesse prova, não haveria quem a entendesse; seja porque não a houvesse –, ao passo que entre os maniqueus zombava-se da credulidade com a temerária arrogância da ciência, e depois prescrevia-se que não se desse crédito a tantas coisas fabulosíssimas e inteiramente absurdas, que não poderiam ser demonstradas.[213] Em seguida, Senhor, enquanto a tua mão misericordiosa e branda tratava e moldava o meu coração, eu considerava as inúmeras coisas em que eu acreditava sem precisar de as ver, nem de presenciar serem feitas, assim como eu acreditava em tantos episódios da história das nações, e em tantos locais e cidades que eu não vira, em tantas coisas referentes aos amigos, aos médicos e aos homens, e em outras e mais outras em que, se não crermos, definitivamente nada faremos nesta vida. Sobretudo, eu acreditava nelas de modo inabalável e com confiança inflexível, do mesmo modo como acreditava ser filho de meus pais, o que eu não poderia saber a não ser se acreditasse no que ouvi. E tu me persuadiste de que não os que creem em teus livros, aos quais conferiste autoridade em quase todos os povos, mas de que aqueles que não creem devem ser reprovados, e não serem ouvidos os que por acaso me disserem: "De onde sabes que aqueles livros foram entregues ao gênero humano pelo único e veracíssimo Espírito de Deus?". Era nisso que eu deveria crer, porque nenhum ataque das caluniosas opiniões dentre as muitas que eu lera, dos filósofos que entre si conflitavam, pôde arrastar-me a que não cresse alguma vez seres tu o que és, que eu não sabia, e que a administração das coisas humanas a ti pertence.

6.5.8. Nisso eu acreditava, às vezes, com mais consistência, às vezes, com menos, mas sempre aceitei tanto que existes quanto que cuidas de nós (Hb 11,6), se bem que ignorasse o que devia perceber de tua substância, e qual caminho haveria de me conduzir ou reconduzir a ti. Por isso, como estivesse hesitante (Rm 5,6) em encontrar a verdade com cristalina razão, e que, para tanto, necessitamos da autoridade das sagradas Escrituras, comecei a entender que não haverias atribuído tão excelente autoridade às Escrituras por todas as terras se não quisesses que por meio delas nós crêssemos em ti, e que por elas te procurássemos. Portanto, as obscuridades em que eu costumava tropeçar nas Escrituras, como ouvia sobre elas muitas exposições convincentes, eu as atribuía à profundidade dos sacramentos.[214] Parecia-me que a autoridade era tanto mais venerável e digna da sacrossanta confiança quanto mais acessível à pronta leitura de todos, e que guardava a dignidade de seu segredo em um sentido profundo, que se apresentava a todos com as mais claras palavras e linguagem do gênero simples, fazendo-se entender pelos que não são levianos de coração (Eclo 19,4). Porque, recebendo todos em seu seio, por estreita passagem (Mt 19,24) passam poucos para junto de ti. Esses, porém, são muito mais numerosos do que se essa passagem não brilhasse tanto no ápice da autoridade, e não atraísse as turbas ao seio da santa humildade. Assim eu pensava e estavas junto de mim; assim eu suspirava e tu me ouvias; assim eu vacilava e tu me capitaneavas;[215] assim eu andava pelo largo caminho do século (Mt 7,13-14), e tu não me abandonavas.

O mendicante alegre.

6.6.9. Eu almejava por honras, lucros e casamento; e tu rias. Eu padecia nessas ambições de amaríssimas dificuldades, sendo tu tão propício que menos consentias que me fosse doce o que não eras tu. Vê meu coração, Senhor (Lm 1,9-11), que quiseste que eu recordasse e confessasse-te. Agora, liga-se a ti a minha alma (Sl 72,28), que tiraste do visgo tenaz da morte. Que mísera ela era! E tu aumentavas a dor da ferida, para que eu deixasse tudo (Lc 5,11) e minha alma se convertesse a ti (Sl 21,28), que estás acima de todas as coisas (Rm 9,5), e sem quem nada existe. Tu o fazias para que ela se convertesse e fosse curada (Is 6,10). Que mísero eu era, e como fizeste para que eu visse minha miséria (Ter. *Ad.* 863),[216] naquele dia em que eu me preparava para recitar louvores ao imperador,²¹⁷ com os quais muito mentiria e, ao mentir, seria favorecido por aqueles que sabiam que eu mentia. Meu coração arquejava em preocupações e ardia em febre de pensamentos apodrecidos, quando, ao passar por um beco em Milão, encontrei um pobre mendicante. Creio que já ébrio, ele brincava e se divertia. Eu gemi e falei com os amigos que iam comigo sobre as muitas dores de nossas loucuras, porque com todos os nossos esforços, que então tanto me afligiam, sob o aguilhão dos desejos, eu arrastava a carga de minha infelicidade, e aumentava-a ao arrastá-la, para nada conseguir, a não ser alcançar a tranquila alegria, que aquele mendigo já nos havia adiantado que talvez nunca alcançássemos, pois o que ele havia conseguido com poucas moedinhas mendigadas, eu por trabalhosos e tortuosos caminhos ambicionava alcançar, isto é, a alegria da felicidade temporal. Decerto ele não tinha o verdadeiro regozijo, mas o que eu buscava com ambição era muito mais falso. Com certeza, ele estava alegre, e eu angustiado; ele seguro, eu temeroso. E se alguém me indagasse o que eu preferia, se exultar ou temer, eu responderia "exultar", e, de volta, se o mesmo alguém me interrogasse se eu preferia ser como aquele mendigo ou como sou, eu escolheria ser como eu mesmo, cheio de cuidados e temores. Mas o faria por perversidade, ou com verdade? Claro que eu não me devia antepor a ele, por eu ser mais culto, já que isso não me regozijava. No entanto, eu buscava apenas agradar aos homens, e não os instruir. Portanto, só para lhes agradar (Sl 52,6). Por isso tu, com o cajado de tua disciplina (Sl 22,4), quebravas meus ossos (Sl 41,11).

6.6.10. Afastem-se de minha alma (Jr 6,8) os que dizem: "O que importa é que haja aquilo com que te regozije. Aquele mendigo se regozijava com a embriaguez; tu desejas te regozijar com a glória". Mas que glória há, Senhor, que não esteja em ti (1 Cor 1,31)? Assim como aquele regozijo não era verdadeiro, também não é verdadeira aquela glória, que mais amplamente pervertia a minha mente. O mendigo, naquela noite, digeriria sua embriaguez; e eu dormi com a minha, e levantei-me, e dormiria e me levantaria, e vê, Senhor, por quantos dias! Importa, deveras, porque alguém se regozija, eu sei, e o regozijo da esperança fiel dista incomparavelmente da daquela vaidade. Mas também havia grande distância entre nós. Pois com certeza ele era mais feliz, não só porque transbordava de hilaridade, enquanto eu era eviscerado por preocupações, mas também porque ele adquirira o vinho desejando o bem, enquanto eu buscava a soberba ostentação, por meio da mentira. E eu disse muitas coisas nesse sentido a meus amigos, e muitas vezes, nessas ocasiões, examinava como se dava comigo, e encontrava-me mal, sofria e multiplicava o próprio mal. E se me sorria algo próspero, eu ficava pesaroso de tomá-lo, porque quase antes de o apanhar, ele voava.

Alípio[218] e Nebrídio.

6.7.11. Lamentávamos juntos, nós que vivíamos juntos como amigos. Com mais intimidade eu conversava sobre esses assuntos com Alípio e Nebrídio. Alípio, nascido no mesmo município que eu, e cujos pais eram cidadãos importantes, era mais novo do que eu.[219] Foi meu aluno quando comecei a ensinar em nossa cidade; depois, em Cartago. Estimava-me muito, porque me achava bom e douto, e eu o estimava em razão da índole de grande virtude, que, na pouca idade, já muito brilhava. Porém o abismo dos costumes cartagineses, em que os frívolos espetáculos fervilhavam, absorveram-no na insânia circense.[220] Entretanto, no tempo em que ele miseravelmente se revolvia, embora fosse eu professor de retórica da escola pública, ele ainda não me ouvia como mestre, em razão de uma desavença havida entre mim e seu pai. Mas eu percebi que ele amava de modo prejudicial o circo, e eu muito me angustiava, pois parecia-me que iam ser perdidas, ou já se haviam perdido, as grandes esperanças que nele eu depositava. Eu não tinha, todavia, nenhum poder de o admoestar, nem de, por algum meio de castigo, fazê-lo recuar, seja por benevolência da amizade, seja por direito do magistério. Eu pensava que ele tinha por mim o sentimento do pai; ele, porém, não era assim. Tanto que, pondo de parte a vontade paterna, começou a me cumprimentar. Vinha à minha classe, ouvia alguma lição e partia.

6.7.12. Certa vez, se me perdia da memória tratar com ele, para que não se destruísse tão boa inteligência na paixão cega e impetuosa dos jogos fúteis. Tu, porém, Senhor, que comandas o timão de tudo que criaste, não te esqueceste daquele que entre os teus filhos haveria de ser ministro de teu sacramento. E, para que abertamente se atribuísse a ti a sua correção, tu a operaste por meu intermédio, ainda que eu não soubesse. Pois um dia, sentado eu no lugar costumeiro, e tendo diante de mim os discípulos, ele chegou, saudou-me, sentou-se e prestou atenção no que faziam. E, por acaso, a lição que tinha nas mãos, para mais a expor e fazê-la divertida e clara, pareceu-me oportuno conduzir à semelhança dos jogos circenses, com mordaz hilaridade contra os cativos pela insânia. Sabes tu, Deus nosso, que eu não pensava em curar Alípio daquela peste. Mas ele tomou para si e acreditou que eu não havia dito senão para ele. E o que outra pessoa tomaria para me censurar, o honesto adolescente aceitou para censurar a si próprio, e com mais ardor e estimou. Pois tu já outrora disseras e inscreveras em tuas letras, "Corrige um sábio, e ele te amará" (Pr 9,8). Mas eu não o repreendia, embora tu, usando todos, ora cientes, ora inscientes da ordem que conheces (e essa ordem é justa), fizeste de meu coração e minha língua carvões em brasa (Sl 139,11), com que queimarias a mente de boa esperança e curarias o apodrecido. Cale seus louvores (Sl 106,8) quem não se atenta às tuas misericórdias, que, de minhas entranhas, te confesso. Porque ele, depois daquelas palavras, saiu da cova profunda em que imergira por vontade e era cegado com incrível volúpia, e sacudiu o ânimo com forte temperança e afastou dele a sordidez dos jogos circenses, sem lá voltar. Então, ele venceu o relutante pai para ter-me como mestre. O pai cedeu e concordou. E outra vez começando a ouvir-me, Alípio comigo se envolveu na superstição e, amando a ostentação da continência dos maniqueus, pensava que fosse verdadeira e pura. Ela era, porém, enganosa e sedutora, ao capturar preciosas almas (Pr 6,26), que ainda não sabem tocar o fundo da virtude e são fáceis de ser enganadas pela aparência de uma virtude, que é, porém, contrafeita e simulada.

Alípio nos jogos circenses.

6.8.13 Sem abandonar a via terrena elogiada por seus pais, Alípio partiu para Roma, para estudar o Direito. Mas lá foi mais uma vez arrebatado pela incrível sofreguidão dos espetáculos gladiatórios. Como a princípio fosse avesso a eles e os detestasse, um dia seus amigos e colegas, ao voltarem por acaso de uma refeição, depararam-se com ele, e, apesar da veemente recusa e de ele resistir à amigável violência, conduziram-no ao anfiteatro, em um dia de jogos cruéis e mortais. Dizia-lhes assim: "Se arrastardes meu corpo até lá e lá me prenderdes, por acaso podereis prender meu ânimo e meus olhos no espetáculo? Estarei como se ausente e assim superarei a vós e a eles". Mas os amigos, ouvindo-o sem se importarem, conduziram-no consigo, talvez por desejarem provar se ele poderia ou não cumprir o que afirmara. Assim que lá chegaram, ocuparam os assentos que puderam encontrar. Todos ferviam com inumana volúpia. Alípio, porém, fechando as portas dos olhos, interditou ao ânimo precipitar-se em tanta maldade. Mas quem dera tivesse do mesmo modo fechado os ouvidos. Pois em um dado movimento de luta, com tão grande clamor do povo a aplaudir, vencido pela curiosidade,[221] como se se cresse preparado para o que quer que fosse aquilo, certo de poder desprezar a visão e a vencer, abriu os olhos. Mas foi ferido na alma mais com mais gravidade do que o gladiador. Quis ver e caiu mais miseravelmente que aquele, cuja queda provocou o clamor. Os brados entraram por seus ouvidos e escancararam seus olhos, para que houvesse por onde ele ser ferido e seu ânimo ser derrubado, mais audaz que forte, tanto mais fraco quanto mais de si se presumia (Jt 6,15), devendo, pelo contrário, confiar em ti. Ao ver o sangue, ele o bebeu com crueldade, e não se afastou. Mas fixou a visão e sorveu fúrias. Não sabia, mas deleitava-se pelo crime da disputa e inebriava-se com a cruenta volúpia. Não era já aquele que chegara, mas um da turba, com a qual viera, e o verdadeiro companheiro dos pelos quais fora levado. E o que mais? Viu o espetáculo, gritou, inflamou-se e levou consigo a insânia pela qual foi estimulado a voltar, não só com aqueles que primeiro o arrastaram, mas também sem eles, arrastando outros por seu turno. Ainda assim, porém, com tua válida e misericordiosa mão, puxaste-o e ensinaste a não confiar em si (Is 57,13), e só em ti. Mas isso só muito tempo depois.

Alípio acusado de furto.

6.9.14.[222] E isso já se lhe ia assentando na memória um remédio para futuro. Lembro-me também daquele acontecimento, quando ele ainda estudava e já me ouvia lecionar em Cartago. Quando meditava no fórum ao meio-dia sobre que haveria de recitar, como costumam se exercitar os alunos, tu permitiste que ele fosse preso pelos guardas como um ladrão. Não imagino por que outra causa tu o consentiste, Deus nosso, a não ser para que alguém de tanto futuro começasse a aprender que, ao julgar uma causa, um homem não deve ser condenado por outro homem com facilidade e temerária crueldade. Porque ele caminhava sozinho diante do tribunal, com as tabuinhas e o estilete, quando eis que algum adolescente, algum dos estudantes, o verdadeiro ladrão, carregando escondido um machado, sem que ninguém percebesse, entrou até as treliças de chumbo que se estendiam por cima do Beco dos Banqueiros e começou a cortar o metal. Ao ouvirem o som do machado, os argentários, que estavam embaixo, puseram-se em alarido e mandaram quem prendesse quem ali porventura encontrassem. Ao ouvir o vozerio, o ladrão, temeroso, partiu largando o instrumento, para que o machado não fosse encontrado em sua posse. Alípio, porém, que não o vira entrar, viu-o sair e afastar-se ligeiro. Querendo saber a causa da movimentação, entrou no local e parou admirando o machado encontrado, quando aqueles que foram mandados o acharam sozinho com a acha na mão, a cujo ruído, alarmados, acorreram. Prenderam-no, arrastaram-no e vangloriavam-se diante dos inquilinos do fórum reunidos por haverem prendido o aparente ladrão, que foi conduzido para ser entregue aos juízes.

6.9.15. Até aí foi teu ensinamento. Porque de pronto, Senhor, vieste em socorro da inocência, cuja testemunha eras tu apenas (Sb 1,6). Quando o conduziam, seja para a prisão, seja para o suplício, deparou-se com eles o arquiteto encarregado da função de zelador-mor dos edifícios públicos. Os homens regozijam-se de o haver encontrado – eles, que costumavam ser os suspeitos dos roubos no fórum –, pois agora, graças e eles, o arquiteto conheceria o autor dos furtos. Mas, como o arquiteto já havia visto Alípio muitas vezes na casa de certo senador, a quem ele mesmo costumava ir saudar, sem demora, tomando-o pela mão, afastou-o e perguntou-lhe a causa de tamanho problema. Ao ouvir sobre o acontecido, com ameaças ordenou que todos os tumultuosos enfurecidos ali presentes o seguissem. No caminho, passaram pela casa do tal adolescente, que cometera o furto. Diante da porta estava parado um menino, tão pequeno ainda que, sem temer o amo, facilmente revelaria tudo o que ocorrera, pois havia seguido a pé com o adolescente até o fórum. Quando Alípio o reconheceu, indicou-o ao arquiteto. Este mostrou o machado ao menino, perguntando-lhe a quem pertencia. O menino, sem hesitação, respondeu: "É nosso". Daí, interrogado, revelou todo o resto. E assim, a causa foi transferida para aquela casa, o que deixou confusa a turba, que já começara a triunfar sobre Alípio. E este futuro dispensador de tua palavra (Tt 1,7) e juiz de muitas questões em tua igreja saiu mais experiente e mais instruído.

A integridade de Alípio.

6.10.16. Encontrei-o já em Roma, e ele se ligou a mim com fortíssimo vínculo, e partiu comigo para Milão, não só para não me deixar, também para praticar o Direito, que aprendera e exercia, mais pela vontade dos pais do que pela sua própria. Já três vezes havia ocupado a função de assessor,[223] com notável correção, o que despertava a admiração de todos, e ele se admirava mais por ver que todos antepunham o ouro à honestidade. Sua índole também foi tentada, não só por meio da sedução do prazer, mas também pelo aguilhão do temor. Em Roma, ele assessorava o Conde dos Tesouros Imperiais dos Itálicos.[224] Havia na ocasião um poderosíssimo senador, a quem muitos, tanto por seus benefícios, quanto por medo, se sujeitavam. Esse senador quis que, segundo o costume do seu poder, lhe fosse permitido algo, que desconheço o era, embora lhe fosse vedado pelas leis; e Alípio se opôs. Foi-lhe prometida uma recompensa; ele riu com ânimo. Fizeram-lhe ameaças, mas ele as pisou, o que causou admiração a todos pela extraordinária alma, que não queria ser amiga, nem temia ser inimiga de um homem que tinha a fama de ajudar e de prejudicar de incontáveis maneiras. Até mesmo o juiz, de quem era assessor, embora não quisesse fazer o que o senador exigia, não o recusava às claras, mas transferia a causa a Alípio e afirmava que era ele que não lhe permitia a concessão do benefício – o que, afina, era verdade, pois se o juiz o concedesse, o assessor se demitiria. Uma só ocasião, dado seu amor pelas letras, o erro quase o seduziu, quando ele pensou em mandar copiar para si uns códices lançando mão dos fundos usados pelos pretorianos, mas, consultada a justiça, mudou para melhor sua deliberação, por julgar preferível a integridade que lhe proibia ao poder que lhe era consentido. Isso é coisa de pouca monta, mas quem é fiel no pouco, também é no muito (Lc 16,10), e de modo algum é inútil o que procede da boca da verdade: "Se nas injustas riquezas não fostes fiéis, quem vos dará o que é vosso?" (Lc 16,11-12). Assim era aquele que se apegava a mim, e que hesitava comigo na decisão quanto ao modo de vida que haveríamos de seguir.

6.10.17. Nebrídio deixou a pátria vizinha a Cartago e a própria Cartago, aonde ia com frequência. Partiu da casa e das excelentes terras paternas, e, sem ser seguido pela mãe, viajou para Milão por nenhuma outra razão senão para viver comigo no mais ardente estudo da verdade e da sabedoria. Ali, suspirava comigo e hesitava com ardor na investigação sobre a vida feliz, a escrutar com pertinácia as mais difíceis questões. Eram três bocas de três famintas, que arquejavam o compartilhamento da pobreza, e de ti esperavam que a seu tempo lhes desses o alimento (Sl 103,27; 144,15). E em toda amargura que, por tua misericórdia, acompanhava nossas ações mundanas, ao buscarmos a razão por que padecíamos, encontrávamos as trevas. E nos afastávamos gementes, e dizíamos: "Até quando?". E muitas vezes assim repetíamos, dizendo que não deixávamos aquelas trevas, porque não vislumbrávamos nenhuma certeza quanto ao que abraçaríamos quando as abandonássemos.

Monólogo interior.

6.11.18. Eu me admirava de recordar diligente quão longo tempo passara desde o décimo nono ano de minha vida, quando comecei a me arder pelo estudo da sabedoria, propondo, achada essa, abandonar todas as esperanças vazias dos desejos vãos e as insânias mendazes (Sl 39,5). Eis que eu chegava à idade de trinta anos e continuava preso no mesmo lodo (Ter. *Phorm.* 780) pela avidez de fruir das coisas presentes, que fugiam e se dissipavam enquanto eu dizia: "Amanhã a acharei. Eis que a verdade aparecerá, e eu a terei. Eis que Fausto virá e explicará tudo. Ó grandes homens da Academia! Nada para a condução da vida pode ser compreendido. Mas busquemos com mais diligência e não percamos as esperanças. Eis que já não é absurdo o que está nos livros eclesiásticos, que antes parecia absurdo, e pode ser entendido de outro modo e de maneira razoável. Que eu finque os pés no degrau em que fui posto quando menino por meus pais, até encontrar a clara verdade. Mas onde a procurar (Mt 7,7)? E quando? Não sobra tempo para Ambrósio, não sobra tempo para ler. Onde procuraremos os códices? Onde e quando os poderei comprar? Quem no-los emprestará? Destine-se o tempo, distribuam-se as horas para a saúde da alma (Sl 34,3). Surge uma grande esperança: a fé católica não ensina o que pensávamos e do que levianamente a acusávamos. Os seus doutores têm por impiedade crer em um deus delimitado pela forma do corpo humano. E duvidamos bater às portas (Mt 7,7) para que as outras coisas sejam abertas? Os discursos ocupam as horas da manhã; o que fazemos com as outras horas? Por que não as empregamos nisso? Mas quando saudaremos os amigos poderosos, dos quais precisamos dos favores? Quando prepararemos o que os alunos vêm comprar? Quando nós mesmos nos restauraremos, descansando o espírito da tensão das preocupações?

6.11.19. Que tudo se finde. Deixemos as coisas inúteis e vazias. Entreguemo-nos apenas à indagação da verdade. A vida é miserável, e a hora da morte é incerta – de repente nos surpreende. Como sairemos daqui? E onde poderemos aprender o que aqui negligenciamos? Os suplícios pela negligência não deverão antes ser expiados? O que acontecerá se a morte me ceifar e findarem-se todas as preocupações, findando os sentidos? Isso também deve ser indagado. Mas que não seja assim! Não é sem razão nem propósito que a prestigiosa eminência da autoridade da fé cristã se espalha por todo o orbe. Nunca tantas e tais coisas seriam feitas por Deus para nós, se a vida da alma se consumisse com a morte do corpo. Abandonada a esperança no século, por que hesitamos em nos dedicarmos à busca de Deus e da vida feliz? Mas espera! Todas as coisas terrenas são agradáveis, e não é pouca sua doçura. Não devemos com leviandade nos afastarmos delas, porque seria vergonhoso a elas voltarmos. Eis que já nada falta para a obtenção dos cargos honrosos. E o que mais poderíamos desejar? Cerca-nos grande soma de amigos poderosos: se nada sobrevier em contrário, e muito nos apressarmos, poderemos receber o governo de uma província; depois, poderei me casar com uma mulher de fortuna, para que não sejam gravosos meus gastos, e a isso se limitariam meus desejos. Muitos grandes homens, dignos de serem imitados, deram-se ao estudo da sabedoria, embora fossem casados.

6.11.20. Enquanto eu assim dizia, os ventos se alternavam e impeliam para daqui e para ali o meu coração. O tempo passava e eu tardava em me converter ao Senhor. Eu postergava, de dia para dia, viver em ti, embora não postergasse, de dia para dia, morrer em mim. Amando a vida feliz, eu temia onde ela se encontrava e, dela a fugir, a procurava. Pensava que seria muito desgraçado se fosse privado dos abraços da mulher, e não cogitava a medicina de tua misericórdia para sanar essa enfermidade (Mt 4,23), porque ainda não a havia experimentado e acreditava que se conseguia a continência pelas minhas próprias forças, forças que eu não conhecia em mim, sendo tão insensato que não sabia estar escrito que ninguém consegue a continência a não ser que tu a concedas (Sb 8,21). E eu não sabia que decerto tu ma darias se eu, com um gemido interno (Sl 37,9), batesse às portas de teus ouvidos (Mt 7,7) e com sólida confiança depusesse em ti a minha aflição (Sl 54,23).

Planos para o casamento e o noivado.

6.12.21. Alípio me proibia de tomar uma esposa; afirmava repetidas vezes que, se eu o fizesse, nós não poderíamos, em segura tranquilidade, viver juntos no amor à sabedoria, como havia muito desejávamos. Ele mesmo, nesse assunto, era castíssimo, porque começara a experiência da união carnal no início da adolescência, mas não se prendera, nem sofrera, e desprezara-a. E desde então assim vivia. Eu, porém, resistia com os exemplos de homens que, casados, cultivavam a sabedoria, mereceram Deus (Hb 13,16) e tiveram e amaram fielmente os amigos. Mas eu estava longe da grandeza do ânimo desses homens. Preso à enfermidade da carne, eu arrastava com suavidade mortífera minhas correntes. Repelia as palavras de quem bem me aconselhava, como à mão que soltava as ataduras de uma ferida tocada. Além disso, por meu intermédio, a serpente (Gn 3,1; 3,14.) falava a Alípio e urdia e espalhava, por meio de minha língua, doces laços em seu caminho, nos quais se enredassem seus pés honestos e ligeiros.

6.12.22. Ele se admirava de que eu, a quem não pouco considerava, me prendia tanto ao visgo da volúpia, a ponto de eu afirmar, quando tantas vezes debatíamos, não poder levar uma vida celibatária. E, diante de seu espanto, eu me defendia dizendo existir grande distância entre o que ele rápida e furtivamente experimentara, e do que a custo se lembrava e, por isso, desprezava sem sofrimento, e meus costumeiros deleites, aos quais, se se juntasse o honesto nome do matrimônio, não era de se estranhar que eu não quisesse desprezar aquela vida. Por isso, ele próprio começou a desejar o casamento, não vencido pela libido da voluptuosidade, mas por curiosidade. Pois dizia querer saber o que era aquilo sem o que a minha vida, que tanto lhe agradava, não me parecia vida, mas tormento. Seu ânimo, livre de semelhante grilhão, espantava-se com minha escravidão, e do espanto ia à vontade de experimentar, e, daí, à própria experiência, para cair na escravidão de que tanto se espantava, porque queria esposar a morte (Is 28,15); e quem ama o perigo, nele cai (Eclo 3,27). Certamente, a nenhum de nós a beleza conjugal, o dever de conduzir o matrimônio e a educação dos filhos interessavam senão de modo superficial. Pois em grade parte, e com veemência, o costume de saciar a insaciável concupiscência prendia-me e torturava-me. A ele, pelo contrário, era a admiração que o arrastava ao cativeiro. E assim estivemos até que tu, altíssimo, (Sl 91,2) sem abandonar nosso barro e comiserado dos míseros, vieste-nos de infinitas e ocultas maneiras.

Projetos do matrimônio.

6.13.23. Instavam-me incansavelmente para que eu tomasse uma esposa. E eu até já havia feito o pedido, e uma noiva me havia sido prometida, sendo minha mãe[225] quem mais trabalhava para que isso acontecesse, porque, uma vez casado, eu haveria de ser limpo pelas águas salvíficas do batismo, regozijando-se ela de me ver a cada dia mais apto. Ela notava que em minha fé se cumpriam os seus votos e a tua promessa. Como, tanto por rogo meu, quanto por desejo seu, com forte clamor do coração, ela te suplicava todos os dias que por uma visão tu lhe mostrasses algo de meu futuro matrimônio, embora nunca quiseste fazê-lo. Ela via coisas vazias e fantásticas, aonde o ímpeto do espírito humano preocupado a levava, e contava-me as visões, não com a fidelidade que costumava, quando tu lhe demonstravas, mas as desprezando.[226] Pois dizia que, não sei por qual inefável sabor, discernia o que diferenciava uma revelação tua de um sonho de sua alma. Porém insistia comigo, e já havia sido feito o pedido à menina, a quem faltavam quase dois anos para se tornar núbil.[227] E, como a situação agradava a todos, espera esperávamos.

Planos filosóficos de uma vida comunitária.

6.14.24. Éramos muitos os amigos que, por detestarmos os túrbidos molestamentos da vida humana, havíamos agitado no ânimo, e já quase decidido, afastarmo-nos da turba e vivermos em ócio,[228] um ócio de tal modo planejado que, se algo pudéssemos possuir, juntaríamos em comum, fundiríamos de tudo em um só patrimônio familiar, que, pela sinceridade da amizade, não seria propriedade desse ou daquele de nós, mas que de todos se fizesse um só conjunto, sendo tudo de cada um e tudo de todos. Parecia-nos possível numa mesma sociedade viverem cerca de dez homens.[229] Havia entre nós alguns ricos, Romaniano[230] sobretudo, concidadão nosso a quem o grande bulício dos negócios havia trazido à corte,[231] amigo íntimo meu desde a tenra idade. Era ele quem mais nos animava nesse assunto, e tinha grande autoridade de persuasão, porque sua ampla riqueza era muito maior do que a de todos os demais. Decidimos que dois do grupo, a cada ano, como os magistrados, cuidariam do que fosse necessário, enquanto os outros permaneceriam despreocupados. Mas, depois que se começou a cogitar se se permitiriam ou não as mulheres, que alguns de nós já tinham e outros desejavam ter, todo o projeto, que bem criamos, se desfez nas mãos e, quebrado, acabou por ser abandonado. Daí voltamos aos suspiros e gemidos, e nossos passos retomaram os caminhos largos e trilhados do século, já que muitas eram as cogitações (Pr 19,21) em nossos corações, embora teu desígnio permaneça eterno (Sl 32,11). Em razão desse desígnio, tu rias de nossas escolhas e preparavas as tuas para nós, para nos dares o alimento no tempo oportuno, para abrires a mão e encheres nossas almas com tuas bênçãos (Sl 144,15-16).

A partida da mãe de Adeodato.[232]

6.15.25. Entretanto, meus pecados se multiplicavam (Eclo 23,2-3), e foi arrancada do meu lado, considerada um impedimento ao meu casamento, aquela com quem eu estava acostumado a me acostar. O meu coração, onde ela se prendera, rasgado e ferido, vertia sangue (Verg *A.* 4.1-2). E ela voltou à África, jurando-te que não haveria de conhecer outro homem. Deixou comigo o filho natural que dela tive. E eu, infeliz,[233] não a imitei. Impaciente com a espera dos dois anos para ter aquela que eu havia recebido como noiva, por não ser amante do matrimônio, mas servo da libido, procurei outra mulher, não como esposa, senão para sustentar, prolongar intacta ou aumentar, sob a guarda do hábito, a enfermidade de minha alma, até o casamento. Minha ferida não, feita pelo corte anterior, não se curava, mas depois da febre e da dor lancinante, agora apodrecia, doendo talvez menos aguda, mas mais desesperadamente.

Discussões sobre o fim dos bons e dos maus.

6.16.26. A ti o louvor, a ti a glória, ó fonte das misericórdias. Eu me tornava mais mísero, e tu mais próximo. Tua destra, que me arrancaria da lama (Sl 39,4) e me limparia, estava perto, e eu não sabia. E não me chamava do abismo mais profundo das volúpias carnais senão o medo da morte e de teu futuro juízo, que por várias opiniões nunca deixou meu coração. Discutia com meus amigos Alípio e Nebrídio sobre o fim dos bons e dos maus.[234] Em minha opinião, Epicuro mereceria a palma da vitória se eu não cresse restar após a morte a vida do ânimo e o juízo dos méritos, no que Epicuro não quis acreditar. Eu perguntava: se fôssemos imortais e vivêssemos em perpétua volúpia corporal, sem nenhum temor de a perder, por que é que não seríamos felizes? O que mais buscaríamos, não sabendo que essa mesma questão era parte da grande miséria? Pois estando tão imerso e cego, eu não podia cogitar a luz da virtude e da beleza, que por si mesma merece ser abraçada, que não é vista com os olhos da carne, mas só com os do interior. Mísero, eu não considerava de qual fonte manava de mim tratar dessas torpezas de modo doce com os amigos, e que também com amigos eu não poderia ser feliz, segundo o modo de pensar que eu nutria, por maior que fosse a afluência das volúpias carnais. Eu amava esses amigos desinteressadamente, e eu sentia que era desinteressadamente por eles amado. Ó tortuosos caminhos! Ai da alma audaciosa (Is 3,9), que se separou de ti, achando que ao se afastar de ti encontraria algo melhor. Vire-se ou revire-se de costa, de lado ou de frente; tudo é difícil e apenas tu concedes o repouso. E eis que estás presente (Sl 138,8) e nos libertas dos erros miseráveis; pões-nos em teu caminho (Sl 31,8), consolas-nos e dizes: "Correi (1 Cor 9,24). Eu vos levarei e conduzirei, e ali vos manterei" (Is 46,4).

Livro VII

A criação de tudo que existe.

7.1.1. Minha adolescência nefanda e má já estava morta,[235] e eu chegava à juventude, tanto maior na idade quanto mais torpe na vaidade, a ponto de não conseguir entender uma substância senão se a visse com estes meus olhos. Não te concebia, ó Deus, na forma do corpo humano. Desde que comecei a estudar sobre a sabedoria,[236] sempre fugi dessa concepção, e regozijava-me por não a encontrar na confiança espiritual de nossa mãe, a tua igreja católica. Mas não me ocorria outro modo de entender-te. Eu, um homem e só um homem, tentava imaginar-te como sumo, único e verdadeiro Deus, (Jo 17,3) e acreditava, com todas as minhas entranhas, que és incorruptível, inviolável e imutável, porque, mesmo sem saber de onde e de que maneira, eu via claramente e tinha por certo que aquilo que é corruptível é pior do que o que não o é, que o inviolável sem hesitação eu antepunha ao violável, e que o imutável é melhor do que é passível de mudanças. O meu coração clamava forte (Lm 2,18) contra todos os meus fantasmas, e eu me esforçava por afastar, com um único golpe, o enxame de imundices que voava de derredor da vista de minha mente.[237] Mas, apenas afastado esse enxame, eis que, num piscar de olhos (1 Cor 15,52), de novo reunido, ele chegava, irrompia contra minha visão e a enevoava, de modo que, embora não com a forma do corpo humano, eu necessitava imaginar-te como algo corpóreo, situado no espaço, seja infuso no mundo, seja difuso fora dele, pelo infinito, esse ser incorruptível, inviolável e imutável, que eu preferia ao corruptível, violável e mutável, pois tudo que eu privava de tais espaços parecia-me ser nada, realmente nada, e não o vazio, como quando um corpo, seja terroso, úmido, aéreo ou celeste, é retirado do local e o espaço antes ocupado por ele permanece inane. Nesse caso, porém, o vazio seria como um espaçoso nada.

7.1.2. Com o meu coração endurecido (Mt 13,15), sem entender a mim mesmo, eu julgava que o absolutamente nada era algo que não se estende no espaço, que não se espalha, não se aglomera, nem se intumesce, ou que não tivesse, ou não pudesse ter algo disso. Pois pelas formas que costumavam chegar a meus olhos, por tais imagens caminhava o meu coração; e ele não via que, por meio da mesma faculdade pela qual eu formava aquelas imagens, não era algo semelhante, embora não as pudesse formar senão como algo grande. Assim, também, ó vida de minha vida, eu te imaginava grande, em espaços infinitos, e que, por toda parte, penetravas a massa inteira do mundo, e fora dela e por todas as direções, pela imensidão sem fim, de modo que a terra te continha, continha-te o céu, continham-te todas as coisas, e todas acabavam em ti, e que tu, no entanto, não te delimitarias em nenhuma parte. Do mesmo modo como o corpo do ar não impede que passe a luz do sol, esse ar que está sobre a terra e que, penetrando-o, a luz o atravessa sem rompê-lo, nem o cortá-lo, mas, o preenche todo, assim por ti eu achava que não só o céu, os ares e o mar, mas que todo o corpo da terra era atravessado, penetrável em todas as suas partes, grandes e pequenas, para receber a tua presença, que administra, com oculta inspiração interna e externamente, tudo que criaste. Assim eu conjecturava, porque não podia entender de outra maneira. Mas era falso. Pois desse modo, uma parte maior da terra conteria uma porção maior de ti, e uma parte menor, uma porção menor; de tal sorte que todas as coisas seriam plenas de ti, e que o corpo do elefante conteria mais de ti do que o de um passarinho, no quanto aquele é maior e ocupa um lugar mais amplo. E assim, dividido em partes o mundo, em grandes e em pequenas partes tuas, tu te farias presente. Porém não é assim. Contudo, ainda não havias iluminado minhas trevas (Sl 17,29).

Discordância com os maniqueus.

7.2.3. Bastava-me, Senhor, contra os maniqueus enganados enganadores, aqueles falantes mudos,[238] já que o teu Verbo neles não soava, bastava-me o argumento que havia muito, desde Cartago, Nebrídio costumava propor, e que todos ouvíamos impressionados: "O que poderia fazer-te aquela não sei que espécie das trevas, que costuma se opor a ti como massa contrária, se tu contra ela não quisesses lutar?". Pois se alguém respondesse que algo te poderia ser nocivo, tu serias violável e corruptível. Se, porém, alguém dissesse que nada te poderia ser nocivo, não acarretaria uma causa para lutares, e assim lutarias contra alguma porção tua, ou membro teu, ou prole de tua própria substância, que se misturaria a poderes contrários e à natureza não criada por ti. Com isso, essa parte seria corrompida e se mudaria para pior, de modo que a felicidade se transformaria em miséria e necessitaria de auxílio para poder ser libertada e purgada. Essa parte seria a alma escravizada, contaminada e corrupta, que teu Verbo livre, puro e íntegro veio socorrer. Mas teu Verbo seria então corruptível, porque procederia da mesma substância da alma. E assim, se tu, quem quer que sejas, qualquer que seja tua substância, pelo que és, se tu és incorruptível como dizem, são falsas e execráveis todas aquelas afirmações; se, porém, afirmam que és corruptível, isso mesmo já seria falso, e desde a primeira fala deveria ser rechaçado. Bastava-me, portanto, esse argumento contra aqueles que eu deveria arrancar da angústia de meu peito, porque não tinham para onde escapar sem cometerem um horrível sacrilégio do coração e da língua, por perceberem e dizerem tais coisas contra ti.

De onde vem o mal?

7.3.4. No entanto, embora eu afirmasse e tivesse a convicção de que és incontaminável, inalterável e imutável em qualquer situação, Deus nosso, Deus verdadeiro, que fizeste não só nossas almas, mas também nossos corpos, e não só nossas almas e corpos, mas todos e tudo, eu não tinha explicadas e averiguadas as causas do mal. Porém quaisquer que fossem as suas causas, eu via que deveria buscá-las de modo a não ser constrangido por elas a crer que o Deus imutável fosse mutável, para não me tornar eu mesmo o mal, cujas causas eu investigava. Assim, seguro, eu as buscava, certo de não ser verdadeiro o que diziam aqueles de quem, com todo ânimo, eu fugia, porque os via buscar de onde vinha o mal repletos de malícia (Rm 1,29) com que opinavam antes a tua substância sofrer o mal, que a deles fazê-lo.

7.3.5. Eu me esforçava por tentar entender o que ouvia, que o livre-arbítrio da vontade era a causa de praticarmos o mal, e teu reto juízo (Sl 118,137) o motivo do que padecemos. Mas eu não podia entendê-lo com clareza. Assim, esforçando-me por afastar o olho da mente desse abismo, afundava de novo, e toda vez que tentava afastá-lo, mais e mais me afundava. Pois elevava-me até tua luz o fato de eu saber que tanto existia um querer quanto um viver. Assim, se queria ou não queria alguma coisa, estava certíssimo de que não outro, senão eu, queria ou não queria. Já quase me convencia de que aí estava a causa de meu pecado. E o que eu fazia contra a vontade, parecia-me antes sofrer do que fazer, e julgava que isso não era a culpa, mas a pena pela qual eu confessava ser castigado, não injustamente, sabendo que és justo. Mas eu de novo me dizia: "Quem me fez? Será que foi meu Deus, que não apenas é bom, mas é o próprio bem? De onde, então, vem-me querer o mal e não querer o bem? É assim que acontece para que eu sofra justamente as penas? Quem pôs isso em mim e plantou-me a semente da amargura, quando fui todo feito por meu dulcíssimo Deus? Se o diabo é o criador do mal, de onde vem o diabo? E se ele mesmo, por perversa vontade, transformou-se de anjo em diabo, de onde lhe veio a vontade má que o fez se transformar em diabo, quando todo anjo foi feito por um ótimo criador?". Nessas cogitações, deprimia-me de novo e me sufocava, mas não era conduzido àquele inferno do erro onde ninguém confessa a ti (Sl 6,6), enquanto julga mais fácil que tu padeças o mal do que o homem o faça.

A incorruptibilidade de Deus.

7.4.6. Eu me esforçava por entender tudo mais, como já havia entendido que é melhor ser incorruptível do que corruptível, e, por isso, confessava que tu, fosses o que fosses, és incorruptível. Pois nenhuma alma pode, ou poderia, jamais cogitar algo melhor do que tu, que és supremo e sumamente bom. Desse modo, como é verdadeiro e certíssimo que o incorruptível é preferível ao corruptível, assim como já eu preferia, eu poderia, na cogitação, conceber algo que fosse melhor que meu Deus, se não fosses tu incorruptível. Portanto, onde eu via que o incorruptível deve ser preferido ao corruptível, ali eu deveria te procurar, e então deduzir onde está o mal, isso é, de onde vem a corrupção, que não pode violar tua substância. Pois a corrupção não viola nosso Deus, por nenhuma vontade, por nenhuma necessidade e por nenhum acaso imprevisto, já que ele é Deus, e ele quer para si o que é bom, e ele próprio é bom – e o corromper-se não é bom. E, contra a vontade, não és obrigado a nada, porque tua vontade não é maior que teu poder. Seria maior se fosses maior que tu mesmo, pois a vontade e o poder de Deus são o próprio Deus. E o que haveria de imprevisto para ti, que sabes todas as coisas? Nenhuma natureza existe senão porque tu a conheces. Por que dizermos tantas coisas para demonstrarmos não ser corruptível a substância que é Deus, quando, se fosse corruptível, não seria Deus?

Mais indagações quanto ao mal.

7.5.7. Eu buscava entender de onde vem o mal, mas buscava mal, e não o via em minha própria indagação.[239] Constituía (Sl 15,8) diante da vista de meu espírito toda a criação, e tudo que nela podemos ver, assim como é a terra, o mar, o ar, as estrelas, as árvores, os animais mortais, e tudo o que na criação não vemos, como o firmamento acima do céu, todos os anjos e seres espirituais – embora esses, como se fossem corpos, minha imaginação os ordenou cada qual em um lugar. E fiz uma massa única, imensa e especificada por gêneros de corpos, criação tua, seja como coisa verdadeira que eram os corpos, seja dos que como espíritos eu mesmo imaginara. E fiz grande essa massa, ainda que não tanto quanto era grande, pois eu não poderia saber, mas o quanto eu quis, ainda que limitada por todos os lados. E tu, Senhor, infinito em todas as direções, a rodeavas e penetravas inteira, como se fosses um único e infinito mar em toda parte e de toda parte pela imensidão, e que tivesse dentro de si uma esponja grande, tão grande quanto se quiser, mas ainda assim, finita, embora cheia do imenso mar por toda porção em que estivesse. Assim eu imaginava a tua criação finita cheia de ti, infinito. E eu dizia: "Eis Deus, e eis as coisas que Deus criou. Mas uma vez bom, ele criou coisas boas, e eis como ele as circunda e preenche. Onde, então, está o mal? De onde e por que parte ele se insinuou? Qual sua raiz (1 Tm 6,10)? Qual sua semente? Será que essa semente não existe? Por que então tememos e evitamos o que não existe? Ou se é vão o que tememos, decerto o mal é o próprio medo, pelo qual inutilmente se aflige e é torturado o coração. E é o mal tão pesado quanto é certo não existir o que tememos, mesmo que temamos. Portanto, ou não existe o mal que tememos, ou é o mal que tememos.

De onde, pois, vem o mal, já que Deus bom fez todas as coisas boas (Gn 1,31)? Sendo o supremo e o sumo bem, Deus criou bens menores do que ele, mas ainda assim o criador e as criaturas são todos bons. De onde, pois, vem o mal? Será que a matéria de onde Deus criou as coisas era má, e ele lhe deu forma e ordenou, mas deixou nela algo que não convertera em bem? E por que isso? Será que ele era impotente para mudá-la e transformá-la toda, para que nenhum mal permanecesse, ainda que ele seja onipotente? Por fim, por que então ele quis fazer alguma coisa com ela, e por que antes não fez, com sua onipotência, que fosse inteiramente nada? Ou será que ela poderia existir contra sua vontade? Ou se a matéria era eterna, por que, por tanto tempo, pelo infinito espaço dos tempos passados, ele permitiu que ela existisse, e tanto depois quis fazer algo dela? Ou já, se de repente quis fazer algo, por que, onipotente, antes não fez que ela não existisse e que só ele existisse, todo verdadeiro, sumo e infinitamente bom? E se não era bom que, sendo ele bom, criasse e fabricasse algo que não fosse bom, por que, afastada e reduzida a nada a matéria que era má, ele próprio não criou uma matéria boa, de onde tudo criasse? Pois não seria onipotente se não pudesse criar algo bom sem o auxílio da matéria que ele mesmo não criou". Tais questões eu revolvia no peito miserável, oprimido pelas mais mordazes preocupações do temor e da morte, por não haver encontrado a verdade. Estável, porém, a confiança na igreja católica de teu Cristo, Senhor e salvador nosso aderia-se a meu coração. Mas mesmo indefinida ainda em muitas coisas, e a oscilar fora da norma da doutrina, meu ânimo não a abandonava. Antes, a cada dia, mais e mais dela se embebia.

Refutação da astrologia.

7.6.8. Eu já então rejeitava as falazes adivinhações e os ímpios delírios dos matemáticos. Que as íntimas entranhas de minha alma te confessem a tua misericórdia (Sl 106,8), Deus meu! Pois tu (quem mais, afinal, nos chama da morte de todos os erros, senão a Vida que desconhece a morte e a Sabedoria que ilumina as mentes necessitadas, não necessitando de luz, e que governa o mundo e até as folhas que caem das árvores?), só tu acudiste à minha obstinação, pela qual eu me opunha ao sagaz ancião Vindiciano e a Nebrídio, adolescente de admirável alma, eles que afirmavam, um com veemência, outro com alguma hesitação, mas repetidamente, não existir a arte de predizer o futuro, e que as conjecturas dos homens têm muitas vezes a força da sorte, pois, dizendo muitas coisas, algumas que fossem ditas algumas aconteceriam, mesmo que aqueles que as diziam não soubessem, e por apenas acertarem ao não se calarem. Além disso, tu me proporcionaste um amigo, muito afeito em consultar os matemáticos, e não muito entendido em seus textos, consulente por curiosidade, mesmo ciente daquilo que de seu pai dizia ter ouvido – embora não soubesse o quanto o que ouvira valeu para destruir minha opinião sobre aquela arte. Esse homem, de nome Firmino, instruído nas artes liberais e exercitado na eloquência, como me era caríssimo, veio me consultar sobre algumas questões suas, sobre as quais abrigava terrenas esperanças de ver o que suas constelações para mim pareciam. Ainda que nesse assunto eu já começasse a me inclinar para a opinião de Nebrídio, embora não me negasse a conjecturar e dizer hesitante o que me ocorria, também acrescentei que já estava quase persuadido de que aquelas coisas eram ridículas e vazias. Ele, então, me contou que seu pai fora curiosíssimo quanto a semelhantes livros, e que tinha um amigo que, do mesmo modo, interessava-se pelo assunto. Contou-me que, com igual empenho os dois sopravam naquelas bagatelas o fogo do coração, a ponto de observarem o momento do nascimento dos animais domésticos, se em casa nascessem, e anotarem a posição do céu, de onde coligiam experimentos daquela quase arte. Assim, ele dizia ter ouvido do pai que, estando grávida a mãe desse mesmo Firmino, também a barriga da serva do amigo de seu pai crescia, o que ela não pôde esconder de seu senhor, que cuidava de conhecer com diligência extrema até dos partos de suas cadelas; ocorreu que, aquele com a esposa, e este com a criada, contaram com precisa observação dos dias, horas e partes menores das horas, tendo ambas parido ao mesmo tempo, foram obrigados a fazer atribuir, até em suas minúcias, as mesmas constelações aos nascidos, um, para o filho, outro, para o pequeno escravo. Isso porque, quando as mulheres começaram o trabalho de parto, os dois se comunicaram o que se passava na casa de cada um, e prepararam mensageiros para enviarem um ao outro o aviso dos nascimentos. E assim fizeram –

o que se deu com facilidade, já que eram os donos das propriedades e de pronto estabeleceram a comunicação. Então, os que cada um mandou, a tão igual distância das casas se encontraram – dizia-se – que nenhum deles pôde notar diferentes a posição das estrelas e as partículas do tempo. No entanto, Firmino, nascido em um lugar amplo junto aos seus, cursava os caminhos alvejados do mundo,[240] crescia em riquezas e era exaltado por honras, ao passo que o escravo, não podendo sacudir o jugo de sua condição, vivia como servo, como contava o próprio Firmino, que o conhecia.

7.6.9. Tais coisas ouvindo, e nelas acreditando (porque merecia dar crédito a quem as narrava), toda a minha relutância caiu por terra, e logo tentei afastar meu amigo daquela curiosidade, dizendo que, vistas suas constelações, para lhe dizer coisas verdadeiras, deveria também ver que seus pais estavam entre os principais habitantes da cidade, que sua família era nobre, que seus parentes haviam nascido livres, que tiveram boa educação e foram instruídos nas artes liberais; mas que se aquele escravo me consultasse sobre as mesmas constelações (porque as dele eram as mesmas), para também lhe dizer coisas verdadeiras, eu deveria, por outro lado, ali ver sua abjetíssima família, sua condição servil e as outras situações tão distantes e diferentes da primeira. Mas como faria se, ao ver as mesmas coisas, dissesse coisas diferentes, se eu falasse a verdade, e como, ao dizer as mesmas coisas, diria falsidades? Então deduzi com inteira certeza que aquelas coisas previstas por meio das constelações, foram ditas verdadeiras não por arte, mas por sorte; e que, por sua vez, foram ditas falsas não por imperícia da arte, mas por falha da sorte.

7.6.10. Aberta essa entrada, eu, já a ruminar comigo tais coisas, para que nenhum daqueles delirantes que buscam lucro com elas, e que eu desejava refutar e levar ao ridículo, não resistissem a mim, como se Firmino ou se seu pai tivessem me contado coisas falsas, fixei minha reflexão naqueles que nascem gêmeos, muitos dos quais saem do útero da mãe tão em seguida que esse pequeno intervalo de tempo (por quanta força tenha a natureza dos astros, como pretendem) não pode ser registrado pela observação humana, nem anotado em tabelas, de modo que o matemático que as usar não poderá pronunciar coisas verdadeiras. As previsões não são verdadeiras porque, analisando as mesmas anotações, o mesmo destino deveria ser o de Esaú e Jacó, que não conheceram a mesma sorte. Logo, ou os matemáticos prognosticariam coisas falsas ou, se acaso dissessem coisas verdadeiras, não diriam as mesmas coisas, ainda que analisassem os mesmos dados. Assim, não por arte, mas por sorte, seriam prognosticadas coisas verdadeiras. Porque tu, Senhor, governante justíssimo do universo, ages de modo oculto, sem que os que consultam nem os consulentes o saibam, para que, quando alguém consultar, ouça o que lhe convém ouvir, pelos méritos ocultos da alma, do abismo de teu justo juízo (Sl 35,7). Não te pergunte o homem: "O que é isso?" (Eclo 39,25-26), "Para que isso?". Não pergunte! Não pergunte, pois é homem.

O problema do mal.

7.7.11. Já, então, auxiliador meu (Sl 17,3; 18,5; 29,11; 58,18; 62,8), havias rompido aqueles grilhões, e eu procurava de onde vem o mal. Mas não tinha êxito. Tu, porém, não me permitias, naqueles fluxos de cogitação, afastar-me da fé em que eu acreditava, e da crença em que existes, que a tua substância é imutável, e que tu és a providência dos homens. Eu acreditava em teu juízo e em Cristo, teu filho, Senhor nosso, e nas santas Escrituras, que a autoridade de tua igreja católica recomenda, e que tu estabeleceste a via (Jo 14,6.) da salvação humana e a direção àquela vida que existirá depois desta morte. Com tais coisas salvas e fortificadas inconcussas em meu ânimo, eu perguntava fervoroso de onde vem o mal. E que sofrimento de parturiente era o do meu coração! Que gemidos, Deus meu! E ali estavam teus ouvidos, e eu não sabia. E como em silêncio eu fortemente procurava, grandes eram as vozes que levavam à tua misericórdia as mudas contrições de meu ânimo. Só sabias o que eu sofria, e nenhum dos homens. Pois quanto era o que por minha língua se transmitia aos ouvidos de meu interior? Será que todo tumulto de minha alma, pelo qual nem o tempo nem minha boca bastavam, soava para eles? Porém todo rugido dos gemidos de meu coração ia à tua audição, e diante de ti estava meu desejo. Mas a luz de meus olhos não estava comigo (Sl 37,9).[241]

Estava dentro de mim, e eu, fora; e não ocupava nenhum lugar. Mas eu fixava a atenção nas coisas que ocupavam um lugar, e não encontrava aí um lugar, e as coisas não me acolhiam quando eu dizia: "Basta, está bem!". Não me deixavam voltar para onde eu me achasse suficientemente bem. Pois eu era superior a essas coisas, mas inferior a ti. Tu eras o verdadeiro gozo, sendo eu submetido a ti, como tu submeteras a mim o que criaste abaixo de mim. E esse era o correto temperamento, a região média de minha salvação: que eu permanecesse à tua imagem (Gn 1,26) e, servindo-te, dominasse o corpo. Mas, quando com soberba, ao me levantar contra ti e correr contra o Senhor com a cerviz enfatuada de meu escudo (Jó 15,26), essas coisas ínfimas puseram-se sobre mim e me oprimiram, sem descanso ou respiro. Elas vinham-me ao encontro, quando as via, em toda parte, amontoadas e emboladas. Mas quando eu me voltava a elas, opunham-se as mesmas imagens dos corpos, como dissessem: "Para onde vais, indigno e sórdido?". E, de minhas feridas, elas cresciam, porque me humilhaste como a um soberbo ferido (Sl 88,11), e eu minha empáfia me separava de ti, e minha face era tão inflada que fechava meus olhos.

Cura e salvação.

7.8.12. Tu, porém, Senhor, na eternidade permaneces (Sl 101,13)
e pela eternidade não te iras contra nós (Sl 84,6; 102,9),
porque tens misericórdia da terra e das cinzas (Jó 42,6).
E te agrada (Sl 18,15) em tua presença reformares as deformidades
                                                          minhas;
com os aguilhões internos me agitavas,
para que eu me impacientasse até que,
pela minha visão interior,
fosse-me certa tua existência.
Regredia meu inchaço pela oculta mão da medicina tua,
e a visão conturbada e escurecida de minha mente,
com o acre colírio (Ap 3,18) das dores da salvação,
dia a dia era curada.

Os livros dos platônicos.²⁴²

7.9.13. Primeiro, por querer me mostrar o quanto tu resistes aos soberbos e concedes graças aos humildes (Pr 3,3-4; Tg 4,6; 1 Pd 5,5), e o quanto a tua imensa misericórdia é revelada aos homens pela via da humildade, porque teu Verbo fez-se carne e habitou entre os homens (Jo 1,14), mostraste-me por alguém túrgido de imensa soberba²⁴³ alguns livros platônicos, traduzidos da língua grega para o latim. E ali eu li, não com essas mesmas palavras, mas provado absolutamente com muitas e múltiplas razões, que no princípio era o Verbo, e o Verbo estava junto de Deus, e Deus era o Verbo. Esse no princípio existia junto de Deus. Todas as coisas foram feitas por ele, e sem ele nada foi feito. O que foi feito nele é a vida, e a vida era a luz dos homens; e a luz luziu nas trevas, e as trevas não a compreenderam. E li que a alma dos homens, embora dê testemunho da luz, não é a própria luz, mas que o Verbo Deus é a luz verdadeira, que ilumina todo homem que vem a este mundo; e que estava neste mundo e o mundo foi feito por ele, e o mundo não o reconheceu (Jo 1,14). Mas que ele veio à sua própria casa e que os seus não o receberam, e a quantos o receberam ele deu poder de fazerem filhos de Deus os que acreditavam em seu nome (Jo 1,11), ali eu não li.

7.9.14. Ali também eu li que o Verbo Deus não nasceu da carne, nem do sangue, nem da vontade do homem, nem da vontade da carne, mas de Deus (Jo 1,13). Que o Verbo, porém, fez-se carne e habitou entre nós (Jo 1,14), eu não li. Indaguei por que nesses textos, dito de várias e múltiplas formas que o filho tem a forma do pai, não se considerou usurpação ser igual a Deus (Fl 2,6), que naturalmente é ele mesmo. Mas que ele se reduziu, aceitando a forma de servo, feito semelhante ao homem, reconhecido como homem pelo seu modo de ser, que se humilhou, fazendo-se obediente até à morte, à morte na cruz, em razão de que Deus exaltou-o dos mortos e deu-lhe o nome que está sobre todo nome, para que ao nome de Jesus todo joelho se dobre no céu, nas terras e nos infernos, e que toda língua confesse que o Senhor Jesus está na glória de Deus pai (Fl 2,7-11), não está naqueles livros. Também que antes de todos os tempos e além de todos os tempos teu filho Unigênito permanece imutável (Jo 1,14), coeterno contigo, e que de sua plenitude (Jo 1,16) as almas recebem que sejam felizes, que pela participação da sabedoria permanente (Sb 7,27) em si são renovadas para serem sábias, ali está escrito. No entanto, que segundo o tempo, pelos ímpios morreu (Rm 5,6), que não poupaste teu filho único (Rm 8,32), mas por nós todos o mandaste (Rm 5,6; 8,32), ali não está. Pois ocultaste dos sábios e revelaste aos pequeninos (Lc 10,21), para que o vissem os trabalhadores e oprimidos, e ele os aliviasse, porque ele mesmo, doce e humilde de coração (Mt 11,28; 11,29), dirige os brandos na justiça e ensina aos mansos suas vias, por ver nossa humildade e nosso trabalho e perdoar os nossos pecados (Sl 25,9; 28,18). Mas aqueles que, elevados nos coturnos[244] da doutrina mais sublime, não o ouvem dizer "Aprendei de mim (Mt 11,29), já que sou manso e humilde de coração, e achareis descansos para vossas almas" (Mt 11,29), embora conheçam Deus (Rm 1,21-22), não o glorificam como Deus, nem lhe rendem graças; mas desvanece em seus pensamentos o imprudente coração, que se lhes escurece. Aos se dizerem sábios, fazem-se tolos (Rm 11,21; 11,22).

7.9.15. E por isso, eu também lia ali que a glória de tua incorruptibilidade fora transformada em ídolos e simulacros, na semelhança de imagens corrompidas de homens, pássaros, quadrúpedes e serpentes (Rm 1,23), isso é, como a comida egípcia,[245] pela qual Esaú perdeu a primogenitura (Gn 25), já que o povo primogênito adorou, em lugar de ti, a cabeça de um quadrúpede, converteu o coração ao Egito, e derrubou tua imagem, ou seja, sua própria alma, diante da imagem de um bezerro que comia feno (Gn 32-34). Essas coisas achei ali, mas não as ingeri. Agradou-te, Senhor, tirar o opróbrio (Sl 118,22) da inferioridade de Jacó, para que o maior servisse ao menor (Gn 25,33), e chamaste os povos à tua herança. Eu também vim a ti dos gentios e fixei a atenção no ouro que quiseste que teu povo trouxesse do Egito,[246] já que era teu, onde quer que estivesse. E disseste aos atenienses por teu apóstolo que em ti vivemos, somos movidos e existimos, como alguns segundo eles disseram (At 17,28), e certamente dali eram aqueles livros. Mas não me fixei nos ídolos dos egípcios, aos quais os que transmutaram a verdade de Deus em mentira, cultuaram e serviram à criatura antes que ao criador ofereciam teu ouro (Rm 1,25).

Reação aos livros platônicos.

7.10.16. Instigado por aqueles livros a voltar a mim mesmo, entrei em meu íntimo guiado por ti, e só pude fazê-lo por seres meu auxiliador. Entrei e vi com os olhos de minha alma, acima mesmo dos olhos de minha alma, sobre minha mente, a luz imutável – não esta luz vulgar e visível a toda carne, nem outra quase do mesmo gênero, que era maior, como se essa brilhasse muito e muito mais clara, e ocupasse todo o espaço com sua magnitude. Isso não era ela, mas outra coisa, outra coisa muito distante de todas aquelas. E não estava sobre minha mente como o óleo sobre a água, nem como o céu sobre a terra, mas estava acima dela, porque me fez, e eu abaixo, porque fui feito por ela. Quem conhece a verdade, conhece-a, e quem a conhece, conhece a eternidade. A caridade a conhece. Ó eterna verdade, és a verdadeira caridade e a cara eternidade; tu és meu Deus. Por ti suspiro dia e noite. E quando te conheci, tu me levantaste (Sl 26,10) para eu ver que existia o que ver, e que eu ainda não conseguia ver. E reverberaste a debilidade de minha visão, radiando veementemente sobre mim, e estremeci de amor e de horror. Eu me vi que me encontrava longe de ti, na região da dessemelhança,[247] como se ouvisse tua voz do alto dizer (Jr 31,15): "Sou o alimento de grandes; cresce e me comerás. E tu não me mudarás em ti, como o alimento de tua carne, mas tu serás mudado em mim". E conheci um dia que castigas o homem por causa da maldade, (Sl 38,12) e que fizeste secar minha alma como uma teia de aranha, e eu disse: "Por acaso não existe a verdade, já que não está espalhada pelos espaços finitos nem pelo infinito dos lugares?". E clamaste de longe (Lc 15,13-20): "Em verdade, sou o que sou" (Ex 3,14). E eu ouvi, assim como se ouve no coração, e não havia lugar para dúvidas. Mais facilmente duvidaria que vivo do que não existe a verdade, que é percebida pelo conhecimento das coisas criadas por ela (Rm 1,26).

O absoluto imutável.

7.11.17. Eu investiguei as outras coisas abaixo de ti e vi que elas nem absolutamente existem, nem absolutamente não existem. Existem, decerto, porque provêm de ti; não existem, porém, porque não são o que tu és, e só existe verdadeiramente o que permanece imutável. Mas, para mim, o bem está aderido a Deus (Sl 72,28), porque se eu não eu permanecer nele, nem poderei me habitar. Ele, porém, permanecendo em si, renova todas as coisas (Sb 7,17), e tu és o meu Senhor, porque não necessitas de meus bens (Sl 15,2).

A visão exata do mal.

7.12.18. Ficou-me manifesto que mesmo as coisas que se corrompem são boas, já que nem se fossem sumamente boas, nem se não fossem boas, poderiam se corromper. Afinal, se fossem sumamente boas, seriam incorruptíveis; se, porém, não fossem boas, não haveria nelas o que corromper. Pois a corrupção causa danos, e não causaria danos se não diminuísse o que é bom. Logo, ou a corrupção não causa danos, o que não é possível, ou, o que é certíssimo, todas as coisas que são corrompidas o são por serem privadas do bem. Se, porém, forem privadas de todo bem, absolutamente não existem. Pois se existissem e já não pudessem ser corrompidas, seriam melhores, porque permaneceriam incorruptíveis. E o que é mais monstruoso do que dizer que, tirado todo bem, aquelas coisas se tornam melhores? Logo, se todo bem for tirado, absolutamente nada haverá; assim, enquanto existem, são boas. Desse modo, o que quer que sejam, são boas, e o mal, cuja origem eu buscava, não é uma substância, porque se fosse uma substância, seria bom. Pois ou seria uma substância incorruptível, e decerto seria um grande bem, ou a substância seria corruptível, de tal sorte que se não fosse boa, não poderia ser corrompida. Assim vi e ficou-me manifesto que fizeste todas as coisas boas, e que em absoluto não há qualquer substância que não tenhas criado, já que não fizestes todas as coisas iguais, e por isso todas existem, porque cada uma em singular é boa, e todas juntas são muito boas, já que nosso Deus criou todas as coisas muito boas (Gn 1,31).

A criação canta em louvor a Deus.

7.13.19. Para ti não existe em absoluto o mal, não só para ti, mas para a universalidade de tua criação, porque vindo de fora dela não há nada que irrompa e corrompa a ordem que impuseste. Mas entre as suas partes há algumas que, porque não convêm a outras, são reputadas más. Como, entretanto, essas mesmas coisas convêm a outras, são boas, e são boas em si mesmas. E todas essas que entre si não se convêm, convêm na parte inferior das coisas, que chamamos terra, que tem seu céu enevoado e ventoso apropriado para si. Longe de mim dizer que elas não existem, porque ainda que eu percebesse apenas elas, desejaria decerto as melhores. Mas já também apenas por elas eu deveria te louvar, pois tu deves ser louvado, como proclamam as serpentes da terra e todos os abismos, o fogo, o granizo, a neve, o gelo, o sopro da tempestade, que cumprem os desígnios de teu Verbo, e os montes e todas as colinas, as árvores frutíferas e todos os cedros, as bestas e todas as reses, os répteis e todos os pássaros emplumados. Os reis da terra e todas as nações, os príncipes e todos os juízes da terra, os jovens e todas as virgens, e os mais velhos, com os mais novos (Sl 148,7; Sl 148,12), louvam teu nome. Como também nos céus te louvam, Deus nosso. Louvam teu nome nas alturas todos os teus anjos, todas as tuas virtudes, o sol, a lua, todas as estrelas e a luz, o céu dos céus e a água que há sobre os céus (Sl 148,1-5).[248] Eu já não desejava coisas melhores porque tudo pensava e compreendia que de fato as coisas melhores são superiores às inferiores, e, por um julgamento, eu via que são consideradas melhores todas as coisas juntas do que só as superiores.

O despertar para Deus.

7.14.20. Não têm senso aqueles a quem algo de tua criação desagrada, assim como eu não tinha quando a mim desagradavam muitas coisas que fizeste. E minha alma não queria que fosse teu aquilo que lhe desprazia, porque não ousava dizer que meu Deus lhe desagradava. Então, ela se lançou à teoria das duas sustâncias,[249] embora não se aquietasse e falasse palavras alheias. Daí, abandonando essa ideia, ela fez para si um deus difundido pelo infinito espaço de todo os lugares, e pensava que ele fosse tu. Por isso, colocou-o em seu coração (Ez 14,7); e fez-se outra vez templo de seu ídolo, abominável para ti. Mas depois favoreceste a cabeça deste ignorante e fechaste meus olhos (Sl 118,37) para que eu não visse o que é vão. Desprendi-me um pouco de mim, e minha loucura adormeceu; e despertei em ti e vi-te de outro modo infinito, e essa visão não era trazida pela carne.

O que está no espaço e no tempo.

7.15.21. Olhei para outras coisas e vi que todas devem a ti o existir, e que em ti tudo é finito, embora de modos diferentes, não como em um lugar, mas porque tu tens tudo com a mão da verdade, e tudo é verdadeiro enquanto existe. Vi também que a falsidade não é outra coisa senão pensar ser o que não é. E vi que não só cada coisa convém a seu lugar, mas ainda a seu tempo, e que tu, que és o único eterno, não começaste a produzir depois de inumerável espaço de tempo, porque todos os espaços de tempo, tanto os que passaram, quanto os que passarão, não viriam e iriam a não ser que tu os produzisses e permanecesses.

Harmonia e contraste.

7.16.22. Percebi e experimentei não ser de estranhar que a um paladar doente o pão, que é agradável ao saudável, seja um tormento; e que a luz, que aos olhos límpidos é agradável, seja odiosa aos enfermos. Também a tua justiça desagrada aos maus; e ainda mais lhes desagradam a víbora e o verme, que criaste bons, aptos à parte inferior de tua criação, à qual os mesmos maus convêm, quanto mais dessemelhantes são de ti; mas seriam são aptos às regiões superiores, se mais parecidos fossem contigo. E indaguei o que é o mal, e não encontrei que fosse uma substância, mas a perversão da vontade, desviada da suma substância, desviada de ti, Deus, e tendente às mais baixas regiões, lançando suas interioridades (Eclo 10,9-10) e inflando-se no exterior.

A ascensão a Deus e a transcendência da verdade.

7.17.23. Admirava-me porque já te amava, e não a um fantasma em teu lugar. Mas eu não era estável na fruição de meu Deus. Era arrebatado por ti, por tua beleza; contudo, logo o meu peso me arrojava para longe de ti, e com gemidos eu caía em terra. O peso era o meu costume carnal. Tua lembrança, porém, estava comigo, e eu não duvidava da existência de um ser a quem eu deveria me apegar, embora ainda não conseguisse fazê-lo, já que o corpo, que se corrompe, sobrecarrega a alma e a morada terrena, e oprime a mente, repleta de pensamentos (Sb 9,15). E eu estava bem certo de que a tua realidade invisível é percebida e entendida pelas criaturas desde a criação, como também o são a virtude eterna e tua divindade (Rm 1,20). Pois buscando de onde eu aprovava a beleza dos corpos, tanto os celestes quanto os terrestres, e o que havia em mim para julgar rápida e integralmente o que era imutável, dizendo "isto deve ser assim, aquilo não", buscando, então, de onde eu julgava quando assim julgava, encontrei a imutável e verdadeira eternidade da verdade sobre minha mente mutável; e assim, passo a passo, do corpo à alma que sente por meio do corpo, e daí àquela força interior, à qual os sentidos anunciam o que é exterior ao corpo, até onde podem alcançar os animais; e daí, de novo, à potência do raciocínio, à qual é levado o julgamento do que é recebido pelos sentidos do corpo. A qual também, descobrindo-se mutável em mim, ergueu-se à sua inteligência e afastou o pensamento do costume, subtraindo-se à contraditória turba de fantasmas, para ver por qual luz estava banhada, quando, sem nenhuma hesitação, gritava que o imutável deve ser preferido ao mutável; de onde conheceu o próprio imutável (pois se não o conhecesse, não o preferiria ao mutável) e chegou àquilo que é, num golpe de vista trepidante. Então, eu vi que tuas coisas invisíveis (Rm 1,20) são entendidas pelas que são criadas, mas não consegui fixar nelas minha vista. E, ferido pela fraqueza, voltei aos hábitos. Pois não levava comigo senão a memória amorosa e desejosa do que ainda não podia ingerir.

A via da humildade.

7.18.24. Eu buscava o caminho para adquirir forças que me fizessem apto a fruir de ti, mas não as encontraria até que abraçasse o Mediador de Deus e dos homens, o homem Cristo Jesus (1 Tm 2,5), que é Deus sobre todas as coisas, bendito nos séculos (Rm 9,5), que chama e diz: "Eu sou o caminho, a verdade e a vida" (Jo 14,6). E eu devia crer que o alimento que eu não tinha forças para tomar uniu-se à carne, já que o

Verbo se fez carne (Jo 1,14) a fim de que nossa infância fosse aleitada por tua sabedoria, pela qual tudo criaste. Pois eu, que não era humilde, não compreendia que meu Deus, Jesus, fosse humilde; nem sabia que sua fraqueza podia ser mestra. Pois teu Verbo, eterna verdade, erguendo-se acima das partes superiores de tua criação, ergue até ele os que estão submetidos, e nas partes inferiores da criação edificou para si uma casa (Pr 9,1) humilde, a partir de nosso barro (Gn 2,7), pelo qual se rebaixou, e para si atrai os que deseja submeter, sarando a soberba e nutrindo o amor, para que, com confiança, não caminhem para mais longe, mas se humilhem vendo diante de seus pés a humildade da divindade (1 Cor 1,25) pela participação da túnica de nossa pele (Gn 3,21),[250] e cansados prosternem-se diante da divindade, para que ela, os erguendo, os exalte.

A encarnação do Verbo.

7.19.25. Eu, porém, pensava de outro modo e apenas entendia meu Senhor Cristo como um homem de imensa sabedoria, a quem ninguém poderia se igualar, sobretudo porque, maravilhosamente nascendo de uma virgem (Jo 1,14), para exemplo de desprezo das coisas temporais em prol de se adquirir a imortalidade, pareceu merecer da divina providência, por nós, uma grande autoridade do magistério. Mas mistério que havia nas palavras "O Verbo se fez carne" eu não podia suspeitar. Só conhecia o que sobre ele as Escrituras transmitiram – que comeu, bebeu (Mt 11,19), dormiu, andou (Mt 9,24), regozijou-se, entristeceu-se, discursou, e que aquela carne não se uniu a teu Verbo senão com a alma e a mente humana. Isso conhece todo aquele que sabe da imutabilidade de teu Verbo – o que eu já sabia, quanto podia, e de que absolutamente não duvidava. Com efeito, ora mover os membros do corpo por vontade e ora não os mover, ora sentir alguma emoção, ora não sentir, ora dizer por palavras frases sábias, ora ficar em silêncio são coisas da alma e da mente mutáveis. Se o que se escreveu sobre ele fosse falso, tudo periclitaria ser mentira, e nenhuma salvação do gênero humano subsistiria naqueles livros. E por serem tais escritos verdadeiros, eu reconhecia tão só em Cristo o homem completo, não apenas o corpo do homem ou o ânimo com o corpo e sem mente, mas um homem real, que eu julgava ser preferido aos outros não por ser a personificação da Verdade, mas por uma certa grande excelência da natureza humana e por sua participação na sabedoria. Alípio, porém, achava que os católicos acreditavam em Deus revestido de carne, de tal forma que além de Deus e da carne não havia em Cristo uma alma, e não supunha lhe ser predicada a mente humana. E como Alípio estava persuadido de que aquelas informações sobre Cristo, transmitidas à memória, não poderiam ser se dariam nele sem uma criatura vital e racional, com grande apatia ia se movendo em direção à fé cristã. Mas depois, conhecendo ser esse um erro dos heréticos apolinaristas,[251] ele se alegrou e modificou-se para a fé católica. Eu, porém, confesso que um pouco depois aprendi, em relação às palavras "O Verbo se fez carne" (Jo 1,14), como a verdade católica diferencia-se da falsidade de Fotino.[252] Porque a reprovação dos hereges faz destacar o que tua igreja entende e o que tem por sã doutrina (I Tm 1,10). Porque convém que haja hereges (1 Cor 11,19), para que as provas sejam manifestadas entre os hesitantes (Rm 14,1).

Ainda os livros dos neoplatônicos.

7.20.26. Lidos, então, aqueles livros dos platônicos e admoestado por eles a buscar a verdade incorpórea, senti tua realidade invisível (Rm 1,20) pelo entendimento do que é criado e, rechaçado por ela, percebi as trevas de minha alma não me permitiam contemplar a verdade, e fiquei certo de que existias e de que eras infinito sem te espalhares por locais finitos ou infinitos, e de que tu existias de verdade, tu, que sempre és o mesmo, sem seres outro em parte alguma ou de nenhum modo, ou em outro lugar, e de que todas as outras coisas procedem de ti, pelo único exemplo firmíssimo de existirem. Eu estava certo de tudo isso coisas, mas ainda me achava hesitante para fruir-te. Jactava-me muito como se um fosse perito, mas, se não buscava teu caminho em Cristo, nosso salvador (Tt 1,4), é porque não era perito, mas perituro.[253] Pois já começava a querer parecer sábio, cheio de meu castigo, e não chorava. Antes inchava-me com a ciência (1 Cor 8,1). Mas onde estava aquela caridade que edifica a partir do fundamento da humildade, que é Jesus Cristo (1 Cor 3,11)? Ou quando ma ensinaram aqueles livros? Por isso, antes que eu considerasse tuas escrituras, creio que quisestes que eu tropeçasse neles, para que os afetos deles que recebi se imprimissem em minha memória. Quando depois eu encontrasse a mansuetude em teus livros, e sendo curadas todas as minhas feridas por teus dedos, eu discerniria a diferença que há entre presunção e confissão, entre os que vêm para onde se deve vir, e os que não vêm por onde se vai, e o caminho que conduz à pátria bem-aventurada, não só para contemplá-la, mas para a habitar. Pois se eu primeiro houvesse sido instruído em tuas santas Escrituras e, familiarizado com elas, tu tivesses sido doce comigo, e depois eu houvesse tropeçado naqueles volumes, eles talvez me apartassem do alicerce da piedade. Ou se eu persistisse naquele afeto que salubre eu bebera, eu teria acreditado que se alguém aprendesse só por intermédio desses livros poderia alcançar o mesmo resultado.

O apóstolo Paulo.

7.21.27. Assim atirei-me ávido ao venerável cálamo de teu espírito, e mais que a todos, ao apóstolo Paulo, e as questões nas quais pareceu algumas vezes que se contradizia e não era congruente com os testemunhos das leis e os textos dos discursos dos profetas pereceram. Pareceu-me uma única a face dos castos escritos (Sl 11,7), e aprendi a exultar com tremor (Sl 2,11). Comecei e encontrei que tudo de verdadeiro que eu lera nos livros dos platônicos aqui era dito, com essa recomendação de tua Graça: que alguém que vê não se vanglorie como se não houvesse recebido só aquilo que vê, mas também o poder ver (pois o que ele tem que não tenha recebido (1 Cor 4,7)? E para que aquele que vê seja não só exortado a que te veja, tu que és sempre o mesmo (Sl 101,28), que ele também seja curado, para que te tenha. E quem não puder te ver de longe, que siga pelo caminho pelo qual chegue a ti, veja-te e te tenha, porque embora o homem se deleite com a lei de Deus segundo o homem interior,[254] o que fará daquela outra lei em seus membros que repugna a lei do pecado, que está em seus membros (Rm 7,22-23)? Pois que és justo (Dn 3,27; Tb 3,2), Senhor; nós, porém, pecamos, iniquamente agimos (Dn 3,29), impiamente nos portamos, mas tua mão pesou sobre nós (Sl 31,4), e com justiça somos entregues ao antigo pecador – o preposto da morte (Hb 2,14-15), porque persuadiu nossa vontade a assemelhar-se à sua, que não permaneceu na tua vontade (Jo 8,44). Que fará o mísero homem (Rm 7,24; Ter. *Eun.* 966)? Quem o livrará deste corpo de morte (Rm 7,24-25) senão a tua Graça, por intermédio de Jesus Cristo, Senhor nosso, a quem gestaste coeterno e criaste desde o princípio de teus caminhos (Pr 8,22)? O príncipe deste mundo (Jo 14,30) não achou nele nada que merecesse a de morte, mas o matou; e assim foi anulada a sentença que existia contra nós (Cl 2,14,15). Isso não consta naquelas letras. Nem suas páginas trazem a imagem da piedade, as lágrimas da confissão, o teu sacrifício (Sl 50,19), nem o espírito atribulado, o coração contrito e humilhado, a salvação do povo, nem a cidade esposa (Ap 21,2), nem o penhor do Espírito Santo (2 Cor 5,5), nem o cálice de nosso resgate. Ninguém ali canta: "Minha alma não estará sujeita a Deus? Dele procede a minha salvação, pois ele é meu Deus, meu salvador, meu amparo; nunca mais me afastarei" (Sl 62,1-6). Naqueles livros, ninguém naqueles o que chama: "Vinde a mim, vós que labutais" (Mt 11,28-29). Desdenham aprender com ele, porque "é manso e humilde de coração" (Mt 11,28). Pois escondeste essas coisas dos sábios e dos prudentes, e revelaste-as aos pequeninos (Mt 11,25). Uma coisa é ver, do alto de um pico agreste, a pátria da paz, e não encontrar o caminho em direção a ela e em vão tentar por intransitáveis veredas cercadas por ataques e insídias de fugitivos desertores, com seu príncipe – leão e serpente (Sl 90,13),[255] outra coisa é saber a trilha que para lá conduz defendida pelo zelo do imperador celeste, onde os desertores da milícia do céu não latrocinam, pois a evitam como a um suplício. Tudo isso se entranhava em mim de incontáveis formas, quando eu lia o menor de teus apóstolos (1 Cor 15,9), considerava tuas obras e cobria-me de espanto (Hab 3,2).

Livro VIII

Prece e encontro com Simpliciano.

8.1.1. Deus meu, que eu me lembre de ti (Is 63,7) em ação de graças
(Rm 1,21),
e confesse as misericórdias tuas sobre mim (Sl 32,2).
Sejam os ossos meus penetrados pela estima tua, e digam:
"Senhor, quem se assemelha a ti?" (Sl 34,10).
Rompeste os grilhões meus:
Far-te-ei um sacrifício de louvor (Sl 115,17).
Como os rompeste eu contarei,
e dirão todos os que te adoram,
quando ouvirem essas palavras:
"Bendito é o Senhor (Sl 71,18-19) no céu e na terra (Sl 8,2);
imenso e admirável é o nome seu" (Sl 75,2).
Prenderam-se no coração meu as palavras tuas,
e por toda parte ele era assediado por ti.
Da eterna vida tua certo eu estava,
apesar de em enigma, como pelo espelho, eu a ter visto (1 Cor 13,12);
a dúvida, entretanto, quanto à incorruptível substância,
porque dela vem toda substância,
resolvida estava para mim;
e não estar mais certo de ti, mas estar mais estável em ti eu desejava.
Quanto à minha vida temporal, vacilavam todas as coisas,
e limpo deveria ser o coração meu do fermento antigo.
E agradava-me o caminho, o próprio salvador (Jo 14,6),
mas seguir por suas estreitezas ainda me angustiava (Mt 7,14).

Inspiraste em minha mente a ideia, que a meus olhos pareceu boa, (Sl 15,8) de dirigir-me a Simpliciano,[256] que eu julgava ser um bom servo teu, e em quem brilhava a tua Graça. De fato, eu ouvi que ele vivera devoto a ti desde a juventude. Mas já então envelhecera, e parecia-me que, em tão longeva idade, no esforço de seguir tua vida, tornara-se experiente e douto em muitas coisas. E assim era deveras. Por isso, eu queria conferenciar com ele as minhas inquietações, para que me indicasse, naquele estado em que me encontrava, o modo adequado de seguir por teu caminho (Sl 127,1).

8.1.2. Eu via a igreja cheia, e que uns se conduziam de um modo, outros, de outro (1 Cor 7,7). Quanto a mim, desagradavam-me as atividades seculares, que eu tinha como um grande fardo. Já não me inflamavam os antigos desejos, na expectativa de honras e fortuna, para tolerar uma servidão tão pesada. Pois nada daquilo me deleitava em comparação com a tua doçura e com a beleza de tua casa (Sl 25,8), que eu amava, embora ainda me ligasse tenazmente a uma mulher (1 Cor 7,26-28). O apóstolo não me proibia o casamento, embora me exortasse para o melhor ao propor que, se possível, todos os homens fossem como ele foi. Eu, porém, ainda bem pouco firme, buscava um caminho mais fácil e por isso me tornava lento e me consumia em lânguidas preocupações, de modo que, no restante das coisas, que eu não queria ter de suportar, eu era forçado pela vida conjugal, à qual eu me havia compromissado. E ouvi da boca da verdade que há eunucos que se mutilaram pelo reino dos céus (Mt 19,12). Mas ela disse: "Quem pode compreender, que compreenda". Decerto são vazios todos os homens que não têm a ciência de Deus, e que não puderam, por meio das coisas boas que veem, encontrar aquele que é. Mas eu já não tinha aquele vazio (Sb 13,1-3). Transcendera-o, e, pelo testemunho do universo de tuas criaturas (Rm 1,20), encontrara-te, criador nosso, e a teu Verbo, Deus, que está junto de ti, e que é contigo o único Deus, por intermédio de quem tu criaste todas as coisas. Mas há outro gênero de ímpios: os que, conhecendo Deus, não o glorificam como Deus, nem lhe dão graças (Rm 1,12). Nesse gênero também eu caíra, mas tua destra me segurou, e, depois de tirado de lá, puseste-me onde eu convalescesse, porque disseste ao homem: "Eis que o temor pelo Senhor é a sabedoria" (Jó 28,28), e "Não queiras parecer sábio a teus olhos" (Eclo 7,5; Pr 3,7), "pois os que dizem que são sábios tornam-se tolos" (Rm 1,22). Eu já havia encontrado a boa pérola, que deveria comprar com a venda de tudo que eu tinha (Mt 13,45-46).[257] Mas eu hesitava.

Simpliciano e a conversão de Mário Vitorino.

8.2.3. Dirigi-me a Simpliciano, pai na recepção da Graça do então[258] bispo Ambrósio, que o amava de verdade como a um pai. Contei-lhe as voltas de meu erro. Mas quando comentei que havido lido alguns livros dos platônicos, traduzidos para a língua latina por Vitorino,[259] antigo professor na cidade de Roma, de quem eu ouvira dizer que morrera cristão, felicitou-me por eu não ter me enveredado pelos escritos de outros filósofos, cheios de falácias e enganos, segundo os elementos deste mundo (Cl 2,8), mas por esses, nos quais se insinuam de todos os modos as ideias sobre Deus e seu Verbo. Logo, para exortar-me à humildade de Cristo, oculta aos sábios e revelada aos pequeninos, Simpliciano recordou-se do próprio Vitorino, de quem fora íntimo quando esteve em Roma, e sobre quem me contou o que não me deixarei permanecer no silêncio. Pois encerra grande louvor à tua Graça, que deve ser confessada, a notícia daquele tão douto ancião, peritíssimo em todas as doutrinas liberais, que lera e julgara tantas páginas dos filósofos, mestre de tantos nobres senadores, que em distinção de seu preclaro magistério (o que os cidadãos deste mundo consideram a máxima honraria) merecera e recebera uma estátua sua no Fórum Romano, até naquela idade venerador de ídolos e participante dos ritos sacrílegos, por cuja difusão quase toda a enfatuada nobreza romana manifestava-se já propícia ao culto pelusiano[260] de toda sorte de deuses monstruosos, e "também a Anúbis ladrador, deuses que, em outro tempo, tomaram armas contra Netuno, Vênus e Minerva" (Verg. A. 8:698), e aos quais, vencidos, já Roma suplicava, e de que esse mesmo velho Vitorino, que durante todos os anos com a boca aterradora os defendera, não se envergonhou de se tornar servo de teu Cristo, infante (Jo 3,5) de tua fonte (Sl 35,10), de submeter a nuca (Eclo 51,34) ao jugo da humildade e de sujeitar a fronte ao opróbrio do sinal da cruz (Gl 5,11).

8.2.4. Ó Senhor, Senhor, que te inclinaste dos céus, desceste e tocaste os montes, que fumegam (Sl 143,5), de que modo te insinuaste naquele peito? Como contou Simpliciano, ele lia as santas Escrituras e investigava diligentemente os escritos cristãos.[261] Perscrutava-os e perguntava a Simpliciano, não em público, mas em segredo, na intimidade: "Sabes que já sou cristão?" E este respondia: "Não acreditarei nem te contarei entre os cristãos se não te vir na igreja de Cristo". Vitorino, a rir, replicava: "Então, são as paredes que fazem os cristãos?". Ele sempre assim dizia que já era cristão, e Simpliciano sempre respondia com o gracejo das paredes. Pois Vitorino receava ofender seus amigos, soberbos demonícolas,[262] dos quais, julgando que do alto da babilônica (Is 14,4) dignidade, como do cedro do Líbano que o Senhor ainda não abatera (Sl 28,5), cairia uma terrível inimizade sobre ele. Mas depois que, lendo e suplicando, encontrou a firmeza e temeu ser negado por Cristo diante dos santos anjos (Lc 12,8-9) se temesse confessar-se diante dos homens, pareceu a si mesmo ser réu de um grande crime, por envergonhar-se dos sacramentos de humildade de teu Verbo, e por não se envergonhar dos ritos sacrílegios dos soberbos demônios, que, como soberbo imitador, aceitara durante tanto tempo. Envergonhou-se de seu vazio, corou-se diante da verdade e, de súbito, disse a Simpliciano – como este mesmo me contava: "Vamos à igreja, quero fazer-me cristão". E Simpliciano, não se contendo de alegria, seguiu com ele. Tendo recebido os primeiros ensinamentos dos sacramentos, não muito depois, deu o nome para ser regenerado pelo batismo, o que causou admiração a Roma e regozijo à igreja. Os soberbos viam e enchiam-se de ira, rilhavam os dentes e se consumiam. Para o teu servo, porém, o Senhor Deus era esperança, e ele não atendia às futilidades e insânias enganosas (Sl 39,5).

8.2.5. Por fim, quando chegou a hora de professar a fé, que, com certas e determinadas palavras guardadas na memória, em um lugar de destaque à vista do povo fiel, como costuma ser feito em Roma pelos que que acedem à tua Graça, o presbítero concedeu a Vitorino que recitasse em segredo, como se sugeria a muitos que, por vergonha, pareciam temer. Ele, porém, preferiu professar a salvação à vista da santa multidão. Pois não havia salvação na retórica que ensinava, e ainda assim a professava publicamente. Quanto menos, então, deveria recear pronunciar teu Verbo diante da mansa grei aquele que não temia pronunciar seus discursos diante de uma turba dos insanos? Assim, quando subiu para recitar a profissão de fé, todos, uns com os outros, cada um que o conhecia, estrepitaram seu nome com estrépito de congratulação (pois quem não o conhecia?), e soou pela boca de todos o som reprimido dos com ele se alegravam: "Vitorino, Vitorino!". Rápido foram ouvidos exultantes, pois o viam, e rápido silenciaram-se, pela intenção de o ouvirem. Ele pronunciou a fé verdadeira, com preclara firmeza, e todos queriam apanhá-lo dentro do coração, e o apanharam com amor e regozijo, pois essas eram as mãos que o arrebatavam.

O regozijo pela conversão do pecador.

8.3.6. Bom Deus, o que se passa com os homens para que se regozijem mais com a salvação de uma alma desesperada e libertada do perigo do que com o fato de ela sempre ter tido esperança, ou de que o perigo fosse menor? Também tu, misericordioso pai, mais te regozijas com um penitente do que com noventa e nove justos, que não necessitam de penitência (Lc 15,4). E nós ouvimos com máxima alegria que uma ovelha, que estava desgarrada, foi trazida de volta nos ombros exultantes do pastor; ou que a dracma, que a mulher encontrou, foi levada de volta aos teus tesouros, com a alegria dos vizinhos (Lc 15,8-10). E o regozijo da solenidade de tua casa arranca lágrimas (Ter. *Ad.* 536-537),[263] quando se lê na tua casa sobre teu filho caçula, que "estava morto e reviveu, estava perdido e foi encontrado" (Lc 15,24). Pois te regozijas em nós e nos teus santos anjos pela santa caridade. Pois tu sempre és o mesmo (Sl 101,28) que sempre conheces as coisas que não são sempre as mesmas (Dn 13,42), nem do mesmo modo.

8.3.7. O que se passa na alma para mais se deleitar com as coisas encontradas ou recobradas, que estima, do que com o fato de sempre as ter tido? Pois muitas coisas atestam, testemunham e proclamam: "É assim!". Vencedor, o imperador celebra seu triunfo, e não venceria se não lutasse, e quanto maior foi o perigo no combate, tanto maior é o regozijo no triunfo. A tempestade abala os navegantes e ameaça com um naufrágio (Lc 8,24), todos se empalidecem diante da morte iminente (Verg. *A.* 4.644); acalmam-se, porém, o céu e o mar, e todos, já que temeram demais, demais exultam. Alguém querido se encontra doente, e a sua veia anuncia o mal; todos que o querem salvo adoecem no ânimo ao mesmo tempo; ele fica bem, embora ainda não ande com as antigas forças, e acontece já tal regozijo como não havia quando antes estava bem e andava forte. Mesmo ainda os prazeres da vida humana, os homens não os adquirem de molestamentos inesperados, que irrompem a despeito da vontade, mas de molestamentos previstos e procurados. O prazer de comer e beber não é nada se o molestamento da fome e da sede não o precede. Também os ébrios não comem coisas salgadas, para lhes causar um molesto ardor que, enquanto é extinto pela bebida, causa-lhes deleite? E é tradição que as esposas prometidas não sejam entregues de imediato, para que os maridos não as tenham por vis, por não haverem suspirado por elas por longo tempo, como noivos.

8.3.8. Isso acontece tanto com o deleite torpe e o execrando, quanto com o deleite que é permitido e lícito; tanto com a mais sincera honestidade da amizade, quanto com aquele que estava morto e reviveu, com o que estava perdido e foi encontrado (Lc 15,4).[264] E sempre o maior regozijo é precedido do maior molestamento. O que é isso (Ex 13,14), Senhor Deus meu, já que és tu mesmo teu regozijo eterno e tudo o que está ao teu redor sempre se regozija? Por que nesta parte do mundo as coisas se alternam em retrocesso e avanço, em ofensas e reconciliações? Será que é essa a maneira de ser das coisas, e tu apenas lhes deste essa maneira, quando desde o alto dos céus (Mt 24,31) até o fundo das terras, desde o fim dos séculos, desde o anjo até o verme, desde o primeiro até o último movimento dispunhas todos os gêneros de bens e todas as tuas justas obras em seus lugares e determinavas cada qual em seu tempo? Ai de mim! Quão alto tu és nas alturas, e quão profundo nas profundidades! Nunca te afastas e a custo nós voltamos a ti.

O exemplo de Mário Vitorino.

8.4.9. Eia, Senhor, age, anima-nos e nos convoca, acende-nos e nos arrebata, inflama-nos e nos adoça; e amemos e corramos. Afinal, não são muitos os que voltam a ti, saídos do abismo da cegueira mais profundo, como Vitorino, e se aproximam e são iluminados (Sl 33,6), recebendo-te? Pois os que te recebem (Jo 1,9), recebem de ti o poder que os faz filhos teus. Mas se são menos conhecidos pelos povos, aqueles que os conhecem menos se alegram deles. Mas quando a alegria é de muitos, é mais farta em cada um, porque todos fervem e são inflamados, uns pelos outros. Então, os que são conhecidos por muitos, para muitos servem de autoridade para salvação, e vão adiante, seguidos por muitos. Por isso, muitos também se alegram com aqueles que os precederam, porque não se alegram só consigo. Longe, porém, de se crer que em teu tabernáculo os ricos sejam aceitos em preferência aos pobres, ou os nobres aos plebeus, quando antes escolheste os fracos do mundo para confundires os fortes, e elegeste as coisas reles deste mundo, as desprezadas e as que não são nada, como se fossem para tornares nada o que existe (Rm 4,17). No entanto, o mesmo que era o menor de teus apóstolos (1 Cor 15,9), por cuja língua soaste as tuas palavras, quando o procônsul Paulo, debelada a soberba por tua campanha, foi submetido ao doce jugo de teu Cristo (Mt 11,29-30), tornou-se súdito do grande Rei, ele mesmo, do antigo Saulo quis ser chamado de Paulo, como sinal de tão grande vitória. Pois o inimigo é mais vencido naquele que mais o domina e mediante o qual mais gente subjuga. Por isso, domina os soberbos pelo nome da nobreza, e por intermédio desses, muitos outros mais pelo nome da autoridade. Assim, quanto mais favorável era avaliado o coração de Vitorino, que o diabo ocupara como inexpugnável receptáculo, e a língua de Vitorino, que, como grande e agudo dardo muitos matara, tanto mais abundante convinha exultar teus filhos, porque nosso rei acorrentou o forte (Mt 12,29), e eles viam que os teus vasos conquistados eram purificados e destinados à tua honra, e que se fizeram úteis ao Senhor para toda boa obra (2 Tm 2,21).

Os grilhões da libido.

8.5.10. Mas quando teu servo Simpliciano me contou as histórias sobre Vitorino, abrasei-me por emulá-lo, pois para isso Simpliciano mas contara. Depois ele acrescentou que nos tempos de Juliano, um edito outorgado pelo imperador[265] proibiu aos cristãos ensinarem literatura e oratória. E prosseguiu dizendo que Vitorino, em acato à lei, preferiu abandonar a escola de oratória a deixar tua palavra, aquela com que fazes eloquentes as línguas das crianças que ainda não falam (Sb 10,21). Nisso, Vitorino me pareceu mais afortunado do que valente, porque achou ocasião de se consagrar a ti, coisa pela qual eu suspirava, agrilhoado não por ferro alheio, mas pela minha férrea vontade (Sl 2,9).

O inimigo dominava meu querer, por isso preparara-me grilhões, que me aprisionaram. Porque a libido é feita da perversa vontade, e quando se obedece à libido, acostuma-se a ela; e quando não se resiste ao costume, ele se transforma em necessidade. E com esse tipo de elos presos entre si (por isso chamei de corrente), uma dura escravidão me dominava e mantinha-me preso. Pois a vontade nova que começara a existir em mim, para te cultuar espontaneamente (Jó 1,9) e querer te fruir, Deus, única alegria segura, ainda não era capaz de superar a antiga vontade, robustecida pela vetustez. E minhas duas vontades, uma antiga, outra nova (Ef 4,22-24; Cl 3,9-10), aquela carnal, esta espiritual (Rm 7,14), conflitavam-se (Rm 7,16), e, discordando, dilaceravam minha alma.

8.5.11. Assim, por experiência própria eu entendia o que havia lido: como a carne deseja contra o espírito, e o espírito contra a carne (Gl 5,17). Eu sentia que estava nos dois casos, embora mais naquele que em mim eu aprovava do que no outro que em mim eu desaprovava. Pois ali já não era eu, porque na maior parte (Rm 7,16-17) eu padecia mais daquilo que não desejava do que fazia o que queria. O costume, porém, que mais combatia contrário a mim, de mim provinha, já que, por querer, eu chegara aonde não queria. E quem, com justiça, poderia contraditar quando a justa pena alcança o pecador? Já não havia a desculpa com que eu usava me persuadir de que, desprezando o século, ainda não militava por ti (2 Tm 2,3-4), porque a percepção da verdade me era incerta - uma vez que já me é certa. Eu, porém, ainda ligado à terra, receava entrar em terras hostis, e assim me livrar de todos os impedimentos, da mesma maneira que se deve temer ser impedido.

8.5.12. Assim, como acontece durante os sonhos, eu era docemente oprimido pelo peso do mundo, e as cogitações, em que eu meditava sobre ti (Sl 62,7), eram superadas pela profundidade do sono, como os esforços dos que querem despertar, mas nele reimergem. E assim como não há quem queira dormir para sempre – e pelo são juízo de todos é preferível estar acordado –, o homem às vezes posterga sacudir o sono (Rm 13,11), quando o torpor lhe pesa os membros, e de boa vontade, ainda que lhe sendo molesto, o prolonga mesmo que já tenha chegado a hora de se levantar. Assim também eu tinha por melhor entregar-me a teu amor do que ceder à minha cupidez.²⁶⁶ Ele agradava-me e vencia-me, ao passo que a cupidez me comprazia e prendia. E eu já não tinha o que te responder quando me dizias: "Levanta-te, tu que dormes; ergue-te dos mortos, e Cristo te concederá a luz" (Ef 5,14). Mostrando-me ser verdade o que dizias, eu já nada tinha o que responder, já convicto da verdade, a não ser palavras lentas e sonolentas: "Logo", "Já logo", "Deixa um pouquinho mais". Mas "logo, logo" não era logo, e o "deixa um pouquinho mais" já ia longe. Em vão, tua lei me deleitava, segundo o homem interior, embora em meus membros outra lei lutasse contra a lei de minha mente e levava-me cativo na lei do pecado, que havia em meus membros. Pois a lei do pecado é a violência dos costumes, com que meu ânimo é arrastado e preso a contragosto, mesmo que merecidamente, porque de forma voluntária se deixava cair. Mísero que sou! Quem livrará meu corpo dessa morte senão tua Graça, por Jesus Cristo, nosso Senhor (Rm 7,22-25)?

Ponticiano e a descoberta da vida monástica.

8.6.13. Contarei agora como me salvaste dos grilhões do desejo carnal, que de modo tão tenaz me prendiam, e da servidão dos negócios seculares; contarei e confessarei por teu nome (Sl 53,8), Senhor, auxílio meu, meu redentor (Sl 18,15). Eu seguia a vida costumeira, com crescente ansiedade, e todos os dias suspirava por ti. Frequentava tua igreja, quando os negócios me permitiam, e gemia sob o peso deles. Alípio estava comigo, exonerado das funções jurídicas de perito depois da terceira assessoria, enquanto aguardava a quem de novo venderia seus conselhos, como eu vendia a faculdade oratória, se é que ela pode ser transmitida pelo ensino. Nebrídio, porém, cedera à nossa amizade para aceitar auxiliar nas aulas Verecundo, muito íntimo nosso, cidadão e gramático de Milão, que com insistência queria e pedia, com o direito concedido pela amizade, a ajuda, de que muito necessitava, de algum fiel amigo nosso. Não foi, portanto, o desejo das comodidades que levou Nebrídio até ele (pois se quisesse, poderia auferir maiores lucros do ensino das letras). Foi por múnus de boa vontade que nosso amigo, sempre doce e agradável, atendeu nosso pedido. Porém ele o fez isso de modo muito prudente, precavendo-se para não se tornar conhecido pelos maiorais segundo este mundo, para evitar a inquietude do ânimo, de que queria se livrar, e permitir-se se desocupar o maior número possível de horas, para buscar, ler ou ouvir sobre a sabedoria.

8.6.14. Um dia, não me recordo a causa de Nebrídio estar ausente, chegou à nossa casa, vindo a mim e a Alípio, um certo Ponticiano,[267] nosso concidadão, também africano, que exercia um alto cargo no palácio. Não sei o que queria de nós. Havíamos nos sentado para conversar e, por acaso, ele reparou em um códice sobre a mesa de jogos diante de nós; ele o tomou, abriu-o e, para sua surpresa, encontrou o apóstolo Paulo. Pensava, decerto, que fosse algum dos livros em cujo estudo eu me exauria. Mas, a sorrir e me olhar congratulatório, admirou-se por ter surpreendido diante de meus olhos aqueles escritos, e só aqueles. Pois Ponticiano era cristão e fiel, e sempre por ti, Deus nosso, prosternava-se na igreja em repetidas e diuturnas orações. E como eu lhe revelara debruçar máxima atenção àqueles escritos, começou a contar, durante a conversa, sobre o monge Antão Egípcio,[268] cujo nome resplandecia com excelência junto a teus servos e que, até aquela hora, nos era desconhecido. Quando percebeu tal circunstância, demorou-se no assunto para nos dar a conhecer aquele homem excelso, espantado com nossa ignorância. Ficamos estupefatos a ouvir, de tão recente memória e tempos próximos a nós, as tuas maravilhas atestadas (Sl 144,6) na correta fé e na igreja católica. Todos nós estávamos admirados; nós, porque eram coisas tão grandes; ele, porque eram desconhecidas por nós.

8.6.15. Daí, sua conversa passou à multidão de mosteiros, aos costumes repletos de teu agradável perfume, aos férteis desertos do ermo, dos quais nada sabíamos. Ele nos contou que havia um monastério fora das muralhas de Milão, cheio de bons irmãos, sob a direção de Ambrósio – o que tampouco sabíamos. Alongava-se e falava mais, e nós, atentos, nos mantínhamos silentes. Daí Ponticiano se pôs a contar sobre a ocasião, não sei quando, em que ele e três companheiros seus, decerto em Tréveris, quando o imperador se encontrava nos jogos circenses da tarde,[269] saíram para passear nos jardins rentes às muralhas, e ali, por acaso, separaram-se em dois grupos pareados, que se distanciaram. E contou que ele e seu acompanhante, a caminhar sem rumo, chegaram a uma casa habitada por servos teus, pobres de espírito (Mt 5,3), de quem é o reino dos céus. Ali viram um códice, em que estava escrita a vida de Antão,[270] que um deles começou a ler, a admirar-se e inflamar-se. Enquanto lia, pôs-se a cogitar em abraçar aquela vida, em deixar a milícia secular para te servir – eram daqueles funcionários chamados agentes de negócio.[271] Então, de repente, cheio de santo amor e sóbrio pudor, irado contra si (Sl 4,5), um deles fixou os olhos no amigo e lhe indagou: "Dize-me, peço-te, aonde pretendemos chegar com os nossos trabalhos? O que buscamos? Por que causa militamos? Pode haver maior esperança para nós no palácio do que nos tornarmos amigos de César?[272] E há aí algo que não seja incerto e perigoso? E por quantos perigos passamos para chegarmos a um perigo maior? E quando lá chegaremos? Porém se eu quiser, eis que agora mesmo me tornarei amigo de Deus" (Tg 2,23). Assim disse e, perturbado com a aparição da nova vida, voltou os olhos às páginas. E lia e enquanto era mudado por dentro, lá onde tu o vias, e desnudava-se sua mente no mundo, como logo se constatou. Pois enquanto lia, agitaram-se as ondas de seu coração. Ele bradou, discerniu e decretou o que era melhor, e, já tornado teu, disse ao amigo: "Eu abandonei a nossa esperança e decidi começar a servir a Deus neste momento preciso, neste exato lugar. Se te incomoda me imitar, não me contraries". O outro, então, lhe respondeu-lhe querer ser seu companheiro em tamanho prêmio e tão imenso combate. E ambos, já teus, edificavam a torre (Lc 14,28-33) e, assumindo o custo de o fazer, deixaram todos os bens que tinham e te seguiram (Mt 19,27). Por sua vez, Ponticiano e aquele que com ele passeava pelas outras partes do jardim, os procurando, encontraram-nos no mesmo lugar onde se haviam separado e, ao encontrá-los, admoestaram-nos a que voltassem, porque já declinava o dia (Lc 9,12). Mas os dois, após relatarem a decisão, o propósito e o modo como neles nasceu e firmou-se tal vontade, pediram que, se se recusassem a se juntarem, que não os molestassem. Estes, porém, não mudados do que eram, choraram por si mesmos, segundo dizia Ponticiano, e com eles piamente se congratularam. Encomendaram-se às orações daqueles e, arrastando o coração na terra, dirigiram-se para o palácio. Os outros dois, porém, elevando o coração ao céu, permaneceram na casa. Ambos tinham noivas, que, depois de ouvirem o relato dos acontecimentos, dedicaram a ti a virgindade.

Reflexões espirituais.

8.7.16. Ponticiano assim nos contava. Tu, porém, Senhor, por meio daquelas palavras me voltavas em direção a mim mesmo, tirando-me da posição tergiversada em que me pusera por não querer me ver, e me punhas perante a minha face (Sl 49,21), para que eu visse quão torpe eu era, quão disforme e sórdido, quão maculado e ulceroso. E eu via e me horrorizava, sem ter para onde escapar de mim (Sl 138,7). Se eu tentava afastar de mim aquela visão, ele me seguia contando o que me contava, e tu de novo me confrontavas comigo, e me arrojavas contra meus olhos, para eu me deparar com a minha iniquidade (Sl 35,2-3), e odiá-la. Eu sabia dela, mas a dissimulava, reprimia-a e dela me esquecia.

8.7.17. Mas então, aqueles sobre quem eu ouvia o relato das saudáveis emoções, por se haverem dado a ti para deles cuidares, eu os amava com tanto mais ardor quanto mais execrável eu me considerava e odiava, quando me comparava com eles. Pois já se haviam decorrido muitos anos, talvez doze, desde o décimo nono de minha idade, quando li o *Hortênsio*, de Cícero, que me havia animado ao estudo da sabedoria. Contudo, desprezando a felicidade terrena, eu postergava me entregar à sua investigação, quando, não sua descoberta, mas apenas sua investigação já deveria ser anteposta a todos os tesouros encontrados, aos reinos dos povos e aos prazeres corporais, que me afluíam a um mero aceno. Eu, porém, mísero adolescente que era, mísero desde o início da própria adolescência, pedia-te a castidade, embora dissesse: "Dá-me a castidade e a continência, mas não agora". Pois temia que me ouvisses ligeiro e ligeiro me curasses da doença da concupiscência, que eu preferia saciar a extinguir. Além disso, eu seguia pelas vias depravadas da superstição sacrílega, mesmo não certo dela, mas dando-lhe preferência às demais crenças, que eu combatia como inimigo em vez de as investigar com devoção.

8.7.18. Eu pensava que o motivo de eu, desprezando a esperança do século, diferir dia a dia (Eclo 5,8) seguir apenas a ti era não me aparecer certo o rumo para onde dirigir meu caminho. Mas chegou o dia em que minha consciência me foi desnudada e me increpou: "Onde está tua língua? Com efeito, tu dizias que pela incerteza da verdade não querias lançar fora de ti o peso da vaidade. Eis que a verdade agora já é certa e te oprime, enquanto os que não se consumiram na busca e por mais de dez anos não meditaram sobre isso recebem asas nos ombros mais livres" (Sl 54,7). Assim, um veemente e horrível pudor me roeu por dentro e me confundiu, enquanto Ponticiano assim dizia. Porém terminadas a fala e a causa que o fizera vir até nós, ele partiu, e voltei-me para mim. Que coisas não me disse! Com que látego de conclusões não flagelei minha alma para que ela me acompanhasse, enquanto eu me esforçava por ir atrás de ti? Ela, entretanto, resistia; recusava-se e não se desculpava, ainda que todos os seus argumentos estivessem esgotados e vencidos. Permanecia nela uma muda perturbação e, como à morte, ela temia ser restringida do fluxo dos costumes, com que se apodrecia (Lm 3,20) mortalmente.

As hesitações no horto em Milão.[273]

8.8.19. Na grande discórdia que se travava em minha casa interior, que eu excitara com minha alma nos meus aposentos (Mt 6,6) – no meu coração –, perturbado no rosto e na mente, voltei-me para Alípio, exclamei: "Do que padecemos? O que é isso? O que ouviste? Os néscios se erguem e tomam o céu, enquanto nós, com nossas doutrinas sem coração, eis onde nos revolvemos: na carne e no sangue (1 Cor 15,49-50)! Será que nos envergonha segui-los, porque nos precederam, e sequer nos envergonha não os seguir?". E eu disse não sei o que mais, e a agitação arrebatou-me de seu lado, enquanto ele, atônito, fitava-me em silêncio. Porque eu não dizia as coisas costumeiras. Meu ânimo, minhas faces, os olhos, a cor de minha tez e a entonação da voz falavam mais do que as palavras que eu proferia. Havia em nossa moradia um pequeno horto, que usávamos, como toda a casa. Pois o hospedeiro, o dono da propriedade, ali não morava. O tumultuo de meu peito me retirara para lá, onde ninguém impedisse a fervorosa lide que comigo mesmo eu travava, até que ela se resolvesse – do modo como tu sabias, mas eu não. Eu apenas me enlouquecia de forma saudável e morria, vivificado, conhecendo o que de mau em mim havia e o que de bom haveria pouco depois. Retirei-me para o horto, e Alípio me seguiu, passo a passo. Eu não estava menos só, ainda que ele ali estivesse – afinal, estando eu assim afetado, quando ele me deixaria? Sentamo-nos longe da casa tão longe quanto pudemos. Eu bradava com o espírito indignado (Jo 11,33) pela mais turbulenta indignação, porque não chegava a um acordo, a um pacto contigo (Ez 16,8), meu Deus, pelo qual todos os meus ossos clamavam (Sl 34,10) e erguiam louvores ao céu. E eu não chegava até lá de navio, de quadriga ou a pé, embora fosse tão curto o espaço quanto o que caminhávamos de casa até onde estávamos sentados. Pois não só o ir, mas mesmo o chegar até ali não era outra coisa senão querer ir, mas querer forte e integralmente, e não pela metade, aqui e ali voltando e lançando a vontade, lutando a parte que se elevava contra a parte que caía.

8.8.20. Por fim, no esto das hesitações movimentava o corpo, como fazem, às vezes, os homens que querem executar alguma ação e não conseguem, seja por não ter membros, seja por tê-los presos por grilhões, seja por tê-los debilitados por langor ou impedidos por qualquer modo. Se puxei os cabelos, bati na fronte, se, entrelaçando os dedos, apertei o joelho, fi-lo porque quis. Poderia, porém, querer e não fazer, se a mobilidade dos membros não obedecesse. Logo, fiz muitas coisas, quando o querer não era poder; e não fazia o que, com incomparável emoção, mais me agradava, e que logo que quisesse, pudesse, porque para querer logo, deveria querer de fato. Pois vem daí a faculdade da vontade; e o próprio querer já era o fazer. Contudo, eu não o fazia, e o corpo obedecia mais facilmente à mais tênue vontade da alma, para a um sinal os membros fossem movidos, do que a própria alma obedecia a si mesma para realizar sua grande vontade, apenas pela vontade.

O ânimo e o corpo.

8.9.21. De onde vinha esse portento? E por que é assim? Que tua misericórdia brilhe, e eu interrogue se acaso podem responder-me o recôndito das penas humanas e as tenebrosas contrições dos filhos de Adão. De onde vem esse portento? E por que isso? O ânimo ordena ao corpo e é obedecido sem demora; o ânimo ordena a si e é contrariado; o ânimo ordena que a mão se mova, e tamanha é a facilidade que a custo se percebe a ordem. O ânimo é o ânimo, mas a mão é o corpo. O ânimo ordena o que o ânimo quer e, não sendo outro, ainda assim não o faz. De onde vem esse portento? E por que, indago, por que o que quer não ordena se não quiser, e não faz o que ordena? Mas é porque não quer de todo; logo, não ordena de todo. Pois ordena o mesmo tanto quanto quer, e não faz tanto o que manda, o quanto não quer, já que a vontade ordena que a vontade seja não outra, mas ela mesma. Logo, não ordena plena, porque não é o que ordena. Pois se fosse plena, não ordenaria que fosse, porque já seria. Não é, portanto, um portento em parte querer e em parte não querer, mas é uma doença do ânimo, porque este não se eleva todo pela verdade, sobrecarregado pelo costume. Então, são duas vontades,[274] porque uma delas não é toda, e o que está presente em uma falta à outra.

As duas naturezas da mente.

8.10.22. Pereçam diante de tua face (Sl 67,3), Deus, como perecem os vazios falastrões e sedutores da mente (Tt 1,10), os que, ao observarem a atuação duas vontades na decisão, afirmaram haver duas naturezas das duas mentes, uma boa, outra má.[275] Eles, em verdade, são maus, quando sentem tais maldades e, do mesmo modo, serão bons, se sentirem as coisas verdadeiras e consentirem com as verdadeiras, para que o apóstolo diga em relação a eles: "Fostes por algum tempo trevas, mas agora sois luz no Senhor" (Ef 5,8). Pois eles, enquanto querem ser luz, não no Senhor, mas em si mesmos, julgando que a natureza da alma é a mesma que a de Deus, fizeram-se trevas mais densas, porque se afastaram mais longe de ti, com horrenda arrogância, para longe de ti, que és a verdadeira luz (Jo 1,9) que ilumina todo homem que vem a este mundo. Prestai atenção ao que dizeis, corai e aproximai-vos dele, e sereis iluminados, e vossos rostos não se enrubescerão (Sl 33,6). Quando eu deliberava começar a servir ao Senhor meu Deus (Jr 30,9), assim como há muito me dispusera, era eu que queria, eu que não queria, era eu. Nem dentro de mim eu queria nem dentro de mim eu não queria. Assim, comigo contendia, e era destruído por mim mesmo, e a própria destruição se fazia contra minha vontade. No entanto, eu não mostrava a natureza de uma vontade estranha, mas minha pena. E, por isso, já não era ela a que eu praticava, mas o pecado que me habitava, pelo suplício de um pecado mais livre, porque eu era filho de Adão.

8.10.23. Com efeito, se fossem tantas as naturezas contrárias quanto são as vontades que se digladiam, já não seriam apenas duas, mas muitas. Se alguém hesita entre ir ao teatro ou a uma pequena reunião dos maniqueus, estes gritam: "Eis que são duas naturezas: uma boa, que leva àqueles; outra má, que arrasta a este, pois, de onde vem essa hesitação das vontades, que contrariam a si mesmas?". Eu, porém, digo que as duas são más, tanto a natureza que o leva a eles, quanto a que o arrasta ao teatro. Mas os maniqueus não creem ser boa senão a que leva a eles. E se algum de nós delibera e hesita consigo a altercar sobre as duas vontades, se vai ao teatro ou à nossa igreja, eles não titubeiam sobre o que responder. Ou confessarão o que não querem, que é boa a vontade que os leva à nossa igreja, como vão a ela os que são imbuídos e ligados a sacramentos, ou julgam que conflitam duas naturezas más, e que há duas mentes más no mesmo homem, e que não será verdade o que costumam dizer, que uma é boa e outra má, ou serão convertidos à verdade e negarão que, quando alguém delibera, é uma só a alma, que estua por diversas vontades.

8.10.24. Logo, que os maniqueus não digam, ao perceberem que duas vontades se opõem em um só e mesmo ser, que existem duas mentes contrárias, provindas de duas substâncias contrárias e de dois princípios contrários, de modo que uma seja boa e outra má. Pois tu, Deus veraz (Jo 3,33; Rm 3,4), tu os reprovas, redarguis e os convences, como no caso em que ambas as vontades são más, como por exemplo quando alguém decide se mata um homem com veneno ou com espada, se invade uma ou outra fazenda alheia, quando não pode invadir as duas, se compraz o prazer por luxúria ou guarda o dinheiro por avareza, se vai ao circo ou ao teatro, se no mesmo dia os dois estão em exibição. E eu somo a esses exemplos uma terceira opção, se alguém, surgida a ocasião, furta ou não a casa de alheio dono; e aduzo uma quarta opção, se alguém, diante da possibilidade, comete ou não adultério. Se todas as situações ocorrem ao mesmo tempo, e simultaneamente são desejadas, o ânimo se dilacera na oposição de quatro vontades, ou ainda mais, tamanha é a quantidade de coisas cobiçadas (ainda que não se costume dizer que tantas também sejam as diversas substâncias). Do mesmo modo se dá em relação às vontades boas. Pois se lhes pergunto se é bom se deleitar pela leitura do apóstolo, ou se é bom se deleitar por recitar um sóbrio salmo, ou por aprender sobre o Evangelho. Responderão a cada uma das indagações: "É bom". E se, então, todas as situações deleitam juntas e ao mesmo tempo, as diversas vontades também não distendem o coração dos homens, enquanto deliberam o que escolheremos? E todas as hipóteses são boas e lutam entre si, até que uma é escolhida, e arrasta e unifica a vontade, que entre muitas estava dividida. Assim igualmente ocorre quando a eternidade deleita a parte superior da alma e a vontade do bem temporal retém sua porção inferior, porque é a mesma alma que quer isso ou aquilo, embora não com toda vontade, e por isso é dilacerada com grave padecimento, enquanto prefere aquela porção, pela verdade, e não afasta esta, pelo costume.

A crise interior.

8.11.25. Assim, eu adoecia e me excruciava. Acusava-me com mais acrimônia do que de costume. Eu rolava e revirava-me em meus grilhões, para os romper, pois já por pouco eu estava preso, apesar de ainda preso. E tu me instavas nos meus recônditos, Senhor, com tua severa misericórdia. Duplicavas os flagelos do temor e do pudor, para que eu não cessasse outra vez e deixasse de romper aquele pouco e tênue liame que restava, para que isso de novo não se fortalecesse e mais robustamente me prendesse. Dentro de mim, eu dizia comigo: "Eia, que seja agora, que seja agora" (Ter. *Eun.* 282). E em palavras eu já me decidia. Já quase agia, mas agia. Não chegava a recair na situação anterior, mas parava próximo dela e respirava. E eu tentava de novo e estava a um pouco menos, e a um pouco menos, e já e já atingiria e conseguiria. No entanto, não chegava até lá, nem atingia, nem conseguia chegar, hesitando entre morrer de morte ou viver a vida, e em mim o inveterado mal maior era mais forte do que o desconhecido bem melhor, e o momento do tempo em que eu seria outro, quanto mais se aproximava, tanto mais me incutia horror. No entanto, eu não retrocedia nem me afastava, embora me mantivesse suspenso.

8.11.26. Retinham-me bagatelas de bagatelas e as futilidades das futilidades (Ecl 1,2), antigas amigas minhas; elas sacudiam minha túnica carnal e murmuravam:[276] "Tu nos despedes?". E: "De agora em diante e até a eternidade, nunca mais estaremos contigo". E: "Desde este momento não poderás fazer isso ou aquilo, até a eternidade". E que coisas elas sugeriam com a expressão "isso ou aquilo"! Que coisas sugeriam, Deus meu! Que tua misericórdia as afaste da alma de teu servo. Que sordidez propunham, que indecências! E eu as ouvia me contradizerem já distantes, menos da metade do que eram. Não vinham ao meu encontro às claras, mas a murmurar pelas costas, a beliscar-me de furto para me afastar, para eu olhar para trás. Retardavam-me (Eclo 5,8), e eu hesitava em romper e livrar-me delas, e a seguir para onde era chamado, enquanto o violento costume dizia-me: "Julgas que podes sem elas?".

8.11.27. Mas diziam isso já muito fracas. Naquela direção para onde eu dirigia a face, e por onde eu temia passar, já se revelava a casta dignidade da Continência, serena e não dissolutamente risonha, a me acariciar de modo honesto, para que eu viesse e não hesitasse. Ela estendia as pias mãos, cheias de bons exemplos, em minha direção, para receber-me e abraçar-me. Ali, muitos meninos e meninas, ali, muitos jovens e gente de todas as idades, e graves viúvas e velhas virgens – e em todos estava a senhora Continência, não estéril, mas fecunda, mãe de filhos (Sl 112,9) dos regozijos do marido, que és tu, Senhor. Ela sorria com o sorriso exortatório, como se dissesse: "Tu não poderás fazer o que estes e estas fazem? Pois o que podem estes e estas por si mesmos, e não pelo Senhor seu Deus? Foi o Senhor Deus deles que me entregou a eles. Por que te manténs em ti mesmo, onde não há permanência? Ele não se retirará, deixando que caias. Lança-te seguro. Ele te acolherá e te curará". E eu me envergonhava mais, porque ouvia o murmúrio das bagatelas e, hesitante, permanecia indeciso. E ela vinha de novo, como se dissesse: "Ensurdece-te contra os teus imundos membros sobre a terra (Cl 3,5), para que eles sejam mortificados. Contam-te deleites, que, entretanto, não são segundo a lei de teu Senhor Deus". Essas controvérsias de meu coração não eram senão de mim mesmo contra mim. Enquanto isso, Alípio, firme ao meu lado, aguardava silencioso o fim de minha inusitada agitação.

Tolle, lege: a conversão.[277]

8.12.28. Quando, no meu íntimo recôndito, a profunda reflexão tirou e amontoou toda minha miséria à vista de meu coração (Sl 15,8), formou-se uma imensa procela, que trouxe incomensurável chuva de lágrimas.[278] E, para vertê-la toda, com seus trovões, levantei-me e fui para longe de Alípio, pois veio à minha mente que a solidão era mais apropriada à prática do choro. Retirei-me para o mais longe que pude, para que sua presença não me fosse um peso. E assim eu me encontrava, e ele percebeu. Não sei por que, mas creio que, ao me levantar, disse eu algo em que o som de minha voz me transpareceu já pronto ao choro. Alípio permaneceu onde estávamos assentados, muito assombrado. Prosternei-me, então, sob uma figueira (Jo 1,47-48)[279] e, não sei como, soltei as rédeas das lágrimas, e rios prorromperam de meus olhos. Esse sacrifício era-te aceitável (Sl 50,19). E não com essas palavras, mas com esse sentido, eu te disse muitas coisas: "Até quando, Senhor? Até quando permanecerás irado (Sl 6,4; 78,5)? Não te recordes, Senhor, de nossas maldades antigas!" (Sl 78,8). Pois me sentia preso nelas. E arrojava falas miseráveis: "Até quando? Até quando direi 'amanhã, amanhã' (Pers. 5.66)?[280] Por que não agora, por que não já? Por que neste exato instante a minha torpeza não pode ter fim?".

8.12.29. Assim dizia e chorava com a mais amarga contrição de meu coração (Samos 50,19). Mas eis que ouço uma voz vinda da casa vizinha,[281] como um canto que se repetia sem parar, vindo não sei se de um menino ou de uma menina: "Pega e lê, pega e lê".[282] Mudada a expressão de meu rosto, prestando atenção, comecei a pensar se as crianças costumavam em algum tipo de jogo cantar aquelas palavras. Não me ocorria, porém, tê-las ouvido em parte alguma. A reprimir o ímpeto das lágrimas, levantei-me, interpretando tão só que, por mando divino, eu deveria abrir o códice e ler o primeiro capítulo com que me deparasse. Pois ouvira sobre Antão que, pela leitura dos Evangelhos, que por acaso lhe chegaram, fora admoestado, como se lhe fosse dito o que lia: "Vai, vende tudo que tens, dá aos pobres e terás um tesouro no céu; então, vem e me segue" (Mt 19,21). E com tal oráculo, de repente, ele a ti se converteu. Assim, abalado, voltei ao lugar onde Alípio permanecia sentado. Ali eu havia deixado o códice do apóstolo quando me levantei. Peguei-o, abri e li em silêncio o capítulo em que primeiro lancei os olhos: "Não em comilanças e bebedeiras, não em leitos e impudências, não em contendas e emulações, mas revesti-vos do Senhor Jesus Cristo, e não façais a providência da carne com concupiscências" (Rm 13,12-13). Nada mais quis ler, nem era preciso. Pois tão logo cheguei ao fim da frase, como se uma luz de segurança se derramasse no meu coração, dissiparam-se as trevas de minhas hesitações.

8.12.30. Depois de o marcar com o dedo, ou não sei com que outro sinal, fechei o códice e, com o rosto já sereno, relatei a Alípio tudo que se sucedera. E ele, por seu turno, contou-me o que se passava consigo, e que eu ignorava. Pediu, então, para ver o trecho que eu lera. Mostrei, e ele prosseguiu atento para além do que eu havia lido. Eu ignorava o que se seguia escrito, e que dizia: "Acolhei aquele que é frágil na fé" (Rm 14,1). Alípio aplicou esse trecho a si mesmo, e a mim o comunicou. Mas aquele conselho firmou-lhe a determinação e o propósito, congruente com seus costumes, que havia muito o distanciaram de mim para seu bem. Por isso, sem qualquer turbulenta agitação, juntou-se de novo a mim. Daí, fomos até minha mãe e tudo lhe contamos, e ela se regozijou. Narramos como haviam se dado os fatos, e ela exultou, triunfou e te bendisse, Senhor, porque és poderoso para fazeres o que pedimos e pensamos (Ef 3,20), porque via que por ti, quanto a mim, fora-lhe concedido muito mais do que antes pedira, com seus miseráveis e chorosos gemidos. Converteste-me a ti (Sl 21,28), de modo que eu já não buscava esposa, nem nutria esperanças no seu século, estando já naquela régua de fé, em que tantos anos antes me havias revelado a minha mãe, e converteste sua tristeza em regozijo (Sl 29,12), muito mais fértil do que ela almejara, um regozijo muito mais querido e casto do que poderia esperaria dos netos de minha carne.

Livro IX

Prece.

9.1.1. Ó Senhor, eu sou servo teu,
eu, servo teu e filho da serva tua.
Rompeste os grilhões meus;
a ti oferecerei a hóstia[283] do louvor (Sl 115,16-17).
Louvem-te meu coração e minha língua (Sl 5,9; 44,2),
e todos os ossos meus digam:
"Senhor, quem há semelhante a ti?" (Sl 34,10).
Que digam! Responde-me tu e dize à alma minha:
"A salvação tua eu sou" (Sl 34,3).
Quem sou eu, e como sou eu?
Que mal não houve em meus atos,
ou, senão em meus atos, em minhas palavras,
ou senão em minhas palavras, em minha vontade?
Mas tu, Senhor, és bom e misericordioso (Sl 85,15),
e com a mão direita tua,
e voltando o olhar à profundidade da morte minha,
do fundo do coração meu exauriste o abismo da corrupção.
E isso era tudo: não querer o que eu queria, e querer o que querias.
Mas onde estava por tantos anos
e de que cerne profundo e absconso
foi chamado naquele momento o livre arbítrio meu,
para submeter a cerviz ao brando jugo teu
e meus ombros ao leve fardo teu,
Cristo Jesus, auxiliador e redentor meu (Sl 18,15)?
Quão doce de repente se me tornou
carecer do dulçor das bagatelas;
e que o medo que eu tinha de as perder
já fosse o regozijo de as abandonar.
Lançaste-as, afinal, para fora de mim;
tu, verdadeira e suma suavidade,
tu as lançavas para fora e entravas no seu lugar,

mais doce do que todo prazer,
porém, não de carne e sangue,
mais claro do que toda luz,
porém, mais oculto que todo segredo,
mais sublime que todas as honrarias,
porém não para aqueles que são sublimes em si.
Já livre estava o ânimo meu
das preocupações mordazes da ambição do ganho
e de revolver e coçar a sarna do desejo.
E eu conversava contigo
sobre a claridade minha, as riquezas minhas e a salvação minha,
Senhor Deus meu.

Renúncia ao magistério.[284]

9.2.2. Diante de ti (Sl 18,15), preferi não romper com tumulto, mas subtrair com suavidade o ministério de minha língua da feira da eloquência, para que os meninos, ao refletirem não sobre tua lei (Sl 118,77), nem sobre tua paz, mas sobre as insânias mentirosas (Sl 39,5) e as guerras forenses, não comprassem de minha boca as armas de seu furor. E como, por oportuno, faltavam apenas poucos dias para as férias da vindima,[285] decidi tolerar esse tempo, para retirar-me normalmente e, redimido por ti, não retornar às venalidades. Minha decisão estava tomada diante de ti, mas não diante dos homens, exceto dos mais próximos, embora já estivéssemos subindo do vale de lágrimas (Sl 83,6-7) e cantássemos o cântico da ascensão,[286] e tu nos houvesse dado flechas agudas e brasas devastadoras (Sl 119,3-4) contra a língua dolosa, que contradiz aconselhando e que consome o que ama, como se faz com a comida.

9.2.3. Tu flechaste nosso coração com tua caridade e levávamos tuas palavras atravessadas nas vísceras. Os exemplos de teus servos, que de sombrios fizeste luminosos, e de mortos, vivos, reunidos no seio de nossa cogitação, queimavam e consumiam nosso pesado torpor, para que não voltássemos ao fundo, e acendiam-nos com força, para que todo o vento da contradição, vindo das línguas dolosas (Sl 119,2), pudesse mais nos inflamar do que nos apagar. Contudo, por causa de teu nome, que santificaste (Ez 36,23; Mt 6,9) em todas as terras, também nosso voto e propósito teriam decerto quem os apoiasse. Mas pareceria jactância não esperar as férias, próximas que estavam, e retirar-me antecipadamente do cargo público estabelecido diante dos olhos de todos, de modo que, voltadas contra a minha decisão, as bocas de todos muito diriam que deixei chegar de propósito o dia da vindima, porque queria ser visto como importante. E de que me serviria que criticassem e discutissem sobre meu ânimo, e que nosso bem fosse blasfemado (Rm 14,16)?

9.2.4. Além disso, naquele verão, quando meus pulmões começaram a fraquejar e a respirar com dificuldade devido ao excessivo esforço literário, e testemunharam suas feridas nas dores no peito e na recusa de produzirem uma voz clara,[287] primeiro me perturbei, porque me via obrigado a depor, agora por necessidade, o fardo do magistério, pois, se eu pretendesse me convalescer e curar-me, decerto deveria interrompê-lo. Mas quando nasceu e firmou-se em mim a plena vontade de me desocupar e de ver que tu és o Senhor (Sl 45,11) (tu sabes, meu Deus), regozijei-me porque também surgia-me uma desculpa, que não era falsa, com que pude abrandar o desagrado dos homens que, por causa de seus filhos, não queriam que eu fosse livre. Então, cheio de tal regozijo, suportei até que transcorresse o intervalo de tempo (não sei se eram vinte dias), mas ainda com mais esforço suportaria e, oprimido, ficaria se não sucedesse a paciência. Diriam alguns de teus servos (meus irmãos) que nisso eu pecava, porque já com o coração cheio da vontade de te servir, suportei passar uma hora que fosse ocupando aquela cátedra mendaz (Sl 1,1). Eu, porém, discordo. Mas tu, Senhor misericordioso, não perdoaste e remiste na água santa esse e outros horríveis e funestos pecados?

Estado de espírito de Verecundo.

9.3.5. Verecundo[288] se atormentava de angústias por esse nosso bem, pois em razão de seus próprios grilhões, que com força o prendiam, percebia que se afastaria de nosso convívio. Ainda não era cristão, mesmo tendo uma esposa cristã; mas era ela própria o maior obstáculo, que o impedia de seguir o caminho em que ingressávamos, pois Verecundo não queria ser cristão, dizia ele, de qualquer outro modo, a não ser da maneira que ele não podia.[289] Benigno, porém, permitiu, enquanto aí estivéssemos, que vivêssemos em sua propriedade. Tu lhe retribuirás, Senhor, também na ressurreição dos justos (Lc 14,14), porque já lhe retribuíste a própria terra dada aos justos (Sl 124,3). Pois ausentes nós, quando estávamos em Roma, ele apanhou uma doença corporal e, feito durante ela cristão e fiel, partiu desta vida. Assim, foste misericordioso não só com ele, mas também conosco, porque, ao pensarmos na egrégia humanidade desse amigo para conosco, não fomos tomados pela intolerável dor de não o contarmos em teu rebanho. Graças a ti, Deus nosso (Lc 18,11)! Somos teus. Indicam-no as tuas exortações e consolações. Ó fiel cumpridor das promessas, dá a Verecundo, por aquele campo seu, Cassicíaco, onde descansamos em ti do tumultuar do mundo, a amenidade de teu paraíso para sempre verde, já que lhe perdoaste os pecados (Mt 9,6) sobre a terra no monte abundante em queijos, teu fértil monte.

9.3.6. Verecundo se angustiava, mas Nebrídio se alegrava conosco. Pois ainda que não fosse cristão, tendo caído na cova (Sl 7,15) dos mais perniciosos erros, a ponto de crer que a carne verdadeira de teu filho (Jo 14,16) era uma aparição, mas que, no entanto, já emergindo, embora ainda não imbuído dos sacramentos de tua igreja, Nebrídio era um inquisidor ardente da verdade. Não muito depois de nossa conversão e da regeneração por teu batismo, ele, enfim na fé católica, em perfeita castidade e continência, foi servir-te na África, junto aos seus. E quando toda a sua casa se fez cristã graças a ele, libertaste-o da carne. E ele agora vive no seio de Abraão (Lc 16,22), o que quer que signifique esse seio. Ali vive meu Nebrídio, doce amigo, Senhor, que, liberto, tornou-se teu filho adotivo. Ali ele vive. Pois que outro lugar há para tal alma? Ali vive, no lugar sobre onde muita coisa me perguntava, a mim, um homúnculo inexperiente como eu era. Nebrídio já não põe o ouvido na minha boca, mas põe sua boca espiritual em tua fonte, e bebe o quanto pode de tua sabedoria, segundo seu anseio, feliz para sempre. Não creio que ele se embriague a ponto de se esquecer de mim, uma vez que tu, Senhor, a quem ele bebe, te lembras de nós (Sl 135,23). Assim, pois, vivíamos, e consolávamos Verecundo, que, mantendo a amizade, estava triste por nossa conversão. Nós o exortávamos à confiança de seu caminho, ou seja, da vida conjugal. Por seu turno, esperávamos quando nos seguiria Nebrídio, que tão facilmente poderia tê-lo feito. E eis que, enfim, transcorreram aqueles dias, que me pareceram longos e muitos, pelo desejo da ociosa liberdade para cantar com as entranhas e dizer-te o coração: "Procurei tua face; tua face, Senhor, buscarei" (Sl 26,8-9).

Em Cassicíaco.

9.4.7. E chegou o dia em que me veria libertado da profissão de retor, da qual no pensamento eu já me encontrava livre. E assim foi feito. Tiraste minha língua de onde havias tirado o meu coração, e eu com regozijo te bendizia, quando parti para a vila, com todos os meus. Ali, já estando a teu serviço, mas ainda a respirar, como se estivesse apenas em uma pausa, a escola da soberba, os livros de discussão com os presentes e meus *Solilóquios* atestam o que realizei nas letras.[290] Atestam-no também as cartas o que tratei com o ausente Nebrídio.[291] Mas quando tive tempo suficiente para celebrar as tuas grandes dádivas para conosco naqueles dias, sobretudo diante da pressa para chegar a relatos mais importantes? Pois minha recordação me chama e para mim torna-se doce, Senhor, confessar-te com quais estímulos internos tu me domaste, e como me aplanaste, abatendo os montes e colinas de minhas cogitações, como endireitaste minhas tortuosidades e suavizaste as asperezas (Is 40,4), e como submeteste Alípio, o irmão do meu coração, ao nome de teu Unigênito, Senhor e salvador nosso, Jesus Cristo, que ele primeiro desdenhava que fosse inserido em nossos escritos, pois preferia os perfumes dos cedros dos ginásios,[292] que o Senhor já havia abatido, ao das saudáveis ervas eclesiásticas, que afastam as serpentes.

A leitura do Salmo 4.[293]

9.4.8. Quanto, meu Deus, quanto te invoquei enquanto eu lia os salmos de Davi, os teus piedosos cantos (Sl 4,1) de devoção, que expulsam o espírito soberbo, sendo eu inexperiente em teu verdadeiro amor, catecúmeno com o catecúmeno Alípio e com minha mãe – ela que se juntara a nós na vila, com roupas de mulher, crença varonil, segurança anciã, materna caridade e piedade cristã![294] Quanto te invoquei naqueles salmos! E como eu me inflamavas por meio deles, e quanto eu me incandescia por recitá-los, se me fosse possível, por todo orbe das terras (Sl 18,5), contra a soberba do gênero humano! E ainda todo orbe os entoa (Sl 18,15), e não há quem possa se esconder de teu calor (Sl 18,7). Com que dor aguda e pungente eu me indignava contra os maniqueus; mas, ainda assim, como me compadecia deles, porque não conheciam os sacramentos, os teus medicamentos e enfureciam-se contra o antídoto que os poderia curar![295] Eu queria que eles estivessem perto de mim naquele retiro, e que vissem a expressão de minha face e ouvissem minha voz quando eu lia o Salmo 4, mas sem que eu soubesse que ali estavam; e como eu queria que eles percebessem o que aquele salmo operou em mim: "Ouve-me quando te invoco, ó Deus de minha justiça, tu, que me reconfortaste na hora da angústia. Apieda-te de mim, Senhor, e ouve as minhas preces?" (Sl 4,2). Eu queria que eles me ouvissem sem que eu soubesse que me ouviam, para que não pensassem que por causa deles eu pronunciava aquelas palavras entre as do salmo. Afinal, nem eu as diria, nem assim as diria, se percebesse que eles me viam e ouviam. Além disso, ainda que eu as proferisse, eles não as captariam da maneira como as pronunciei comigo e para mim, diante de ti, vindas da íntima emoção de meu ânimo.

9.4.9. Estremeci-me de temor e me abrasei de esperanças, ó pai, a exultar (Sl 30,7-8) em tua misericórdia. E todas essas emoções transbordavam de meus olhos e de minha voz, quando, voltando teu bom espírito a nós (Sl 142,10), tu nos disseste: "Filhos dos homens, até quando sereis pesados no coração? Por que amais o vazio e buscais a mentira?" (Sl 4,3). Pois eu amei o vazio e busquei a mentira, Senhor, e tu já havias glorificado teu santo, ressuscitando-o dos mortos e o colocando à tua mão direita (Ef 1,20), de onde enviará, do alto, a sua promessa (Lc 24,49), o Paracleto (Jo 14,16-17), que é Espírito da verdade. Mas já o havias enviado, e eu não sabia. Tu o enviaras, porque já fora glorificado quando ressurgiu dos mortos e ascendeu ao céu. Pois antes o Espírito ainda não fora dado, porque Jesus ainda não havia sido glorificado (Jo 7,39). Clama a profecia: "Até quando sereis pesado no coração? Por que amais o vazio e buscais a mentira? Sabei, porém, que o Senhor já glorificou seu santo" (Sl 4,3-4). Clama: "Até quando"; clama: "sabei". E eu, por tanto tempo sem saber, amei o vazio e busquei a mentira e, por isso, ouvi e me estremeci, porque me recordava de ter sido igual àqueles para quem eu era douto. Pois nos fantasmas que eu tomara por verdade só havia vazio e a mentira. Eu proferi muitas coisas graves na dor de minha recordação, as quais, quem dera, deveriam ter ouvido os que ainda amam o vazio e buscam a mentira. Talvez fossem perturbados e vomitassem o erro, e os ouvirias quando gritassem para ti, porque com a verdadeira morte da carne morreu por nós aquele que por nós intercede (Rm 5,9).

9.4.10. Eu lia: "Irai-vos e não queirais pecar" (Sl 4,5). E como ficava comovido, Deus meu, eu que já havia aprendido a me irar pelas coisas passadas, para de novo não pecar, e irar-me com razão, porque não era outra natureza do povo das trevas, que em mim pecava, como dizem aqueles que não se iram consigo, mas entesouram para si a ira para o dia de tua ira e da revelação do teu justo juízo (Rm 2,5-6). E meus bens já não eram exteriores, nem eram buscados sob este sol pelos olhos da carne. Pois os que querem se regozijar externamente, facilmente se desvanecem e derramam-se no que é aparente e temporal, lambendo suas imagens com famélica reflexão. Ó, se eles se debilitassem de fome e dissessem: "Quem, nos mostrará as coisas boas?" (Sl 4,7). Digamos, e eles nos ouçam: "Está assinalada em nós a luz de teu rosto, Senhor" (Sl 4,7). Pois nós não somos a luz que ilumina todos os homens, mas somos iluminados por ti, para que, aqueles de nós que fomos trevas durante algum tempo, sejamos luz em ti. Ah, se eles vissem o interior eterno, que me irritava porque eu o degustara e não o podia lhes mostrar, se por acaso me apresentassem o coração nos seus olhos, fora de ti, e dissessem: "Quem nos mostrará as coisas boas?" (Sl 4,7). Pois ali, onde eu me havia irado comigo, no recôndito de meu cerne onde me compungia, onde eu sacrificara, matando minha velhice, e onde começara a meditação de minha renovação, confiando em ti, ali havias começado a me seres doce, e puseste alegria a meu coração (Sl 4,8). E eu fazia exclamações quando lia essas palavras fora de mim, e em meu interior as reconhecia. E eu não queria ver multiplicados os bens terrenos, devorando os tempos e sendo por eles devorado, pois tinha na eterna simplicidade um outro trigo, um outro vinho e um outro azeite (Sl 4,8).

9.4.11. Eu clamava, no versículo seguinte, com o alto brado de meu coração:
"Ó, e estarei em paz; ó, só em ti" (Sl 4,9),
Ó, o que disse?
"Eu me deitarei e pelo sono serei tomado" (Sl 4,9).
Pois quem se oporá a nós quando se cumprir a palavra que escrita está: "Absorvida foi a morte pela vitória" (1 Cor 15,54)?
E tu és deveras o que não és mudado (Ml 3,6),
e em ti está o repouso (Gn 41,51),
que faz esquecer as fadigas todas,
porque nenhum outro há contigo (Dt 4,35),
e não há o que possa ser alcançado que não seja tu;
mas tu, Senhor, singularmente na esperança me constituíste (Sl 4,10).
Eu lia e me inflamava,
e não encontrava o que fazer aos surdos e mortos,
com os quais estive, peste, ladrador amargo
e cego contra aqueles melífluos escritos pelo mel do céu (Sl 118,103),
por tua luz luminosos (Sl 118,105);
e dessas Escrituras os inimigos eu detestava (Sl 138,21).

9.4.12. Como poderei me recordar de tudo que ocorreu naqueles dias de retiro? Mas não me esqueci, nem me silenciarei sobre a aspereza de teu castigo, nem sobre a admirável rapidez de tua misericórdia. Tu me atormentavas com uma dor-de-dente,[296] que se agravou a ponto de eu não conseguir falar. Por isso, veio-me ao coração (1 Cor 2.9) avisar a todos os presentes que rezassem a ti por mim, ó Deus de toda saúde (Sl 17,47). Escrevi isso na cera e dei-lhes a ler. E logo que dobramos os joelhos, com súplice emoção, a dor desapareceu. Mas que dor era aquela? Ou como sumiu? Confesso que me espantei, Senhor meu, Deus meu (Jo 20,28). Nunca, desde tenra idade, eu havia experimentado algo semelhante. Insinuaram-se em mim, no mais profundo de mim, os teus sinais. Regozijando-me na crença, louvei o teu nome (Eclo 51,15), e essa crença não me deixava tranquilo com meus pecados passados, que por teu batismo ainda não me haviam sido remidos.

Demissão oficial da escola de retórica.

9.5.13. Anunciei aos milaneses que, ao findar das férias das vindimas, eles deveriam providenciar para os alunos outro vendedor de palavras, porque eu tanto havia escolhido te servir quanto não mais conseguia atender à profissão, pela dificuldade de respirar e pela dor no peito. E comuniquei por carta a teu sacerdote, o santo homem Ambrósio, os meus antigos erros e o meu presente voto, para que ele me aconselhasse o que de teus livros eu deveria ler, para me fazer mais preparado e apto a receber tamanha graça. Ele mandou que eu lesse Isaías, o profeta; e creio que ele assim fez porque, mais que os outros, Isaías anunciava com clareza o Evangelho e a vocação dos gentios. No entanto, não entendendo a primeira leitura, e supondo que as Escrituras seriam todas assim, eu as deixei, para retomar quando estivesse mais exercitado na fala do Senhor (Sl 118,38).

O recebimento do batismo e o destino de Adeodato.

9.6.14. Quando chegou o tempo em que me convinha inscrever o nome para o batismo, após deixarmos o campo, retornamos a Milão. Alípio quis ser renascido em ti comigo, já introduzido na humildade condizente com teus sacramentos, e mais forte domador do corpo, a ponto de, com insólita audácia, pisar o solo gélido da Itália com os pés descalços. Juntamos a nós o jovem Adeodato, nascido carnalmente de meu pecado. Tu bem o fizeste. Tinha quase quinze anos e, pela inteligência, ultrapassava muitos graves e doutos varões. Teus dons eu te confesso, Senhor Deus meu, criador de tudo e poderoso o bastante para dares forma às nossas informidades, pois eu, naquele jovem, nada tinha, exceto o delito. Porque se por mim ele foi criado em tua lei, tu me inspiraste a fazê-lo, e ninguém mais. Teus dons eu te confesso. Há um livro meu chamado: "Sobre o Mestre".[297] Ali Adeodato dialoga comigo. Tu sabes (Tb 3,16; 8,9) que são dele todas as opiniões lá inseridas na personagem de meu interlocutor, quando ele tinha dezesseis anos apenas. Percebi nele ainda outras qualidades mais maravilhosas: espantava-me seu talento. E quem, senão tu, seria o artífice de tantos milagres? Depressa tiraste da terra sua vida, e mais tranquilo me lembro dele, sem nada temer de sua infância nem de sua adolescência, nem de tal homem. Contemporâneo nosso, associamo-lo à tua Graça, para ser educado em tua lei. E fomos batizados e a preocupação da vida passada desapareceu de nós. E a doçura admirável de considerar a profundidade de tua decisão sobre a salvação do gênero humano não me saciava naqueles dias. Quanto chorei, comovido fortemente com os teus hinos e cânticos, que as vozes agradáveis de tua igreja soavam. Aquelas vozes penetravam meus ouvidos e a verdade era fundida em meu coração. Então, a emoção da piedade me inflamava, e corriam-me lágrimas, e com elas eu me sentia bem.

As relíquias dos mártires e a origem dos cantos na Igreja do ocidente.

9.7.15. Pouco tempo antes,[298] a igreja de Milão havia começado a celebrar uma espécie de consolação e exortação com grande entusiasmo dos irmãos, reunidos em vozes e corações.[299] Havia um ano, ou não muito mais, que Justina, mãe do imperador Valentiniano,[300] perseguia teu homem Ambrósio em razão da heresia com que os arianistas a haviam seduzido.[301] A plebe reverente velava na igreja, preparada para morrer com seu bispo, servo teu. Ali minha mãe, tua serva, uma das mais ativas nas preocupações e vigílias, vivia em orações. Nós, ainda frios do calor de teu espírito, andávamos agitados pela cidade atônita e perturbada. Então, determinou-se que se cantassem os hinos e salmos segundo o costume oriental,[302] para que o povo não se consumisse no langor da tristeza. Desde aquele dia até hoje conservou-se essa prática em quase todos os teus rebanhos, imitada nas outras regiões do orbe.[303]

9.7.16. Na oportunidade, revelando-te a teu sacerdote por meio de uma visão, mostraste-lhe onde se escondiam os corpos dos mártires Protásio e Gervásio,[304] que tu, durante muitos anos, ocultaste incorruptos no tesouro de teus mistérios, de onde oportunamente os tirarias para ser coibida a fúria não só feminina, mas sobretudo imperial. Encontrados e desenterrados os corpos com dignas honrarias, quando foram transferidos[305] para a Basílica Ambrosiana, aqueles que os espíritos imundos atormentavam foram curados, como os próprios demônios confessaram, e ainda foi restabelecida a visão de um cego de muitos anos, bastante conhecido pelos cidadãos, que, ao ouvir perguntar a causa da tumultuosa alegria do povo, deu um salto e pediu a seu condutor que o levasse aonde, ao chegar, pediu que lhe permitissem tocar com o manto, em tua preciosa presença, teus santos mortos (Sl 115,15). E quando o fez, o cego levou o manto aos olhos, que, de pronto, se abriram. Daí, com o correr da fama, soaram teus louvores, ardentes e luminosos. Então, o ânimo da inimiga Justina, embora não tenha se aplicado em crer na cura, ao menos foi reprimido no furor da perseguição. Graças a ti, Senhor Deus meu! De onde e para onde conduziste minhas recordações, para confessar-te essas coisas, que ainda que grandes, eu preteria? Mas eu ainda não corria atrás de ti, quando se exalava o aroma de teus unguentos (Ct 1,3-4). No entanto, eu não mais chorava ao ouvir os cânticos de teus hinos; outrora eu suspirava por ti, e agora respirava o quanto permite o ar em uma casa (2 Cor 5.1) de feno (Is 40,6).

Vida de Mônica.

9.8.17. Tu, que fazes os espíritos afins habitarem a mesma casa (Sl 67,7), associaste a nós também Evódio,[306] um jovem conterrâneo nosso, que, militando como agente de negócios, havia se convertido a ti antes de nós (Sl 50,15), e que, após ser batizado, depois de deixar a milícia secular, alistou-se nas tuas fileiras. Estávamos juntos e juntos morávamos em santa harmonia. Procurávamos algum lugar mais útil para te servir; e juntos retornávamos à África. Mas, enquanto aguardávamos em Óstia Tiberina,[307] minha mãe faleceu. Passo ao largo de diversos assuntos, porque muito me apresso.[308] Aceita, porém, as minhas confissões e ações de graça, meu Deus, também no silêncio desses inumeráveis acontecimentos. Mas eu não preteriria o que minha alma guarda daquela tua serva, que me concebeu da carne para este mundo temporal, e do coração para eu nascer na luz eterna. Não enumerarei seus dons, mas os teus que nela havia. Pois nem ela se fez, nem educou a si mesma. Tu a criaste, porque nem o pai, nem a mãe sabiam como ela haveria de ser. A vara (Sl 22,4) de teu Cristo a educou em teu temor (Sl 5,8), no regime de teu filho único, em casa de família fiel, como um bom membro de tua igreja. E nem tanto atribuía sua disciplina à diligência da mãe quanto à da serva anciã, que havia carregado seu pai quando era criança, como costumam ser carregados os meninos nas costas das meninas um pouco maiores. Por essa razão, além de pela velhice e pelos ótimos costumes na casa cristã, ela era muito honrada pelos amos. Daí, ela cumpria com diligência o encargo que lhe fora confiado para com as filhas dos senhores, e era veemente em repreendê-las quando preciso, com santa severidade, e em instruí-las com sóbria prudência. Pois exceto nas horas em que eram alimentadas pelos pais, e de modo moderadíssimo, ainda que ardessem de sede, sequer água a velha serva permitia que as jovens bebessem, para se precaver do mau costume. Por isso, sempre aduzia essas saudáveis palavras (2 Tm 1,13): "Agora bebeis água, porque não tendes o vinho; mas quando tiverdes maridos, e fordes senhoras das adegas e das despensas, a água vos desagradará, e o costume de beber prevalecerá". Com essa razão de preceituar e a autoridade de mandar, ela freava a avidez das tenras idades e modelava até a sede das meninas à forma honesta, para que não lhes agradasse o que não lhes conviria.

9.8.18. Apesar disso, como tua serva me contou, sobreviera-lhe o gosto pelo vinho.[309] Como de costume, os pais mandavam a sóbria jovem tirar o vinho das dornas, e ela o fazia mergulhando um pequeno copo por onde, na parte de cima, abre-se a cuba. Mas, antes de verter o vinho na jarra, ela sorvia um pouco com a ponta dos lábios, só um pouco, porque seu paladar se recusava a mais que isso. Não o fazia pelo desejo de embriaguez, mas por algum excesso transbordante da idade, que borbulhava em movimentos alegres, que costumam ser reprimidos pelos mais velhos nos ânimos pueris. No entanto, juntando àquele pouco outro pouco cotidiano, porque quem despreza o pouco, aos poucos tomba (Eclo 19,1), ela aos poucos adquiriu aquele costume, de modo que logo já sorvia ávida cálices quase cheios de cada vez. Onde, entretanto, estava a velha sagaz e suas veementes proibições? Por acaso valeriam de algo contra aquela doença latente, se tua medicina, Senhor, não zelasse por nós? Embora ausentes o pai, a mãe e as amas, tu estavas presente, tu, que criaste, que chamas e que fazes algum bem por intermédio dos prepostos, para a salvação das almas. Mas o que realizaste, meu Deus? Como a curaste? Como a saraste? Não fizeste que outra alma proferisse contra ela um duro e acre insulto, como o ferro medicinal de tuas secretas provisões, e assim não amputaste a gangrena com um único golpe? Pois uma outra serva, com quem minha mãe costumava dirigir-se às dornas, discutindo a sós com a senhora mais jovem do que ela, repreendeu seu delito com um amaríssimo insulto, dizendo-lhe: "bebadazinha".[310] Atingida por esse aguilhão, ela reparou em sua sordidez, condenou-a de pronto e arrojou-a de si. Assim como os amigos aduladores nos pervertem, os inimigos que nos censuram nos corrigem. Contudo, tu lhes retribuis não é porque ages por meio deles, mas pela intenção que tiveram. Pois a serva, irada, queria, de fato, insultar a jovem senhora, e não a curar. Tanto que o fez em segredo, seja porque encontrou lugar e ocasião para a reprimenda, seja porque ela própria se achava em perigo, por tão tarde haver descoberto o delito. Mas tu, Senhor, que governas os habitantes do céu e da terra, convertendo ao teu uso as profundezas da torrente e ordenando o fluxo turbulento dos séculos, mesmo por meio da insolência de uma alma, curaste outra, para que ninguém, quando sobre isso refletisse, não o atribuísse a seu poder, como houvesse corrigido pela sua palavra aquele a quem quis corrigir.

Mônica esposa.

9.9.19. Educada com pudicícia e modéstia (Ter. *And.* 74-75),[311] e mais sujeitada aos pais por ti, do que a ti pelos pais, ao completar os anos núbeis (Verg. *A.* 7.56) foi entregue a um marido, a quem serviu como a um senhor. Ela se esforçou por levá-lo a ti (1 Pd 3,1-2), falando-lhe de ti à sua maneira – com o que tu a fazias bela, reverentemente amável e encantadora ao marido. Ela, por sua vez, tolerava as traições conjugais,[312] de modo que, quanto a isso, nunca teve com o marido qualquer desavença. Pois acreditava que tua misericórdia estava sobre ele (Sl 85,13), para que, quando cresse em ti, se tornasse casto (1 Jo 3,3). Além disso, assim como ele era sabidamente benévolo, também era férvido na ira. Ela, porém, sabia escapar da raiva do marido não só por meio de ações, mas também com palavras. Pois só quando ele já se encontrava tranquilo e calmo, e quando ela via que era oportuno fazê-lo, dava-lhe explicação de suas ações, se por acaso ele havia ficado irritado além da medida com alguma atitude sua. Por fim, quando muitas matronas, cujos maridos eram mansos, traziam a face desfigurada por marcas de pancadas, e em conversa amiga entre elas reclamavam da vida dos maridos, tua serva lhes repreendia a língua. Como em uma brincadeira séria, advertia-as de que, desde quando ouviram serem recitadas as tábuas matrimoniais,[313] deveriam considerar que as fizeram servas dos esposos. Assim, recordadas as condições conjugais, não convinha serem soberbas contra os senhores. E como as matronas se admirassem, por saberem quão feroz era o marido que ela tinha, e nunca tendo ouvido ou percebido qualquer indício de que Patrício maltratara a esposa, ou de que houvessem se desentendido algum dia em lide doméstica, perguntavam com intimidade a causa desse comportamento, e ela lhes ensinava sua conduta, de que acima me recordei. As que a imitavam, experimentando, agradeciam; as que não a imitavam, submetidas aos maridos, eram maltratadas.

9.9.20. Também sua sogra, que a princípio se irritara com ela em razão dos murmúrios das servas más, foi vencida pelos obséquios de minha mãe, que perseverou na tolerância e na mansuetude, até que a sogra denunciou ao filho as línguas intrigantes das servas, pelas quais, entre ela e a nora, a paz doméstica havia sido perturbada, e exigiu castigo. Assim, em obediência à mãe e a cuidar da disciplina da família, por atender à harmonia das duas, ele castigou as culpadas com o número de chicotadas decidido pela acusadora, que prometeu tal prêmio a qualquer das servas que falasse mal de sua nora, de quem ela agora tanto gostava. E já nenhuma das servas se atreveu a fazê-lo, e elas viveram em memorável e agradável benevolência.

9.9.21. Concedeste um grande dom àquela tua boa serva, em cujo ventre tu me criaste, meu Deus e misericórdia minha (Sl 58,18), porque ela se oferecia tão conciliadora entre as almas dissidentes e discordes, quando podia, que, mesmo ouvindo coisas amaríssimas de uma parte e de outra, como a inchada e indigesta discórdia costuma vomitar, quando a crueldade dos ódios da amiga presente contra a inimiga ausente em ácida conversa se exala, nada revelava de uma à outra, senão o que poderia servir para as reconciliar. Para mim, esse pareceria ser um bem menor, se a triste experiência não me mostrasse inumeráveis turbas (não sei por que se espalhou tão largamente a horrenda pestilência dos pecadores), que não só reportam as falas de inimigos irados aos irados inimigos, mas que também ajuntam o que não foi dito, quando, pelo contrário, para o homem humano deveria ser de pouca monta apenas não excitar ou não aumentar o mal com a fala, senão as deveria extinguir dizendo o bem. Assim era aquela alma tua, do mestre interior, na escola do coração.

9.9.22. Por fim, ela também o ganhou para ti o marido, já no fim da vida temporal (1 Pd 3,1).[314] E, tornado fiel, ela não mais teve que se lamentar nele o que tolerava quando ainda infiel. Ela era, além disso, uma serva de teus servos (Gn 9,25). Qualquer um que a conheceu, muito a elogiava, honrava e estimava, porque sentia tua presença no seu coração, comprovada pelos frutos de sua santa conversação (Tb 14,17). Ela ainda foi esposa de um único marido (1 Tm 5,4), pagou aos pais o seu débito, cuidou piamente da casa e tinha a seu favor o testemunho de boas obras. Nutriu os filhos, voltando a pari-los todas as vezes que percebia que se desviavam de ti (Gl 4,19). Por último, Senhor, já que por tua Graça permites que eu fale, ainda antes de ela adormecer em ti, quando já vivíamos juntos, havendo eu recebido a graça de teu batismo, ela cuidou de todos os teus, como se a todos houvesse gerado, e lhes serviu como se houvesse por todos sido gerada.

O êxtase em Óstia.

9.10.23. Estando, porém, iminente o dia em que ela partiria desta vida (dia conhecido por ti e ignorado por nós),[315] aconteceu por obra tua, como creio, disposta pelos teus ocultos propósitos, de eu e ela ficarmos a sós, debruçados em uma janela de onde se avistava o horto no fundo da casa em que estávamos hospedados, lá perto de Óstia Tiberina, onde, afastados da turba, após o esforço da longa viagem, nos restaurávamos para enfrentar a navegação. Sozinhos, conversávamos com grande ternura e, nos esquecendo do passado, ocupávamo-nos do porvir (Fl 3,13). Diante da verdade eterna, que és tu (Jo 14,6; 2 Pd 1,12), nos perguntávamos como seria a vida eterna dos santos, que nem os olhos viram, nem os ouvidos ouviram, nem o coração dos homens percebeu (1 Cor 2,9). Ansiosos, abrimos e sorvemos, com a boca do coração junto à corrente superior de tua fonte, a fonte da vida, que está junto de ti (Sl 35,10), para que, aspergidos segundo nosso merecimento, pudéssemos pensar sobre tão grandes questões (Verg. *A*. 6.679-703).[316]

9.10.24. Durante a conversa, encaminhávamo-nos para a conclusão de que nem os deleites dos sentidos, sejam eles quais forem, nem os esplendores corpóreos, têm comparação com o júbilo da vida bem-aventurada, e que sequer são dignos de serem aventados. Elevando-nos (Sl 145,8) em sentimento mais ardente até àquele que sempre é (Sl 4,9),[317] íamos percorrendo aos poucos todos os seres corpóreos, até mesmo o céu, de onde o sol, a lua e as estrelas luzem sobre a terra. E ainda ascendíamos mais profundamente, pensando, falando e admirando a tua obra (Rm 1,20). E chegamos às nossas mentes, e as transcendemos para atingirmos a região de inesgotável abundância, onde tu apascentas Israel (Sl 72,9) pelo eterno com o alimento da verdade. E lá a vida é a Sabedoria (Pr 8,35),[318] e nela existe tudo que existiu e que há de existir, sem que ela tenha sido criada, sendo sempre como sempre existiu, e como para sempre existirá. Ou melhor, sem que haja nela "foi" ou "será", mas apenas "é", por ser eterna, pois "foi" e "será" não são eternos. E enquanto íamos assim falando e ansiávamos pela Sabedoria, tocamo-la por um instante, com todo ímpeto do coração. Suspiramos e deixamos presas ali as primícias do espírito (Rm 8,23) e voltamos ao estrépito de nossa boca, onde a palavra começa e termina. E o que há semelhante a teu Verbo, Senhor nosso, que permanece por si, sem envelhecer e tudo renovando (Sb 7,21-30)?

9.10.25. Dizíamos então[319]: "Se em alguém se calasse o tumulto da carne, se se calassem as fantasias da terra,[320] das águas e do ar, se se calassem também os polos e se a própria alma se calasse, e se ela se transcendesse não mais pensando em si mesma, e se se calassem os sonhos e as imaginárias revelações, e toda linguagem e todos os sinais e tudo que se faz passado para quem se cala – pois se há quem as ouça, todas as coisas dizem: 'não nos fizemos nós mesmas, mas nos fez (Sl 99,3) aquele que permanece pela eternidade' (Eclo 18,1) – e, se, dito isso, já todas as coisas se silenciassem, uma vez que ergueram os ouvidos àquele que as fez, e só ele falasse, não por meio delas, mas por si mesmo, de modo que ouvíssemos seu Verbo (Jo 1,1), não pela língua da carne, nem pela voz dos anjos (Gn 22,11), nem pelo som da nuvem, (Sl 76,18),[321] nem por parábolas enigmáticas (1 Cor 13,12), mas ele mesmo – a quem nessas coisas amamos, assim como agora nos elevamos (Fl 3,13) e em rápido pensamento atingimos a eterna sabedoria, que permanece sobre todas as coisas –, e se isso tudo acontecesse e pudessem ser subtraídas as outras visões inferiores, e unicamente a eterna sabedoria nos arrebatasse, nos absorvesse e imergisse no gozo interior os espectadores daquela visão, de modo que a vida eterna fosse como foi intuída naquele momento, pelo qual suspiramos, isso não será o que está escrito: 'Entra no gozo de teu Senhor'? (Mt 25,21). E quando será isso? Acaso quando todos ressuscitarmos (1 Cor 15,51), ainda que nem todos sejamos transformados?'".[322]

9.10.26. Tu bem sabes, Senhor, que eu falava tais coisas naquele dia, ainda que não desse modo e com essas palavras, e que, enquanto assim conversávamos, este mundo e seus deleites pareceram-nos vis. Então, ela me disse: "Filho, no quanto me concerne, já nada me deleita nesta vida. Não sei o que faço aqui, nem por que aqui estou. Para mim, as expectativas deste mundo já acabaram. Só por um motivo eu ainda desejava demorar um pouco mais nesta vida: para te ver católico cristão antes de eu morrer. E meu Deus me atendeu de sobejo, para que eu visse, após desprezares a felicidade terrena, tu te tornares seu servo. Assim, o que faço aqui?".

As últimas palavras e a morte de Mônica.

9.11.27. Não me recordo bem do que lhe respondi. Mas em apenas em cinco dias, ou não muito mais do que isso, uma febre levou-a ao leito. Como adoeceu, perdeu os sentidos e, durante algum tempo, foi subtraída aos presentes. Acorremos todos. Ela ainda recuperou a consciência e nos procurou com os olhos, a mim e a meu irmão. E, como quem busca algo, perguntou: "Onde eu estava?". Então, vendo-nos atônitos de tristeza, pediu: "Sepultai aqui vossa mãe". Eu me calava, refreando o choro; mas meu irmão tentou dizer algo sobre ser para ela mais feliz morrer na pátria do que em um país estrangeiro. Ao ouvi-lo, com o rosto angustiado e o repreendendo com os olhos por assim pensar, ela me olhou e disse: "Vê o que ele diz"! E logo ordenou a ambos: "Sepultai este corpo em qualquer lugar. Nenhuma preocupação com ele vos perturbe. Apenas vos rogo que, aonde fordes, lembreis de mim no altar do Senhor".[323] E, tendo externado essa decisão com as palavras que pôde, emudeceu. Então, com o agravamento da doença, ela entrou em estertor.

9.11.28. Mas eu, Deus invisível (Cl 1,15), meditando sobre os teus dons, que infundes nos corações dos teus fiéis, e sobre os admiráveis frutos que deles provêm, regozijava-me e te rendia graças (Cl 1,3), por eu me recordar do que sabia: o quanto ela se preocupava com o sepulcro que para si adquirira e que preparara junto ao corpo do marido. Porque, como eles haviam vivido em profunda harmonia, assim também (como o ânimo humano é incapaz de alcançar as coisas divinas), ela queria que àquela felicidade se somasse ser lembrado pelos homens que lhe fora concedido, após as peregrinações pelo mar, que a mesma terra cobrisse o pó dos dois esposos. Porém quando essas coisas vazias, pela plenitude de tua bondade, começaram a não importar a seu coração, isso eu não sabia, mas me alegrava ao admirar que ela a mim o mostrasse (ainda que naquela nossa conversa à janela, quando perguntou "já o que faço aqui?", não me parecesse desejar morrer na pátria). Depois, quando já estávamos em Óstia e ela conversava com alguns amigos meus com maternal confiança, ouvi dizer que, certo dia, quando eu não estava presente, ela lhes revelara o desprezo por esta vida e o bem da morte. Deixando-os espantados por sua virtude feminina (porque tu lha concedeste), ao lhe perguntarem se ela não temia deixar o corpo longe de sua cidade, respondeu: "Nada é longe para Deus (At 17,27-28), nem há que se temer que ele não saiba no fim dos séculos onde me ressuscitar!". Então, no nono dia da doença, no quinquagésimo sexto ano de sua idade, e no trigésimo terceiro da minha vida, aquela alma religiosa e pia foi libertada do corpo.

A dor de Agostinho.

9.12.29. Fechei-lhe as pálpebras e uma imensa tristeza afluiu de meu coração, que estava prestes a se transbordar em lágrimas. Mas meus olhos, pelo violento império da vontade, numa luta que me fazia sofrer, absorveram essa fonte até a secarem. Quando minha mãe exalou o último suspiro, o menino Adeodato em prantos começou a gritar, mas, reprimido por nós, logo se calou. Da mesma maneira, o que havia em mim de pueril e que se derramava em pranto foi reprimido pela voz juvenil de meu coração,[324] e também se calou. Pois julgávamos que não era conveniente celebrar o funeral com queixas lacrimosas e com gemidos, porque assim se deplora a miséria dos que morrem ou sua extinção total. Ela, porém, não morria de modo miserável, nem morria de todo. Disso nos davam provas inequívocas o testemunho de seus costumes e sua não fingida fé (1 Tm 1,5).

9.12.30. Mas o que doía fundo dentro de mim, senão uma ferida recente, causada pela perda do querido e dulcíssimo costume de vivermos juntos, e aberta tão de súbito? Comprazia-me o testemunho que ela me dera, pois, na sua última fase da enfermidade, afagando-me por minhas atenções, chamou-me de pio e recordou-se com grande carinho nunca haver ouvido de minha boca qualquer som duro ou agressivo. Mas, meu Deus, tu que nos fizeste (Sl 99,13), que comparação havia entre a reverência a mim apontada por ela e a servidão dela por mim? Por isso, desamparado de tão grande consolo, minha alma estava ferida, e a vida, porque a minha e a dela faziam uma só vida, despedaçava-se.

9.12.31. Reprimido o choro do menino Adeodato, Evódio pegou o saltério e pôs-se a entoar um salmo, a que toda a casa respondia: "Cantarei para ti, Senhor, misericórdia e justiça" (Sl 100,1). Tendo notícias do que ali se passava, uma multidão de irmãos e mulheres religiosas acorreu, e, enquanto os encarregados, como de costume, preparavam o funeral (Ter. *And.* 108),[325] eu, onde a decência me permitia fazê-lo, discutia temas adequados às circunstâncias com aqueles que pensavam que não deveriam me deixar só, e, com o lenitivo da verdade, eu mitigava o tormento conhecido por ti e ignorado por eles, que, me ouvindo atentamente, julgavam-me livre das afecções de dor. Mas eu, em teus ouvidos, onde nenhum deles ouvia, censurava a brandura de meu afeto e reprimia o fluxo da tristeza, que um pouco cedia. Mas essa tristeza logo me tomava de novo com seu ímpeto, embora não até a explosão de lágrimas, nem até a alteração de minha fisionomia. No entanto, eu sabia do aperto no coração. Como muito me desagradava que tais sentimentos humanos tivessem tanto poder sobre mim, sentimentos que necessariamente ocorrem pela devida ordem e por sorte de nossa condição, minha dor me doía por uma outra dor, e, assim, uma dupla tristeza me atormentava.

9.12.32. Eis que o cadáver foi levado ao sepulcro. Fomos e voltamos sem verter uma lágrima (Ter. *And*. 117, 129, 137). Nem durante as preces que a ti elevamos, quando, ao pé da sepultura, como de costume, depusemos o cadáver antes de ser inumado e oferecemos o sacrifício de nossa redenção em intenção dela, nem mesmo durante essas preces eu chorei. No entanto, por todo o restante do dia, fiquei recluso e triste, e rogava-te, com a mente perturbada e da forma como eu conseguia, que curasses minha dor. Mas não o fazias – creio que para fixar em minha memória, ainda que por essa única experiência, o vínculo dos costumes na mente, que já não se alimentava da palavra enganosa. Então, lembrei-me de me lavar, pois ouvira dizer que aos banhos foi dado esse nome porque os gregos diziam *balanêion*,[326] pelo motivo de lançarem as angústias fora do ânimo. Mas eis que confesso à tua misericórdia, ó pai dos órfãos (Sl 68,5), que embora tenha me banhado, eu era o mesmo de antes de o fazer, e não exsudei de meu coração a amargura da tristeza. Depois, dormi e acordei, e achei em grande parte mitigada a minha dor, porque, sozinho em meu leito, lembrei-me dos verídicos versos de teu Ambrósio. Pois tu és

"Deus, criador de tudo
e regente do firmamento, tu vestes
o dia com a beleza da luz,
e a noite com a graça do sono,
para que dê repouso aos membros cansados
de suas costumeiras fadigas,
repare as mentes extenuadas
e liberte os aflitos das agonias".[327]

9.12.33. Aos poucos, eu regressava aos antigos sentimentos em relação à tua serva, e me recordava de sua convivência, reverente contigo, santa comigo, branda e morigerada, e da qual eu fora subitamente privado. Eu quis chorar em tua presença (Sl 18,15), por causa dela, por ela, por minha causa e por mim. E verti as lágrimas que eu continha, para que corressem o quanto quisessem. Eu as estendi sob meu coração, que nelas descansou, já que ali estavam os ouvidos teus – não os ouvidos de algum homem que interpretaria meu choro com soberba. E agora, Senhor, a ti me confesso nestas palavras: leia-as quem desejar e interprete-as como quiser. E se alguém achar que cometi um pecado ao chorar por minha mãe durante pequena porção de uma hora, por minha mãe, que naquele instante eu tinha morta diante de meus olhos, ela que por muitos anos chorara para que eu vivesse nos olhos teus, que não ria, mas antes, por grande caridade, e que chore por meus pecados também a ti, pai de todos os irmãos de teu Cristo.

Prece por Mônica e Patrício.

9.13.34. Eu, porém, já curado meu coração dessa ferida, na qual poderia ser reprovada minha emoção carnal, verto para ti, Deus nosso, por aquela tua serva, um outro tipo muito diferente de lágrimas, pois brotam de um espírito abalado pela consideração dos perigos de toda alma que morre em Adão. Embora ela tenha sido vivificada em Cristo (1 Cor 15,22; Ef 2,5) ainda antes de deixar a carne, vivia de tal modo que o teu nome era louvado em sua fé e seus costumes. Contudo, não me atrevo a dizer que, desde quando a regeneraste pelo batismo, nenhuma palavra saiu de sua boca contra teus preceitos.[328] Pela verdade, que é o teu filho, foi dito: "Se alguém chamar seu irmão de louco, será réu do fogo da geena" (Mt 5,22). E ai da vida humana, mesmo louvável, se, removida a misericórdia (Sl 129,3), tu a julgares! Mas já que não examinas com rigor os delitos, esperamos confiantes algum lugar junto a ti. Se, porém, alguém enumerar seus verdadeiros méritos, o que enumera senão teus dons? Ó, se os homens se reconhecessem homens (Sl 9,21), se aquele que se glorifica se glorificasse no Senhor (2 Cor 10,17)!

9.13.35. Por isso, ó louvor meu (Sl 117,14) e vida minha (Jo 14,6), Deus do meu coração (Sl 72,6), deixo de lado as boas ações de minha mãe, pelas quais eu, jubiloso, te rendo graças (Lc 18,11), e suplico-te perdão para os seus pecados. Ouve-me (Sl 142,1), em nome do remédio de nossas chagas, que pendeu no lenho (Gl 3,13) e, sentado à tua destra, intercede por nós (Rm 8,34). Sei que ela praticou a misericórdia e, de coração, perdoou as dívidas de seus devedores (Mt 6,12). Perdoa-lhe tu também as suas dívidas, se alguma ela contraiu durante tantos anos após receber a água da salvação (Nm 14,19). Perdoa-lhe, Senhor, perdoa-lhe, eu suplico, e não a leves a julgamento (Sl 143,2). Que a misericórdia triunfe sobrea justiça (Tg 2,13), já que tuas palavras são verdadeiras e prometeste misericórdia aos misericordiosos (Mt 5,7). Porque os que são misericordiosos, tu assim os fizeste, e terás misericórdia de quem for misericordioso, e usarás a misericórdia com quem foi misericordioso (Rm 9,15).

9.13.36. E creio que já concedeste o que te rogo (Mt 6,8), mas peço que aproves as oferendas de minha boca, Senhor (Sl 118,108). Porque minha mãe, estando iminente o dia de sua morte (2 Tm 4,6), não quis que seu corpo fosse suntuosamente enterrado, ou embalsamado com perfumes, nem desejou que lhe fosse preparado um monumento, nem cuidou de um sepulcro em solo pátrio. Ela tampouco ordenou a nós tais providências, mas tão só desejou ser lembrada no teu altar, onde ela te serviu sem faltar nenhum dia, e onde sabia que foi imolada a santa vítima, pela qual foi apagada a denúncia (Cl 2,14-15) que existia contra nós. Com essa vítima, venceu o inimigo que conta nossos delitos e busca o que nos acuse. E esse inimigo nada encontrou naquele (Jo 14,30-31) em quem vencemos. Quem lhe devolverá seu sangue inocente (Mt 7,24)? Quem lhe restituirá o preço com que nos comprou (1 Cor 6,20), para dele nos tomar? A esse sacramento de nosso preço tua serva ligou sua alma com os grilhões da fé. Que ninguém a afaste de tua proteção (Jo 10,29-29). Não se interponham, nem por força nem por insídias, o leão e a serpente (Sl 90,13). Pois tua serva não responderá que nada deve, para que seu acusador não a convença e a obtenha por meio de ardil. Ela dirá que suas dívidas foram perdoadas (Mt 6,12) por aquele a quem ninguém restitui o que ele pagou por nós, mesmo sem dever.

9.13.37. Esteja ela, então, em paz com o marido, antes e depois de quem ela com ninguém se casou (1 Tm 5,9), a quem serviu, oferecendo-te o fruto com paciência, para que também o ganhasse para ti. Inspira, meu Senhor, meu Deus (Jo 20,8), inspira os teus servos, meus irmãos, teus filhos, meus senhores, aos quais sirvo com o coração, com a voz e com os meus escritos, para que todos aqueles que os lerem lembrem-se no teu altar de tua Mônica,[329] tua serva, e de Patrício, outrora seu marido, pela carne dos quais me introduziste nesta vida, não sei de que modo. Lembrem-se, com piedade, dos meus pais nesta luz transitória e de meus irmãos em ti, Pai na Mãe católica, e concidadãos meus na eterna Jerusalém (Gl 4,26), pela qual suspira a peregrinação do teu povo (Hb 11,10-14) desde a partida até o retorno, para que o ela me pediu nos seus momentos finais lhe seja concedido de sobejo nas preces de muitos, mais graças a estas confissões, do que por minhas orações.

Livro X[330]

Preces para conhecer Deus.

10.1.1.[331] Que eu te conheça, ó conhecedor meu,
que eu te conheça como também sou conhecido(1 Cor 13,12).[332]
Ó virtude da alma minha,
entra nela, adapta-a a ti,
para que a tenhas e a possuas, sem mácula nem ruga (Ef 5,27).
Essa é minha esperança,
por isso, falo e nessa esperança me regozijo,
quando com o que é são eu me regozijo.
Contudo, os outros bens da vida tanto menos devem ser pranteados
quanto mais são pranteados,
e tanto mais devem ser pranteados
quanto menos se pranteia por eles.
Eis que a verdade amaste (Sl 50,8),
pois quem a cria[333] vem à luz (Jo 3,21).
Quero criá-la em meu coração, diante de ti na confissão,
e, por meio de meu cálamo, perante muitas testemunhas.

A força da confissão.

10.2.2. E será que a ti, Senhor,
a cujos olhos se desnuda o abismo da humana consciência (Hb 4,12-14),
será que algo oculto poderia permanecer em mim,
se eu não quisesse te confessar?
Mas eu de mim te esconderia, não me esconderia de ti.
No entanto, agora que meus ais testemunham que me desagrado a mim,
tu refulges e me aprazes, és amado e desejado,
para que eu me envergonhe de mim, de mim me afaste e te busque,
e que eu nem a ti nem a mim agrade, senão por causa de ti.
A ti, Senhor, sou manifesto (2 Cor 5,11),
como quer que eu seja;

e por qual fruto te confesso, eu já te disse.
E não o faço por meio das palavras nem da voz da carne,
mas por meio das palavras da alma e do clamor do pensamento,
aos quais bem conhecem os ouvidos teus.
Pois quando mau eu sou,
nada mais te confesso do que me desagradar;
quando, entretanto, sou piedoso,
nada mais te confesso do que não o atribuir a mim,
já que tu, Senhor, bendizes o justo (Sl 5,13),
embora antes faças justos os ímpios (Rm 4,5).
A confissão minha, portanto, Deus meu,
em tua presença (Sl 95,6) faz-se em silêncio, e não no silêncio,
porquanto se silencia no estrépito e nos sentimentos clama.
Pois nada digo de correto aos homens
que não tenhas de mim antes ouvido,
e também de mim nada ouves
que não tenhas a mim antes dito.

Prece para que os homens ouçam as confissões com caridade.

10.3.3. O que tenho com os homens
para que ouçam[334] as confissões minhas,
como se eles houvessem de curar as enfermidades minhas (Sl 102,3-5)?
(Que curiosa é a espécie humana para conhecer a vida alheia,
e desidiosa para corrigir a sua).
Por que querem ouvir de mim o que sou
aqueles que não querem ouvir de ti o que são?
E como sabem, quando me ouvem falar de mim, se a verdade eu digo,
quando não sabe nenhum dentre os homens o que se passa no
                                                                homem,
senão o espírito do homem, que nele está (1 Cor 2,11)?
(Se, porém, te ouvirem falar deles próprios,
não poderão dizer: "Mente o Senhor".)
Pois o que é te ouvir falares deles, senão conhecerem a si?
Quem há que conheça e diga: "É falso",
senão se ele mesmo mentir?

Mas uma vez que a caridade em tudo crê (1 Cor 13,7),
ela que os liga entre si e os faz um (Ef 4,2-4),
eu também, Senhor, assim a ti confesso,
para que ouçam os homens,
para os quais eu não posso provar que confesso verdades.
Mas creem em mim aqueles a quem, para mim, a caridade os ouvidos
                                                                lhes abre.

10.3.4. No entanto, tu, ó interior médico meu,
sobre o proveito pelo qual tudo isso eu faço esclarece-me.
Pois as confissões dos passados males meus,
que perdoaste e enterraste (Sl 31,1) para me tornares feliz em ti
ao transformares a alma minha por meio da fé e do sacramento teu,
quando elas são lidas e ouvidas, excitam o coração,
para que ele não durma no desespero, nem diga "não posso",
mas para que desperte no amor da misericórdia tua,
na doçura da Graça tua, por meio da qual é poderoso todo fraco,
que por meio dela se faz consciente da fraqueza sua.
E deleita aos bons ouvir os passados males dos outros, que já não os
                                                                sofrem,
embora não lhes deleite por serem males,
mas porque o foram, e já não são.
Assim, com que proveito, Senhor meu,
a quem todos os dias confessa a consciência minha,
mais segura na esperança da misericórdia tua do que na inocência sua,
com que proveito, indago,
aos homens perante ti eu me confesso por meio destes escritos,
o que ainda sou agora, e não o que fui?
Pois esse proveito eu já vi e dele me recordei.
Mas quem ainda agora eu sou
no tempo exato de minhas confissões,
muitos há que querem conhecer,
e muitos há que me conheceram
ou que não me conheceram,
mas que de mim ou sobre mim alguma coisa ouviram,
embora seus ouvidos não estejam em meu coração, onde sou o que sou.

Querem, pois, me ouvir confessar o que no interior eu sou,
onde nem o olho, nem o ouvido, nem a mente pode alcançar.
Acreditar, no entanto, eles querem;
mas será que poderão me conhecer?
Diz-lhes, no entanto, a caridade,
por meio da qual eles são bons,
que não minto sobre mim ao meu confessar,
e é ela mesma que os faz acreditarem em mim.

O proveito das confissões.

10.4.5. Mas com que proveito o querem?
Será que se congratularem comigo é o que eles desejam,
ouvindo o quanto de ti me aproximei graças aos dons teus,
e orar por mim quando souberem
o quanto fui atrasado pelo pesadume meu?
Mostrar-me-ei a eles.
Pois não é pequeno o proveito, Senhor Deus meu,
que por muitos sejam dadas graças a ti em razão de mim,
e que muitos (2 Cor 1,11) te roguem por mim.
Que ame em mim o ânimo fraterno aquele que a amar tu ensinas,
e que também deplore em mim aquele que a deplorar tu ensinas.
Que aquele ânimo fraterno assim proceda,
não o estranho, nem o de filhos espúrios,
cuja boca fala coisas vazias e cuja destra é a mão da maldade (Sl 143,7-8);
mas aquele ânimo fraterno, que, quando me aprova, se regozija por
mim,
e quando me reprova, entristece-se por mim,
porque, ou aprove ou desaprove, me estima.
A esses eu me mostrarei:
respirem nas minhas boas ações, suspirem pelas más.
Minhas boas ações são obras tuas e dons teus;
minhas más ações são delitos meus e condenações tuas.
Respirem naquelas, e suspirem nestes.
E o hino e o choro ascendam perante a visão tua dos corações fraternos,
dos turíbulos (Ap 8,3-5).

Tu, porém, Senhor,
deleitado pelo perfume do santo templo teu (1 Cor 3,17),
tem misericórdia de mim (Sl 50,3),
segundo a grande misericórdia tua, pelo amor do nome teu (Mt 10,22);
e, nunca abandonando a empresa tua,
faze se consumirem as imperfeições minhas (Fl 1,6).

10.4.6. Esse é o proveito das confissões minhas,
ver não como fui, mas como sou.
Que eu confesse não só diante de ti,
com secreta exultação e tremor, e secreta tristeza e esperança
(Sl 2,11);
mas também aos ouvidos dos crentes filhos dos homens (Sl 106,8),
sócios do regozijo meu e consortes da mortalidade minha,
concidadãos meus e comigo peregrinos,
anteriores e posteriores, companheiros da vida minha.
Esses são os servos teus, os irmãos meus,
que quiseste que fossem filhos teus e senhores meus,
aos quais mandaste que eu sirva,
se quero contigo de ti viver.[335]
Isso tudo para mim seria pouco se a palavra tua,
com a fala preceituando, com a ação adiante não fosse.
Por isso ajo com feitos e ditos,
e assim ajo sob tuas asas (Sl 16,8), e com enorme perigo,
não fora sob tuas asas a ti estar sujeita a alma minha (Sl 61,2),
e minha fraqueza ser conhecida por ti.
Pequenino eu sou, mas vive eternamente meu Pai,
e é confiável o tutor meu.
Pois ele é o mesmo que me gerou e me defende,
e tu próprio és todos os meus bens,
tu, onipotente, que comigo estás, antes que contigo eu esteja.
Contarei, pois, tal e qual ordenas que eu sirva,
não o que fui, mas o que já agora sou, e o que ainda sou.
Mas a mim mesmo não julgo (1 Cor 4,3-4).
Assim, pois, que eu seja ouvido.

Para bem conhecer, necessita-se de Deus.

10.5.7. Tu podes me julgar, Senhor, porque nenhum dos homens sabe o que é dos homens, senão o espírito do homem, que o habita (1 Cor 2,11), embora haja no homem o que o próprio espírito do homem, que o habita, desconhece. Tu, porém, Senhor, sabes todas as suas coisas, porque foste tu que o fizeste. Mas, mesmo que em tua presença eu me despreze e considere-me terra e cinzas (Jó 42,6), ainda sei algo de ti, que de mim não sei. E decerto agora te vemos como se por intermédio de um espelho, em enigma, e não ainda face a face (1 Cor 13,12). Por isso, enquanto sigo a peregrinar fora de ti, sou mais presente a mim do que a ti. Contudo, sei que tu não podes ser violado, enquanto eu ignoro a que tentações posso e a que outras não posso resistir. A minha esperança, porque és fiel, está em não nos deixares sermos tentados acima do que podemos tolerar, mas que com as tentações nos dês um caminho (1 Cor 10,13), pelo qual possamos resistir. Que eu confesse o que sei de mim, e confesse o que não sei, porque o que eu sei de mim, sei por tu me iluminares;[336] e o que não sei de mim, não saberei até que minhas trevas se desfaçam, como no meio-dia (Is 58,10), diante de tua face.

O conhecimento de Deus e a memória.

10.6.8. Eu te amo, Senhor, não com dúvidas, mas com a certeza de minha consciência. Atingiste meu coração com tua palavra, e eu te amei. Mas o céu, a terra e tudo que neles há dizem-me por toda parte que eu te amo, e não cessam de o proclamar a todos, para que sejam inescusáveis (Rm 1,20). Mais profundamente, porém, terás misericórdia daquele de quem te apiedaste e por quem foste misericordioso (Rm 9,15). De outro modo, o céu e a terra só aos surdos diriam teus louvores (Sl 68,35). O que eu amo, afinal, quando te amo? Nem a beleza corpórea, nem a glória temporal, nem o brilho da luz amiga de teus olhos, nem as doces melodias das canções de todos os gêneros, nem o doce perfume das flores e dos bálsamos, nem o maná, nem o mel, nem os membros que aceitam os abraços da carne: nada disso eu amo quando amo meu Deus, embora eu ame certa luz, certa voz, certo aroma, certo alimento, certo abraço quando amo meu Deus, luz, voz, perfume, alimento e amplexo do meu homem interior, onde fulge em minha alma o que o espaço não contém, onde ressoa o que o tempo não arrebata, onde recende o aroma que o vento não espalha, onde se saboreia o que a voracidade não diminui, onde se fixa o que a saciedade não desfaz. É isso que eu amo, quando amo meu Deus.

10.6.9. E quem é o meu Deus? Indaguei-o à terra, que me disse: "Não sou eu". E tudo quanto há nela me confessou do mesmo modo. Indaguei-o, então, ao mar, aos abismos (Jó 28,12) e aos répteis animados e vivos (Gn 1,20), que me responderam: "Não somos o teu Deus. Pergunta acima de nós". Indaguei-o aos ventos, que sopram, e o ar com seus habitantes respondeu-me: "Enganou-se Anaxímenes.[337] Nós não somos teu Deus". Interpelei da mesma forma o céu, o sol, a lua e as estrelas, que me responderam: "Nós não somos o Deus por quem tu procuras". E eu inquiri todas os seres que rodeiam as portas de minha carne: "Dizei-me sobre meu Deus, já que vós não sois ele; dizei-me algo sobre ele". E todos os seres exclamaram em alta voz: "Foi ele quem nos criou!" (Sl 99,3). A minha indagação consistia em minha observação, e a resposta deles era a sua beleza. Então, dirigi-me a mim mesmo e perguntei-me: "E tu, quem és?". E me respondi: "Sou um homem". O corpo e a alma servem a mim; um é exterior; o outro, interior. E a qual deles eu deveria, então, questionar quem é meu Deus? Por meio do corpo eu já havia perguntado ao céu, à terra e até onde pude enviar os raios mensageiros de meus olhos. Mas ainda não havia indagado ao meu interior, ao meu ânimo, que é superior a meu corpo. Pois a ele, como a um presidente ou a um juiz, todos os mensageiros corporais levam as repostas do céu, da terra e de tudo que neles há, e que dizem: "Não somos Deus, mas foi ele quem nos fez". O homem interior – que é o meu ânimo (Rm 7,22; Ef 3,16) – conheceu essa verdade por meio do ministério do homem exterior; e eu, o homem interior, as conheci pelos sentidos de meu corpo. Então, indaguei sobre meu Deus à massa do universo, que me respondeu: "Não sou eu, mas foi ele quem me criou".

10.6.10. Será, no entanto, que essa beleza não se manifesta a todos dotados de sentidos perfeitos? Por que ela não fala a todos do mesmo modo? Os animais, pequenos ou grandes (Sl 103,25), veem-na, mas não a podem interrogar, porque não lhes foi dada a razão, juíza das sensações que lhe são anunciadas. Os humanos, contudo, podem interrogá-la, para perceberem as obras invisíveis de Deus por meio das que são visíveis (Rm 1,20). Mas os humanos são submetidos a elas pelo amor e, na condição de submetidos, não as podem julgar. Assim, elas não respondem aos que indagam, senão aos que julgam; e não mudam sua voz, isso é, seu aspecto, se apenas um vê a beleza, e o outro, vendo-a, indaga-lhe, de modo que se manifeste a um de um modo, e a outro, de outro. Mas, manifestando-se aos dois do mesmo modo, a um ela é muda, a outro é falante; ou melhor, ela fala a todos, mas a entendem tão só aqueles que comparam a voz vinda de fora com a verdade interior. Porque a verdade me diz: "Teu Deus não é (Ex 21,4) a terra, nem o céu, nem nenhum corpo". Sobre esses seres, é isso que a natureza exclama àquele que a vê: que a matéria é menor na parte do que no todo. Por isso, tu és melhor, ó alma, já que vivificas a matéria de teu corpo, dando-lhe vida, o que nenhum corpo dá a outro corpo. Teu Deus, porém, é para ti a vida da vida.

O que amo quando amo meu Deus?

10.7.11. Mas o que eu amo quando amo meu Deus? Quem é aquele que está acima do topo de minha alma? No entanto, será por minha alma que ascenderei a ele. Passarei além de minha força, aquela com que me prendo ao corpo e preencho de vida meu organismo. Pois tampouco encontro nela meu Deus, porque se aí o encontrasse, do mesmo modo o encontrariam cavalo e a mula, que não têm inteligência (Sl 31,9), pois são dotados dessa mesma força que lhes vivifica os corpos. Há, porém, uma outra força, não só aquela pela qual vivifico, mas também outra, pela qual sensibilizo minha carne, e que o Senhor criou para mim quando determinou que o olho não ouça e que ouvido não veja (Rm 11,8), mas que eu veja por aquele e ouça por este; e quando ordenou a cada um dos outros sentidos que percebesse o que lhes é próprio, conforme sua posição e seu ofício. Por meio deles, eu, que sou um único ânimo, realizo as diversas funções. Mas também passarei além dessa minha força, porque igualmente a têm o cavalo e a mula, já que também sentem por meio do corpo.

O palácio da memória.

10.8.12. Passarei, então, além da força de minha natureza, ascendendo os degraus até aquele que me criou, e chegarei aos campos (Verg. A. 6.679),[338] e aos vastos pretórios (Verg. G. 4.75),[339] da memória, onde estão os tesouros (Verg. G. 4.228) de inumeráveis imagens de todo tipo de coisas, percebidas pelos sentidos.[340] Ali se oculta tudo o que pensamos, quando aumentamos, diminuímos ou transformamos de qualquer modo o que os sentidos perceberam; ali também se oculta o que foi captado e guardado, antes ser absorvido ou sepultado pelo esquecimento. Quando ali me encontro, peço que se apresente o que quero, e algumas imagens revelam-se de pronto, ao passo que algumas outras demoram a serem trazidas, como se fossem retiradas de receptáculos escondidos; outras mais, por seu turno, prorrompem (Verg. G. 4.78) em enxame. Além disso, enquanto desejo e procuro umas, outras saltam no meio, como se dizendo: "Por acaso não somos nós?". Então, com a mão do coração, afasto-as da face de minha recordação, até que o que quero se desanuvie (Verg. G. 4.60) e salte de seu esconderijo para a minha presença. Outras imagens facilmente e em série, imperturbadas, apresentam-se assim que chamadas, e logo cedem a precedência a outras que se seguem e, assim fazendo, são guardadas para de novo se apresentarem, quando eu assim quiser. É o que ocorre quando narro algum evento de memória.

10.8.13. Separadas por gêneros, ali estão todas as sensações que foram armazenadas (Verg. G. 4.228) e que ingressaram por seu exclusivo acesso, como a luz, as cores e as formas dos corpos pelos olhos; todas as espécies de sons, pelos ouvidos; os odores, pela entrada do nariz; os sabores, pelo ádito (Verg. G. 4.35) da boca; pelas sensações do corpo, o que é duro e macio, o que é quente ou frio, o que é liso ou áspero, pesado ou leve, seja exterior ou interior. Tudo isso é recebido no grande repositório da memória e em suas secretas e inefáveis reentrâncias, para ser revisitado e recordado quando for preciso. Todas as imagens que ingressaram, cada qual por sua entrada (Verg. G. 4.247), nele estão guardadas. Entretanto, as imagens da percepção das coisas que estão à disposição do pensamento, que delas se recorda, não são as próprias coisas. Contudo, quem dirá de que modo essas imagens são fabricadas, ainda que seja claro por quais sentidos foram recebidas e guardadas no interior? Pois mesmo quando me encontro na escuridão e no silêncio, posso trazer memória, se assim eu quero, todas as cores, e consigo diferenciar o branco do preto, e os outros tons entre si, sem que sons acorram e perturbem o que, trazido pelos olhos (Verg. G. 4.220), eu examino, embora os próprios sons também estejam ali presentes, e, como se postos à parte, permaneçam latentes. Daí, se for de meu desejo, também posso chamá-los, e eles de pronto se apresentarão. Então, com a língua quieta e a garganta silente, eu canto quanto quero, sem que as imagens das cores, que não menos ali estão, se interponham e interrompam esse outro tesouro que é trazido, e que chega pelos ouvidos. De igual modo, os demais estímulos que pelos outros sentidos ingressaram e foram acumulados, eu deles me recordo conforme me interessa, e sem olfatear distingo o aroma dos lírios do das violetas (Verg. G. 4.275); e, sem degustar nem apalpar, apenas por meio da recordação, prefiro o mel ao mosto do vinho (Verg. G. 4.265; 4.269), e o macio ao áspero.

10.8.14. Eu realizo tudo isso no meu interior, no imenso palácio (Verg. G. 4.90),[341] de minha memória. Ali estão à disposição o céu, a terra e o mar, com tudo que pude neles sentir – exceto, apenas, aquilo de que me esqueci. Ali eu mesmo me encontro e recordo-me do que fiz, de quando, onde e de que modo assim agi, e qual foi a minha sensação. Ali está tudo de que me lembro ter experimentado ou acreditado. Daquele acervo vem a possibilidade de comparação das coisas, tanto das que eu experimentei quanto daquelas em que acreditei a partir da experiência alheia; e umas e outras associo com as pretéritas, e infiro delas as ações futuras, os vindouros eventos e as esperanças – tudo como se fosse presente. "Farei isso e aquilo", digo a mim mesmo na reentrância imensa de meu ânimo, pleno de imagens de tantas e tamanhas coisas. E "disso" ou "daquilo" se segue: "Ah, se fosse uma ou outra situação! Que Deus afaste uma ou outra!". Digo-o a mim, e, quando digo, vêm-me as imagens de tudo o que digo, provindas do mesmo tesouro da memória, porque eu absolutamente nada diria sobre elas se não existissem.

10.8.15. Grande, imensamente grande é a força da memória, meu Deus. É um santuário infinitamente amplo. Quem chegará a seu fundo? Essa força é de meu ânimo, e pertence à minha natureza. Por isso, eu não consigo perceber tudo que sou. Será porque o ânimo é pequeno demais para conter a si mesmo? Mas onde está aquilo que ele não contém de si? Será que está fora dele, e não nele? Como, então, não o contém? Muito me espanto em relação a isso. Toma-me o estupor. Os homens viajam para admirar o cume das montanhas, os imensos vagalhões do mar, as largas corredeiras dos rios, a vastidão do oceano e o giro das estrelas (Sb 13,2), mas se esquecem de si. Não se admiram de que eu não veja os seres, quando os nomeio. Mas eu não os poderia nomear se não os visse dentro de minha memória, com tamanha dimensão, como se eu estivesse vendo fora de mim os montes, as ondas, os rios, as estrelas, que já observei, e o oceano, em que acreditei. No entanto, vendo-os, não os absorvi quando os vi com meus olhos. Esses seres não estão junto de mim; só estão suas imagens, e sei por qual sentido do corpo cada uma delas em mim foi impressa.

A memória intelectual.

10.9.16. Mas não é só isso que a vasta capacidade de minha memória encerra. Ali estão os ensinamentos das disciplinas liberais que ainda não foram esquecidos, e que estão como que retirados em algum lugar interior, que não é propriamente um lugar. No caso, não carrego suas imagens, mas os próprios ensinamentos. O que é a literatura, o que é a perícia dialética, quais são os gêneros de questões e o que deles sei, tudo isso está de tal forma depositado em minha memória que não se encontra ali como imagens soltas, cuja realidade foi largada de fora. Se assim fosse, tudo passaria como a voz, que soa e deixa nos ouvidos sua impressão, como um rastro pelo qual é recordada, como se soasse quando já não soa. Seria como um odor que, quando passa e se esvanece nos ventos, afeta o olfato e traça sua imagem na memória, que repetimos ao recordar. Ou seria como a comida, que, já estando no ventre, é insípida, embora na memória ainda guarde o sabor. Ou seria como alguma sensação que é percebida quando o corpo é tocado, e que, mesmo que ele não mais o seja, ainda é imaginada pela memória. Porque os seres não são introduzidos na memória, posto que as suas imagens sejam capturadas com admirável rapidez, e sejam guardadas em locais semelhantes a maravilhosas celas (Verg. *G.* 4.164), de onde, pela recordação, são maravilhosamente tiradas.

A memória e o abstrato.

10.10.17. Entretanto, quando ouço que há três tipos de questões – "se é", "o que é" e "como é"[342] –, retenho a imagem dos sons de que essas palavras são compostas, e sei que já passaram com estrépito pelo ar, e que não mais existem. Mas as próprias coisas que são significadas por aqueles sons, nem por nenhum sentido do corpo as toquei, nem as vi em nenhum lugar, exceto em meu ânimo; e guardei na memória não as suas imagens, mas elas próprias – que elas me digam por onde em mim entraram, se puderem. Pois percorro todas as janelas de minha carne e não encontro por qual delas ingressaram. Porque os olhos dizem: "se são coloridas, nós as anunciamos"; os ouvidos dizem: "se soaram, foram por nós indicadas"; as narinas dizem: "se rescenderam, nós as transmitimos"; sentido do paladar diz: "se não têm gosto, não me perguntes"; o tato diz: "se não são corpóreas, não as toquei; se não as toquei, não as pude indicar". Por onde e por que acesso, então, entraram em minha memória? Não sei. Pois quando as aprendi, não creditei a alheio coração, mas as reconheci no meu. Aproveitei-as como verdadeiras e recomendei-as a meu coração, como em depósito, de onde eu as tirasse quando quisesse. Ali estavam antes que eu as aprendesse, apesar de não estarem na memória. De onde, então, e porque as reconheci quando foram nomeadas, e disse: "Assim é, é verdade", senão porque já estavam na memória, embora tão retiradas e enterradas, como se em ocultos socavões (Verg. *G.* 4.58), que, se alguém não me admoestasse a fazê-las sair, talvez eu não viesse a cogitá-las?

O cogitar.

10.11.18. Por consequência, descobrimos que aprendemos as noções desse gênero – das quais não recebemos as imagens pelos sentidos – não por meio de imagens, mas como elas de fato são. Recebemo-las elas próprias, ao vê-las em nosso interior. Isso quer dizer que aprender é algo como "coligir"[343] por meio da cogitação o que a memória já contém aqui e ali disperso e desordenado, e cuidar, por força da atenção, para que tudo esteja à disposição na própria memória – onde antes se escondia em abandono –, para se apresentar com facilidade à habitual reflexão. Quanto dessas questões não guarda minha memória! E uma vez que já foram encontradas e, como eu disse, estão à disposição, afirmamos que as aprendemos e conhecemos. No entanto, se mesmo por pequenos intervalos de tempo eu deixo de recordá-las, elas reimergem e dispersam-se nos mais remotos penetrais, de tal sorte que, de novo, como se fossem novas, devem ser excogitadas pelo mesmo caminho (pois elas não têm outro lugar) e outra vez reunidas, para que possam ser sabidas. Isto é, é preciso coligi-las de novo de sua dispersão por meio da cogitação. Por isso se diz *cogitar*. Pois *cogo* (reúno) e *cogito* (cogito muitas vezes) são como *ago* (movo) e *agito* (movo muitas vezes), *facio* (faço) e *factito* (faço muitas vezes). Porém o ânimo reivindicou a palavra "cogito" como propriedade sua. Dessa maneira, só o que no ânimo é coligido, isto é, o que é reunido (*cogitur*), propriamente se chama de cogitar.

A memória e os números.

10.12.19. A memória também contém as proporções e as inumeráveis leis dos números e das medidas, nenhuma das quais impressa pelos sentidos do corpo, porque essas noções não são coloridas, não soam, não têm cheiro, não têm gosto, nem podem ser tocadas. Quando são pronunciados, ouço os sons das palavras, com que as designam. Mas uma coisa são as palavras; outra, o significado que têm. Pois as palavras soam de um modo em grego, de outro em latim, mas o significado não é nem grego nem latino, nem de outro tipo de língua. Vi as linhas traçadas por artesãos tão finas como fios de teia de aranha. Mas as linhas matemáticas são diferentes, não são as imagens delas que os olhos carnais me anunciam. Quem as conhece, reconhece-as interiormente, sem pensar em um corpo. Percebi também os números, com que contamos, por meio de todos os sentidos do corpo. Mas os números com que contamos são outros, não são as imagens que temos deles, e por isso têm uma existência superior.[344] Zombe de mim por dizer tais coisas quem não as vê, e eu terei dó de quem zombar de mim.

A memória da recordação.

10.13.20. Todas essas noções eu tenho na memória, e tenho na memória como as aprendi. E as muitas objeções que ouvi contra essas noções serem falsamente postas em discussão eu também tenho na memória. No entanto, ainda que essas objeções que sejam falsas, não é falso o fato de eu me recordar delas e haver feito a distinção entre aquelas, verdadeiras, e estas, falsas, que contra aquelas foram suscitadas. Disso me lembro e vejo que uma coisa é eu distinguir agora essas situações, e outra é me lembrar delas e as haver distinguido muitas vezes, quando muitas vezes pensei a seu respeito. Logo, eu me lembro de haver muitas vezes entendido isso, e o que agora distingo e entendo, guardo na memória, para que eu me lembre depois do que entendi agora. Dessa maneira, também me lembro de haver lembrado, assim como depois, se eu me recordar do que agora pude lembrar, lembrarei por força da memória.

A memória dos afetos.

10.14.21. A memória também guarda os afetos de meu ânimo, não do modo como o ânimo os percebe quando deles padece, mas de outro modo muito diferente, como a força da memória percebe a si mesma. Pois mesmo não estando alegre, eu me lembro de haver estado alegre; e recordo-me de minha passada tristeza mesmo não estando triste. De igual sorte, repasso sem temor haver alguma vez temido, e rememoro um antigo desejo sem desejar. Algumas vezes, pelo contrário, mesmo alegre, eu me recordo da tristeza passada; e, mesmo triste, da alegria. O que não é de admirar no que se refere ao corpo, pois uma coisa é ele; outra, o ânimo. Assim não causa espanto se, em regozijo, eu me lembrar de uma dor corporal passada. Mas aqui o ânimo é a própria memória, tanto que, quando mandamos alguém guardar algo de memória, chamando a memória de ânimo, dizemos: "Guarda isso no ânimo"; e quando nos esquecemos, dizemos: "Não o retive no ânimo"; ou: "Fugiu-me do ânimo". Desse modo, como explicar que, quando estou alegre e me lembro de minha tristeza passada, meu ânimo sente alegria e a memória sente tristeza, estando o ânimo alegre pela alegria que nele há, sem que a memória esteja triste por aquilo que de triste há nela? Por acaso não pertence ao ânimo? Quem diria isso? Porventura a memória é como o ventre do ânimo, e a alegria e a tristeza são como alimentos doce e amargo, de tal maneira que, uma vez entregues à memória, são como os alimentos entregues ao ventre, que podem ser ali guardados, mas não saboreados? É ridículo pensar que uma situação e outra sejam semelhantes, embora também não sejam de todo dessemelhantes.

10.14.22. Eis que quando digo que são quatro as perturbações do ânimo – desejo, alegria, medo e tristeza –,[345] e o mais quanto sobre elas eu poderia raciocinar, ao defini-las e separá-las por espécies de seus gêneros, é da memória que eu trago essas noções. Ali encontro e tiro o que direi, sem que por nenhuma daquelas perturbações eu seja perturbado quando as rememoro, ao delas me recordar. Antes de as evocar e trazer de volta, ali estavam. Por isso, pude trazê-las por meio da recordação. Será que, do mesmo modo como o alimento sai do estômago pela ruminação, também as noções são trazidas da memória por meio da recordação? Por que, então, o orador, ou aquele que vai se lembrando, não sente na boca do pensamento o dulçor da alegria e o amargor da tristeza? Será que nisso é dessemelhante o que não é semelhante em toda parte? Afinal, quem de nós voluntariamente tais coisas diria, se toda vez que nomeássemos a tristeza e o medo fôssemos obrigados a nos entristecer e temer? No entanto, não falaríamos delas se em nossa memória não encontrássemos não só os sons dos nomes segundo as imagens impressas pelos sentidos do corpo, mas ainda as noções das coisas que não recebemos por nenhuma janela da carne, mas que o próprio ânimo, as sentindo pela experiência de suas paixões, entregou-as à memória, ou que a própria memória, mesmo não lhe havendo essas sido entregues, as reteve para si.

O processo da lembrança.

10.15.23. Mas quem poderá explicar facilmente se essa recordação se processa por meio de imagens ou não? Nomeio a pedra, nomeio o sol, e, embora eles não estejam presentes para meus sentidos, suas imagens decerto estão em minha memória. Designo pelo nome a dor do corpo, que não está presente em mim quando nada dói; no entanto, se eu não tivesse sua imagem em minha memória, não saberia o que dizia, nem, no raciocínio, a discerniria do prazer. Designo pelo nome a saúde do corpo, estando meu corpo saudável, e a situação é-me presente. Mas se sua imagem não estivesse em minha memória, eu não me recordaria do significado do som do nome, nem os doentes reconheceriam, designada a saúde pelo nome, o que era dito, se não tivessem, do mesmo modo, a imagem na força da memória, mesmo que a própria saúde estivesse ausente no corpo. Designo pelo nome os números com que contamos, posto que estejam presentes na memória não suas imagens, mas eles próprios. Designo pelo nome a imagem do sol, e ela está na minha memória, mas o de que me recordo não é a imagem de sua imagem, mas ela própria; é ela que rápida me vem à lembrança. Designo a memória pelo nome e reconheço o que designo. E de onde a reconheço, se não na própria memória? Será que ela mesma está presente por sua imagem, e não por si mesma?

A memória do esquecido.

10.16.24. Quando designo pelo nome o esquecimento, e do mesmo modo reconheço o que designo, de onde reconheceria se dele não me lembrasse? Não falo do som desse nome, mas do que significa. Se eu dele me houvesse esquecido, não poderia reconhecer o que valia aquele som. Ora, quando me lembro da memória, por si mesma é a própria memória que se apresenta. Mas, quando me lembro do esquecimento, logo me acorrem a memória e o esquecimento – a memória, pela qual me lembro, e o esquecimento, de que me lembro. Mas o que é o esquecimento senão a privação da memória? Como está presente quando me lembro dele, já que quando está presente não posso me lembrar? Mas se retemos na memória aquilo de que nos recordamos, e se não recordássemos do esquecimento não poderíamos, ouvindo esse nome, reconhecer o que significa, conclui-se que a memória retém o esquecimento. Logo, está presente para que não esqueçamos o que esquecemos quando se apresenta. Será que podemos deduzir daí que o esquecimento, quando dele nos recordamos, não está presente por si mesmo na memória, mas por sua imagem, porque se estivesse presente por si mesmo, ele não faria que lembrássemos, mas que esquecêssemos? Enfim, quem o decifrará? Quem compreenderá seu modo de ser?

10.16.25. Eu, Senhor, labuto nessas indagações, e é sobre mim mesmo que labuto: transformei-me em terra de agruras e abundante suor (Gn 3,17-19). Pois não escrutamos agora as plagas do céu, nem medimos os intervalos das estrelas, nem buscamos os contrapesos da terra (Jó 28,25). Eu sou o que recorda, eu sou o meu ânimo. Não é de se espantar que o que não sou eu esteja longe de mim; pois o que há mais próximo de mim que eu mesmo? No entanto, eis que não chego a compreender a força de minha memória, quando, sem ela, não poderei compreender esse "eu". Então, o que direi, se estou certo de que me lembro do esquecimento? Será que poderei dizer que não está na memória aquilo de que me lembro? Será que poderei dizer que o esquecimento está em minha memória, para que eu não me esqueça? Contudo, uma e outra hipótese são inteiramente absurdas. Mas haverá uma terceira? Com qual fundamento poderei dizer que a minha memória retém a imagem do esquecimento, e não o esquecimento em si, quando dele me lembro? Com qual fundamento poderei dizê-lo, quando é necessário que a própria coisa esteja presente para que sua imagem seja impressa na memória? É assim que me lembro de Cartago, de todos os lugares aonde fui, dos rostos que vi, do que foi anunciado pelos outros sentidos, como no caso da saúde ou da dor do corpo. Quando tudo isso estava presente, a memória lhes tomou as imagens, que eu via presentes, para que eu as trouxesse ao ânimo, quando lembrasse delas, mesmo estando ausentes. Se por sua imagem, e não por si mesmo, o esquecimento está na memória, ele próprio esteve ali presente, para que sua imagem fosse colhida. Quando estava presente, porém, de que modo o esquecimento se gravou na memória, quando sua presença apaga o que se encontra inscrito? Então, seja como for, mesmo que seja incompreensível e inexplicável, estou certo de que me recordo do esquecimento, que sepulta tudo o que recordamos.

A força da memória.

10.17.26. Grande é a força da memória, meu Deus, e tem algo que me causa horror: uma multiplicidade profunda e infinita. E isso é o ânimo, e é isso que eu sou. Logo, o que sou eu, Deus meu? Qual é a minha natureza? A vida vária, multiforme e imensa. Eis-me nos campos de minha memória, nos antros (Verg. G. 4.44) e cavernas inumeráveis e inumeravelmente cheias de todo gênero de coisas, quer por imagens, como de todos os corpos, quer por presença, como no caso das artes, quer por não sei quais noções ou sinais, como no caso das perturbações do ânimo (afecções que, embora o ânimo não padeça delas, a memória as guarda, por estar no ânimo tudo que está na memória). Eu passeio por todas essas coisas. Voo daqui para ali e penetro o quanto posso, ainda que nunca encontre o fim. Tamanha é a força da memória, e tamanha é a força da vida no homem que vive mortalmente! Então, meu Deus, ó vida verdadeira, o que então farei (Jo 14,6)? Transporei essa minha força, que é chamada de memória? Irei além dela para chegar a ti, ó doce luz (Ecl 11,7). O que me dizes? Eis que eu, ao ascender pelo ânimo a ti, que sobre mim permaneces, irei além dessa minha força que é chamada memória, por querer te tocar, onde podes ser tocado, e prender-me a ti, onde é possível em ti me aderir (Sl 72,38). As reses e as aves também são dotas de memória as reses, pois de outro modo não retornariam aos seus apriscos e ninhos, nem fariam muitas outras coisas a que estão acostumadas, pois nem sequer poderiam a elas se acostumar, senão por intermédio da memória. Irei, portanto, além da memória para tocar aquele que me distinguiu dos quadrúpedes e fez-me mais sábio do que as aves do céu (Jó 35,11). Irei além de onde te encontrei, ó verdadeiro bem e segura suavidade, para onde eu possa te encontrar (Ter. *And.* 338)? Mas se sem a minha memória eu te encontro, esqueço-me de ti (Sl 136,5). E como te encontrarei, se não me lembrar de ti?

A memória das coisas perdidas.

10.18.27. Uma mulher perdeu uma dracma (Lc 15,8) e a procurou com a lanterna; mas se dela não se recordasse, não a poderia encontrar. Pois se a encontrasse, como saberia que era ela, se dela não se recordasse? Lembro-me de muitas coisas perdidas, que eu procurei e encontrei. E sei disso porque, enquanto procurava alguma delas, eu dizia: "Por acaso é essa?", "Por acaso é aquela outra?". E sempre me respondia:

"Não é". Até que se me oferecia a coisa que eu buscava. Se dela eu não me lembrasse, fosse a que fosse, ainda que se me oferecesse, eu não a encontraria, porque não poderia reconhecê-la. E isso é o que ocorre quando procuramos e encontramos algum objeto perdido. Portanto, se algo desaparece da minha vista, e não de minha memória, como no caso de um corpo visível qualquer, sua imagem conserva-se no meu interior, e eu a procuro até que retorne à vista. Então, quando o objeto é encontrado, é reconhecido pela imagem que está guardada no meu interior. Assim, não dizemos haver achado o que foi perdido, se não o reconhecemos; e não podemos reconhecê-lo, se dele não nos lembramos.

O esquecimento.

10.19.28. Aquilo que desapareceu de nossos olhos está guardado na memória.[346] Entretanto, o que ocorre quando a própria memória o perde, como acontece quando nos esquecemos e buscamos até recordarmos? Onde o buscamos, senão na própria memória? Mas se algo se oferece no lugar do que é procurado, rechaçamo-lo até que se apresente o que de fato buscamos. Então, quando ele se apresenta, nós dizemos: "É isso" – o que não diríamos se não o reconhecêssemos, e não o reconheceríamos se dele não nos recordássemos. Decerto, então, dele nos haveríamos esquecido. Contudo, se por acaso isso que buscamos não houver desaparecido de todo, será que poderemos buscar, a partir da parte que ainda permanece, a outra parte desaparecida? De fato, a memória sentiria não poder resolver de uma só vez o que de uma só vez costumava poder resolver, e, como se claudicante e truncada pelo costume, teria de pedir que a ela retornasse o que lhe faltava. Do mesmo modo, quando nos lembramos ou, por intermédio dos olhos, vemos uma pessoa conhecida, e esquecemos o seu nome, e nós o procuramos, mas outro nome nos ocorre, que não se liga àquela pessoa, porque não costumamos pensá-lo com ela, esse nome é então rechaçado até que se apresente outro que, por ser simultaneamente costumeiro e conhecido, de modo satisfatório nos venha a acorrer. Então, de onde esse nome certo vem se apresentar senão da memória? Pois quando alguém dele nos lembra, ele então se apresenta, e nós o reconhecemos. Reconhecemos porque não o aceitamos como novo, mas, por meio da recordação, concordamos que é aquele que foi nos foi dito. Pois se houvesse sido apagado da alma, nem avisados por outrem nós o recordaríamos. Desse modo, não nos esquecemos inteiramente daquilo que lembramos ter esquecido. E não poderíamos buscar o que foi perdido se o houvéssemos esquecido inteiramente.

A memória e a vida feliz.

10.20.29. Então, de que modo eu te procuro, Senhor meu Deus? Quando te procuro, eu busco a vida feliz.[347] Procurar-te-ei, então, para que minha alma viva (Sl 68,33; Is 55,3). Afinal, meu corpo vive de minha alma, e minha alma vive de ti. Assim, como devo procurar a vida feliz? Porque não a alcançarei até poder dizer "Basta, ei-la", ali onde convém que eu diga como a busco. Será por meio da reminiscência, como se a houvesse esquecido, mas ainda guardasse que eu a havia esquecido? Ou será que por meio do desejo de saber uma coisa que ignoro, seja por não a haver conhecido, seja por a haver esquecido, de modo que nem me lembrasse de a haver esquecido? Mas não é pela própria vida feliz que todos anseiam, sem que exista quem não a almeje? Onde, então, todos a conheceram, para que assim a queiram? Onde a viram, para amá-la? Certamente temos guardada a sua imagem, mas não sei de que modo. No entanto, aquele que, a tendo, é feliz, é feliz de um modo diferente daqueles que são felizes pela esperança de o serem. Estes, que têm a esperança da felicidade, têm-na de maneira inferior à daqueles que, já pela felicidade, são felizes; embora a tenham de modo superior ao daqueles que não tem a esperança de serem felizes. Estes últimos, no entanto, se não tivessem de algum modo a felicidade, tampouco quereriam ser felizes; e nada existe de mais certo do que eles o quererem. Não sei como a conheceram, e por isso não sei qual a noção que têm dela. Mas eu desejo ardentemente saber se eles a têm na memória. Pois se a felicidade se encontra na memória, todos já fomos alguma vez felizes. Porém não sei se o fomos todos individualmente, ou se naquele homem que primeiro pecou, no qual todos morremos (1 Cor 15,22) e do qual todos nascemos na miséria. Disso, porém, não cuido agora, e tão só pergunto se a vida feliz está guardada na memória. Pois não a amaríamos se não a conhecêssemos. Ouvimos o nome da felicidade e confessamos que ela nos apetece, não porque o som nos agrada. Pois quando um grego ouve essa palavra ser pronunciada em latim, ele não se deleita, já que não sabe o que foi dito. Nós, porém, nos deleitamos assim como ele se deleitaria se ouvisse a mesma palavra em grego, uma vez que a felicidade em si não é grega nem latina, e tanto os gregos, quanto os latinos e os falantes de outras línguas, desejam alcançá-la. Logo, a felicidade é conhecida por todos, que, se por uma única voz pudessem ser indagados se queriam ser felizes, sem hesitação responderiam que sim. O que, todavia, não poderia acontecer se a própria vida feliz, significada por essa expressão, não estivesse guardada em sua memória.

O conhecimento da felicidade.

10.21.30. Por acaso, a felicidade é lembrada da mesma forma como quem viu Cartago dela se lembra? Não: a felicidade não é vista com os olhos, por não ser um corpo. Então, será que dela nos recordamos como nos lembramos dos números? Não: quem tem a noção dos números não busca alcançá-los; ao passo que nós temos a noção da vida feliz, e por isso a amamos e queremos alcançá-la para sermos felizes. Então, será que nos recordamos da felicidade do mesmo modo como nos lembramos da eloquência? Não: embora ao ouvir essa palavra nos lembremos da própria eloquência, aqueles que ainda não são eloquentes muito anseiam por sê-lo – de onde se vê que têm alguma noção da eloquência –; no entanto, têm essa noção adquirida por meio dos sentidos do corpo, ao verem outros que são eloquentes e ao se deleitarem com eles, e por isso também desejam sê-lo, embora se não fosse pela noção interior, não se deleitariam; nem quereriam ser eloquentes, se não se deleitassem com isso. No entanto, não é pelos sentidos do corpo que experimentamos nos outros a vida feliz. Então, será que nos lembramos dela do mesmo modo como nos lembramos do regozijo? Talvez. Pois assim como, sentindo-me triste, posso me recordar do regozijo, também, sentindo-me infeliz, posso me lembrar da felicidade. Por outro lado, por meio dos sentidos do corpo eu nunca vi o meu regozijo, nem o ouvi, nem senti seu cheiro, nem o saboreei, nem o toquei, mas o experimentei em meu ânimo quando estava alegre, e sua noção se prendeu em minha memória, para que eu pudesse dela me recordar, algumas vezes com desgosto, outras com desejo, segundo a diversidade das coisas pelas quais me lembrei de regozijar. Pois também algumas vezes me inundei de regozijo pelas minhas torpezas, que, ao delas me recordar, me fazem detestá-lo e execrá-lo; do mesmo modo, outras vezes me regozijei pelas minhas coisas boas e honestas, das quais, as desejando, me recordo, ainda que não estejam presentes, de modo que, com tristeza, me lembro de meu antigo regozijo.

10.21.31. Onde, afinal, e quando eu experimentei a vida feliz para dela me recordar, amar e desejar? Não sou o único nem estou com poucos, pois todos querem ser felizes. E se não conhecêssemos sua noção, não o desejaríamos com tão firme vontade. Mas o que significa isso (Ex 13,14)? Pois se se perguntar a dois homens se querem se alistar no exército, pode acontecer de um responder que quer; e outro, que não. Porém se lhes perguntar se querem ser felizes, ambos, sem hesitação, dirão que sim, tanto o que deseja se alistar, quanto o que não deseja, pois não optam senão por serem felizes. Não será porque um se regozija com uma possibilidade, e outro com outra? Assim, todos concordam em querer ser felizes, do mesmo modo como concordariam se lhes fosse perguntado se querem se regozijar; e todos chamam esse regozijo de vida feliz. Posto que um siga por um caminho, outro por outro, aquele caminho pelo qual todos se esforçam em trilhar para se regozijarem é um só. E, uma vez que o regozijo é algo que ninguém pode dizer nunca haver experimentado, já que está guardado na memória, é reconhecido quando se ouvem as palavras "vida feliz".

Deus é a felicidade.

10.22.32. Longe esteja, Senhor,
longe esteja do coração do servo teu, que a ti confessa,
longe esteja, por qualquer regozijo com que me regozije,
que feliz eu me julgue.
Pois é um gozo que não é dado aos ímpios (Is 48,22),
mas àqueles que sem interesse te cultuam,
dos quais o gozo tu mesmo és.
E a própria vida feliz é regozijar para ti, de ti e por ti;
é essa, e não é outra.

Os que, porém, julgam outra ser,
outro gozo perseguem, e não o verdadeiro.
De alguma imagem do gozo, no entanto, a vontade deles não se afasta.

A felicidade e a verdade.

10.23.33. Então, não será certo dizer que todos querem ser felizes, uma vez que aqueles que não querem se regozijar em ti, que és a única vida feliz, não querem a vida feliz. Ou talvez queiram, mas, uma vez que a carne ambiciona contra o espírito, e o espírito contra a carne, de modo que não façam o que querem (Gl 5,17), apegam-se ao que podem, e com isso se contentam, porque aquilo que não podem, não querem tanto quanto é preciso para que o possam (Ter. *And.* 305-306)? Pergunto a todos se preferem se regozijar com a verdade ou com a falsidade, e tanto ninguém hesita em dizer que prefere se regozijar com a verdade quanto tampouco ninguém hesita em dizer que quer ser feliz. Pois a vida feliz é o gozo da verdade. Isso é, é o gozo de ti, que és a verdade, Deus, iluminação minha (Sl 26,1), salvação de minha face (Sl 41,7), Deus meu. Todos querem a vida feliz; todos querem essa vida que só é feliz; todos querem o gozo da verdade. Encontrei muitos que desejam enganar, mas ninguém que deseje ser enganado. Onde, pois, todos conheceram a vida feliz, senão onde conheceram a verdade? Amam-na porque não querem ser enganados; e, como amam a vida feliz que nada é senão o gozo da verdade, amam com efeito a verdade, e não a amariam se não tivessem alguma noção dela guardada na memória. Então, por que não se regozijam por ela? Por que não são felizes? Porque se ocupam com mais empenho em coisas que mais os fazem infelizes do que com a verdade, que os deixa felizes, e de que tão debilmente se recordam. Afinal, ainda há um pouco de luz entre os homens (Jo 12,35,36). Que eles caminhem; caminhem, para que as trevas não os apanhem!

10.23.34. Mas por que a verdade gera o ódio (Ter. *And.* 68)? E por que o teu homem que prega a verdade é feito inimigo (Gl 4,16), se a vida feliz é amada, ela que não é senão o gozo da verdade? Pois se a verdade não é amada dessa forma, todos que amam outra coisa querem que o que amam seja a verdade; e, uma vez que não querem ser enganados, não querem ser convencidos de que estão errados. Por isso, odeiam a verdade (Jo 3,20) por causa do que amam no lugar da verdade. Amam-na quando ela os ilumina, odeiam-na quando os repreende. Mas porque não querem ser enganados e querem enganar, amam-na quando ela se manifesta e odeiam-na quando ela os revela. Ela, porém, retribuirá aos que não querem ser por ela expostos; ela os revelará e não lhes será revelada. Assim, assim e ainda assim, o ânimo humano, cego e lânguido, torpe e indecente, quer se ocultar, mas também quer que nada lhe seja oculto. Em retribuição, ele não se ocultará à verdade, mas a verdade dele se ocultará. Entretanto, mesmo assim, quando está infeliz, o ânimo humano antes prefere se regozijar com as coisas verdadeiras do que com as falsas. Portanto, ele será feliz, sem ser embaraçado por qualquer moléstia, e se regozijará pela única verdade, por quem são verdadeiras todas as coisas.

Deus e a memória.

10.24.35. Eis o quanto me estendi a respeito de minha memória, procurando-te, Senhor, e não te encontrei fora dela. Pois nada encontrei sobre ti, de que não me lembrasse, desde que te conheci. Porque desde que te conheci, eu nada me esqueci de ti. Afinal, ali onde encontrei a verdade, ali encontrei meu Deus, a própria verdade, que desde que conheci, eu nunca esqueci. Assim, desde que te conheci, permaneces na minha memória, e ali te encontro quando me recordo de ti, e em ti me deleito (Sl 36,3-4). Essas são minhas santas delícias, aquelas que me deste por tua misericórdia, ao veres a minha pobreza (Sl 10,5).

Mas em que parte da memória Deus permanece?

10.25.36. Mas, Senhor, onde permaneces em minha memória? Onde ali permaneces? Que cômodo (Verg. G. 4.45) fabricaste para ti? Que santuário edificaste para ti? Tu deste à minha memória a honraria de nela permaneceres. Por isso, volto a indagar: em que parte dela tu permaneces? Quando me recordei de ti, passei além daquelas partes que os animais têm, porque aí não te encontrava entre as imagens das coisas corpóreas; daí, cheguei àquelas partes de minha memória onde eu depositei as afecções de meu ânimo, mas ali também não te encontrei. Tampouco na sede de meu ânimo, que está em minha memória, já que o ânimo lembra de si; e tu não estavas ali, porque assim como não és uma imagem corpórea nem uma afecção vital, como aquelas decorrentes de quando nos alegramos, nos entristecemos, desejamos, tememos, lembramos, esquecemo-nos e tudo mais desse modo, assim também não és o ânimo, porque tu és o Senhor Deus do ânimo. E tudo se altera, mas tu permaneces inalterado por cima de todas as coisas e te dignas a habitar a minha memória desde que te conheci. Como, entretanto, posso procurar o lugar que habitas, como se houvesse de fato um lugar ali? Tu, decerto, habitas minha memória, já que me lembro de ti, desde que te conheci, e é nela que te encontro, quando de ti me recordo.

A verdadeira relação do homem e Deus

10.26.37. Mas onde te encontrei, para conhecer-te? Pois já não estavas em minha memória antes que te conheci. Onde, então, te encontrei, para que te conhecesse, senão em ti, acima de mim? Não há um lugar; e nos afastamos e aproximamo-nos, mesmo sem existir um lugar. Ó verdade, que por toda parte assistes todos os que te consultam, e que a todos que te consultam respondes, ainda que coisas diversas. Tu respondes com clareza, mas nem todos com clareza te escutam. Todos consultam sobre o que querem, mas nem sempre ouvem o que querem. O melhor ministro teu não é aquele que busca ouvir de ti do que o que ele mesmo deseja, mas aquele outro que mais deseja o que ouve de ti.

Bem tarde te amei.

10.27.38. Bem tarde te amei,
ó beleza (l 95,6) tão antiga e tão nova,
bem tarde te amei.
E eis que estavas dentro de mim, e eu fora, e lá eu te buscava;
e a essas formosuras que fizeste, eu, disforme, me lançava.
Comigo estavas, e eu contigo não estava.
Essas coisas mantinham-me longe de ti,

essas coisas que, se em ti não estivessem, não existiriam.
Chamaste e clamaste, e rompeste a surdez minha.
Coruscaste, esplendeste e afugentaste a cegueira minha;
Recendeste, e o sopro aspirei, e te desejo;
saboreei-te, e tenho fome e tenho sede; (Sl 33,9)
tocaste-me, e ardi em tua paz. (Sl 4,9),[348]

As tentações da vida humana.

10.28.39. Quando eu me unir a ti (l 62,9) com todo o meu ser,
não mais haverá para mim dor e fadiga (Sl 89,10),
e viva será minha vida, toda plena de ti.
Agora, porém, já que aquele que preenches tu elevas,
como pleno de ti não estou,
um peso para mim eu sou.
Porfiam as alegrias minhas, que devem ser choradas,
e as tristezas minhas, que devem se alegrar,
e em que parte está a vitória não sei.
Travam combate as tristezas de meu mal contra os gozos do bem,
e em que parte estará a vitória eu não sei.
Ai de mim, Senhor, apieda-te de mim (l 30,10). Ai de mim.
Eis que as chagas minhas não oculto.
Médico és, doente estou;
Misericordioso és, mísero sou.
Acaso não é tentação a vida humana sobre a terra?
Quem quer as moléstias e as dificuldades?
Ordenas que sejam toleradas, não amadas.
Ninguém ama o que tolera,
embora ame tolerar.
Pois ainda que se regozije por tolerar,
prefere que não haja o que tolerar.
A prosperidade nas adversidades desejo,
e as adversidades na prosperidade temo.
Qual entre esses é o meio termo, onde a vida humana não seja uma
tentação?

Ai das prosperidades do século,

de novo e outra vez, pelo temor das adversidades e a corrupção da
                                                                    alegria
Ai das adversidades do século,
de novo e outra, e uma terceira vez, pelo desejo da prosperidade,
e porque dura a própria adversidade é,
e porque alquebra a tolerância.
Acaso não é uma provação a vida humana sobre a terra,
sem nenhum interstício (Jó 7,1)?

A continência é dom de Deus.

10.29.40. Toda a minha esperança não repousa senão em tua imensa misericórdia. Dá o que ordenas e ordena o que quiseres. Tu nos ordenas a continência. E alguém diz: "E como eu sei que ninguém pode ter a continência se não lhe for dada por Deus, saber de quem provém esse dom também faz parte da sabedoria" (Sb 8,21). Pois pela continência somos unidos (s 11,12) e reduzidos à unidade, à mesma unidade de que nos afastamos ao nos derramarmos em muitas coisas. Pois menos te ama quem ama alguém contigo, se não o ama por tua causa. Ó amor, que sempre ardes e nunca te extingues, ó caridade, Deus meu, acende-me. Ordenas a continência; então, dá o que ordenas e ordena o que quiseres.

A concupiscência da carne.

10.30.41. Tu me ordenas, com certeza, que eu me abstenha da concupiscência da carne, da concupiscência dos olhos e da ambição do século (1 Jo 2,16). Tu me ordenaste afastar-me da união carnal,[349] e, mesmo quanto ao casamento, aconselhaste e concedeste algo melhor (1 Cor 7,38). E porque o concedeste, assim foi feito, antes que eu me tornasse dispensador de teu sacramento (Cor 4,1). Mas ainda vivem na memória as imagens de tais prazeres, que meu hábito nela fixou, e sobre a qual já muito falei. E essas imagens ocorrem-me quando estou acordado, ainda que carentes de força. Porém durante os sonhos, elas me vêm não só ao deleite, mas ainda ao consentimento, semelhantes à realidade. E tamanho é o poder da ilusão dessas imagens em minha alma e em minha carne, que, estando adormecido, as falsas visões me persuadem – o que, estando eu acordado, as imagens verdadeiras não podem fazê-lo. Então, Senhor meu Deus, será que não sou eu mesmo? Ou será que é assim tão grande assim a distância existente entre mim e mim mesmo, quando entro no sono e dele volto? Onde está a minha razão, por meio da qual eu resisto a tais sugestões quando estou acordado, e que, se a mesma realidade é introduzida, permanece inabalável? Será que ela é fechada com os olhos? Será que é adormecida com os sentidos do corpo? E de onde vem que muitas vezes resistimos nos sonhos, recordados de nossos propósitos, e nele permanecemos castos, sem darmos assentimento aos prazeres? Entretanto, a distância é tão grande que, quando sucede de outro modo, ao acordarmos, voltamos à tranquilidade da consciência e, pela própria distância, percebemos que não fizemos o que lamentamos ter sido feito em nós.

10.30.42. Ó Deus onipotente, será que a tua mão não é capaz (Nm 11,23) de curar todos os langores (Sl 102,3) de minha alma e, com tua Graça mais abundante (Tm 1,14), extinguir até mesmo os movimentos lascivos em meu sono? Tu aumentarás em mim, Senhor, os teus dons mais e mais, para que minha alma se liberte do visgo da concupiscência e te siga, a fim de que ela não se rebele contra si própria; e assim tu farás para que, mesmo nos sonhos, por meio de imagens animalescas, minha alma não perpetre as torpezas da corrupção até a lascívia da carne; e que enfim nem sequer as consinta. Pois para ti, ó Onipotente, que podes realizar mais do que pedimos e entendemos (Ef 3,20-21), não é grande coisa fazeres que com, não só nesta vida, mas também nesta minha idade, isso não me cause deleite, ou que me deleite tão pouco que, durante o sono, eu consiga coibi-lo nos castos pensamentos. Agora, porém, a exultar com tremor (Sl 2,11) naquilo que me deste, e a chorar naquilo em que ainda não estou pronto, eu te disse, ó meu bom Senhor, que ainda me encontro nesse gênero de mal, à espera de que aperfeiçoes em mim as tuas misericórdias, até eu poder alcançar a plena paz que o meu interior e o meu exterior terão contigo terão, quando a morte for tragada na vitória (1 Cor 15,54).

A concupiscência da carne – a intemperança.

10.31.43. Basta a cada dia seu mal (Mt 6,34), e quem dera que lhe bastasse! Pois nós refazemos as perdas cotidianas do corpo por meio da comida e da bebida, antes que destruas o alimento e o ventre (1 Cor 6,13), quando matares a necessidade com a magnífica saciedade e revestires este corpo corruptível com a incorruptibilidade sempiterna (1 Cor 15,53). Mas agora me é agradável a necessidade, e luto contra essa delícia para não ser capturado. Travo uma guerra cotidiana por meio de jejuns (2 Cor 6,5-6), reduzindo meu corpo à servidão (1 Cor 9,26-27). Mas minhas dores são afastadas pelo prazer. Pois, se o remédio dos alimentos não nos socorre, a fome e a sede se transformam em dores, que, como a febre, queimam e matam. E como esse remédio já está pronto graças ao consolo de teus dons, entre os quais estão a terra, a água e o céu, que servem às nossas fraquezas, essa desgraça é chamada de prazer.

10.31.44. Ensinaste-me (Sl 70,17) a me aproximar dos alimentos que vou consumir como se fossem remédios. Mas na passagem da moléstia da indigência ao descanso da saciedade, o laço da concupiscência me enreda em insídias. Pois essa própria passagem é um prazer, e não há outra passagem, senão a que a necessidade nos obriga. Sendo a saúde a causa de comer e beber, o perigoso deleite ajunta-se à necessidade, e muitas vezes tenta ir adiante, para que eu faça por causa dele o que por causa da saúde digo ou quero fazer. E o limite para os dois não é o mesmo, pois o que basta para a saúde, é pouco para o deleite, e muitas vezes não temos certeza se é o necessário descuido do corpo que pede o sustento ou se é a enganosa volúpia do desejo que solicita ser atendida. Diante dessa incerteza, a alma infeliz se alegra e prepara em si mesma um apoio às escusas, regozijando-se com não poder determinar o que é o suficiente para o cuidado moderado da saúde, e, por isso, sob o pretexto de sua manutenção, poder esconder a satisfação do prazer. Eu me esforço todos os dias por resistir a tais tentações, e invoco tua mão direita e levo a ti minhas inquietações, porque sobre esse assunto ainda não é firme a minha reflexão.

10.31.45. Ouço a voz de Deus ordenar: "Que vossos corações não pesem na gula e na embriaguez" (Lc 21,34). A embriaguez está longe de mim; e tu, Senhor, de mim te apiedarás para que ela não se aproxime. A gula, porém, às vezes surpreende este teu servo: apieda-te, para que a mantenhas longe de mim. Pois ninguém pode ter a continência a não ser que a dês (Sb 8,21). Tu nos concedes muitas coisas quando rezamos, e o quanto de bom recebemos antes de rezarmos, é de ti que recebemos. Do mesmo modo, o que depois reconheceremos como bom, terá sido de ti que receberemos. Eu nunca fui ébrio, mas eu conheci ébrios que tu tornaste sóbrios. Logo, é graças a ti que os que nunca foram ébrios nunca o foram, e os que foram não o foram para sempre – e uns e outros devem a ti saberem quem lhos concedeu. Eu ouvi outra fala tua: "Não sigas tuas concupiscências; reprime tua volúpia" (Eclo 18,30). Ouvi também aquela fala que, por dom teu, eu muito amei: "Se comemos, nada temos demais e, se não comemos, nada nos falta" (1 Cor 8,8). Quer dizer: "Nem uma a abundância me fará rico, nem a penúria me fará pobre". E aprendi outra: "Sei viver na pobreza e sei viver na fartura. Tudo posso naquele que me conforta" (Fl 4,11-13). Eis o soldado das guarnições celestes, que não é o pó que somos. Mas, Senhor, lembra que somos pó (Sl 103,14) e que do pó fizeste o homem (Gn 3,19); lembra que este, tendo se perdido, foi achado (Lc 15,24). E nem aquele[350] a quem amei, dizendo tais coisas sob o sopro de tua inspiração, pôde por si mesmo, porque do mesmo modo foi pó. "Tudo posso", disse ele, "em Cristo, que me conforta". Conforta-me, para que eu possa. Dá o que ordenas e ordena o que quiseres. Ele confessa haver tudo recebido de ti, e que, quando se glorifica, glorifica-se no Senhor (1 Cor 1,31). Ouvi outro[351] que rogava para que recebesse: "Afasta de mim a concupiscência do ventre" (Eclo 23,6). De onde se vê, ó santo Deus, que, quando acontece o que ordenas acontecer, és tu que o concedes.

10.31.46. Tu me ensinaste, bom pai, que para os puros todas as coisas são puras (Tt 1,15), mas que comer com escândalo faz mal aos seres humanos (Rm 14,20); e que tudo que criaste é bom, e que nada que é recebido com ação de graças deve ser desprezado (1 Tm 4,4-5). Ensinaste-me que não é a comida que nos recomenda a Deus (1 Cor 8,8); e que ninguém deve nos julgar pela comida ou pela bebida (Cl 2,16). Por isso, quem come determinado alimento não deve desprezar aquele que não come, e quem não come não deve repreender quem come (Rm 14,3). Isso me ensinaste. Graças a ti, louvores te sejam dados, meu Deus, meu mestre, tu que bateste às portas de meus ouvidos (Ap 3,20) e iluminaste meu coração (Sl 30,17). Livra-me de toda tentação (Sl 17,30). Não receio a impureza do alimento, mas a impureza do desejo. Sei que a Noé foi permitido comer todo tipo de carne que pudesse servir de alimento (Gn 9,3-4); que Elias se nutriu comendo carne (1 Rs 17,6); que João, que guardou admirável abstinência, não se conspurcou com os animais, isto é, quando teve gafanhotos por comida (Mt 3,4). E sei que Esaú foi enganado por desejar as lentilhas (Gn 25,34), que Davi se repreendeu em razão de seu desejo por água (2 Rs 23,15-17), e que nosso rei foi tentado não por carne, mas por pão (Mt 4,3). Por isso também, o povo no deserto mereceu ser reprovado, não porque desejava carne, mas por haver resmungado contra o Senhor pelo desejo de comida (Nm 11,1-20).[352]

10.31.47. Então, exposto a tais tentações, eu luto todos os dias contra a concupiscência do comer e do beber. Pois não são coisas de que eu possa prescindir de uma só vez, e resolver nunca mais nelas cair, como se pode decidir em relação à união carnal. Por isso, é preciso controlar as rédeas do paladar, moderando entre afrouxá-las e retesá-las. E quem há, Senhor, que não seja levado alguma vez para além dos limites da necessidade? Se houver alguém, é grandioso, e deverá exaltar o teu nome (Sl 68,31; Ap 15,4). Eu, porém, não sou assim, porque sou pecador (Lc 5,8). Mas eu exalto teu nome, e aquele que venceu o século (Jo 16,33) interpela-te por meus pecados (Rm 8,34) contando-me entre os débeis membros de seu corpo (1 Cor 12,22), porque também teus olhos viram minhas imperfeições, e em teu livro elas serão inscritas (Sl 138,16).

A concupiscência da carne – o olfato.

10.32.48. Não cuido da sedução dos perfumes. Ausentes, não os procuro; presentes, não os rechaço; mas estou sempre preparado para que eles me faltem. Assim penso. Mas talvez me engane, pois são dignas de pranto as trevas em que se ocultam as minhas faculdades, de modo que se o meu ânimo se interroga a si próprio sobre suas forças, não acredita em si, porque muitas vezes o que há nelas está o oculto, a não ser que seja revelado pela experiência. E ninguém deve estar seguro nesta vida, que é chamada tentação (Jó 7,1), se quem pode se fazer melhor, a partir do pior, não se faz pior a partir do melhor. Há uma única esperança, uma única firme promessa: a tua misericórdia.

A concupiscência da carne – a audição.

10.33.49. Os prazeres dos ouvidos me enredaram e subjugaram-me com mais força, mas tu me soltaste e libertaste. Ainda agora confesso que às vezes me aquieto nos sons que animam tuas palavras, quando são cantados com voz suave e artística, embora não a ponto de me prender a eles, mas de modo que eu possa me levantar e partir quando quiser. Entretanto, admitidos em mim juntamente com os pensamentos que os animam, eles buscam em meu coração um lugar de maior dignidade; mas eu lhes concedo apenas o que lhes convém. Algumas vezes, porém, parece-me que lhes confiro mais honras do que as devidas: sinto que aquelas santas palavras, quando assim são cantadas, movem meu ânimo mais religiosa e ardentemente na chama da piedade do que se assim não forem cantadas.[353] Sinto que todos os afetos de meu espírito, em sua diversidade, encontram seus próprios modos na voz e no canto, e não sei com que oculta afinidade eles são excitados. Mas o deleite de minha carne, ao qual a mente não se deveria entregar para não se enfraquecer, muitas vezes me engana, quando o sentido não se resigna em colocar-se de humildemente atrás da razão, mas, porque em razão dela merece ser admitido, esforça-se em ir adiante e conduzi-la. Assim, eu peco nessas situações sem perceber; ainda que depois o perceba.

10.33.50. Algumas vezes, porém, precavendo-me demais contra esse engano, eu erro por excessiva severidade. Acautelo-me tanto que, vez por oura, eu chego a querer afastar de meus ouvidos e da própria igreja a melodia das suaves cantilenas que acompanham os salmos de Davi, por me parecer mais seguro aquilo que recordo haver ouvido muitas vezes do bispo Atanásio de Alexandria: que o leitor dos salmos os deveria entoar com uma inflexão de voz tão pequena que se aproximasse mais da recitação do que do canto. Porém quando me lembro das lágrimas que verti nos primórdios de minha conversão à fé ao ouvir os cânticos da igreja, e ao perceber que agora eu não me comovo com o canto, mas com o que é cantado, quando é entoado com voz cristalina e modulação conveniente, reconheço outra vez a grande utilidade dessa prática.[354] Assim, eu oscilo entre o perigo do prazer que a música me traz e a experimentação de seus salutares efeitos. Por isso, embora sem proferir uma decisão irretratável, inclino-me a aprovar a prática do canto nas igrejas, para que os ânimos mais fracos se elevem pelo deleite do ouvido à emoção da piedade. No entanto, quando percebo que me comovo mais com o canto do que com o que é cantado, confesso que peco e que mereço ser castigado. Nesse caso, preferiria, então, não ouvir os cânticos. Eis o meu estado atual. Chorai comigo e por mim, vós que tendes dentro de vós algo de bom, de onde procedem as vossas ações. Pois essas questões não comovem quem delas não cuida. Tu, porém, Senhor meu Deus, ouve-me, olha-me, vê-me, apieda-te de mim e me cura. Perante os teus olhos, eu me tornei um enigma para mim mesmo, e é essa minha fraqueza.

A concupiscência da carne – a visão.

10.34.51. Resta falar do prazer destes meus olhos carnais. A respeito dessa volúpia eu farei as minhas confissões, para que possam ser ouvidas pelos fraternos e pios ouvidos de teu templo (1 Cor 3,16). Concluiremos assim (1 Jo 2,16) as tentações da concupiscência da carne, que ainda me perseguem, ainda que eu gema e deseje ser revestido pela minha habitação, que está no céu (2 Cor 5,1-2). Os olhos amam as formas belas e variadas; amam as cores agradáveis e brilhantes. Tomara que essas seduções não dominem minha alma; que ela apenas seja dominada por Deus, que fez as coisas muito boas (Gn 1,31). Ele é o meu bem, não elas. Todos os dias, enquanto estou acordado, elas me importunam sem me dar descanso, diferentes do que fazem as vozes cantoras, e mesmo todas as coisas, que às vezes ficam em silêncio. A própria rainha das cores, que é essa luz que se deita sobre tudo o que vemos, investe contra mim de mil maneiras durante o dia, onde quer que eu esteja, e me acaricia, ainda que eu, entretido com algo diverso, não a perceba. Ela se insinua, porém, com tanta força que, se for de repente subtraída, será buscada com sofreguidão. Além disso, sua prolongada ausência entristecerá o ânimo.

10.34.52. Ó luz, vista por Tobit quando, com estes olhos cerrados, ensinava ao filho o caminho da vida e o precedia, com o pé da caridade, sem se enganar (Tb 2-4); ó luz, vista por Isaac, quando a velhice ofuscou e cegou a luz de seus olhos carnais (Gn 27,1-40), e a ele, sem poder reconhecer os filhos, foi permitido os abençoar, e os reconhecer abençoando-os; ó luz, vista por Jacó quando, também privado dos olhos pela idade avançada, irradiou do luminoso coração as gerações da futura nação prefigurada nos filhos e impôs nos netos, filhos de José, as mãos misticamente cruzadas, não como o pai deles exteriormente os dispôs, mas como ele próprio internamente os discerniu (Gn 48-49) – essa é a luz verdadeira e única, e todos que a veem a amam. Mas aquela outra luz de que eu falava, sedutora e perigosa pela suavidade, condimenta a vida dos cegos que amam o mundo. Porém aqueles que aprendem a louvar-te por ela, ó Deus criador de tudo,[355] convertem-na em um hino a ti, e não são consumidos por ela durante o sono. É assim que eu quero ser. Resisto às seduções dos olhos, para que os meus pés não sejam enredados, pois é com eles que eu percorro teu caminho. Elevo-te os meus olhos invisíveis, para que tu livres meus pés das armadilhas (Tb 3,14; Sl 24,15). Tu sempre os soltarás, embora eles sempre voltem a ser enredados nas insídias espalhadas por toda parte. Tu sempre os soltarás, já que estás sempre alerta e não dormirás tu, que és o protetor de Israel (Sl 120,3-4).

10.34.53. Para o deleite dos olhos, quantas artes variadas e lavores os homens não somaram às vestimentas, aos calçados, aos vasos e a outras manufaturas de toda espécie, e ainda às pinturas e esculturas, ultrapassando muito a necessidade, a conveniência e a significação religiosa! Perseguindo externamente o que criaram, eles se esqueceram, no interior, de quem os criou, e deturparam o que foi feito. Mas eu, meu Deus e glória minha, também por tudo isso canto-te um hino e ofereço um sacrifício de louvor (Sl 115,17) àquele que se sacrificou por mim (1 Jo 4,10), já que as belezas que passam das almas às mãos do artista vêm daquela beleza que existe acima das almas, pela qual minha alma suspira dia e noite. Os artífices e perseguidores das belezas exteriores dela tiram seu critério de apreciação, embora não tirem daí os critérios de seu uso. Esse critério também lá está, e eles não o veem, para não terem de seguir mais além e guardarem sua força sob tua proteção (Sl 58,10), e não a dispersarem em deliciosas lassidões. Eu, porém, apesar de falar dessas verdades e as discernir, também enredo meus passos nessas belezas, mas tu o soltas (Sl 24,15), Senhor, tu o soltas, já que a tua misericórdia está sempre diante de meus olhos (Sl 25,3). Com efeito, se miseravelmente sou apanhado, tu misericordiosamente me libertas, algumas vezes sem que eu sinta, porque havia caído mais na superfície, outras vezes com dor, porque já me encontrava enredado.

A concupiscência da curiosidade.

10.35.54. Junta-se aí uma outra forma de tentação muitas vezes mais perigosa. De fato, além da concupiscência da carne, que está no cerne do deleite de todos os sentidos e prazeres, e que mata todos aqueles que a ela servem, pois se afastam de ti (Sl 72,27-28), há no âmago da alma a vã e cobiçosa curiosidade, revestida pelos nomes de "conhecimento" e "ciência". Ela se deleita não na carne, como os sentidos do corpo, mas em experimentar por intermédio da carne. Essa tentação, já que está no apetite de conhecer, e os olhos são os príncipes dos sentidos do conhecimento, é chamada, em linguagem divina, concupiscência dos olhos (1 Jo 2,16). Com efeito, aos olhos pertence propriamente o ver. Utilizamos, porém, esse verbo também em relação aos outros sentidos, quando deles nos servimos para nos referirmos ao que deve ser conhecido. De fato, não dizemos: "ouve como brilha", ou "cheira como fulgura", ou "saboreia como resplende", ou "tateia como reluz"; mas é dito que tudo isso é visto. Pois falamos não só "vê quanto cintila" – algo que apenas os olhos podem perceber –, mas também "vê como ressoa", "vê como cheira", "vê como tem sabor" e "vê o quanto é duro". E é por isso que a experiência geral dos sentidos é chamada, como já foi dito, concupiscência dos olhos, uma vez que o ofício de ver, do que os olhos têm primazia, usurpam, por analogia, os outros sentidos, quando exploram algum conhecimento.

10.35.55. Daqui também se percebe com maior realce o quanto o prazer e a curiosidade agem sobre os sentidos, uma vez que o prazer persegue o que é belo, melodioso, perfumado, saboroso e macio, e a curiosidade busca experimentar as coisas contrárias a isso, embora não para provar as suas moléstias, mas pelo desejo de examinar e de conhecer. Afinal, que prazer existe na visão de um cadáver destroçado, que nos horroriza? Mas se em alguma parte jaz algum defunto, muitas pessoas correm até lá para se entristecerem e empalidecerem. Depois, essas pessoas ainda temem vê-lo nos sonhos, como se alguém os obrigasse, despertos, a vê-lo, ou alguma forma de beleza os persuadisse a tanto. Assim também se dá com os outros sentidos, mas seria longo enumerar. Por causa dessa doença do desejo exibem-se monstruosidades nos espetáculos. Daí provém a perscrutação dos segredos da natureza, que estão além de nós. Eles de nada servem, e os homens querem conhecer apenas para saber. Vem daí, então, com o mesmo fim do pervertido conhecimento, que muitos recorrem às artes mágicas. E até mesmo na religião, tenta-se Deus, quando se pedem sinais e prodígios (Lc 11,16), não para alguma salvação, mas tão só pelo desejo de os ver.

10.35.56. Nessa imensa selva de insídias e perigos, eis que cortei e afastei de meu coração muitas coisas, como me permitiste fazer, ó Deus de minha salvação (Sl 17,47). No entanto, enquanto à nossa volta tamanha quantidade de tentações desse gênero nos circunda e perturba nossa vida cotidiana, como eu poderei ousar dizer que em nenhuma delas eu fixei a atenção, e que nunca fui capturado pelas curiosidades vãs? É certo que os teatros já não me atraem, que não cuido de conhecer o trânsito dos astros, e que minha alma jamais buscou as respostas das sombras. Detesto os ritos sacrílegos. Mas, ó meu Deus e Senhor, a quem eu devo servir com humildade e simplicidade, com quantas maquinações o inimigo me sugestiona a te pedir algum sinal! Contudo, por nosso rei e por nossa pátria, que é a pura e casta Jerusalém, eu te suplico que, do mesmo modo como até agora esteve longe de mim esse consentimento, assim ele permaneça sempre longe, ou ainda mais. Pois, quando eu te rogo a salvação de alguém, o meu intento é muito diferente. Dá-me te seguir de boa vontade, fazendo o que queres.

10.35.57. Quem poderá contar quantas insignificâncias e ninharias tentam a nossa curiosidade todos os dias, e quão amiúde caímos? Quantas vezes começamos por apenas tolerar ouvir aqueles débeis que nos contam nonadas, para não os ofender, mas depois, aos poucos, voluntariamente acabamos por neles prestar atenção? Já não assisto no circo ao cão correr atrás da lebre. No entanto, se por acaso estou no campo, uma caçada como aquela talvez me distraia e de alguma grande cogitação me desvie para si, e me obrigue a mudar minha direção, não com o corpo do meu jumento, mas com a inclinação de meu coração; e se tu, já demonstrada minha fraqueza, rapidamente não me advertires, ou se, por meio da própria, graças a alguma ponderação, eu me elevar a ti, de modo que a despreze e siga adiante, pasmo me atoleimarei. E o que direi de quando, acomodado em casa, um lagarto estelião[356] que captura uma mosca, ou uma aranha que enrola muitas vezes uma presa que lhe cai nas teias, prende minha atenção? Será que, só porque os animais são pequenos, não é a mesma coisa que acontece? É certo que, de pronto, eu passo a te louvar, ó criador maravilhoso e governante de todas as coisas, mas não é por isso que começo a prestar atenção. Uma coisa é me levantar rapidamente, outra coisa é não cair. De fraquezas tais a minha vida está cheia, e minha única esperança está em tua imensa misericórdia (Sl 85,12-13). Por isso, quando nosso coração se torna um receptáculo de tais misérias e guarda catervas de copiosas vaidades, as nossas orações são interrompidas e perturbadas, e, diante de tua face, enquanto elevamos a voz do coração a teus ouvidos, surgem, não sei de onde, tantos pensamentos vãos para interromper tão importante tarefa.

A soberba.

10.36.58. Será que consideraremos também isso entre as coisas desprezíveis? Será que algo nos reconduzirá à esperança, senão a tua conhecida misericórdia, que começou a nos transformar? E tu, que bem sabes em que medida nos transformaste, me curaste do desejo de me vingar, para te fazeres propício (Sl 102,3-5) em minhas outras maldades e sarares todas as enfermidades, para redimires da cova a minha vida, me coroares de graça e misericórdia e saciares de bens o meu desejo, tu que com o temor reprimiste a minha soberba (Sl 110,10), e domaste a minha cerviz com o teu jugo (Mt 11,30). Eu agora o carrego, e ele me é suave, já que tu o prometeste e cumpriste. Em verdade, ele era assim, e eu não sabia, quando temia a ele me submeter.

10.36.59. Mas, Senhor, tu que és o único a dominar sem orgulho, porque só tu és o verdadeiro Senhor (Is 37,20; Jo 17,3) e não tens um senhor, será que também esse terceiro gênero de tentações (1 Jo 2,16) interrompeu-se em mim? Ou será que nunca cessará em minha vida a tentação de ser temido e amado pelos homens, por nenhum outro motivo senão pelo regozijo, que não é regozijo? A vida é uma miserável e horrível jactância. Decorre daí não te amarem, nem de modo casto te temerem (Sl 18,10), pois tu resistes aos soberbos, mas concedes a Graça aos humildes (1 Pd 5,5) e trovejas sobre as ambições do mundo, fazendo tremer os fundamentos dos montes (Sl 17,14). Assim, já que, por deveres da sociedade humana, nós temos necessidade de ser amados e temidos pelos homens, o adversário de nossa verdadeira bem-aventurança nos insta, espalhando por toda parte as armadilhas do "bravo, sus!" Desse modo, enquanto nós colhemos com avidez os louvores, incautamente somos capturados e depomos de tua verdade o nosso gozo, e o pomos nos enganos dos homens. Dessa forma, ele nos faz querer sermos amados e temidos não em razão de ti, mas no teu lugar, para que, assemelhando-nos a ele, ele nos tenha consigo, não para a concórdia da caridade, mas para o consórcio do suplício. Ele decidiu pôr seu trono no aquilão (Is 14,12-14),[357] para que, por perverso e tortuoso caminho, nas trevas e nos frios nós servíssemos àquele que te imitou. Porém Senhor, nós somos a tua grei pequenina (Lc 12,32); toma-nos tu! Estende as tuas asas, para que nos refugiemos sob elas. Sê a nossa glória. Que por tua causa nós sejamos amados, e que seja temido em nós o teu Verbo. Quem quiser ser louvado pelos homens, quando tu o reprovares e julgares, não será por eles defendido, nem será libertado quando o condenares. Mas quando não é o pecador que é louvado (Sl 9,4) nos desidérios de sua alma, nem o que comete maldades é abençoado, mas é louvado o homem em razão de algum dom que tu lhe deste, e ele mais se regozija por ser louvado do que por haver recebido o dom pelo qual é louvado, tu também reprovas esse que é louvado, e é melhor aquele outro que louvou do que esse que foi louvado. Pois aquele se rejubilou pelo dom de Deus, e a este mais agradou o dom dos homens do que o de Deus.

É melhor aquele que louva do que quem é louvado.

10.37.60. Todos os dias as tentações nos tentam, Senhor, e nos tentam sem cessar (Jó 7,1). Nossa fornalha diária é a língua humana (Pr 27,21). Tu também nos ordenas a continência nessa espécie de tentação. Dá o que ordenas e ordena o que quiseres. Tu conheces bem os ais que meu coração te eleva (Sl 37,9) e os rios que correm de meus olhos. Não compreendo com facilidade o quanto fui purgado dessa peste, e, por isso, temo as minhas faltas ocultas (Sl 18,13-14), que teus olhos (Eclo 15,20) conhecem, mas não os meus. Afinal, em qualquer outra espécie de tentação, tenho a faculdade de me examinar; neste caso, porém, a minha faculdade é quase nula. Pois em relação aos desejos da carne e à curiosidade vã de conhecer, consigo ver o quanto eu ganho por poder refrear meu ânimo, quando me privo por vontade própria dessas fraquezas, ou quando não as tenho. Então, posso me perguntar quanto me é mais ou menos molesto não as ter. Quanto às riquezas, almejadas para servirem a alguma das três concupiscências, ou a duas delas, ou a todas, se o ânimo, as tendo, não consegue perceber se as despreza, elas também podem ser afastadas, para que ele ponha à prova. No entanto, para que possamos nos privar dos louvores e experimentarmos o quanto nisso podemos, será que devemos viver uma vida má, de modo tão pervertida e cruel que todos que nos conheçam nos detestem? Que maior insânia poderia ser dita ou cogitada? Mas, embora o louvor costume ou deva ser companheiro da boa vida e das boas ações, não convém que essa mesma boa vida boa e as boas ações sejam abandonadas. Porém não consigo perceber se posso ficar tranquilo ou contrariado sem algo, a menos se isso me faltar.

10.37.61. O que te confesso, Senhor, em relação a esse gênero de tentações?[358] O que te confesso, senão que me comprazo com os elogios? No entanto, comprazo-me mais com a verdade do que com elogios. Pois se me indagassem se prefiro enlouquecer e desatinar-me em tudo, mas ser louvado pelos homens, ou ser constante e certíssimo da verdade, mas vituperado por todos, vejo bem o que eu escolheria. Não obstante, eu não queria que a aprovação de boca alheia aumentasse meu gozo, por qualquer bem que disso me adviesse. Confesso, todavia, que a aprovação não só aumenta esse gozo, mas também que a reprovação o diminui. E quando sou perturbado por essa minha miséria, vem-me logo uma desculpa, que só tu, meu Deus, sabes se é válida. Pois fico perplexo. Afinal, tu nos ordenaste a continência – isso é, sobre o que devemos coibir o amor –, mas também a justiça – isto é, ao que levemos o amor –, e quiseste de nós que te amássemos e o próximo (Mt 22,37-39). Mas, amiúde, quando me deleito com o elogio de alguém inteligente, parece-me que me deleito do proveito e da esperança do próximo. Porém pelo contrário, quando ouço alguém que desconhece o que é bom o reprovar, parece que me entristeço de seu mal. De fato, também me entristeço com elogios que me fazem, quando elogiam em mim o que me desagrada, ou quando estimam mais do que deveriam os bens menores e sem importância. Nesse caso, como poderei saber se assim me aflijo por não querer que divirja de mim aquele que me louva? Não que o seu interesse me importe, mas será que me aflijo porque aquilo que em mim me agrada é para mim mais agradável quando antes agrada aos outros? De algum modo! Não sou elogiado quando a minha opinião a meu respeito não é elogiada, já que ou são elogiadas as coisas que me desagradam ou são mais elogiadas as que menos me agradam. Logo, disso também estou incerto de mim?

10.37.62. Eis que em ti, ó verdade (Jo 14,6), vejo não me convir ser movido por elogios, senão pela utilidade ao próximo. Mas não sei se é o que ocorre. Nesse assunto, conheço-te melhor do que a mim. Por isso, meu Deus, eu te suplico que me mostres a mim mesmo, para que eu confesse a meus irmãos, que irão orar por mim quando eu lhes mostrar as minhas feridas. Que de novo eu me interrogue, e desta vez com mais diligência. Se, nos louvores que recebo, é a utilidade ao próximo que me move, por que menos me comove ser alguém é reprovado injustamente do que se eu o for? Por que mais me morde a ofensa lançada contra mim do que a mesma maldade lançada contra alguém na minha frente? Será que tampouco isso eu sei? Será que isso que ainda me falta para eu mesmo me enganar e não levar a verdade diante de ti, no meu coração e na minha língua? Afasta, Senhor, para longe de mim (Pr 30,8) essa insânia, para que contra mim a minha boca não se torne o óleo dos pecadores, que venha ungir a minha cabeça (Sl 140,5).

As formas do orgulho.

10.38.63. Sou necessitado e pobre (Sl 108,22), e o melhor que tenho em mim é, com ocultos gemidos, eu me desagradar e buscar a tua misericórdia, até o meu defeito ser reparado e aperfeiçoado na paz, que o olho do arrogante não vê. Porém a fala que a boca profere e as obras que são notórias para homens trazem uma perigosíssima tentação, nascida do amor aos louvores, que recolhe mendigadas aprovações para alcançar algum realce pessoal. Ela me atiça, até quando a reprovo. E por aquilo mesmo em razão do que eu a reprovo, ela se glorifica de desprezar a vanglória de modo vaidoso, porque não se glorifica da glória desse desprezo, já que não a despreza quando se glorifica.

Os frívolos agrados a si.

10.39.64. Dentro de nós, bem lá dentro, existe ainda um outro mal, desse mesmo gênero de tentações. Ele esvazia os que se desagradam de si, mesmo que aos outros não agradem, ou mesmo desagradem, ou não queiram lhes agradar. Mas muito se desagradam os que agradam a si, não só por reputarem boas as coisas que não são boas, mas ainda ao considerarem os teus bens como seus, ou, se teus, como devidos a seus méritos; ou, se como devidos à tua Graça, mas não se regozijam em sociedade, senão os invejando nos outros. Nesses perigos e trabalhos, e em todos os outros semelhantes, Senhor, tu vês o tremor de meu coração, e vês que sinto que é mais fácil tu curares as minhas feridas do que eu não mais mas infligir.

O caminho percorrido.

10.40.65. Onde não caminhaste comigo, ó Verdade (Jo 14,6), ensinando-me o que evitar e com que me apetecer, quando eu te mostrava, como podia, as minhas ínfimas impressões e sobre elas te consultava?

Percorri com meus sentidos, como pude, o mundo exterior e observei esses mesmos sentidos e a minha vida. Então, ingressei no recôndito de minha memória, nas múltiplas amplidões repletas, por maravilhosos meios, de riquezas inumeráveis. Considerei tudo e me espantei (Hc 3,2); mas, sem ti, nada pude delas discernir, e nada encontrei que fosses tu. Nem eu mesmo, que as descobria, que percorria todas as coisas e me esforçava por distingui-las e valorá-las segundo sua dignidade, recebendo umas pelo anúncio dos sentidos e as interrogando, percebendo outras misturadas comigo, conhecendo e enumerando os próprios mensageiros dos sentidos, e manuseando outras nos grandes tesouros da memória, escondendo umas, desenterrando outras, nem mesmo eu, quando isso fazia, isto é, nem mesmo a minha força com a qual eu isso fazia, nem mesmo essa força eras tu, porque tu és a luz permanente, (Jo 1,9) que eu consultava sobre todas as coisas e indagava se existiam, o que eram e quanto valiam. Mas eu te ouvia me ensiná-las e ordená-las. E é isso que eu sempre faço. É o que me deleita e, quando posso descansar das ações obrigatórias, é nesse prazer que eu me refugio. Mas nisso que percorro te consultando, só encontro lugar seguro para minha alma em ti, onde se reúnem minhas ideias esparsas (Is 11,12), para que nada de mim se aparte de ti. Às vezes, tu me mergulhas em emoção inusitada, em não sei qual doçura que, se se completasse, não sei o que seria, porquanto esta vida não existiria. Mas com o peso de minhas desgraças eu recaio, e sou reabsorvido pelas habitualidades. Sou preso e choro muito, mas muito mais estou preso, pois imenso é o peso do hábito. Aqui posso estar, mas não quero; em outro lugar eu quero, mas não posso. Nos dois casos, que mísero eu sou.

Quem pode ali chegar?

10.41.66. Por isso, eu investiguei as mazelas de meus pecados nas três formas de concupiscência (1 Jo 2,16) e invoquei tua mão direita para a minha salvação. Pois, mesmo com o meu coração ferido, eu vi teu esplendor e, repelido por ele, eu exclamei: "Quem pode chegar ali?". Estou excluído da presença de teus olhos (Sl 30,23). Tu és a verdade (Jo 14,6) que preside todas as coisas, e eu, por minha avareza, não quis te perder. Porém eu quis possuir a mentira contigo, pois ninguém quer mentir tanto ao ponto de não mais conseguir saber o que é verdadeiro. Assim, eu te perdi, porque tu não aceitaste que eu te possuísse com a mentira.

O mediador entre Deus e os homens.

10.42.67. Quem eu poderia encontrar para me reconciliar contigo? Seria preciso que eu recorresse aos anjos? Mas com que prece e com quais sacramentos? Muitos, no esforço por voltarem a ti, e sem poderem fazê-lo por si próprios, tentaram esse caminho, segundo eu ouvi dizer, mas caíram no desejo das curiosas visões e mereceram ser tomados pelas ilusões. Pois os que caíram quando te procuravam pelo orgulho da ciência e jactavam-se mais do que batiam no peito (Lc 18,9-14), atraíram para si, pela semelhança de seus corações, os príncipes das potestades do ar conspiradoras e sócias de sua soberba (Ef 2,2), pelas quais, mercê de seus poderes mágicos, foram enganados quando buscavam um mediador que os purificasse, e este não estava lá. Pois quem lá estava, de fato, era o diabo, que se transfigurara em anjo de luz (2 Cor 11,14), que muito atraiu a carne soberba, porque ele mesmo não tinha corpo carnal. Esses pecadores eram mortais, ao passo que tu, Senhor, com quem eles buscavam soberbamente se reconciliar, és imortal e sem pecado. Convinha, entretanto, haver um mediador entre Deus e os homens, que tivesse algo semelhante a Deus e algo semelhante aos homens, pois, se fosse semelhante só aos homens, estaria longe de Deus, e se fosse semelhante só a Deus, estaria longe dos homens, e não seria o mediador. Desse modo, o mediador falaz, cuja soberba merece ser iludida conforme teus secretos juízos, uma coisa ele tem com os homens: o pecado; e quer parecer ter algo em comum com Deus – a ostentação da imortalidade, por não ser revestido de uma carne mortal. Mas, uma vez que a recompensa do pecado é a morte (Rm 6,23), isso ele tem em comum com os homens: ser com eles condenado a morrer.

Cristo, o único mediador.

10.43.68. O verdadeiro mediador, que tu, por tua secreta misericórdia, apresentaste aos homens para que, por seu exemplo, eles aprendessem a humildade, esse mediador entre Deus e os homens, o homem Cristo

Jesus, (1 Tm 2,5) apareceu entre os pecadores mortais e o justo imortal, mortal com os homens, justo com Deus. E, uma vez que a vida e a paz são a recompensa da justiça, pela justiça conjunta com Deus ele fez que dos justificados ímpios fosse expulsa a morte (2 Tm 1,10; 1 Cor 15,55; Gl 5,4), que com eles ele quis partilhar. Ele foi mostrado aos antigos santos, para que fossem salvos (1 Tm 2,4-5) pela fé em sua futura paixão, assim como a nós, pela fé em sua passada paixão. Pois, no tanto que ele é humano, nesse tanto é mediador; pois o Verbo não é o mediador, já que é igual a Deus (Fl 2,6), e Deus está junto de Deus (Jo 1,1), e é ao mesmo tempo o único Deus.

10.43.69. Como nos amaste, ó bom Pai, a ponto de não poupares teu único filho, mas o entregares (Rm 8,32) por todos nós, os ímpios (Rm 5,6)! Como tu nos amaste! Foi por nós que, não considerando uma usurpação ser igual a ti, ele se sujeitou até à morte na cruz (Fl 2,6-8), ele, o único livre da morte (Sl 87,5-6), o que tem o poder da dar sua vida e de a retomar por nós (Jo 10,17-18), ele que, por nós, diante de ti, ao mesmo tempo vencedor e vítima – e vencedor, porque vítima –, ao mesmo tempo sacerdote e sacrifício (Hb 7,27) – e sacerdote, porque sacrifício –, nos fez, de servos, filhos, quando de ti nasceu (Gl 4,7) e que por nós se sujeitou. Com razão, está nele a minha firme, porque tu curarás todas as minhas enfermidades (Sl 102,3) por intermédio dele, que está sentado à tua destra e que junto de ti intercede por nós (Sl 109,5). De outro modo, eu perderia as esperanças. Pois muitas e grandes são as nossas enfermidades, mas muito maior é tua medicina. Poderíamos acreditar que teu Verbo estivesse distante da conjunção com os homens, e perderíamos as esperanças, se ele não se tivesse feito carne e habitado entre nós (Jo 1,14).

10.43.70. Aterrorizado por meus pecados e pelo volume de minhas misérias, eu revolvi no coração e planejei a fuga para a solidão, mas tu me proibiste e me fortaleceste, dizendo[359]: "Por isso Cristo morreu por todos: para que os que vivem já não vivam por si, mas para aquele que por eles morreu" (2 Cor 5,15). Eis, Senhor, que em ti arrojo os meus cuidados (Sl 54,23), para que eu viva e possa contemplar as maravilhas de tua lei (Sl 118,18). Tua conheces (Sl 68,6) a minha ignorância e a minha fraqueza: então, ensina-me (Sl 142,10), cura-me (Sl 102,3). O teu Único, em quem estão escondidos todos os tesouros da sabedoria e da ciência (Cl 2,3), me redimiu com seu sangue (Ap 5,9). Que os soberbos não me caluniem, pois conheço o preço de minha redenção, e eu a como, o beb (Jo 6,54) e os distribuo.[360] Pobre que sou, eu desejo ser saciado (Lc 16,21) entre aqueles que comem e são saciados: e louvarão o Senhor os que o procuram (Sl 21,27).[361]

Livro XI

A natureza das confissões.

11.1.1. Acaso, Senhor, como tua é a eternidade, ignoras o que te digo,
ou no tempo não vês o que acontece no tempo?
Por que, então, para ti a narração dos acontecimentos eu faço?
Não é decerto para que os conheças,
mas porque com eles o meu sentimento excito por ti,
e o daqueles que as lerem, para que proclamemos todos:
"Imenso é o Senhor, e louvável infinitamente" (Sl 47,2).
Já disse e direi: "É por amor de teu amor que o faço".[362]
Pois também rezamos e ainda a Verdade diz (Jo 14,6):
"Deus, vosso pai, sabe o de que necessitais, antes que lho peçais"
(Mt 6,8).

Nosso sentimento por ti mostramos,
confessando-te as misérias nossas e as misericórdias tuas sobre nós
(Sl 32,22),
e alegramo-nos em ti, já que nos chamaste,
para que sejamos pobres de espírito e mansos
e chorosos e famintos e sedentos de justiça
e misericordiosos e pacíficos e limpos de coração (Mt 5,3-11).
Eis que te contei muitas coisas,
que pude e que quis,
já que antes quiseste que eu me confessasse a ti, Senhor Deus meu,
já que és bom, já que eterna é a misericórdia tua (Sl 117,1).

As novas tarefas.

11.2.2. Quando, porém, poderei o bastante proclamar,
com o cálamo de minha língua (Sl 44,2),
todas as exortações tuas e todos os terrores teus
e consolações e direcionamentos
por meio dos quais me levaste a predicar o Verbo
e a distribuir o teu sacramento ao povo teu (1 Cor 4,1)?

E se bastasse proclamar essas coisas em ordem,
custam-me caro as gotas do tempo.³⁶³
E desde há muito ardo-me por meditar sobre a lei tua (Sl 1,2)
e nela confessar-te a ciência e a imperícia minha,
os primórdios da iluminação tua e os restos das trevas minhas
(Sl 17,29),
até que pela fortaleza seja devorada a minha fraqueza.
E não quero que em algo mais passem as horas
que encontro livres da necessidade de alimentar o corpo,
das atenções do ânimo e da servidão que devemos aos homens,
e a que não devemos, e ainda assim lhes concedemos.

11.2.3. Senhor Deus meu, atende a oração minha (Sl 60,2),
e que a misericórdia tua ouça o desejo meu (Sl 9,38),
já que não só por mim estua,
mas quer servir à caridade fraterna.
E vês no coração meu que assim é.
Que eu sacrifique a ti a servidão do pensamento e a língua minha,
e dá que eu as ofereça a ti (Sl 65,15).
Necessitado, pois, e pobre eu sou (Sl 39,18),
tu és rico para todos que te invocam (Rm 10,12),
tu que, seguro, cuidas de nós.
Circuncida (Ex 6,12; Jr 6,10),³⁶⁴ toda temeridade e toda mentira de
meus lábios interiores e exteriores.
Sejam castas delícias minhas as tuas Escrituras
e que nelas eu não me engane, nem as engane.
Senhor, atende (Jr, 18,19; Sl 85,3) e tem misericórdia,
Senhor Deus meu, luz dos cegos e fortaleza dos fracos,
e, por isso, luz dos que veem e fortaleza dos fortes.
Atende a alma minha e ouve-a clamar das profundezas (Sl 129,1-2).
Pois se nas profundezas não estiverem os ouvidos teus,
aonde iremos (Sl 138,7), a quem chamaremos?
Teu é o dia e tua é a noite (Sl 73,16).
A um gesto teu, os momentos voam.
Distende o tempo para as meditações nossas no secreto da lei tua,
e não a feches hostil aos que às portas suas batem (Mt 7,7-8).

Pois não quiseste que fossem escritos em vão em tantas páginas todos
os opacos segredos.
Aqueles bosques não têm cervos que neles se acolhem e se abrigam,
caminham, pastam, deitam-se e ruminam (Sl 28,9)?
Ó Deus, aperfeiçoa-me (Sl 16,5) e revela-os a mim.
Eis que a voz tua é o regozijo meu;
a voz tua está acima da afluência dos desejos (Sl 118,72).
Dá-me o que amo, pois amo, e foste que tu mo deste.
Os dons teus não abandones, nem desprezes tua erva sedenta.
Que eu te confesse tudo que encontrar nos livros teus
e que eu ouça a voz do louvor (Sl 25,7)
e beba-te e considere as maravilhas da lei tua (Sl 118,18),
desde o princípio em que fizeste o céu e a terra,
desde o reino perpétuo contigo da cidade tua (Ap 21,2).

11.2.4. Senhor, tem misericórdia de mim (Sl 26,7) e ouve o desejo meu.
Pois julgo que nada haja de terrestre,
nem de ouro, nem de prata ou pedraria,
nem de roupas faustosas ou honrarias,
nem de poderes ou volúpias da carne,
nem do que é necessário ao corpo e às peregrinações da vida nossa,
já que tudo nos é concedido,
a nós que buscamos o reino e a justiça tua (Mt 6,33).
Vê, Deus meu (Lm 1,9), de onde vem o que desejo.
Os injustos me contaram os deleites seus (Sl 118,85),
mas não estão de acordo com a lei tua, Senhor:
eis de onde vem o desejo meu.
Vê, pai, observa, vê e aprova,
e que te apraza que, sob o olhar da misericórdia tua (Sl 18,15),
eu encontre a Graça diante de ti (Ex 33,13),
para que o recôndito das palavras tuas
seja aberto a mim, que bato à porta.
Peço pelo Senhor nosso Jesus Cristo, filho teu,
homem à destra tua (Sl 79,18; 1 Tm 2,5), filho do homem (Mt 8,20;
Mc 2,10),
que confirmaste mediador teu e nosso (1 Tm 2,5),

por meio de quem nos buscaste enquanto não te buscávamos
(Rm 10,20),
e que buscaste para que te buscássemos.
Rogo pelo Verbo teu (Jo 1,1),
pelo qual fizeste todas as coisas (entre as quais também estou),
pelo Único teu,
pelo qual chamaste à adoção (Gl 4,4-5) o povo que crê (no qual
também estou).
Rogo-te por aquele que está sentado à direita tua e que intercede por
nós (Rm 8,34),
em quem todos os tesouros da sabedoria e do conhecimento estão
ocultos (l 2,2-3)
e que procuro nos livros teus.
Moisés sobre ele escreveu (Jo 5,46);
ele mesmo o disse, disse-o a verdade (Jo 14,6).

O primeiro versículo da Bíblia.

11.3.5. Que eu ouça e compreenda como no princípio fizeste o céu e a terra (Gn 1,1). Moisés assim escreveu. Escreveu e se foi, partiu daqui, de ti para ti, e não está agora diante de nós. Pois se aqui estivesse, eu o deteria e rogaria, e por ti suplicaria que me explicasse essas palavras, e eu ofereceria os ouvidos de meu corpo aos sons de sua boca. Porém se ele falasse em língua hebraica, em vão tocaria meu sentido; se, porém, falasse em latim, eu entenderia o que dissesse. Mas de onde eu saberia se o que ele dizia é verdadeiro? Pois se eu o soubesse, por acaso saberia por intermédio dele? Decerto, dentro de mim, dentro da morada de minhas cogitações, nem em língua hebraica, nem em grega, nem em latina, nem em bárbara, a verdade (Jo 14,6), sem a boca e sem a língua orgânica, e sem estrépito das sílabas, diria: "É verdadeiro o que ele diz". E eu, de pronto, confiadamente diria àquele teu homem: "O que dizes é verdadeiro". No entanto, como eu não posso interrogá-lo, rogo-te, ó verdade, de quem ele estando pleno disse tais coisas verdadeiras, rogo-te, Deus meu, que perdoes os meus pecados (Jó 14,16), e, como concedeste àquele teu servo deste dizer tais coisas, dá-me também entendê-las (Sl 18,34).

Deus e a criação.

11.4.6. Eis que existem o céu e a terra! Eles clamam que foram criados, porquanto se transformam e sofrem variações. Pois qualquer coisa que não tenha sido criada, mas que exista, nada tem em si que antes não existia, ou seja, nada tem que se haja transformado ou variado.[365] Eles clamam que não fizeram a si próprios: "Existimos porque fomos criados. Logo, não existíamos antes de existirmos, para que pudéssemos ser criados por nós". E a voz que assim dizia era a própria evidência. Destarte, Senhor, tu foste tu que os criaste, pois as coisas são belas porque tu que és belo, as coisas são boas porque tu és bom, e as coisas existem porque tu existes. Assim, as coisas não são belas, nem boas nem existem do mesmo modo que tu, que és seu criador, comparadas a quem elas não são belas, nem boas, nem existem. Isso tudo nós sabemos graças a ti; e a nossa ciência, comparada à tua ciência, é tão só ignorância.

O Verbo criador.

11.5.7. Mas como criaste o céu e a terra? E qual foi a máquina de tão grande operação? Pois não os criaste do mesmo modo como cria o artífice, que forma um corpo a partir de outro corpo, pelo arbítrio da alma, que é capaz de impor de algum modo a aparência que contempla em si mesma, com o olho interno (e de onde pode isso, senão porque a fizeste?), e impõe a aparência ao que já existe e que tinha à disposição, para que fosse, como à terra, à pedra, à madeira, ao ouro ou a qualquer outra espécie de matéria. E de onde seriam essas matérias, se tu não as instituísses? Tu deste corpo ao fabricante, tu fizeste o ânimo que comanda os membros, tu fizeste a matéria de que algo é feito, tu fizeste o engenho, com que o artífice capta a arte e vê internamente o que faz fora, tu fizeste o sentido do corpo, com que, como intérprete, transmite do ânimo à matéria o que faz e avisa de novo ao ânimo o que foi feito, para que ele internamente consulte a verdade, que o preside, se está bem o que foi feito. Todas essas coisas louvam-te como criador de tudo. Mas tu, como as fazes? De que modo fizeste, Deus, o céu e a terra? Decerto não fizeste no céu e na terra o céu e a terra, nem no ar ou na água, já que também essas coisas pertencem ao céu e à terra. Nem fizeste no universo-mundo o universo-mundo, porque não havia onde fosse feito antes de ser feito, para que existisse. Nem tinhas algo à mão de que fizesses o céu e a terra, pois de onde te viria o que tu não fizeras, de onde fizesses algo? O que, então, existe, senão porque tu existes? Logo, disseste e as coisas foram feitas (Sl 32,9), e no teu Verbo (Gn 1,1) as fizeste.

O Verbo criador e a palavra criada.

11.6.8. Mas de que modo disseste? Acaso do mesmo modo como foi feita a voz da nuvem, que disse: "Esse é meu filho bem-amado?" (Lc 9,35; Mt 17,5). Porque aquela voz se fez e passou, teve início e fim. Soaram as sílabas e passaram, a segunda depois da primeira, a terceira depois da segunda, e assim em ordem, até a última, depois de todas, e o silêncio em seguida da última. De onde é claro e evidente que um movimento da criatura as proferiu, servindo, ela própria, temporal, à tua vontade. E essas palavras tuas, feitas no tempo, seu ouvido exterior anunciou à mente prudente, cujo ouvido interior está aplicado a teu Verbo eterno. Mas ela comparou essas palavras sonantes no tempo com tua palavra eterna em silêncio, e disse: "É algo diferente, é algo diferente. Essas palavras estão muito abaixo de mim, e nem existem, porque fogem e passam. Mas a palavra de Deus permanece sobre mim eternamente" (Is 40,8). Se, pois, disseste com palavras que soam e passam, que se fizessem o céu e a terra, e assim fizeste o céu e a terra, já haveria uma criatura corporal antes do céu e da terra, com cujos movimentos temporais temporalmente aquela voz transcorresse. Não havia, portanto, nenhum corpo antes do céu e da terra, ou se houvesse, decerto o terias feito sem nenhuma voz transitória, de onde fizesses uma voz transitória, com que dissesses que fossem feitos o céu e a terra. Pois o que quer que fosse de onde tal voz fosse feita, senão de ti fosse feita, não seria absolutamente nada. Logo, para que fosse feito o corpo de onde essas palavras se formassem, com que palavras disseste?

O Verbo Deus.

11.7.9. Assim, nos clamas para a compreensão do Verbo, Deus contigo (Jo 1,1), que és Deus, que sempiternamente é dito, no qual sempiternamente todas as coisas são ditas. Pois não se finda o que era dito, e diz-se outra coisa, para que tudo possa ser dito, mas tudo ao mesmo tempo e sempiternamente. De outro modo, já haveria o tempo e a mudança, e não haveria a verdadeira eternidade, nem a verdadeira imortalidade. Isso compreendi, Deus meu, e dou-te graças (1 Ts 5,18). Compreendi e confesso-te (Mt 11,25); e comigo conhece e te bendiz quem não é ingrato à certa verdade. Sabemos, Senhor, sabemos, já que no quanto algo não é o que era, e é o que não era, nesse tanto, no tanto que sabemos que algo morre e nasce. Nada há, pois, em teu Verbo que suceda, já que o Verbo é verdadeiramente imortal e eterno. E por isso, no teu Verbo coeterno a ti, sempiternamente dizes tudo o que dizes, e acontece o que dizes para que aconteça. Não fazes de outro modo senão dizendo, embora as coisas que fazes dizendo não ocorram no mesmo tempo, nem são eternas.

O Verbo verdade.

11.8.10. Por que isso, Senhor Deus meu? De algum modo eu vejo, mas como explicar não sei, senão porque tudo que começa a ser e deixa de ser então começa a ser e então acaba, quando, na razão eterna, onde nada começa nem termina, conhece-se que deve começar e terminar. Esse é teu próprio Verbo, que também é o princípio, porque nos fala (Jo 8,25). Assim, no Evangelho falou pela carne, assim soou fora dos ouvidos dos homens, para que nele cressem, e no interior fosse buscado e encontrado na eterna verdade, onde a todos os discípulos ensina o único e bom mestre (Mt 23,8). Aí ouvi tua voz, Senhor, a me dizer que aquele que nos fala, nos ensina, mas que aquele que não nos ensina, ainda se falar, não nos fala. Pois quem nos ensina, senão a imutável verdade? Até quando somos admoestados pela criatura mutável, somos conduzidos à verdade imutável, onde verdadeiramente aprendemos, quando estamos em sua presença, e a ouvimos, e com gozo nos regozijamos por causa da voz do esposo (Jo 3,29), voltando até ali, de onde existimos. Por isso é o princípio, porque se não permanecesse quando vagamos, não haveria para onde retornarmos. Quando, então, voltamos da errância, voltamos conhecendo. Mas para que conheçamos, ele nos ensina, porque é o princípio, e porque nos fala.

O Verbo que fala.

11.9.11. Nesse princípio, Deus, fizeste o céu e a terra, (Gn 1,1) em teu Verbo, no teu filho, na tua virtude, na tua sabedoria, na tua verdade (1 Cor 1,24), dizendo de modo maravilhoso e de modo maravilhoso fazendo. Quem há que compreenda? Quem contará? O que é que reluz para mim e atinge meu coração, sem o ferir? E me horrorizo no quanto sou diferente dele, ardo-me no quanto sou semelhante a ele. Sabedoria, é a própria sabedoria que fulgura para mim, ao romper minha névoa, que outra vez me cobre, desfalecido por essa neblina e pelo acúmulo de minhas penas, porque de tal modo meu vigor se enfraqueceu na penúria (Sl 30,11) que não suporto meu bem até que tu, Senhor, que te tornaste propício a todos os meus pecados, cures os meus langores, porque tu redimes da corrupção a minha vida, e me coroarás em comiseração e misericórdia e saciarás meu desejo com tuas bondades, porque renovarás minha juventude, como a da águia (Sl 102,3-5). [366] Na esperança fomos salvos, e com paciência aguardamos que se cumpram tuas promessas (Rm 8,24). Que no interior de si te ouça falar aquele que pode; eu fielmente clamarei a teu oráculo: "Quão magníficas são tuas obras, Senhor; fizeste-as todas na sabedoria!" (Sl 103,24). E ela é o princípio (Pr 4,7), e no princípio fizeste o céu e a terra.

O que fazia Deus antes da criação?

11.10.12. E eis que não estão cheios da cegueira do homem velho (Rm 6,6, Ef 4,22, Cl 3,9) aqueles que nos perguntam: "O que Deus fazia antes de fazer o céu e a terra? Pois se Deus estava ocioso e não trabalhava em nada, por que não permaneceu sempre assim, e daí em diante, e como sempre antes se absteve da obra (Gn 2,3)? Pois se houve algum novo movimento em Deus e nova vontade, para que, para criar a criatura que antes não criara, como há verdadeira eternidade, onde nasce uma vontade que não havia? Pois a vontade de Deus não é criatura, mas é anterior à criatura, porque não seria criado algo, se a vontade do criador não a precedesse. Afinal, a vontade de Deus pertence à sua própria substância. Porque se na substância de Deus nasceu algo que antes não havia, não se diz com verdade que aquela substância seja eterna. Se, porém, a vontade de Deus era sempiterna, por que não é sempiterna também a criatura?".

A eternidade e o tempo.

11.11.13. Os que dizem tais coisas ainda não te entendem, ó sabedoria de Deus (Ef 3,10), luz das mentes, ainda não entendem como é feito o que por ti em ti é feito. Esforçavam-se por saber as coisas eternas, mas seu coração ainda vagueia nos movimentos passados e futuros das coisas e ainda é vão (Sl 5,10-11). Quem o prenderá e o fixará, para que se detenha um átimo, e por um átimo capte o esplendor permanente da eternidade, compare os tempos nunca permanentes, veja que é incomparável, veja que o tempo longo não se faz longo senão por muitos movimentos que passam e não podem se estender simultaneamente; e que na eternidade nada passa, mas tudo é presente; ao contrário do tempo, que não pode ser todo presente, e veja que todo passado é empurrado pelo futuro, e que todo futuro é seguido pelo passado, e todo passado ou futuro é criado e transcorre pelo sempre presente? E que o coração do homem deterá para que pare e veja como, parada, a eternidade dita os tempos passados e futuros, e nem é futura nem passada? Acaso minha mão pode isso (Gn 31,29), ou a mão de minha boca por meio de discursos faz tão grande obra?

Resposta ao que Deus fazia antes da criação.

11.12.14. Eis que respondo a quem perguntava "o que fazia Deus antes de fazer o céu e a terra?". Respondo não o que dizem ter alguém certa vez respondido, ao diminuir com a mofa a força da pergunta: "Preparava a geena para os que indagam sobre as profundezas". Uma coisa é ver, outra é rir. Isso não respondo. De boa vontade antes responderia: "Não sei, porque não sei". Assim, não exporia ao riso quem perguntou sobre as profundezas, nem daria louvor a quem respondeu com falsidades. Mas te digo, Deus nosso, criador de toda criatura, se, pelo nome de céu e terra entende-se toda a criação, com ousadia eu digo: "Antes de fazer o céu e a terra, Deus nada fazia". Pois se fazia, o que fazia senão a criatura? E tomara que eu assim saiba o que com utilidade desejo saber, como sei que nenhuma criatura foi feita antes que fosse feita alguma criatura.

O tempo e a criação.

11.13.15. Mas, se a mente errante de alguém vagasse pelas imagens passadas do tempo, e se admirasse de que tu, Deus onipotente, criador de todas as coisas e de todas as coisas possuidor, artífice do céu e da terra, antes de fazeres tamanha obra, permanecias inerte por incontáveis séculos, que desperte e perceba que se admira por matérias falsas. Pois como poderiam passar incontáveis séculos quando tu não os ainda havias feito, já que és o autor e criador de todos os séculos (Hb 1,2)? Que tempos haveria se não fossem criados por ti? Ou como passariam se ainda não existiam? Logo, como és o obreiro de todos os tempos, se houvesse algum tempo antes de fazeres o céu e a terra, por que se diz que permaneceste inerte quanto à obra? Pois tu terias feito o próprio tempo, e não poderiam passar os tempos antes que fizesses os tempos. Mas, se antes do céu e da terra não havia tempo, por que perguntar o que então fazias? Pois não havia o então, quando não havia o tempo.

11.13.16. Nem tu precedes os tempos no tempo. De outro modo, não precederias todos os tempos. Mas precedes todos os passados pelo excelso da sempre presente eternidade, e superas todos os futuros, porque são futuros e, quando chegarem, serão passados. Tu, porém, és o mesmo, e os teus anos não têm fim (Sl 101,28). Os teus anos não vêm e vão, pois os nossos vão e vêm, para que todos venham. Os teus anos permanecem todos simultâneos, porque existem, e os que vão não são excluídos pelos que vêm, porque não passam. Os nossos, porém, todos são quando todos não são. Os teus anos são um único dia (2 Pd 3,8), e teus dias não são todos os dias, mas hoje, porque teu hoje não cede ao amanhã, nem sucede ao ontem. Teu hoje é a eternidade. Por isso, geraste o coeterno, de quem disseste: "Eu hoje te gerei" (Sl 2,7). Fizeste todos os tempos, e tu és anterior a todos os tempos, e não houve tempo em que não havia tempo.

A natureza do tempo.

11.14.17. Logo, não houve tempo em que não fizeste nada, porque tu fizeste o próprio tempo. E nenhum tempo é coeterno teu, porque tu permaneces. E se o tempo permanecesse, não seria tempo. O que é, enfim, o tempo? Quem explicaria fácil e brevemente? Quem compreenderá no pensamento para transpô-lo para palavras? O que há mais familiar e conhecido na conversa do que lembramos do tempo? Entendemos, sem dúvidas, quando dele falamos, e entendemos quando outro fala o que ouvimos. O que é o tempo? Se ninguém me pergunta, eu sei; se quero explicar a quem me pergunta, não sei. Com confiança, porém digo que, se não passasse, não haveria tempo passado, se não viesse, não haveria tempo futuro, e, se não existisse, não haveria tempo presente. Logo, aqueles dois tempos, passado e futuro, como podem existir, se o passado já não existe e o futuro ainda não existe? O presente, porém, se sempre fosse presente, e não passasse para o passado, já não haveria o tempo, mas a eternidade. Logo, se o presente, para ser tempo, existe, porque passa para o passado, como dizemos que existe, ele, cuja causa de existir é que não exista, de modo que não digamos com certeza haver o tempo, se não porque tende a não existir?

A medição do tempo.

11.15.18. No entanto, dizemos que um tempo é longo e que um tempo é breve, e só dizemos isso no passado e no futuro. Chamamos o tempo passado longo, por exemplo cem anos antes de agora; futuro, do mesmo modo, longo, cem anos depois. Tempo passado breve, por exemplo, digamos dez dias antes; breve futuro, dez dias à frente. Mas por que convenção é longo ou breve o que não existe? Pois o passado já não existe, e o futuro ainda não existe. Então, não digamos "É longo", mas digamos do passado "Foi longo", e do futuro "Será longo". Senhor meu, luz minha (Mq 7,8), acaso tua verdade (Jo 14,6) zombará do homem? Pois se o tempo passado foi longo, foi longo quando já era passado, ou quando ainda era presente? Então, podia ser longo quando existia o que fosse longo; mas o passado já não era, de onde não poderia ser longo o que em absoluto não existia. Logo, não dizemos que o tempo passado foi longo porque não encontramos o que foi longo, quando, por ser passado, não existe, mas digamos que foi longo aquele tempo presente, porque, enquanto era presente, foi longo. De fato, ainda não passara para não existir, e por isso não existia o que podia ser longo. Mas depois que passou, ao mesmo tempo deixou de ser longo o que deixou de existir.

11.15.19. Então, vejamos, ó alma humana, se o tempo presente pode ser longo, pois te foi dado sentir e medir a duração. O que me responderás? Acaso cem anos presentes são longo tempo? Vê antes se cem anos podem ser presentes. Pois se o primeiro ano está correndo, ele mesmo está presente, mas noventa e nove são futuros, e, portanto, não existem. Mas, se o segundo ano está correndo, já o primeiro é passado, outro presente e os demais futuros. E assim, com qualquer um no meio dos números da centena que apresentamos. Antes dele, estarão os passados; depois dele, os futuros. Pelo que, os cem anos não podem ser presentes. Vê, ao menos se o único ano que corre pode ser presente. Também dele, se o primeiro mês está correndo, os demais são futuros; se o segundo, já também o primeiro passou e os restantes ainda não existem. Logo, nem o ano que corre é todo presente, e, se não é todo presente, o ano não é presente. Pois o ano tem doze meses, dos quais, qualquer um dos meses que corre é ele próprio presente, e os demais são ou passados ou futuros. Mas nem o mês que corre é presente, mas um dia. Se for o primeiro, os demais são futuros; se o último, passados os demais; se qualquer um do meio, estará entre os passados e os futuros.

11.15.20. Eis o tempo presente, o único que encontramos que deve ser chamado de longo, reduzido apenas ao espaço de um dia. Mas discutamos também esse, porque nem um único dia está todo presente. Afinal, compõe-se de vinte e quatro horas, noturnas e diurnas, das quais a primeira tem as demais como futuras e a última, as passadas, e qualquer das intermediárias, antes de si, as passadas, depois, as futuras. E mesmo uma hora corre em partes fugitivas. Qualquer delas, o que delas transcorreu é passado, o que lhe resta, futuro. Se há algo do tempo que possa ser entendido, que não pode ser dividido em nenhuma parte, ou mínimo momento, só esse pode ser dito que é presente, o qual, ainda assim tão rápido passa do futuro ao passado, que não tem a mais mínima duração.[367] Pois se estende, é dividido em passado e futuro. O presente, portanto, não tem nenhum espaço. Onde está o tempo que chamamos de longo? No futuro? Decerto não dizemos que é longo, porque ainda não existe o que seja longo, mas dizemos que será longo. Quando então será? Se for futuro, não será longo, porque o que seja longo ainda não existe. Se, porém, então, fosse longo, quando saindo do futuro o que ainda não é, já começa a ser, e se fosse feito presente, para poder ser o que é longo, já o tempo presente clama com as razões acima, que não pode ser longo.

A medida do presente.

11.16.21. No entanto, Senhor, percebemos os intervalos de tempo, comparamo-los entre si e dizemos que uns são mais longos, outros mais breves. Medimos quanto é mais longo ou mais breve esse tempo que aquele e respondemos que esse é o dobro, ou o triplo daquele, ou que é simples, ou esse é tanto quanto aquele. Mas medimos o tempo que passa quando o medimos pelos sentidos. Os passados, porém, que já não existem, ou os futuros, que ainda não existem, quem os pode medir, se alguém por acaso ousa dizer que pode medir o que não existe? Quando o tempo passa, para ser sentido e medido; quando, porém, houver passado, já que não existe, não pode ser medido.

O passado e o futuro.

11.17.22. Pergunto, pai, não afirmo. Deus meu, preside-me e rege-me (Sl 22,1; 27,9). Quem há que me diga não haver três tempos (como aprendemos quando meninos, e eu mesmo ensinei às crianças), o passado, o presente e o futuro, mas apenas o presente, já que os outros dois não existem? Será que há também esses, mas o que se faz presente procede de algum lugar oculto do futuro, ou quando o futuro se torna presente retira-se para algum lugar oculto? Pois de onde os que vaticinaram[368] viram os eventos futuros, se ainda não existem? Porque não pode ser visto o que não existe. E os que narram os eventos passados, certamente não os narrarão verdadeiros, se no ânimo não os vissem, pois se não existissem, não poderiam em absoluto ser vistos. Existem, portanto, os eventos passados e futuros.

O conhecimento do passado e do futuro.

11.18.23. Permite-me, Senhor, perguntar mais, esperança minha (Sl 70,5). Que não se perturbe minha atenção. Pois se há coisas futuras e passadas, quero saber onde estão. O que ainda não posso compreender, ao menos sei que onde quer que estejam, ainda não são coisas passadas nem futuras, mas presentes. Pois se ali também são futuras, ainda ali não estão, e se ali forem passadas, já ali não estarão. Logo, onde quer que estejam, quaisquer que sejam, não serão senão presentes. Embora sejam verdadeiras as coisas verdadeiras passadas, são trazidas da memória não as próprias coisas que passaram, mas as palavras concebidas a partir de suas imagens, que se fixaram no ânimo, como pegadas deixadas ao passarem pelos sentidos. Pois minha infância, que já não existe, está no tempo passado, porque já não existe, mas sua imagem, quando dela me recordo e sobre ela conto, é vista no tempo presente, porque ainda existe em minha memória. Se é semelhante a causa das predições dos futuros, como a presentificação das imagens já existentes das coisas que ainda não existem, confesso, Deus meu, que não sei. O que sei é que muitas vezes premeditamos nossas ações futuras, e que essa premeditação é presente, enquanto a ação que premeditamos ainda não existe, porque é futura. Quando principiamos e começamos a fazer o que premeditamos, essa então será a ação, porque então não será futura, mas presente.

11.18.24. Assim, de qualquer modo que se tenha o misterioso pressentimento dos futuros, não pode ser visto senão o que existe. Mas o que existe já não é futuro, mas presente. Logo, quando se diz que são vistas as coisas futuras, não se veem as próprias coisas, que ainda não existem, isto é, que são futuras, mas suas causas ou talvez seus sinais, que já existem. Por isso, as coisas não são futuras, mas são presentes para os videntes, a partir das quais são preditas as coisas futuras concebidas pelo ânimo. E, de novo, essas concepções já existem e são elas que, vistas junto deles como presentes, eles predizem. Explique-me isso um exemplo tomado dentre tão numerosas coisas. Vejo a aurora e prenuncio o nascimento do sol. O que vejo é presente; o que prenuncio é futuro. Não o futuro sol, que já existe, mas seu nascimento, que ainda não existe. No entanto, o próprio nascer, se não o imaginasse no ânimo, assim como quando dele falo, não o poderia predizer. Mas nem a aurora, que vejo no céu, é o nascer do sol, embora o preceda, nem a imaginação em meu ânimo. As duas coisas são percebidas presentes, para que o futuro seja predito. Logo, as coisas futuras ainda não existem, e, se ainda não existem, não existem e, se não existem, não podem em absoluto ser presentes. Mas podem ser preditas a partir das coisas presentes, que já existem e são vistas.

Os eventos futuros.

11.19.25. Assim tu, rei de tua criação, de que modo mostras às almas os eventos futuros? Mostraste-os a teus profetas. Mas de que modo mostras os eventos futuros, tu, para quem nada é futuro? Ou antes, mostras os eventos presentes dos futuros? Pois o que não existe não pode ser mostrado. Muito longe de minha vista está esse teu modo de agir, está muito acima. Por mim não poderei (Sl 138,6) chegar a ele, mas poderei por ti, quando o deres a mim, doce luz de meus olhos (Ecl 11,7) velados.

Quantos são os tempos?

11.20.26. O que, porém, é agora cristalino e claro é que não existem coisas futuras, nem passadas, nem propriamente se diz que três são os tempos – passado, presente e futuro. Mas talvez se diga com propriedade que há três tempos – o presente do passado, o presente do presente e o presente do futuro. Esses três tempos existem de algum modo na alma, e em outro lugar não as vejo. O presente do passado é a memória, o presente do presente é a contemplação e o presente do futuro é a expectativa. Se nos é permitido dizer, vejo três tempos, e confesso que são três. Diga-se também, como o costume abusa dizer: "Existem três tempos: passado, presente e futuro". Diga-se. Eis que não me preocupo, nem resisto, nem repreendo, desde que se entenda o que é dito. Não que o futuro já existe, nem que o passado ainda existe. Pois poucas coisas existem de que falamos com propriedade, mas muitas sem. Sabemos, todavia, o que queremos.

A medida do presente.

11.21.27. Eu disse há pouco[369] que medimos o tempo que passa, de modo que podemos dizer que esse é o dobro do tempo daquele outro simples, ou que esse é igual àquele, e se há alguma outra coisa que podemos anunciar medindo as partes do tempo. Por isso, como eu dizia, medimos o tempo enquanto passa. E se há quem indague: "De onde sabes?", responderei que sei por qual razão medimos e por qual não podemos medir o que não existe, e que não há coisas passadas ou futuras. Mas de que maneira medimos o tempo presente, quando não tem extensão? Medimos quando passa, uma vez que quando já houver passado, não o medimos, pois não é medido o que não existe. Mas de onde, por onde e para onde ele passa, quando é medido? De onde, a não ser do futuro? Por onde, a não ser pelo presente? E para onde, a não ser para o passado? Daquilo, então, que ainda não existe, por aquilo que carece de extensão, para aquilo que já não existe. Porém o que medimos, senão o tempo em alguma extensão? Porque não dizemos simples, duplo, triplo e igual, e qualquer outra proporção do tempo, senão a extensão dos tempos. Logo, em que extensão medimos o tempo que passa? Se no futuro, de onde vem? Mas o que ainda não existe não é medido. Se no presente, por onde passa? Mas o que não tem extensão, não medimos. Se no passado, para onde passa? Mas o que já não existe, não medimos.

Súplica a Deus para a compreensão do tempo.

11.22.28. Meu ânimo arde por conhecer esse complicadíssimo enigma. Não queiras ocultar, Senhor meu, bom pai, por Cristo eu suplico, não queiras ocultar a meu desejo essas questões tão usuais quanto escondidas. Antes, que a tua misericórdia nelas penetre e as ilumine, luzindo-as, Senhor. A quem perguntarei sobre elas? A quem confessarei com frutos a minha imperícia, senão a ti, a quem não são molestos meus tão inflamados estudos de tuas escrituras? Dá o que eu amo, pois decerto amo o que tu me deste. Dá, pai, tu que sabes dar boas dádivas a teus filhos (Mt 7,11), dá, já que me propus a compreender, e a tarefa está à minha frente (Sl 72,16), até que abras (Mt 7,7). Por Cristo eu suplico, em seu nome, do Santo dos Santos (Hb 9,3), que ninguém me impeça. E eu acreditei (Sl 115,10); por isso é que falei (2 Cor 4,13). É essa a minha esperança, e por ela eu vivo para contemplar o deleite do Senhor (Sl 26,4). Eis que fizeste velhos meus dias (Sl 38,6),[370] que passam. Mas como, não sei. E dizemos tempo e tempo, tempos e tempos: "Por quanto tempo ele disse isso", "Por quanto tempo ele fez aquilo" e "Quanto tempo faz que não o vejo", e "Essa sílaba tem o dobro do tempo daquela simples breve". Dizemos e ouvimos tais coisas, e somos compreendidos e compreendemos. São manifestas e costumeiras, e de novo ocultam-se, e nova é delas a descoberta.

O tempo e o movimento dos astros.

11.23.29. Ouvi de algum homem douto que os movimentos do sol, da lua e das estrelas são o próprio tempo, mas não concordo. Pois por que não antes o tempo é o movimento de todos os corpos? Se cessarem os luzeiros no céu, e for movida a roda do oleiro, o tempo não seria medido com seus giros, e não diríamos que percorreria extensões iguais, ou que umas mais lentas e outras mais rápidas se movem, que umas duravam mais e outras menos? E quando isso dizemos, também nós não falamos no tempo? E como haveria em nossas palavras umas sílabas longas, outras breves, senão porque umas soam por um tempo mais longo, e outras mais breves? Ó Deus, concede aos homens ver no pequeno as noções comuns das coisas pequenas e das grandes. Há as estrelas e os luminares do firmamento, que mostram a revolução das constelações, as estações, os dias e os anos (Gn 1,14). Há, decerto, mas eu não diria que a volta daquela roda de madeira do oleiro é um dia, mas também não diria que aquela volta não é tempo.

11.23.30. Eu desejo conhecer a força e a natureza do tempo com que medimos o movimento dos corpos e dizemos, por exemplo, que aquele movimento tem o dobro de tempo de duração que este. Pois pergunto, já que não chamamos dia apenas a demora do sol sobre a terra, segundo o que uma coisa é o dia, a outra a noite, mas também todo o seu circuito do oriente ao ocidente, segundo o que dizemos: "Passaram-se tantos dias" (com suas noites, portanto, chamam-se tantos dias, sem contar à parte a extensão das noites). Então, já que o dia é completado pelo movimento do sol e o circuito do oriente até o ocidente, pergunto se o próprio movimento é o dia, ou se é a demora com que se realiza, ou se é ambos. Pois se o dia fosse o primeiro – o movimento –, o seria ainda que o sol percorresse seu percurso no espaço de tempo de uma única hora; se fosse o segundo – a duração do movimento do oriente ao ocidente –, não seria dia se do nascer de um sol até o nascer de outro a duração fosse tão breve quanto de uma única hora, e o sol teria de circular vinte e quatro vezes para completar o dia. Se ambos, não seria aquele chamado dia, se na extensão de uma hora o sol completasse todo seu giro, nem se, estando o sol parado, passasse-se tanto tempo quanto costuma o sol gastar para percorrer de uma manhã a outra. Assim, que eu não indague agora aquilo que é chamado de dia, mas o que é o tempo, com o qual medimos o percurso do sol. Diríamos haver percorrido metade do tempo que costuma, se houvesse feito apenas no espaço de tempo em que se completam doze horas; e, comparando ambos os tempos, diremos que aquele é simples e este é o dobro, ainda que o sol percorresse de oriente a ocidente algumas vezes aquele simples, algumas outras este duplo. Logo, que ninguém me diga que o movimento dos corpos celestes é o tempo, porque quando o sol parou, pelo rogo de um indivíduo, para que se completasse a vitoriosa batalha, o sol ficou parado, mas o tempo seguiu (Js 10,13). Porque a luta foi travada e finda no espaço de tempo que lhe foi necessário. Vejo, portanto, que o tempo é alguma distensão. Mas vejo? Ou parece-me ver? Tu o demonstrarás, luz (Jo 1,9), verdade (Jo 14,6).

O tempo e a medida do movimento.

11.24.31. Mandas que eu concorde se alguém disser que o tempo é movimento dos corpos? Não mandas. Pois ouço que nenhum corpo se move se não for no tempo. Tu dizes. Mas não ouço que o movimento do corpo é o tempo; tu não o dizes. Porque quando um corpo se move, meço com o tempo enquanto se move, desde quando começa a se mover até parar. E se não vi quando começou, e continua a se mover, de modo que não vejo quando para, não posso medir, senão talvez, desde que eu comece a ver até que pare. Se vejo algo por muito tempo, só poderei dizer que é um largo tempo, e não o quanto é, porque quando dizemos quanto, dizemos por comparação, como: "Isso é tanto quanto aquilo", ou, "Isso é o dobro daquilo", e o que for desse modo. Se, porém, pudermos observar o espaço dos locais, de onde e para onde vem o corpo que se move, ou parte dele, se se move como um torno, podemos dizer quanto tempo durou o movimento do corpo ou parte dele, desde um até outro ponto. Assim, sendo uma coisa o movimento do corpo, e outra a medição de sua duração, quem não percebe qual dos dois descreverá melhor o tempo? Um corpo que umas vezes se move de forma variada, outras, fica parado, não só medimos com o tempo seu movimento, mas também seu repouso, e dizemos: "Tanto tempo ficou parado quanto se moveu" ou "Permaneceu parado duas ou três vezes mais do que se moveu", ou qualquer outra coisa que nossa dimensão possa compreender ou avaliar, mais ou menos, como se costuma dizer. Logo, o tempo não é o movimento dos corpos.

"Ainda ignoro o que seja o tempo."

11.25.32. Confesso-te, Senhor (Sl 9,2), que ainda não sei o que é o tempo e de novo confesso-te, Senhor, saber que digo essas coisas no tempo, e que há muito tempo já falo do tempo e que o próprio "há muito" não é "há muito" se não for uma duração do tempo. Como, então, o sei, quando não sei o que é o tempo? Será que, talvez, não sei como dizer o que sei? Ai de mim, que não sei sequer o que não sei. Eis-me, Deus meu, diante de ti, porque não minto (Gl 1,20). Assim falo, assim está meu coração. Tu acenderás minha lanterna, Deus meu, tu iluminarás minhas trevas (Sl 17,2).

A concepção agostiniana da medição do tempo.

11.26.33. Acaso minha alma não te confessa, em verídica confissão, que meço os tempos? Assim, Deus meu, eu meço e não sei o que meço. Meço o movimento dos corpos no tempo, mas não meço igualmente o próprio tempo? Acaso mediria o movimento do corpo, quanto durou e quanto demorou daqui até ali se não medir o tempo no que se move? Logo, de onde meço o tempo? Acaso medimos um tempo mais largo com um mais breve, assim como a extensão de uma viga com a extensão de um côvado? Desse modo, pois, vemos que medimos a extensão de uma sílaba longa pela extensão da sílaba breve, e dizemos que é o dobro. Assim medimos a extensão dos poemas pela extensão dos versos, e a extensão dos versos pela extensão dos pés, e a extensão dos pés pela extensão das sílabas, e a extensão das vogais longas pela extensão das breves, e não pelas páginas (pois desse modo mediríamos o lugar, e não os tempos). Mas quando, pronunciando-o, as vozes passam, e dizemos "É um longo poema, pois é composto por tantos versos; são longos os versos, pois constam tantos pés; são longos os pés, pois se estendem por tantas sílabas; é longa a vogal, pois é o dobro da breve". Mas nem assim é alcançada a medida certa do tempo, porque pode acontecer de um verso mais breve soar por uma extensão de tempo mais longa, se for pronunciado mais lentamente que outro mais longo, se mais rápido. Assim o poema, assim o pé, assim a vogal. Daí parece-me que o tempo nada é senão uma extensão, mas não sei de que, e maravilhoso será se não do próprio ânimo. O que, enfim, eu meço, Deus meu? E digo, ou ainda, de modo definido: "Esse é o dobro daquele". Meço o tempo e sei; mas não meço o futuro, porque ainda não existe, nem meço o presente, porque não se estende em nenhuma duração, nem meço o passado, porque já não existe. O que meço? Acaso os tempos que passam, e não o passado? Assim, pois, eu dizia.

O tempo e a memória.

11.27.34. Persevera, meu ânimo, e concentra mais fortemente. Deus é nosso auxiliador (Sl 61,9); ele nos fez, e não nós (Sl 99,3). Concentra onde a verdade alvorece (Verg. G. 1,367; A 4,586).[371] Supõe que a voz do corpo comece a soar, e soe, e ainda soe, e eis que para, e há silêncio, e aquela voz é passada, e já não há voz. Era futura antes de soar, e não podia ser medida, porque ainda não existia; e agora não pode ser medida, porque já não existe. Podia, portanto, ser medida enquanto soava, porque então existia o que pode ser medido. Mas não se detinha e passava. Será que, exatamente por isso, é que podia ser medida? Pois passando, estendia-se em alguma extensão do tempo, durante a qual podia ser medida, já que o presente não tem nenhuma extensão. Logo, se então podia, supõe que outra vez comece a soar e ainda soe com o soar contínuo, sem nenhuma variação. Meçamo-la enquanto soa. Pois quando cessar de soar, já será passada, e não existirá o que se possa medir. Meçamo-la toda, e digamos quanto é. Mas ainda soa e não pode ser medida senão a partir de seu início, desde que começou a soar, até o fim, quando parou. Pois medimos o intervalo desde algum início até algum fim. Por isso, a voz que ainda não terminou não pode ser medida, para que se diga quão longa ou breve é, nem pode ser dito se é igual a outra, ou se é simples, ou dupla ou alguma coisa semelhante em relação à outra. Mas quando houver tudo findado, já não existirá. Então, por qual convenção poderá ser medida? No entanto, medimos os tempos, não os que ainda não existem, nem os que já não existem, nem os que se estendem com alguma duração, nem os que não têm limites. Logo, não medimos os futuros, nem os passados, nem os presentes, nem os tempos que passam. No entanto, medimos os tempos.

11.27.35. *Deus creator omnium*: esse verso de oito sílabas alterna sílabas breves e longas. São quatro breves – primeira, terceira, quinta e sétima –, e quatro são simples em relação às quatro longas – segunda, quarta, sexta e oitava. Cada uma dessas sílabas longas tem o dobro de tempo daquelas simples. Eu as pronuncio e repito, e assim é, quanto é sentido pelo evidente do sentido. Quanto é evidente o sentido, meço pela sílaba breve a longa, e percebo que ela tem duas vezes aquele tanto. Mas quando uma soa depois da outra, se a primeira é breve, a posterior é longa, como reterei a breve e como a aplicarei à longa para medir e ver que tem duas vezes a medida, uma vez que a longa não começa a soar a não ser que a breve acabe? E a mesma longa, porventura, meço-a presente quando não a meço senão finda? No entanto, ao terminar, já passou. O que é, então, o que eu meço? Onde está a breve que eu meço? Onde está a longa que eu meço? Ambas soaram, voaram, tornaram-se passadas, já existem, e eu meço, e com confiança respondo, quanto se confia em um exercitado sentido, que aquela sílaba é simples, aqueloutra dupla, seguramente na extensão do tempo. E não posso fazê-lo senão porque passaram e findaram. Logo, não aquelas sílabas, que já não existem, mas é algo em minha memória que meço, que permanece fixo.

11.27.36. Em ti, alma minha, meço os tempos. Não queiras me perturbar, porque assim é. Não queiras te perturbar com as turbações de tuas emoções. Em ti, eu afirmo, meço o tempo. Meço a emoção que as coisas deixam em ti ao passar, e quando passam, permanece. Meço-a enquanto presente, não as que passaram, para que ela acontecesse; meço-a quando meço os tempos. Logo, ou existem os tempos ou não meço os tempos. Quando medimos os silêncios e dizemos que aquele silêncio durou tanto tempo quanto durou aquela voz, não fixamos o pensamento na mensuração da voz, como se soasse, para que possamos avaliar algo do intervalo dos silêncios na extensão do tempo? Pois com a voz e a boca parados, recitamos no pensamento poemas e versos e qualquer discurso, e as dimensões do movimento, e comparamos uns com os outros pela extensão dos tempos, avaliamos não de outro modo do que se as disséssemos em voz alta. Quisesse alguém emitir uma vocalização um pouco mais longa, e determinasse, premeditando-a, quão longa seria, faria, decerto essa extensão de tempo em silêncio, e, encomendando-a à memória, começaria a emitir a voz, que soaria até ser levada ao término proposto. Mas sooou e soará. Pois o que já se completou, decerto soou, e o que ainda resta, soará, e assim se completará, enquanto a intenção presente arrasta o futuro para o passado, com a diminuição do futuro, ao crescer o passado, até que, com a consumição do futuro, seja todo passado.

O tempo no ânimo humano.

11.28.37. Mas como é diminuído ou consumido o futuro, se ainda não existe? ou como cresce o passado, que já não existe, senão porque no ânimo, que isso realiza, os três tempos existem? Pois expecta se atenta e lembra, porque aquilo que espera por aquilo em que atenta, passa para o que lembra. Quem, afinal, nega que o futuro ainda não exista? Mas já há no ânimo a expectativa dos futuros. E quem nega que os passados já não existam? Mas ainda no ânimo está a memória dos pretéritos. E quem nega que o tempo presente carece de extensão, por passar num instante? Mas perdura a atenção, pela qual passa o que não existe para o que existe. Não há, portanto, um longo tempo futuro, que não existe, mas o longo futuro é a longa expectativa do futuro, nem há um longo tempo passado, porque não existe, mas o longo passado é a larga memória do passado.

11.28.38. Estou prestes a recitar um cântico, que sei de cor. Antes de começar, ele se estende todo em minha expectativa; quando, porém, eu o inicio, o quanto dele colho para o passado, estende-se minha memória, e distende-se a vida dessa minha ação na memória, em razão do que eu recitei, e na expectativa, em razão do que recitarei. A minha atenção, no entanto, é presente, e por ela passa o que era futuro ao que se faz passado. O que, quanto mais e mais se faz, tanto, abreviada a expectativa, a memória é alongada, até que toda a expectativa se consuma, quando, terminada aquela ação, passar para a memória. E o que ocorre com todo cântico, ocorre em cada partícula sua, e cada sílaba, e o mesmo na ação mais longa, cuja partícula, talvez, seja aquele cântico, assim como em toda a vida do homem, cujas partes são todas as ações do homem, e em todo mundo dos filhos dos homens, cujas partes são as vidas dos homens (Sl 30,20).

A distensão da alma.

11.29.39. Mas como tua misericórdia é superior às vidas (Sl 17,36; Sl 62,4), eis que a minha vida é a distensão, e tua destra me amparou (Sl 62,9) por meio de meu Senhor, o filho do homem, mediador entre ti, Único (1 Tm 2,5), e nós, muitos, divididos em muitos, por muitas coisas, para que por ele eu me prenda naquele em que me prendi, e, após deixar meus dias antigos, seja recolhido, segundo o Único. Assim, esquecido do passado e não preocupado com o que é futuro e transitório, não distendido, senão estendido[372] no que está adiante, sigo não por distração, mas pela atenção ao prêmio da vocação (Fl 3,14), onde ouvirei a voz do louvor (Sl 25,7) e contemplarei teu deleite (Sl 26,4), que nunca vem, nem passa. Mas meus anos foram gastos em gemidos (Sl 30,11), e tu, minha consolação, Senhor, és meu pai eterno. Eu, porém, me dissipei nos tempos, cuja ordem não sei, e pelas tumultuosas variedades foram diláceradas minhas cogitações, a medula de minha alma, e o serão até que, purificado e fundido pelo fogo de teu amor, eu flua até a ti.

Deus está fora do tempo.

11.30.40. Permanecerei firme (Fl 4,1) e me consolidarei em ti, em minha forma, tua verdade (Jo 14,6), e não padecerei das questões dos homens, que, por doença do castigo penal, têm mais sede do que são capazes, e perguntam: "O que Deus fazia antes de criar o céu e a terra?" (Gn 1,1), ou "O que lhe veio à mente para fazer algo, quando antes nunca havia feito algo?". Dá-lhes, Senhor, que pensem bem no que dizem e encontrem porque não se diz "nunca" quando não existe tempo. Logo, o que se diz que nunca foi feito, que outra coisa se diz senão que em nenhum tempo foi feito? Vejam, portanto, que não pode haver nenhum tempo sem criatura, e parem de falar essas coisas vãs (Sl 143,8). Avancem-se para o que está adiante (Fl 3,13) e entendam que tu eras antes de todos os tempos, tu, criador eterno, e que não há nenhum tempo coeterno contigo, nem nenhuma criatura, ainda que haja criaturas acima dos tempos.

"No princípio."

11.31.41. Senhor Deus meu, qual é o cerne de teu profundo segredo, e quão longe, então, arrojam-me as consequências de meus delitos? Cura meus olhos e me regozijarei de tua luz. Decerto, se há um ânimo dotado de tão grande ciência e presciência, que conhece todos os eventos passados e futuros, assim como para mim é um cântico conhecidíssimo, imensamente admirável é esse ânimo, estupendo até o espanto, pois não se lhe oculta nada que tenha sido feito, e nada que aconteça no restante dos séculos, como não se me oculta aquele cântico, o que e quanto dele passou desde o início da recitação, e o que e quanto resta para o fim. Mas longe de mim que tu, criador do universo,[373] criador das almas e dos corpos, longe de mim pensar que tu conhecesses desse modo todas as coisas passadas e futuras. Tu conheces muito, muito mais maravilhosamente, muito mais profundamente. Pois não é como para o que canta as coisas conhecidas ou para o que ouve um cântico conhecido, para quem varia a emoção e distende-se o sentido, o que contigo acontece, imutavelmente eterno, isso é, verdadeiramente eterno criador das mentes. Pois assim como conheceste no princípio o céu e a terra (Gn 1,1) sem variar teu conhecimento, assim fizeste no princípio o céu e a terra sem distensão de tua ação. Quem entende, confesse-te, e quem não entende te confesse. Ó quão excelso és (Sl 137,6), e os humildes de coração são tua morada (Dn 3,87). Pois tu elevas os caídos (Sl 144,14), e aqueles de quem tu és a elevação não caem.

Livro XII

Prece inicial para a compreensão das Escrituras.

12.1.1. Muitas coisas revolve o coração meu, Senhor, nesta penúria
da vida minha,
atingido pelas palavras das santas Escrituras tuas;
e, por isso, na maioria das vezes, a pobreza da inteligência humana é
copiosa em palavras,
pois é mais falante a investigação do que a descoberta,
e mais demorado é o pedir do que o alcançar,
e mais cansativo é para a mão bater à porta do que receber.
Temos a promessa: quem a corromperá?
"Se Deus é por nós, quem será contra nós?" (Rm 8,31).
"Pedi e recebereis, procurai e encontrareis,
batei à porta e ser-vos-á aberta.
Pois todo aquele que pede, recebe,
e, procurando, encontrará,
e será aberta a porta ao que bate." (Jo 16,24; Mt 7,7; Lc 11,9)
São promessas tuas,
e quem temerá ser enganado se aquele que promete é a Verdade
(Jo 14,6)?

O céu do céu.

12.2.2. Que a humildade da minha língua (Rm 14,11) confesse a tua sublime grandeza (Sl 11,19) já que tu criaste o céu e a terra. Este céu que vejo e a terra que piso, de onde vem este barro que carrego,[374] tu os criaste (Gn 18,27). Mas, Senhor, onde está o céu do céu,[375] de que ouvimos na voz do salmo: "O céu do céu é para o Senhor, mas deu a terra aos filhos dos homens?" (Sl 113,23-24). Onde está o céu que não divisamos, perante o qual tudo isso que vemos é a terra? De fato, este todo corpóreo, que não é todo em todas as partes, recebeu uma bela aparência até nas últimas partes, cujo fundo é nossa terra; mas em relação àquele céu dos céus, o céu de nossa terra é ainda terra. E se não é absurdo que ambos os imensos corpos sejam terra, em relação àquele, não sei qual é o céu que é para o Senhor, e nem para os filhos dos homens.

As trevas reinavam sobre o abismo.

12.3.3. Sem dúvidas, esta terra era invisível e desordenada (Gn 1,2); ela era não sei que espécie de abismo profundo, sobre o qual não existia luz, porque nenhuma forma ali existia; por esse motivo, mandaste que se escrevesse que "as trevas reinavam[376] sobre o abismo" (Gn 1,2). E o que mais isso significaria senão a ausência de luz? Pois, se a luz já existisse, onde mais ela estaria, a não ser a reinar sobre todas as coisas, sobressaindo-se e iluminando? Logo, onde a luz não existia – o que era o mesmo que estar nas trevas –, senão estar na ausência da luz? As trevas reinavam sobre o abismo, porque acima dele ainda não existia a luz, assim como, onde não existe nenhum som, existe o silêncio. E o que significa dizer que existe silêncio em algum lugar, senão que ali não há nenhum som? Por acaso, tu não ensinaste (Sl 70,17) a esta alma que te confessa, Senhor, que, antes de dares forma à matéria amorfa (Sb 11,17) e antes de a diferenciares, nada existia, nem cor, nem forma, nem corpo, nem espírito? No entanto, não existia o absoluto nada: existia a informidade sem qualquer aparência.

A terra invisível e desordenada.

12.4.4. Como, pois, se chamaria essa matéria? Como ela seria entendida pelos mais lentos de inteligência, senão por meio de algum vocábulo já conhecido? E, entre todas as partes do mundo, o que pode ser achado mais próximo da total informidade do que a terra e o abismo?[377] Pois, em razão de seu grau inferior, eles são menos belos do que os corpos superiores, que são brilhantes e transparentes. Por que, então, eu não aceitaria que a matéria informe, que criaste sem aparência para dela fazer o belo mundo, fosse tão comodamente designada aos homens como "terra invisível e desordenada" (Gn 1,2)?

O pensamento e a matéria invisível e desordenada.

12.5.5. Quando o pensamento procura nessa matéria invisível e desordenada o que os sentidos alcançam, diz para si: "Não é uma forma inteligível, como a vida ou como a justiça, porque é uma matéria corpórea; tampouco é uma forma sensível, já que não é algo que se veja ou que se sinta, pois é invisível e desordenada". Quando o pensamento humano diz tais coisas para si, será que ele se esforça por conhecê-la, ignorando-a; ou, por ignorá-la, conhecendo-a?

A matéria informe.

12.6.6. Senhor, se, com minha boca e meu cálamo (Sl 44,2), eu te confessar tudo quanto me ensinaste sobre essa matéria, devo dizer que, sem a compreender, eu antes ouvia pronunciarem seu nome aqueles[378] que tampouco a compreendiam. Eu a concebia sob incontáveis e variadas formas e, portanto, não a concebia. Meu ânimo, em conturbada desordem, revolvia abjetas e horríveis formas; mas ainda assim eram formas. Eu a chamava informe não porque carecesse de forma, mas por ser tal que, se se mostrasse tão insólita e imprópria, afastaria os meus sentidos e perturbaria a minha humana fraqueza. Aquilo que eu pensava era informe não por privação de toda forma, mas pela comparação com as coisas mais belas. Então, para imaginar algo inteiramente informe, a verdadeira razão me convencia a abstrair qualquer resquício de forma. Mas eu não poderia fazê-lo. Pois mais depressa eu imaginava que não existia algo o que fosse privado de toda forma, do que conseguia imaginava algo entre a forma e o nada, algo que não fosse nem forma nem nada, mas que fosse algo informe, ou um quase nada. Então, a minha mente parou de interrogar sobre isso o meu espírito cheio de imagens de formas corpóreas, que a seu arbítrio, ele mudava e variava. Atentei-me aos próprios corpos, examinando mais profundamente a sua mutabilidade, pela qual eles deixam de ser o que eram e começam a ser o que não eram. E comecei a suspeitar que esse trânsito de uma forma a outra fazia-se por meio de algo informe, e não pelo nada absoluto. Mas eu desejava saber, e não apenas suspeitar. Se, porém, a minha voz e o meu cálamo te confessassem todos os nós que desta questão tu para mim desataste, que leitor conseguiria me acompanhar? No entanto, não por isso meu coração cessará de dar-te glória e elevar-te um canto de louvor por essas coisas, que não ele é capaz de dizer. Pois a mutabilidade do que é mutável é capaz de todas as formas em que se mudam as coisas mutáveis. E o que é isso? Algum ânimo? Algum corpo? Será que é uma forma de ânimo ou de corpo? Se eu pudesse dizer "um certo nada", ou um "é e não é", eu a chamaria assim. No entanto, essa matéria informe já existia de algum modo para receber essas formas visíveis e compostas.

A criação a partir do nada.

12.7.7. Em todo caso, de onde proviria essa matéria, qualquer que fosse ela, senão de ti, de quem provêm todas as coisas (Rm 11,36), não importa o quão grandes sejam? E essas coisas estão tanto mais distantes de ti quanto mais de ti se dessemelham. Porém, essa distância não é espacial. Assim, Senhor, que não és às vezes uma coisa, outras vezes outra, mas que és sempre o mesmo, o mesmo e o mesmo, santo, santo, santo, Senhor Deus onipotente (Ap 4,8), foste tu que, no princípio – que vem de ti –, e na tua sabedoria (Sl 103,24) – que nasceu de tua substância –, criaste algo do nada (2 Mc 7,28).[379] Não criaste o céu e a terra de ti; pois se os criasses de ti, o céu e a terra seriam iguais ao teu Unigênito (Fl 2,6), e por isso, seriam iguais a ti, e de nenhum modo seria justo que eles fossem iguais a ti se não proviessem de ti. E nada havia fora de ti com que os pudesses criar, ó Deus, ó una trindade e trina unidade. Portanto, criaste o céu e a terra a partir do nada, um grande, a outra pequena, porque tu és onipotente e bom para criares todas as coisas boas, o céu grande e a terra pequena, dois seres, um perto de ti, outra perto do nada; um do qual és superior, outra que nada tem inferior a si.

A criação.

12.8.8. Mas esse céu do céu te pertence, Senhor; a terra, porém, que tu deste aos filhos dos homens (Sl 113,24) para ser vista e tocada, não era igual à agora vemos e tocamos. Pois ela era invisível e desordenada, era um abismo sobre o qual não havia luz, e as trevas reinavam sobre esse abismo (Gn 1,2), isto é, eram maiores do que dentro no abismo. De fato, este abismo das águas já visíveis tem em suas profundezas uma luz da sua mesma espécie, de algum modo perceptível aos peixes e aos animais que rastejam no seu fundo (Gn 1,20). Mas aquilo tudo era um quase nada, já que ainda era absolutamente informe (Sb 11,18); no entanto, já existia, porque podia receber uma forma. Então, Senhor, tu criaste o mundo a partir da matéria informe, da matéria que era um quase nada, e que criaste do nada, para criares as grandiosidades que nós, os filhos dos homens, admiramos. Pois imensamente admirável é este céu corpóreo, que é o firmamento que separa as águas das águas, criado no segundo dia, depois da criação da luz, quando disseste "faça-se", e foi feito (Gn 1,6-8). Chamaste céu (Gn 1,8) ao firmamento. Mas era o céu desta terra e deste mar, que tu criaste no terceiro dia (Gn 1,9), dando aparência visível à matéria informe, que criaste antes de todos os dias. De fato, tu já havias criado um céu antes de todos os dias, mas era o céu do céu, porque no princípio tu criaste o céu e a terra. Porém a terra que havias criado era uma matéria informe, porque era invisível e desordenada, e as trevas reinavam sobre o abismo. E a partir dessa terra, que era invisível e informe, a partir dessa informidade, desse quase nada, é que farias todas essas coisas de que se compõe, e de que não se compõe, o mundo mutável, no qual a própria mutabilidade se manifesta, e pela qual podemos perceber e medir o tempo, porque o tempo é feito da mudança das coisas, enquanto elas variam e se transformam, e cuja a matéria é a terra invisível, de que antes se falou.

Onde não havia forma, não havia o tempo.

12.9.9. Por isso, o Espírito, mestre de teu servo,[380] quando se recorda de que, no princípio, tu criaste o céu e a terra, cala-se em relação aos tempos, silencia-se em relação os dias. Decerto porque aquele céu do céu, que criaste no princípio, é alguma criatura intelectual que, embora não seja coeterna tua, ó Trindade, participa de tua eternidade e tem sua mutabilidade totalmente coibida pela doçura da contemplação de tua felicidade; e, desde que foi criada, unindo-se a ti (Sl 72,28) sem nenhuma queda, supera a volúvel sucessão dos tempos.[381]

Mas essa informidade, que é a terra invisível e desordenada (Gn 1,1), não está enumerada nos dias. Pois onde não há forma nem ordem, nada vem, nada passa; e onde isso não acontece, não existem decerto os dias, nem a sucessão dos intervalos de tempo.

Invocação à Verdade.

12.10.10. Ó Verdade (Jo 14,6), luz (Jo 1,9) do coração meu,
que as trevas minhas não me falem comigo!
Escorri-me até estas coisas, e fui obscurecido,
mas daqui, ainda daqui, apaixonadamente te amei.
Errei e lembrei-me de ti (Sl 118,176; Jn 2,8).
Ouvi a voz tua atrás de mim (Ez 3,12), para que eu voltasse,
e a custo ouvi, por causa do tumultuar dos irrequietos.[382]
E agora, eis que retorno, inflamado e desejoso, à fonte tua.
Que ninguém me impeça: aqui eu beberei e assim eu viverei (Jo 4,13).
Que eu a minha vida não seja (Jo 14,6): vivi mal, por causa de mim.
A morte eu fui para mim; em ti me revivo.
Fala-me tu, comigo conversa.
Acreditei nos livros teus, e deles as palavras são profundos mistérios
(2 Cor 12,4).

Tu, Senhor, já disseste...

12.11.11. Tu, Senhor, já disseste com alta voz aos meus ouvidos interiores que, porque és eterno, és o único a possuir a imortalidade (1 Tm 6,16), já que não tens mudanças na aparência ou no movimento; e que a tua vontade não varia nos tempos, porque a vontade que é ora uma, ora outra, não é imortal. Em tua presença isso é claro para mim, e rogo-te que mais e mais se clareie, e que nessa revelação eu persista lúcido sob as tuas asas. Tu também me disseste, Senhor, com alta voz aos meus ouvidos interiores, que todas as naturezas e substâncias que não são o que tu és, mas que existem, tu também as criastes, já que só não veio de ti o que não existe, e o movimento da vontade que se afasta de ti, do que és, para o que é menos do que tu, porque tal movimento é o delito e o pecado; e que nenhum pecado te prejudica ou perturba a ordem de teu império, seja nas alturas, seja nas profundezas. Em tua presença isso é claro para mim (Sl 18,15), e rogo-te que mais e mais se clareie, e que nessa revelação eu persista lúcido sob as tuas asas.

12.11.12. Tu também disseste com alta voz aos meus ouvidos interiores que não é coeterna contigo nem mesmo aquela criatura de quem tão somente tu és o prazer e que, te sorvendo na mais perseverante castidade, nunca e em nenhum lugar mostra sua mutabilidade, mas que, sendo-lhe tu sempre presente, mantém-se unida a ti com todo afeto, sem ter o que esperar do futuro nem o que recordar do passado, sem se variar com as vicissitudes nem se distender nos tempos. Se existem em alguma parte essa criatura, ó, como é bem-aventurada, por se ligar à tua bem-aventurança, como é bem-aventurada, por te ter como seu eterno habitante e iluminador! Não encontro um termo melhor para chamar o "céu do céu para o Senhor" do que "tua casa", que contempla as tuas delícias sem nenhum defeito que te faça passares para outro lugar. Ela é a mente pura, una em concorde fundamento da paz dos santos espíritos, cidadãos de tua cidade no céu sobre este céu.

12.11.13. Daí, então, que a alma, afastada de ti durante a sua peregrinação (Lc 15,13), perceba se já tem sede de ti; se as suas lágrimas já são o seu pão, enquanto todos os dias lhe perguntam "Onde está teu Deus?" (Sl 41,34); se ela só te pede e busca uma coisa: habitar tua casa todos os dias de sua vida (Sl 26,4). E que vida é a sua, senão tu? E quais são os teus dias, senão a tua eternidade, assim como são os teus anos, que nunca acabam, já que és sempre o mesmo (Sl 101,28)? Daí, então, que a alma perceba, se puder, o quanto acima de todos os tempos tu és eterno, o quanto a tua casa, que nunca mudou, embora não seja coeterna contigo, unindo-se a ti, incessantemente indefectível, não sofre a sucessão dos tempos. Isso em tua presença se clareie para mim, e eu rogo que mais e mais se esclareça, e que nessa manifestação eu persista lúcido sob as tuas asas.

12.11.14. Eis que há uma não sei que informidade nessas transformações dos seres últimos e ínfimos. E quem, senão aquele que erra pelos vazios de seu coração e revolve-se com seus fantasmas; quem, senão ele, diminuída e consumida toda forma, a ponto de remanescer tão só a informidade – pela qual uma coisa é mudada de uma forma em outra –, poderá me dizer que essa informidade teria o condão de produzir a sucessão do tempo? Não, certamente não há quem possa fazê-lo, porque sem a variação dos movimentos não há tempos, e não há variação dos movimentos onde não existe nenhuma forma.

O que está fora do tempo?

12.12.15. Consideradas tais questões, tanto quanto tu mo permites, Deus meu, e tanto quanto tu me incitas a bater às tuas portas e tanto quanto as abres àquele bate (Mt 7,7), eu encontro duas criaturas tuas que prescindem dos tempos, embora nenhuma delas seja coeterna contigo. Uma é formada de tal modo que, sem nunca parar de te contemplar e sem sofrer nenhum intervalo nas mudanças, ainda que mutável, não foi mudada e frui de tua eternidade e de tua imutabilidade. A outra é de tal modo informe que não tem uma forma a partir da qual possa mudar-se em outra forma, seja em movimento ou em repouso, de maneira esteja sujeita ao tempo. Mas tu não deixaste que essa matéria permanecesse informe, porque, antes dos dias, criaste no princípio o céu e a terra, essas duas criações de que eu antes falei. "Mas a terra era invisível e informe, e as trevas reinavam sobre o abismo": por essas palavras é insinuada a informidade, para que aos poucos possam aprendê-la aqueles que não podem cogitar a privação de toda forma, mas sem a sua redução ao nada. Dessa informidade seriam criados, depois do outro céu, a outra terra, visível e organizada, as águas cristalinas e tudo que foi feito na criação do mundo em seus determinados dias, como já foi recordado. Porque tudo isso é de tal natureza que nessas criaturas se realiza a sucessão dos tempos em razão da ordenada modificação de seus movimentos e de suas formas.

As primeiras criaturas.

12.13.16. Meu Deus, quando ouço as tuas criaturas dizerem que "No princípio Deus criou o céu e a terra, mas a terra era invisível e informe, e as trevas reinavam sobre o abismo" (Gn 1,1), mas não se recordarem do dia em que tu os criaste, é isso que por enquanto eu entendo: entendo, por enquanto, que aquele céu do céu é o céu intelectual, graças ao qual é próprio do intelecto conhecer tudo ao mesmo tempo, e não por partes, nem por enigma, nem por espelho, mas no todo, manifesto, face a face (1 Cor 13,12); não ora isso, ora aquilo, mas, como já foi dito, em um conhecer simultâneo e não susceptível à sucessão dos tempos. Sem a sucessão dos tempos, a terra era invisível e informe, sem ter ora uma aparência, ora outra, porque o que não tem forma não pode ser "isso" ou "aquilo". Em razão de ambos, o céu e a terra, o primeiro, formado; a segunda, totalmente informe; aquele, o céu, mas o céu do céu; e esta, a terra, porém a terra invisível e informe; em razão de ambos, agora eu consigo compreender o que dizem as tuas escrituras, sem se referirem aos dias: "No princípio, Deus criou o céu e a terra". Pois elas logo completaram sobre qual terra elas falavam, quando disseram que no segundo dia se comemora a criação do firmamento, chamado céu; e, ao não se referirem aos dias, insinuaram de que céu falavam antes.

O céu e a terra – uma pluralidade de interpretações.

12.14.17. Admirável é a profundez de tuas palavras! Eis que a sua superfície aparece diante de nós a encantar os pequeninos. Que admirável é a profundez, Deus meu, que admirável profundez! Causa-nos horror nela fixar o olhar, um horror de respeito, um tremor de amor. Odeio com veemência os seus inimigos (Sl 138,21-22). Ah, quem dera se tu os matasses com o gládio de dois gumes (Sl 149,6), para que seus inimigos não existissem. Assim, eu amo os que se matam para si mesmos, para viverem em ti. Eis, então, que há outros, que não são críticos, mas que louvam o livro do *Gênesis*. Eles dizem que "O Espírito de Deus, que por intermédio de seu servo Moisés escreveu essas palavras, não quis que fosse entendido isso que tu dizes; mas aquilo que nós dizemos". A esses, sob o teu arbítrio, ó Deus de todos nós, eu assim respondo:

Deus é eterno.

12.15.18. Será que dissestes ser falso o que a Verdade com alta voz proclama a meus ouvidos interiores acerca da verdadeira eternidade do criador, ou seja, que a sua substância não varia no tempo e que a sua vontade não é estranha à sua substância? Daí decorre que a Verdade não quer ora isso, ora aquilo, mas sempre quer o mesmo, de uma só vez e ao mesmo tempo, e sente tudo que quer, e não de novo e de novo, nem ora isso, ora aquilo, nem quer depois o que não queria antes, nem quer o que antes queria, porque uma vontade que assim procede seria uma vontade mutável, e nada que é mutável é eterno. Nosso Deus, porém, é eterno (Sl 47,15). Do mesmo modo, será que vós também dissestes ser falso o que a Verdade proclama a meus ouvidos interiores, ou seja, que a expectação das coisas futuras se torna visão quando elas acontecem, do mesmo modo como a visão torna-se memória quando passa? Porque toda intenção que assim varia é mutável, e nada que é mutável é eterno. Nosso Deus, porém, é eterno. Eu reúno e coligo tudo isso, e descubro que meu Deus, o Deus eterno, não criou a criatura por alguma nova vontade, e que a sua ciência não padece de transitoriedade.

12.15.19. Pois, então, o que me direis, ó contraditores?[383] Será que direis que tudo é isso falso? "Não", respondereis vós. Então, o que é? Será falso que toda natureza formada, ou a matéria formável, não procede senão daquele que é sumamente bom, por sê-lo sumamente? "Tampouco negamos isso", direis vós. Então, o que negais? Será que negais a existência de alguma criatura unida ao Deus verdadeiro e verdadeiramente eterno por um amor tão casto que, embora não seja coeterna com ele, jamais dele se afaste e não seja arrastada por nenhuma variação ou sucessão dos tempos, mas que descanse apenas em sua veracíssima contemplação, já que tu, ó Deus, mostras o quanto amas e sacias quem te ama (Jo 14,8-9), que, por isso, não se afasta de ti, nem mesmo para si? Essa é a casa de Deus (Gn 28,17), que nem é terrena nem formada de matéria celeste ou corpórea, mas espiritual e partícipe de tua eternidade, pois ela é eternamente sem máculas. Tu a determinaste no século e nos séculos do século (Sl 148,6); tu determinaste um preceito, que jamais passará. Porém, essa casa não é coeterna contigo, já que não foi criada sem início.

12.15.20. É certo que nós não encontramos o tempo antes da sabedoria, porque ela foi criada antes de tudo (Eclo 1,4). Mas não se trata daquela sabedoria, ó Deus nosso, de que tu és o pai, que é inteiramente coeterna e igual a ti (Fl 2,6), pela qual todas as coisas foram criadas (Cl 1,16), e em cujo princípio tu criaste o céu e a terra. Trata-se, com efeito, da sabedoria que foi criada, ou seja, a natureza intelectual, que é luz pela contemplação da luz; pois, embora criada, ela também é chamada sabedoria. Porém o quanto a luz que ilumina e a luz que é iluminada se distanciam, o mesmo tanto distanciam-se a justiça justificante e a justiça que é feita pela justificação. Também se diz que nós somos a tua justiça; pois um servo[384] teu disse "que nós sejamos a justiça de Deus nele mesmo" (2 Cor 5,21). Logo, por isso, há a sabedoria intelectual de tua casta cidade (Gl 4,26), que é nossa mãe, que está no alto e que é livre e eterna nos céus (2 Cor 5,1). Mas que céus são esses, senão o céu do céu, que te louva (Sl 148,4), porque esse é também o céu do céu que pertence ao Senhor (Sl 113,6)? Mas, se não encontramos um tempo anterior a essa sabedoria, que antecede à criação do tempo, é porque antes dela já havia a eternidade do próprio criador. Deste criador, ao ser criada, ela recebeu seu início, embora não no tempo, porque o tempo ainda não existia, mas na sua própria condição de criatura.

12.15.21. A sabedoria procede a ti, que és nosso Deus, embora seja inteiramente diferente de ti, e de outra natureza. E se não só antes dela, mas nem nela encontramos o tempo, é porque ela é capaz de sempre contemplar a tua face (Mt 18,10), e sem dela se afastar jamais, o que faz com que por nenhuma mudança ela varie. Porém há nela a mesma mutabilidade que a obscureceria e enregelaria, se ela não estivesse unida a ti com um grande amor, a brilhar e arder como se fosse sempre meio-dia (Is 58,10). Ó casa luminosa e pura, eu amei a tua beleza e o lugar da morada da glória de meu Senhor (Sl 25,8), que te criou e assiste em ti. Por ti eu suspiro em minha peregrinação, e rogo àquele que te criou que também me abrigue dentro de ti, porque ele também me criou. Eu errei como a ovelha desgarrada (Sl 118,176), mas espero ser levado a ti nos ombros daquele que é o meu pastor (Lc 15,5) e teu criador.

12.15.22. O que me direis, ó contraditores, com quem eu conversava? O que direis, se credes que Moisés foi servo pio de Deus e que seus livros são oráculos do Espírito Santo? Não é essa a casa de Deus, que, embora não seja coeterna com Deus, é ainda, à sua maneira, eterna nos céus (2 Cor 5,1), onde debalde buscais (Mt 7,7-8) as transformações do tempo, uma vez que não podeis encontrá-las? Ela ultrapassa toda a distensão e todo intervalo volúvel do tempo, e a sua felicidade estar sempre aderida a Deus (Sl 72,28). "É certo", respondeis vós. Então, dessas verdades que o meu coração clamou perante meu Deus, quando eu ouvi dentro de mim a voz de seu louvor, qual delas vós pretendeis que seja falsa? Será que pretendeis ser falsa a existência da matéria informe, na qual, por não haver nenhuma forma, não poderia haver nenhuma ordem? Porém onde não havia ordem não poderia haver sucessão do tempo. Contudo, uma vez que esse quase-nada não era um nada absoluto, decerto provinha daquele de quem tudo provém, e de algum modo era algo. "Isso tampouco negamos", dizeis.

Invocação.

12.16.23. Quero dizer algo em tua presença, ó Deus meu,
com aqueles que não reconhecem verdadeiro
tudo aquilo que dentro de minha mente não cala a verdade tua.
E que os que o negam ladrem quanto queiram e se importunem.
Esforçar-me-ei por persuadi-los a se acalmarem
e a darem caminho a si pelo Verbo teu.
Mas se não quiserem e me repelirem, ó Deus meu,
não te silencies comigo (Sl 27,1).
Fala verazmente (Sl 14,3) no coração meu, eu imploro,
pois só tu assim falas.
E que eu os deixe do lado de fora,
a soprarem o pó e levantarem a terra nos olhos seus;
e que eu entre nos aposentos meus (Mt 6,6)
e entoe para ti um canto amoroso,
gemendo inenarráveis gemidos (Rm 8,23) em minha peregrinação
e me recordando de Jerusalém (Sl 136,1),
enquanto elevo a ela, que está no alto, o coração (Fl 3,13),
a Jerusalém, a pátria minha, a Jerusalém mãe minha (Gl 4,26),
e me recordando de ti, que reinas sobre ela,

tu, ó luminar, ó pai, ó tutor, ó esposo (Ter. *And.* 295),
ó casta e forte delícia, ó sólido gozo,
ó todos esses bens inefáveis e simultâneos,
porque és único supremo e verdadeiro bem.
E que eu não seja afastado de ti até que, na paz da mãe caríssima,
onde estão as primícias do espírito meu (Rm 8,23)
e de onde me vem a certeza dessas coisas,
tu reúnas da dispersão e desta deformidade tudo que sou (Is 11,12),
e me conformes e confirmes na eternidade,
ó Deus meu, ó misericórdia minha (Sl 58,18).
Com aqueles, porém, que não dizem que tudo que é verdadeiro é falso
e que honram e colocam conosco no alto da autoridade a ser seguida
as santas Escrituras tuas redigidas pelo santo Moisés
e que, no entanto, em algo nos contradizem, assim eu falo:
sê tu, Deus nosso, o árbitro entre as confissões minhas e as contradições
deles.

Outras interpretações de "céu" e "terra".

12.17.24. Dizem eles, então: "Embora o céu e a terra sejam verdadeiros, Moisés não os tinha em vista quando, por revelação do Espírito, disse que 'No princípio, Deus criou o céu e a terra'. Pela palavra 'céu' ele não designou a criatura espiritual ou intelectual, que sempre contempla a face de Deus (Mt 18,10); nem pela palavra "terra", a matéria informe". O que, então, ele tinha em vista? "O que nós dissemos", respondem eles. "Aquele grande homem percebeu o que aquelas palavras proclamaram". "Mas o que, afinal?". Respondem eles: "Pelas palavras "céu" e "terra", ele quis primeiro significar, de modo amplo e breve, todo este mundo visível, para depois classificar, por meio da enumeração de cada um dos dias, tudo o que o Espírito Santo quis anunciar-lhe. Porque aqueles homens a quem ele se dirigia eram rudes e carnais, Moisés julgou que não lhes deviam ser reveladas senão as obras visíveis de Deus". Mas aqueles contraditores consentem que se deva entender a matéria informe como a terra invisível e desordenada, como o trevoso abismo de onde, como na sequência se mostra, desenvolveu-se tudo visível que é conhecido por todos, e que foi criado e ordenado naqueles dias.

12.17.25. E se algum outro contraditor disser que as informidades e a confusão da matéria eram antes referidas pelas palavras "céu" e "terra" porque este mundo visível, com toda a natureza que nele se manifesta, este mundo que costuma ser sempre referido pelas palavras "céu" e "terra" foi sido criado e aperfeiçoado a partir dessa matéria? E se, por sua vez, outro disser que a natureza visível e invisível não é chamada "céu" e "terra" impropriamente, e que nessas duas palavras está compreendida toda a criação que Deus criou na sabedoria (Sl 103,24), isto é, no princípio; mas que – por essas criaturas não serem da mesma substância de Deus, mas feitas a partir do nada, porque não são o mesmo que Deus, há nelas certa mutabilidade, tanto nas criaturas permanentes, como a eterna casa de Deus, como nas mutáveis, como a alma e o corpo do homem – a matéria comum a todas as coisas visíveis e invisíveis, ainda que informe, mas decerto formável, de que seriam feitos o céu e a terra, isto é, as criaturas invisíveis e as visíveis, ambas já formadas, anunciadas por aquelas palavras "céu" e "terra", pelas quais são referidas a terra invisível e desordenada, e que as trevas reinavam sobre o abismo, mas com a distinção de que por "terra invisível e desordenada" fosse entendida a matéria corporal antes de sua qualificação pela forma; e que por "as trevas reinavam sobre o abismo" fosse entendida a matéria espiritual que existia antes da coibição e imposição da moderação à matéria fluida, e antes da iluminação da sabedoria?

12.17.26. Haveria ainda quem dissesse, se quisesse, que, quando se lê que "No princípio Deus criou o céu e a terra", pelas palavras "céu" e "terra" não são ali indicadas duas naturezas – uma invisível e outra visível –, ambas já perfeitas e formadas; e que apenas deveriam ser referidos por essas palavras o início informe das coisas e a matéria formável e criável. Nessa matéria já estariam confundidos, ainda não distintos em qualidades e formas, esses seres que agora, distribuídos em suas ordens, chamados céu e terra, ambas as criaturas, uma espiritual, outra corporal.

A interpretação das Escrituras.

12.18.27. Ouvidas e consideradas todas essas interpretações, não quero contendas sobre palavras. Isso serviria apenas para ruína dos que as ouvem (2 Tm 2,14). Por outro lado, a Lei é boa para a edificação quando é usada como deve ser, pois seu fim é o amor-caridade,[385] que vem do coração puro, da boa consciência e da fé sem hipocrisia (1 Tm 1,5). E o nosso mestre (Mt 23,10) sabe quais foram os dois preceitos com que ele revogou toda a Lei e os profetas (Mt 22,40). Mas se com ardor eu os confesso, Deus meu, ó lume de meus olhos na escuridão (Sl 37,11), o que impede, quando tantos entendimentos diferentes podem existir nessas palavras, que, no entanto, eles sejam verdadeiros? Pergunto o que me impede de as entender de maneira diferente daquele grande homem, que as escreveu? De fato, sobre tudo o que lemos esforçamo-nos por refletir e compreender o que quis expressar aquele a quem lemos; e, quando cremos ser verdadeiro tudo aquilo que lemos, não ousamos considerar que quem escreveu tenha dito algo que sabemos e julgamos ser falso. Logo, quando alguém se esforça por entender nas santas Escrituras o que nelas entendeu aquele que as escreveu, que mal há em que se entenda o que tu, ó luz de todas as mentes verídicas, mostras ser verdadeiro, ainda que assim não tenha entendido aquele que as escreveu, posto que também ele era verdadeiro, embora não tenha entendido da mesma maneira?

O que é verdadeiro.

12.19.28. É verdadeiro, Senhor, que tu criaste o céu e a terra. Também é verdadeiro que no princípio, na tua sabedoria, tu criaste todas as coisas (Sl 103,24). Do mesmo modo, é verdadeiro que este mundo visível tem duas grandes partes, o céu e a terra, que resumem concisamente tudo que foi feito e criado. Também é verdadeiro que todo ser mutável nos ensina à compreensão o conceito de informidade, pelo qual o ser recebe a forma, é mudado e transforma-se. É verdadeiro também que a informidade, que é um quase-nada, não pode receber as variações dos tempos. É verdadeiro que, daquilo de que algo é criado, pode, por algum modo de dizer, ter já o seu nome a coisa de que é criada; daí, pode-se chamar "céu e terra" qualquer informidade de que foram feitos o céu e a terra. É verdadeiro que, de tuto que é formado, nada há mais próximo do informe que a terra e o abismo. É verdadeiro, também, que não só o que é criado e formado, mas também tudo que é criável e formável, tudo foi criado por ti, de quem provêm todas as coisas (1 Cor 8,6). E é verdadeiro que tudo que é formado do informe, antes é informe e depois é formado.

A pluralidade das interpretações.

12.20.29. De todas essas verdades, das quais não duvidam aqueles a quem tu deste vê-las com o olho interior, e que creem com firmeza que teu servo Moisés falou com o Espírito da Verdade (Jo 14,17) de todas essas verdades, uma delas toma para si aquele que diz que "No princípio, Deus criou o céu e a terra", querendo dizer que em seu Verbo, que é coeterno com ele, Deus criou as criaturas inteligíveis e sensíveis, e as espirituais e corporais. Outra dessas verdades toma para si aquele que diz que "No princípio, Deus criou o céu e a terra", querendo dizer que em seu Verbo, que é coeterno com ele, Deus criou toda a massa do mundo corpóreo, com tudo que ele contém de naturezas manifestas e conhecidas. Outra dessas verdades toma para si aquele que diz que "No princípio, Deus criou o céu e a terra", querendo dizer que no seu Verbo, que é coeterno com ele, Deus criou a matéria informe da criatura corporal, onde estavam fundidos o céu e a terra, que agora, já distintos e formados, percebemos na grande massa deste mundo. Outra dessas verdades toma para si aquele que diz que "No princípio, Deus criou o céu e a terra", querendo dizer que, no próprio princípio da criação e da obra, Deus criou a matéria informe, que tinha confundidos o céu e a terra, e de onde, agora formada, surge e se mostra com tudo que no céu e na terra existe.

Interpretações de "A terra era invisível."

12.21.30. De igual modo, no que se refere à compreensão das palavras que se seguem, toma algo para si de todas as verdades aquele que diz que "A terra era invisível e desordenada, e as trevas reinavam sobre o abismo", querendo dizer que tudo aquilo corpóreo que Deus criou era a matéria das coisas corpóreas, ainda informe, sem ordem e sem luz. Outra coisa toma para si de todas as verdades aquele que diz que "A terra era invisível e desordenada, e as trevas reinavam sobre o abismo", querendo dizer que aquele todo que era chamado "céu e terra" era ainda uma matéria informe e escura, de onde foram criados o céu corpóreo e a terra corpórea, com tudo que nela existe e é conhecido pelos sentidos corpóreos. Outra coisa toma para si de todas as verdades aquele que diz que "A terra era invisível e desordenada, e as trevas reinavam sobre o abismo", querendo dizer que tudo que é chamado "céu e terra" era ainda a matéria informe e escura, de onde foram criados o céu inteligível – que em outras situações é chamado de céu do céu – e a terra, isto é, toda a natureza corpórea, sob cujo nome entende-se este céu corpóreo, isto é, a matéria da qual todas as criaturas visíveis e invisíveis foram feitas. Outra coisa toma para si de todas as verdades aquele que diz que "A terra era invisível e desordenada, e as trevas reinavam sobre o abismo", querendo dizer que já existia, não aquela informidade que as Escrituras chamam pelo nome de "céu e terra", mas essa informidade chamada "terra invisível e informe, e trevoso abismo", e que a partir dela Deus teria criado o céu e a terra, isto é, as criaturas espirituais e corporais. Outra coisa ainda toma para si de todas as verdades aquele que diz que "A terra era invisível e desordenada, e as trevas reinavam sobre o abismo", querendo dizer que já existia alguma informidade, que era a matéria a partir da qual as Escrituras disseram que Deus criou o céu e a terra, ou seja, toda a massa corpórea do mundo distribuída em duas partes imensuráveis, uma superior e outra inferior, com todas as criaturas que nelas existem e que são conhecidas.

A matéria criada.

12.22.31. Alguém tentaria se opor a essas duas últimas afirmações dizendo que "Se não quereis ver essa matéria informe ser chamada "céu e terra", é de se supor que existiria algo que não foi criado por Deus, de onde ele criou o céu e a terra. Porque as Escrituras não contam que Deus criou essa matéria, a não ser que a entendamos significada na expressão 'céu e terra', ou apenas na palavra 'terra', quando se disse que 'No princípio, Deus criou o céu e a terra'. Quanto ao que se segue, que 'a terra era invisível e desordenada', embora as Escrituras quisessem assim denominar a matéria informe, não entendemos dessas palavras, no entanto, senão aquela matéria que Deus criou, no que foi anteriormente escrito: 'criou o céu e a terra'." Mas o defensor daquelas duas afirmações, ou qualquer um dos demais contraditores, objetará, quando as ouvirem, que as deixamos para o final, e dirá: "Em verdade, não negamos que essa matéria informe foi feita por Deus, de quem provêm todas as coisas (1 Cor 8,6) muito boas (Gn 1,31). Pois assim como dizemos que o que foi criado e formado é muito bom, também confessamos que é menos bom o que é feito criável e formável, mas que ainda assim é bom. Porém as Escrituras não dizem que Deus criou a informidade, assim como não dizem muitas outras coisas, como a criação dos querubins, dos serafins (Gn 3,24; Is 6,2) ou dos seres de que o apóstolo fala, 'os Tronos, Dominações Principados e Potestades' (Cl 1,16),[386] mesmo que seja evidente que Deus os tenha criado. E se na expressão 'Criou o céu e a terra' estiverem compreendidas todas as criaturas, o que dizemos, então, das águas sobre as quais era levado o Espírito de Deus (Gn 1,2)? Pois se aquelas águas forem entendidas em conjunto com a chamada terra, como se aceitará sob a palavra 'terra' toda a matéria informe, quando vimos as águas tão belas? Por outro lado, por que foi escrito que o firmamento e o chamado céu (Gn 1,7) foram criados dessa mesma informidade, e por que, por sua vez, não está escrito que as águas foram criadas? Pois as águas que vemos fluir com bela aparência não são informes nem invisíveis. Se elas receberam uma bela aparência quando Deus disse 'Reúna-se a água que está sob o céu' (Gn 1,9), de modo que a reunião seja sua própria criação, o que se poderá dizer em relação às águas que estão sobre o firmamento (Gn 1,7)? Por que, se fossem informes, teriam merecido tão honrosa sede? E não está escrito por qual palavra elas foram formadas. Logo, se o *Gênesis* se calou quanto a Deus ter criado algo, que, no entanto, nem a crença salutar nem o claro intelecto duvidam que Deus tenha criado, e como nenhuma sóbria doutrina ousará dizer que essas águas são coeternas com Deus – porque as ouvimos descritas no livro do *Gênesis*, onde não encontramos, porém, a informação de que foram criadas – por que também não deveremos entender, como a Verdade nos ensina, que aquela matéria informe, chamada pelas Escrituras 'terra invisível e informe e de abismo trevoso', foi feita por Deus a partir do nada e que, por isso, não é coeterna com ele, embora essa narrativa tenha deixado de o enunciar?".

Crer em Moisés.

12.23.32. Logo, ouvidas e consideradas tais afirmações, conforme me permite a minha fraqueza – a fraqueza que a ti eu confesso, Deus meu, e que tu bem conheces –, vejo que podem se originar daquilo que os mensageiros verdadeiros anunciam por meio de signos dois gêneros de divergências: um, se a divergência se dá quanto à verdade das coisas; outro, se ela se dá quanto à vontade daquele que as enuncia. Uma coisa é indagarmos a verdade sobre a criação; outra coisa é indagarmos o que Moisés, egrégio servo de tua fé, quis que o leitor ou o ouvinte entendesse naquelas palavras. Do primeiro gênero, estão longe de mim todos os que julgam saber algo que é falso. Do outro gênero, estão longe de mim todos os que julgam ser falso o que disse Moisés. Reúne-me, Senhor, em ti, com aqueles, que são alimentados por tua verdade na amplidão da caridade (Ef 3,18-19); e que eu com eles eu me deleite em ti, que juntos acedamos às palavras de teu livro e busquemos nelas a tua vontade (Jo 5,30) pela vontade de teu servo, por cujo cálamo as distribuíste.

O pensamento de Moisés.

12.24.33. Entre tantas verdades que ocorrem aos que interpretam essas palavras entendidas ora de um modo, ora de outro, quem de nós encontrou alguma que possibilite se dizer com certeza o que Moisés pensou e o que ele quis que se entendesse de sua narrativa, com a mesma confiança com que afirma ser verdadeiro o que diz, ou seja, que Moisés pensava isso ou aquilo? Então, meu Deus, eu, um servo teu (Sl 115,16), eu, que te ofereci o sacrifício da confissão nestas letras, rogo que, por tua misericórdia, eu receba de ti os meus pedidos. Eis que com confiança proclamo que tu criaste em teu Verbo todas as coisas invisíveis e visíveis (Cl 1,16). Mas terei a mesma confiança de proclamar que Moisés não quis outra coisa quando escreveu que "No princípio, Deus criou o céu e a terra"? Porque, embora eu perceba em tua verdade o que é certo, não imagino que, em sua mente, ele pensasse uma coisa enquanto escrevia outra. Pois poderia pensar "No próprio começo da criação", quando disse "No princípio". E poderia querer que se entendesse nessa passagem por "céu e terra" não a natureza já formada e perfeita, espiritual ou corporal, mas aquela apenas começada e ainda informe. Com efeito, eu vejo que se pode sustentar qualquer dessas opiniões, mas eu não sei qual delas Moisés cogitava em suas palavras, embora, tanto alguma dessas opiniões, quanto outra de que não me recordei, não duvido de que tão grande homem, quando proferia aquelas palavras, visse o verdadeiro e o pronunciasse de modo adequado.

A lei da caridade na interpretação.

12.25.34. Já ninguém me moleste (Gl 6,17) dizendo: "Moisés não pensava o que afirmas, mas pensava o que afirmo eu". Pois se me perguntasse: "De onde sabes que Moisés pensava o que dizes de suas palavras?", eu deveria tolerar com ânimo tranquilo, e talvez respondesse o que respondi mais acima, ou um pouco mais amplamente, se fosse um contraditor mais duro. Mas se alguém diz que "Moisés não pensava o que tu afirmas, mas pensava o que eu afirmo", e se ainda nega que seja verdade o que diz um outro de nós, ó vida dos pobres (Jo 14,6), Deus meu, em cujo seio não há contradição, eu te rogo que orvalhes de alívios o meu coração, para que pacientemente eu suporte essas pessoas, que não dizem tais coisas porque são adivinhos, nem porque, sendo servos teus, viram no coração o que dizem, mas porque são soberbos e não conheceram o pensamento de Moisés, ao passo que amam o deles próprios, e o amam não porque é verdadeiro, mas porque é deles. De outro modo, amariam igualmente a opinião alheia que fosse verdadeira, assim como eu amo o que dizem quando dizem a verdade, não porque é deles, mas porque é verdadeiro e, por isso, já não deles, exatamente por ser verdadeiro. Portanto, se amam essa opinião porque é verdadeira, ela pertence a eles e a mim, já que é comum de todos os que amam a verdade.[387] No entanto, não quero nem consinto que eles insistam que Moisés não pensava isso que eu afirmo, mas o que eles próprios afirmam, porque embora assim fosse, ainda que essa temeridade não seja nascida da ciência, seria da audácia, não pela clarividência, mas da soberba. Por isso, Senhor, os teus juízos são terríveis, já que a tua verdade não é minha, nem daquele ou de outro, mas de todos nós, que a cuja comunicação tu chamas publicamente, avisando-nos de modo terrível que não devemos querer ter verdades privativas (1 Tm 6,5), para delas não sermos privados. Pois qualquer um que reivindique para si próprio o que propões para a fruição de todos, e que seja seu o que é de todos, será repelido do comum para o que é seu, isto é, expulso da verdade em direção à mentira. Pois quem mente, fala do que é seu (Jo 8,44).

12.25.35. Ó juiz ótimo, ó Deus, tu que és a própria Verdade (Jo 14,6), atenta-te ao que direi àquele que me contradita. Atenta-te, pois eu o digo diante de ti e de meus irmãos, que usam como se deve a lei (1 Tm 1,8) cujo fim é o amor-caridade (1 Tm 1,5). Atenta-te e vê (Lm 1,9) se te agrada o que àquele contraditor eu direi. Pois eu lhe levarei estas palavras fraternas e pacíficas: "Se tu e eu vemos que é verdade o que dizes, e se ambos vemos que é verdade o que eu digo, pergunto-te, então, onde está o que vemos? Seguramente, não é em ti que eu o vejo em ti, nem é em mim que tu o vês, mas eu e tu o vemos na imutável verdade, que está acima de nossas mentes. Pois se não discordamos quanto à luz de Deus nosso Senhor, por que discordamos da reflexão do próximo, que nós não podemos ver como se vê Verdade imutável. Se o próprio Moisés aparecesse para nós e dissesse 'Isso é o que eu pensei', nem assim veríamos seu pensamento, mas acreditaríamos nele. Por isso, no que se refere às Escrituras, "que ninguém se ensoberbeça a favor de um em detrimento de outro (1 Cor 4,6). Amemos Deus nosso Senhor com todo coração, com toda alma e com toda nossa mente, e amemos o nosso próximo como a nós mesmos (Mt 22,37). Se não acreditarmos que em razão desses dois preceitos do amor-caridade Moisés entendeu o que entendeu em seus livros, faremos o Senhor mentiroso (1 Jo 1,10), ao interpretarmos o ânimo de seu servo de modo diferente do que ele lhe ensinou. Já vês, então, que tamanha estultice seria afirmar temerariamente, em meio a tão grande quantidade de opiniões verdadeiras, que de suas palavras podem ser extraídas qual delas Moisés compreendeu, e ofender, assim, com perniciosas disputas o próprio amor-caridade, por cuja causa ele disse tudo aquilo cujo sentido nós nos esforçamos por explicar.

Se eu fosse Moisés.

12.26.36. No entanto, Deus meu, ó excelsa elevação da minha humildade e descanso de minhas fadigas, tu que ouves as minhas confissões e perdoas os meus pecados (Mt 6,15), já que tu me preceituas que eu ame o meu próximo como a mim mesmo (Mt 22,39), eu não posso acreditar que a Moisés, servo fidelíssimo teu, tu concederias menos dons do que eu haveria de desejar e escolher para mim, se eu houvesse nascido no tempo dele e tu me estabelecesses em seu lugar para que, pela servidão de meu coração e de minha língua, fossem ministradas aquelas palavras que, tanto tempo depois, seriam proveitosas para todos os povos, e que, por sua suprema autoridade, prevaleceriam em todo o orbe sobre as falsas doutrinas e as palavras soberbas. Porque, se então eu fosse Moisés – já que todos viemos da mesma matéria (Rm 9,21), e o que é o homem, se tu não te lembras dele? Sl 8,5) –, (e tu me encomendasses escrever o livro do *Gênesis*, eu quereria que me fossem dadas a faculdade da eloquência e a maneira de urdir as falas para que nem aqueles que não conseguem entender o modo como Deus executa a sua criação recusassem as minhas palavras, por tanto ultrapassarem suas forças; e eu quereria que aqueles que podem entender que nenhuma conclusão verdadeira a que chegassem pelo pensamento estava excluída das poucas palavras de teu servo; e ainda, se alguém mais visse um entendimento diverso sob a luz da verdade, eu quereria que nem esse entendimento deixasse de ser percebido nas mesmas palavras.

A fonte de palavras do dispenseiro.

12.27.37. Assim como, em estreito reservatório, uma fonte de água, que abastece muitos rios que se espalham pelos mais largos espaços, é mais abundante do que qualquer um dos riachos que por muitos lugares são abastecidos por essa fonte, assim também é a narrativa de teu dispenseiro (Tt 1,7). Ela será proveitosa para muitos pregadores, pois, de um pequeno número de palavras manam caudais de cristalina verdade, de onde cada um tira para si o que pode de verdadeiro, uns isto, outros aquilo, e o desenvolve em longos rodeios verbais. Alguns, quando leem ou ouvem aquelas palavras, imaginam Deus como um homem ou como uma potestade dotada de imensa massa, que, por algum novo e repentino querer criasse, fora de si própria, em lugar apartado, o céu e a terra, dois grandes corpos, um acima, outro abaixo, nos quais todas as criaturas estariam contidas; e, quando eles ouvem que "E Deus disse: 'Faça-se isso', e isso foi criado" (Gn 1,6), pensam em palavras começadas e findas, que soam no tempo e passam, depois de cujo trânsito, de pronto existe tudo que foi mandado existir. E se, por acaso, opinam de forma diversa, fazem-no a partir de suas concepções carnais. São como pequeninos seres espirituais (1 Cor 3,1-3),[388] pois sua fraqueza é nutrida por esse humílimo gênero de palavras como se fosse pelo seio materno. A fé é neles edificada modo salutar, a fim de que tenham e retenham a certeza de que Deus fez todas as criaturas, que o sentido deles contempla em enorme variedade. Se alguém, desdenhando como vis aquelas palavras, por soberba imbecilidade sair do berço que o nutre, ai! Cairá miseravelmente. Senhor Deus, apieda-te, para que os que palmilham o caminho (Lm 1,12) não o pisem como pássaro implume; envia teu anjo (2 Mc 15,23; Ml 3,1; Mt 11,10), que o reponha no ninho para que viva até que voe.

A grande variedade de interpretações.

12.28.38. Há outros, porém, para quem aquelas tuas palavras já não são um ninho, mas um pomar sombrio; nelas eles veem frutos ocultos, e voam alegres e gorjeiam enquanto os procuram e os colhem. Pois, quando leem naquelas palavras, veem que todos os tempos passados e futuros são superados por tua sempre estável permanência, ó Deus eterno, e que não há nada na criação temporal que tu não tenhas criado. Veem também que a tua vontade, que é o mesmo que tu, nunca mudada nem nascida, e que antes não existia nela, criou todas as coisas; e que, por um ato de vontade tua, tu as criaste a partir de ti, mas sem tirar de ti a tua semelhança (Gn 1,26), para que fosse a forma de todas as criaturas, mas tirando, a partir do nada, uma matéria informe, que fosse dessemelhante a ti. Recorrendo a ti, que és o Uno, segundo a tua imagem e na medida ordenada de capacidade de cada gênero, foram feitas todas as criaturas muito boas (Gn 1,31), quer permaneçam junto a ti, quer – separadas por graus cada vez mais remotos de tempos e lugares – formem ou padeçam belas mudanças. Eles veem essas coisas e regozijam-se na luz de tua verdade, no pouco que suas forças lhes permitem.

12.28.39. Outro deles há que, prestando atenção ao que foi dito – que "No princípio, Deus criou" (Gn 1.1) –, reconhece "no princípio" a Sabedoria, porque também ela mesma isso nos diz (Jo 8,25). Outro deles, por seu turno, presta atenção naquelas mesmas palavras e entende "princípio" como o início da criação dos seres, e assim interpreta a expressão "no princípio criou", como se dissesse "primeiramente criou". Então, entre aqueles que entendem na expressão "no princípio" que tu criaste na sabedoria o céu e a terra, uns deles entendem por "céu e terra" a matéria de que seriam criados o céu e a terra; outros entendem por "céu e terra" as naturezas já formadas e distintas; e mais outros entendem que a palavra "céu" designa a matéria formada e espiritual, e que a palavra "terra" se refere à matéria informe e corporal. Porém aqueles que entendem pela expressão "céu e terra" a matéria informe, da qual seriam formados o céu e a terra, nem eles mesmos a entendem de um só modo; pois uns pretendem que dessa matéria se consumaria a criação dos seres inteligíveis e sensíveis, enquanto outros entendem que dela somente proviria essa massa corpórea sensível, em cujo grande seio estariam contidas as criaturas conspícuas e perceptíveis. E nem os que creem que naquela passagem são chamadas "céu e de terra" as criaturas já dispostas e ordenadas entendem-na de um único modo, pois uns entendem que signifique a criação é visível ou invisível; enquanto outros entendem que ela é apenas visível, e que nela nós vemos o céu luminoso e a terra caliginosa, e tudo que neles há.

Interpretações que merecem objeção.

12.29.40. Mas aqueles que interpretam a expressão "no princípio criou" como "primeiramente criou", não têm como compreender de modo verdadeiro as palavras "céu" e "terra", senão se entenderem que essas palavras significam a matéria do céu e da terra, isto é, a matéria de toda criação, ou seja, da criação inteligível e corpórea. Pois se naquela expressão eles quisessem entender toda a criação já formada, poderia lhes ser perguntado com razão o que Deus, que teria criado todas as criaturas primeiro, teria feito depois de as criar, e, como nada será achado depois da criação do universo, eles ouvirão contrariado: "O que é aquele 'primeiramente', se depois dele nada mais foi criado?".

Mas quando eles afirmam que Deus criou primeiro a matéria informe e depois lhe deu forma, isso não é um absurdo, desde que se possa discernir uma anterioridade em relação à eternidade, ao tempo, ao valor e à origem. Quanto à eternidade, Deus antecede todas as coisas; quanto ao tempo, a flor antecede a fruta; quanto ao valor, o fruto antecede a flor; quanto à origem, o som antecede o canto. Dessas quatro afirmações, a primeira e a última que apresentei são entendidas com dificuldade; as duas do meio, facilmente. Pois é uma rara e árdua a percepção, Senhor, conhecer aa tua eternidade, que cria imutavelmente as coisas mutáveis, e que, por isso, é anterior a elas. Depois, quem tem uma inteligência tão aguda que consiga perceber com o ânimo e possa compreender sem grande fadiga como o som é anterior ao canto, pela razão de o canto ser um som formado, e por poder decerto existir algo não formado, embora não possa ser formado o que não existe? Assim a matéria é anterior ao que dela é criado, embora ela seja anterior não porque ela mesma o criou, pois ela antes também foi criada. Além disso, ela não é anterior ao intervalo de tempo, pois, com efeito, não proferimos primeiro os sons informes, sem canto, e em um tempo posterior os reunimos e modulamos na forma do cântico, assim como se dá com a madeira, com que fazemos uma arca, ou com a prata, com que cinzelamos um vaso. Tais matérias precedem no tempo as formas das coisas que são com elas são criadas; mas no canto não é assim que ocorre. Pois quando se canta, ouve-se o som, que, no entanto, não soa primeiro informe, para depois ser formado no canto. Isso porque o que de algum modo soa primeiro, passa, e nada se encontrará dele, que, tomado de novo, com arte seja composto. Por isso, o canto é constituído pelo seu próprio som, e seu som é sua matéria. Por conseguinte, o som é formado para que haja o canto. E por essa razão, como eu dizia, a matéria do som é anterior ao canto. A anterioridade não se refere à potência de criar, pois o som não é o artífice do cantar, mas está sujeito à alma do que canta por intermédio do corpo, no qual o canto é criado; nem se refere ao tempo, pois é o som é proferido simultaneamente com o canto; nem se refere ao valor, pois o som não é melhor do que o canto, uma vez que o canto não é só o som, mas é também um belo som. Porém em relação à origem o som é anterior ao canto, porque o canto não é criado para que o som exista, mas o som é criado para que o canto exista. Por esses exemplos, quem puder entender que entenda que a matéria foi criada antes das criaturas e foi chamada "céu e terra", porque dela foram criados o céu e a terra; que ela não foi criada "primeiramente" no tempo, porque as formas das coisas é que produziram os tempos; que aquela matéria era informe, e que só depois de formada pôde ser observada no tempo; e que ainda dela não se pode dizer algo senão que é anterior ao tempo, embora seja a última no valor, porque, sem dúvida, são melhores as criaturas formadas do que as informes, e a matéria informe é precedida pela eternidade do criador, que a criou, para que houvesse algo do nada de onde as criaturas fossem criadas.

A luz da concórdia e a lei da caridade.

12.30.41. Nessa diversidade de opiniões verdadeiras, que a própria Verdade dê à luz a concórdia, e que Deus nosso tenha misericórdia de nós (Sl 66,2), para que nós usemos como se deve a Lei (1 Tm 1,8), cujo fim precípuo é o puro amor-caridade (1 Tm 1,5). Por isso, se alguém me perguntar o que Moisés, aquele teu servo, entendeu delas, eu direi que as minhas confissões não serão verdadeiras, se eu não te confessar que não sei. No entanto, eu sei que aquelas opiniões, exceto as opiniões carnais, sobre as quais falei o quanto penso. Porém aquelas palavras de teu livro humildemente profundas e copiosamente breves não assustam os pequeninos de grande esperança. Mas, sobre todos aqueles que nessas palavras entendem e dizem coisas verdadeiras, eu confesso que nos amamos mutuamente, e que juntos te amamos (Mt 22,37-39), ó Deus nosso, ó fonte da verdade, se temos sede da Verdade, e não de coisas vãs. E que honremos aquele teu mesmo servo, o dispensador de tuas Escrituras pleno de teu espírito, de tal modo que creiamos que, enquanto tu o inspiravas, ele escrevia aquelas palavras e tinha em vista aquilo que maximamente nelas sobressai pela luz da verdade e pelo fruto da utilidade.

A verdade das interpretações.

12.31.42. Assim, quando alguém disser que "Moisés entendeu o mesmo que eu", e outro replicar que "Na verdade, Moisés entendeu aquilo outro, como eu", julgo mais pio indagar a ambos: "Por que Moisés antes não entendeu as duas coisas, se as duas são verdades? E se alguém encontrar uma terceira, uma quarta ou outra qualquer interpretação verdadeira, o que nos impede de acreditarmos que Moisés tenha visto todas essas interpretações, ele, por meio de quem o Deus Uno modulou as sagradas Escrituras com muitos sentidos para serem vistas verdadeiras e variadas?". Eu, decerto – e, intrépido, pronuncio-o do fundo de meu coração –, se, fosse elevado ao cume da autoridade e escrevesse algo, preferiria escrever de modo que minhas palavras soassem o que cada um pudesse captar de suas opiniões, a impor uma única opinião verdadeira de modo claro, de tal sorte que excluísse as outras, cuja falsidade não pudesse me ofender. Não quero, portanto, ó Deus meu, ser tão temerário a ponto de não acreditar que aquele grande homem merecesse tal graça de ti e não tivesse percebido, quando escrevia as Escrituras, quantas verdades podemos ali encontrar, e quantas nós não podíamos, ou ainda quantas até agora não pudemos encontrar, mas que ainda nelas poderemos descobrir.

Prece.

12.32.43. Por fim, Senhor, tu que és Deus e não carne e sangue (Mt 16,17), se o homem não vê todas as coisas, será que a teu bom espírito, que me conduzirá à terra da retidão (Sl 142,10), poderia se ocultar o que naquelas palavras tu pretendias revelar aos leitores futuros, embora aquele grande homem, por intermédio de quem tais palavras foram ditas, as houvesse interpretado em apenas um sentido, entre tantos verdadeiros? Pois se assim for, o sentido que ele cogitou seria mais sublime do que os demais. Contudo, Senhor, mostra-nos tu aquele ou qualquer outro sentido que prefiras que seja o verdadeiro, para que, revelando-nos o que Moisés pensava, ou qualquer outro sentido ou interpretação possíveis a partir aquelas palavras, tu nos alimentes, e o erro não nos engane.

Rogo-te, Senhor Deus meu, vê quantas coisas,
quantas coisas a partir de tão poucas palavras nós escrevemos!
Que forças e que tempo nos seriam necessários

para fazermos do mesmo modo com todos os livros?
Permite-me que mais brevemente neles confesse-te
e que escolha uma só interpretação que tu me inspirares, como
                                                verdadeira, certa e boa,
embora muitas outras venham-me ao encontro,
ali entre as muitas que podem ocorrer;
desse modo, com a fidelidade de minha confissão,
se disser o mesmo que o teu ministro,
eu direi correta e exatamente,
pois convém que quanto a isso eu me esforce.
Mas, se eu não conseguir, que eu diga, ao menos,
o que tua verdade quiser me dizer por meio de suas palavras,
verdade que a ele também disse o que quis.

Livro XIII

Invocação e ação de graças.

13.1.1. Invoco-te, Deus meu, ó misericórdia minha (Sl 58,18),
tu que me criaste e que não te esqueceste de quem te esqueceu.
Invoco-te na alma minha,[389]
que preparas para te receber pelo desejo que inspiraste nela (Sl 9,38).
Quem te invoca agora não abandones,
tu que antes que eu te invocasse te antecipaste e insististe (Sl 58,11),
multiplicando de muitos modos os chamados,
para que eu ouvisse de longe e me convertesse,
e a ti, que me chamavas, eu invocasse.
Pois tu, Senhor, apagaste todos os deméritos meus,
para os não retribuíres a minhas mãos (Sl 17,21),
pelas quais de ti me afastei;
e antecipaste todos os bons méritos meus,
para retribuíres com as mãos tuas (Sl 118,73), com as quais me criaste,
porque antes de eu existir, tu já existias,
e eu não existia, para me concederes existir.
E eis que existo graças à tua bondade,
que precedeu tudo aquilo de que me criaste, e a partir de que me
                                                                criaste.
E não necessitavas de mim,
nem sou tão bom que possa te ajudar,
ó Senhor meu e Deus meu (Jo 20,28),
nem posso te ajudar para não te fatigares no agir,
como se fosse menor o poder teu,
que carecesse de meu obséquio.
E sem que eu te cultuar, não serás como a terra,
de modo que permanecerias inculto sem meu cultivo;
mas que eu te sirva e te preste culto,[390]
para que de ti venha-me o bem,
de ti, de quem me vem o existir, para ser bom.

A Criação e a bondade de Deus.

13.2.2. As tuas criaturas subsistem com a plenitude de tua bondade, para que o bem não deixe de existir, mesmo que ele não te seja útil, nem seja igual a ti (Fl 2,6). já que foi graças a ti que ele pôde ser criado. O que o céu e a terra fizeram para merecer de ti que os criasses no princípio? Digam as naturezas corporal e espiritual o que fizeram para merecer de ti, que as criaste em tua sabedoria (Sl 103,24), que delas dependessem os seres ainda imperfeitos e informes? Cada ser, no seu gênero – quer espiritual, quer corporal –, tende a vagar na imoderação e na longínqua dessemelhança de ti (Lc 15,13). Uma criatura espiritual, mesmo informe, é melhor do que uma criatura corporal e dotada de forma; por sua vez, a criatura corporal, mesmo informe, é melhor do que o nada absoluto. Assim, os seres ficariam suspensos em teu Verbo e permaneceriam informes, a menos que fossem chamados por ele à tua unidade, e fossem formados e se tornassem bons por obra tua, que és o único bem supremo. O que essas criaturas fizeram para merecer de ti serem ao menos informes, quando nem isso seriam se não fosse graça a ti?

13.2.3. O que fez a matéria corpórea para merecer de ti ao menos existir, ainda que invisível e desorganizada (Gn 1,2), visto que não existiria se não a criasses? Certamente, já que não existia, nada fez para merecer existir. E o que fez a criatura espiritual para merecer de ti que ao menos vagasse trevosa, semelhante ao abismo e dessemelhante de ti, se o Verbo, por quem ela foi criada, não a houvesse feito voltar-se ao próprio Verbo; e, iluminada por ele, a luz fosse criada, embora não igual a ti (Fl 2,6)? Porque assim como para um corpo não é a mesma coisa existir e ser belo – de outro modo, não poderia existir a informidade –, assim, tampouco para o espírito criado viver e viver de modo sábio são a mesma coisa; pois, caso contrário, ele saberia imutavelmente. Mas para ele é proveitoso estar sempre unido a ti (Sl 72,28), para que não perca a luz alcançada quando se voltou a ti, e não caia de novo na vida semelhante ao trevoso abismo, caso se afaste de ti. Em verdade, também nós, que pela alma somos criaturas espirituais, outrora afastados de ti, de nossa luz, tornamo-nos trevas nesta vida (Ef 5,8); e, ainda por algum tempo, pelejaremos no que resta de nossa escuridão até que sejamos a tua justiça, no teu Único, semelhantes às montanhas de Deus (2 Cor 5,21). Pois nós fomos os vereditos de teus julgamentos, que são como profundos abismos (Sl 35,7).

A iluminação das criaturas espirituais.

13.3.4. Porém as palavras que tu disseste no princípio da criação – "Faça-se a luz, e a luz foi criada" (Gn 1,3) –, eu entendo que, de forma não incongruente, elas devam ser aplicadas às criaturas espirituais, porque já existia alguma vida, para que tu a pudesses iluminar. Mas como nenhuma vida havia feito por merecer de ti ser iluminada, do mesmo modo, depois de passar a existir, tampouco fez por merecer de ti ser iluminada. Pois, se a luz não fosse criada e não existisse, a sua informidade não te agradaria. Afinal, a criatura espiritual te agrada não por existir, mas por ver a luz que a ilumina, e por a ela se unir (Sl 72,28), porque o ser que de algum modo vive, e vive feliz, não o deve senão à tua Graça, convertida a melhor naquilo que não pode ser mudado, nem para melhor nem para pior. Pois só tu és assim, porque só tu existes de modo simples, e só para ti não há diferença entre o viver e o viver feliz, porque és tu a bem-aventurança.

Deus não necessita da criatura.

13.4.5. O que, então, faltaria ao teu bem – que, para ti, és tu –, se absolutamente não existissem ou permanecessem informes esses seres que criaste não por necessidade, mas tão só pela plenitude de tua bondade, ao reduzi-los e convertê-los à forma, embora não para completares com eles o teu gozo? Pois, perfeito que és, a sua imperfeição te desagrada, e, por isso, eles são aperfeiçoados por ti para que possam te agradar; e não por seres imperfeito, como se pudesses ser aperfeiçoado pela perfeição desses seres. De fato, o teu bom espírito pairava sobre as águas (Sl 142,10; Gn 1,2); no entanto, não era levado por elas, como se nelas ele repousasse. Diz-se que o teu espírito repousava nas águas, quando era ele que em si as fazia repousar (Nm 11,25; Is 11,2). A tua vontade, porém, que é incorruptível e imutável, e que a si se basta, pairava sobre a vida que criaste. Para essa vida não eram a mesma coisa o viver e o viver feliz, porque ela vivia, ainda que a flutuar na escuridão. Resta para ela voltar-se para quem a criou, e mais e mais viver junto à fonte da vida, ver em sua luz a luz divina (Sl 35,10), ser aperfeiçoada, iluminada e levada à felicidade.

A Trindade.

13.5.6. Eis que, como em um enigma (1 Cor 13,12), surge para mim a Trindade, que és tu, Deus meu, já que tu, que és o Pai, criaste o céu e a terra no princípio de nossa sabedoria, que é tua sabedoria, nascida de ti, igual a ti (Fl 2,6) e coeterna contigo; ou seja, já que tu criaste o céu e a terra em teu filho. Dissemos muitas coisas sobre o céu do céu, sobre a terra invisível e informe e sobre o abismo trevoso, onde as criaturas espirituais permaneceriam errantes em sua informidade se não houvessem se convertido àquele de quem provém toda a vida; e no qual, pela iluminação divina, seria criada a vida bela, para que houvesse o céu de seu céu (Sl 113,24), que entre a água e a água depois foi criado (Gn 1,6). E, na palavra "Deus", eu já entendia o Pai que fez essas coisas; e, na palavra "princípio", eu já entendia o Filho, no qual o Pai criou todas as coisas. E, por acreditar na Trindade de meu Deus, eu a procurava nas falas de teus santos, e encontrei que o teu Espírito pairava sobre as águas. Eis, meu Deus, eis a tua Trindade: o Pai, o Filho e o Espírito Santo. Eis o criador de todas as criaturas.

O Espírito pairava sobre as águas.

13.6.7. Ó luz verídica – em direção a quem eu movo o meu coração, para que lhe dissipes as trevas e ele não me ensine coisas vãs –, eu te imploro por nossa mãe caridade que me digas por que razão só depois de se referirem ao céu e à terra invisível e informe, e só depois de dizerem que as trevas reinavam sobre o abismo, as tuas Escrituras se referiram ao teu Espírito? Será porque convinha assim o apresentar, para poderem dizer que ele pairava sobre algo? Afinal, de outro modo não se poderia imaginar sobre o que o teu Espírito paira. De fato, se ele não pairava sobre o Pai, nem sobre o Filho, sobre o que se poderia dizer propriamente que ele pairava, se ele não pairasse sobre algo. Antes era preciso dizer sobre o que ele pairava, e só depois se fazer a referência a respeito daquele sobre quem não convinha lembrar de outro modo senão dizendo que pairava. Mas, por que não convinha apresentá-lo de outro modo, senão dizendo que ele pairava?

As águas sobre as quais o Espírito pairava.

13.7.8. A partir daqui, quem puder fazê-lo pelo intelecto que siga o teu apóstolo, quando ele diz que a tua caridade foi espargida em nossos corações pelo Espírito Santo, que nos foi dado (Rm 5,5); e quando ele nos ensina as coisas espirituais, (1 Cor 12,1) demonstra a supereminente via (1 Cor 12,31) da caridade e, diante de ti, dobra os joelhos por nós (Ef 3,14), para que aprendamos a supereminente ciência da caridade de Cristo (Ef 4,19). É por isso que pairava sobre as águas aquele que desde o início era supereminente. Mas a quem e como eu falarei do peso da cupidez, que nos arrasta em direção ao abrupto abismo? E, pelo contrário, a quem e com quem eu falarei da caridade, que nos eleva graças ao teu Espírito, que paira sobre as águas? A quem e como eu falarei? Pois não é uma questão de lugares, onde somos mergulhados e emergimos. O que é mais análogo e, ao mesmo tempo, mais discrepante? Em vez disso, há, por um lado, as afecções, os amores, a imundice de nosso espírito arrastado para baixo pelo amor das preocupações; e há, por outro lado, a tua santidade, que nos leva ao alto pelo amor da segurança, para que ergamos nossos corações a ti, onde o teu Espírito paira sobre as águas, e cheguemos ao supereminente repouso, depois que a nossa alma atravessar as águas que não têm substância (Sl 123,5).

"Faça-se a Luz."

13.8.9. O anjo caiu, caiu a alma do homem, e revelariam o abismo de todas as criaturas espirituais nas profundidades trevosas se tu não houvesses dito desde o início: "Faça-se a luz", e a luz não houvesse sido criada (Gn 1,3), e todas as obedientes inteligências de tua cidade celeste não tivessem se unido a ti para descansar em teu espírito, que imutável paira sobre tudo que é mutável. De outro modo também, o próprio céu do céu (Sl 113,24) seria um abismo trevoso, ele que agora é a luz no Senhor (Ef 5,8). Pois na miserável inquietude dos espíritos caídos, que, despidos de suas vestes de luz, mostram tão só suas trevas, tu apresentas o bastante quão grande é a criatura racional que criaste, para a qual nada menor do que tu é suficiente para seu repouso bem-aventurado – e, por isso, nem o é ela própria para si mesma. Assim, Deus nosso, tu iluminarás as nossas trevas (Sl 17,29); pois provêm de ti as nossas vestes, que farão as nossas trevas serem como o meio-dia (Is 58,10). Dá-te a mim, Deus meu, devolve-te a mim (Ter. *Ad.*838-839). Amo-te; e se ainda for pouco, que eu te ame com mais intensidade. Não tenho como medir para saber quanto me falta de amor, que me satisfaça, para que minha vida corra para os teus abraços, até que ela se oculte no oculto de tua face (Sl 30,21). Só isso eu sei: que ficar longe de ti para mim é um mal, não só fora de mim, mas também dentro de mim, e que é penúria toda a minha abundância que não seja meu Deus.

Meu peso é o meu amor.

13.9.10. Será que nem o Pai nem o Filho pairavam sobre as águas? Se fosse como um corpo em um lugar, nem o Espírito Santo pairava; porém, se fosse a supereminência da imutável divindade em relação a tudo que é mutável, tanto Pai, quanto Filho e Espírito Santo pairavam sobre as águas. Então, por que só se menciona o teu Espírito? Por que somente dele foi dito o lugar onde estava, que nem era um lugar? Por que só dele se diz que é um dom teu? Em teu dom descansamos, e ali te fruímos (At 2,38). O descanso nosso é nosso lugar. O amor para lá nos eleva, e teu Espírito Santo eleva nossa humildade das portas da morte (Sl 9,14). Na boa vontade está nossa paz (Lc 2,14). O corpo, por seu peso, é forçado para seu local. O peso não só é para baixo, mas para seu local. O fogo tende para cima; para baixo tende a pedra; por seu peso as coisas são movidas, e buscam seu lugar. O óleo vertido sob a água é levado para a superfície da água; a água, vertida sobre o óleo, sob o óleo emerge; as coisas são movidas pelo peso, e buscam seu lugar. O que é menos ordenado é inquieto; ordenando-se, aquieta-se. Meu peso é meu amor;[391] por ele sou levado, para onde quer que seja levado. Nós somos acesos por teu dom, e somos levados para o alto. Ardemos e vamos. Subimos os degraus do coração (Sl 83,6). Cantando o Cântico dos Degraus (Sl 119,1).³⁹² Por teu fogo bom nós ardemos e por teu fogo nós seguimos, porque vamos para cima, em direção à paz de Jerusalém, já que me alegraram as palavras que me disseram: "Iremos à casa do Senhor" (Sl 121,1). Ali a boa vontade nos colocará, para que não queiramos nada mais do que permanecer ali pela eternidade (Sl 60,8).

Quem puder, que entenda e te peça.

13.10.11. Feliz é a criatura que não conheceu um outro estado; pois ela teria sido diferente, se, graças a teu dom (At 2,38), que paira sobre tudo que é mutável, no mesmo instante em que foi criada, ela não se erguesse, naquela invocação que disse: "Faça-se a luz, e a luz foi criada". Pois, em nós, o tempo quando fomos trevas distingue-se daquele tempo quando fomos luz (Ef 5,8). De fato, quando se diz, em relação àquela criatura feliz, o que ela seria se não fosse iluminada, isso é dito como se anteriormente ela houvesse sido flutuante e trevosa, de modo que ficasse patente a razão pela qual ela se transformou, ou seja, como, voltando-se para o lume inextinguível, ela fez-se luz (Eclo 24,6). Quem puder, que entenda e te peça (Mt 7,7). Por que me molestarem (Gl 6,17), como se eu fosse a luz que ilumina todo homem que vem a este mundo (Jo 1,9)?

A imagem da Trindade no homem.

13.11.12. Quem pode compreender (Sl 18,13) a onipotente Trindade? E quem não fala dela, se realmente é dela que fala? Rara é a alma que, quando dela fala, sabe o que fala. Debatem e disputam; mas, sem a paz, ninguém vê essa visão. Eu queria que os homens percebessem dentro de si três fenômenos,³⁹³ todas os três muito diferentes da Trindade. Por isso, indico-lhes que se exercitem, experimentem e sintam quão diferentes são o ser, o conhecer e o querer. Afinal, eu sou, eu sei e eu quero. Eu sou aquele que sabe e quer, eu sei que sou e quero, e eu quero ser e saber. Veja quem puder como a vida é inseparável nesses três fenômenos — é uma só vida, é uma só mente, é uma só essência.

E veja finalmente quão inseparável é a distinção entre os três fenômenos, embora haja distinção. Cada um que está diante de si mesmo atente-se a si, observe e me diga. Porém quando achar nesses fenômenos o que dizer, não pense já haver encontrado aquilo imutável que existe acima dessa tríade, aquilo que existe imutavelmente, que sabe imutavelmente e que quer imutavelmente. Mas será em razão desses três fenômenos que há aí a Trindade? Quem facilmente imaginará que em cada uma das pessoas da Trindade há esses três fenômenos, para que cada uma seja eterna; ou que que ambas as situações coexistam por admiráveis modos, de maneira simples e múltipla, sendo ela mesma para si o seu próprio fim infinito, pelo qual ela existe, conhece a si mesma, e a si se basta imutavelmente na copiosa magnitude da unidade? Quem por qualquer modo o dirá? Quem temerariamente por qualquer modo se pronunciará?

O Primeiro Dia.

13.12.13. Adianta-te na confissão, ó minha fé; dize ao Senhor teu Deus: "Santo, santo, santo (Is 6,3; Ap 4,8), Senhor meu Deus!" Em teu nome, Pai, Filho e Espírito Santo, nós fomos batizados; em teu nome, Pai, Filho e Espírito Santo, nós batizamos (Mt 28,19)." Pois, também entre nós, Deus criou pelo seu Cristo um "céu" e uma "terra", ou seja, os seres espirituais e os carnais de sua igreja (1 Cor 3,1). E a nossa "terra",[394] antes de receber a forma de tua doutrina, era invisível e desordenada, e estávamos recobertos pelas trevas da ignorância (Sl 54,6), já que tu educaste o homem punindo as suas iniquidades (Sl 38,12), e os teus juízos são como muitos abismos (Sl 35,7). Mas como o teu espírito pairava sobre as águas, a tua misericórdia não abandonou as nossas misérias. E tu disseste: "Faça-se a luz" (Gn 1,3); "Penitenciai-vos, pois está próximo o reino dos céus" (Mt 3,2; Mt 4,17); "Penitenciai-vos e faça-se a luz". E, como a alma nos perturbava (Sl 46,6), nós nos lembramos de ti, ó Senhor, na terra do Jordão e no monte que é igual a ti, mas que foi feito pequeno por nossa causa (Sl 41,7). Desagradaram-nos as nossas trevas, e, por isso, voltamo-nos para ti (Sl 50,15); e a luz foi criada. E eis que outrora fomos trevas, mas agora somos luz no Senhor (Ef 5,8).

Em que sentido nós somos luz.

13.13.14. No entanto, somos luz pela fé, e ainda não pela visão (2 Cor 5,7). Porque somos salvos pela esperança. Mas a esperança que vê não é esperança (2 Rm 8,24). O abismo ainda chama por outro abismo, porém, já por meio da voz de tuas cataratas (Sl 41,8).³⁹⁵ Mesmo aquele que diz que "Não pude vos falar como aos seres espirituais, mas como aos carnais" (1 Cor 3,1) julga não havê-lo compreendido, mas, esquecido dos eventos passados, avança para os que tem adiante de si (Fl 3,13), e geme oprimido pelo peso de seu fardo (2 Cor 5,4). Do mesmo modo como estão sedentos os cervos junto às fontes de água, sua alma tem sede do Deus vivo e diz: "Quando chegarei?" (Sl 41,2). Desejando ser revestido por seu habitáculo, que é o céu (2 Cor 5,2), ele chama o abismo inferior (Sl 41,8) dizendo: "Não queirais vos conformar com este mundo, mas sede reformados pela novidade de vossas mentes" (Rm 12,2), e, 'Não queirais fazer-vos meninos na mente, mas sede pequeninos quanto à maldade, para que sejais perfeitos no espírito" (1 Cor 14,20), e "Ó tolos gálatas, quem vos fascinou?" (Gl 3,1). Mas ele já não o diz com a sua própria voz, senão com a tua, porque tu enviaste o teu Espírito das alturas (Sb 9,17) por meio daquele que ascendeu ao alto (Sl 67,19) e abriu as cataratas de seus dons (Ml 3,10), para que as impetuosas correntes do rio alegrassem a tua cidade. (Sl 45,5) Pois é por esta cidade que o amigo do esposo suspira (Jo 3,29), ele que já tem em si as primícias do espírito, mas ainda geme consigo mesmo, na espera da adoção, que é a redenção de seu corpo (Rm 8,23). Ele suspira por tua cidade porque é membro da esposa,³⁹⁶ e zela por ela (2 Cor 11,2). E por ser amigo do esposo, ele zela também pelo esposo, e não por si, porque pela voz de tuas cataratas, e não por sua própria voz, ele invoca outro abismo (Sl 41,8), pelo qual, zelando-o, ele teme. Do mesmo modo como a serpente, por meio de sua astúcia, enganou Eva, ele receia que assim também sejam corrompidos os seus sentidos, degenerando-se a castidade que há em nosso esposo, que é o teu Unigênito (2 Cor 11,3). Como será aparência sua luz, quando o virmos tal como ele é (1 Jo 3,2), e houverem passado as lágrimas que se tornaram meu pão dia e noite, quando me perguntam a cada dia: "Onde está o teu Deus?" (Sl 41,4).

Os filhos da luz.

13.14.15. E eu também pergunto: "Meu Deus, onde estás?" (Sl 41,4). Eis que aqui estás? Respiro um pouquinho em ti (Jó 32,20), quando derramo a minha alma sobre mim, na voz da exultação e da confissão, em um canto de festividade (Sl 41,5). Mas a minha alma ainda está triste, porque volta a cair e torna-se um abismo, ou melhor, porque ela sente que ainda é um abismo. Pergunta-lhe a minha fé, que tu acendeste na noite diante de meus passos: "Por que estás triste, ó alma? E por que me perturbas? Espera no Senhor (Sl 41,6). A sua palavra é como uma lanterna para os teus passos (Sl 118,105). Espera e persevera, até que passe a noite, mãe dos iníquos, até que passe a ira do Senhor (Is 26,20), da qual fomos filhos (Ef 2,3), quando outrora fomos trevas (Ef 5,8). Traremos os vestígios dessas trevas no corpo que foi morto pelo pecado (Rm 8,10), até o raiar do dia e a dissipação das trevas." (Ct 2,17). Espera no Senhor: eu me levantarei no amanhecer e contemplarei (Sl 5,4); eu sempre te confessarei (Sl 41,6). Eu me levantarei no amanhecer, e verei a salvação de minha face, Deus meu (Sl 41,6), e a tua face vivificará nossos corpos mortais por meio do Espírito que nos habita (Rm 8,11), porque ele pairava misericordiosamente sobre o nosso interior trevoso e fluido. Dele, nesta peregrinação, recebemos o penhor de já sermos luz (2 Cor 1,22; Ef 5,8), enquanto ainda pela esperança éramos salvos (Rm 8,24), nós que somos filhos da luz e filhos do dia, e não filhos da noite, nem filhos das trevas, que outrora fomos (1 Ts 5,5; Ef 5,8). Na precariedade do conhecimento humano, só tu, que provas os nossos corações (1 Ts 2,4) e chamas "luz" o dia, e "trevas" a noite (Gn 1,5), distingues entre aqueles que outrora fomos e os que nós agora somos. Quem, senão tu, pode nos distinguir? Pois o que temos, que não recebemos de ti (1 Cor 4,7), nós, que somos vasos de honra feitos da mesma matéria de que os vasos de escárnio (Rm 9,21)?

O Segundo Dia.

13.15.16. Mas quem, ó Deus nosso, quem, senão tu, criou sobre nós o firmamento da autoridade de tuas divinas Escrituras (Gn 1,7)? Pois o céu se enrolará³⁹⁷ como um livro (Is 34,4), e estende-se agora como um pergaminho³⁹⁸ sobre nós (Sl 103,2). As tuas divinas Escrituras desfrutam da mais sublime autoridade, desde que aqueles mortais, pelos quais no-las dispensaste, encontraram a morte. E tu, Senhor, sabes como vestiste de peles os homens (Tb 3,16), quando eles se fizeram mortais pelo pecado (Gn 3,21). Por isso, tu estendeste o firmamento de teu livro como um pergaminho, com escritos sempre coerentes, e que puseste sobre nós por meio do ministério dos mortais. Pois, pela morte, a solidez das palavras proferidas por eles estendeu-se sobre todas as criaturas que existem na terra, de modo que, enquanto eles viveram, suas palavras não estavam tão sublimemente estendidas, porque ainda não havias estendido o céu como pergaminho, nem ainda havias divulgado por toda a parte a notícia de sua morte.

13.15.17. Senhor, vejamos os céus, que são obra de teus dedos (Sl 8,4.). Dissipa a nuvem com que cobriste os nossos olhos. Aí está o teu testemunho, aquele que apresenta a sabedoria aos pequeninos (Sl 18,8). Meu Deus, completa o teu louvor, por meio da boca de crianças e lactentes (Sl 8,3). Pois não conhecemos outros livros que assim destruam a soberba (Ez 30,6), e que assim destruíram o inimigo – o defensor (Eclo 30,6) que resiste à reconciliação contigo, defendendo os seus pecados. Senhor, eu não conheci outras palavras tão castas (Sl 11,7), que tanto me persuadissem à confissão, que tanto abrandassem a submissão de minha cerviz a teu jugo (Mt 11,29), e que tanto me convidassem a te cultuar de boa vontade. Ó bom pai, concede-me entendê-las (Sl 118,34), porque já estou submetido a ti, e para os submissos tu as consolidaste.

13.15.18. Creio que existam sobre este firmamento outras águas (Gn 1,7), imortais e livres da corrupção terrena. Que elas louvem o teu nome; que te louvem as multidões supracelestes de teus anjos (Sl 148,3-5), que não precisam de contemplar esse firmamento e de ler as tuas palavras, para as conhecer. Pois elas sempre veem a tua face (Mt 18,10) e leem nela o querer de tua vontade eterna, sem precisarem das sílabas que se sucedem no tempo. Elas leem, escolhem e se deleitam. Leem sempre, e nunca se torna passado o que leem. Escolhendo e deleitando-se, elas leem a imutabilidade de teus desígnios. O seu códice nunca se fecha, nem o seu livro é enrolado (Is 34,4), porque para elas és tu próprio esse livro, e tu o és eternamente (Sl 47,15), porque ordenaste as multidões de anjos sobre o firmamento, que estabeleceste sobre a fraqueza dos povos que habitam as regiões inferiores, para que lá estes vissem e conhecessem a tua misericórdia, que te anunciou nos tempos, a ti, que criaste os tempos. Pois no céu, Senhor, está a tua misericórdia, e a tua verdade ergue-se sobre as nuvens (Sl 35,6). Afinal, as nuvens passam (Sl 17,13), mas o céu permanece. Os pregadores de tua palavra passam desta vida a outra vida, mas as tuas Escrituras se estenderão sobre os povos até o fim dos tempos. O céu e a terra também passarão, mas as tuas palavras não passarão (Mt 24,35), já que o pergaminho será enrolado (Sl 103,2), e o feno sobre o qual ele se estendia (Is 40,6) passará com o seu esplendor; contudo, o teu verbo permanecerá. Ele agora aparece para nós não como é (1 Cor 13,12), mas no enigma das nuvens e por meio do espelho do céu, porque ele ainda não manifestou o que seremos (1 Jo 3,2), embora sejamos nós sejamos amados por teu filho, que nos olha através da tela de carne (Ct 2,9), e que nos acariciou e nos inflamou, e, por isso, corremos atrás de seu perfume (Ct 1,3). Mas quando ele aparecer, seremos semelhantes a ele, porque o veremos tal como ele é (Jo 3,2). Senhor, concede que o vejamos como ele é, pois ainda não podemos vê-lo.

O ser mutável não pode ver o imutável.

13.16.19. Como só tu existes de modo absoluto, tu, que existes de modo imutável, só tu sabes e queres imutavelmente. A tua essência sabe e quer imutavelmente; a tua ciência existe e quer imutavelmente; e a tua vontade existe e sabe imutavelmente. Então, não parece justo a teus olhos que, do mesmo modo como a luz imutável sabe de si, também saiba de si o ser mutável, por ela iluminado. Por isso, a minha alma é para ti como uma terra sem água (Sl 142,6), porque da mesma forma como ela não pode se iluminar por si mesma, tampouco ela pode se saciar de si mesma. Pois assim como em ti está a fonte da vida, do mesmo modo veremos a luz em tua luz (Sl 35,10).

O Terceiro Dia.

13.17.20. Quem congregou as águas amargosas (Sl 77,1) em uma única reunião?[399] Pois elas têm o mesmo propósito, ou seja, a felicidade temporal, terrena, em razão da qual tudo praticam, embora hesitem em uma inumerável variedade de preocupações. Quem as congregou, Senhor, senão tu, que ordenaste que elas se congregassem em uma só congregação, e que aparecesse a terra seca (Gn 1,9), sedenta de ti, já que também o mar é teu, e tu o criaste, e tuas mãos formaram a terra seca (Sl 94,5)? Pois chama-se mar não o amargor das vontades, mas a congregação das águas. Pois tu também reprimes os maus desejos das almas e impões limites, até onde as águas podem seguir, para que suas ondas quebrem contra si mesmas (Jó 38,10). Assim, crias o mar pela ordem de teu império, que se estende sobre todas as coisas.

13.17.21. Quanto às almas sedentas de ti (Sl 62,2), e que, afastadas por um outro fim, apresentam-se diante de teus olhos distintas da reunião das águas do mar, tu as irrigas por intermédio de uma fonte secreta e doce, para que a terra dê seu fruto (Sl 84,13). E a terra também dá o seu fruto; e, ao teu comando, Senhor meu Deus, a nossa alma germina obras de misericórdia segundo a sua própria espécie (Gn 1,11), amando o próximo e o socorrendo em suas necessidades carnais. A nossa alma carrega dentro de si a semente dessas obras de misericórdia segundo a sua semelhança com Deus (Gn 1,12), já que por nossa fraqueza nos compadecemos e socorremos aqueles que se acham igualmente na indigência, do mesmo modo como quereríamos que nos trouxessem ajuda (Mt 22,39), se da mesma forma estivéssemos nós na indigência, não só nas coisas fáceis, como os brotos nascidos das sementes, mas também na proteção de uma ajuda forte e robusta, como uma árvore que dá frutos, isto é, na proteção benéfica que tirar aquele que padece da penúria da mão dos poderosos, estendendo-lhe a sombra da proteção pela forte robustez da justa justiça.

O Quarto Dia.

13.18.22. Senhor, eu te rogo que, assim como tu crias e distribuis a alegria e o poder, que assim também a verdade se origine da terra, que a justiça olhe para nós do céu (Sl 84,12), e que sejam criados os luzeiros no firmamento (Gn 1,14). Repartamos o nosso pão com aqueles que têm fome; alberguemos em nossa casa o desabrigado indigente; vistamos os nus; e não desprezemos os que, morando sob o nosso teto, provêm de nossas sementes. Vê como são bons estes frutos nascidos da nossa terra, e concede que raie oportuna a nossa luz (Is 58,7). Por essa humilde seara de nossas boas ações, recebendo o Verbo da vida superior nas delícias da contemplação, concede que apareçamos como luminares no mundo (Fl 2,15), sempre unidos ao firmamento de tuas Escrituras. Pois é lá que tu debates conosco (Is 1,18), para que estabeleçamos a distinção entre o que é inteligível e o que é sensível, do mesmo modo como distinguimos entre o dia e a noite, ou entre as almas dadas às coisas inteligíveis e as almas dadas às coisas sensíveis, para que já não sejas tu o único, como antes da criação do firmamento, a distinguir no recôndito de teu julgamento entre luz e trevas, mas ainda que teus seres espirituais, postos e diferenciados no mesmo firmamento, brilhem pelo orbe de tua Graça manifestada sobre a terra (2 Tm 1,9-10) e distingam entre o dia e a noite, e deem significado aos tempos (Gn 1,14), porque as coisas antigas passaram e eis que foram feitas novas (2 Cor 5,17), e porque mais próxima está a nossa salvação do que quando começamos a crer, e porque a noite avançou e o dia se aproxima (Rm 13,11), e porque tu coroas com as tuas bênçãos o ano, enviando operários às tuas messes (Sl 64,12; Mt 9,38), em cuja sementeira outros trabalharam, enviando-lhes a outra semente, cuja colheita será no fim. Assim, tu cumpres os votos daquele que pede, e bendizes os anos do justo. Mas tu és sempre o mesmo, e nos teus anos, que nunca perecem (Sl 101,28), tu preparas o celeiro para os anos que passam.

13.18.23. Por desígnio eterno, tu distribuis, no tempo oportuno, os bens celestes sobre a terra. Pois, de fato, o Espírito dá a um a palavra da sabedoria (1 Cor 12,8), como um luzeiro maior (Gn 1,16), que àquele deleita pela conspícua luz da verdade, como o raiar do dia; dá a outro a palavra da ciência, por meio do mesmo espírito, mas como um luzeiro menor;[400] dá a outro a confiança; a outro, o dom das curas; a outro, o poder dos milagres; a outro, o dom da profecia; a outro, o discernimento dos espíritos; a outro, o dom das línguas (1 Cor 12,8-10). Todos esses dons são como as estrelas, pois todos eles são a obra de um único e mesmo Espírito, que reparte seus dons para cada um, conforme quer, fazendo aparecer a estrela em lugar visível, para o bem de todos (1 Cor 12,11). Porém a palavra da ciência – em que estão contidos todos os mistérios (1 Cor 13,2) que variam no tempo, como a lua – e o restante da lista dos dons, que em seguida foram mencionados, são como estrelas, e o quanto diferem do brilho da sabedoria de que se regozija o anunciado dia, eles pertencem o mesmo tanto ao princípio da noite (Sl 135,7-9). Pois tais dons são necessários àqueles aos quais teu prudentíssimo servo não pode falar como aos espirituais, mas como aos carnais (1 Cor 3,1), ele que fala da sabedoria entre os perfeitos (1 Cor 2,6). Mas quanto ao homem espiritual, como um pequenino lactente em Cristo (1 Cor 2,14), (1 Cor 3,1-2) enquanto não se fortalece para receber o alimento sólido (Hb 5,12-14) nem ainda firma a vista para olhar o sol, que ele não se considere abandonado na sua noite, mas esteja contente com a luz da lua e das estrelas. Tu, meu Deus, discutes conosco esses ensinamentos sapientissimamente em teu livro – no teu firmamento –, para que, pela admirável contemplação, nós distingamos todas as coisas, embora ainda nas constelações e nos tempos, nos dias e nos anos.

O caminho da perfeição.

13.19.24. "Mas, primeiro, lavai-vos e purificai-vos; tirai a maldade de vossas almas e da visão de meus olhos (Is 1,16), para que a terra seca apareça. (Gn 1,9) Aprendei a praticar o bem, litigai pelo órfão, levai a justiça à viúva (Is 1,17), para que a terra germine a erva do pasto e a árvore dê frutos (Gn 1,11). Vinde e debatamos (Is 1,18), para que os luzeiros surjam no firmamento do céu e brilhem sobre a terra" (Gn 1,14) – diz o Senhor. Aquele rico perguntava ao bom mestre o que deveria fazer para alcançar a vida eterna (Mt 19,16). O bom mestre – que aquele rico julgava ser apenas um homem, e nada mais, mas que é deveras bom, porque é Deus – disse-lhe que, se quisesse alcançar a vida eterna, deveria obedecer aos mandamentos, afastar de si o amargor da maldade e da iniquidade (1 Cor 5,8), não matar, não fornicar, não furtar, não levantar falso testemunho (Ex 20,13), para que a terra seca aparecesse, e germinasse a reverência à mãe e ao pai, e o amor ao próximo. "Fiz tudo isso", respondeu-lhe o rico. De onde, então, provêm tantos espinhos, se a terra é frutífera? Vai, arranca a sarça espessa da avareza, vende tudo o que possuis e enche-te de frutos, dando tudo aos pobres, e terás um tesouro no céu. Se queres ser perfeito, segue o Senhor, em companhia daqueles entre os quais a ele predica a sabedoria (1 Cor 2,6-7). Ele sabe como se deve distinguir o dia da noite, e fará com que tu também o saibas, para te tornares parte dos luzeiros do firmamento do céu. Isso não ocorrerá se o teu coração não estiver ali no céu, nem tampouco ocorrerá se o teu tesouro ali não estiver, assim como ouviste do teu bom mestre. Mas a terra estéril se entristeceu, e espinhos sufocaram o Verbo (Mt 13,7; Mt 6,21; Lc 18,23).

13.19.25. Porém ó povo eleito (1 Pd 2,9), ó fraqueza do mundo (1 Cor 1,27), vós, que deixastes tudo para seguirdes o Senhor (Mc 10,28), ide após ele e confundi os fortes (1 Cor 1,27), ide após ele, ó brilhantes pés (Rm 10,15), e luzi no firmamento (Gn 1,17), para que os céus proclamem a glória de Deus (Sl 18,2), distinguindo entre a luz dos perfeitos – embora esta ainda não seja como a luz dos anjos –, e as trevas (Gn 1,14-18) dos pequeninos (Sl 18,8) – embora estas não sejam as trevas dos que perderam as esperanças. Luzi sobre toda a terra, para que o dia, candente pelo sol, exale a palavra da sabedoria, e a noite, iluminada pela lua, anuncie a palavra da ciência (Sl 18,3). A lua e as estrelas luzem na noite, mas a noite não as escurece, já que elas a iluminam, segundo a sua capacidade. Eis, pois, que tudo aconteceu como se Deus dissesse "Façam-se os luzeiros no firmamento do céu" (Gn 1,14), e de pronto houvesse um ruído vindo do céu, como se soprasse um vento forte, e fossem vistas línguas de fogo que, dividindo-se, se puseram sobre cada um dos apóstolos (At 2,2), e foram criados luzeiros no firmamento do céu, que possuíam o Verbo da vida (1 Jo 1,1). Percorrei toda parte (Sb 3,7), ó fogos santos, ó fogos belos. Pois vós sois a luz do mundo e não deveis permanecer sob o alqueire (Mt 5,14). Aquele a quem vos ligastes foi exaltado e vos exaltou (Fl 2,9). Correi e sede conhecidos por todos os povos (Sl 78,10).

O Quinto Dia.

13.20.26. Que o mar também conceba e dê à luz as vossas obras, e que as águas originem os répteis de almas vivas (Gn 1.20). Pois, separando o precioso do vil, vós vos tornastes a boca de Deus (Jr 15,19), pela qual ele diz "Que as águas produzam, não a alma viva, que é originada da terra, mas os répteis de almas vivas e os pássaros que voam sobre a terra" (Gn 1,20).[401] Pois os teus sacramentos, ó Deus, serpenteiam como répteis pelas obras de teus santos no caminho das ondas das tentações do século, para banhar os povos com o teu nome, por meio de teu batismo (Mt 28,19). E ocorreram imensas maravilhas (Sl 105,21; At 2,11) semelhantes aos grandes cetáceos (Gn 1,20-21),[402] e as vozes de teus mensageiros voaram sobre a terra, junto ao firmamento de teu livro, que foi posto como autoridade antes dessas vozes de teus mensageiros, para que sob a sua proteção eles voassem e chegassem a toda parte. E, com efeito, não há dialetos ou línguas em que não se ouçam as suas vozes (Sl 18,5), já que o seu som se espalhou por toda a terra e as suas palavras alcançaram os confins do orbe (Sl 18,4), pois tu, Senhor, abençoando-as, as multiplicaste (Gn 1,22).

13.20.27. Será que eu minto, ou será que eu me equivoco em confusão e não consigo distinguir entre as lúcidas cogitações sobre as coisas que estão no firmamento do céu e as obras corporais, que flutuam no encapelado mar e sob o firmamento do céu? Em verdade, por um lado, as noções sobre as criaturas que estão sob o firmamento do céu são sólidas e definitivas, e, como as luzes da sabedoria e da ciência, não elas se multiplicam na sucessão das gerações. Porém por outro lado, essas criaturas por si mesmas comportam muitas e variadas operações físicas, e multiplicam-se umas a partir das outras, crescendo sob a tua bênção (Gn 1,22), ó Deus. Pois tu consolas o fastio dos sentidos dos mortais, para que, nas cogitações do ânimo, a coisa, que é una, seja de muitos modos alegorizada[403] e manifestada pelos movimentos do corpo. As águas produziram essas maravilhas (Gn 1,21), mas as fizeram em teu Verbo. As necessidades dos povos que não conhecem a eternidade de tua verdade produziram tais maravilhas, mas as fizeram no teu Evangelho, já que as lançaram as próprias águas, das quais o amargo langor foi a causa de que viessem à luz por meio de teu Verbo.

13.20.28. E todas as coisas são belas, porque tu as criaste. Mas eis que tu, que tudo criaste, és indescritivelmente mais belo. Se, pela queda, Adão não se houvesse afastado de ti, não se derramaria de seu útero[404] essa salsugem do mar, ou seja, a raça humana profundamente curiosa, tempestuosamente túmida e instavelmente fluida. E então, não seria necessário que, em meio a essas águas, os teus dispensadores (1 Cor 4,1) operassem, de modo corporal e sensível, tantos sinais e tantos ditos místicos – pois assim agora me ocorreu interpretar os "répteis" e as "aves" –, por meio dos quais, imbuídos e iniciados, os homens submetidos aos sacramentos corporais não avançarão além disso, se a alma não viver espiritualmente em outro degrau, e, após a palavra de iniciação, ela não buscar a perfeição (Hb 6,1).

O Sexto Dia.

13.21.29. Assim, não foi o mar abissal, mas a "terra"[405] separada do amargor das águas que, graças a teu Verbo, produziu, em vez dos répteis dotados de almas vivas e dos pássaros, a alma viva (Gn 1,24). Esta alma já não precisa do batismo, necessário aos gentios, assim como ela mesma dele precisava quando estava coberta pelas águas, pois ninguém entra no reino dos céus senão pela maneira que tu instituíste (Jo 3,5). A alma viva não busca grandes milagres para a edificação da fé. Ela não é como aqueles que não creem sem ver os sinais e os prodígios (Jo 4,48), uma vez que já é a terra fiel, que foi separada das águas do mar, amargosas pela falta de fé. Pois o prodígio das línguas não é um sinal para os fiéis, mas para os que não têm fé (1 Cor 14,22). Tampouco a terra que estabeleceste sobre as águas (Sl 135,6) tem necessidade desse gênero de aves que as águas produziram por ordem de teu Verbo (Gn 1,20). Manda-lhe o teu Verbo (Sl 147,15), por intermédio de teus mensageiros. Nós só podemos contar sobre as suas obras, mas és tu quem operas neles, para que produzam uma alma viva (Fl 2,12-13). É a terra quem a produz, porque a terra é a causa dos fenômenos que ocorrem em sua superfície, assim como o mar foi a causa da produção dos répteis de almas vivas e das aves sob o firmamento do céu, dos quais a terra já não necessita, porque ela se alimenta do Peixe[406] tirado das profundezas para a mesa que preparaste na presença dos que creem (Sl 22,5).[407]

Porque esse Peixe foi tirado das profundezas para alimentar a terra seca. As aves, ainda que progênie marinha, multiplicam-se também sobre a terra. Pois a falta de fé dos homens foi a causa das primeiras prédicas dos evangelizadores, mas também os fiéis são exortados e abençoados por eles múltiplas vezes, dia após dia (Sl 60,9). Mas a alma viva colhe da terra o seu princípio, pois só aos fiéis é proveitosa a contenção do amor deste século, para que sua alma viva para ti, ela que estava morta enquanto vivia nas delícias, (1 Tm 5,6) nas delícias mortíferas, Senhor, pois tu és a delícia vital do puro coração.

13.21.30. Que os teus ministros trabalhem na terra, e não mais, como nas águas da incredulidade, anunciem e falem por meio de milagres, símbolos e falas místicas, a fim de atraírem a atenção da ignorância, mãe da admiração, pelo temor dos sinais ocultos – pois essa é a via de entrada para a fé nos filhos de Adão, quando, esquecidos de ti, escondem-se de tua face[408] (Gn 3,8) e se fazem abismos. Que os teus ministros trabalhem como na "terra seca", separada das fendas do abismo, e sejam modelo para os fiéis (1 Ts 1,7), vivendo diante deles e os exortando à imitação. Assim, os fiéis ouvem não só para ouvir, mas também para praticar. "Buscai Deus, e vossa alma viverá (Sl 68,33), para que a terra produza a alma viva (Gn 1,24); não queirais vos conformar com este mundo, (Rm 12,2) mas abstende-vos dele". Evitando-o, vive a alma, que, dele se apetecendo, morre. Abstende-vos da cruel bestialidade da soberba, da indolente volúpia da luxúria, do nome falaz da ciência (1 Tm 6,20), para que as bestas sejam amansadas, as reses domadas, e as serpentes tornem-se inofensivas. (Gn 1,24.) Pois, alegoricamente, são esses os movimentos da alma. No entanto, o fausto da arrogância, o deleite do prazer e o veneno da curiosidade são os movimentos de uma alma morta, porque ela não morre de modo que interrompa todo movimento, pois ela morre ao se afastar da fonte da vida, (Jr 2,13) e assim é recebida pelo mundo transitório e com ele se conforma.

13.21.31. No entanto, ó Deus, o teu Verbo (Jo 1,1) é a fonte da vida eterna (Jo 4,14), e não passa (Mt 24,35). E, por isso, ele nos impede de afastarmo-nos de ti, quando diz: "Não queirais vos conformar com este século". Ele assim nos fala para que a terra produza na fonte da vida uma "alma viva", uma alma que, por meio de teus evangelistas, e na observância de teu Verbo, imite os imitadores de teu Cristo (1 Cor 11,1). Pois esse é o significado da expressão "segundo a espécie" (Gn 1,21), já que o homem emula o amigo (Ecl 4,4). "Sede como eu, porque também eu sou como vós" (Gl 4,12), disse o apóstolo. Assim, na alma viva haverá as boas feras,[409] abrandadas na mansuetude das ações – pois tu no-lo ordenaste ao dizeres: "Realiza as tuas obras na mansuetude, e serás amado por todos os homens" (Eclo 3,19) –; e haverá as reses também boas, pois, se comerem, não ficarão empanturradas; e, se não comerem, não ficarão famintas (1 Cor 8,8); do mesmo modo, as serpentes se tornarão boas e não serão perniciosas em fazerem o mal, mas serão astutas para se precaverem (Gn 3,1; Mt 10,16); e só explorarão a natureza temporal o quanto basta para que, pelo entendimento das criaturas, percebam a eternidade (Rm 1,20). Pois tais animais são úteis à razão quando vivem refreados no seu percurso mortífero, e são bons.

A criação dos animais e do homem.

13.22.32. Ó Deus, nosso Senhor e criador, quando forem impedidas as afecções do amor secular (1 Jo 2,16), com as quais, vivendo mal, nós morríamos, e, vivendo bem, a alma viva começava a existir; e se se cumprir o que disseste por meio de teu apóstolo – "Não queirais vos conformar com este século" –, seguir-se-á o que juntaste logo a este trecho: "Mas sede reformados na novidade de vossas mentes" (Rm 12,2). Porém já não será "segundo a espécie" (Gn 1,21), como quem imita aquele que o precede, ou como quem vivendo conforme a autoridade de um homem melhor. Pois tu não disseste: "Faça-se o homem, segundo sua espécie". Mas: "Façamos o homem à nossa imagem e semelhança" (Gn 1,26). E assim disseste para que entendamos qual é a tua vontade. Pois para isso aquele teu dispensador (1 Cor 4,1), que gerava os filhos pelo Evangelho (1 Cor 4,15), não querendo que permanecessem para sempre pequeninos aqueles que ele nutrira com leite (1 Cor 3,1), e que como uma ama ele criara (1 Ts 2,7), disse: "Sede rejuvenescidos na novidade de vossas mentes, para conhecerdes qual é a vontade de Deus, e o que é o bom, o que é o agradável e o que é o perfeito" (Rm 12,2). Por isso tu não dizes: "Faça-se o homem"; mas: "Façamos". Por isso, tampouco dizes: "segundo a espécie"; mas: "à nossa imagem e semelhança". Pois o homem, renovado na mente e contemplando a tua verdade inteligível (Rm 1,20), não precisa de outro homem que lhe mostre como imitar a sua espécie. Porém ensinando-o tu, ele próprio conhece qual é a tua vontade, o que é bom, o que agradável e o que perfeito. Ensinando-o tu, ele é capaz de ver a Trindade da Unidade ou a Unidade da Trindade. Além disso, dito no plural: "Façamos o homem", também se infere no singular: "E Deus criou o homem"; e dito no plural: "à nossa imagem", entenda-se no singular: "à imagem de Deus" (Gn 1,26-27). Assim, o homem é renovado no conhecimento de Deus segundo a imagem de seu criador (Cl 3,10). E, tornando-se espiritual, julga todas as coisas que devem ser julgadas, ao passo que ele mesmo por ninguém é julgado (1 Cor 2,15).

Os poderes do homem.

13.23.33. A expressão "julga todas as coisas" quer dizer que o homem tem poder sobre os peixes do mar, sobre as aves do céu, sobre todas as reses e feras, e sobre toda a terra e os répteis que sobre ela serpenteiam. Ele o exerce por meio do intelecto da mente,[410] pelo qual percebe o que é do Espírito de Deus (1 Cor 2,14). De resto, posto em glória, o homem não entendeu sua grandeza; tornou-se comparável aos insensatos jumentos, igualando-se a eles (Sl 48,13; 1 Cor 2,14). Por isso, meu Deus, na tua igreja, julgam segundo o espírito (1 Cor 2,15), conforme a graça que tu nos concedeste – já que somos modelados por ti e criados para as boas obras – (Ef 2,10), não só aqueles que detêm o comando espiritual, mas ainda os que espiritualmente estão àqueles submetidos – pois fizeste o humano macho e fêmea (Gn 1,27) em tua Graça espiritual, onde não há um segundo sexo corporal macho e fêmea, porque não há judeu, nem grego, nem escravo, nem livre – (Gl 3,28). Portanto, os homens espirituais, tanto os que comandam quanto os que servem, julgam segundo o espírito (1 Cor 2,15). Eles não julgam pelas cogitações espirituais, que brilham no firmamento (Gn 1,15) – pois não convém julgar a partir de tão sublime autoridade. Tampouco julgam o teu livro, embora haja nele algo que não reluz, porque devemos submetermos a ele nosso intelecto; e temos como certo mesmo aquilo que temos cerrado em nossa visão, e cremos que o que ali está foi dito com retidão e verdade. Assim, pois, o homem, embora já espiritual e renovado no conhecimento de Deus, que o criou segundo a sua imagem (Cl 3,9-10), deve, no entanto, ser um cumpridor da lei, e não um juiz (Tg 4,11). Por isso, ele não faz distinção entre os homens espirituais e carnais, que são conhecidos por nosso Deus. Embora manifestos para teus olhos, eles ainda não se manifestaram para nós por intermédio de suas obras, para que conheçamos seus frutos. (Mt 7,20) Mas tu, Senhor, já os conheces; tu os separaste e os chamaste em segredo, antes que fosse criado o firmamento. O homem, embora espiritual, tampouco julga o túrbido povo deste mundo – pois o que ele vai julgar daqueles que estão fora (1 Cor 5,12), ignorando quem dentre eles alcançará a doçura de tua Graça, e quem permanecerá no perpétuo amargor da impiedade?

13.23.34. Portanto, o homem, que tu criaste à tua imagem (Gn 1,26), não recebeu poder sobre os luminares do céu, nem sobre o próprio misterioso céu invisível, nem sobre o dia e a noite – que nomeaste antes da criação do céu –, nem sobre a congregação das águas – que é o mar. Mas ele recebeu poder sobre os peixes do mar e sobre as aves do céu, sobre todas as reses e toda terra, e sobre todos os répteis, que sobre ela serpenteiam. Pois ele julga e aprova o que é correto, e desaprova o que acha mau, quer na solenidade dos sacramentos, pelos quais são iniciados aqueles que a tua misericórdia procura nas águas profundas; quer naquela celebração em que é mostrado o Peixe, que, tirado das profundezas, a pia terra come; quer nos signos das palavras e nas vozes sujeitas à autoridade de teu livro, que voam sob o firmamento, interpretando, expondo, dissertando, discutindo, bendizendo e invocando-te, com os signos que soam e brotam da boca para que o povo responda (Dt 27,17): "Amém". A razão de anunciarmos tudo isso em vozes corporais é o abismo do mundo e a cegueira da carne, pela qual os pensamentos alheios não podem ser vistos, sendo necessário troarem nos ouvidos. Assim, mesmo que se multipliquem as aves sobre a terra, elas ainda têm origem nas águas (Gn 1,21). Desse modo, também o homem espiritual (1 Cor 2,15) julga, aprovando o que é certo, mas desaprovando o que encontra de mau nas obras e nos costumes dos fiéis. Julga as esmolas, como terra frutífera; e julga a alma viva, que domou as afecções pela castidade, pelos jejuns (2 Cor 6,6) e pelos pensamentos piedosos, pois julga tudo aquilo que é percebido pelas sensações do corpo. Pois, em uma palavra, ele julga tudo aquilo sobre o que tem o poder de corrigir.

Crescei e multiplicai-vos.

13.24.35. Mas o que é isso (Ex 13,14)? Que mistério é esse (1 Co 4,1)? Eis que tu abençoas os homens, ó Senhor, para que cresçam, multipliquem-se e encham a terra (Gn 1,28). Mas será que não nos indicas com isso algo mais para que entendamos? Por que não abençoaste do mesmo modo a luz, que chamaste dia, nem o firmamento do céu, nem os luzeiros, nem os astros, nem a terra, nem o mar? Eu diria, meu Deus, que tu nos criaste à tua imagem (Gn 1,26), eu diria que tu quiseste conceder propriamente ao homem esse dom da bênção, senão, tu haverias, do mesmo modo, abençoado os peixes e os cetáceos (Gn 1,22), para que eles crescessem, multiplicassem-se e enchessem as águas do mar, e para que as aves se multiplicassem (Gn 1,11-12) sobre a terra. Do mesmo modo, eu diria que essa bênção pertence àquele gênero de criaturas que, gerando-se, propagam a si mesmas, se eu também a encontrasse nos arbustos, nos pomares e nas reses da terra. Porém nem às ervas, nem às árvores, nem às feras, nem às serpentes foi dito: "Crescei e multiplicai-vos", ainda que esses todos, assim como os peixes, as aves e os homens, gerando, propagam e conservam a espécie.

13.24.36. Ó minha luz e minha verdade, o que direi? Que tudo isso é inútil? Que tudo foi dito em vão? De modo algum, ó pai da piedade. Longe de teu servo dizer isso de tua palavra. E se eu não entendo o que queres com ela dizer, que a usem melhor os melhores, isto é, os que são mais inteligentes do que eu, cada qual conforme o saber que tu lhes deste (Rm 12,3). Que te apraza a confissão que faço diante de teus olhos (Sl 78,10), pela qual, Senhor, eu te confesso acreditar que não falaste em vão, e não calarei o que me ocorrer por ocasião dessa leitura. Pois é verdade o que me ocorrer, e não vejo nada que me impeça de assim entender a linguagem figurada de teus livros. Pois sei que o corpo pode exprimir de múltiplas maneiras o que de único modo é entendido pela mente, e que pode ser entendido pela mente de múltiplas maneiras o que o corpo expressa de um único modo. Eis, por exemplo, o amor de Deus e do próximo. Com quantos sacramentos, em quantas inumeráveis línguas, e, em cada língua, de quão inumeráveis modos de locução ele pode ser corporalmente enunciado! É nesse sentido que crescem e multiplicam-se os embriões nas águas. Atenta-te de novo quem quer que sejas tu, o leitor destas palavras. Eis que de um só modo as Escrituras apresentam, e a voz ressoa estas palavras: "No princípio, Deus criou o céu e a terra" (Gn 1,1). Entretanto, não as entendemos de múltiplos modos, não por falácia dos erros, mas por diferentes espécies de entendimentos verdadeiros? Assim, crescem e multiplicam-se os embriões dos homens.

13.24.37. Se não cogitarmos a natureza das coisas de modo alegórico, mas de modo próprio, as palavras "crescei e multiplicai-vos" (Gn 1,22) convêm a todas as criaturas geradas da semente. Porém se tratamos essas palavras em sentido figurado – como eu julgo que devam ser entendas as Escrituras, que em vão não atribuíram essa bênção apenas aos rebentos das águas e dos homens –, encontramos de fato uma grande multiplicidade de criaturas espirituais e de criaturas corporais, simbolizadas no "céu" e na "terra"; de almas justas e de almas iníquas, simbolizadas na "luz" e nas "trevas"; de santos autores pelos quais a lei foi mostrada, simbolizados no "firmamento que foi colocado entre a água e água"; da congregação dos povos amargos pelas paixões, simbolizados no "mar"; do zelo das almas pias, simbolizado na "terra seca"; das obras da misericórdia conforme a vida presente (1 Tm 4,8), simbolizadas nas "ervas que nascem das sementes e árvores frutíferas"; dos dons espirituais manifestados para a utilidade (1 Cor 12,7), simbolizados nos "luminares do céu"; nos sentimentos conformados para a temperança, simbolizados na "alma viva": em tudo isso encontramos multiplicidades, fertilidade e crescimento. Mas o que cresce e se multiplica, de modo que uma coisa seja enunciada de muitos modos e que uma enunciação seja entendida de muitas maneiras, só o encontramos nos signos expressos corporalmente e nas coisas concebidas intelectualmente. Entendemos que os sinais expressos corporalmente são as "gerações criadas nas águas", necessários por causa da nossa profundidade carnal; e que as coisas concebidas intelectualmente são "as gerações dos homens", por causa da fecundidade da razão. E, por isso, cremos que para esses dois gêneros disseste, Senhor: "Crescei e multiplicai-vos". Pois entendo que, por essa bênção, tu nos concedeste a faculdade e o poder de enunciarmos de muitas maneiras o que de um único modo entendemos, e entendermos de muitas maneiras o que lemos enunciado obscuramente de um único modo. Assim, enchem-se as "águas do mar", que não se moveriam senão com várias significações, assim como também os embriões dos homens enchem a terra, cuja "secura" aparece no zelo pela verdade, e é dominada pela razão.

Os frutos da terra, alimento dos homens.

13.25.38. Quero dizer também, Senhor, o que me sugere a sequência daquele trecho de tuas escrituras; e eu o direi, meu Deus, sem me acanhar. Pois, inspirando-me tu o que quiseres que eu diga dessas palavras, eu direi coisas verdadeiras. E não creio que se outro, que não tu, me inspirasse, eu diria coisas verdadeiras, já que és tu a verdade (Jo 3,3), e todos os homens são mendazes (Jo 14,6; Rm 3,4). Por isso, quem fala a partir de si, mente (Jo 8,44). Logo, para que eu fale a verdade, falo a partir de ti. Eis que nos deste por comida toda erva cultivável que germina por semente sobre a terra, e toda árvore que tem em si o fruto com a semente (Gn 1,29). E não as deste apenas a nós, mas a todas as aves do céu, aos animais da terra e às serpentes (Gn 1,30), embora aos peixes e aos grandes cetáceos não as tenhas dado. Dizíamos que por esses "frutos da terra" eram alegorizadas as obras de misericórdia, que a terra frutifica para atender às necessidades desta vida. Semelhante a essa "terra" era o pio Onesíforo,[411] a cuja casa concedeste a misericórdia, porque muitas vezes refrescou o teu Paulo, e não se envergonhou (2 Tm 1,16) de suas correntes. Isso fizeram também os irmãos da Macedônia, que, frutificando com tal fruto, supriram-no do lhe que faltava (2 Cor 11,9). E como Paulo se queixava de algumas árvores que não lhe deram o fruto devido, disse: "Na minha primeira defesa, ninguém me ajudou, e todos me abandonaram; mas não lhes seja isso imputado" (2 Tm 4,16). Pois esse alimento é devido àqueles que ministram a doutrina racional por meio da explicação dos divinos sacramentos, e se lhes é devido por serem homens. Mas esse alimento se lhes é devido também por serem "almas vivas", porque eles se oferecem a nós para serem imitados em todas as formas de continência. Também se lhes é devido esse alimento por eles serem como as "aves do céu", em razão de suas bênçãos, que se multiplicam sobre a terra (Gn 1,22), já que sobre toda ela estendeu-se o som de sua voz (Sl 18,5).

Tudo posso naquele que me conforta.

13.26.39. Nutrem-se com esse alimento os que dele se alegram; embora dele não se alegram os que têm o ventre como deus (Fl 3,19). Pois naqueles que o oferecem, o fruto não é o que dão, mas o ânimo com que o fazem. Assim, eu vejo aquele que servia a Deus e não a seu ventre (Rm 16,18), e eu vejo inteiramente de onde ele se regozija; eu vejo e muito o congratulo. Pois ele recebera os que os filipenses lhe enviaram por intermédio de Epafrodito (Fl 4,18),[412] e eu vejo de onde ele se regozijava. Pois de onde ele se regozijava, aí se alimentava, porque, falando a verdade, dizia: "Alegrei-me magnificamente no Senhor, porque enfim floresceste novamente a simpatia por mim, de quem antes gostavas, mas de quem te enfastiaste" (Fl 4,10).[413] Portanto, os filipenses haviam murchado por longo fastio, e como que se secaram para os frutos da boa obra. E Paulo se regozijou deles, porque eles floresceram novamente, e não se regozija deles em razão de si mesmo, por eles o terem socorrido na indigência. Por isso, o apóstolo disse em seguida: "Não digo essas palavras porque algo faltou, pois eu aprendi a me bastar com aquilo que tenho. Eu tanto sei o que é ter pouco quanto o que é ter em abundância. Em todas e por todas as coisas eu aprendi a suportar a saciedade e a fome, a abundância e a penúria. Tudo posso naquele que me conforta" (Fl 4,11-13).

13.26.40. De que então tu te regozijas, ó grande Paulo? De que te regozijas? De que te nutres, ó homem renovado no conhecimento de Deus, que te criou segundo à sua imagem (Cl 3,10), ó alma vivificada por tamanha continência, ó língua alada, que anuncia os mistérios (1 Cor 14,2)? Porque o alimento é devido a esses seres animados. O que é que te nutre? A alegria. Que eu ouça o quanto se segue: "No entanto, bem fizestes participando de minha tribulação" (Fl 4,14).

Disso se regozija, disso se nutre – de lhe fazerem o bem, não de lhe aliviarem a angústia – aquele que disse: "Na tribulação me aliviaste" (Sl 4,2). Mas o faz porque sabe suportar tanto a abundância quanto a penúria, porque tu o confortas (Fl 4,12). "Pois sabeis", diz ele, "também vós, ó filipenses, que já no princípio da evangelização, quando eu saí da Macedônia, nenhuma igreja participou comigo do dar ou do receber, e eu recebi apenas de vós, porque algumas vezes enviastes à Tessalônica aquilo de que eu necessitava" (Fl 4,15). E agora ele se regozija de que eles tenham voltado a essas boas obras, e alegra-se por haverem florescido novamente, como um campo que revive a sua fertilidade.

13.26.41. Será que foi em razão de suas necessidades que ele disse: "Enviastes aquilo de que eu precisava?" (Fl 4,16). Será que é por isso que ele se regozija? Não é por isso! E como o sabemos? Porque que ele próprio acrescentou, dizendo: "Não busco a dádiva; procuro o fruto" (Fl 4,17). Eu aprendi contigo, meu Deus, a discernir entre a dádiva e o fruto. A dádiva é a coisa em si, é aquilo que o provedor das necessidades concede, como o dinheiro, a comida, a bebida, a vestimenta, o abrigo, a ajuda. O fruto, por sua vez, é a boa e correta vontade daquele que concede a dádiva. O bom mestre não diz apenas: "o que receber um profeta." Ele completa: "na qualidade de profeta". Ele tampouco diz apenas: "o que acolher um justo". Mas completa: "na qualidade de justo." É por isso que uns receberão a recompensa do profeta; outros, a recompensa do justo. Além disso, ele não diz apenas: "o que der de beber um cálice de água fresca a um de meus mais humildes". Mas completa: "apenas na qualidade de discípulo". E ele logo ajuntou: "Em verdade eu vos digo, que ele não perderá a sua recompensa" (Mt 10,42). Constitui uma "dádiva" receber um profeta, receber um justo, estender um copo de água fresca a um discípulo; mas constitui um "fruto" fazê-lo em relação a quem age na qualidade de profeta, na qualidade de justo, na qualidade de discípulo. Com o fruto a viúva, que sabia que alimentava um homem de Deus, e por isso o alimentava, alimentava Elias. Mas o alimento que ele recebia do corvo era uma "dádiva" (1 Rs 17,6). Não era alimentado assim o interior de Elias, mas o seu exterior, que se deterioraria se esse alimento lhe faltasse.

Os "peixes" e os "cetáceos".

13.27.42. Por isso, Senhor, eu direi a verdade diante de ti. Quanto aos homens idiotas[414] e incrédulos (1 Cor 14,23), que para serem iniciados e ganhos para a fé precisam dos sacramentos dos principiantes e dos grandes milagres – designados, como acreditamos, pelos nomes de "peixes" e "cetáceos" –, quando eles acolhem os teus pequenos[415] para os restaurar fisicamente e ajudá-los em alguma precisão da vida presente, como ignoram o motivo e a finalidade pelos quais devem fazê-lo, nem aqueles são por eles alimentados, nem estes por aqueles, porque nem estes o fazem pela santa e reta vontade, nem aqueles se alegram pelas dádivas, nas quais não veem o fruto. Pois em verdade, o ânimo só se alimenta do que o alegra. E por isso, os "peixes" e os "cetáceos" só comem o alimento que a terra germina, já distinta e separada do amargor das correntes marinhas (Gn 1,9).

E Deus viu que tudo era muito bom.

13.28.43. Ó Deus, tu viste as coisas que criaste, e eis que todas te pareceram ser imensamente boas (Gn 1,31); e nós também as vimos, e eis que todas também nos pareceram ser muito boas. Tu viste que cada espécie de tuas obras era boa, quando disseste que se fizessem, e foram criadas. Sete vezes eu contei escrito que tu viste que eram boas as coisas que criaste; e li na oitava vez que tu viste todas as coisas que criaste, e eis que elas não só eram boas, mas eram muito boas todas juntas.[416] Pois cada coisa em separado era boa, mas todas elas juntas eram muito boas. Diz-se isso também em relação aos belos corpos, pois o corpo que tem todos os membros belos é muito mais belo do que cada membro individualmente, dos quais a reunião ordenada completa o todo, ainda que também eles, separadamente, sejam belos.

O Dia.

13.29.44. Atentei-me para saber se as tuas obras te pareceram boas sete ou oito vezes, quando elas te aprouveram. E eu não encontrei na tua contemplação a existência de um tempo, no qual eu pudesse entender ser aquele o número de vezes que tu viste e admiraste o que criaste. Então eu disse: "Ó Senhor, não são verdadeiras as tuas Escrituras, já que tu, que és verdadeiro e és a verdade (Jo 14,6), as promulgaste? Por que, então, tu me dizes que a tua contemplação não está sujeita ao tempo, ao passo que as tuas Escrituras me dizem, a cada dia, que eram boas as coisas que criaste e viste, e, quando as contei, encontrei quantas eram?". A isso tu me respondes; e, já que tu és meu Deus (Sl 42,2), dizes com voz forte aos ouvidos interiores de teu servo, rompendo a minha surdez e clamando: "Ó homem, o que as minhas Escrituras dizem, digo eu. Mas elas o dizem no tempo, ao passo que o meu Verbo não está sujeito ao tempo, porque existe comigo em igual eternidade. Então, o que tu vês por intermédio de meu Espírito, sou eu que vejo; e o que dizes por intermédio de meu Espírito, sou eu que digo. Mas, o que tu vês no tempo, no tempo eu não vejo, do mesmo modo como, dizendo essas coisas no tempo, no tempo eu não as digo".

Há alguns a quem desagrada a obra de Deus.

10.30.45. Senhor meu Deus, eu ouvi e bebi uma gota da doçura de tua verdade. E entendi que há alguns[417] a quem as tuas obras desagradam, pois eles dizem que tu criaste muitas delas compelido pela necessidade, como, por exemplo, a estrutura dos céus e a configuração dos astros. Eles afirmam que tu não as criaste por ti mesmo, mas que elas já existiam anteriormente, criadas em outra parte, e que tu apenas reuniste, compuseste-as e ordenaste-as, quando, depois de vencidos os inimigos, construíste as muralhas do mundo, para que, por essa construção, os vencidos não pudessem outra vez se rebelar contra ti. Eles dizem que tu absolutamente não criaste nem ordenaste as criaturas, como, por exemplo, os seres carnais, os pequeninos animais e tudo que com raízes se prende à terra. Mas afirmam que uma mente hostil e contrária a ti e alguma outra natureza não criada por ti criaram-nas e as formaram nas regiões inferiores do mundo. Aqueles que dizem tais coisas são uns loucos, pois não veem a obra por intermédio de teu Espírito, nem nelas te reconhecem (Rm 1,20).

O Espírito de Deus.

13.31.46. Pelo contrário, aqueles que veem as tuas obras por intermédio de teu Espírito, és tu que neles as vês. Logo, quando eles veem que são boas as tuas criaturas, és tu quem vês que são boas. Do mesmo modo, tudo o que em razão de ti lhes agrada, és tu quem nisso a eles agradas; e as coisas que por intermédio de teu espírito nos agradam, é em nós que elas te agradam. Pois nenhum dos homens sabe as coisas que são do homem senão o espírito do homem, que nele está. Assim, só o Espírito de Deus sabe as coisas que são de Deus. "Nós, porém", diz Paulo, "não recebemos o espírito deste mundo, mas o Espírito que é de Deus, para que saibamos o que nos foi dado por Deus" (1 Cor 2,11-12). Então, eu sou tentado a perguntar: "Decerto ninguém sabe o que é de Deus, senão o Espírito de Deus; então, como conhecemos o que nos é dado por Deus?". Alguém me responderá que o que sabemos por intermédio de Espírito de Deus, ninguém o sabe senão o Espírito de Deus. Assim, do mesmo modo como foi dito corretamente àqueles que falavam por intermédio do Espírito de Deus que: "Não sois vós que falais" (Mt 10,20), assim também corretamente diz-se àqueles que sabem no Espírito de Deus: "Não sois vós que sabeis". E, por consequência, não menos corretamente se diz aos que veem no Espírito de Deus: "Não sois vós que vedes". Pois não são eles que veem no Espírito de Deus o que é bom, mas é Deus que assim vê. Portanto, há quem julgue ser mau o que é bom, como aqueles a que me referi acima. Há outros, contudo, que veem que é bom aquilo que é bom, como aqueles a quem agrada a tua criação, porque ela é boa. No entanto, não és tu que lhes agradas, pois antes querem fruir da criatura do que de ti. Outros há, porém, que veem que algo é bom, sendo que é Deus quem neles vê que esse algo é bom, e assim só ele pode ser amado no que criou. Mas Deus não seria amado senão por intermédio do Espírito que o concedeu, já que o amor-caridade de Deus foi difundido em nossos corações pelo Espírito Santo (Rm 5,5), que nos foi dado por aquele graças a quem vemos que é bom tudo aquilo que de algum modo existe; pois procede não daquele que existe em certo grau, mas daquele que existe por essência (Ex 3,14)

A harmonia do universo.

13.32.47. Graças te redemos, Senhor (Rm 1,21).[418] Nós vemos o "céu" e a "terra", ou seja, vemos tanto a parte corpórea superior e a parte corpórea inferior, quanto criação espiritual e a criação corporal. E vemos que a luz foi criada e separada das trevas para adornar essas partes, de que se constitui a massa universal do mundo, ou a total universalidade da criação. Vemos o "firmamento do céu",[419] seja ele aquele corpo primário do mundo que existe entre as águas espirituais superiores e as águas corporais inferiores; seja ele o espaço do ar, porque também esse espaço é chamado "céu", pois nele vagam as aves do céu, entre as águas que, em forma de vapor, as transportam e orvalham as noites serenas, e as águas pesadas que correm sobre a terra. Vemos a "beleza das águas reunidas" nas planuras do mar; e vemos e a "terra seca", ora desnuda, ora formada, para que fosse visível e organizada, matéria das ervas e das árvores. Vemos os luminares fulgirem nas alturas, o sol bastar ao dia, a lua e as estrelas alegrarem a noite, e com eles o tempo ser percebido e contado. Vemos por toda parte o elemento líquido povoado de peixes, cetáceos e aves, porque a corporeidade do ar, que sustenta o voo das aves, é feita pela exalação das águas. Vemos a superfície da terra embelezada pelos animais terrenos. E vemos o homem, criado à tua imagem e semelhança, elevado acima de todos os animais irracionais graças à tua imagem e semelhança, isto é, em virtude de sua razão e sua inteligência. E, assim como na alma humana há uma parte que, decidindo, a domina, e há outra que, submetida, obedece, do mesmo modo foi criada corporalmente para o varão a mulher, que, embora no intelecto da mente seja de igual natureza, quanto ao sexo corporal é sujeita ao masculino, do mesmo modo como o apetite da ação se submete à capacidade de agir corretamente gerada pela mente racional. Vemos essas coisas, e que cada uma delas é boa, e vemos que todas juntas são muito melhores.

A simultaneidade da criação.

13.33.48. As tuas obras te louvam (Pr 31,31), para que te amemos; e nós te amamos, para que as tuas obras te louvem.[420] Em razão do tempo, elas têm início e fim, têm nascimento e ocaso, aumento e diminuição, beleza e privação. Logo, elas têm "manhã" e "tarde", parte latente, parte modo manifesta. Pois tu as criaste a partir do nada, e não a partir de ti, nem a partir de algo que não fosse teu ou que existisse antes de ti. Criaste-as da matéria concriada, isto é, da matéria que criaste toda ao mesmo tempo, porque tu deste forma à sua informidade sem a interposição de nenhuma demora. Porque, sendo uma coisa a matéria do céu e da terra, e outra coisa a forma do céu e da terra, tu criaste as duas ao mesmo tempo – a matéria, a partir do nada absoluto, e a forma do mundo a partir da matéria informe, para que a matéria recebesse a forma sem interposição de nenhuma demora.

Exposição alegórica de toda a criação e da vida cristã.

13.34.49. Investigamos por qual sentido figurado tu quiseste que essas coisas fossem feitas em tal ordem, e em tal ordem escritas, e vimos que cada uma é boa por si, mas que todas juntas são muito boas no teu Verbo, em teu Único, "céu e terra", cabeça e corpo da igreja (Cl 1,18), e na predestinação anterior a todos os tempos, sem "manhã" nem "tarde". Mas quando começaste a realizar o que estava temporalmente predestinado, para manifestares as coisas ocultas (Sl 50,8) e ordenares as nossas desordens – porque sobre nós estavam os nossos pecados, e nas profundezas tenebrosas, nos afastamos de ti, e teu Espírito misericordioso (Sl 142,10) pairava para nos socorrer no tempo oportuno (Sl 31,6) –, e justiçaste os ímpios (Pr 17,15) e os separaste dos iníquos, e afirmaste a autoridade de teu livro entre os superiores, que só a ti haviam de ser dóceis (1 Rs 3,9), e os inferiores, que se sujeitariam a estes; e reuniste a sociedade dos infiéis em uma única aspiração, para que aparecessem os anseios dos fiéis, para que estes preparassem para ti as obras de misericórdia, distribuindo então aos pobres as riquezas terrenas para serem adquiridas as celestes. Então, tu acendeste alguns luzeiros no firmamento (Gn 1,14-15), teus santos, que têm o Verbo da vida (Jo 6,68), e que refulgem pela autoridade sublime conferida pelos dons espirituais (1 Cor 12,7). Depois, para instruíres os povos infiéis, tu produziste os sacramentos e os milagres visíveis, as vozes de palavras conforme o firmamento de teu Livro – com que também fossem abençoados os fiéis –, a partir da matéria corporal. Depois, formaste a "alma viva" dos fiéis por meio dos afetos ordenados pelo vigor da continência. Por fim, tu renovaste à tua imagem e semelhança a mente só a ti sujeita, que não necessita de nenhuma autoridade humana para imitar, e submeteste a ação racional à excelência da inteligência, assim como submeteste a mulher ao homem, e quiseste que todos os teus ministros, necessários para aperfeiçoar os fiéis nesta vida, fossem auxiliados nas necessidades temporais por esses mesmos fiéis, com as obras frutuosas para o futuro. Vemos todas essas coisas, e vemos que elas são muito boas (Gn 1,31), já que tu as vês em nós, tu que nos deste o espírito com que as víssemos, e nas quais nós te amaremos.

Prece

13.35.50. Senhor Deus, a paz nos dá
(pois todas as coisas para nós providenciaste) (Is 26,12),
a paz da quietude, a paz do sábado, a paz sem tarde.
Pois toda esta ordem belíssima das coisas muito boas,
cumpridos seus fins, passará:
e por isso fizeram-se nelas manhã e tarde.

O sétimo dia

13.36.51. O sétimo dia, contudo, sem tarde é, e não tem ocaso,
porque o santificaste para a permanência sempiterna,
para que tu, após as tuas obras boas imensamente,
embora imóvel as tenhas criado, descansasses no sétimo dia (Gn 2,2)
– isso nos é proclamado pela voz do livro (Cic. Rep. 13.3.13) teu,
para que nós, depois de nossas obras boas imensamente,
porque tu no-las deste,
no sábado da vida eterna descansemos em ti.

O descanso do Senhor

13.37.52. E então também assim descansarás em nós,
do mesmo modo como agora ages em nós,

e por isso será aquele o descanso teu por meio de nós,
assim como essas obras são tuas por meio de nós.
Tu, porém, Senhor, sempre ages e sempre descansas,
e não vês no tempo, nem te moves no tempo, nem descansas no tempo;
e, no entanto, crias as visões temporais e o próprio tempo e o descanso
do tempo.

A vida eterna

13.38.53. Nós, assim, essas coisas que fizeste vemos,
porque existem;
porém, porque tu as vês, elas existem.
E nós fora as vemos, porque existem,
e dentro, porque boas são;
tu, porém, ali as viste criadas,
onde viste que deveriam ser criadas.
E nós, em outro tempo, movidos somos a o bem fazer,
depois que o concebeu, pelo Espírito teu, o coração nosso;
no tempo anterior, porém, a fazer o mal éramos movidos,
abandonando-te;
tu, no entanto, Deus uno e bom,
nunca cessaste de fazer o bem.
E são algumas obras nossas boas, decerto por dádiva tua,
mas não sempiternas;
depois delas, descansar em tua grande santificação esperamos.
Tu, no entanto, por nenhum bem de bem carecendo,
sempre quieto estás,
já que tua quietude tu mesmo és.
E entender isso qual dos homens a homem dará?
Que anjo, ao anjo? Que anjo ao homem?
A ti se peça, em ti se busque, por ti se clame;
assim, assim se receberá, assim se encontrará, assim se abrirá (Mt 7,7).

Notas e comentários

[1] *Retratações* 2.6:
   1. Os treze Livros das minhas *Confissões* louvam o justo e bom Deus, tanto pelos meus males como pelas boas ações, e despertam em direção a ele o humano espírito e o coração. Quanto a mim, foi ao que me moveram quando os escrevi, e continuam me movendo agora quando os leio. O que os outros pensam deles, não sei. O que eu sei é que muitos irmãos gostaram, e continuam a gostar. Do livro primeiro ao décimo, tratam de mim; os três restantes lidam com as Escrituras Sagradas, desde: "No início Deus criou o céu e a terra" até o descanso do *sábado*.
   2. No quarto Livro, ao confessar a miséria de minha alma em razão da morte de um amigo de infância, dizendo que de alguma forma nossas duas almas haviam se tornado uma alma, eu escrevi: "e por isso temia talvez morrer, para que não morresse totalmente aquele a quem eu havia tanto amado". O que me parece ser uma afirmação leviana em vez de uma confissão séria, mesmo que essa bobagem seja um pouco suavizada, por eu haver adicionado um "talvez".
   Também o que eu disse no décimo terceiro Livro: "Vemos o firmamento do céu, seja o corpo primário do mundo que há entre as espirituais águas superiores e as corporais inferiores" eu escrevi sem reflexão suficiente; porque a pergunta é muito obscura.
   Essa obra começa assim: *Magnus es, Dominus*.

[2] Do ponto de vista literário, o início das *Confissões* parece dialogar com o proêmio da *Eneida* e dos demais poemas épicos, considerados a forma literária mais elevada do mundo clássico. Os proêmios, desde Homero, trazem uma proposição, em que a temática da obra e o nome do herói são apresentados, e é feita a invocação às musas para narrarem a história ou auxiliarem o aedo a fazê-lo. Agostinho, por outro lado, após anunciar o tema laudatório de sua obra, não pede ajuda divina para cantar feitos humanos, mas afirma que o homem quer louvar Deus por Sua incitação, e que só assim encontrar a paz, ao fim da jornada heroica da alma peregrina. Por outro lado, o início das *Confissões* é corroborado pela instrução presente na *Doutrina Cristã* 4.18.34, quando Agostinho prescreve que toda prédica deve começar com uma prece. Esse preceito também é evidente no início dos *Solilóquios*, onde se encontra uma longa oração, de inspiração fortemente neoplatônica.

[3] Verheijen (1949), no estudo da composição estilística das *Confissões*, identificou, embora não exaustivamente, alguns grupos especiais de parágrafos, com características marcantes de composição: preferência por frases curtas, coordenadas em parataxe; uso repetitivo das conjunções *et* e *nec* para delimitar o início das ideias; verbo colocado no final das orações; posposição do pronome possessivo e paralelismo de ideias (antitético ou sinonímico). Verheijen percebeu também que esses trechos compõem a parte confessional mais explícita da obra, sendo trechos profundamente penetrados pelo sentimento pessoal de Agostinho em relação a Deus. Em sua hipótese, aqui adotada, trata-se de uma aproximação com a linguagem salmódica, oriunda do original hebraico, e mantida em suas traduções mais literais, com maior

destaque para a *Septuaginta* e a *Vulgata*. Optou-se aqui por traduzir em versos não só as passagens apontadas por Verheijen, mas ainda outras que seguissem explicitamente as características por ele demonstradas. Para auxílio da determinação do modelo estrutural salmódico nos trechos das *Confissões*, foram, então, utilizados os elementos dos Salmos relacionados por Dobbs-Allsopp (2014). Em resumo, preliminarmente deve-se perceber que os salmos são poemas escritos em versos para serem cantados. No entanto, os versos bíblicos não apresentam métrica regular, com extensão que varia, em média, entre 5 e 12 sílabas. Dobbs-Allsopp também descreveu como característica das composições as construções paratáticas, pontuadas por partículas gramaticais (artigos e pronomes relativos). Outra característica dos salmos é a de não serem narrativos, mas de conteúdo lírico, usados como cantos de oração, prece, oráculos, profecias e instrumento didático e litúrgico. Na ausência de métrica, as partículas sindéticas, as aliterações, repetições, arcaísmos e paralelismos, tanto de ideias (por sinonímia, antítese ou síntese), quanto de estruturas gramaticais, termos e orações, constroem o ritmo do canto, ou da recitação, como propôs Atanásio de Alexandria que eles fossem lidos (*Conf.* 10.33.50). A partir desses elementos no texto agostiniano, foram, então, selecionados os trechos que se adequavam, e foi mantida, tanto quanto possível a estrutura latina original, ainda que às vezes isso implicasse alguma estranheza na leitura, estranheza essa, porém, também presente na leitura do texto original.

4   Quanto à intensidade do advérbio latino *ualde* (muito, vigorosamente), que se radica no verbo *ualeo* (poder, ser vigoroso), nos *Comentários aos Salmos*, 144.5 (*Laudabilis est ualde; et magnitudinis eius non est finis* – é imensamente louvável; e sua magnitude não tem fim), Agostinho relaciona a magnitude infinita de Deus a seu merecimento, de mesma dimensão, dos louvores, tornando-se, pois, mais amplos que o simples "muito", ou mesmo "vigorosamente", para se preservar o sentido etimológico do verbo.

5   *Non est numerus*, no original. Nos *Comentários aos Salmos* 146.11 (*Si quidquid numeratur, numero numeratur; numeri non potest esse numerus, numerari numerus nullo pacto potest* – Se algo é numerado, é numerado por meio do número; o número que não tem número não pode ser numerado de forma alguma), usando a mesma expressão, Agostinho diz que a sabedoria de Deus excede todos os algarismos.

6   Aqui já se revela a importância do hipotexto, uma vez que, após a apresentação dos salmos de ação de graças, com a *Confissão de louvor*, segue-se um segundo membro das *Confissões*, a culpa.

7   O pecado original, e sua punição maior, a morte, ou a corrupção da carne, com que Deus resiste aos soberbos são consideradas por Agostinho como fruto da soberba. *Comentário ao Gênesis*, XI.5: "Não se há de julgar que o tentador poderia fazer cair o homem, se na alma do homem não houvesse precedido a soberba".

8   Para Agostinho, a soberba é o pecado do orgulho da inteligência, que causou a queda dos anjos rebeldes. Cf. *Conf.* 10.39.59-64.

9   É interessante notar como o coração, para Agostinho, transcende a dimensão física do órgão, para se tornar a própria sede da vida espiritual. *Cor*, para além do sentido literal, equivale à consciência, ao órgão da vida moral, à capacidade de conhecer, perceber, sentir e atuar. Equivale a outras expressões usadas por Agostinho, como *intus hominis, interior homo, interiora, medulla*. Cf. De La Peza (1961); cf. também uma

definição do próprio Agostinho, no tratado *Da natureza da alma e sua origem* 4.6.7: "Diz-se que o pensamento reside no coração, e que só nós sabemos o que pensamos, ignorando-o qualquer outra pessoa. No entanto, não sabemos onde o coração está localizado, onde o pensamento é formado, se ele não nos é ensinado por outra pessoa que não sabe o que pensamos. Não ignoro que, quando somos ordenados a amar Deus com todos os nossos corações, não se refere ao órgão escondido sob as costelas, mas à força pela qual são produzidos nossos pensamentos, aos quais este nome é adequadamente dado, porque, assim como o movimento não cessa no coração, com o qual a pulsação das veias espalha-se por todo o corpo, então nós também não paramos de refletir sobre o pensamento de algo".

[10] A noção de Ἀταραξία (ataraxia) remete não apenas aos filósofos epicuristas, mas também à *Eneida*, à profecia de Heleno para Eneias em relação à Itália: *Esse será o local da Urbe, e dos trabalhos o repouso certo*. Ramage (1970) viu aqui a primeira referência à obra do poeta romano, que haverá de influenciar toda a construção narrativa das *Confissões*.

[11] A leitura em versos do trecho é corroborada por Deléani (1998), que propõe a existência de uma estrutura salmódica, em forma de prece, em três estrofes, sendo a última feita, no original, por quatro octossílabos, do tipo ambrosiano.

[12] Provável referência de Agostinho ao período em que ele esteve ligado à seita maniqueia – um dos temas mais importantes das *Confissões*.

[13] Trata-se do salmo citado em Mt 27:46, como tendo sido pronunciado por Cristo na cruz: "Senhor, Senhor, por que me abandonaste?". O hipotexto traz o tema ascensional da busca do homem caído por Deus, um dos temas que irão nortear a construção das *Confissões*.

[14] Traduzi aqui, acompanhando a proposta de Boyer, nos comentários à edição Saint Augustin (2008), o termo latino *fides* como πίστις, ou *confiança*. Essa opção se justifica para manutenção da tradução por *fé* quando se tratar de contexto teológico.

[15] Trata-se de encarnação de Cristo.

[16] Para Labriolle (1925) e Vega (1979), o termo *praedicator*, que traduzi por *predicador*, faz referência a Ambrósio de Milão. Do mesmo modo, Vitali (1994), que embasa sua hipótese no tratamento a ele dispensado por Possídio, primeiro biógrafo de Agostinho, que, usando a mesma palavra, descreveu-o como *uerbi Dei praedicator*. Pizzolato (1992, v. 1), porém, discorda da atribuição, e, com veemência, afirma se tratar de referência a Cristo. Do mesmo modo se manifesta Courcelle (1968). O'Donnell (1982), por seu turno, acompanhando o final da nota de Labriolle, cita a hipótese de se tratar de Paulo de Tarso, mas, com Moda (2013), prefere a possibilidade de ser um termo genérico.

[17] Pizzolato (1992, v. 1), em opinião semelhante à de Verheijen (1949), aponta aqui o modelo bíblico do pronome possessivo posposto ao substantivo, que será constante e majoritário nos trechos confessionais da obra, como eco das estruturas salmódicas.

[18] Artifício etimológico a partir do verbo latino *in(-)uoco*, traduzido literalmente como chamar para dentro.

[19] A opção de traduzir o genitivo locativo de *inferus* por *inferno* é atestada pelo próprio Agostinho, no *Comentário aos salmos* 138,11. Assim, trata-se do (לִשְׁאוֹל) *sheol*, que recebeu na *Vulgata* a tradução por *infernus*.

[20] O tema da inconsistência da criatura já fora abordado nos *Solilóquios* 1.3: "Invoco-te, Deus Verdade, em quem, de quem e por quem é verdadeiro tudo que é verdadeiro. Deus sabedoria, em quem, de quem e por quem sabem todas as coisas que sabem. Deus, verdadeira e suma vida, em quem, de quem e por quem vive tudo o que verdadeira e sumamente vive. Deus felicidade, em quem, de quem e por quem é feliz tudo que é feliz. Deus bom e belo, em quem, de quem e por quem são boas e belas todas as coisas que são boas e belas. Deus, luz inteligível, em quem, de quem e por quem luzem inteligíveis todas as coisas que luzem inteligíveis. Deus, cujo reino é todo o universo, que não alcançam os sentidos. Deus, de cujo reino a lei também alcança todos estes reinos. Deus, de quem se afastar é cair, a quem voltar é levantar-se, em quem permanecer é manter-se. Deus, de quem se afastar é morrer, a quem voltar é reviver, em quem morar é viver. Deus, a quem ninguém perde, senão enganado, a quem ninguém busca, senão avisado, a quem ninguém encontra, senão purificado. Deus, a quem deixar é morrer, a quem seguir é amar, a quem ver é ter. Deus, a quem a fé nos excita, a esperança nos levanta, a caridade nos une. Deus, por quem vencemos o inimigo, eu te invoco. Deus, a quem recebemos para não morrermos de todo. Deus, por quem somos admoestados à vigilância. Deus, por quem separamos as coisas boas das más. Deus, por quem fugimos do mal e seguimos o bem. Deus, por quem não cedemos nas adversidades. Deus, a quem bem obedecemos e por quem somos bem governados. Deus, por quem aprendemos que é alheio o que algumas vezes pensamos que é nosso, e que julgamos que é nosso o que algumas vezes é alheio. Deus, por quem não aderimos aos alimentos e afagos do mal. Deus, por quem as coisas pequenas não nos apequenam. Deus, por quem o nosso melhor não está sujeito ao pior. Deus, por quem a morte é tragada na vitória. Deus, que nos convertes. Deus, que nos desnudas do que não é, e vestes-nos com o que é. Deus, que nos fazes audíveis. Deus, que nos unes. Deus, que nos guias a toda verdade. Deus, que nos falas todas as coisas boas, que não nos fazes insanos nem permites que nos ensandeçamos. Deus, que nos chamas de volta ao caminho. Deus que nos conduzes à porta. Deus, que fazes com que ela se abra aos que batem. Deus, que nos dás o pão da vida. Deus, por quem ficamos sedentos da bebida por cujo sorvo nunca nos saciamos. Deus, que convences o mundo do pecado, da justiça e do juízo. Deus, por quem não nos perturbam os que não creem. Deus, por quem reprovamos o erro daqueles que pensam que não há mérito nas almas que estão contigo. Deus, por quem não obedecemos aos débeis e fracos elementos. Deus, que nos purificas e nos preparas para os prêmios divinos. Acode-nos, Deus, sê-nos propício".

[21] Labriolle (1925) nota que esses raciocínios em forma interrogativa são particularmente comuns nas partes filosóficas das *Confissões*.

[22] O uso do superlativo latino também denota "o mais". Assim, não apenas realça o adjetivo, mas o eleva à condição máxima, sendo, portanto, adequado à referência de Deus.

[23] O sentido aqui do original latino *loquax* parece remeter antes à habilidade do que à qualidade. Assim, outra tradução possível para *loquaces* seria "dotados de fala", como propõe Burton (2007, p. 15).

[24] O'Donnell (1992, v. II) vê aqui nova referência aos maniqueus.

[25] Aqui também, a proposta de versificação é corroborada pelo entendimento de Deléani (1998).

[26] Questionamento fundamental dos *Solilóquios*, expresso sobretudo em 1.2.7:
"Agostinho: Eis que orei a Deus.
Razão: E o que queres saber?
Agostinho: Tudo o que indaguei na oração.
Razão: Resume-o brevemente.
Agostinho: Desejo conhecer Deus e a alma.
Razão: Nada mais?
Agostinho: Absolutamente nada".

[27] Nota de Erasmo (as ocorrências das notas erasmianas provem da edição MIGNE, 1859, vol. 47): *Moriar, ne moriar* é um ὀξύμωρον, um oxímoro, mas que remete a Ex 33.17-22, quando Moisés, querendo ver a face de Deus recebeu por resposta que "não poderás ver a minha face, pois o homem não me poderia ver e continuar a viver".

[28] O Salmo 129 é conhecido como *De Profundis*. O conteúdo hipotextual da citação leva à noção de máxima penitência confessional, propositadamente colocada no final da prece inaugural da obra.

[29] O Salmo 50 é também conhecido como *Miserere*. Trata-se de um dos salmos penitenciais, com mensagem de humildade e arrependimento.

[30] Para Agostinho, o início da vida era um sofrimento para alma, lançada no vale de lágrimas. Cf. *Cidade de Deus*, XXI, 14: "O fato de ser dado à luz desta vida não a rir, mas aos prantos, é uma espécie de profecia, sem que saiba, das calamidades em que acaba de entrar".

[31] Referência à doutrina da criação divina agostiniana, também chamada de *Exemplarismo*, segundo a qual todas as coisas, "antes de existirem como forma e matéria, já existiam em forma de arquétipos eternos e imutáveis em Deus. (...) Esses arquétipos estavam em Deus em forma de projeto intelectual. (...) A criação é antes de qualquer coisa um ato de entendimento e sabedoria de Deus, por isso, antes de ser criada no hexâmero juntamente com o tempo, já existia arquetipicamente no pensamento de Deus; na medida em que Deus é atemporal, seus pensamentos são igualmente eternos, e os referidos arquétipos são imutáveis, porque os pensamentos de Deus são perfeitos, não podendo, portanto, melhorar ou piorar, permanecendo imutáveis". Cf. Brandão (2018).

[32] Agostinho parece se referir aqui à teoria platônica da pré-existência da alma. Labriolle (1925) afirma que esse será um dos pontos de maior tormento para Agostinho, e que mesmo no final da vida não havia sido resolvido. Na *Carta VII*, a Nebrídio, o tema já havia sido tratado. Cf. o comentário específico à *Carta*, e ainda as discussões lá relatadas de O'Connell (1969), O'Daly (1973) e Gilson (1961, p. 71).

[33] Primeira ocorrência do termo que dá origem ao título do livro. Sobre o triplo aspecto de *confessio pecatorum*, *fidei* e *laudis*, cf. Introdução.

[34] A citação dos Evangelhos remete ao hipotexto em cuja passagem Cristo dá graças ao Pai por haver ocultado a mensagem aos sábios e a revelado aos pequeninos. Por se tratar da narrativa de sua infância, o hipotexto revela a confiança de crer das crianças.

[35] Uso etimológico da palavra *infantia*, como o tempo da vida anterior à faculdade da fala.

[36] O hipotexto do Salmo 101 e da *Carta aos Hebreus* leva ao primeiro grande tema filosófico das *Confissões*, que será desenvolvido sobretudo no Livro XI – a eternidade e o tempo.

³⁷ O hipotexto bíblico remete à pergunta dos hebreus surpresos ao verem o maná.

³⁸ Referência ao mais triste lamento de Jó sobre a brevidade da vida e a miséria humana.

³⁹ Importante ressaltar a diferença entre *animus* e *anima*. O ânimo é faculdade intelectiva do ser, enquanto a alma é a força vital, que, na crença cristã, não perece na morte.

⁴⁰ A tradução de *saeculum* como século tenta realçar a dimensão temporal da existência, em contraste com *mundus*, que apresenta a feição espacial, também presente no texto original. Será a opção majoritária na tradução.

⁴¹ *Doctrina* é dos termos mais importantes para compreensão do pensamento agostiniano. Radicada no verbo *doceo*, que se traduz por ensinar, aproxima-se do conceito grego de διδασκαλία e παιδεία, tendo por sinônimos aproximados latinos *scientia* ou *educatio*. Aqui foi traduzido como *instrução*.

⁴² *Vt discerem litteras* aqui não se trata de apenas aprender a ler, mas de ter a formação recebida por um *grammaticus*, que não apenas alfabetizavam os jovens alunos, mas também lhes ensinava a literatura (Sen. *Ep.* 95: *grammatici poetarum explanatores sunt*). O currículo escolar latino previa o estudo de Cícero, como o grande orador, Virgílio, como o grande poeta épico, Terêncio, o grande comediógrafo, e Salústio, o grande historiador.

⁴³ Ferrari (1974) formulou a hipótese de que essas surras que Agostinho diz ter recebido na infância deixaram nele a marca do terror que contribuíram para a formação de seu senso de culpabilidade e de autorreprovação, que motivaram seu impulso confessional. Isso porque as *Confissões* pretendem ser um testemunho da atuação da Graça divina na alma humana, exemplificado na vida do narrador. Assim, Agostinho demonstra que quanto maior foi o estado inicial de pecado, ou de afastamento de Deus, maior foi o brilho da influência divina na conversão da alma, fazendo o senso de culpabilidade a tônica da obra, como uma recorrência ao Sl. 110,10, que afirma que o temor a Deus é o início da sabedoria, citado nas *Confissões* (10.36.58).

⁴⁴ Courcelle (1968) aponta o exagero de Agostinho, ao citar os instrumentos de suplício utilizados contra os criminosos na amplificação de seus sofrimentos como aluno.

⁴⁵ A discussão sobre as consequências da *curiositas* percorre as *Confissões* como uma de suas linhas condutoras. Labhardt (1996-2020), no verbete específico do *Augustinus Lexikon*, inscreve a *curiositas* na tríade dos mais graves pecados a que se sujeitam os humanos, ao lado da *concupiscentia* e da *superbia*, que têm por efeitos levar a alma à separação de Deus, por fazê-la aderir-se ao mundo exterior e sensível – ou seja, ao plano das falsidades –, querer experimentar o mundo apenas pelo prazer de conhecer, sem utilidade nesse interesse, e conduzi-la à tentação da imitação de Deus. Analisando a natureza filosófico-literária do termo em Agostinho, Joly (1966) afirma que em Tertuliano e Agostinho não há nenhuma alusão à curiosidade sem a influência de Apuleio, sem, contudo, desenvolver a hipótese. No entanto, juntou à argumentação que a natureza do conceito agostiniano de *curiositas* deveria ser percebido sob a influência do estoicismo romano, reportando-se, primeiro, a Sêneca, que, na *Epístola a Lucílio* 104 reputa a curiosidade intelectual como algo estéril, que "não torna ninguém melhor nem mais saudável" (*ceterum neque meliorem faciet neque saniorem*), e depois, em inversa ordem cronológica, a Cícero *De Officiis* 1.6.19: "Outro vício consiste em se aplicar exagerado esforço e muito trabalho às coisas obscuras e difíceis" (*Alterum est uitium; quod quidam nimis magnum studium multamque opera in res obscuras atque difficiles conferant*). Assim, sob o conceito estoico que distingue σοφία, a sabedoria que

une contemplação a ação, de φρόνησις, o pensamento abstrato que pode se tornar mera curiosidade, e transformar-se em vício, por não conduzir à virtude – a aspiração última do estoicismo –, ele propôs a hipótese de uma das matrizes da composição das *Confissões*. Walsh (1988), porém, retomando a possibilidade de influência de Apuleio de Madaura sobre Agostinho, propôs que a leitura das *Confissões* ganharia relevo a partir do cotejo minucioso com o *Asno de Ouro*, considerando ambas as obras como narrativas de ascese e desenvolvimento moral, observando, assim, que a *curiositas* aparece como motivadora dos falsos percursos palmilhados por Agostinho antes do batismo. Shumate (1988), por sua vez, além de demonstrar que Agostinho conhecia bem o *Asno de Ouro*, como atestam as menções na *Cidade de Deus* (4.2; 8.10 e 9.2), descreve o processo do crescimento da crise de valores, motivada pelas consequências da *curiositas*, tanto em Agostinho quanto em Lúcio, em um ciclo de insatisfação (*Conf.* 6.12.12; 8.7.17) que acarreta a noção de *fallacia*, ou seja, de decepção, pela convicção de que a alma está imersa em um mundo corporal de falsas imitações da verdade, que criam uma teia de falsos valores.

[46] No catolicismo, a encarnação, por meio do qual o Deus único se fez carne, é considerada como um ato misericórdia e humildade do Filho, para a redenção do homem, cuja queda se deu com o pecado de Adão e Eva.

[47] A aplicação do sinal da cruz e a degustação do sal indicam o início do catecumenato, preliminar ao recebimento do sacramento do batismo.

[48] A partir desse trecho, Mônica, mãe de Agostinho começa a ganhar feição na narrativa das *Confissões*. Vale a menção de Ottley (1919, p. 5) que pretende ver nela uma propensão ao fanatismo religioso, que o autor pretende ser de matriz norte-africana. Por sua vez, Ziolkowski (1995) vê na obra dois retratos dela bastantes distintos. Um, presente do Livro I ao VIII, representa-a inteiramente idealizada, construída como guia espiritual do filho; e outro, no Livro IX, oferece um resumo de sua vida menos idealizado, talvez inserido por Agostinho a partir de um opúsculo prévio, conforme hipótese de Courcelle (1968), embasada pela descrição presente no início da *Carta de Agostinho a Januário*. No entanto, apesar da opinião de Ziolkowski quanto à vida real de Mônica, tudo o que de fato se sabe provém de informações do filho – *Confissões* (*passim*), *Carta a Casulano* 36.14.32; *Carta a Januário* 54.3; o tratado *Do Cuidado com os Mortos* 13.16; e precárias informações extraídas dos *Diálogos* escritos em Cassicíaco. De aparentemente concreto, o que se pode estabelecer sobre sua vida foi relacionado por O'Ferral (1975) e Mandouze (1982): descendente dos berberes, Mônica nasceu em 331 ou 332, na Numídia, no norte da África; seu nome parece estar relacionado com a deusa Mon, ou Mons, ou Ammon, ou Hammon, cultuada na Líbia; com constante incerteza, talvez seus pais tenham sido cristãos, de condição financeira relativamente favorável, a julgar pelo fato de que tinham ao menos duas servas, e uma adega em casa; pode-se ainda inferir que tenha tido ao menos uma irmã, apesar de Mandouze afirmar que seriam muitos os seus irmãos; sabe-se ainda que assim que alcançou a idade permitida para contrair as núpcias, casou-se com Patrício, um modesto proprietário de terras em Tagaste, que ocupava a condição de curial, com quem teve ao menos três filhos – Agostinho, Navígio e uma filha, citada na *Carta* 211:4 como superiora do convento: "Todas vós que viestes ao mosteiro a encontrastes servindo e comprazendo a santa superior, minha irmã". Com a morte de Patrício em 370/371, Mônica recebeu ajuda de Romaniano para custear os estudos do filho mais velho; e quando este partiu para a Itália, ela foi se juntar a ele com o

filho Navígio, morrendo em Óstia, em 386/387. Como relata Boin (2013, p. 227-229), em 1945 foi encontrado uma lápide de mármore com um epitáfio datado do século VI, no qual se leem fragmentos das inscrições relativas ao seu sepultamento naquele local, e o restante do texto foi recomposto em dísticos elegíacos a partir de vários manuscritos datados desde o séc. IX. Cf. Clark (2015, p. 164):
> HIC POSUIT CINERES GENETRIX CASTISSIMA PROLIS
> AUGUSTINE, TUIS ALTERA LUX MERITIS,
> QUI SERVANS PACIS CAELESTIA IURA SACERDOS
> COMISSOS POPULOS MORIBUS INSTITUIS.
> GLORIA VOS MAIOR GESTORUM LAUDE CORONAT
> VIRTUTUM MATER FELICIOR SUBOLE.

(Aqui a castíssima mãe do filho deixou suas cinzas, uma segunda luz para seus méritos, Agostinho, que, servo sob as celestes leis da paz, ensinaste os povos confiados em teus costumes. Uma glória maior que o louvor vos coroa, mãe da virtude, mais afortunada em razão do filho). Quanto à possível feição literária da personagem Mônica, nas *Confissões*, cf. Gouvêa Júnior (2022).

[49] Nota de Erasmo: Agostinho parece chamar *terra* a natureza humana corrompida, que nada aspira senão as coisas terrestres. *Effigiem* é a imagem de Deus, instaurada e renovada pelo batismo.

[50] Optou-se traduzir *effigiem* por *forma*, como em Mc 16:12, na passagem em que Cristo apareceu em *outra forma*. Labriolle (1925), porém, vê como chave de interpretação dessa passagem nas *Conf.* 13.12.13, de modo que, interpretando alegoricamente o relato da criação no *Gênesis*, Agostinho interpreta a *terra* como o homem carnal; e essa *terra* recebe a forma da doutrina religiosa, que leva ao homem a luz e a espiritualidade.

[51] *Cupiditas*. Uma das formas de manifestação do amor, embora sempre usada de forma pejorativa, ligada ao desejo pelas coisas terrenas.

[52] Apesar da noção comum de que Agostinho não conhecia o idioma grego, decorrente da leitura apressada deste trecho e da informação de que ele lera as obras de Platão traduzidas por Vitorino, isso se mostra pouco provável, não apenas em razão de sua educação formal, mas sobretudo pelo muito provável uso da *Septuaginta*. Além disso, acompanhando os argumentos de Salaville (1922), Agostinho, em seus *Escritos contra Petiliano*, ao ver criticado o nome de *católica* de sua igreja, sob o argumento de que ela não seria uma *unidade total*, respondeu: "Eu, de fato, sou pouco versado na língua grega, talvez quase nada; no entanto, sem constrangimento eu digo que sei que ὅλον não significa *um*, mas *todo*; e que καθ'ὅλον quer dizer *conforme o* todo" (2.93), demonstrando proficiência bastante para apresentar a correta etimologia da palavra. Não bastassem essas evidências, o bispo Valério, que fez dele seu bispo auxiliar e ajudante nas prédicas, era grego e sabia pouco o latim; e os anos de convívio presumem que Agostinho tenho se aperfeiçoado nessa língua.

[53] Ao gramático, primeiro mestre escolar dos jovens romanos, cabia ensinar as regras de bem escrever e bem falar, e as obras dos poetas.

[54] Eneias, filho de Vênus e Anquises é o protagonista do poema épico a *Eneida*, de Virgílio. Dido é a rainha de Cartago, que se matou ao ser abandonada pelo herói troiano. No curso dos primeiros livros das *Confissões*, como se verá nas notas, Agostinho se compara regularmente a Eneias. Para explicar essa recorrência, Ziolkowski

(1995) propõe a influência da teoria neoplatônica da *Peregrinatio animae* na leitura agostiniana das errâncias de Eneias, de quem ele próprio se vê como um antípoda, pela *interpretativo christiana* da morte da alma e o renascimento em Cristo, ou seja, pela condição da alma humana que, na figura de Adão, vive a queda, para ser redimida pela ressurreição de Cristo. Para tanto, Agostinho teria adotado a leitura metafórica dos textos pagãos, como o fez na leitura das expressões figuradas das Escrituras, em proposta expressa no *De doctrina Christiana* 2.6.7-8. Nesse processo interpretativo, Agostinho se identifica com Eneias pela missão divina de fundar uma cidade (Eneias/ Roma e Agostinho/a Cidade do Céu). Nesse caminho, ambos deixam a mulher que mais os ama em Cartago (Eneias/Dido, Agostinho/a mãe Mônica) para viajarem para a Itália, onde tanto um como outro enfrentam duros combates (Eneias contra os exércitos locais; Agostinho consigo, em luta espiritual). Em complemento dessa leitura, Clark (2019) também aponta como um dos modelos das *Confissões*, embora não único, as errâncias de Eneias em busca da terra anunciada pelos deuses para ele se estabelecer. Do mesmo modo, Agostinho seguiria para a Itália em busca de sua verdadeira morada.

[55] Dido, a rainha de Cartago, recebeu nas *Confissões* diversas alusões por parte de Agostinho, que utilizou a narrativa de seu amor em recorrentes metáforas. Aqui o amor de Dido por Eneias é comparável ao amor de Agostinho pelo mundo, afastado de Deus. Cf. Wentzel (2008).

[56] Para Ferrari (1977a), *fornicatio* não apresenta propriamente o sentido sexual, e remete à má conduta em relação a Deus, como o próprio Agostinho explica, nas *Confissões* 2.6.14. McDowell (2003), nesse sentido, formulou a hipótese de que para Agostinho a incontinência sexual era retratada uma metáfora geral dos pecados, concluindo, por isso, que todo pecado seria, em contrapartida, uma forma de fornicação. Assim, Wentzel (2008) define o conceito agostiniano de *fornicatio* como o afastamento da alma em relação a Deus. A implicação sexual do termo se refere à incapacidade de contenção, que se tornará tema constante nas aflições e na reflexão de Agostinho.

[57] Apesar de a exclamação *"euge, euge!"*, do grego εὖγε, significar *bravo, bravo!*, sobretudo na comédia (Ter. *And.* 2.2.8), em contexto cristão, presente nos salmos 34.21 e 39.16, significa uma grito de desaprovação. Cf. Burton (2007, p. 39).

[58] Nota de Erasmo: A comparação da depravação dos costumes com o rio é frequente entre os escritores. *Lançar os braços contra a torrente* é lutar contra a depravação dos costumes, em Juvenal, *Sat.* 4.89.

[59] Segundo Franchi (2020, p. 253), o lenho sugere tanto a arca de Noé, quanto a cruz de Cristo e a própria igreja.

[60] A pênula era um manto usado pelos gramáticos, como o pálio dos filósofos e a toga dos advogados.

[61] Tártaro era um dos nomes latinos das regiões infernais.

[62] A nota de Mammì (2019, p. 57) para a repetição das formas de pagamento de Agostinho informa que durante o período imperial os professores recebiam os honorários dos alunos e um salário fixo pago pelo Erário.

[63] A *sententia*, que se traduz literalmente por *opinião*, *decisão* ou *vontade*, ganhou no campo jurídico o sentido especializado decisão do Senado, julgamento de um juiz ou espírito da lei. Eram estruturas formulares curtas de fácil memorização, reconhecimento e uso. No campo literário, as *sententiae* eram breves estruturas formulares

de expressão de pensamento, como versos célebres, ditados, aforismos, máximas, provérbios ou adágios conteúdo moralizante. Eram objeto das declamações escolares, aprendidas como elementos à disposição dos oradores, em geral usadas para ênfase no encerramento dos discursos e perorações.

[64] Depois de Virgílio, Terêncio é o poeta clássico mais citado no *Corpus Augustinianus*, ele é referenciado 38 vezes, enquanto Virgílio, 240; Cf. O'Donnell (1980). A admiração de Agostinho pelo comediógrafo foi explicitada na Carta 155.14, a Macedônio, quando diz a seu respeito que: *luculentis ingeniis non defit resplendentia ueritatis* – ao brilho da inteligência não falta o resplendor da verdade. A capacidade de criação de aforismos e de provérbios foi reconhecida no restante da obra agostiniana, inclusive em contexto moralista, como descreve Cain (2013). No entanto, nessa passagem específica, Terêncio foi criticado nas objeções de Agostinho quanto ao sistema educacional da época, pelo exemplo oferecido nas tramas. No entanto, trata-se de uma forma de citação bem diversa da restante, onde o hipotexto atua na compreensão. Aqui, o conteúdo subjacente não interfere na leitura, mas sua aplicação é explícita.

[65] Agostinho parece traçar uma diferença entre dois tipos de *doctrinae*; uma, a *doctrina superbiae* ministrada segundo os modelos clássicos, era marcada pela soberba e pelo objetivo de se alcançar prestígio e glória, e representada pela cortina das portas das escolas, que serviria simbolicamente para esconder os erros da escola; outra, a *doctrina humilitatis*, reputada por Agostinho como superior, teria como finalidade ensinar a louvar e invocar Deus, e teria como *símbolo* a cruz. Para Boersma (2011), a diferença entre os dois modelos de *doctrinae* estaria no uso que lhes era dado. Nessa leitura, as referências a Terêncio, Virgílio, Cícero, Lucano e Sêneca poderiam caracterizar um "bom uso", desde que servissem para louvar Deus e converter a audiência; caso contrário, seriam os vasos preciosos, cheios com o vinho do erro.

[66] Nota de Erasmo: Embora eu não ignore que o *uinum iniquitatis* e *compunctionis* seja lembrado nas Escrituras, também me parece que Agostinho se refira à Tábua de Cebes, do celebérrimo Platão, na qual a ἀπάτη, ou a fraude, é oferecida a todos os meninos na vida, oferecidos na ποτηρίῳ πλάνης taça das errâncias.

[67] Referência às já citadas errâncias de Eneias – *Conf.* 1.13.20.

[68] Na literatura patrística, as divindades pagãs costumavam ser identificadas com os demônios.

[69] O solecismo é um erro que ocorre no sentido da palavra, o barbarismo, em sua pronúncia.

[70] *Vultus* traduz-se por expressão, e *facies*, por rosto, face.

[71] Essa é a primeira referência à "Parábola do Filho Pródigo", que, conforme Ferrari (1977a), se tornará um dos temas centrais da tessitura das *Confissões*. Agostinho, no seu trajeto de afastamento de Deus, descrito nos primeiros Livros da obra, identifica-se com o filho da parábola que, recebendo sua parte na herança, desperdiça-a. Explicando essa *herança*, descrita no Evangelho como *pars substantiae* (Lc 15,12), no contexto simbólico da obra, Agostinho a ela se referirá no capítulo 4.16.30, quando utiliza *substantia* para se referir ao seu patrimônio intelectual, adquirido por meio da educação formal propiciada pelos pais, com a ajuda de Romaniano. Com relação à viagem do "Filho Pródigo", *in regione longinqua*, Agostinho a interpreta, no capítulo 2.2.2, como o seu distanciamento maior e maior de Deus, bem como no capítulo 2.6.14, como sua soberba, e no capítulo 3.6.11, como sua adesão à seita maniqueia. A relação de

Agostinho com a parábola se intensifica no episódio do *furto das peras* (2.4.9), que são lançadas aos porcos, remetendo à miséria do Filho Pródigo, que com os porcos se alimentava no período extremo de sua penúria. A inflexão da queda de Agostinho, ou seja, o momento em que o Filho Pródigo decide se levantar e pedir perdão ao pai (Lc. 15.18), dá-se quando ele descobre os livros platônicos (7.10.16) e começa sua busca pela sabedoria (7.20.26). E a alegórica recepção do filho pródigo se consuma no Livro 8.3.6, quando Agostinho ouve o relato sobre a conversão de Mário Vitorino, primeiro passo decisivo em direção a seu batismo, que simbolizaria o retorno completo do "Filho Pródigo" à casa do pai. Tanto que Agostinho cita não apenas a "Parábola do Filho Pródigo", mas também a da "Ovelha Desgarrada" e a da "Dracma Perdida". Vitali (1994) ressalta a interpretação de que o Filho Pródigo não deixou a casa paterna de súbito, mas se preparou para isso, como Agostinho narra seu distanciamento espiritual antes da tomada de decisão de afastar-se de Deus. O'Donnell (1992, v. II), por sua vez, ainda apresenta a hipótese de um conflito de Agostinho com o pai, Patrício, cuja história foi, aparentemente, difícil, e não marcada por uma reconciliação; no entanto, o batismo de Agostinho, que representa teologicamente o encontro do Filho Pródigo com Deus, teria permitido sua reconciliação com a memória do pai, representada, no texto pelo pedido de preces para ele e para Mônica (9.13.27).

[72] O Παιδαγωγός, ou pedagogo, era o servo da família que acompanhava os meninos à escola.

[73] Em Erasmo: *Secretissimae unitatis*. Isto é Deus, cuja vontade é como um vínculo secretíssimo, pelo qual a unidade restaurada e protegida é conservada. Veja o livro 4 do *De Genesis ad litteram*, capítulo 12, onde se trata da conservação de todas as coisas. Os demais platônicos chamam em diversas partes Deus de ἑνάδα e μονάδα.

[74] Segundo Arendt (1997), o conceito agostiniano de amor, *amor* em latim, subdivide-se em duas espécies de afecções: caridade e cobiça. Amar não é mais do que desejar (*appetere*) uma coisa por si mesma. "Pois amor é desejo" (cf. *Sobre oitenta e três diversas questões*, 35.1-2). Esse *amor* divide-se, então, no falso amor, que se prende ao mundo e que, por esse motivo, o constitui, e que, como, como tal, é mundano, nomeado por Agostinho como cobiça (*cupiditas*), e o amor justo que aspira à eternidade e ao futuro absoluto, caridade (*caritas*), que se aproxima do conceito grego de ἀγάπη. "O desejo daquilo que é da ordem do mundo é mundano, pertence ao mundo. Aquele que cobiça decidiu ele próprio, por meio da cobiça, a sua corruptibilidade, enquanto a caridade, visto que tende para a eternidade, torna-se ela mesma eterna (cf. *Da Trindade* 8:14)". "A caridade faz a ligação entre o homem e Deus do mesmo modo que a cobiça liga o homem ao mundo. A vida sem morte é Deus. No amor de Deus, o homem ama-se a si próprio, ao homem que há de vir, na pertença desejada a Deus, logo, a si mesmo enquanto aquilo que será eterno" (cf. *Da Trindade* 14:18). Todo amor é tensão dirigida à fruição. "No entanto, ninguém é feliz se não fruir do que ama. Mesmo aqueles que efetivamente amam o que não é preciso amar não acreditam em obter a felicidade de seu amor, mas de sua fruição" (cf. *Cidade de Deus* 8:8). "Quanto à própria caridade, não podia ser designada de forma mais justa do que pela expressão por amor de ti" (cf. *Dos Costumes da Igreja* 1:34). No entanto, é oportuno notar que não apenas o verbo *amare* é utilizado por Agostinho para se referir aos sentimentos de amor, já que algumas vezes é substituído por *diligere*, inclusive no que se refere ao amor a Deus.

⁷⁵ Apesar de no original o termo seja *animus*, preferi traduzir por alma, para maior clareza de interpretação.

⁷⁶ Esse é um dos pontos mais controvertidos dos estudos agostinianos. A tendência majoritária vê aqui indicação dos adultérios, que Mônica dirá temer no capítulo 2.3.7. Assim é em Courcelle, Peter Brown e Chadwick. Entretanto, em viés contrário, O'Donnell (1992, v. II) relaciona a bibliografia que, sobretudo nesse trecho, identifica sinais de verdadeiros ou retóricos envolvimentos homoafetivos e homossexuais juvenis de Agostinho. Ele cita, sobretudo, a biografia *St. Augustine*, de West (1933), segundo ele bastante popular na primeira metade do século XX, em que a autora não apenas chama Agostinho de promíscuo, como ainda diz expressamente que ele confessa nessa passagem as experiências e relações homossexuais da juventude. Meio século depois, o tema também foi referenciado em nota na edição espanhola das *Confessiones* (VEGA, 1979), sem nenhum aprofundamento ou bibliografia. O maior desenvolvimento do tema deu-se quase trinta anos depois, no artigo de O'Daly (2007), que, sob o enfoque unicamente lexical e literário, analisa esse trecho e todo o episódio do furto das peras (2.4.9) como metáforas para as relações homossexuais do jovem Agostinho. Uma década mais tarde, sob o viés foulcaultiano da *História da Sexualidade*, Miles (2017) analisou, primeiro, a natureza do instituto da *amicitia* no mundo antigo, pertencente a uma categoria exclusivamente masculina de convívio. Sob essa leitura, Miles leu todo o episódio do falecido amigo inominado como uma narrativa amorosa, que conduziu Agostinho ao profundo luto que o fez partir de Tagaste. E, continua Miles, teria sido essa perda que fez Agostinho, percebendo que o amor temporal trazia o perigo de afastar a alma do convívio com Deus, desenvolver uma teoria cujo escopo seria o entendimento de que a alma, para viver a plenitude do sentimento amoroso como prescrito em 1 Jo 4,16, em que *Deus caritas est*, deve converter a luxúria, ou a *cupiditas*, cuja natureza é a ansiedade enraizada no medo da perda, como no caso do amigo inominado, no amor descrito no final das *Confissões* (13.9.10), sintetizado na fórmula *Pondus meum, amor meus*. Mais recentemente, Strozynski (2020) retomou o estudo do tema, e considerou que as alusões homoeróticas, presentes não só no Livro II, mas também nos Livros III e IV, servem ao autor como *exempla* para o problema da queda da alma. Assim, tanto as relações físicas sugeridas no capítulo 2.2.2, quando a leitura alegórica do furto das peras como práticas sexuais com os amigos revelaria a causa do afastamento de Deus em razão da concupiscência contrária às leis; ao passo que no Livro IV, a afeição extrema pelo amigo que morre revela o afastamento de Deus pela interposição de alguém, que, pela excessiva afeição da amizade, tingida de nuanças afetivas, deixaria a dedicação a Deus em segundo plano.

⁷⁷ O'Donnell (1992, v. II), no comentário aos verbos *diffluebam* e *ebulliebant*, relacionando-os aos verbos antecedentes – jogar, afundar – aponta a conexão com a água, símbolo agostiniano da inconstância e da incontinência da criatura.

⁷⁸ Há aqui variadas interpretações para o trecho. No latim, *nouissimarum rerum* foi traduzido em outras edições como "passageiro" ou "de cada objeto novo que chega". Vitali (1994) apresenta a hipótese de essas *coisas derradeiras* se refiram a Eva, em Gn 2.18, obra final da criação.

⁷⁹ "O modelo agostiniano de prazer é aquele em que reinam a paz, o repouso e o equilíbrio, não distintos da intensidade e da estabilidade emotiva. A chave do prazer para Agostinho não era idealmente constituída do sacrifício de algum prazer para cultivar outro, mas, sobretudo, residia em colocar no justo lugar cada prazer da existência

humana, de modo que o os prazeres que derivam do gozo do objeto do mundo sensível não possam usurpar inteiramente a atenção e os afetos. Se os prazeres se dispõem em torno de um único objeto de amor, podem ser fruídos sem medo de dispersão; e em cada beleza agradável do mundo se pode, então, reconhecer a prova da realização da bondade do criador" (MILES, 1991, p. 41).

[80] Aqui foi possível manter em português o jogo de palavras de Agostinho, *disertus* e *desertus*, mesmo usando uma palavra de pouco uso, como diserto. Esse jogo de palavras foi também usado no *Comentário ao Salmo 36*, 3.6: *Melius in barbarismo nostro uos intellegitis, quam in nostra disertitudine uos deserti eritis* – "É melhor que com nosso barbarismo vós compreendais do que com nossa eloquência fiqueis sem nada".

[81] Ferrari (1971), que considera o Livro II como o *locus* da descrição agostiniana da queda da alma, vê aqui o início da sequência de símbolos do pecado que se espalham pelo livro, cujo acme é alcançado com o furto das peras (2.4.9). Primeiramente, a contraposição entre o ambiente agreste definido pelo verbo *siluescere* (2.1.1), onde ocorre a queda da alma por meio do furto das peras (2.4.9), e o horto onde Agostinho se converte, que remete ao Jardim do Paraíso, e a noção do pecador que rejeita os cuidados do Jardineiro (2.3.5), até se tornar terra desolada (2.10.18). Em seguida, Ferrari enumera as sombras (2.1.1; 2.6.12; 2.6.13; 2.6.14; 2.7.16) como metáfora clássica para o mal. Também os espinhos (*spinae* – 2.2.3 –, e *uepres* – 2.3.6), sob a simbolização da luxúria, que se clareará com as referências à "Parábola do Semeador" (Mt 13,3-20). E, por fim, as *vias*, que remetem à "Parábola do Filho Pródigo", corroborada pela menção aos porcos, para os quais Agostinho lança as peras furtadas – que remetem à passagem em que Cristo, expulsando os demônios de dois possessos, enviou-os para porcos (Mt 8.28-32).

[82] Na simbologia bíblica, a Babilônia, cidade dos pecados, opõe-se a Jerusalém, a cidade de Deus. Já assim no Sl 136,1.

[83] O episódio do furto das peras é um dos trechos mais discutidos das *Confissões*. A fortuna crítica é imensa, e várias são as interpretações. Ferrari (1970) vê uma polarização estrutural entre a árvore das peras, do Livro III, e a figueira, do Livro VIII. Segundo essa interpretação, o cometimento do furto das peras equivaleria simbolicamente ao furto do fruto da Árvore do Conhecimento do Bem e do Mal por Adão e Eva, como descrito no *Gênesis*, como fonte do Pecado Original, por meio do qual a corrupção da morte entrou na carne dos humanos; por outro lado, a figueira do horto de Milão, sob a qual houve a conversão de Agostinho, remeteria à Árvore da Vida, também descrita no livro do *Gênesis*, 2,9, cuja madeira posteriormente seria usada para a confecção da madeira da cruz de Cristo. Desse modo, ao cometimento do pecado original se seguiria a redenção do homem, na polarização simbólica das árvores descritas por Agostinho. Em resposta a esse artigo, Courcelle (1971), no ano seguinte, refutando a possibilidade da leitura da pereira como a árvore do jardim do Paraíso, identificou a sequência de citações a Salústio e Cícero, que apontam as referências agostinianas à conjuração de Catilina, o grande celerado que pôs em risco a república romana. Por essas referências, Courcelle (1971) indicou a imensa gravidade atribuída por Agostinho ao furto das peras, que se torna, pela comparação um ato de máxima gravidade, e indicativo de sua queda espiritual. Já O'Donnell (1992, v. II) vê nesse episódio uma metáfora para o cometimento de um pecado sexual, relacionando-o com o fruto do paraíso comido por Adão e Eva. Assim, a perda da

virgindade de Agostinho seria como o lançamento dos frutos aos porcos, ou seja, seu arrojamento à pocilga da luxúria. Outra leitura interessante é a de Shanzer (1996) que encontrou ecos horacianos no lançamento das peras aos porcos, a partir da "Parábola do Anfitrião Calabrês" (Hor. *Ep.* 1.7.13-21), em que as frutas são tão pouco valiosas que, não as querendo o hóspede, serão lançadas aos porcos. Na década seguinte, MacDonald (2003) propôs uma interpretação complementar com a indagação da função narrativa do furto na composição da obra. Como o furto é um pecado que afasta o pecador de Deus, parece que Agostinho tenta entender a própria natureza ampla do pecado. Sendo o furto uma violação da ordem divina, e Agostinho afirma ter sido cometida apenas pelo prazer da violação, decorre daí que o prazer advém da percepção da própria depravação, ou seja, pela razão do auferimento do prazer. É uma ocasião para Agostinho refletir a própria queda do Homem, na analogia ao pecado de Adão e Eva. Então, MacDonald entende que a razão do prazer do pecado é a perversa vontade de imitar Deus, porque o cometimento impune do pecado dá ao pecador a impressão de liberdade e poder, e, em última análise de ser igual a Deus. Portanto a história do furto das peras serviria para explicar a natureza intrínseca do pecado, radicado na soberba.

[84] Erasmo e Labriolle (1925) veem aqui ecos ovidianos: *Amores* 2.19.3: *Quod licet, ingratum est; quod non licet acrius urit*: "o que é permitido é sem graça, o que não é permitido queima de modo mais acre."

[85] A teoria da *Graça* foi elemento central de toda a teologia agostiniana, a ponto de ele ser conhecido na igreja como o *Doutor da Graça*. A Graça é a atuação de Deus no mundo, sobretudo nas criaturas espirituais. Transcreve-se aqui a definição exposta por J. Patout Burns no verbete específico para o tema (FITZGERALD, 2019, p. 462-463): "Várias formas diferentes de influência divina no universo foram certamente discernidas e distinguidas, dentre as quais a criação voluntária, o governo do mundo corporal – de maneira imediata, tanto quanto pela ação dos anjos fiéis – e a coordenação providencial dos efeitos das boas e más ações dos demônios e dos seres humanos. A mais importante entre elas, à qual o termo *gratia* é aplicado principalmente por Agostinho, se refere a essa operação divina nos anjos e nos seres humanos pela qual eles são movidos a conhecer e a amar a Deus".

[86] O substantivo latino *langor* é utilizado por Agostinho para indicar tanto o mal-estar físico quanto o espiritual.

[87] Percebe-se aqui o início da exposição da teoria agostiniana do conhecimento, baseada na percepção da iluminação divina, herdeira da doutrina da reminiscência de Platão, segundo a qual as ideias já existiriam em nossa alma, cabendo ao filósofo as despertar. Transcrevo aqui a definição de Ronald Nash, no verbete *A Iluminação Divina* (FITZGERALD, 2019, p. 529-530): "Agostinho depende amplamente da analogia entre a visão física e a visão mental (*Trin.* 12,24) em suas numerosas referências à função da luz divina que torna o conhecimento possível. Deus é para a alma o que o sol é para o olho. Deus não é somente a verdade em, por e por meio da qual todas as coisas verdadeiras são verdadeiras. Ele não é somente a sabedoria na qual, pela qual e mediante a qual todos os seres humanos são sábios. Ele é igualmente a luz na qual, pela qual e mediante a qual todas as coisas inteligíveis são iluminadas (*Sol.* 1,3.15). "A teoria agostiniana da iluminação compreende ao menos três pontos essenciais: 1) Deus é luz e ilumina todo ser humano em diferentes graus; 2) há verdades inteligíveis,

as *rationes aeternae*, que Deus ilumina; 3) as mentes humanas só podem conhecer as verdades divinas somente enquanto Deus as ilumina.

"A importância dessa doutrina para toda a teoria agostiniana do conhecimento é indicada numa passagem frequentemente negligenciada do parágrafo 10 da *ep*. 120, onde Agostinho escreve que a iluminação desempenha um papel no crer, no conhecer, no recordar, no imagina, no sentir, e, de fato, em todas as esferas do conhecimento. Ele utiliza igualmente sua doutrina da luz divina para mostrar que nenhuma alma é autossuficiente, que nenhuma alma pode ser uma luz para si mesma. Ao contrário, nossas mentes devem ser iluminadas pela participação na luz de Deus. O que quer que façamos – pensar, falar ou agir –, precisamos da ajuda de Deus."

[88] No original *confricatione*, mais uma vez um termo que remete ao possível contexto sexual do episódio.

[89] Traduziu-se *regio egestatis*, que literalmente significa *região de privação*, por *terra desolada*, seguindo a opção de T. S. Eliot, que, em referência a esta passagem, deu título a seu poema *The Waste Land*, conforme informação de Ferrari (1975a). Sobre essa expressão *regio egestatis*, Ferrari (1977) evidenciou as metáforas agostinianas em relação à vegetação selvagem, ligadas, primeiramente, à depravação sexual, cujo relato inicia o Livro II. Juntamente com as águas turbulentas (2.2.2-3), que remetem à paixão, a vegetação selvagem remete ao abandono do campo, que, pela devassidão, torna-se desolado e inculto, coberto de espinhos, que são a concupiscência (2.2.3). A metáfora do campo cultivado remonta a Paulo de Tarso, que na 1 Cor. 3,7-9 compara o fiel ao campo de Deus. Remonta, porém, antes ainda, aos espinhos com que Adão e Eva foram punidos, em Gn 3,17-18, no exílio do jardim do paraíso. Nessa argumentação, à terra desolada dos tempos de juventude em Tagaste, contrapõem-se os hortos do Livro VIII, em que se deram as conversões dos amigos de Ponticiano e as conversões de Agostinho e Alípio, e do Livro IX, diante do qual Agostinho e Mônica tiveram o êxtase em Óstia, vendo a terra fértil da futura igreja.

[90] A rima interna *Cartago/sartago* foi muito bem solucionada na tradução do prof. Mammì (2019), no par *Cartago/estrago*. Apesar de a maioria dos tradutores traduzir *sartago* como caldeirão ou mistura, era, de fato, no registro daquele período, um instrumento incandescente de tortura, como definido no verbete do dicionário de Souter (1957). No entanto, para poder preservar a rima do texto original, optou-se por aceitar a perda do sentido da tortura e do calor, de conteúdo evidentemente sexual, minimamente mantido com o verbo *crepitar*, que remete ao barulho do fogo.

[91] A correlação entre *amor/miséria* remete ao deus grego Eros, Ἔρως, *Amor*, sendo apresentada sua genealogia por Platão, no *Banquete*, 203 *d-e*, como filho da Miséria, Πενία.

[92] O termo traduzido como *armadilha* é, de fato, no original, *ratoeira*, ou *muscipula*, cuja etimologia remete a *mus* e *capio*, e é utilizado, majoritariamente, como um sinônimo para *laqueus*, como no *Tratado sobre o Evangelho de São João* 1.14, em que Agostinho trata o termo simplesmente como armadilha, em seu sentido genérico (*solent enim aucupes ponere in muscipula muscas, ut esurientes aues decipiant*). Scott-Macnab (2014) ainda aponta o uso difundido entre os autores patrísticos e a *Vetus Latina* do adjunto adnominal (genitivo) *diaboli*, aqui subentendido.

[93] Agostinho parece retomar o tema tratado no capítulo 2.2.2, no episódio do furto das peras.

⁹⁴ Courcelle (1968) relaciona esses espetáculos às festas em honra a *Caelestis*, deusa tutelar de Cartago, que os africanos da época tardia identificavam com Cibele, a Grande Mãe. As festas duravam diversos dias, sendo um período em que se permitia grande licenciosidade aos estudantes. O ponto culminante da festa era a procissão solene de purificação da imagem da deusa, banhada em água pura. Havia desfile de sacerdotes eunucos e um banquete sagrado, e a apresentação de mimos representando as aventuras de Cibele e Átis, que se castrou em um acesso de delírio sagrado. Esses fatos são relatados na *Cidade de Deus*, 2.4. "Nós também, em nossa juventude, assistimos a esses espetáculos ridículos e sacrílegios. Víamos os possuídos, ouvíamos os flautistas, encantávamo-nos com as infames representações que eram feitas em honra aos deuses e deusas, à Virgem Celestial e à Berecintia, a mãe de todos."

⁹⁵ Jogo de palavras no original, mantido graças ao possível significado de compaixão para a palavra *misericórdia*, em português.

⁹⁶ Para o uso de *infelix* em Virgílio, Bennett (1988), comparando Agostinho a Dido, cita diversas passagens em que assim é tratada a rainha de Cartago: *A* 1.172; 1.149; 4.450; 4.529; 4.596; 5.3; 6.456.

⁹⁷ *Euersiones*, no original. Era a prática dos estudantes de tumultuarem violentamente as aulas. Pizzolato (1992, v. 1) propõe que os *eversores* eram uma associação de anciãos contrários às novas disciplinas.

⁹⁸ Curioso desdém com que Agostinho trata Cícero, parecendo indicar algo como o sentimento de superioridade cristã em relação ao mundo antigo.

⁹⁹ Diálogo perdido também chamado *Da Filosofia*. Escrito em 45 a.C., no período do retiro de Cícero na vila tusculana, após a morte de sua filha Túlia. Da obra restam apenas fragmentos e testemunhos, preservados sobretudo por Agostinho e Nônio Marcelo. O tratado parece ter se inspirado no Προτρεπτικός, de Aristóteles, e foi escrito em forma de diálogo. O encontro ter-se-ia dado na vila de Lúculo, no ano de 62 a.C., com quatro participantes, cada qual defendendo um ramo de estudo: Cátulo, elogiava a poesia; Lúculo, a história; Hortênsio, a retórica, e Cícero, a filosofia. O escopo da obra parece ter sido uma exortação à prática filosófica, e o uso do tempo em seu aprendizado. Cf. TAYLOR (1963).

¹⁰⁰ Nessa passagem, Paulo de Tarso usa o termo *filosofia* para designar a sabedoria deste mundo.

¹⁰¹ Agostinho parece aqui indicar que, apesar da adesão à crença dos maniqueus, nunca deixou completamente de ser católico, permanecendo na condição de catecúmeno desde o ritual descrito em *Conf*. 1.11.17.

¹⁰² A *dignitas* era uma característica do estilo ciceroniano, que cumpria as duas exigências da retórica, ritmo e forma. *De Oratore*, III.45.178.

¹⁰³ Preferi traduzir *manichaeus* por *maniqueu*, palavra dicionarizada no *Vocabulário Ortográfico da Língua Portuguesa*. Considerei melhor opção assim tratar os membros da seita *maniqueia*, guardando o termo *maniqueísta* para aqueles seus sucessores mais influenciados pela dicotomia entre o bem e o mal do que pelo gnosticismo de Manes. Também preferi traduzir o nome do fundador por Manes, para manter as pronúncias grega (Μάνης) e latina (*Manes*). A definição agostiniana da seita encontra-se no tratado *De Haeresibus*, 46: 1. Os maniqueus têm origem em um certo persa, chamado Manes, embora seus discípulos, quando ele começou a pregar na Grécia sua doutrina insana, preferissem o chamar de Maniqueu, para evitar o nome da loucura (μανία).

Por isso, alguns deles, que eram mais doutos, e por essa razão mais mentirosos, dobrando a letra *n*, chamam-no *Manniqueo,* como aquele que derrama *manná.* 2. Ele concebeu dois princípios, entre si diversos e contrários, ambos eternos e coeternos, ou seja, que sempre existiram. Seguindo outros hereges antigos, ele sentenciou que que existem duas naturezas, ou mais precisamente, duas substâncias, uma do bem e outra do mal. A luta e a mistura destes, o bem purgado do mal e o bem que não pode ser purgado do mal em eterna danação, afirmando segundo seus dogmas, que eles fabularam tanto que seria muito longo aqui relacionar. 3. Por essas suas fábulas vãs e ímpias eles são, então, forçados a dizer que as almas boas, que eles acreditam que devam ser libertadas da natureza das almas más, isto é, nas misturas contrárias, são da mesma natureza de Deus. 4. Consequentemente, eles confessam que o mundo foi feito pela natureza do bem, ou seja, pela natureza de Deus, mas daquela mistura do bem e do mal que se originou quando as duas naturezas lutaram entre si. 5. Na verdade, eles dizem que esse expurgo e libertação do bem do que é o mal é feito não apenas pelas forças de Deus, no mundo inteiro e em todos os seus elementos, mas também por seus Eleitos, através da comida que consomem. Eles dizem que a substância de Deus também está misturada nesses alimentos, como em todo o mundo, e acreditam que ela é expurgada em seus Eleitos pelo tipo de vida com que os Eleitos dos maniqueus vivem como mais sagrados e excelentemente do que seus Ouvintes. Dessas duas categorias, Eleitos e Ouvintes, quiseram que sua igreja fosse formada. 6. No restante dos homens, e mesmo em seus próprios Ouvintes, eles acreditam que essa parte da substância boa e divina está retida, misturada e presa em alimentos e bebidas, e especialmente naqueles que geram filhos está presa mais estreitamente e de modo mais corrompido. A parte da luz, que é expurgada em todos os lugares através de certas naves, que eles querem que sejam o sol e a lua, retorna ao reino de Deus, como aos seus próprios lugares. Pela mesma razão, dizem que estes navios são feitos da substância pura de Deus. 7. E afirmam que também é substância de Deus essa luz corpórea que atinge os olhos dos animais mortais, e não apenas aquelas dos navios, onde eles acreditam que a luz seja pura, mas também aquela que está em outras coisas luminosas, nas quais segundo eles ela é retida com a mistura do mal, e que eles acreditam que deve ser expurgada. Atribuem, de fato, ao povo das trevas eles cinco elementos, que teriam gerado seus próprios príncipes, e eles chamam esses elementos com os seguintes nomes: fumaça, escuridão, fogo, água e ar. Na fumaça nasceram os animais bípedes, de quem eles pensam que vêm os homens; na escuridão, os répteis; no fogo, os quadrúpedes; nas águas, os seres que nadam; no ar, os que voam. Para superar esses cinco elementos malignos foram enviados do reino e da substância de Deus cinco outros elementos, e nessa luta eles se misturaram: a atmosfera se misturou com a fumaça; a luz, com a escuridão; o fogo bom, com o fogo mau; a água boa, com a água má; o ar bom com o ar mau. Mas eles distinguem aqueles navios, ou seja, os dois luminares do céu, de tal forma que sustentam que a lua era feita de água boa; e o sol, de fogo bom. 8. Que há nesses navios santas virtudes, que se transfiguram em machos para atrair as fêmeas do povo adversário, e, de novo, em fêmeas, para atrair o mesmo povo adversário. E sendo a concupiscência que está neles excitada por essa escuridão, a luz que retiveram misturadas entre seus membros foge, e é levada para seu expurgo pelos anjos da luz, e uma vez purgada naqueles navios, será carregada para ser levada a seu próprio reino. 9. Nessa ocasião, ou antes, por exigência da execrável superstição, os seus eleitos são obrigados a ingerir, se assim se pode dizer, uma eucaristia polvilhada com sêmen humano, de modo que assim, como a partir de outros alimentos que ingerem, a tal substância divina seja purgada. Mas eles negam que façam tal coisa, e afirmam que são outros, eu não sei quais, que o fazem sob o nome dos maniqueus. No entanto, como bem sabes [*Quodeusvult*], em Cartago foram desmascarados na igreja, quando tu já eras lá diácono, e, a mando do tribuno Urso, que era então o responsável pela casa imperial, alguns deles foram levados à sua presença, e uma menina, de nome de Margarida, denunciou tal nefasta torpeza, uma vez que ela ainda não tinha sequer doze anos de idade, e, segundo ela, a ele contou, foi violada em razão desse mistério sacrílego. Então, a custo, ela foi forçada a confessar que uma maniqueia, quase uma monja, chamado Eusébia, sofreu o mesmo, e pela mesma causa. Como no início, ela assegurou que continuava virgem, pediu para ser examinada por uma parteira. Ela foi examinada, e descoberta. E ela, da mesma forma, contou toda aquela sacrílega torpeza, pela qual ela se deitava sobre farinha para coletar e misturar o sêmen daqueles que dormiam com ela, o que ela não havia ouvido, porque estava ausente quando Margarida o contou. E mais recentemente alguns maniqueus foram surpreendidos e levados ao tribunal eclesiástico, como evidenciado pelos Atos Episcopais que tu me enviaste, e confessaram por meio de diligente interrogatório que aquele não era um sacramento, mas uma ação execrável. 10. Um deles, de nome Viator, dizendo que aqueles que faziam tais coisas eram chamados de *cataristas*, enquanto as outras partes da mesma seita maniqueia se dividiam entre *matários* e os especificamente *maniqueus*, e por isso não pôde negar que essas três formas foram propagadas pelo mesmo fundador, e que são todos genericamente maniqueus. E, com certeza, os livros maniqueus são comuns a todos, e nesses livros estão escritos portentos sobre a transformação de machos em fêmeas e de fêmeas em machos, para atrair e dissolver, por meio da concupiscência de ambos os sexos, os príncipes das trevas, de modo que a substância divina que nelas está cativa, liberada, fuja deles; daí decorre aquela torpeza, que todos negam pertencer a eles. Na verdade, creem imitar as virtudes divina tanto quanto podem, quando purificam a parte de seu deus, que, sem dúvidas, também está manchada no sêmen humano, como em todos os corpos celestes e terrestres, e nas sementes de todas as coisas. De onde se segue que devem purificar, comendo, o sêmen humano, da mesma forma que as outras sementes que ingerem nos alimentos. Daí, então, são chamados de *cataristas* [N.T. de καθαρός, puro] como os purificadores, que purificam tão diligentemente que não se abstêm mesmo de alimentos tão horrendos pela torpeza. 11. Mas eles não comem carne, como se a divina substância tivesse fugido de tudo o que foi abatido ou está morto, e por isso a carne permanece de tal maneira que já não é mais digna de ser purificada no ventre dos eleitos. Estes nem sequer comem ovos, porque quando são quebrados é como se expirassem, e não se deve comer nenhum cadáver. E da carne, apenas o que é absorvido pela farinha para que eles não morre, e permanece vivo. Também não tomam leite, mesmo que seja ordenhado ou sugado do corpo de um animal vivo, não porque eles acreditam que não há nada misturado com a substância divina, mas porque eles disso não têm certeza. Nem bebem vinho, porque dizem que é o fel dos príncipes das trevas; embora comam as uvas; nem sorvem qualquer suco, ainda que recentíssimo. 12. Eles acreditam que as almas de seus ouvintes se convertem nos eleitos, ou, em um caminho mais feliz, em alimento dos eleitos, de modo que expurgados dessa forma eles não se converterão mais corpos novamente. Por outro lado, eles pensam que as outras almas retornam nos animais, ou em tudo o que está enraizado e alimentado pela terra. De fato, pensam que as ervas e as árvores vivem de tal forma que eles acreditam que haja vida neles, que percebam e sintam dor quando são feridas, de modo que ninguém pode delas colher ou arrancar algo sem fazê-las sofrer. Por isso consideram errado limpar de espinhos o campo. E vão tão longe em sua insânia a ponto de acusar a agricultura, que é a mais inocente das artes, de culpada de muitos homicídios. Eles, porém, consideram inocentes seus ouvintes, porque estes oferecem os alimentos a seus eleitos, para que a substância divina expurgada em seus ventres possa alcançar para eles o perdão, por serem ofertadas para serem purgadas. Assim, os próprios eleitos, sem trabalharem no campo e sem colherem as frutas, nem ao menos arrancando uma folha, esperam que todas essas coisas lhes sejam trazidas às suas necessidades por seus ouvintes, e vivendo, segundo suas crenças vãs, tanto e de tantos homicídios alheios. Eles também exortam os ouvintes que, se comerem carne, não matem os animais, para não ofenderem os príncipes das trevas presos nos seres celestiais, dos quais toda carne tem sua origem. 13. E se eles usam suas esposas, evitam a concepção e a gestação, para que a substância divina, que neles entra pela comida, não se ligue à prole pelos veículos de carne. Pois eles acreditam que assim as almas chegam a toda a carne, ou seja, por meio da comida e da bebida. Consequentemente, eles, sem dúvidas, condenam o casamento, e o quanto podem, eles o proíbem, pelo fato de proibirem a concepção, em razão do que ocorrem as cópulas conjugais. 14. Afirmam que Adão e Eva nasceram dos Príncipes do Fumo, depois de seu pai, chamado Saclas, ter devorado os fetos de todos os seus companheiros; e, portanto, quando se deitou na carne com sua esposa, tudo o que da substância divina começara a misturar ligou à prole com tenacíssimo vínculo. 15. Por outro lado, afirmam a existência de Cristo, a quem nossas Escrituras chamam de serpente, e que eles afirmam os ter iluminado ao abrir os olhos do conhecimento e os fazer discernir o bem e o mal. E que Cristo, nos seus últimos tempos, veio libertar almas, mas não corpos; que não existia em carne verdadeira, mas apresentava uma espécie de carne simulada para enganar os sentidos humanos, e assim ser capaz de anunciar falsamente não apenas a morte, mas também a ressurreição; que o Deus que deu a Lei a Moisés e que falou pelos Profetas Hebreus não é o verdadeiro Deus, mas um dos príncipes das trevas. Eles leem as escrituras do Novo Testamento adulteradas, de tal forma que tiram delas o que querem, rejeitam o que não querem, e antepõem a elas algumas escrituras apócrifas que, eles têm como totalmente verdadeiras. 16. Dizem que a promessa do Senhor Jesus Cristo sobre o Paracleto Espírito Santo foi cumprida em seu heresiarca Manes. É por isso que ele se diz em suas cartas o apóstolo de Jesus Cristo, porque Jesus Cristo havia prometido que ele seria enviado, e que nele seria enviado o Espírito Santo. Por tudo isso Manes também tinha doze apóstolos, o mesmo número de apóstolos que os maniqueus mantêm até hoje. De fato, dentre os eleitos eles têm doze a quem eles chamam de mestres, e um décimo terceiro como o chefe deles; quanto aos bispos, eles têm setenta e dois ordenados pelos mestres; além disso, os presbíteros são ordenados pelos bispos. Bispos também têm diáconos; os demais são chamados apenas de eleitos. Mas são enviados também aqueles que parecem adequados para defender e aumentar esse erro, onde já está implementado, ou plantá-lo também onde não está semeado. 17. Eles afirmam que o batismo na água não traz salvação a ninguém, e por isso acreditam que nenhum daqueles que enganam deva ser batizado. 18. Eles fazem orações ao sol durante o dia, na direção para onde ele está girando; à noite, em direção à lua quando ela sai; e se ela não sair, em direção ao Aquilão, onde, ao se pôr, o sol retorna para o leste. Quando rezam, ficam de pé. 19. Eles atribuem a origem dos pecados não ao livre arbítrio da vontade, mas à substância do povo inimigo. Dogmatizando que essa substância está misturada entre os homens, eles afirmam que a carne não é obra de Deus, mas de um espírito maligno, que é coeterno do princípio contrário a Deus. Dizem que essa concupiscência carnal, pela qual a carne cobiça contra o espírito, é uma doença inata em nós da natureza que se tornou viciada com o primeiro homem; mas eles querem que haja uma substância oposta que está tão ligada a nós que, quando somos libertados e purgados, ela se separa de nós, e ela própria também vive imortal em sua própria natureza. Que essas duas almas ou duas mentes, uma boa e uma má, lutam entre si em cada homem, quando a carne cobiça contra o espírito e o espírito contra a carne. Que este vício não virá a ser curado em nós em lugar nenhum, como afirmamos, mas que essa substância do mal separada de nós e fechada em alguma esfera, como em uma prisão eterna, deve superar, uma vez que este século acabará, após a consumação do mundo pelo fogo. Eles também afirmam que esta esfera será sempre abordada e aderida como uma cobertura e tenda de almas naturalmente boas, mas que, no entanto, eles não foram capazes de se purificar a partir do contágio da natureza maligna.

[104] Agostinho iniciou neste trecho das *Confissões* a narrativa de seu período entre os maniqueus. Afligia-o a indagação de "Por que praticamos o mal?", e foi na doutrina de Manes que, aparentemente, ele encontrou uma primeira solução para seus questionamentos. Brown (2013, p. 36-43) relacionou as linhas gerais da argumentação maniqueia sobre a natureza humana do mal, sob os tópicos de que: a) pecamos contra a nossa vontade; b) o mal não poderia vir de Deus, por ser sumamente bom; c), portanto, contra o Reino da Luz haveria uma força hostil, ontologicamente separada, mas igualmente potente e eterna, o Reino das Trevas, que, em confronto com aquele, geraria as tensões entre o bem o mal. Conforme esses argumentos, Agostinho encontrou na seita maniqueia uma explicação unificada e crível para a condição da alma no mundo, além de lhe oferecer, como a todos os fiéis, um grande senso de pertencimento a um grupo religioso e de privilegiado estatuto cultural, como os maniqueus. Quanto a essa narrativa, que anos depois será objeto de sua crítica e oposição doutrinária, como se vê em *Conf.* 5.14.25, Agostinho se definirá, como propõe a hipótese de Baker-Brian (2017), em sua futura personalidade pública, tornando-se autoridade emergente na igreja católica. Essa hipótese sustenta que Agostinho construiu nas *Confissões* uma narrativa sobre a adesão, o descrédito e o abandono da seita maniqueia, com o intuito de promover sua madura identidade católica. Ferrari (1995), por sua vez, acredita que a conversão de Agostinho à seita maniqueia não tenha sido completa, e que ele nunca deixou a condição de catecúmeno, cujos sacramentos ele recebeu ao nascer (*Conf.* 1.11.17). Diferentemente de sua adesão aos maniqueus, cuja ruptura foi expressamente referida (*Conf.* 5.14.25), Agostinho nunca afirmou sua ruptura com a igreja católica, mantendo esporádica participação durante os 10 anos de aparente afastamento, por exemplo, como ouvinte das prédicas de Ambrósio, que, ao que se percebe na narrativa das *Confissões*, sabia da condição ambígua da fé de Agostinho (*Conf.* 6.3.3-4). Assim, a conversão descrita no Livro VII, na cena passada no horto de Milão, não seria um retorno ao catolicismo, mas uma definitiva ruptura com os maniqueus e a firme decisão do batismo público, influenciado pelo exemplo de Mário Vitorino.

105 Van Oort (2012) relacionou os prováveis livros mencionados por Agostinho, além dos escritos pelo próprio Manes (Cf. nota *Conf.* 5.3.6): *Capitula*, de Fausto, e *Disputationes*, de Admeto.

106 Van Oort (2012) vê aqui a referência ao εἰκών, ou o *Livro das Imagens*, ou no original siríaco *Ārdahang*. Incialmente escrito e ilustrado por Mani, teve grande difusão de cópias. O texto sagrado continha a representação imagética da cosmologia maniqueia.

107 No original latino *Phantasmata*. Em relação a esse trecho, Ferrari (1977) apresenta uma hipótese para a motivação da conversão de Agostinho à seita maniqueia: a passagem do cometa Halley, em 374. Sabe-se que a doutrina de Manes cultuava os grandes astros como mensageiros do Reino da Luz, imputando-lhes significado divino (*Contra Fausto*, 14.11), e pode ter confirmado sua fé naquela seita. Quanto à cronologia, Agostinho deve ter lido o tratado ciceroniano *Hortensius*, que ele alega haver sido fundamental para seu abandono da crença católica, entre 372 e 373, já que afirma que o fez na idade de 19 anos. No entanto, é verossímil que a leitura do tratado haja começado sua conversão, cujo processo decerto duraria alguns meses, alcançando, portanto, a época da passagem do cometa. Algumas citações de Agostinho permitem a corroboração da hipótese: nos principais trechos em que trata da adesão à seita, ele descreve o interesse pelos astros como *phantasmata splendida* (*Conf.* 3.6.10), *superstitio quaedam puerilis* (*De Beata Vita*, 1.4) e *superstitioni terreri* (*De Vtilitate Credendi*, 12). Essa hipótese de motivação astronômica para a conversão à seita maniqueia ainda ganha mais robustez se cotejada com a hipótese do abandono da crença ligada à perda de credibilidade em seus pressupostos, a partir da perda de confiança em sua teologia, com o descrédito em relação à explicação dos fenômenos astronômicos, como exposto na nota referente ao trecho *Conf.* 5.14.25, *infra*.

108 Referência à "Parábola do Filho Pródigo", que parece ser um fio condutor da construção das *Confissões*.

109 Na literatura latina, o tema de Medeia, a princesa da Cólquida, oriundo do repositório mítico grego, foi largamente utilizado. Já em Ênio, primeiro tragediógrafo latino, sua narrativa foi tema da obra *Medea Exul*, em cujo enredo foi descrita a cena citada por Agostinho, e na qual se pode inferir o voo da feiticeira no frag. 17: *Asta atque Athenas anticum opulentum oppidum/ contempla et templum Cereris ad laeuam aspice* - "Coro: Para e, Atena – a antiga e opulenta cidade –/ contempla; vê o templo de Ceres à esquerda". No entanto, principalmente em razão da referência à personagem contida na Carta VII.4, a Nebrídio, com explícita menção das serpentes aladas, e em razão de a tragédia homônima de Ovídio talvez já se encontrar perdida à época, o trecho citado por Agostinho parece indicar ter como fonte os versos 1022 a 1024 da tragédia Medeia de Sêneca: *Patuit in caelum uia:/ squamosa gemini colla serpentes iugo/ submissa praebent. Recipe iam gnatos, parens;/ ego inter auras aliti curru uehar.* "No céu se abre o caminho/ duas cobras docilmente entregam o escamoso/ dorso ao jugo. Recebe agora, ó pai, teus filhos./ Serei no carro alado entre os ventos levada" (GOUVEA JÚNIOR, 2014, p. 43; 193).

110 Para os maniqueus, os cinco elementos da cosmogonia, formadores da natureza, eram *fumaça, trevas, fogo, água* e *vento*.

111 Segui aqui a tradução de Labriolle (1925), que, em nota, descreveu o alimento como espiritual, um nutriente intelectual.

¹¹² O'Donnell (1992) interpreta essa mulher, descrita nos Provérbios como a Loucura, como a *Cupiditas*, que se traduz tanto por cobiça quanto por cupidez. Vega (1979) entende se tratar da própria seita maniqueia. Para Pizzolato (1992, v. 1), é a *fallacia haereticorum*.

¹¹³ Síntese das críticas dos maniqueus contra os patriarcas do Velho Testamento.

¹¹⁴ Essa definição será retomada mais tarde, em *Conf.* 7.12.18.

¹¹⁵ Trata-se de uma referência ao rígido sistema métrico da composição poética greco--latina, baseado na quantidade das sílabas, breves e longas. A unidade rítmica dos versos, alcançada pela repetição das sílabas cadenciadas, era chamada *pé*.

¹¹⁶ Agostinho aqui se refere ao sistema de composição métrica da poesia greco-latina, que não era estruturada segundo o número de sílabas, mas conforme a sucessão das sílabas longas ou breves, estruturadas em arranjos fixos de tempo. Esses arranjos, que se repetem na construção rítmica escolhida pelo poeta, chama-se de *pé*, de modo que os versos eram construídos pela sucessão, em variada distribuição, desses *pés*.

¹¹⁷ O conceito agostiniano de *flagitia* e *fascinora* foi detalhado no tratado *De Doctrina Christiana*, 3.10.16: "O que faz a indômita concupiscência para corromper sua alma e seu corpo se chama torpeza; e o que se faz para prejudicar o próximo se chama crime. Esses são os dois gêneros que há de pecados; mas as torpezas são anteriores".

¹¹⁸ O ψαλτήριον, saltério, é um instrumento de cordas semelhante à cítara, com caixa de ressonância normalmente em forma trapezoidal, usado tradicionalmente para acompanhar o canto dos salmos.

¹¹⁹ Os sonhos premonitórios são uma característica de Mônica nas *Confissões*. São três os sonhos, que, conforme demonstra Ferrari (1979 a), ocorrem em momentos críticos da vida de Agostinho. O primeiro, descrito exatamente neste parágrafo, ocorre quando Agostinho se encontra prestes a abandonar a fé cristã, e Mônica, como resposta de Deus a seus insistentes pedidos, revelou o futuro retorno do filho à religião materna; o segundo, quando Agostinho estava prestes a trocar sua fé pela ascensão social em Milão, ocorreu a Mônica antes da viagem de navio, que a levou até o filho, no qual lhe foi prenunciado o sucesso da travessia; e o terceiro, que não foi um sonho premonitório, sobreveio-lhe quando ela e Agostinho procuravam para ele um casamento vantajoso. Ferrari descreve Mônica como a mediadora da graça divina para o filho, e vê nesse primeiro sonho o "alfa e ômega" das *Confissões*, uma vez que esse sonho prenunciou sua conversão no Livro III e foi referenciado no Livro VIII, como o cumprimento da promessa divina. O'Ferrall (1975), além disso, identificou nesse primeiro sonho de Mônica o modelo dos sonhos reveladores comuns na literatura cristão no período, como no *Pastor*, de Hermas, o *Ato dos Mártires* e a *Passio Perpetuae*. Por sua vez, Mertens (2007) detalhou esse modelo dos sonhos na Antiguidade Tardia. Segundo esse estudo, o sonho de Mônica, uma estilização literária de Agostinho, seguia a composição tripartida típica da narração dos sonhos no período, com três *dramatis personae*: Mônica, o *homo diuinus* e Agostinho. O *drama* se desenvolveria em três fases: surgimento do *homo diuinus*; ele se revela conhecedor da dor de Mônica, e a aconselha; Mônica vê Agostinho.

¹²⁰ Com a recusa por parte de Mônica em receber o filho convertido ao maniqueísmo, com sua mulher e filho, Agostinho se instalou na casa de Romaniano, seu antigo benfeitor. Cf. *Contra Acadêmicos*, 2.2.3.

¹²¹ Ferrari (1975a) apresenta uma proposta de explicação dessa régua de madeira. Um pouco antes, em 3.9.17, Agostinho cita a *regula perfectionis* como a escala da

perfeição moral, no sentido usado por Paulo de Tarso em 2 Cor 10,3 – *"mensura regulæ"*. Nessa intepretação, remete-se à conversão de Agostinho, quando, após a leitura da *Carta aos Romanos*, vai dizer à Mônica que agora estava na mesma *regula fidei* – termo que a que se remete Agostinho no *Sermão* 186,2 para se referir ao que é preciso acreditar para alcançar a salvação. Trata-se da acepção presente em Ga 6,16, que remete a *regula* ao caminho para a perfeição, ou, à *uia recta*. No entanto, trata-se de uma régua de madeira, ou regula *lignea*, que se liga ao lenho da cruz de Cristo, permitindo, então, a conclusão de que a descrição dos sonhos de Mônica faz referência à *regula Christi*, ou o *Caminho*, descrito em Jo 14.6: *Ego sum uia, ueritas et uita*. LABRIOLLE aponta aqui a matriz das expressões eclesiásticas *regula fidei, regula pietatis, regula disciplinae* etc.

122 Apenas duas referências às mulheres maniqueias são encontradas na obra de Agostinho: Cipriana, esposa de Romaniano, referida na *Carta 259* e a mãe do bispo inominado, a quem Mônica procurou na esperança de demover o filho da crença dos maniqueus. Quanto a esta última, é interessante a observação da prática de entrega (*oblatio*) do filho à comunidade religiosa, uma prática aparentemente típica entre os adeptos de Manes, como uma forma ritual de repetição da vida desse profeta, como descrita nos livros da seita (sobretudo naquele conhecido como *kephalaia*). Note-se ainda a possível interpretação da existência de livros maniqueus em latim, que eram lidos e copiados pela mãe do bispo (VAN OORT, 2015).

123 As *Doctrinae liberales*, ou artes liberais, eram para os latinos as disciplinas acadêmicas apropriadas para a formação do orador: o *triuium* (gramática, dialética e retórica) e o *quadriuium* (aritmética, geometria, astronomia e música).

124 Os maniqueus e sua seita foram perseguidos pelas condenações imperiais, sobretudo por Valentiniano I, em 372.

125 Pelo *Thesaurus Linguae Latinae*, as *coronae faenearum* eram os aplausos concedidos aos declamadores de poemas.

126 Graus intermediários da hierarquia dos maniqueus, acima dos *ouvintes*.

127 Mais uma vez uma possível alusão ao filho pródigo, e seus percursos.

128 Preferi traduzir *hostia* como hóstia, em vez de vítima, para afastar a ideia do sacrifício animal.

129 Courcelle (1968) chama a atenção para os personagens inominados nas *Confissões*. Ele os dividiu em três espécies. Primeiro, aqueles cujo nome Agostinho omite por discrição, entre eles se incluem a concubina mãe de seu filho (4.2.2 e 6.15.25), sua noiva (6.13.17), o bispo a quem Mônica solicitou ajuda, e que se recusou a tentar demover Agostinho (3.12.21). Um segundo grupo, daqueles que não foram particularmente úteis à sua conversão, como o Imperador, a quem ele dirigiria o panegírico (6.6.9), o cego curado pelas relíquias (9.7.16) ou as servas de Mônica (9.8.17). E, por fim, aqueles que só exibiam traços negativos, como o professor cartaginês de retórica, que admirava *As Categorias* (4.16.28), o senador que pressionou Alípio a conceder-lhe favores indevidos (6.10.16) e o homem túrgido por imensa soberba que lhe mostrou os livros platônicos (7.9.13). Outro caso é o do médico que tentou demover Agostinho do interesse por horóscopos (4.3.5), que foi identificado adiante como Vindiciano (7.6.8), e o tradutor dos livros platônicos (7.9.13), depois identificado como Mário Vitorino (8.2.3).

130 Primeira referência a Adeodato, filho de Agostinho e de sua concubina inominada. Segundo Mandouze (1982, p. 32-33), Adeodato nasceu em Cartago em 371/372, e

viajou com os pais para a Itália, e permaneceu com o pai quando sua mãe retornou para a África, em 385. Aos 15 anos, em 387, com Agostinho e Alípio, ele teve seu nome inscrito para o batismo, e os três foram batizados na noite pascal de 24 ou 25 de abril (*Conf.* 9.6.14). Retornou a Tagaste com Agostinho no início do outono de 388, momento em que se passa o diálogo *De magistro*, do qual é o interlocutor com o pai. O jovem morreu provavelmente em 389, sendo desconhecida a causa de seu falecimento. O teofórico nome Adeodato significa "Dado por Deus", em uma prática berbere de inserir o nome do deus no das crianças, como o caso de Mônica (O'MEARA, 1954). Agostinho, enquanto era estudante em Cartago, entre 370 e 371, ligou-se amorosamente à mãe de Adeodato em mútua fidelidade, constituindo a união em uma espécie de concubinato. A ligação durou cerca de 14 anos, até que, em 386, por insistência de Mônica (*Conf.* 6.13.23), Agostinho aceitou contrair um casamento considerado honrado, ou seja, mais condizente com sua situação social, uma vez que o imperador Constantino havia proibido o casamento entre classes diferentes. Terminada relação, quando ela retornou à África, fez-se religiosa.

[131] Os harúspices eram sacerdotes especializados na leitura dos prodígios, sobretudo por meio das entranhas das vítimas de sacrifício.

[132] Traduzi *Castitas* por *santidade*, na acepção proposta por Madec (1961), que vê, a partir sobretudo da colocação do pronome possessivo, uma qualidade própria de Deus, em uma acepção que as línguas modernas não conseguiram transmitir do latim.

[133] Os matemáticos são os astrólogos. Cf. Hor. *Carm.* 9.2-3.

[134] Por informação de Pizzolato (1992, v. II), trata-se de Hélvio Vindiciano, médico autor do tratado de ginecologia *Gynaecia*, procônsul da província da África entre 379/382. Citado adiante, *Conf.* 7.6.8.

[135] Manuais de astrologia, que reportavam o horóscopo de acordo com o dia do nascimento.

[136] Médico grego do século V a.C., a quem é atribuída a autoria do *Corpus Hippocraticum*.

[137] Descrição da prática de bibliomancia. Em Erasmo: os que consultavam os deuses acerca de algum eventual conselho, faziam-no em seus templos ou, em âmbito privado, abriam o livro dos mais célebres poetas, como Homero ou Virgílio; e o consideravam o primeiro verso que ocorria a resposta dos deuses. Os cristãos, por semelhante razão, utilizavam as Sagradas Escrituras, como veremos no Livro VIII, capítulo 12 desta mesma obra.

[138] Pela biografia relacionada por Gavigan (1946) e Mandouze (1982, p. 774-776), Nebrídio foi um dos amigos mais íntimos da juventude de Agostinho, provavelmente seu coetâneo. Acredita-se que tenha nascido em 354, perto de Cartago, onde seu pai era dono de rica propriedade. Lá conheceu Agostinho, em 373, quando este era adepto da seita maniqueia e, saído de Tagaste, foi lecionar retórica. Por informação na *Carta* 10.3, presume-se que Nebrídio tenha tido um irmão, chamado Vítor. Seus pais eram pagãos, como se depreende da informação de que se converteram após sua morte (*Conf.* 9.3.6). Deixando sua mãe em Cartago, seguiu para a Itália, em 383 (*Conf.* 6.10.17), e foi para Milão morar com Agostinho e Alípio, dedicando-se à busca pela Verdade (*Conf.* 6.10.17). Não se retirou para a vila de Cassicíaco em 386, porque aceitou ajudar Verecundo como assistente em sua função letiva, a pedido de Agostinho (*Conf.* 8.6.13). Prova disso é sua ausência nos diálogos escritos

no período. Foi opositor à seita maniqueia (*Conf.* 7.2.3) e aos astrólogos (*Conf.* 7.6.8), reprovando as crenças de Agostinho. Voltou para a África provavelmente com Agostinho e começou com ele uma regular correspondência, da qual restam 12 missivas, das quais *Carta* X permite inferir a precariedade de seu estado de saúde, uma vez que não poderia se deslocar até Tagaste, mesmo em uma liteira. Observou após seu retorno à África perfeita castidade e continência, tendo sido batizado por volta de 387. A data de sua morte é incerta, apesar de a interrupção de sua correspondência com Agostinho em 391 fazer supor que seja seu último ano de vida. As 12 cartas vão transcritas nesta edição.

[139] Nessa passagem, o adjetivo *castus*, para além do conteúdo sexual, parece guardar a acepção de pureza de moral. Cf. Madec (1961). Essa interpretação se conjuga com o conceito de *fornicatio*.

[140] Segundo Courcelle (1968, p. 40-43), nas *Confissões*, Agostinho cita nominalmente apenas as pessoas que foram importantes agentes para sua conversão. Por isso, nem o amigo de Tagaste, nem a noiva ou a mãe de Adeodato são nomeadas.

[141] Para Nawar (2015), Agostinho retrata no episódio da morte do amigo inominado os malefícios da amizade fundada não na *caritas*, mas nas *concupiscentiae carnis occulorumque*. Como continuação dos males provocados pelas más amizades juvenis apresentados no episódio do furto das peras, Nawar descreve aqui os problemas relativos à imoderada amizade adulta. Afinal, essa amizade teria origem no desejo de compartilhamento de interesses e vícios, e não na busca pelo aperfeiçoamento da alma; e sua exasperação apaixonada, descrita sobretudo no momento do luto pela morte do amigo, transformaria a amizade em uma forma de possessão, em um impedimento para as inclinações virtuosas, e, por conseguinte, em um afastamento da vida feliz. Afinal, amizades podem funcionar como *seductio* da mente, levando a alma à *superbia*, e ao afastamento de Deus.

[142] Agostinho se refere ao deus maniqueu, chamando-o de fantasma, por ser mera criação da fantasia.

[143] O hipotexto traz as lamentações de Jó.

[144] Amigos inseparáveis, que perpetram a vingança pelo assassinato de Agamêmnon. Cf. Ovídio. *Tristia*, 4, 4:75-76: "*Nec tamem hunc sua mors, nec mors sua terruit illum/ alter ob alterius funera maestus erat*".

[145] A citação da Ode 1.3 de Horácio, conhecida como προπεμπτικόν, ou poema de despedida a alguém que parte em viagem, escrito em homenagem a Virgílio, carrega no hipotexto (*animae dimidium meae*) a profunda ligação entre os poetas augustanos. Entretanto, a citação também parece aportar uma reflexão moral, de autocrítica pelo excesso do sofrimento, feita a partir da possível crítica horaciana ao modelo épico da obra de Virgílio. Cf. Pucci (1991).

[146] Cf. *Retratações* 2.6.2.

[147] Em Erasmo: *Deligere homines humaniter*, isso é, com aquele limite do amor que pode ser atribuído às coisas perecíveis. Assim também os gregos usam a palavra ἀνθρωπίνως.

[148] Cf. abaixo, a semelhança dos termos usados quando da separação da concubina. *Conf.* 6.15.25.

[149] Vitali (1994) vê aqui uma alusão, senão apenas uma reminiscência, a Lucrécio, *De Rerum Natura* 3.1067-1070: *hoc se quisque modo fugit, at quem scilicet ut fit, /*

effugere haut potis est: ingratus haeret et odit / propterea, morbi quia causam non tenet aeger – "cada um, desse modo, foge a si próprio, mas de fato, como acontece, não pode escapar, e a contragosto fica e odeia, porque, estando doente, não compreende a causa da enfermidade".

150 Seita maniqueia.

151 No original, *e pluribus unum*. A expressão é usada como lema dos Estados Unidos da América. Remete a Cícero, *Dos Deveres*, 1.56.

152 Trata-se do primeiro verso do hino de Ambrósio, que é reportado na íntegra em *Conf.* 9.12.32.

153 Erasmo propõe aqui uma correção ao texto latino: *Ecce ubi est, ubi sapit ueritas*. Se assim lês, parece que se deve ser separado por vírgula. Mas talvez melhor leiamos *Ecce ubi esti, ibi sapit ueritas*, isto é, no palato de sua alma, como se se dissesse que a verdade é saboreada por aquele em quem Deus está presente.

154 No original *beata uita*, que é o título de um dos Diálogos de Cassicíaco, escrito entre 13 e 15 de novembro de 386. As questões ali debatidas são: De onde vem a bem-aventurança e como o homem pode ser feliz? A tese do livro consiste em que a vida feliz consiste no perfeito conhecimento de Deus, de modo que a felicidade não é a posse e a fruição de algum bem criado e transitório, mas apenas do Bem supremo, perfeito e absoluto.

155 O verbo *descendo* refere-se à encarnação.

156 *Processit* é um termo teológico que designa a relação entre o Pai e Cristo. Em João, 8:42: *ex Deo processit* – o Filho procede do Pai.

157 Essa questão está expressa no tratado *De Musica* 6.13.38: "*Dic, oro te, num possumus amare nisi pulchra?*".

158 O tratado *De pulchro et apto*, primeira obra de Agostinho, terá sido escrito entre 380 e 381 d.C., ou seja, durante o período de adesão à seita maniqueia. Solignac (1960) propõe que esse tratado tivesse como influências o pitagorismo, os conceitos de Platão e as obras de Cícero, e que tenha sido composto de três livros, que tratavam respectivamente da *beleza sensível*, da *beleza espiritual* e da *beleza divina*. No entanto, Katô (1966) propôs que, além das influências apontadas por Solignac, seria de se esperar que a obra não se restringisse ao ponto de vista estético, mas também religioso, sob a influência do maniqueísmo, e seu deus-beleza, razão pela qual a obra foi renegada por Agostinho já no período da escrita das *Confissões*, quando o autor parece dar relevo à perda do tratado. Cress (1976), por sua vez, retomando a teoria de Karel Svoboda, apresentada em 1933 no tratado *L'Esthétique de Saint Augustin et ses sources*, propôs que a estrutura do *De pulchro et apto* fosse constituída de três livros, em que o primeiro definiria a beleza e a adequação; segundo, a natureza da alma e suas belezas; e o terceiro, as similaridades entre Deus e o homem, e a beleza divina e a humana. Então, supondo para a obra de Agostinho as fontes platônicas do *Banquete* e *Fedro*, Cress propôs a relação entre o amor e a beleza, de modo que, por um objeto ser belo, o amamos e nos sentimos por ele atraídos, e que a beleza concerne à completude e à unidade, à congruência e à apropriada acomodação. Assim, Cress formulou a hipótese de que o *De pulchro et apto* teria por tema não a beleza, mas o amor, como expresso no início da discussão (*Conf* 4.13.12). Assim, percebendo-se que o tema do Livro IV é *o amor e a amizade*, entende-se que a primeira obra de Agostinho tenha sido um tratado

erótico, e não estético, na descrição de sua aflição espiritual sobre sua inabilidade de amar.

159 Apesar de Erasmo apresentar a hipótese de que se trate de Hiério, que foi cônsul com Ardabúrio, em 427, isso parece improvável, em razão da cronologia. Por sua vez, Pizzolato (1992, v. 2) aponta a dificuldade de determinar a identidade desse orador, não mais citado na obra de Agostinho.

160 O retor, ou *rhetor*, era o professor de retórica, o mestre da arte da oratória – último grau da educação romana, depois do *ludi magister* e do *grammaticus*.

161 A forma verbal *gubernabar* remete a *gubernator*, piloto de navio.

162 *Ars* é identificada em Agostinho como sabedoria de Deus. Cf. *Livre Arbítrio*, 3.15.42.

163 Pizzolato (1992, v. 2) explica que essa terminologia tem raiz pitagórica. Em Agostinho, a mônada se refere à unidade da alma racional, e a díade à alma irracional. Essa interpretação remonta a Plotino (2002, p. 121), para quem a "mônada" adquire um sentido espiritual e torna-se o Bem acima do demiurgo. Lê-se nas *Enéadas* VI,9:1 "É pelo Uno que todos os seres são seres: tanto os seres que são seres no sentido primeiro do termo, quanto tudo o que se diz fazer parte dos seres, de qualquer maneira que seja".

164 Crítica à crítica à concepção maniqueia da possibilidade de uma hipostasia do mal.

165 Concidadãos na cidade de Deus.

166 Primeiro livro do *Organon* de Aristóteles, de autenticidade duvidosa, lido, decerto, na tradução de Mário Vitorino.

167 Outra das referências às personagens inominadas feitas por Agostinho, no caso, ao que parece, para não expor o mestre cheio de soberba ao opróbrio.

168 As *Categorias*, elencadas por O'Donnell (1992, v. II), são: *substantia, quantitas, qualitas, relatio, ubi, quando, positio, habitus, actio* e *passio*.

169 Referência ao mito platônico da caverna. Cf. *República*, 7.514.

170 Labriolle (1925) aponta aqui um período de proselitismo maniqueu de Agostinho.

171 Beduh (2009) apresenta a hipótese de que os Livros V a IX tenham sido escritos antes dos demais, como parte do projeto inicial de formulação de uma justificativa do passado maniqueu de Agostinho. Como evidência principal dessa teoria, Beduh sustenta que o início do Livro V seria um proêmio, com a introdução do tema a ser desenvolvido.

172 A inquietude dos maus remete ao início da obra, *Conf.* 1.1.1, quando Agostinho proclama que "inquieto é nosso coração até descansar em ti".

173 Courcelle (1968, p. 78) aponta aqui uma inconsistência quanto ao período de 9 anos que Agostinho diz ter permanecido na seita maniqueia, dos dezenove aos vinte e oito anos, ao passo que seu período se estende, pela narrativa das *Confissões*, desde o seu décimo nono ano de idade, entre 373 e 374, até o fim de sua primeira jornada em Roma, no término do período escolar, entre 383-384. Nessas contas, completam-se 10 anos. Para serem 9 anos, o período deveria ter terminado quando ele tinha 28 anos, ou seja, antes da discussão com Fausto. Ferrari (1975), por sua vez, respaldando o posicionamento de Courcelle, relacionou os diversos trechos em que Agostinho afirma terem sido 9 anos de permanência na entre os maniqueus: *De moribus Manichaeeorum* 19.68 (*nouem anos totos*), *De moribus ecclesiae catholicae* 18.34 (*nouem annis*), *De utilitate credendi* 1.2 (*anos fere nouem*). E, tentando explicar a opção de Agostinho,

apresentou a hipótese de que ele tenha diminuído o período para 9 anos em razão de suas convicções numerológicas. Isso porque o número 8 seria um número sagrado, por ser o símbolo do *sabbath* (*Ep*. 55 13.26), ao passo que o 10, a perfeição da beatitude (*Ep*. 55 15.28). Por isso, ele escolheu o numeral 9 para definir seu período na seita de Manes, por considerá-lo imperfeito (*Quaestionum euangeliorum* 2.40), para representar seu período de maior afastamento de Deus.

[174] Sobre Fausto, descreveu-o Agostinho no tratado *Contra Fausto, o Maniqueu* 1.1.1: "Existiu um certo Fausto, de origem africana, cidadão de Milevo, de fala doce, de inteligência astuta, maniqueu de religião, e, por consequência, desviado por tão nefando erro. Conheci pessoalmente esse homem, como recordei nos livros de minhas *Confissões*". Mandouze (1982, p. 390-397), em sua biografia, descreve-o como bispo e doutor dos maniqueus, nascido em Milevo, na Numídia, aparentemente oriundo de uma família pobre e pagã. Foi casado e teve uma família, à qual renunciou, com seus bens, ao se converter à seita de Manes, decerto antes de 382/383, quando já era reconhecido como grande autoridade em sua teologia. Agostinho o retrata como um orador talentoso, embora de cultura medíocre. Denunciado pelos cristãos por suas práticas religiosas, Fausto foi levado ao tribunal do procônsul, e foi condenado ao exílio em uma ilha, por volta de 386, quando escreveu suas *Capitula* e *Disputationes*. Morreu entre 397 e 404.

[175] As artes, ou disciplinas, liberais que constituíam a base do ensino e do conhecimento na antiguidade tardia eram sete, segundo Marciano Capela, contemporâneo de Agostinho e natural de Madaura ou Cartago: gramática, dialética, retórica, geometria, aritmética, astronomia e música.

[176] Pizzolato (1992, v. 2) tenta relacionar as prováveis obras filosóficas a que Agostinho teria tido acesso. Seriam essas, embora de forma alguma exclusivamente: *Hortênsio*, *Tusculanas*, *Sobre a finalidade do bem e do mal*, *Dos Deveres*, de Cícero; *Protréptico* e *Categorias*, de Aristóteles; *Hípias Maior* e *Banquete*, de Platão; *Opinião dos Filósofos*, de Cornélio Celso.

[177] Referência ao Censo de Quirino ordenado por Augusto, citado por Lc 2,2.

[178] Cf. a diferença entre verdade e verdadeiro, já presente nos *Solilóquios* 2.6.10:
Razão: Primeiro, investiguemos mais e mais o que é o falso.
Agostinho: Espanto-me se for algo diferente do que não ser como parece.
Razão: Presta atenção, e antes interroguemos os sentidos. Pois decerto o que os olhos veem não é dito falso se não tem alguma semelhança com o verdadeiro. Por exemplo: o homem que vemos no sonho não é decerto um verdadeiro homem; mas é falso, porque tem semelhança com o verdadeiro. Pois quem, vendo no sonho um cão, dirá corretamente ter sonhado com um homem? Logo, também aquele é um falso cão, porque é semelhante ao verdadeiro.
Agostinho: Isso é como dizes.
Razão: E se alguém desperto, vendo um cavalo, achar ter visto um homem? Não é enganado porque lhe aprece alguma semelhança com o homem? Pois se nada percebe senão a imagem do cavalo, não pode julgar ver um homem.
Agostinho: Eu concordo.
Razão: Dizemos igualmente falsa a árvore que vemos pintada, e falsa a face que é refletida no espelho, e falso o movimento das torres para os navegantes, e falsa a quebra do remo pela refração da água, por nada além de sua semelhança com o real.

Agostinho: Confesso.

Razão: Também assim nos enganamos com os gêmeos, também com os ovos, também com os selos impressos pelo mesmo anel, e com outras coisas tais.

Agostinho: Sigo-te em tudo e concordo.

Razão: A semelhança das coisas que dizem respeito aos olhos é, pois, a mãe da falsidade.

Agostinho: Não posso negar.

[179] Van Oort (2008) propôs a hipótese de que Agostinho, durante seus anos como *ouvinte* maniqueu obteve seus conhecimentos sobre a seita não apenas por meio das preleções dos *eleitos*, mas também por meio da leitura e estudo das obras de Manes, sobretudo do εἰκών, ou o *Livro das Imagens*, que, segundo sua proposta, talvez fosse um apêndice do *Grande Evangelho*, e que a *Cata Fundamental* seria um comentário a esse *Livro das Imagens*. Em novo artigo, Van Oort (2012), além do εἰκών, relacionou alguns dos outros títulos principais das obras de Manes, que talvez Agostinho tenha tido acesso: *Tesouro da Vida*, *Pragmateia*, *O Livro dos Mistérios* e *O Livro dos Gigantes*.

[180] Nome dado à estrela Polar, da constelação de Ursa Menor, que, no hemisfério norte, gira no horizonte, indicando o norte, sem nunca mergulhar no horizonte.

[181] Hino IV, de Ambrósio. Cf. *Conf.* 9.12.32.

[182] Note-se que o verbo remete ao estatuto de Agostinho na seita como ouvinte.

[183] Referência aos céticos acadêmicos, que, no entanto, serão citados consistentemente apenas a partir de *Conf.* 5.10.19.

[184] Descrição dos *eversores* ou destruidores. Cf. *Conf.* 3.3.6.

[185] Não fica claro se o amigo era Alípio, Nebrídio ou Romaniano.

[186] Referência à água do batismo.

[187] *Thascus Caecilius Cyprianus*, bispo de Cartago entre 248 e 258, e patriarca da igreja. Por informação de LABRIOLLE (1925), esse *memoria* se localizava nas cercanias da cidade, perto do mar, e era a mais antiga igreja erguida naquela cidade em honra ao santo.

[188] É inevitável a recordação do *topos* da mulher abandonada na praia, seja Ariadna ou Dido. Agostinho retoma a alusão à narrativa virgiliana do abandono de Dido, já citado como tema durante o aprendizado do jovem Agostinho (*Conf.* 1.13.20). Clark (2019) descreve a partida de Agostinho de Cartago, deixando na praia a mulher (mãe) que mais o ama como uma inversão do modelo virgiliano, de modo que os falsos deuses levaram Dido ao desespero e ao suicídio, ao passo que a devoção no Deus verdadeiro teria feito Mônica crer que seu filho não estaria perdido, razão pela qual ela vai rezar por ele.

[189] Erasmo explica que: "Isto é, que na cruz estivesse pendente um fantasma, e não o próprio Cristo, acreditavam os maniqueus".

[190] As duas mortes referidas são do corpo e da alma.

[191] Provavelmente Constâncio, um maniqueu citado por Agostinho em tratado *Contra Fausto, o maniqueu* 5.5: "Porém segue ativo aquele Constâncio, agora já nosso irmão como cristão católico. Ele havia reunido em sua casa, em Roma, muitos de vós com o fim de que se cumprissem os preceitos de Manes, bastante vazios de conteúdo e sem pés nem cabeça, mas dos quais vós tínheis grande apreço".

[192] Novamente a hierarquia dos maniqueus.

193 São os céticos, membros da Nova Academia, fundada por Arquesilau (315-241 a.C.), cujos expoentes foram Carnéades de Cirene, Clitômaco de Cartago e Fílon de Lárissa. Em Agostinho, porém, revela-se moderado, sob a influência do ceticismo de Cícero, que também tinha pendor acadêmico.

194 Pizzolato (1994, v. II) afirma que a intenção dos Acadêmicos era a dúvida sistemática.

195 Os maniqueus eram perseguidos em Roma desde o édito de Graciano, promulgado em 378. Essa proibição foi confirmada no Código de Teodósio, 16.5.3: "*Ubicumque manichaeorum conuentus uel turba huiusmodi repperitur, doctoribus graui censione multatis his quoque qui conueniunt ut infamibus atque probrosis a coetu hominum segregatis, domus et habitacula, in quibus profana institutio docetur, fisci uiribus indubitanter adsciscantur*".

196 Os maniqueus criticavam o antropomorfismo divino presente no Antigo Testamento.

197 Erasmo considera que o verbo *concerni* foi usado para traduzir συγχιρνᾶσθαι, que se traduz por misturar.

198 Não se sabe exatamente de quem se trata. Vega (1979) aponta a possibilidade de ser o bispo de Aquas, que participou da conferência de Cartago, em 411, contra os donatistas. A propósito, o donatismo, fortemente combatido por Agostinho, foi uma das correntes religiosas cristãs norte-africanas, considerada herética pelo catolicismo. Os donatistas acreditavam que a igreja não poderia perdoar os pecadores, e que os sacramentos ministrados pelos cristãos que negaram a fé durante as perseguições de Diocleciano, e que depois retornaram ao cristianismo, não eram válidos. Agostinho, no *De Haeresibus* 69, assim os definiu: "1. Donatianos ou Donatistas. Foram os primeiros a fazer o cisma, porque Ceciliano foi ordenado bispo da igreja de Cartago contra a vontade deles, que o culparam de crimes não comprovados e, sobretudo, porque foi ordenado pelos traidores das Divinas Escrituras. Mas depois que a causa contra ele foi processada e encerrada, foram declarados culpados de falsidade, e afirmada sua teimosa dissensão, eles transformaram o cisma em heresia, como se a Igreja de Cristo, pelos crimes de Ceciliano, verdadeiros ou falsos, como mais claramente parecia aos juízes, houvesse perecido em todo o orbe das terras, onde havia sido prometido que existiria; e que, portanto, permaneceu apenas na facção africana de Donato, visto que nas outras partes da terra foi extinta, por haver sido contagiada pela comunhão (com Ceciliano). Também ousam rebatizar os católicos, no que mais se confirma que são hereges, quando toda a Igreja Católica não concorda em anular a comunhão do batismo nem dos próprios hereges. 2. Consideramos que o primeiro dessa heresia tenha sido Donato que, vindo da Numídia, dividiu o povo cristão contra Ceciliano. Juntando-se a ele outros bispos de sua facção, ordenou Maiorino bispo de Cartago. O sucessor desse Maiorino nessa mesma facção foi outro Donato que, com sua eloquência confirmou a heresia, de modo que muitos acreditam que em razão deles são assim chamados os donatistas. Conservam-se escritos seus em que aparece que ele sustentou uma opinião não católica sobre a Trindade, senão que, embora da mesma substância, o Filho é menor que o Pai, e que o Espírito Santo é menor do que o Filho. No entanto, a maior parte dos donatistas não está inclinada a esse erro em relação à Trindade, e não é fácil encontrar entre eles alguém de quem se saiba tê-lo seguido. 3. Na cidade de Roma, esses hereges são chamados de Monteses. A esses é enviado um bispo da África bispo, ou, se lhes parece melhor consagrar um, enviam até ali os bispos africanos. 4. Na África também pertencem a

essa heresia aqueles que são chamados de *circunceliões*, um gênero rude de homens de famosíssima violência, não só para perpetrar contra os outros crimes infames, mas nem a si mesmos poupam na insana ferocidade. Pois, por vários tipos de morte, sobretudo atirando-se nos precipícios, na água e no fogo, eles costumam se matar; e, nesse furor, induzem os que puderem de ambos os sexos para serem mortos uns pelos outros, ameaçando-os de morte. No entanto, a maioria dos donatistas não gosta de tais pessoas, não se sente contaminada por sua comunhão, e acusa a todo orbe cristão das terras o crime de desconhecidos africanos. 5. Mesmo entre eles mesmos houve muitos cismas. Uns e outros têm se separado deles, divididos em diversos grupos, cuja separação, no entanto, a grande multidão dos restantes nem percebe. Mas em Cartago, Maximiano foi ordenado bispo em oposição a Primiano por quase uma centena de bispos seguidores do mesmo erro, e, condenado por crime atroz pelos restantes trezentos e dez bispos, e com eles também doze que participaram de sua ordenação com sua presença física, obrigou-os a reconhecer que mesmo fora da Igreja pode ser feito o batismo de Cristo. Assim, receberam entre suas honras alguns que foram batizados fora de sua igreja, sem repetir o batismo em ninguém. Não desistiram de recorrer ao poder público para os corrigir, nem temeram contaminar sua comunhão por efeito dos crimes daqueles, crimes veementemente inflados pela sentença proferida pelo conselho dos seus".

[199] VITALI (1994) anota que o ódio perfeito, citado no Sl 138,2, significa um ódio implacável, mas que em Agostinho se entende o ódio não perfeito como aquele não derivado de um bom princípio, ou seja, o ódio do mal, e não do pecador.

[200] Quinto Aurélio Mêmio Eusébio Símaco (345-402), prefeito de Roma entre 383-384, e cônsul em 391. BARNES (1992) refuta a afirmação de que Agostinho chegou a Milão sob a alta proteção de Símaco, para receber a recompensa da nova carreira por recomendação de Bauto, o efetivo governante do Império. Segundo Barnes, Brown sobrevalorizou o posto de orador da corte, ocupado por Agostinho, como se fosse uma espécie de Ministro da Propaganda. Na verdade, era um cargo de menor importância; e a ascensão de Agostinho apenas se deu com a conversão, quando ele adquiriu grande mobilidade social na estrutura cristã.

[201] Cf. Hino VII, de Ambrósio: *Christusque nobis sit cibus, / Potusque noster sit fides, / Laeti bibamus sobriam / Ebrietatem Spiritus.*

[202] Ferrari (1973), analisando o processo de ruptura de Agostinho com os maniqueus, aponta duas causas para sua decisão se abandono da seita: o acesso aos livros platônicos e a rejeição da astrologia (*Conf* 7.6.8-10). Embora ele já se houvesse decepcionado durante a conversa com Fausto (*Conf.* 5.7.13), parece provável que a razão final tenha sido o descrédito em relação à visão maniqueia quanto aos fenômenos naturais. Entende-se, pela menção no trecho *Conf.* 5.3.3, que os filósofos a que ele se refere no *Conf.* 5.14.24 sejam os astrônomos, cuja ciência se encontrava avançada desde Eudoxo, Hiparco e Ptolomeu. Afinal, esses filósofos demonstraram que os astros celestes não eram deuses, mas corpos inanimados, e que os eclipses que ele decerto presenciou em 8 de setembro de 378 e 12 de janeiro de 381 não foram lutas entre o bem e o mal, mas apenas fenômenos naturais. Assim, destruída a base da crença, cuja teologia pretendia serem o sol e a lua embarcações que transportavam a luz purificada, inclusive as almas, ruiu sua fé maniqueia, o que, como ele próprio diz, o fez optar pelo catecumenato.

203 *Da utilidade de crer.* 8.20: "Quando eu já me encontrava na Itália, refleti muito comigo e pensei não se eu deveria permanecer naquela seita, na qual eu me lamentava por haver caído, mas no que seria o método de encontrar a verdade, cujo amor, tu sabes melhor do que ninguém, o quanto isso me fez suspirar. Muitas vezes me parecia impossível poder encontrá-la, e meus pensamentos hesitantes me levaram a aprovar acadêmicos".

204 Pela hipótese de Courcelle (1968), em 385, provavelmente no início da primavera, dado início do período das navegações.

205 Em nova alusão à *Eneida*, Agostinho processa nova transformação de Mônica, já não antes sob o anterior modelo de Dido, mas agora no modelo da mãe do jovem Euríalo, que segue o filho para a Itália como modelo da *pietas* materna. Clark (2019), entretanto, considera que, diferente da mãe do herói troiano, que chora pela morte do filho, Mônica morre realizada, crendo na salvação do filho.

206 Esse trecho parece remeter ao episódio da navegação de Paulo de Tarso à Itália, quando o apóstolo garantiu aos companheiros de viagem o êxito da travessia. Cf. At 27,1-26. Ziolkowski (1995) vê, porém, Mônica no papel de Cristo, que dormia na barca durante a tempestade, e, acordado pelos apóstolos, os acalmou (Mt. 8,23-27; Mc 4,35-41; Lc 8,22-25). Note-se aqui a referência ao segundo sonho de Mônica, em que ela, *por uma visão*, vai resgatar o filho, cuja fé se encontra em perigo. Ferrari (1979a) relaciona a passagem náutica de Mônica, que arrisca a vida na tempestade marinha para salvar o filho, ao perigo dos estos da paixão de Agostinho, anunciados nas "grandes ondas de tentações (*Conf.* 1.11.18), as "ondas de minha idade" (*Conf.* 2.2.3), ou onde ele diz que "fervi-me, seguindo o ímpeto de minhas ondas" (*Conf.* 2.2.4).

207 Explícita referência ao episódio da ressureição do filho da viúva de Naim. É a primeira das três ressurreições operadas por Cristo, antes das da filha de Jairo e de Lázaro. Remete ao esforço de Mônica, por meio das lágrimas e preces, de afastar seu filho da morte espiritual, indo trazê-lo de volta a fé por ela professada.

208 Prática atestada na *Carta* XXIX. Ver na seção Cartas desta edição.

209 Festival religioso romano realizado em fevereiro, dedicado ao culto e às oferendas aos mortos. O último dia do festival, que ocorria no dia 21, ocorriam as *feralias*, quando as famílias levavam aos túmulos frutas, sal, pão e vinho. Cf. Ovídio, *Fastos*, 2.532-539: "Honram-se as tumbas co'o aplacar das pátrias almas/empilhando nas piras parcos dons/ Os manes pedem pouco, a piedade é o mais grato; / o Estige não possui ávidos deuses. / Bastam aos mortos uma lápide coroada, / alguma fruta, uns poucos grãos de sal, / Ceres amolecida em vinho e u'as violetas".

210 Outra questão em que Mônica obedeceu imediatamente às orientações de Ambrósio deu-se em relação à prática de jejuar aos sábados. Duas cartas fazem referência a isso, a XXXVI e a LIV. Ver os trechos específicos na seção Cartas desta edição.

211 Interessante informação sobre prática da leitura silenciosa. Ao que parece, não era uma prática comum de leitura.

212 Labriolle (1925) apresenta aqui um sutil jogo de palavras de Agostinho, intraduzível para o português, pela homofonia entre *adsensione*, assentimento, e *ascensione*, soerguimento, de onde se justifica o *timens praecipitium*.

213 Labriolle (1925) aponta que aqui a conversão de Agostinho ao catolicismo começa a se acentuar rapidamente.

214 Labriolle (1925) ressalta a polissemia do termo: secreto, revelação do evangelho, mistério, sacramento propriamente dito.

215 Cf. no mesmo sentido náutico do uso do verbo *guberno* em *Conf.* 4.14.23.

216 O conteúdo hipotextual da citação terenciana ecoa por todo o trecho do *mendicante alegre*. O verso da comédia *Andria – duxi uxorem: quam ibi miseriam uidi* – aludido por Agostinho em sua porção final, faz parte da fala de Dêmea, que lamenta haver criado o filho Ctesifonte com excessiva severidade, ao contrário do irmão Micião, que educara Esquino com grande liberalidade. Dêmea se ressente porque não tem o amor do filho, enquanto o irmão é estimado por todos. Trata-se de uma estrutura semelhante à de Agostinho, que percebe que todo seu esforço e sofrimento não alcançariam o regozijo fruído por aquele pedinte. Rosa (1989) aponta a contraposição de *gaudium* e *miséria*, acompanhados por *lacrimae*, como elemento chave da comédia terenciana, constituindo nas *Confissões* um campo onomasiológico de extrema relevância.

217 Courcelle (1968) aponta que essa passagem se refere à comemoração da *Decennalia* de Valentiniano II, em 385, durante as quais Agostinho proferiria seu panegírico, decerto, conforme o modelo da época, em estilo floreado e repleto de fórmulas retóricas.

218 Na prosopografia de Mandouze (1982, p. 56-62), Alípio foi o amigo mais íntimo de Agostinho, durante praticamente toda sua vida. Segundo Sizoo (1948), era nove anos mais novo que Agostinho, tendo nascido provavelmente em 362. Originário de Tagaste, de uma família de notáveis, era parente de Romaniano. Começou a ser aluno de Agostinho quanto este lecionava em Tagaste, entre 374/376. Depois, segue-o até Cartago, onde prossegue os estudos. Alípio partiu para Roma antes de Agostinho, por volta de 382, para estudar Direito. Torna-se assessor do *comes largitionum italicianarum*, onde se destaca pela correção e integridade. Em 384, segue para Milão, em companhia de Agostinho, participando, com este da formação do grupo de Cassicíaco. Em 386, com Agostinho, recebe a visita de Ponticiano, que lhes revela os ideais ascéticos da vida monacal. No Horto de Milão, testemunha a conversão de Agostinho, e se associa à sua decisão, sendo os dois batizados em Milão, na noite de Páscoa, em 24-25 de abril de 387. Retorna com Agostinho à África em 388. Participa com Agostinho da formação do grupo conventual de Tagaste, onde permanece mesmo após a ida de Agostinho para Hipona. Alípio viaja à Palestina, onde se encontra com Jerônimo e lhe transmite a *Carta XXVIII* de Agostinho. Na volta a Tagaste é consagrado bispo, em 395. Foi um dos principais divulgadores da obra de Agostinho, sendo iniciativa sua enviar os primeiros volumes a Paulino de Nola, a partir do que a obra de Agostinho passou a circular na Itália. Agostinho o chama de *Fratrem cordis mei* (*Conf.* 9.4.7). Ver na seção Cartas.

219 Courcelle (1968) traça a hipótese de que esse trecho da biografia de Alípio (*Conf.* 6.7.11-6.10.17) provenha do opúsculo solicitado por Paulino de Nola, na *Carta XXIV*, 4, em retribuição ao livro de Orígenes que lhe enviara, tarefa essa que Alípio, por modéstia, talvez tenha preferido pedir a Agostinho para realizar.

220 Trata-se de referência negativa, tipicamente cristã, dos jogos realizados nos circos. Em geral, a programação dos jogos consistia, primeiro, da corrida dos carros, em seguida, da luta dos gladiadores e, por fim, das caçadas contra feras. Ver, na seção Cartas, a correspondência entre Paulino de Nola, Agostinho e Alípio, trocada antes da elaboração das *Confissões*.

²²¹ Walsh (1988) relaciona a curiosidade de Alípio, que aqui o levou à submissão ao prazer dos jogos gladiatórios, à de Lúcio, no *Asno de Ouro*, de Apuleio, que o arrastou a todas as desventuras. Ocorre uma verdadeira metamorfose no jovem estudante, de sua inicial aversão aos espetáculos para uma irrestrita adicção pelas atrações sangrentas: primeiro ele reluta em acompanhar os companheiros, mas logo sucumbe à *curiositas* e à *concupiscentia oculorum* e finalmente se torna partícipe da multidão furiosa; cf. Mader (2000). Note-se, além disso, em concordância com o argumento de Walsh, que Alípio será arrastado pela curiosidade a perigosas consequências no próximo parágrafo (*Conf.* 6.9.14), quando, movido pelo desejo de saber o motivo do barulho no beco dos banqueiros, foi confundido com o ladrão das grades de chumbo e quase levado a julgamento, em estreita semelhança com o protagonista do *Asno de Ouro*, salvo igualmente por intervenção divina.

²²² Burton (2007, p. 43-45) vê no episódio de Alípio e o machado uma cena típica da comédia latina. A começar pelo local onde ocorre o roubo da grade de chumbo, o beco dos banqueiros é cenário típico de Plauto (*As*. 1.1.103; *Aul*. 3.5.53; *Truc*. 1.1.47); o uso do machado, *securis* em latim, remete ao uso cômico da má utilização das armas, como o caso do escudo de Cleostrato, em *O escudo*, Ἀσπίς, em grego. Além disso, palavras como *pedisequus*, utilizada em relação ao jovem escravo, usada com frequência por Plauto (*Aul*. 3.5.27; *As*. 3.31; *Mil*. 4.2.18), e outras como *clanculo*, foram termos típicos da comédia, tornando-se formas raras a partir do séc. I. Para Burton (2007), a função desse episódio, de feição inteiramente literária e cômica, era mostrar o paralelo entre intercessão da justiça divina e a precariedade da justiça humana.

²²³ A função desses *adsessores* era de auxiliar, ajudar e cumprir as incumbências dos magistrados ou oficiais públicos.

²²⁴ Cargo do administrador dos bens privados e públicos do imperador e distribuidor de suas doações. Não se confunda com o título nobiliárquico medieval imediatamente superior ao visconde. O *Comes*, traduzido para o italiano como *conte* e para o francês como *comte*, foi uma função criada por Constantino e que perdurou até o fim do império bizantino.

²²⁵ Em nova feição literária dada por Agostinho a Mônica, a partir da *Eneida*, Ziolkowski (1995) vê uma antipódica relação com Vênus, mãe de Eneias. Como Mônica, que pede recorrentemente a Deus pela conversão de seu filho, Vênus pediu diversas vezes a intercessão dos deuses para socorrer o herói troiano: a Júpiter (*En*. 1.229-253), a Netuno (*En*. 5.779-798) e a Vulcano (*En*. 8.370-392); Vênus revela ao filho as mensagens divinas de Júpiter (*En*. 1,262), como faz Mônica por meio da narração dos sonhos; ambas têm grande empenho no casamento dos filhos.

²²⁶ Terceira referência aos sonhos de Mônica, que, no entanto, neste trecho não é propriamente um sonho premonitório, mas, pelo contrário, como diz Ferrari (1979a), um não sonho, uma vez que não se trata da manifestação da vontade divina, já que não se concretiza.

²²⁷ A legislação do *Código Justiniano – Instituta* 1.22 – previa a idade mínima de casamento de 14 anos para os meninos e 12 anos para as meninas.

²²⁸ O ócio (*otium*) entre os romanos não significava inatividade, inércia, desídia ou preguiça, mas era uma importante aplicação tempo vago disponível em alguma atividade, sobretudo na ocupação literária.

²²⁹ O grupo era, aparentemente, formado por Agostinho, Alípio, Nebrídio, Romaniano, Verecundo, Adeodato, Navígio, Rústico, Fastidiano, Licêncio e Trigécio.
²³⁰ Na prosopografia de Mandouze (1982, p. 994-996), Romaniano foi um conterrâneo de Agostinho, célebre pela generosidade, para quem foi dedicado o tratado *Contra os Acadêmicos*. Provavelmente era parente de Alípio e de Agostinho, e a este confiou a educação de seu filho Licínio. Depreende-se a riqueza de Romaniano pela menção à sua liberalidade e à magnificência dos jogos que patrocinava (*Conf.* 6.14.24; *C. Acad.* 1.1.1). Quando Agostinho precisou interromper os estudos por dificuldades financeiras, foi ele que o socorreu e ajudou. Quando Agostinho foi para a Itália, Romaniano encontrou-se com ele em Milão e patrocinou o grupo que se reuniu em Cassicíaco. Viajante regular, teve contato com Paulino de Nola, sendo portador da *Carta XXVII*, de Agostinho. Em razão de um epitáfio encontrado em Tagaste, Gabillon (1978) propõe que seu nome gentílico tenha sido Cornélio, o que fez o autor do artigo supor que se trate do mesmo *Cornelius*, destinatário da *Carta CCLIX*, datada de 408, com o elogio à sua falecida esposa, Cipriana. A carta XV está transcrita na seção Cartas.
²³¹ Entre 286 e 402 d.C., *Mediolanum*, atual Milão, foi uma das capitais do Império Romano. Instituída como sede da corte imperial do ocidente por Diocleciano, assim perdurou até 402, ocasião em que a cidade foi cercada pelos visigodos, quando Honório transferiu a capital para Ravena.
²³² Na constante presença de ecos virgilianos nas *Confissões*, a leitura McCarthy (2009) aproxima a inominada mãe de Adeodato da heroína épica Dido. Nesse paralelo, Agostinho/Eneias a conheceu em Cartago, e ela foi, durante sua permanência, o empecilho à conversão de Agostinho, ou seja, ao cumprimento de sua missão divina.
²³³ Em curiosa ironia, embora a ex-companheira seja comparada à virgiliana Dido, que na *Eneida* é adjetivada como *infelix*, quem aqui assim é retratado é Agostinho, sob a alusão de *Eneias*.
²³⁴ *De finibus bonorum et malorum* é o título de um dos tratados filosóficos de Cícero, escrito em 45 a.C.
²³⁵ Para os romanos, a *adulescentia* era o tempo entre a idade do *puer* e do *iuuenis*, isto é, entre os 15 e 30 anos.
²³⁶ Em Agostinho, o termo sabedoria costuma significar expressamente a filosofia. Do grego σοφία, a proximidade entre os termos é atestada em Aulo Gélio: *Sophiam vocant me Graii, vos Sapientiam* – "os gregos me chamam de Sofia, vós, de Sabedoria", Afran. ap. Gell. 13.8.3.
²³⁷ Verso de Virgílio, *Eneida* 3.233, que trata das harpias, os monstros alados que, na saga dos *Argonautas* perseguem Fineu, por este haver revelado os segredos dos deuses. Elas impediam que ele comesse, emporcalhando todo alimento que tentasse levar à boca. Foram expulsas para as ilhas Estrófades pelos filhos do deus Bóreas.
²³⁸ Agostinho mais uma vez se refere aos maniqueus.
²³⁹ Labriolle (1925) explica essa passagem dizendo que uma pergunta sobre o mal, ao ser conduzida sob falsos princípios, torna-se ela própria uma *causa mali*.
²⁴⁰ Nota de Erasmo: *Dealbatiores uias* é uma referência à camada de calcário que era depositada no calçamento de paralelepípedos das vias públicas mais importantes,

para preenchimento entre os blocos. Devido à cor do calcário, as ruas das regiões abastadas da cidade eram esbranquiçadas.

241 No hipotexto vê-se um salmo penitencial, que remete ao problema da origem do mal.

242 Agostinho, *Cidade de Deus* 8.12: "Todavia, os mais célebres filósofos deste tempo que preferiram seguir Platão, não quiseram que os chamassem nem de peripatéticos nem de acadêmicos, mas de platônicos. Os mais célebres dentre eles os gregos Plotino, Jâmblico, Porfírio, e nas duas línguas, grega e latina, um platônico notável, africano Apuleio". No entanto, na tentativa de determinação dos *libri platonicorum* Rachet (1963) apresenta a hipótese de que fossem o *Fedro* e *Hípias*, de Platão, alguns tratados das *Enéadas*, de Plotino, o *Isagogé*, de Porfírio, traduzidos por Mário Vitorino, o *Timeu*, de Platão, traduzido por Cícero, e o *Fédon*, de Platão, indiretamente por Cícero, nas *Tusculanas* 1.24, e o *De mundo*, de Apuleio. Beatrice (1989), no entanto, refuta a possibilidade. Segundo ele, a exclusão de Apuleio seria óbvia, por não se tratar de uma tradução, já que está escrito em latim. Por outro lado, dada a quantidade de referências a diversas obras de Plotino, não seria esperado que Agostinho tivesse tido contato com a tradução integral da obra do filósofo, feita por Vitorino, por impossibilidade material. Restariam, portanto, as referências aos diversos filósofos relacionadas no tratado ἐχ λογίων φιλοσοφίας - *Da filosofia dos oráculos* –, também conhecido como Κατὰ Χριστιανῶν – *Contra os Cristãos* (cf. Magny, 2014, p. 14-17): trechos de Plotino, a Carta de Anebo, excertos de Hermes Trimegisto e o λόγος τέλειος, conhecido também como *Asclepius*, de um escritor africano anônimo. Vitali (1994), por sua vez, explica que o conceito fundamental do neoplatonismo é o *Absoluto*, o *Uno*, que, com suas duas manifestações, a *Inteligência Universal* e a *Alma*, constituem a tríade que os cristãos identificavam com a Trindade.

243 Essa indicação é muito vaga, o que levou os estudiosos a formularem várias hipóteses. Courcelle (1968) propõe que se trate de Mânlio Teodoro, a quem foi dedicado o tratado *De Beata Vita*, em razão da informação ali preservada (1.4), de que "Li, entretanto, algumas obras de Platão, que sei que muito te atrai." O'Donnell (1992, v. III) apresenta a possibilidade de se tratar do filósofo Porfírio ou de Celsino (citado no *Contra Academicos* 2.2.5). Rachet (1963) vê aí uma indicação a Apuleio de Madaura, cuja proximidade do local de nascimento com Tagaste leva, com verossimilhança, à conclusão de que sua obra era conhecida por Agostinho.

244 A referência aos coturnos remete à tragédia antiga. Tinham a função de proporcionar altura aos atores, na representação de personagens nobres. Os coturnos, juntamente com a máscara trágica, faziam parte dos adereços de Melpômene, a musa da tragédia.

245 No *Comentário aos Salmos* 46:6, Agostinho explica que: "Encontramos, pois, que a lentilha é a comida dos egípcios, pois no Egito ela é abundante".

246 Trata-se literalmente da referência bíblica da fuga dos israelitas do Egito, quando estes, por orientação de Moisés, pediram aos egípcios que lhes dessem objetos e vasos de ouro e prata, assim como roupas (Gn 12,36). No entanto, O'Donnell (1992, v. II) explica que o "ouro do Egito" é o platonismo, em provável referência a Plotino, nascido em Alexandria.

247 Cf. *Solilóquios* 2.7.13:
Razão: Presta atenção enquanto voltamos às mesmas afirmações, para que se torne mais claro o que nos esforçamos por demonstrar.

Agostinho: Eis-me aqui. O que queres falar? Decidi tolerar estes rodeios sem me fatigar, pela esperança de irmos até onde sinto que chegaremos.

Razão: Fazes bem. Mas se vês ovos semelhantes, algum deles pode ser chamado de falso.

Agostinho: Não me parece. Pois todos os ovos são verdadeiros ovos.

Razão: E se vemos a imagem refletida no espelho? Por quais sinais compreendemos que seja falsa?

Agostinho: Com efeito, porque não pode ser tocada, não se move por si nem ouve, e por outras inúmeras coisas que seriam muitas para enumerar.

Razão: Vejo que não queres demorar, e teu costume tem de se conformar com tua pressa. Portanto, para não recordarmos cada coisa, se esses homens que vemos em sonho pudessem viver, falar e serem tocados pelos que estão acordados, e não houvesse diferença entre eles e os despertos e sãos, a quem vemos e com quem conversamos, por acaso seriam ditos falsos?

Agostinho: Por que razão estaríamos corretos em dizer isso?

Razão: Logo, se parecem tão verdadeiros quanto se assemelham aos verdadeiros, e nada entre eles e os verdadeiros os diferencia, e se são falsos por causa daquelas e outras diferenças que os tornam diferentes, não devemos confessar que a semelhança é a mãe da verdade e que a dessemelhança é a mãe da falsidade?

Agostinho: Não tenho o que dizer, e me envergonho das afirmações tão temerárias que antes proferi.

[248] Um dos salmos citados inteiramente por Agostinho. Conhecido como um dos salmos *Laudate*, é um salmo da criação. É um salmo de Aleluia.

[249] Alusão ao dualismo maniqueu.

[250] A túnica de pele é a expressão de nossa mortalidade, e, consequentemente, do pecado.

[251] Referência às crenças de Apolinário de Laodiceia (310-390), que acreditava que não existia nenhuma *mens humana* (consciência) em Cristo, apesar do corpo humano. Essas crenças foram consideradas heréticas no concílio de Alexandria, em 362, pelo papa Dâmaso, no sínodo romano de 377, e no concílio de Constantinopla, em 381. Agostinho assim descreveu os apolinaristas no tratado *De Haeresibus*, 55: "Apolinário instituiu os apolinaristas, que se tornaram dissidentes da igreja católica quanto à alma de Cristo por dizerem, como os arianos, que Deus Cristo assumiu apenas a carne, sem a alma. Embora vencidos nessa polêmica pelo testemunho dos Evangelhos, diziam que faltava à alma de Cristo a mente, graças à qual a alma dos homens é racional, mas que em vez dela, existia o próprio Verbo. Com relação à carne, como é notório, eles decerto se afastaram da reta fé, a ponto de dizerem que aquela carne e o Verbo são de uma única e mesma substância, asseverando, obstinadamente, que o Verbo se fez carne, isto é, que algo do Verbo se converteu e se transformou em carne, mas não que a carne foi recebida da carne de Maria".

[252] Fotino, bispo de Sirmio, morto em 376. Negava a divindade de Cristo, e que o Logos existisse antes da concepção de Jesus. Mas considerava Cristo um homem adotado por Deus em razão de sua extrema virtude.

[253] O trocadilho existente no original (*peritus* e *periturus*) foi preservado na língua de chegada da tradução.

254 Pela definição de Aranguren (1984) quanto ao termo agostiniano, "o homem interior é o que se volta sobre si mesmo, onde encontra Deus. O homem exterior é o que vive voltado para a realidade que o rodeia, desejando possuí-la, é o homem concupiscente". Nesse sentido, o "homem interior" é a própria imagem de Deus, a cuja semelhança foi criado o ser humano (RUETHER, 2007, p. 51).

255 A explicação da imagem é dada por Agostinho no *Comentário aos Salmos* 90.2.9: "O leão se enfurece manifestamente, a serpente é ocultamente insidiosa; ambas, força e poder tem o diabo".

256 *Simplicianus* nasceu provavelmente em Roma, por volta do ano 320. Participou ativamente da conversão de Mário Vitorino, de Agostinho e de Alípio. Foi mentor de Ambrósio e seu sucessor como bispo em Milão (Mediolanus), em 397. Agostinho dedicou a ele o tratado *De diuersis questionibus ad Simplicianum*, em cujo exórdio o trata, no vocativo, como *pater Simpliciane*. Morreu em 13 de agosto de 400.

257 Referência à "Parábola da Pérola", interpretada como alegoria do imenso valor do reino de Deus percebido pelo sábio, simbolizado pelo comerciante.

258 *Tunc*: o advérbio permite inferir a datação do trecho, uma vez que indica ter sido escrito após a morte de Ambrósio, em 4 de abril de 397.

259 Pela descrição enciclopédica de Gilson (1998, p. 137-142), sabe-se que Caio Mário Vitorino, *Victorinus Afer,* nascido na África proconsular por volta do ano 300, sob o reinado de Diocleciano, foi orador e professor de retórica em Roma por volta do ano 340, ativo combatente contra os cristãos. Cerca de quinze anos depois, causou à corte imperial espanto ao se converter ao cristianismo, mudado a partir das leituras das Escrituras, que fazia para combatê-las. Antes da conversão, traduziu para o latim as *Enéadas*, de Plotino, a que teve acesso Agostinho. Já a notícia sobre ele constante no *De uiris illustribus*, CI, (HIERONYMUS, 1841, p. 739) descreve-o de forma sucinta: *Victorinus, natione Afer, Romae sub Constantio príncipe rhetoricam docuit, et in extrema senectute, Christi se tradens fidei, scripsit aduersus Arium libros more dialectico ualde obscuros, qui nisi ab eruditis non intelliguntur, et Commentarios in Apostulum* – "Vitorino, da nação africana, ensinou retórica durante o principado de Constâncio (correção: de Constantino), e, na extrema velhice, convertendo-se à fé de Cristo, escreveu livros contra Ário, em estilo dialético, muito obscuros, os quais, senão por eruditos, não são compreendidos, e Comentários sobre o Apóstolo". Courcelle (1962) relaciona o livro traduzido por Mário Vitorino ao *Isagoge*, de Porfírio (uma introdução às *Categorias*, de Aristóteles).

260 Os manuscritos aqui apresentam a maior dificuldade de tradução do texto. Parece consenso atual que *Popiliosiam* possa se referir à cidade de Pelúsio, no Egito. Quanto ao culto aos deuses monstruosos, Beatrice (1989) explica referir-se à deusa Flatulência, ao se reportar aos *Comentários a Isaias*, Livro XIII, de Jerônimo: *et crepitu ventris inflati, quae Pelusiaca religio est* – e pelo crepitar do ventre inflado, que é a religião pelusiana.

261 Segundo Courcelle (1962), as prováveis leituras de Mário Vitorino talvez fossem as obras de Numério de Apameia e de Amélio Toscano, o que testemunharia sua adesão ao neoplatonismo, e o desejo de revelar as analogias entre a tradição judaico-cristã e a helênica.

262 Segundo O'Donnell (1992, v. III), trata-se de um neologismo de Agostinho.

263 Aqui o hipotexto terenciano realça a referência à "Parábola do Filho Pródigo", a partir da fala do escravo Siro, que descreve para o jovem inconsequente Ctesifonte a

alegria de seu pai Micião ao ouvir do escravo as virtudes do filho, o que lhe arranca lágrimas de alegria.

[264] Alusão às "Parábolas da Misericórdia": o Filho Pródigo, a Ovelha Desgarrada e a Dracma Perdida.

[265] A proibição do imperador Juliano de que os cristãos lecionassem e usassem os textos clássicos na educação foi promulgada em 362. O argumento de Juliano, que tentara restaurar o paganismo no Império, baseava-se na ideia de que qualquer um que discordasse da teologia de Homero, de Hesíodo e de Virgílio encontrava-se impossibilitado de ensinar.

[266] Contraposição das duas formas de amor: *caritas* e *cupiditas*.

[267] Alto funcionário da corte em Milão, Ponticiano era africano e fervoroso cristão. Supõe-se que tenha sido da guarda pessoal do imperador, pelo uso do particípio *militans*.

[268] *Antonius*. Anacoreta egípcio, nascido em 251, considerado o fundador do movimento eremita. Sua vida foi relatada por Atanásio de Alexandria e por Jerônimo. São famosas as tentações que sofreu no deserto e sua atuação contra a heresia dos arianistas.

[269] *Augusta Treverorum* foi uma das residências dos Imperadores Romanos do Ocidente entre 367, sob Valentiniano I, a 381, sob Graciano.

[270] Βίος Πατρὸς Ἀντωνίου, em latim *Vita Antonii* é uma obra de Atanásio de Alexandria, escrita entre 356 e 362, lida por Agostinho provavelmente na tradução de Evágrio de Antioquia.

[271] Os *agentes in rebus* eram funcionários palacianos a serviço do imperador, com funções subalternas administrativas. Courcelle (1968) cita a hipótese elaborada por P. Cavallera, de que Ponticiano relatou a Agostinho e Alípio da história da conversão de Jerônimo e de Bonose, cuja amizade foi atestada por Jerônimo na carta Rufino. Courcelle (1968) acrescenta a informação da amizade de Jerônimo e Evágrio de Antioquia tradutor da *Vita Antonii*.

[272] A expressão *Amici Caesaris* refere-se a um título que designava os funcionários de alto escalão e compunham o Conselho do Gabinete.

[273] A cena do horto, momento da conversão de Agostinho, deu-se nos primeiros dias de agosto de 386, cerca de vinte dias antes das festas *vindimais*, como ele mesmo afirma em *Confissões* 9.2.2. Ferrari (1983), que vê nessa passagem o clímax da obra, aponta para a função do *horto* na narrativa, considerando a contraposição entre a vegetação selvagem, a significar o pecado, e o horto cultivado, como a vida sob a Graça divina. O'Meara (1992) vê em todo o episódio da conversão de Agostinho reminiscências da agonia de Cristo no horto das oliveiras e de sua submissão à vontade do Pai.

[274] Diferentemente da concepção maniqueia de duas substâncias, não se trata de duas naturezas ou duas almas, mas de uma vontade dividida entre a obediência ao costume e a obediência a uma nova vontade, como o próprio Agostinho afirma logo abaixo.

[275] Referência aos maniqueus e às duas naturezas, uma boa e outra má. A crítica estende-se nos parágrafos *Conf.* 8.10.23-24 na reflexão sobre a vontade.

[276] Agostinho inicia uma série de prosopopeias, que culminará com a da senhora Continência. Courcelle (1968) indicou nessa passagem uma referência à *Escolha de*

Hércules, de Pródico, conservada por Xenofonte (*Memoráveis,* II.1). Nessa célebre *controuersia,* Hércules, ao sair da infância, incerto quanto ao qual caminho seguir, deparou-se com duas mulheres de bela estatura, alegorias da Virtude e do Vício, optando pela primeira. Cf. Dumont (2004, p. 202-204).

[277] Ferrari (1980) e (1982), criticando as análises historicistas do episódio da conversão de Agostinho, em prol de uma leitura que a considere ficcional, apontou suas similaridades com a conversão de Paulo de Tarso, descrita nos At 9,1-19. Inicialmente, Ferrari demonstrou a pequena quantidade de ocorrências do episódio paulino na obra agostiniana durante os períodos anterior e posterior à elaboração das *Confissões,* e sua abundância no período entre 396 e 401. A seguir, apresentou o rol de semelhanças textuais, em um paralelismo que evidencia sua hipótese de semelhança estrutural: 1) as conversões se dão por eventos extraordinários; 2) ambos caem após esses eventos; 3) ambos têm testemunhas silenciosas para o evento; 4) os olhos de ambos são afetados, na cegueira de Paulo e no pranto de Agostinho; 5) uma voz misteriosa, de origem divina, os chama; 6) ocorre uma repetição no chamado – *Saule, Saule* e *tolle lege, tolle lege*; 7) ambos deixam o local do chamado, para se converterem; 8) transição da escuridão para a luz – Paulo, da cegueira à visão, e Agostinho, *omnes dubitationis tenebrae diffugerunt*; 9) Deus inspirou Agostinho a procurar Simpliciano, em paralelo à perseguição de Ananias, operada por Paulo. Ferrari, assim, conclui que a cena é uma construção literária, com o objetivo de Agostinho de elevar a mente e o coração de seu leitor ao conhecimento e ao amor a Deus. Por sua vez, Miles (1991, p. 46) remete o *tolle, lege* à instituição da Eucaristia, nos verbos *accipite et comedite,* em Mt 26.26.

[278] Ziolkowski (1995) compara a tempestade de lágrimas de Agostinho às borrascas que levaram, após os naufrágios, Eneias a Cartago e Ulisses à terra dos feaces, sob a leitura alegórica do temporal que antecede a salvação do herói, isto é, no caso agostiniano, a conversão.

[279] Courcelle (1968) remete o conteúdo simbólico da figueira ao comentário de Agostinho nos *Tratados sobre o Evangelho de São João* 7:21: "Temos que descobrir se aquela figueira significa alguma coisa. Ouvi, de fato, meus irmãos. Sabemos *que uma figueira* foi amaldiçoada porque só tinha folhas e não tinha frutos. Na origem da humanidade, quando Adão e Eva *pecaram,* fizeram de folhas de figo uma cinta; então, as folhas de figo significam o pecado". O'Meara (1992) entende essa figueira como uma referência àquela sob a qual Cristo teria visto Natanael (Jo 1,48), cuja interpretação remete à sombra mortal do pecado. Nesse mesmo sentido, Ferrari (1979) reafirma a polarização entre a pereira (*Conf.* 2.4.9) e a figueira (*Conf.* 8.12.28) como o contraponto entre o pecado e redenção, com a concessão da vida eterna pela morte de Cristo pregado no lenho da figueira. Enfatizando o encontro de Cristo com Natanael, este é descrito como "um verdadeiro israelita, no qual não há falsidade" (Jo 1,47), o que transborda a passagem do Evangelho para alcançar o próprio Agostinho, no momento de sua aflição. Em seguida, para corroborar sua hipótese da polarização das árvores, Ferrari cita a "Parábola das Duas Árvores" (Mt 7,17-2), sob a simbologia da vontade humana, boa ou má, para afirmar a retidão da vontade sob a sombra da figueira. Por outro lado, Patterson (2016), discorda de Courcelle e seus seguidores no que se refere à interpretação da referência a Natanael. Em seu levantamento cronológico das citações de Agostinho quanto à figueira, ele percebeu que, durante o período de composição das *Confissões,* a figueira era

considerada um símbolo de engano e dolo, como no Ge 3,7, o que não seria possível de se referir a Natanael, um homem sem falsidades, como está descrito em Jo 1.47, comparado a Jacó, em Jo 1,51, com a visão da escada rodeada por anjos. Patterson prefere a interpretação de que as folhas da figueira, que representam a mentira e a falsidade, se refiram simbolicamente à retórica e à falsa filosofia dos maniqueus, praticadas por Agostinho, e ainda à possibilidade de ele se desviar do mal para o bem, por meio do livre-arbítrio.

[280] A referência a Pérsio já foi percebida por Erasmo, para quem a alusão representa, também no hipotexto, a hesitação de Agostinho.

[281] Erasmo vê sinais de superstição pagã no reconhecimento do presságio em vozes ouvidas por Agostinho, que, conforme o comentário, garante que ninguém discorda que fossem humanas.

[282] Esse talvez seja o trecho mais debatido e estudado das *Confissões*, tanto do ponto de vista teológico quanto filosófico ou literário. Trata-se do momento da conversão de Agostinho, ou da ἐπιστροφή, utilizando aqui o conceito plotiniano da conversão em direção ao Uno. Entretanto, preliminarmente, deve-se recordar outra descrição dos acontecimentos feita pelo próprio Agostinho antes da elaboração das *Confissões*, em um dos Diálogos de Cassicíaco (*Contra os Acadêmicos*, 2.2.5): "Em que então me atraíam as honras, pela pompa dos homens, o desejo da vazia fama, os incentivos e lisonjas da vida mortal? Eu vivia inteiramente concentrado em mim. E procurei, aliás, confesso, o caminho daquela religião que, quando criança, ficara profundamente gravada em mim, e que, embora inconscientemente, me atraía. Assim, hesitando, com pressa e ansiedade tomei o livro do apóstolo Paulo. E pensei que certamente eles não teriam realizado tão grandes obras, nem vivido como sabemos que viveram, se seus escritos e argumentos não estivessem em consonância com tamanho bem. E li tudo com muita atenção". Assim, tendo em vista esse testemunho próprio, outras interpretações sobre o episódio se seguiram no tempo, sobretudo a partir da segunda metade do século XX. Debate-se sobretudo de quem seriam as vozes que pronunciaram o *"tolle, lege"*, e de onde elas viriam. Uma interpretação bastante interessante do episódio foi oferecida por Courcelle (1951), que o relacionou ao oráculo de Ápis, praticado no templo de Serápis, em Mênfis. A conclusão foi extraída a partir do texto de Pausânias (*Periegesis* 7.579). Segundo esse testemunho, o consulente apresentava sua questão confidencialmente à orelha do deus/boi sagrado egípcio, e as primeiras palavras que ouvisse na ágora seriam a resposta à pergunta. Juntamente a esse dado de Pausânias, Courcelle (1968) apresentou o argumento de que o manuscrito restante mais antigo de Agostinho, do século VI, conhecido como *Sessorianus*, reporta, no trecho em que atualmente se diz nos textos estabelecidos majoritariamente que as vozes ouvidas por Agostinho teriam vindo da *uicina domo*, que haveria a expressão *diuina domo*, e que Marcos, o Diácono, autor do século V, referiu-se, no trecho, a ἐν τῷ εἰδωλείῳ, que se traduz por "templo do ídolo". Courcelle (1952a), porém, apresentou no seguinte outra hipótese, a de que as vozes ouvidas fossem, na realidade, a voz interior de Agostinho, fruto alegorizado na prosopopeia da senhora Continência, modulada em seu ouvido interior pelos meninos e meninas que a acompanhavam, exortando-o, em um canto perpétuo, à castidade, que ele haveria de encontrar na leitura do trecho da Epístola aos Romanos. E, em outro artigo do mesmo ano, Courcelle (1952b) ainda apontou possíveis fontes cristãs e pagãs para a narrativa. No primeiro caso, a das fontes cristãs, Agostinho teria se referido a *Apocalipse*, 14, do texto da *Vetus Latina*: *Ex uox quam*

audiui quasi citharedorum citharizantium, que ecoariam no trecho *ex audio uocem de diuina (uicina) domo cum cantu dissentis et crebro repetentes quasi pueri an puellae*. E ainda ressalta a noção de *continentia* dos *pueri an puellae*. Quanto às fontes pagãs, Courcelle (1952b) remete ao oráculo de Ápis e à prática rapsodomântica, ou bibliomântica, corrente nas últimas décadas do século IV, exatamente no período de sua conversão, conhecida sobretudo como *sortes uirgilianae*, como também descrevem Ziolkowski e Putnam (2008, p. 892-839) e McCarthy (2009). Outra engenhosa leitura é a de Ferrari (1983), que entende que a *domus uicina* é a mesma casa da propriedade de Cassicíaco, onde se encontra sua mãe. Para Agostinho, Mônica é a fonte de palavras divinas (*De Beata Vita*, 2.10: *Me interim, quanto poteram, intellegente ex quo illa, e quam diuino fonte manerent* – e quanto eu podia, compreendia de que fonte divina ela manava aquelas palavras divinas); e a *uox* que o exorta à continência, único óbice então à conversão, seria exatamente a dela.

[283] *Hostia* no original. Também aqui não se trata do sacrifício, mas algo mais próximo de oferenda.

[284] Quanto à conversão e à renúncia ao magistério, relatou Possídio: 2.1 – Logo, com o íntimo âmago de seu coração, deixou a toda a esperança secular que tinha. Já não buscou esposa, nem filhos da carne (Rm 9,8), nem riquezas ou honrarias mundanas. Mas decidiu apenas procurar Deus com os seus, e viver daquele e naquele pequeno rebanho, sobre o qual diz o Senhor: "Não temais, pequeno rebanho, porque foi do agrado de vosso Pai dar-vos o Reino. Vendei o que possuís e dai esmolas; fazei para vós bolsas que não se gastam, um tesouro inesgotável nos céus, aonde não chega o ladrão e a traça não o destrói (Lc 12,32-33)". 2.2 – E mais aquilo que disse outra vez o Senhor, e que também desejou fazer o santo homem: "Se queres ser perfeito, vai, vende teus bens, dá-os aos pobres e terás um tesouro no céu. Depois, vem e segue-me!" (Mt 19,21). E que se alguém quiser edificar os fundamentos da fé, que não o faça sobre madeira, feno ou palha, mas sobre ouro, prata e pedras preciosas (1 Cor 3,12). 2.3 – Ele tinha então mais de trinta anos, e, encontrando-se sozinha sua mãe, pois seu pai já havia morrido, ela o acompanhou, exultante por seus propósitos religiosos, mais do que pelos netos da carne. 2.4 – Ele renunciou aos alunos, aos quais que ensinava retórica, para que encontrassem outro professor, porque ele havia decidido servir a Deus. Cf. Weiskotten (1919, p. 42-44).

[285] *Feriae uindemiales* ocorriam entre 23 de agosto e 15 de outubro.

[286] Os salmos, ou canto de ascensão, de romagem, de subida ou dos degraus (Salmos 119-133) eram tanto os salmos entoados pelos hebreus quando retornaram da Babilônia para a Judeia, cf. Vitali (1994), quanto os hinos cantados pelos adoradores que subiam o monte Sião, em Jerusalém, em direção ao templo de Salomão, para os três grandes festivais anuais: o *Pesach*, o *Shavout* e o *Sucot*, cf. Davidson (1990).

[287] McCarthy (2009) analisa a perda da voz de Agostinho como um abandono da cultura retórica clássica, em contraponto à sua recuperação, por meio da leitura dos salmos, relatada em *Conf.* 9.2.2.

[288] Verecundo foi um mestre gramático milanês, amigo de Agostinho, de quem Nebrídio foi ajudante. Era o dono da propriedade rural chamada Cassicíaco, cujo nome remete a *caeseum*, queijo, em que se reuniu o grupo dos amigos de Agostinho.

[289] Ou seja, o caminho monástico, impedido pelo casamento.

[290] Referência aos *Diálogos de Cassicíaco*: *Contra acadêmicos; De beata uita; De ordine*. Quanto à historicidade desses *Diálogos*, matéria de grande discussão entre os

estudiosos de Agostinho, Madec (1986) propugna pela afirmativa, dizendo que sua conformidade com o gênero literário consagrado entre os latinos na obra de Cícero não seria um obstáculo à sua convicção. Diz ainda que as atividades intelectuais eram decorrentes do *otium philosophandi* vivido em Cassicíaco, e que seria natural que Agostinho e seus companheiros houvessem adotado certas regras como convenção para as discussões, que seriam copiadas por um notário. Decerto Agostinho as revisou, para que elas tomassem a forma dos *Diálogos*, mas isso não prejudicaria seu valor documental.

291 Trata-se das *Cartas* 3,4,7,9-14.

292 Nos *Comentários aos Salmos*, 79.9: "Os cedros significam os soberbos, que serão abatidos".

293 O Salmo 4 tem por título latino *Cum inuocarem*; tradicionalmente, é atribuído a Davi, que o haveria composto após derrotar a conspiração encabeçada por seu filho Absalão, descrita em 2 Sm 15.7-18. Trata-se de um Salmo de confiança, como exposto pelo próprio Agostinho nos *Comentários aos Salmos* 4.10: *Quapropter congruenter ultimum annectit, et dicit:* Quoniam tu, Domine, singulariter in spe habitare fecisti me. *Hic non dixit: Facies; sed:* Fecisti. *In quo ergo iam ista spes est, erit profecto etiam quod speratur* ("Por isso, adequadamente no final se acrescenta e diz: 'Porque tu, Senhor, singularmente fizeste em mim habitar a esperança'. E aí não disse: 'Farás'; mas 'Fizeste'. Logo, naquele que essa esperança já está, virá sem dúvidas o que se espera"). Além disso, o hipotexto traz a ideia de que só o arrependimento pode trazer a felicidade, o repouso e a paz (4.7-9), fazendo com que seja uma prece de exortação aos soberbos, uma espécie de προτρεπτικός à crença em Deus para a liberação das angústias do passado, o que o torna adequado ao preparo para o batismo, que será narrado no parágrafo 9.6.14. Por sua vez, Kotzé (2001) apresenta a hipótese de que a análise do Salmo 4 se dirigia especificamente à audiência dos maniqueus. Localizada exatamente na metade da obra (embora não na contagem dos livros), a exegese do Salmo teria o propósito de exortar os maniqueus a deixarem suas crenças, e se encaminharem para o caminho de sua fé, o que lhes ofereceria a paz e o repouso. Três anos depois, a própria Kotzé (2004, p. 97-116) ainda aprofundou sua hipótese ao dizer que a intenção de Agostinho, que dispôs a análise do Salmo 4 logo após a narrativa de seu batismo, não era de combate aos maniqueus, mas sua salvação. Em outro enfoque, Lehman (2013), na análise da função dos Salmos na construção da narrativa agostiniana, traça a hipótese de que o Salmo 4 manifesta o estágio inicial da conversão de Agostinho, com a alteração de sua mente de sua vontade por meio de sua leitura. Agostinho, que havia perdido a voz em Milão (*Conf.* 9.2.4), recupera-a na leitura do Salmo, ganhando, simbolicamente, nova voz, expurgada, portanto, dos modelos clássicos do professor de retórica. Retomando, então, a percepção da posição central do Salmo na composição da obra, Lehman afirma que a interpretação do Salmo por Agostinho lança um olhar esclarecedor da função da própria obra, como demonstração da leitura do salmo como um antídoto contra a soberba e como ignição do fogo do amor a Deus. Nessa linha interpretativa, o Salmo 4, revisita a abertura do Livro I (*Conf.* 1.1.1), com a mesma estrutura: o Salmo começa na presença de Deus, com o homem clamando em razão de suas necessidades; como o homem entende seus pecados, ele se volta para Deus, reencontra a esperança e obtém o repouso, que só existe em Deus. Desse modo, o Salmo 4 seria o resumo da própria história das *Confissões*.

²⁹⁴ O'Ferral (1975) propõe a semelhança de Mônica com as *matronae* virtuosas romanas, sob o modelo de Cornélia, descrita por Sêneca na *De consolatione ad Marciam* 16.1.

²⁹⁵ Labriolle (1926) chama a atenção para a abundância das metáforas médicas na literatura cristã dos primeiros séculos.

²⁹⁶ Cf. *Solilóquios* 1.12.21:

Razão: Resta a dor do corpo, que talvez por sua violência te perturbe.

Agostinho: Não a temo fortemente por nenhuma outra razão senão porque me impede de investigar. Esses dias fui atormentado por acérrima dor de dentes, que não me permita volver a tenção senão para aquelas coisas que por acaso eu já aprendera; e era impedido de aprender outras novas, pois a dor exigia toda a tenção de minha alma. Mas me parecia que se aquele fulgor da verdade aparecesse à minha mente, ou eu não iria mais sentir aquela dor, ou decerto, como se fosse nada, a toleraria. Porém, como até hoje não padeci de nenhuma dor maior, pensando sempre em outras mais agudas que podem sobrevir, sou forçado a assentir com Cornélio Celso, que diz que o sumo bem é a sabedoria, e o sumo mal é a dor do corpo. A razão que ele apresenta não me parece absurda, uma vez que somos compostos de duas partes, ele diz, ou seja, de alma e de corpo, das qual a alma é a parte melhor e o corpo a pior. Assim, o sumo bem é o ótimo da melhor parte, e o sumo mal é o péssimo da pior. Afinal, o ótimo da alma é a sabedoria, e o péssimo do corpo é a dor. Logo, o sumo bem para o homem é saber, e o sumo mal é padecer de dor, como, creio, conclui-se sem erro.

Razão: Depois veremos isso. Talvez a própria sabedoria nos persuada a outra conclusão, para qual nos esforçamos por alcançar. Se, porém, se demonstra ser verdadeira essa definição do sumo bem e do sumo mal, sem dúvida a abraçaremos.

²⁹⁷ No original, *De Magistro*.

²⁹⁸ Esse episódio se passa um ano antes do batismo de Agostinho, na Páscoa de 386.

²⁹⁹ Pizzolato (1992, v. III) indica que Agostinho narra nesse trecho o início da prática do canto de hinos e cânticos segundo o uso oriental da antifonia, cuja autoria se atribui a Ambrósio.

³⁰⁰ Trata-se de Valentiniano II, filho do imperador de mesmo nome e de Marina Severa Justina. Seu reinado durou de 364 a 375.

³⁰¹ O arianismo foi uma das heresias mais marcantes do período da igreja primitiva. Negava a visão trinitária da consubstanciação entre Jesus e Deus Pai. Foi combatida por Atanásio de Alexandria, mas conseguiu retomar força durante o governo de Constâncio II. Apenas no reinado de Teodósio foi debelada, quando o cristianismo ortodoxo romano se tornou a religião oficial do império.

³⁰² Canto responsorial ou antifônico.

³⁰³ Conhecido como rito milanês.

³⁰⁴ Mártires gêmeos, filhos de são Vitálio e santa Valéria, também mártires. Pela tradição, foram flagelados e decapitados por Anubino, durante o reinado de Diocleciano.

³⁰⁵ Os restos mortais foram transladados da Basílica de São Nabor e São Felix em 19 de junho de 386.

³⁰⁶ Conterrâneo de Agostinho e futuro bispo de Upsala. Interlocutor no *Livre Arbítrio* e *Sobre a grandeza da alma*.

307 Ao leitor acostumado de Virgílio, não passariam desapercebidos os ecos da primeira descrição de Cartago, na *Eneida* I, 13-14: *Karthago, Italiam contra Tiberinaque longe/ Ostia* (Cartago, defronte a Itália, ao longe da tiberina Óstia).

308 O texto recorda as *Filípicas* 1.1.3, de Cícero: "Passo ao largo de muitas coisas, mesmo preclaras, pois singularmente me apressa o discurso feito por Marco Antônio."

309 O'Donnell (1992, v. II) vê no amor pelo vinho alguma metáfora de conteúdo sexual. Cita, para tanto, *Conf.* 2.3.6.

310 No original, *meribibula*. Única ocorrência do vocábulo.

311 O hipotexto aqui terenciano, extraído da comédia *Andria*, revela Mônica sob as características iniciais da *moça de Andros*, como relatadas por Simão: tratava-se de uma jovem de beleza excepcional, na flor da juventude, que levava uma vida parca, pudica e árdua, procurando sobreviver com suas lãs e a tecelagem. Na sequência das transformações das citações, já agora virgilianas, a Mônica, que já foi referenciada como Dido e a mãe de Euríalo, ela, pelo casamento, ao atingir a idade permitida para o casamento, é retratada como Lavínia, cujo conteúdo original remete à pureza e castidade da filha do rei latino, e à profecia acerca de sua grande fama e ilustre destino, descrita na *Eneida* 7.94-104. A junção das duas referências permite ver como Mônica, que poderia ter uma vida pouco virtuosa, como a moça de Andros, torna-se ainda mais virtuosa, pelo casamento.

312 Provável referência a infidelidades conjugais de Patrício, citadas por Chadwick (2009, p. 7).

313 Documento do contrato matrimonial, que continha as fórmulas e os deveres dos cônjuges.

314 Courcelle (1968) considera a provável data de morte de Patrício o ano de 373.

315 Pizzolato (1994, v. III) vê aqui uma indicação da morte súbita de Mônica.

316 Em mais uma transformação literária de Mônica, adequando-se aos *topoi* virgilianos, Bennett (1988) aponta para o paralelo entre ela e Anquises, pai de Eneias, no livro VI da *Eneida*, na κατάβασις do herói troiano ao mundo inferior, onde encontra o espectro do pai. Nesse paralelo, Mônica, às vésperas da morte, também na costa italiana, vê durante um êxtase Ἀνάβασις mística da alma em direção a Deus. Por sua vez, Mackey (2020) percebeu o eco dos versos A. 6.713-715, em que Virgílio mostrou Anquises explicando ao filho Eneias a função da água do esquecimento, na água da vida (*fons vitae*), que é oferecida a Agostinho, em vez de que o é às almas prontas a renascer. Seguem-se, ainda, no paralelo literário, a promessa de o futuro glorioso para o filho, Anquises prognosticou *Eneias* um reino próspero, embora, por seu turno, previsse para ele, diante da água do esquecimento do rio Letes, a prole imensa do povo romano. Essa alusão ao rio Letes parece se referendar pela citação da Carta aos Filipenses, citada pouco antes, em que Paulo de Tarso diz procurar o esquecimento do passado. Quanto a Mônica, cada vez mais idealizada por Agostinho em sua construção de paradigma da mãe cristã, acompanha o filho na visão da futura glória da comunidade cristã.

317 No original *idipsum*. Parece remeter a Ex 3:14 – "Deus disse a Moisés: Eu sou o que Sou". No entanto, Mammì (2017) propõe a leitura de *idipsum* a partir do comentário de Agostinho ao salmo 121, de modo que a tradução seria "o que é sempre idêntico a si mesmo".

318 Aqui foi aceita a leitura de Taylor (1958), que aponta uma obscuridade no trecho. A tradução literal de *ibi vita sapientia est* redunda em uma forma de panteísmo, por

identificar a vida de uma alma em perfeita união com Deus com a divina sabedoria, o que, decerto, foge do projeto agostiniano. Por isso, sua primeira opção é pela tradução estendida, que resultaria em *the life of the soul in perfect union with God is identified with divine Wisdon as participated in by the soul in its beatific state*. No entanto, ele prossegue na análise e apresenta uma possibilidade outra, que considera *sapientia* o sujeito de *est*, de modo que o subtexto neoplatônico seja percebido, e o significado da passagem se clareia.

319 Como demonstrado por O'Donnell (1992, v. 1, p. xxxiv), e expresso na edição de Plotinus (1984, v. 5, p. 14, nota 2), a descrição do êxtase propriamente dito de Agostinho e Mônica é quase uma transcrição trecho 5.1.2 das *Eneadas*, no tratado *Sobre as três hipóstases iniciais*, de Plotino.

320 Segundo Erasmo, as *fantasias da terra* são todas as coisas sobre a terra que se oferecem aos nossos olhos. Nesse sentido, remete ao Livro IV, do *De rerum natura*, de Lucrécio.

321 Para Erasmo, a voz provinda das nuvens remete a Moisés.

322 Ramage (1970) vê nesse trecho a descrição, como cumprimento de um *topos*, de uma cena de tempestade pela qual deve passar a *anima* em sua *peregrinatio*. Agostinho, como o *homo ferens* anunciado no Livro I.I.I, das *Confissões*, que busca a quietude (*resquies*) prometida nas profecias de Heleno na *Eneida* 3.374.

323 Aparentemente, durante a eucaristia.

324 O'Meara (1992) vê aqui um eco das vozes que, durante a conversão, cantavam o *tolle, lege*. No entanto, parece mais provável tratar-se de uma referência à própria idade de Agostinho, já que a *iuuenta* era considerada entre as idades de 20 e 40 anos.

325 No hipotexto terenciano, extraído de *Andria*, a continuação da fala do velho Simão após o trecho citado por Agostinho, ao descrever o funeral de Crisis, o personagem elogia no filho os deveres de uma índole humanitária e de um sentimento afetuoso. Rosa (1989) se refere ao elogio deixado por Cícero (*De Orat.* 2,80) ao trecho da comédia de Terêncio, como exemplo de *breuitas* e *uenustas*.

326 Em grego βαλάνιον. Pizzolato (1992, v. 4) comenta se tratar de uma falsa etimologia, a partir de βάλλω ἀνίαν, "expulsar a tristeza", pela crença da força lenitiva do banho.

327 Ambrósio. *Hinos* 1.2.1-8: *Deus, creator omnium/ polique rector vestiens/ diem decoro lumine,/ noctem sopora gratia,/ artus solutos ut quies/ reddat laboris usui/ mentesque fessas allevet/ luctuque solvat anxios.*

328 É incerta a data do batismo de Mônica. Seu principal biógrafo oitocentista, Bougaud (1866, p. 55-56) formulou a hipótese de que ela tenha sido batizada em 348/349, quando a cidade de Tagaste abandonou o cisma donatista e retornou ao catolicismo. O texto agostiniano, *Conf.* 2.3.6, permite a leitura de que ela já fosse batizada em 369, quando Patrício percebeu a incipiente maturidade sexual do filho; nessa leitura, porém, é possível imaginar que seu batismo fosse recente, razão do tempo verbal de *inchoaueras*, que se traduz por *havia começado*. Wright (1998), porém, a partir da leitura de *Conf.* 9.9.22, sugere que o batismo de Mônica tenha se dado com o de Agostinho, Alípio e Adeodato.

329 De fato, essa é a única ocorrência do nome de Mônica em toda a obra de Agostinho.

[330] Hübner (1981) relaciona detalhadamente o uso das *Geórgicas*, de Virgílio, para a composição das paisagens da alma, que, em entendimento do hipotexto, pode ser vista como a arquitetura de uma colmeia. São de dele as referências das *Geórgicas* encontradas no Livro X das *Confissões*, apontadas em seu artigo como muito sutis e de difícil estabelecimento.

[331] A divisão em versos aqui adotada foi também proposta por O'Donnell (1979), tomando por base os estudos de Verheijen publicados na revista *Augustiniana*, entre 1970 e 1975.

[332] Cf. Solilóquios 2.1.1.
Razão: Tu, que queres te conhecer, sabes que existes?
Agostinho: Sei.
Razão: Como sabes?
Agostinho: Não sei.
Razão: Percebes que és simples ou múltiplo?
Agostinho: Não sei.
Razão: Sabes que tu te moves?
Agostinho: Não sei.
Razão: Sabes que pensas?
Agostinho: Sei.
Razão: Logo, é verdadeiro que pensas.
Agostinho: É verdadeiro.
Razão: Sabes que és imortal?
Agostinho: Não sei.
Razão: De todas as coisas que dizes não saber, qual preferes saber?
Agostinho: Se sou imortal.
Razão: Amas, pois, viver?
Agostinho: Confesso que sim.
Razão: E quando perceberes que és imortal, isso te bastará?
Agostinho: Isso será de fato grande. Mas será pouco para mim.
Razão: E com esse pouco, quanto te regozijarás?
Agostinho: Muito.
Razão: Já não chorarás?
Agostinho: Com certeza, não.
Razão: E se de tais coisas encontrares que a própria vida é tal que não poderás saber mais do que sabes, porás termo às lágrimas?
Agostinho: Chorarei muito mais, porque a vida nada será.
Razão: Logo, não amas viver pelo próprio viver, mas para saber.
Agostinho: Cedo à conclusão.
Razão: E se a própria consciência das coisas te fizer infeliz?
Agostinho: Por nenhum modo creio que isso possa acontecer. Mas, se assim fosse, ninguém poderia ser feliz. Pois nada agora me faz mais infeliz do que a ignorância. E se a consciência das coisas faz alguém infeliz, a infelicidade será eterna.

Razão: Já vejo o que queres. Pois, como creio que ninguém seja infeliz pelo conhecimento, daí, provavelmente, a inteligência constitui a felicidade. Mas ninguém é feliz, senão quem vive, e ninguém vive, se não existe. Tu queres existir, viver e compreender, mas existes para viver e vives para compreender. Logo, sabes que existes, sabes que vives e sabes que compreendes. Queres, porém, saber se essas coisas existirão para sempre, ou se nenhuma delas existiu, ou se algo permanece para sempre, ou outra acaba, ou se elas podem diminuir ou crescer, quando são permanentes.

Agostinho: Assim é.

Razão: Logo, se provarmos que sempre viveremos, segue que sempre existiremos.

Agostinho: Segue.

Razão: Restará investigar sobre o compreender.

[333] No original *Qui facit eam*. Amarante (1984) e Mammì (2017) optaram por traduzir *facere* por "praticar". No entanto, acompanhando O'Donnell (1992, v. 1) e Burton (2007, p. 11-15), optei manter a interpretação de "criar", com as implicações teológicas mais aprofundadas, pela percepção da própria criação da verdade pela divindade. É a acepção mais coerente com o original grego de Jo 3:21: ὁ δὲ ποιῶν τὴν ἀλήθειαν.

[334] O verbo *ouvir*, nos parágrafos *Conf.* 10.3.3 e 10.3.4 dá clara indicação de que o relato das *Confissões* foi escrito preferencialmente para um público de ouvintes, em vez de leitores. O verbo *ler*, em todo o texto, foi utilizado apenas uma vez, ao contrário dos verbos relacionados a *ouvir*, encontrados *passim*.

[335] Provável indicação da atividade episcopal de Agostinho.

[336] Percebe-se aqui o prosseguimento da *teoria da iluminação*, já exposta acima, em *Conf.* 2.8.16.

[337] Terceiro filósofo da escola de Mileto, depois de Tales e Anaximandro. Anaxímenes via o ar como o princípio de todas as coisas.

[338] Referência apontada por O'Meara (1988). A correlação se estabelece pelo fato de os heróis virgilianos permanecerem no Elísio à espera de sua vez de se tornarem os grandes personagens da história romana, como as memórias à espera de virem à tona.

[339] A opção dos tradutores tem sido de usar "palácios" para traduzir *praetoriae*. No entanto, a acepção primordial do termo é a de tenda do general romano, e, em seguida, do local na colmeia onde se instala a abelha rainha, como parece ser a opção de Agostinho, a partir das referências ao Livro IV das *Geórgicas*.

[340] Labriolle (1926) relaciona os textos onde Agostinho explica o problema psicológico da memória: *Carta 7 a Nebrídio*; *De Trinitate* XI, 11-18; XIV 13-16; XV 39-40; *De Musica* IV, 4-6; *De Quantitate animi* V,8; *Contra Epistulam quam uocant Fundamenti*, XVIII.

[341] Aqui o termo utilizado é *aula*, que remete tanto ao palácio quanto, especificamente à área externa do edifício régio. No caso, parece conjugar com a *praetoria*, que seria a parte interna do edifício. No entanto, por já se encontrar consagrada a expressão "palácio da memória", foi mantida.

[342] No original *an sit*, *quid sit* e *quale sit*. Trata-se da divisão da argumentação retórica, já apresentada em contexto latino por Cícero (*orator*, 14.45; *de or.* 1.31.139).

[343] No original *colligere*, que se traduz, em primeira acepção, por "recolher", "reunir", mas também, em segunda acepção, por "calcular", "concluir". Esses dois significados

foram transmitidos, em português, ao verbo "coligir", com as noções de "reunir" e "inferir".

344 Percebe-se aqui a grande influência da teoria das ideias de Platão, decerto por meio de Plotino, e a divisão do mundo entre sensível e inteligível. Labriolle (1926, v. 2, p. 254) remete, neste trecho, aos dois últimos livros da *Metafísica*, de Aristóteles: "Les nombres sensibles nous servente à compter les objets: mais cette numérotation concrète serait inpossible si nous n'avions la connaissance *a priori* des nombres-idées".

345 A explicação para a interpretação de Agostinho acerca das *perturbationes animi* é encontrada em sua discussão sobre a opinião dos platônicos e dos maniqueus sobre a natureza da alma, no curso da investigação sobre o pecado original como matriz da vida terrena e das perturbações viciosas: "De fato, os platônicos não são insensatos como os maniqueus para detestarem os corpos terrenos como a natureza do mal, quando atribuem a Deus, o criador, todos os elementos com os quais é composto este mundo visível e palpável, e suas qualidades; no entanto, acham que as almas sejam afetadas pelos órgãos terrenos e pelos membros mortais, de modo que advenham deles as doenças do desejo e dos temores, bem como as alegrias ou as tristezas. Nessas quatro perturbações, como Cícero as chama, ou paixões, como muitos traduzem palavra por palavra do grego, está contida toda a viciosidade dos costumes humanos" (*De ciu. Dei*, 14.5).

346 Tradicionalmente, como por exemplo nas edições de Labriolle (1925), Simonetti (1996) e Mammì (2017), essa frase aparece na conclusão do capítulo anterior. No entanto, acompanho a correção de Widelveld (1960), que questiona ser ela precedida de dois pontos, sem que se siga uma explicação da oração que a precede.

347 Esse é o tema central do tratado *De Vita Beata*, escrito em Cassicíaco, no outono de 386.

348 A opção por apresentar esse parágrafo em versos foi proposta por Boissou (1961), que analisou a métrica e a composição prosódica do trecho, destacando o ritmo e a harmonia típicas de um hino.

349 No original *concubitus*, que tem o duplo sentido de "relação sexual" e "concubinagem". A tradução não consegue abarcar os dois significados, apesar de ambos serem aplicáveis no caso.

350 Trata-se do apóstolo Paulo de Tarso.

351 Trata-se de Jesus, filho de Sirah, a quem se atribui o um dos livros deuterocanônicos da Bíblia, o *Eclesiástico*.

352 Por informação de Possídio (*Vita Augustini*, 22), essa passagem das *Confissões* justificava o hábito de Agostinho ter sempre vinho à mesa, apesar da frugalidade de seus hábitos alimentares.

353 A ideia de que a música é capaz de elevar a Deus o espírito do ouvinte é objeto do Livro IV do tratado *De Musica*, escrito entre 387 e 391.

354 Agostinho afirmou sua posição favorável ao canto nas igrejas na *Carta* LV,34, dirigida a Januário, escrita por volta do ano 400: "Surpreende-me bastante quereres que sobre essas práticas que são observadas de forma diferente em diferentes partes e te escreva, embora não seja necessário, uma vez que tudo está contido na unívoca regra salubérrima, que deve ser preservada: o que não for contrário à fé nem aos bons costumes e que contenha uma exortação para uma vida melhor, quer que vejamos estabelecido ou saibamos que foi instituído, não só não devemos combater, mas,

na verdade, devemos louvar e imitar, se não for impedido pela fraqueza de alguns ou se causar maiores danos. Se, ao implantar esse costume, puder se esperar maior lucro dos estudiosos do que os danos causados pelos caluniadores, sem dúvida essas práticas devem ser implantadas, especialmente se as Escrituras puderem ser invocadas em sua defesa. Assim é o caso do canto de hinos e salmos, sobre os quais temos o exemplo e os preceitos do Senhor e dos apóstolos. Sobre essa prática, tão útil para despertar piedosamente o espírito e acender a afeição ao amor divino, existem diversos costumes; embora a maioria dos membros da igreja africana relute em cantar. É por isso que os donatistas nos acusam de que na igreja cantamos sobriamente os cânticos divinos dos profetas, enquanto eles inflamam sua embriaguez ao som dos salmos, compostos pela engenhosidade humana, como na exortação da trombeta. De resto, quando não é um bom momento para cantar coisas sagradas quando os irmãos se reúnem na igreja, senão ao ler, ao pregar, quando o bispo reza em voz alta ou quando a voz do diácono conduz a oração comum?".

[355] Hino de Ambrósio. Cf. *Conf.* 9.13.32.

[356] Espécie de lagarto com manchas em formato de estrela.

[357] No origina *Aquilone*. Aquilão é o vento do norte. Por metonímia, o extremo setentrional.

[358] Sobre as tentações do louvor, Agostinho desenvolveu o tema também em uma carta endereçada a Aurélio, bispo de Cartago, a Carta XXII.

[359] Ao voltar da Itália, em setembro de 388, Agostinho se estabeleceu nas vizinhanças de Tagaste, onde criou uma espécie de mosteiro, com Alípio, Evódio e mais alguns companheiros. Chadwick (2009, p. 45) acredita que foi aí que ocorreu a morte de Adeodato. Em 391, em uma estada em Hipona, mesmo sem que fosse sua vontade, foi ordenado presbítero, como relata seu biógrafo Possídio, na *Vita Sancti Augustini Episcopi*: "4.1 – Naquele tempo, na igreja católica de Hipona, administrava o episcopado o santo Valério. Este, movido pela imperiosa necessidade eclesiástica a providenciar e ordenar um presbítero para a cidade, falava à plebe de Deus e a exortava. A multidão, sabendo dos propósitos e da vida do católico santo Agostinho, arrebatou-o com a mão, uma vez que se encontrava seguro na multidão e sem prever o que lhe preparava o futuro: pois, como ele mesmo dizia quando era laico, afastava-se apenas das igrejas que não tinham bispo. 4.2 – Seguraram-no, e como é costume em tais casos, apresentaram-no ao bispo para que o ordenasse, como exigiam com clamor unânime e o desejo de todos, enquanto ele chorava copiosamente. Alguns, então, interpretaram como soberba suas lágrimas, como ele mesmo nos disse, e, para o consolar, diziam que, embora sendo digno de maior honra, uma vez que o posto era de presbítero, era ainda assim muito próximo do episcopado. 4.3 – Por isso aquele homem de Deus, como ele mesmo nos contou, percebendo-se nas mais altas considerações, gemia pelos muitos e graves perigos que via pairar sobre ele com o regime e a administração da igreja, e por isso chorou. Então, como eles quiseram, o desejo deles foi cumprido" (cf. WEISKOTTEN, 1919, p. 46-47).

[360] A referência ao pão e ao vinho eucarísticos é estabelecida a partir da citação da passagem do evangelho de João.

[361] Salmo citado na abertura do livro, e que foi dito por Cristo na cruz. Mt 27:46.

[362] Cf. *Conf.* 2.1.1.

363 Descrição de uma clépsidra, ou um relógio de água.

364 Interessante o uso da palavra circuncisão, uma vez que Jerônimo, nos *Comentários à Cartas de São Paulo – Gálatas*, 5:6, comenta, acerca da passagem de Êxodo 6:12, quanto à dificuldade da fala de Moisés que: *ut in hebraico scriptum est: ego autem sum praeputium habens in labiis* – "pois em hebraico está escrito: Pois eu sou o que tem um prepúcio nos lábios". A incircuncisão, no entanto, pode ser entendida como a impureza, como no caso de Jeremias, em que os ouvidos estão surdos para a palavra de Deus.

365 Tema fundamental da teologia agostiniana, de que a criação foi feita *ex nihilo*, ou seja, a partir do nada.

366 No *Comentário aos Salmos* 102.9, Agostinho assim explica a metáfora da águia: "Diz-se que a águia, quando é atingida pela velhice corporal, devido ao crescimento excessivo do bico não consegue se alimentar. Pois a parte superior do bico, que se dobra sobre a inferior nesse período da velhice, não permite abrir o bico, de modo que não há espaço entre a parte inferior e a parte superior recurvada. E a não ser que haja espaço livre, sua mordida, como a de uma torquez, não serve para cortar o alimento que deve introduzir nas fauces. Portanto, com esse crescimento da parte superior, e estando muito encurvado, ela não pode abrir o bico e nem nada pegar. Isso lhe faz a velhice. E é agravada pela fraqueza da idade e pela necessidade: porque, sobrecarregada com a falta de comida, torna-se extremamente fraca. Pois bem, nesta situação, diz-se que a águia, por um certo método natural, devido à necessidade de renovar a sua juventude, esfrega e bate contra uma pedra a parte superior do bico, cujo crescimento a impede de comer. Assim, desgastando-o contra a pedra, ele se livra do impedimento que não lhe permite comer. Então, come e todos os seus membros são restaurados; depois da velhice, será uma jovem águia, pois a força retorna ao seu corpo, o brilho às suas penas, o poder às suas asas; voa, como antes, para as alturas, e nela ocorre uma certa ressurreição".

367 No original: *Vt nulla morula extendatur*. Labriolle (1926) chama a atenção para o fato de que o diminutivo de *mora* não é encontrado no latim clássico, mas é usado com frequência por Agostinho, por exemplo no *De Musica* 2.3.3.

368 Labriolle (1926) aponta que o verbo *canere* usado no original era o termo clássico para designar a linguagem dos oráculos, usado aqui por Agostinho em referência aos profetas.

369 Cf. *Conf.* 11.16.21.

370 O hipotexto leva ao contexto da fragilidade da existência humana, com um pessimismo que remete ao livro de Jó.

371 Labriolle (1926) aponta aqui o uso da acepção virgiliana do termo *albescere*, usado raramente em sentido metafórico.

372 A compreensão da oposição entre *distentus* e *extentus* é central para se acompanhar o pensamento agostiniano, no sentido que a *distentionem* é o esforço que se concentra e a *intentionem* é o esforço que de dispersa.

373 Início da prece em *Solilóquios* 1.2: "Deus, Criador do universo, dá-me primeiro que eu bem te rogue; depois, que eu me faça digno de que me libertes; por fim, que me libertes. Deus, por quem todas as coisas, que por si não existiriam, tendem a existir. Deus, que não consentes que se destrua nem àquele que se destrói. Deus, que a

partir do nada criaste este mundo, o mais belo que os olhos contemplam. Deus, que não fizeste o mal, e fazes que este não se torne pior. Deus, que àqueles poucos que no que é verdadeiro se refugiam mostras que o mal é não existir. Deus, por quem a totalidade das coisas é perfeita, mesmo nas coisas canhestras. Deus, por quem, ainda que nos confins da existência, nada destoa e as coisa piores com as melhores se harmonizam. Deus a quem ama tudo que pode amar, seja consciente, seja não consciente. Deus, em quem existem todas as coisas, mas que apesar da torpeza de tudo, não és torpe. Deus a quem a malícia não malfaz, nem o erro extravia. Deus, que apenas os puros quiseste que conhecessem o que é verdadeiro. Deus, pai da verdade, pai da sabedoria, pai da verdadeira e suma vida, pai da beatitude, pai do bom e do belo, pai da luz inteligível, pai de nosso despertar e de nossa iluminação, pai do penhor pelo qual somos admoestados a voltar a ti".

[374] Referência recorrente ao corpo humano, advindo de Gn 18.27.

[375] No *Comentário aos Salmos* 113, II. 9-11, Agostinho explica o *céu do céu*: "'Pois, o *céu dos céus* é para o Senhor' que de tal forma elevou e sublimou as mentes de alguns santos que não foram instruídos por homem algum e sim pelo seu próprio Deus. Em comparação a este céu tudo o que os olhos carnais percebem deve-se denominar terra, que 'ele deu aos filhos dos homens'. Assim, se a considerarmos, quer da parte que ilumina de cima, quer da parte de baixo que é iluminada, a qual se chama propriamente terra, o todo, segundo mencionamos, em comparação com o que tem o nome de céu dos céus, é a terra".

[376] Preferi acompanhar Labriolle (1926) na tradução da expressão *super sum* no sentido de "reinar sobre, dominar," em detrimento da possibilidade de se entender simplesmente a posição em que se encontravam as trevas, acima do abismo.

[377] *Abyssum* traduz propriamente o abismo marinho, o pélago profundo.

[378] Trata-se, aparentemente, dos maniqueus.

[379] Novamente, uma referência à teoria de que a criação foi feita *ex nihilo*. Cf. *Conf.* 11.4.6.

[380] O servo aqui referido é Moisés.

[381] *Da verdadeira religião* 13.26: "É preciso reconhecer que só Deus é imutável, sendo por natureza mutáveis até mesmo os anjos, que, em virtude do amor com que amam e se aderem a Deus, permanecem nele estáveis e firmes".

[382] Referência aos maniqueus.

[383] Vega (2008) indica a impossibilidade de identificação desses contraditores.

[384] Referência a Paulo de Tarso.

[385] Cf. nota sobre "amor", em *Conf.* 2.1.1.

[386] Os querubins foram postos a leste do jardim do Paraíso para guardar a Árvore da Vida; os serafins, anjos de seis asas, são mencionados na visão de Elias, dispostos acima de Deus; as dominações, principados e potestades são citados por Paulo tanto como anjos (Rm 8.38) quanto como demônios (1 Cor 15.24).

[387] *Comentário aos salmos* 75.17: "A verdade é comum a todos. Nem minha, nem tua, nem deste nem daquele, mas comum a todos".

[388] No texto, *paruulis* é substantivo, e *animalibus*, adjetivo, no sentido que traduz ψυχικός, ou relativo à alma, foi traduzido por *espiritual*. É a acepção paulina

389 presente na epístola aos Coríntios. Labriolle corrobora esse entendimento, atestado por Tertuliano (*De Anima* XI; *de Monog.* V; *De Jeiunio* I).

389 Agostinho retoma a invocação do Livro I, agora sem as incertezas quanto à alma poder conter, ou caber Deus.

390 Note-se o jogo de palavras *colam, incultus, colam, colam.*

391 Torchia (1990) analisa a metáfora agostiniana do *pondus* a partir do conceito aristotélico de gravidade, ou de lugar natural, pelo qual cada coisa se move em direção ao seu lugar específico. Agostinho considera a alma humana estabelecida, em seu posicionamento cósmico, entre Deus, o sumo bem, e as coisas terrenas de natureza corporal, com seu ponto mais baixo marcado pelos três vícios: *superbia, curiositas* e *concupiscentia carnis*. Então, a alma é "puxada" para seu local natural em função do peso (*pondus*) de sua vontade, modulada pelo livre arbítrio. Em outras palavras, se o movimento da pedra, que cai, é fixado pela natureza, o da alma é voluntário, tensionado pela virtude e pelo vício. A expressão usada por Agostinho – *pondus meum amor est* – remete a Mt 6.21: *ubi enim est thesaurus tuus ibi est cor tuum.*

392 São conhecidos como *Cânticos dos Degraus*, ou *Cantos de Ascensão* ou *Cânticos de Ramagem* os salmos 119 a 133. A teoria mais aceita para a nomenclatura remete aos salmos cantados pelos adoradores que subiam o monte Sião, em Jerusalém, em direção ao templo de Salomão, para os três grandes festivais anuais: o *Pesach*, o *Shavout* e o *Sucot*. Cf. Davidson (1990).

393 Cf. *Epístola* 11.3, a Nebrídio.

394 A metáfora, que remete ao livro do *Gênesis* 2.7, alude à carne do homem.

395 O hipotexto revela, na abertura do Salmo 41, a corça sedenta, que anseia pelas águas vivas das cataratas da voz divina.

396 Agostinho aqui se refere a Cristo e à igreja respectivamente como Esposo e Esposa.

397 Note-se que o verbo latino *plico* tem o sentido de enrolar, usado em referência aos rolos de pergaminho. Em oposição, o *codex*, referido em *Conf.* 13.15.18, tem o formato do livro atual.

398 O substantivo latino *pellis* traduz-se para o português tanto como "pele" quanto como "pergaminho". Por isso, para a clareza do trecho, optei por usar as duas formas, embora a tradução fique prejudicada pela impossibilidade de manutenção do jogo de palavras estabelecido por Agostinho. Para a expressão "vestes de pele", cf. *Conf.* 7.18.24.

399 A alegoria das águas amargas, que representa as amarguras do mundo, foi desenvolvida nos *Comentários aos Salmos*, 64.9: "O mar é referido como a representação deste século, amargo pela salmoura, turbulento por suas tempestades, onde os homens, tornados perversos e corrompidos por suas ambições, tornam-se como peixes, que se devoram uns aos outros. Atentai para o mar malvado, o mar amargoso, sevo com as suas ondas; notai como ele está repleto de homens."

400 Trata-se da lua e das estrelas, em oposição ao sol.

401 Pela interpretação teológica de Oliveira Santos e Ambrósio de Pina (2000), "A 'alma viva' produzida pela terra é a alegoria da alma cristã", "'Os repteis dotados de almas vivas' simbolizam os Sacramentos; 'as aves que voam sobre a terra' são a alegoria dos apóstolos e missionários".

⁴⁰² Para Clark (1996), os grandes cetáceos são metaforicamente interpretados como os sacramentos e as maravilhas que se movem nas águas da existência física. Por outro lado, no tratado *De Genesi contra Manichaeos* 1.23.39, Agostinho define os grandes cetáceos da seguinte maneira: "Mas, além disso, havia também ali grandes cetáceos, ou seja, aqueles grandes homens que poderiam dominar melhor as tempestades do século do que servir naquele cativeiro, já que não se corromperam por qualquer terror na adoração dos ídolos".

⁴⁰³ No original latino *figuretur*. Esse termo é usado por Agostinho para indicar o procedimento alegorizante, pelo qual as Escrituras exprimem certo significado por meio de termos (*figurae*) com os sentidos deslocados. Cf. Pépin e Simonetti (1997, p. 276).

⁴⁰⁴ No latim, *ex utero eius*. O'Donnell (1992, v. 3) vê na passagem um notável exemplo de catacrese, ao considerar Adão não individualmente, mas como a humanidade tem termos genéricos. Clark (1996), porém, inverte a leitura e prefere a compreensão do termo como uma metáfora para *as entranhas*, interpretada a partir das *Adnotationes in Iob*, 38, de Agostinho, e da leitura latina de *Isaías* 46.3.

⁴⁰⁵ Agostinho apresenta aqui, em sentido simbólico, a alma humana.

⁴⁰⁶ O simbolismo do peixe como Cristo é explicado na *Cidade de Deus* 23.23.1. Peixe, em grego ιχθύς, é lido como um anagrama formado pela reunião das primeiras letras de Jesus Cristo, Filho de Deus, Salvador, em grego: Ἰησοὺς Χριστὸς Θεοῦ Υἱὸς Σωτήρ.

⁴⁰⁷ Referência à mesa da Eucaristia.

⁴⁰⁸ Referência a Adão e Eva que, depois do pecado, tentaram se esconder da face de Deus.

⁴⁰⁹ Pelo substantivo latino *bestiae*, Agostinho refere-se às paixões da alma.

⁴¹⁰ Pépin e Simonetti (1997) apontam a mesma expressão em *Conf.* 3.6.11, com o significado da semelhança de Deus no homem. Graças a essa faculdade espiritual, os seres humanos podem perceber as coisas que são do Espírito de Deus.

⁴¹¹ Trata-se de um dos primeiros cristãos, elogiado por Paulo de Tarso por sua hospitalidade, bondade e coragem.

⁴¹² É um dos *Setenta Discípulos* de Cristo, mencionados em Lc 10.1-24, e companheiro de Paulo de Tarso em suas viagens missionárias.

⁴¹³ Labriolle (1926), seguido parafrasicamente por Oliveira Santos e Ambrósio de Pina (2000), aponta a interpretação incorreta, ou personalista, da expressão grega ἠχαιρεῖσθε δέ, que se traduz de forma corrente por "por nos faltar a oportunidade", e não "de quem te enfastiaste".

⁴¹⁴ Em latim, *homines idiotae*. Labriolle (1926) remete ao termo estoico ἰδιώτης, com a acepção de ignorante, de profano em face ao conhecedor.

⁴¹⁵ Na *Cidade de Deus* 16,2, Agostinho define *puer, id est seruus* – "pequeno, isto é, o servo".

⁴¹⁶ Labriolle (1926), seguido por Oliveira Santos e Ambrósio de Pina, e Pépin e Simonetti (1997, p. 291) informam que essas palavras aparecem oito vezes na versão grega da Bíblia, a *Bíblia dos Setenta*; ao passo que a *Vulgata* informa que foram sete vezes.

⁴¹⁷ Agostinho se refere aqui aos maniqueus.

[418] Pépin e Simonetti (1997, p. 292) interpretam essa ação de graças, que conclui o Livro XIII, como o fecho de todas as *Confissões*. Segundo essa leitura, as ações de graça (*Conf.* 1.20.31; 2.7.15; 5.3.5; 7.9.14; 8.1.1) são como um fio condutor do desenvolvimento do discurso confessional.

[419] Nas *Retratações* 2:6, Agostinho considera essa passagem pouco estudada. Cf. a nota relativa ao título da obra.

[420] Na sequência de encerramento das *Confissões*, o início do capítulo 13.33.48 parece remontar à abertura da própria obra, no louvor inicial do capítulo *Conf.* 1.1.1, em uma espécie de *ring composition* técnica recorrente na literatura do Mundo Antigo.

APÊNDICE
SELEÇÃO DE CARTAS

Carta III
Escrita no início de 387.

De Agostinho para Nebrídio.

1. Eu não sei se devo considerar isso, por assim dizer, um efeito de teu blandilóquio, ou algo verdadeiro; ainda me está incerto. Pois aconteceu-me intempestivo, e eu ainda não deliberei o bastante até que ponto devo lhe dar crédito. Indagas de que se trata. O que achas? Por pouco me persuadiste, não de sou feliz – pois isso é um privilégio dos sábios –, mas que sou quase feliz, como dizemos de alguém que que é quase um homem, em comparação ao homem que Platão idealizou; ou como dizemos que as coisas que vemos são quase redondas, ou quase quadradas, embora estejam longe daquelas figuras que o espírito de uns poucos é capaz de discernir. De fato, li tuas linhas à luz da lamparina, após jantar. Chegara a hora de me deitar, mas não de dormir; e, com efeito, permaneci no leito por muito tempo, refleti e tive essa conversa, de Agostinho com Agostinho "Será verdadeiro, como agrada a Nebrídio pensar, que somos felizes? Decerto que não. Pois nem mesmo ele ousaria negar que ainda somos estultos. Entretanto, e se também aos estultos fosse possível uma vida feliz? É difícil; como se houvesse uma pequena ou alguma outra infelicidade além que própria a estultícia. De onde, pois, assim lhe parece? Terá ele ousado crer que sejamos sábios, tendo lido aqueles livrinhos? A entusiasmada alegria não é assim tão temerária, sobretudo em um homem cuja reflexiva ponderação eu bem conheço. Portanto, assim é: ele escreveu o que pensou que me seria dulcíssimo, porque também lhe pareceu doce tudo o que coloquei naquelas linhas, e escreveu entusiasmado, sem se preocupar com o que confiava ao entusiasmado cálamo. E se houvesse lido os *Solilóquios*? Com muito mais empolgação se haveria de alegrar, e, no entanto, não encontraria algo além para me chamar, senão de 'feliz'. Atribuiu-me, pois, de modo apressado, esse nome supremo, e não reservou consigo outro, para quando ele estivesse mais alegre. Vê o que faz a alegria.

2. Mas onde está essa vida feliz? Onde? Em que lugar, afinal? Ó, se ela consistisse em rejeitar os átomos de Epicuro! Ó, se fosse apenas saber que nada há aqui embaixo, exceto o universo! Ó, se ela fosse tão-só conhecer que os polos de uma esfera giram mais lentos do que os que estão a meio caminho deles; ou outras coisas semelhantes, que do mesmo modo sabemos. Mas como e até que ponto serei feliz, se não sei por que razão o universo é desse tamanho, quando a essência das figuras que lhe dão existência não proíbe que ele seja tão grande quanto se queira. Como alguém não me diria, ou como não seríamos obrigados a confessar que os corpos são divisíveis ao infinito, de modo que, de uma determinada base, poderíamos obter, em determinada quantidade, um certo número de corpúsculos? Então, como não se pode admitir que haja um corpo absolutamente menor que todos, por que razão devemos consentir que haja um maior? A não ser que, por acaso, o que eu disse em segredo a Alípio tenha algum valor: que o numeral inteligível cresce infinitamente, e infinitamente não decresce, já que nada se pode dividir além da mônada, ao passo que o numeral sensível (e o que são os numerais sensíveis senão os corpóreos, ou a quantidade de corpos?) pode diminuir ao infinito, mas infinitamente não cresce? Talvez por isso os filósofos considerem, com razão, a riqueza entre as coisas inteligíveis; e a pobreza, entre as sensíveis. Afinal, o que é mais miserável do que poder ser dividido mais e mais; e que riqueza é maior do que poder crescer quanto quiser, ir aonde quiser, voltar quando e quanto quiser, e amar imensamente o que não pode diminuir? Na verdade, aquele que entende esses números nada ama tanto quanto a mônada; e isso nem é estranho, pois é por meio dela que tudo mais é amado. Mas, ainda, por que é tão grande o universo? Poderia ser maior, ou menor? Não sei; pois é o que é. E por que razão está antes neste lugar que em outro? Tal pergunta não deve ser feita, pois, onde quer que ele estivesse, haveria a pergunta. Só uma coisa me preocupa ao extremo: que as realidades corpóreas sejam infinitamente divisíveis. Mas para isso talvez haja resposta, pela força contrária do numeral inteligível.

3. Mas espera. Vejamos isso que me vem à mente, e que não sei o que é. Diz-se, com certeza, que o universo sensível é uma imagem de não sei qual universo inteligível. É surpreendente, porém, o que

vemos nas imagens refletidas nos espelhos. Pois, embora os espelhos sejam imensos, não retornam imagens maiores do que são os corpos postos à sua frente, ainda que esses sejam diminutos. Por outro lado, nos espelhos pequenos, do tamanho das pupilas, mesmo que diante deles ponha-se uma grande face, forma-se uma imagem proporcional ao seu tamanho. Logo, pode-se diminuir a imagem dos corpos se diminuirmos o tamanho do espelho, ainda que não se possam aumentar os corpos, aumentando-se os espelhos. Com certeza, embora agora seja hora de dormir, algo aí se oculta. E, de fato, não é por perguntar que pareço feliz a Nebrídio, mas por talvez haver descoberto algo. E o que é isso? Será, por acaso, aquele raciocínio, que costumo acalentar como se fosse exclusivamente meu, e no qual muito me deleito?

4. Do que consistimos? De alma e de corpo. E qual deles é melhor? Com certeza, a alma. O que é elogiado no corpo? Nada além da beleza. O que é a beleza do corpo (Cic. *Tusc.* 4.13.30-31)? A congruência das partes e certa suavidade da cor. Essa beleza é melhor onde é verdadeira ou onde é falsa? Quem duvida de que seja melhor onde é verdadeira? Onde, então, é verdadeira? Na alma, decerto. Por consequência, a alma deve ser mais amada do que o corpo. Mas em que parte da alma reside essa verdade? Na mente e na inteligência. O que a ela se opõe? Os sentidos. Então, deve-se resistir aos sentidos com todas as forças da alma? Claro. E se as coisas sensíveis deleitam excessivamente? Faça-se com que não nos deleitem. Como fazê-lo? Pelo costume de delas prescindir, e desejando coisas melhores. E se a alma perecer? Então, ou morre a verdade, ou a verdade não é a inteligência, ou a inteligência não é a alma, ou pode morrer algo em que há algo de imortal. Que nada disso é possível ocorrer está em meus *Solilóquios*, e de tudo isso estou bastante persuadido. Mas não sei por que mal costume tememos e hesitamos. Por fim, ainda que a alma morresse, o que não me parece que possa ocorrer, a vida feliz não está na alegria das sensações, que experimentei bastante no retiro. Talvez por esses conceitos e outros semelhantes eu pareça a meu Nebrídio não propriamente feliz, mas quase feliz. Pode ser que eu também a mim assim pareça. O que perco com isso, ou por que deveria recusar essa boa opinião?". Tais coisas eu disse para mim; e, como de costume, rezei e adormeci.

5. Agradou-me escrever-te essas coisas. Deleita-me que me agradeças por não te esconder nada que me venha à boca, e regozijo-me por isso te agradar. Com quem mais eu posso devanear livremente senão com aquele a quem não desagrado. Mas se está no poder da fortuna que um homem estime outro homem, vê quão feliz sou, pois tanto me regozijo com o fortuito, e, confesso, desejo que tais bens se acumulem fartamente em mim. Os mais verdadeiros sábios, só aos quais é lícito dizer que são felizes, não quiseram que os favores da Fortuna não fossem temidos nem desejados (*cupi* ou *cupiri*), tu verás. E bem veio a questão. Pois quero que me faças conhecedor dessa conjugação, uma vez que quando conjugo verbos semelhantes, tanto mais me torno incerto. Afinal, *cupio* (eu desejo) é como *fugio* (eu fujo), *sapio* (eu sinto sabor), *iacio* (eu lanço), *capio* (eu pego); mas não sei se o infinitivo passivo é *fugiri* ou *fugi*, *sapiri* ou *sapi*. Eu poderia preferir *iaci* ou *capi*, se eu não temesse que alguém me pegasse e lançasse (*caperet* e *iaceret*) como um brinquedo, quando tentasse me convencer que uma coisa são os supinos *iactum* e *captum* (para ser lançado e para ser pego), e outra *fugitum*, *cupitum* e *sapitum* (para ter fugido, para ser desejado para ser provado). Além disso, também quanto a essas três palavras, ignoro do mesmo modo se a penúltima sílaba deve ser pronunciada longa e aguda, ou breve e grave. Provoco-te a escreveres uma carta mais longa, peço, para poder ler-te por mais tempo. Pois não posso expressar quão grande prazer tenho em ler-te.

Carta IV
Escrita em 387.

De Agostinho para Nebrídio.

1. É deveras incrível o que de inesperado ocorreu-se, pois quando fui procurar quais cartas tuas restavam para eu responder, encontrei apenas uma que me tem como devedor. Nela me pedes para que, neste nosso retiro, que imaginas grande ou desejas compartilhar conosco, relatemos-te quanto progredimos no discernimento entre a natureza percebida pelos sentidos e a conhecida pelo intelecto. Suponho, porém, que não te seja desconhecido que, quando se trata de falsas opiniões, quanto mais nelas alguém nelas se exercita, tanto mais nelas se revolve; e que isso muito mais facilmente acontece quando se mergulha com a alma na verdade. No entanto, progredimos aos poucos, como acontece com o avanço da idade. Pois ainda que haja grande distância entre a infância e a maturidade, ninguém jamais será chamado de maduro se quanto a isso for indagado todos os dias, desde a infância.

2. Não quero, porém, que nesse tocante tu interpretes de modo a pensares que eu tenha chegado, pelo vigor da inteligência, a uma certa maturidade mental mais robusta. Pois sou criança; talvez, como se costuma dizer, bela, mas não má. Pois os olhos da minha mente, com frequência perturbados e oprimidos pelas preocupações produzidas pelos golpes das coisas sensíveis, aquele breve raciocínio conhecidíssimo por ti os eleva para verem que a mente e a inteligência são melhores que os olhos e que essa visão comum; o que não seria assim, se o que percebemos pela inteligência não fosse mais real do que o que vemos. Peço que examines comigo se há alguma objeção válida a tal raciocínio. Nesse meio tempo, confortado por tal opinião e invocando o auxílio de Deus, comecei ser elevado a ele e às coisas que são verdadeiramente verdadeiras, de modo que às vezes sou tomado pela evidência das coisas eternas, e surpreendo-me de que me seja necessário tal raciocínio para que eu creia que elas existam em nós, tão presentes para nós quanto todos estão presentes para si próprios. Verifica também tu – pois

confesso que és mais diligente do que eu nesses assuntos – se, por acaso, esquecendo-me de responder, ainda te devo alguma carta. Pois mal acredito que eu esteja tão de repente livre do imenso fardo que eu antes havia imaginado. No entanto, não tenho dúvidas de que recebeste cartas minhas que ainda não respondeste.

Carta V
Escrita entre 388 e 391.

De Nebrídio para Agostinho.

1. É assim, meu caro Agostinho? Gastas tanta força e paciência com os assuntos de teus concidadãos que não te concedes aquele desejado repouso? Indago-te, que pessoas te incomodam, sendo tu tão bom? Creio que não sabem o que amas e desejas. Não há nenhum de teus amigos que lhes explique teus amores? Nem Romaniano, nem Luciniano? Ouçam-me, ao menos. Eu clamarei, eu testemunharei que amas Deus, e a ele desejas servir e te unires. Quisera eu chamar-te a meu campo, para aqui descansares. Não temerei ser chamado de sedutor por teus concidadãos, aos quais muito amas e pelos quais és muito amado.

Carta VI
Escrita entre 388 e 391.

De Nebrídio para Agostinho.

1. Muito me agrada guardar tuas cartas, como se fossem meus olhos. Pois são grandes não pela extensão, mas pelos assuntos, pois contêm grandes argumentações. Elas fazem-me ouvir Cristo, ouvir Platão, ouvir Plotino. Serão, pois, sempre doces aos ouvidos, pela eloquência; fáceis à leitura, pela brevidade; saudáveis à compreensão, pela sabedoria. Cuidarás, portanto, de me ensinar aquilo que à tua mente parece santo e bom. Responderás, então, esta carta quando chegares a alguma conclusão mais sutil sobre a imaginação e a memória. Parece-me que, de fato, embora nem toda imaginação seja acompanhada da memória, a memória não possa existir sem a imaginação. Mas dirás: "O que ocorre quando recordamos haver entendido ou cogitado algo?". Contra essa opinião eu respondo e digo que isso ocorre porque, quando entendemos ou pensamos em algo que seja corpóreo ou temporal, geramos algo que pertence à imaginação. Pois ou unimos palavras aos nossos pensamentos e percepções – palavras que são temporais e não têm pertinência com os sentidos e a imaginação –, ou nosso intelecto, pela cogitação, sofre algo tal que pôde deixar em nossa alma imaginativa alguma memória. Tais coisas eu disse de modo inconsiderado e confuso, como de costume. Tu as examinarás e, rejeitado o que for errado, me transmitirás a verdade em uma carta.

2. Ouve outra coisa. Por que, eu te pergunto, não dizemos que a imaginação produz todas as imagens antes por si mesma que pelos sentidos? Em verdade, pode ocorrer que, assim como a alma intelectual é impulsionada pelos sentidos à visão das coisas inteligíveis em vez de receber algo dele, assim a alma fantasiosa é impulsionada pelos sentidos à contemplação de suas imagens, em vez de tirar algo deles. Por isso, talvez, aconteça que aquilo o que os sentidos não percebem, a imaginação pode ver. Esse é um sinal de que ela tem em si e por si todas as imagens. Também quanto a isso responderás o que entendes.

Carta VII
Escrita entre 388 e 391.

De Agostinho para Nebrídio.

1. Deixarei de lado o preâmbulo e rápido começarei o que tanto queres que eu te diga, sobretudo porque não celeremente acabarei. Parece-te não poder haver nenhuma memória sem imagens, ou percepções imaginárias, que quiseste chamar pelo nome de imaginação. Eu penso diferente. Em primeiro lugar, deve-se notar que nem sempre nos lembramos das coisas passadas, mas quase sempre das que duram. Assim, enquanto a memória reivindica a tenacidade do tempo passado, consta que contém em parte as coisas que nos deixaram, em parte aquelas outras que foram por nós deixadas. Pois quando me recordo de meu pai, recordo-me de algo que ele me deixou, e que agora ele não mais existe. Quando, porém, me recordo de Cartago, recordo-me de algo que existe, e que eu deixei. Em ambos os casos, a memória retém o tempo passado. Pois tanto daquele homem quanto dessa cidade lembro-me porque os vi, não porque os vejo.

2. Agora tu talvez me perguntes: "A que vem isso? Sobretudo se notares que nenhum dos casos pode vir à memória, senão por meio da imaginação". Mas basta-me nesse meio tempo ter mostrado que a memória também pode se referir a coisas que ainda não ocorreram. Presta atenção e escuta o que apoia minha opinião. Alguns caluniam aquela nobilíssima teoria de Sócrates, que afirma que as coisas que aprendemos não nos são introduzidas como novas, mas são trazidas de volta à memória pela reminiscência. Alegam que a memória se refere às coisas passadas, enquanto aquelas que aprendemos com a inteligência, como afirma Platão, sempre se mantêm, e não podem perecer – e, portanto, não são passadas. Eles não se atentam que a visão, com que vemos essas coisas com a mente, é passada. Ao nos separarmos delas e começarmos a ver outras coisas, voltamos a vê-las pela reminiscência, ou seja, pela memória. Então, se, para omitir outros exemplos, a eternidade sempre permanece e não precisa de

nenhuma imagem fantástica para que, como um veículo, venha à mente (e ainda assim não poderia vir a menos que dela nos lembrássemos), pode haver alguma memória das coisas sem imaginação.

3. Quanto à tua opinião, segundo a qual te parece que a alma possa imaginar as coisas corporais mesmo sem usar os sentidos do corpo, ela se mostra falsa, como te explicarei. Se a alma, antes de usar o corpo para sentir os corpos, pode imaginar os corpos, ela estava em melhor situação (o que ninguém em sã consciência discorda) antes de ser enredada por esses sentidos falaciosos, e, por essa opinião, estariam em melhor situação as almas dos que dormem do que as dos que estão despertos, e em melhor situação as dos loucos que as daqueles que não estão enfermos. Pois estão impressionadas por essas imagens, pelas quais antes seriam impressionadas pelos sentidos — esses inúteis mensageiros. Ou o sol dos loucos e dos adormecidos seria mais verdadeiro do que o que veem os que estão sãos e despertos, ou coisas falsas seriam melhores do que as verdadeiras. E se essas situações fossem absurdas, como são, essa imaginação não seria outra coisa, querido Nebrídio, que impressões gravadas pelos sentidos, pelos quais, como tu mesmo escreves, não se produz uma lembrança para que as imagens se formem na alma, mas introduzem ou imprimem, para dizer expressamente, essa falsidade. Quanto a isso que te surpreende, de como imaginamos rostos e formas que nunca vimos, surpreende-me também agudamente. Farei algo que alongará esta carta mais do que de costume, mas não para ti, para quem não há página mais grata do que a me leva mais loquaz a ti.

4. Vejo que todas essas imagens, que tu, como muitos, chamas de imaginações, distribuem-se com comodidade e muita verdade em três espécies, das quais, uma é a impressão das coisas sentidas, outra, das opiniões, e a terceira, das coisas da razão. Da primeira espécie são exemplos quando minha alma forma em si teu rosto ou Cartago, ou nosso falecido amigo Verecundo, ou qualquer outra coisa que permanece, ou que desapareceu, mas que eu vi e percebi por meio dos sentidos. Da segunda espécie são aquelas coisas que reputamos que eram ou são de certo modo, como quando, por exemplo, para a ilustração de algum discurso, inventamos coisas que não impedem a verdade, ou quando imaginamos aquilo que lemos em histórias ou que

ouvimos, compomos ou suspeitamos de temas fabulosos. Na verdade, como me apraz ou me ocorre à alma, modelo o rosto de Eneias, de Medeia com suas serpentes aladas atreladas ao jugo, de Cremes ou de Pármeno. Nessa espécie estão todas as coisas que nos contam os sábios, encobrindo a verdade com tais figuras, ou os estultos, que criam várias superstições, tomando-as por verdadeiras; por exemplo, o tartáreo Flegetonte (Verg. *A* 6.551), as cinco cavernas do povo das trevas, o eixo setentrional que sustém o céu, e outros mil portentos dos poetas e dos heréticos. Assim também dizemos em nossas discussões: "Imagina que haja três mundos iguais sobrepostos, e imagina que a terra esteja contida em uma figura quadrada" e outras coisas desse jaez. Moldamos e imaginamos todas essas coisas de acordo com os movimentos da cogitação. Quanto àquilo que pertence à terceira espécie de imagens trata-se sobretudo dos números e das dimensões, que às vezes há na natureza, como quando a figura de todo mundo é descoberta, e uma imagem dessa descoberta é seguida na mente de quem pensa; outras vezes, nas ciências, como as figuras geométricas, os ritmos musicais e a infinita variedade dos números. Essas coisas, embora verdadeiras, como eu presumo que sejam, produzem falsas imaginações, pelas quais a própria razão a custo resiste, ainda que nem a própria ciência oratória se livre com facilidade desse mal, quando, nas divisões e conclusões, quase imaginamos usar seixos feitos para os cálculos.

5. Creio que em toda essa floresta de imagens, não te parecerá que aquela primeira espécie de imagens chegue a pertencer à alma antes de se aderir aos sentidos; e quanto a isso, não há discussão. Sobre as duas espécies restantes, com razão se poderia investigar se não é manifesto que a alma seja menos propensa a se enganar quando ainda não sofreu as impressões vãs do sensível e dos sentidos. Mas quem duvidará que essas imagens são muito mais falsas do que as coisas sensíveis? Em verdade, as coisas que pensamos, cremos ou inventamos são inteiramente falsas, e, sem dúvidas, como percebes, as que vemos e sentimos são muito mais verdadeiras. Já quanto à terceira espécie, qualquer que seja o espaço corporal que eu imaginar na mente, embora a imaginação pareça o haver produzido com base nos princípios de uma ciência, que não enganam, eu demonstro que

é falso por esses mesmos princípios que argui. Portanto, de modo algum eu posso acreditar que a alma, que ainda não sentiu pelo corpo, que ainda não foi atingida pelos sentidos vãos nem pela substância fugaz e mortal, fosse lançada em tão vergonhosa falsidade.

6. Então, de onde vem que cogitemos o que não vemos? O que pensas, senão que já alguma força inerente à alma, capaz de subtrair ou adicionar, e que a leva consigo aonde for necessário? Tal força pode ser vista sobretudo nos números. Acontece que, por exemplo, ao se apresentar aos olhos a imagem de um corvo, que decerto é reconhecida pela aparência, ao dela se retirar ou pôr alguma coisa, torna-se uma figura absolutamente nunca vista. Assim ocorre que, nas almas que se movem por hábito entre tais ficções, as figuras desse tipo irrompem de modo espontâneo entre as cogitações. Por isso, é possível à alma, usando a imaginação, por esses detalhes que o sentido introduziu, subtraindo ou adicionando coisas, como eu disse há pouco, gerar imagens que não recebeu por nenhum sentido, mas que são partes daquilo que aqui e ali recebeu. Então, nós, quando crianças, nascidos e criados no interior, vendo a água em um pequeno copo, já podemos imaginar o mar; embora o sabor dos morangos e das cerejas, antes de os provarmos na Itália, de nenhum modo chegariam à nossa mente. Decorre daí que os cegos de nascimento, quando são indagados sobre a luz e as cores, não encontram o que responder. Pois não receberam imagens coloridas, já que não receberam nenhuma.

7. Não se deve estranhar por que razão aquelas coisas, que na natureza têm forma e podem ser imaginadas, não se encontram desde o princípio inerentes à alma que está em cada um, sem as ter percebido de fora. De fato, também nós, quando por indignação, alegria ou outros movimentos semelhantes da alma, mudamos em nosso corpo as expressões e as cores, a nossa imaginação não pode conceber tais imagens que podemos provocar. Essas coisas acontecem por aquelas maneiras maravilhosas, deixadas à tua consideração, que ocorrem quando os números ocultos agem livremente na alma sem nenhuma falsa figura corpórea. Por isso, já que percebes haver na alma tantos movimentos desprovidos de qualquer imagem, sobre os quais agora investigas, eu gostaria que entendesses que a alma alcança o conhecimento do corpo por outro impulso qualquer diferente da

cogitação das formas sensíveis, pois eu creio que de modo algum a alma possa ser impressionada antes de fazer uso do corpo, ou dos sentidos. Portanto, por nossa amizade e pela fidelidade à própria lei divina, recomendo zelosamente, meu caríssimo e queridíssimo, que não traves nenhuma amizade com essas sombras infernais, e não demores a romper os laços que tens com elas. Pois de nenhum modo podemos resistir aos sentidos corporais, e é esse nosso dever mais sagrado, se acariciamos as pancadas e feridas que eles nos infligem.

Carta VIII
Escrita entre 388 e 391.

De Nebrídio para Agostinho.

1. Na pressa em chegar ao assunto, dispensarei os proêmios ou exórdios. Como que acontece, meu Agostinho, ou que método usam as potestades superiores, que quero entender celestes, quando querem se mostrar a nós por meio de algum sonho, quando estamos adormecidos? De que modo o fazem, eu indago? Ou seja, como o produzem, por qual arte, por qual artifício, por quais instrumentos ou encantamento? Elas obrigam nossa alma, por intermédio de suas cogitações, para que também nós, cogitando, imaginemos as coisas? Ou acaso apresentam-nos e exibem os pensamentos feitos em seu corpo ou em sua imaginação? Mas se os fazem em seu corpo, segue-se que também nós temos outros olhos corpóreos internos quando dormimos? Se, contudo, para essas coisas eles não se valem de seu corpo, mas dispõem em sua imaginação, e assim tocam nossa imaginação, e ocorre a visão, que é o sonho, por que, eu te pergunto, por que não posso, com minha imaginação, impelir a tua imaginação a gerar os sonhos que eu mesmo antes nela formei? Sem dúvidas, eu tenho uma imaginação, que pode imaginar o que quero, embora eu não possa de modo algum produzir em ti um sonho; mas o que vejo é que nosso próprio corpo produz sonhos em nós. Claro está que, assim que o corpo sente algo, por causa da intimidade que o une à alma, ele nos obriga a simular as mesmas coisas, por mil modos, por meio da imaginação. Muitas vezes, dormindo, quando estamos com sede, sonhamos beber; e, com fome, parece quase estarmos a comer; e muitas coisas assim, quase numa troca, transferem-se do corpo para a alma, por meio da imaginação. Dada sua obscuridade e nossa imperícia, não te espantes se com menos elegância e menos sutileza foram explicados esses assuntos. Tu os elaborarás, quanto puderes fazer.

Carta IX
Escrita entre 388 e 391.

De Agostinho para Nebrídio.

1. Embora conheças minha alma, talvez ainda ignores o quanto eu queria usufruir de tua presença. Deus, em verdade, algum dia nos concederá esse grande benefício. Li tua apropriadíssima carta, em que te queixas da solidão e de certo abandono de teus íntimos, com os quais a vida se torna mais doce. Mas o que diferente direi, senão o que não duvido que já fazes. Volta-te à tua alma e eleva-a a Deus o quanto podes. Ali nos terás mais certo, não pelas imagens corpóreas, que agora precisamos usar na recordação, mas por aquele pensamento, pelo qual entendes que estamos juntos, embora não no mesmo lugar.

2. Ao examinar tuas cartas, nas quais sem dúvidas respondi à maioria de tuas indagações, veementemente atordoou-me aquela em que perguntas como ocorre que certos pensamentos e sonhos nos sejam infundidos pelas potestades superiores, ou pelos demônios. De fato, é uma grande questão, para a qual também percebes com tua imensa prudência que deveria ser respondida não por meio de uma carta, mas em uma conversa presencial, ou em algum livrinho. Tentarei, no entanto, conhecendo tua inteligência, semear alguma luz em tuas questões, para que tu, contigo, ou completes o restante, ou não percas as esperanças de poderes chegara a uma investigação provável acerca de assunto de tal magnitude.

3. Julgo, pois, que todo movimento da alma produz algum efeito no corpo, e que atinge nossos sentidos, ainda que estes sejam maçantes e lentos, ao passo que os movimentos da alma são mais intensos – por exemplo, quando nos iramos, entristecemo-nos ou alegramo-nos. Daí, podemos conjecturar que, da mesma forma, quando pensamos, embora nada se mostre para nós em nosso corpo, pode se revelar para as almas aéreas, ou etéreas, cujos sentidos são mais acurados, em comparação com os quais os nossos nem podem ser considerados sentidos. Desse modo, os vestígios, por assim dizer, que os movimentos da alma

imprimem ao corpo podem persistir ou dar origem a uma característica permanente. E quando esses vestígios são inconscientemente agitados ou sacudidos, de acordo com a vontade de quem os agita ou sacode, produzem em nós pensamentos e sonhos; e isso acontece com admirável facilidade. Se, pois, exercitando nossos corpos terrenos e desajeitados, tocando instrumentos musicais, fazendo acrobacias na corda bamba ou em outros mil espetáculos similares, chegamos a alcançar resultados admiráveis, não será absurdo que aqueles seres, por meio de seus corpos aéreos e etéreos, produzam algo que penetre nossos corpos pela ordem natural, que tenham maior facilidade para mover o que querem sem que percebamos, e que ainda soframos seus efeitos. Na verdade, nem percebemos como a abundância de fel nos obriga com frequência à ira, mesmo que a abundância, de que falei, seja feita por nossas iras.

4. Mas se tu não quiseres aceitar essa leve comparação que fiz, transforma-a pelo pensamento o quanto desejares. Pois se na alma persiste continuamente alguma dificuldade de agir ou realizar o que deseja, ira-se continuamente. Em minha opinião, a ira é um turbulento desejo de afastar o que impede a facilidade da ação. É por isso que muitas vezes, não só com os homens, mas também com o cálamo, iramo-nos ao escrever, e arrojamo-lo e o quebramos, como os jogadores com os dados, os pintores com o pincel e qualquer um com seu instrumento, dos quais pensam que vem a dificuldade que suportam. Até os médicos afirmam que o fel se acumula pelo hábito de se irar. Com o acúmulo do fel, porém, de novo e mais facilmente, quase sem nenhuma causa existente, ficamos irados. Dessa forma, o que a alma, por seu movimento, gravou no corpo valerá para outra vez o agitar.

5. Essas coisas poderiam ser tratadas mais largamente, e alcançaríamos uma conclusão mais precisa e completa, com muitos documentos e testemunhos. Mas esta carta se une àquela que te enviei sobre a imaginação e a memória, tendo sido meditada com mais diligência. Pois por tua réplica pareceu-me ter sido aquela carta pouco compreendida por ti. Por isso, quando ajuntares a esta que agora lês o que lá foi dito sobre uma certa faculdade natural da alma de subtrair e adicionar o que quiser por meio do pensamento, talvez não te surpreenda de que, quando pensamos ou sonhamos, apareçam formas corporais que nunca tenhamos visto.

Carta X
Escrita entre 388 e 391.

De Agostinho para Nebrídio.

1. Em verdade, nenhuma de tuas perguntas me inquietou tanto os pensamentos quanto o que li em tua carta mais recente, quando me acusaste de negligenciar a procura de maneiras de vivermos juntos. Grande e perigosíssimo crime, se não fosse falso. Mas, como a razão provável parece demonstrar que aqui, melhor do que em Cartago ou no campo, conforme nosso propósito, nós podemos morar, estou inteiramente incerto, meu Nebrídio, quanto ao que devo fazer contigo. Mandar-te-ei o mais cômodo veículo? Pois nosso Luciano afirma que tu podes, sem qualquer perigo, ser transportado em uma liteira coberta. Mas penso que tua mãe, que não tolerava tua ausência enquanto estavas são, muito menos tolerará, estando tu enfermo. Ou irei eu até a ti? Contudo, há aqui alguns que não podem ir comigo, e que creio que seria infame eu os deixar. Pois tu podes tranquilamente viver com tua alma, enquanto nos esforçamos para que eles possam fazer o mesmo. Com efeito, o caminho não é curto, mas é tão longo que se tomássemos o propósito de sempre o percorrermos seria como se não houvéssemos alcançado o desejado retiro. Ajunta-se a isso a fraqueza do corpo, em razão da qual também eu, bem sabes, não posso o que quero, se não desisto, em absoluto, de querer mais do que posso.

2. Portanto, pensar durante toda a vida nos deslocamentos que não podem ser feitos tranquila e facilmente não é ocupação digna de um homem que pensa sobre aquela única e última viagem, que se chama morte, a única sobre a qual se deve deveras pensar. Deus concedeu a alguns poucos, que quis que fossem os dirigentes das igrejas, que não só esperassem a morte com fortaleza, mas que ainda a desejassem vivamente, aceitando sem nenhuma angústia as fadigas dos outros percursos. Porém, nem àqueles que são elevados a tais ministérios por amor às honras temporais, nem àqueles outros que, apesar de serem cidadãos privados, apetecem-se pela vida pública, concedeu-se, entre

os barulhos, as inquietas reuniões e as correrias da vida, esse bem tão grande que buscamos, de termos familiaridade com a morte. Por sua vez, uns e outros poderiam se deificar no retiro. Se isso é falso, eu sou, para não dizer o mais tolo, o mais indolente dos homens, pois se não me vem algum seguro descanso, não posso amar e provar esse bem genuíno. Crê-me, é preciso um grande isolamento de tudo transitório para que, não por insensibilidade, audácia, desejo vazio de glória ou supersticiosa credulidade, o homem nada tema. Pois daí vem aquele sólido gáudio, que não tem comparação com nenhuma outra partícula da alegria.

3. Se tal gênero de vida não calha à natureza humana, por que às vezes nos ocorre essa confiança? Por que ela ocorre com tanta frequência quando alguém adora Deus nos santuários da mente? Por que, mesmo na atividade humana, tanto se mantém essa confiança quando alguém sai desse santuário para trabalhar? Por que, às vezes, também quando falamos, não tememos a morte, e quando não falamos, ainda a desejamos? Digo-te, já que a mais ninguém o diria, a ti, repito, eu digo, a ti, cujo caminho ao alto eu bem conheço. Acaso tu, que tantas vezes experimentaste quão docemente vive a alma quando morre para o amor corpóreo, tu negarás que toda a vida do homem pode se tornar tão intrépida que religiosamente possa ser chamada de sábia? Ou ousarás negar que esse estado da alma, para o qual a razão se esforça, não te ocorre senão quando te aquietas em teu íntimo? Sendo assim, vês que resta apenas que tu também decidas viver em comum, para que vivamos juntos. E que se deverá fazer com tua mãe, a quem decerto teu irmão Vitor não deixará, tu, muito melhor do que eu, compreendes. Não quis escrever sobre outras coisas, para não te desviar desse pensamento.

Carta XI
Escrita entre 388 e 391.

De Agostinho para Nebrídio.

1. Como me agitava vivamente a questão que propuseste há pouco com certo reproche amigável, acerca de como podemos viver juntos, eu havia me decidido a escrever-te apenas sobre aquele tema, reclamar a resposta e não voltar o cálamo a nada pertinente a nosso estudo, até que entre nós o assunto estivesse terminado. Mas rapidamente deixou-me tranquilo o tema breve e verdadeiro de tua última carta, porque, com certeza, não devemos pensar nisso, pois, ou nós, quando pudermos, iremos ter contigo, ou tu, quando puderes, sem falta virás a nós. Tranquilizado com isso, como disse, examinei todas as tuas cartas, para ver de qual delas sou devedor de resposta. Nelas encontrei tamanha quantidade de questões que, ainda que pudessem ser facilmente respondidas, superariam, por seu número, minha a inteligência e meu tempo disponível. São tão difíceis que, se uma única dela me fosse imposta, eu não duvidaria confessar que me sentiria muito sobrecarregado. Valha-me, então, este preâmbulo, para pedir que nesse período evites novas questões, até que nos liberemos de todo ar estrangeiro, e apenas sobre tuas conclusões me escrevas. Peço-te, embora saiba o quanto isso me é prejudicial, a mim, que assim por um tempo, me privo de participar de teus divinos pensamentos.

2. Escuta o que me parece da encarnação mística, feita para a nossa salvação, que essa religião, em que fomos iniciados, recomenda que creiamos e conheçamos. Escolho essa questão, que não é a mais fácil, para responder sobre ela, por me parecer mais digna que as demais para empregar o esforço de meu pensamento. Pois as questões sobre este mundo não me parecem ajudar o bastante para a obtenção da vida feliz, e se levam algum prazer ao serem investigadas, é de se temer que ocupem o tempo que deve ser empregado em coisas melhores. Por isso, no que concerne ao assunto em questão, estou antes de tudo surpreso de que estejas impressionado porque não só o Pai e o Filho tornaram-se homem,

mas também o Espírito Santo. Pois a Trindade da fé católica é assim apresentada, e acredita-se que seja tão inseparável, e assim é entendida por alguns santos e bem-aventurados, que tudo que por ela é realizado, crê-se que seja feito tanto pelo Pai, quanto pelo Filho e pelo Espírito Santo. Nada é feito pelo Pai, que não seja feito pelo Filho e pelo Espírito Santo, nem nada é feito pelo Espírito que não também pelo Pai e pelo Filho, e nada é feito pelo Filho que não também pelo Pai e pelo Espírito Santo. Daí, conclui-se que toda a Trindade se fez homem, pois se o Filho encarnou, mas o Pai e o Espírito não encarnaram, estes fizeram algo diferente e separado. Por que, então, em nossos mistérios e ritos celebra-se a encarnação do Filho? Esse é todo o problema, tão difícil e tão importante que sua explicação nem é bastante fácil nem pode ser suficientemente certa. Mas, já que te escrevo, ouso mencionar, em vez de explicar o que meu ânimo concebe, para que tu, por tua inteligência e nossa amizade, pela qual me conheces perfeitamente, tu mesmo conjectures.

3. Não há nenhuma natureza, Nebrídio, e nenhuma substância que não tenha em si e não revele esses três elementos: primeiro, que exista, depois, que seja isso ou aquilo, e terceiro, que permaneça nessa existência o quanto possa. O primeiro elemento revela a própria causa da natureza, pela qual todas as coisas existem; o segundo revela a substância com que as coisas são formadas, e em certo modo todas são formadas; o terceiro revela a permanência pela qual todas as coisas existem. Se pudesse ocorrer que algo seja isso ou aquilo, mas não existisse nem permanecesse em seu gênero o quanto pudesse; ou que permanecesse de fato em seu gênero pelas forças de seu gênero, mas sem existir nem ser isso ou aquilo, então poderia ocorrer que naquela Trindade uma pessoa poderia fazer algo separada das outras. Mas se vês que é preciso que o que existe tenha de ser isso ou aquilo e permanecer em seu gênero, quanto pode, nada fazem as três pessoas separadamente. Vejo que tratei só de uma parte da questão, que tem solução mais difícil. Mas quis te mostrar mais brevemente, se de fato o fiz, o quanto pode se manter em seu gênero e que nada é feito senão pelas três pessoas, e quão sutilmente e com quanta verdade é entendida na fé católica a inseparabilidade da Trindade.

4. Percebe, agora, como pode não te perturbar a alma aquilo que a perturba. A característica que é atribuída ao próprio Filho guarda

pertinência com a regra, com uma certa técnica (se apropriadamente usamos essa palavra em tais assuntos), e com a inteligência de que a própria alma é formada pelo pensamento das coisas. E já que, por meio da encarnação, deu-se que se nos insinuasse, sob a evidência e a majestade de certos princípios, uma regra de vida e exemplo de cumprimento de preceitos, não sem razão tudo isso é atribuído ao Filho. Pois em muitos assuntos que remeto à tua cogitação e prudência, embora haja muitos elementos, algum, no entanto, se sobressai, de modo que não absurdamente reivindique para si certa propriedade; como naqueles três gêneros de questões, embora se pergunte sobre sua existência, inclui-se também o que é, pois não poderia com certeza existir a não ser que fosse algo; e se deve ser aprovado ou reprovado, pois tudo que existe é digno de alguma avaliação. Do mesmo modo, quando se pergunta a qualidade de algo, também é evidente que é alguma coisa, uma vez que todos juntos são indissociáveis. A questão não recebe o nome de todos, senão da intenção do que pergunta. Logo, era necessária aos homens uma regra, em que fossem imbuídos e pela qual fossem adequadamente formados. No entanto, não podemos dizer que esse mesmo efeito que por essa regra ocorre nos homens não exista, ou não seja desejado, mas antes tentemos conhecer os meios pelos quais especulamos e como a essa regra aderimos. Era, portanto, preciso antes demonstrar a regra ou norma de ordem. E isso foi feito por esse plano da encarnação, que é propriamente atribuído ao Filho, de modo que, por meio do Filho, seria consequente o do próprio Pai, isso é, do único princípio de que derivam todas as coisas, e de certa, inefável e suave doçura interior, para permanecer nesse pensamento e desprezar todas as coisas mortais – dom e função atribuídos com propriedade ao Espírito Santo. Portanto, embora todas as coisas sejam feitas em suma comunhão e inseparabilidade, era preciso mostrá-las separadamente, em razão de nossa debilidade, nós que caímos da unidade na diversidade. Pois ninguém eleva alguém até onde ele próprio está senão que de alguma forma desça para onde aquele se encontra. Tens a carta que não findou tua participação quanto a esse assunto, mas que talvez edifique um fundamento certo para teus pensamentos, de modo que, com a inteligência que me é conhecida, investigues o resto, e com a piedade, em que principalmente nos devemos manter firmes, conseguirás.

Carta XII
Escrita entre 389 e 391.

De Agostinho para Nebrídio.

1. Escreves dizendo que mais cartas mandaste do que recebi; mas nem posso deixar de crer em ti, nem tu em mim. Ainda que eu não possa comparar-me contigo em respostas, com não menor zelo conservo as missivas que com frequência me envias. Que recebeste em pouco tempo não mais que duas minhas, ainda que bem extensas, estamos de acordo, já que não enviei a terceira. Contudo, ao examinar os rascunhos, percebi haver respondido praticamente cinco indagações tuas; a não ser uma delas, que toquei quase de passagem, embora, sem temeridade, mas que foi confiada à tua inteligência. Talvez tua ganância não tenha se contentado, mas é preciso que a refreies um pouco e aceites de bom grado alguns resumos. Mas de tal modo que, se prejudico o entendimento quando sou parco com as palavras, não me poupes; embora tu, por direito, me exijas tudo que é devido, e que eu talvez pudesse me esforçar mais, embora não haja nada mais prazeroso que o fazer. Contarás esta carta entre as minhas menores, pois com ela quero diminuir meu débito contigo. Pois as que tu me envias, embora menores, aumentam a pilha. Quanto ao que me perguntas sobre o Filho de Deus, por que se diz que ele, em vez do Pai, fez-se homem, quando ambos são um só, compreenderás com facilidade se recordares de por nossas conversas, nas quais se eu pude (pois é algo inefável), tentei te explicar o que é o Filho de Deus, a quem estamos unidos. Para abordar brevemente, a mesma regra e forma de Deus, pela qual todas as coisas são feitas, chama-se Filho. E tudo o que foi feito por esse homem incarnado foi feito para a nossa instrução e formação.

Carta XIII
Escrita entre 389 e 391.

De Agostinho para Nebrídio.

1. Coisas costumeiras não me agradam escrever-te; e coisas novas, não posso. Vejo que umas não te convêm; para outras, não tenho tempo. Pois, desde que me separei de ti, não tenho oportunidade nem me é dado descanso para refletir e meditar sobre aquelas coisas que costumávamos indagar. De fato, as noites invernais são muito longas, e inteiras não as passo dormindo; mas, quando há descanso, aparecem outros pensamentos, que necessariamente diminuem o repouso. Logo, o que farei? Ficarei mudo e calado junto a ti? Nem tu o queres, nem quero eu. Eia, pois; recebe o que pude extrair de mim na última noite, que se prolongou até que esta carta ficou pronta.

2. É preciso que te lembres de uma questão que muitas vezes foi trazida às nossas conversas, que nos manteve ansiosos e estuantes, ou seja, sobre essa espécie de corpo, ou quase corpo, que pertence perpetuamente à alma, e que te recordas que alguns chamam de seu veículo. Se esse corpo muda de lugar, não é, sem dúvidas, inteligível, e nada que não é inteligível pode ser entendido. Mas, embora escape ao intelecto, se ao menos não escapa ao sentido, admite, é claro, ser estimado de modo verossímil. Por outro lado, o que não pode ser entendido nem sentido, só pode gerar uma opinião muito temerária e aleatória. E tal é esse veículo de que tratamos, se é que existe. Por que, então, eu te indago, não nos despreocupamos dessa questiúncula, e, depois de invocarmos Deus, não tentamos nos elevar todos à suma serenidade da natureza excelsa e viva?

3. Aqui talvez tu me digas que, embora os corpos não possam ser percebidos pela inteligência, podemos perceber pela inteligência muitas coisas referentes ao corpo, por exemplo, que sabemos que o corpo existe. Quem negará ou quem confessará que isso é mais provável que verdadeiro? Assim, embora o corpo seja provável, é de todo verdadeiro que esse corpo existe na natureza. Logo, o corpo é sensível, mas sua

existência é considerada inteligível; e, de fato, não poderia ser percebida de outro modo. Assim, eu não sei o que é aquele corpo que investigamos, no qual a alma se apoia para passar de um lugar a outro. Ainda que possa ser conhecido pela inteligência, e não por nossos sentidos, mas por outros muito mais acurados, se existir.

4. Se dizes isso, chegue-te à mente aquilo que chamamos de entender faz-se de dois modos: ou internamente, pela própria mente ou razão, como quando entendemos que existe o próprio intelecto, ou por uma impressão vinda dos sentidos, como quando, no caso que já mencionamos, entendemos que existe o corpo. No primeiro desses dois modos entendemos por nós mesmos, ou seja, consultando Deus sobre o que está junto de nós. No segundo, porém, não menos consultando Deus, entendemos, a partir do que nos é enunciado pelo corpo e pelos sentidos. Se isso é válido, ninguém pode saber se o corpo existe, a não ser aquele a quem os sentidos lho anunciaram. Se há nesse número algum ser animado, uma vez que não nos vemos entre eles, acredito que aquilo que comecei a dizer acima sobre o veículo da alma está provado, ou seja, que não é para nós essa questão. Gostaria que pesasse nisso mais e mais, e que, o que produzires nessas cogitações, cuides que eu fique sabendo.

Carta XIV
Escrita entre 389 e 391.

De Agostinho para Nebrídio.

1. Preferi responder tua última carta, não porque desdenhe tuas outras questões, ou porque menos me agradam, mas porque me custam mais responder do que imaginas. Pois, embora tenhas ordenado que eu te envie uma carta mais longa do que a mais longa que enviei, eu não tenho tanto tempo disponível quanto crês, e o quanto tu sabes que eu sempre quis e quero ter. Não perguntes por que é assim, pois mais facilmente exporia as coisas pelas quais sou impedido do que por que razão sou impedido.

2. Escreves me perguntando por que razão eu e tu, mesmo sendo distintos, fazemos muitas coisas iguais, ao passo que o sol não faz o mesmo que as outras estrelas. Esforçar-me-ei por demonstrar as causas. Pois se nós fazemos as mesmas coisas, também o sol faz coisas iguais com os outros astros; senão, se não fizer, tampouco fazemos nós. Eu ando e tu andas; ele se move e movem-se eles; eu velo e tu velas; ele brilha e brilham eles; discuto e discutes; gira e giram, por mais que as atividades da alma não devam ser de modo algum comparáveis àquelas que vemos. Mas se, como é certo, comparas alma com alma, devemos considerar que os astros, se neles há alguma alma, sobressaem-se aos homens quanto ao pensar e ao contemplar, e qualquer outra coisa com que se possa descrever com mais comodidade uma ação semelhante. Nos movimentos dos outros corpos, se olhares diligentemente como costumas fazer, absolutamente nada de idêntico poderá ser feito por dois seres. Acaso, quando caminhamos juntos, achas que fazemos tudo igual? Isso está longe de tua sensatez. Já que um de nós que caminha mais próximos do setentrião, ou, se caminham no mesmo passo, um ultrapassa o outro, ou se caminha mais lentamente, terá de caminhar, embora as situações não possam ser sentidas. Mas tu, se não me engano, perguntas o que entendemos, e não o que sentimos. E se formos do polo em direção ao sul, juntos o máximo que pudermos, e apoiando-nos

no mármore polido e plano, como marfim, tanto não pode ser igual o movimento dos dois, quanto a pulsação das veias, a forma ou a expressão dos rostos. Remove-nos e põe no lugar os filhos de Gláucio; nada conseguirás. Pois embora sejam gêmeos idênticos, é tão necessário que se movam independentes quanto foi que nascessem separados.

3. Mas isso, responderás, é claro e manifesto apenas para a razão, pois a diferença entre o sol e os astros está também nos sentidos. Se insistes que eu repare na magnitude deles, tu sabes quantas coisas são ditas acerca das distâncias, e a quantas incertezas essas aparências nos levam. Porém, mesmo que eu concorde que é como parece (e assim na verdade eu creio), a quem enganaria o sentido quanto à altura de Névio, um pé mais alto que a maior estatura, que é de seis pés? Creio que tens procurado muito um homem da mesma estatura, e não tendo encontrado nenhum, querias que até o seu tamanho se esticasse minha carta. Portanto, como também na terra tal coisa existe, creio que não haverias de te espantares no céu. Se, porém, te impressionas com o fato de que nenhuma estrela, excetuado o sol, enche de luz o dia, pergunto-te se para os homens apareceu algum outro tão grande quanto aquele homem que Deus assumiu, tão diferente dos outros santos e sábios. Se o comparas com outros homens, eles estarão a uma distância maior que a das estrelas em relação ao sol. Pensa bem com diligência sobre essa comparação. Dada essa comparação, em que te que exceles, pode ser que tenhamos solucionado de passagem alguma questão proposta por ti sobre a humanidade de Cristo.

4. Também perguntas se aquela suma verdade, aquela suma sabedoria e forma das coisas, pela qual tudo foi feito, e que é declarada pela nossa santa religião ser o Filho único de Deus, contém a ideia universal do homem, ou a ideia de cada um de nós. Grande questão. Mas me parece que para a criação do homem bastava a ideia do homem, e não a minha e a tua; porém, para extensão do tempo, vivem várias ideias do homem naquela forma muito simples. Mas, sendo isso muito obscuro, não sei por qual comparação isso pode ser ilustrado, a não ser recorrendo àquelas ciências que estão em nossa alma. De fato, na geometria, uma só é a ideia do ângulo, uma só a do quadrado. Assim, todas as vezes que quero demonstrar um ângulo, só me ocorre uma única ideia do ângulo. E não poderia desenhar um quadrado se não

intuísse a ideia de quatro ângulos juntos. Assim, cada homem foi feito sob uma única ideia, pela qual o homem é entendido. Mas quando é feito o povo, também é uma única ideia, mas não a ideia de um homem singular, senão a dos homens. Se, então, Nebrídio é parte desse universo, como é, e todo universo se compõe de partes, Deus, criador do universo, não pode não ter a ideia das partes. Por isso, ainda que haja aí a ideia de muitos homens, não pertence ao próprio homem, embora todas as coisas sejam maravilhosamente reduzidas de novo à unidade. Tu, porém, cogitarás sobre isso. Nesse meio tempo, pelo que fiques satisfeito, porque já ultrapassei nesta carta o tamanho de Névio.

Carta XV
Escrita antes de 391.

De Agostinho para Romaniano.

1. Esta carta indica a falta de papel, e não atesta sobrarem-me pergaminhos. As tabuinhas de marfim que tenho, enviei-as com escritos a teu tio. Assim, perdoarás mais facilmente este pedaço de pergaminho, porque não podia ser diferido o que nele escrevi, julgando que seria erradíssimo não te escrever. Mas as minhas tabuinhas, se estão aí, em razão de sua necessidade peço-te que mas envie. Escrevi algo sobre a religião católica, o quanto o Senhor dignou-se a me conceder, e quero te enviar antes de minha chegada, se no ínterim não me faltar papel. Ficarás satisfeito com a caligrafia das oficinas de Maiorino. Quanto aos códices de que falas, esqueci-me de todos, exceto dos livros *Sobre o Orador*. Mas nada mais eu poderia ter respondido senão que tomasses os que quiseres, e agora mantenho minha decisão. Pois, ausente, não vejo o que mais eu possa fazer.

2. Muito me agradou que em tua última cara quisesses me fazer partícipe de teu júbilo doméstico, mas "me ordenas ignorar a aparência do mar tranquilo e as ondas plácidas (Verg. *A.* 5,848-849)", embora nem tu me mandes nem tu mesmo ignores? Então, se te foi dada alguma quietude para melhor pensares, usa-a como um divino benefício. Não devemos conosco nos congratular quando essas coisas sobrevêm, mas com aqueles pelos quais sobrevêm, pois a administração justa e correta dos bens temporais, e mais pacata e tranquila no gênero, produz o mérito de obter bens eternos, se os possuímos sem que eles nos possuam, e são multiplicados sem nos multiplicar, se não nos sobrecarrega quanto nos aquietamos. Foi dito pela própria boca da verdade: "Se não fostes fiéis aos outros, quem vos dará o que é vosso (Lc 16,12)"? Portanto, aliviadas as preocupações com as coisas transitórias, busquemos os bens duráveis e certos, e voemos acima de nossas riquezas terrenas, já que na abundância do mel a abelha não tem asas em vão, uma vez que o mel mata quem prende.

Correspondência entre Paulino de Nola, Agostinho e Alípio

Carta XXIV
Escrita antes do inverno de 394.

Dos pecadores Paulino e Terásia, ao senhor merecidamente honorável e santo padre Alípio.

1. É a verdadeira caridade, a perfeita benquerença que mostraste professar para com nossa humildade, ó senhor verdadeiramente santo, merecidamente bem-aventurado e tão desejado. Recebemos por Juliano, nosso servo que chegou de Cartago, tua carta, que nos trouxe a luz de tua santidade, não porque carecêssemos conhecer tua caridade, mas para a reconhecermos. Pois, decerto, essa caridade emanou daquele que nos predestinou para si desde a origem do mundo (Ef 1,4-5), em quem fomos feitos antes de nascermos, porque ele nos fez, e não nós mesmos (Sl 99,3), ele, que fez as coisas que haverão de existir. Por sua presciência e atividade fomos formados em semelhança das vontades e unidade da fé, ou fé da unidade, unidos pela caridade que antecede à notícia, de modo que nos conhecemos em espírito, que reciprocamente nos revela antes da visão corporal. Assim, congratulamo-nos e glorificamo-nos no Senhor, que, único e o mesmo, por todas as partes da terra produz nos seus o seu amor pelo Espírito Santo, que derramamos sobre toda carne, alegrando com o ímpeto da torrente sua própria cidade (Sl 112,8), entre cujos cidadãos colocou-te merecidamente, príncipe entre os príncipes de seu povo (Sl 145,8), na sede apostólica, e quis nos contar em vossa sorte, nós, os caídos que ele ergueu, os míseros que levantou da terra. Mas mais nos congratulamos naquele dom de Deus, pelo qual nos dispôs na habitação de teu peito. Assim, também se dignou a nos insinuar em tuas vísceras, para que reivindiquemos a peculiar confiança de tua caridade em nós, provocados por tais deveres e obrigações, para que não nos seja permitido amar-te com desconfiança e superficialidade.

2. Recebemos, por obra insigne e especial de teu amor e tua solicitude, os cinco livros do santo e perfeito varão em Jesus Cristo, nosso irmão Agostinho, e admiramo-los e aceitamo-los de maneira que cremos que suas palavras foram ditas por Deus. Assim, pela confiança da reciprocidade de tua consideração conosco, ousamos escrever também a ele, e por ele seremos desculpados e recomendados à sua caridade por teu intermédio, bem como a todos os santos, dos quais, embora ausentes, tu dignaste a transmitir-nos à benevolência. Cuidarás, sem dúvidas, com igual afeição, para que, por tua santidade, sejam saudados com nossos obséquios os companheiros de tua santidade no clero e emuladores de tua virtude e fé nos monastérios. Pois ainda que vivas no povo e sobre o povo, conduzindo as ovelhas da grei do Senhor (Sl 99,3), como pastor vigilante com constante cuidado, ainda, ao abdicar do século e repelir a carne e o sangue, fizeste para ti um deserto apartado de muitos e eleito entre poucos.

3. Em verdade, para retribuir o presente de algum modo, ainda que inferior ao teu em tudo, providenciei, como ordenaste, aquela *História de Todos os Tempos*, de Eusébio, o venerável bispo de Constantinopla. Mas ocorreu uma demora em cumprir o que me pediste, porque eu não tinha aquele códice, e tive de o pedir em Roma, a um parente meu, o santíssimo Domnião, que, sem hesitar, prestou-me de imediato tal favor, quando lhe disse que o enviaria a ti. Por conseguinte, porque também te dignaste a indicar-me tua localização, escrevemos a nosso padre Aurélio, sócio venerável de tua coroa, de modo que se te encontras agora na região de Hipona, para lá digne-se a te enviar nossa carta e o pergaminho transcrito em Cartago. Também rogamos aos santos homens Cômite e Evódio, cujo testemunho de caridade conhecemos por teu discurso, que cuidem eles mesmos de transcrever o códice, para que o meu parente Domnião não fique provado por muito tempo de seu exemplar, e o teu seja entregue sem necessidade de devolvê-lo.

4. Especialmente te peço, já que imerecida e inopinadamente me contemplaste com teu amor, que em retribuição a essa *História Universal* contes-me toda a história de tua santidade, tua linhagem (Verg. *A.* 8.113), de que casa provéns chamado por tão alto Senhor, por quais exórdios foste separado do ventre de tua mãe para ires em

direção à mãe dos filhos de Deus, que se alegra pela prole, desdenhando a estirpe da carne e do sangue para te transladares à estirpe real e sacerdotal (1 Pe 2,9). Referiste-me que já em Milão ouviste sobre o nome de nossa humildade quando ali te iniciaste; por isso me confesso, curioso, querer também me informar, para conhecer-te de toda parte, para mais me congratular. Se foste chamado à fé ou consagrado ao sacerdócio por nosso pai Ambrósio, estimado por mim, parece que ambos temos o mesmo pai. Pois, embora eu tenha sido batizado por Delfino de Burdegala, e ordenado por Lâmpio, em Barcelona, na Espanha, por força da plebe subitamente inflamada, ainda assim sempre fui nutrido pelo amor de Ambrósio em direção à fé, e agora na ordem sacerdotal sou auxiliado. Por fim, quis me reivindicar para seu clero, para que, ainda que em lugares diversos, eu seja contado como seu presbítero.

5. Mas o que de mim ignoras, saibas que sou antiquíssimo pecador que há pouco foi tirado das trevas e da sombra da morte (Sl 106,14; Lc 1,79) para haurir o sopro da aura da vida, que há pouco pôs a mão no arado (Lc 9,62) e aceitou a mão do Senhor. Que me auxiliem tuas preces, para que a possamos levá-la até o fim. Esse prêmio será acrescentado a teus méritos, se com tua intervenção aliviares meu fardo. O santo que auxilia o que trabalha (pois não ousamos te chamar de irmão) será exaltado como a Grande Cidade (Pr 18,19). E tu és, sem dúvidas, a Cidade edificada sobre o monte, ou o luzeiro aceso sobre o candelabro (Mt 5,14-15), para que brilhes com a septiforme claridade, enquanto eu devo me ocultar sobre as ruínas dos pecados. Visita-me com tuas cartas e, visível sobre o candelabro de ouro (Ap 1,12-13), projeta a luz que tu habitas. Tuas palavras serão a luz para nossos caminhos (Sl 118, 105), e nossa cabeça será ungida pelo óleo de tua candeia (Sl 22,5). Assim a fé se acenderá, quando, pelo sopro de tua boca, sorvermos o alimento da mente e a luz da alma.

6. Que a paz e a graça de Deus estejam contigo, e a coroa da justiça permaneça em ti naquele dia, Senhor Pai diletíssimo, merecidamente venerável e esperado. Rogamos que saúdes, com grande afeto e obséquio, os benditos companheiros de tua santidade, emuladores e nossos irmãos no Senhor, se assim se dignarem a aceitar, tanto nas igrejas quanto nos monastérios de Cartago, Tagaste,

Hipona e todas as paróquias e lugares que conheces na África, entre os que servem catolicamente ao Senhor. Se receberes o códice do santo Domnião, digna-te a devolver, quando transcrito. Mandamos à tua santidade, como dom da unidade, um único pão, no qual está contida a unidade da Trindade. Se te dignares a comê-lo, farás desse uma hóstia consagrada.

Carta XXV
Escrita em 394.

Dos pecadores Paulino e Terásia para o senhor irmão unânime e venerável Agostinho.

1. A caridade de Cristo, que nos incita e nos reúne (2 Cor 4,18), ainda que ausentes, pela unidade da fé, afastado o acanhamento, deu-me confiança para escrever-te, e gravou-te em minhas entranhas por meio de tuas letras que, brotando das faculdades eclesiásticas e doce pelos favos celestiais, tenho como remédio e alimento de minha alma, vindos dos cinco livros recebidos como presente do bendito e venerável Alípio, nosso bispo, não só para nossa instrução, mas ainda para utilidade de minhas cidades da igreja. Tenho agora esses livros para leitura; neles me deleito, deles colho alimento, não aquele que perece (Jo 6,27), mas o que produz a substância da vida eterna por nossa fé, pela qual somos incorporados pela verdade incorporados a Jesus Cristo Senhor nosso. Nossa fé é robustecida pelos escritos e exemplos dos fiéis, desdenhando o visível e anelando o invisível (2 Cor 4,18), pela caridade que em tudo crê, segundo a verdade de Deus onipotente (1 Cor 13,7). Ó verdadeiro sal da terra (Mt 5,13), com que se condimenta nosso interior para que possa não se desvanecer no erro do mundo. Ó lâmpada posta dignamente sobre o candelabro da igreja, que derrama vastamente sobre as cidades católicas, do castiçal septiforme (Mt 5,15; Mc 4:21; Lc 8,16; 11,33), alimentada pelo óleo da alegria. Tu dissipas as densas brumas dos heréticos e, com o esplendor de tua clarificante palavra, aclaras com a luz da verdade a confusão das trevas.

2. Vê, unânime irmão, admirável e digno de ser acolhido em Cristo Senhor, com quanta intimidade te trato, com quanto estupor te admiro, com que grande amor te abraço, pois todos os dias eu fruo do colóquio de tuas letras, e alimento-me com o sopro de tua boca. Pois tua boca, eu digo com razão, é o manancial e veio da fonte eterna, porque Cristo tornou-se em ti fonte da água que jorra para a vida eterna (Jo 4,14). Por desejá-la, minha alma está sedenta de ti (Sl 62,2), e da

abundância de teu rio quer se inebriar minha terra (Sl 35,9). E já que me armaste o suficiente com teu pentateuco contra os maniqueus, se por acaso preparaste armas contra os outros inimigos da fé católica (pois nossos inimigos, que têm mil artes de malfazer (Verg. 7.338), devem ser combatidos com tantas armas quantas são as insídias com que lutam), peço que as tires para mim de teu arsenal, e não negues enviar-me as armas da justiça. Pois sou esforçado e ainda pecador sob meu grande fardo, veterano no contingente dos pecadores, mas recruta novato da milícia que serve ao Rei Eterno. Mísero sou eu, que admirei até hoje a sabedoria do mundo, e, pelas letras inúteis e réproba prudência fui para Deus estulto e mudo (Rm 1,21). Depois que envelheci entre meus inimigos (Sl 6,8) e desvaneci-me em minhas cogitações (Rm 1,21), elevei meus olhos aos montes, contemplando os preceitos da lei e os dons da graça. Daí, veio-me o auxílio de Deus (Sl 120,2), que, me retribuindo não segundo minhas iniquidades (Sl 102, 10), deu luz ao cego, libertou o agrilhoado (Sl 145,7), humilhou o que estava mal erguido para erguer o que piamente se humilhara.

3. Sigo, então, com passadas ainda desiguais (Verg. *A.* 2.724), as grandes pegadas dos justos, para ver se posso, graças a vossas orações, alcançar o fim a que fui chamado pela misericórdia de Deus. Rege, pois, um pequeno ser que rasteja na terra, e por teus passos, ensina-o a andar. Não quero que em relação a mim consideres, quanto à idade, mais o nascimento corporal que o nascimento espiritual. Pois, segundo a carne, já tenho a idade daquele que os apóstolos curaram na Porta Formosa (At 3,2-10) pelo poder da palavra. Porém, quando ao nascimento da alma, ainda estou naquele tempo da infância, que imolada (Mt 2,16) pelas feridas intentadas contra Cristo, com seu digno sangue precedeu a imolação do Cordeiro e anunciou a paixão do Senhor (Mt 2,16). Educa com tuas palavras, a criança ainda lactente pelo verbo de Deus e na idade espiritual que anela o seio da fé, da sabedoria e da caridade. Se consideras o ofício comum, és irmão; se a maturidade da tua inteligência e sentimentos, és para mim mais velho, ainda que talvez sejas mais jovem em idade, porque uma encanecida prudência por mérito te levou jovem à maturidade e à honra dos anciãos. Favorece-me e robustece-me nas sagradas escrituras e nos estudos espirituais, já que, como disse, sou recente no tempo, e, depois de longos perigos e

muitos naufrágios, sem experiência, mas apenas saído das ondas do século. Já que tu estás firmado em sólida praia, aceita-me em teu seio, como no porto da salvação, se me consideras digno de junto navegarmos. Enquanto me esforço por evadir-me dos perigos desta vida e dos abismos dos pecados, sustém-me com tuas orações, como uma tábua, para que eu escape deste mundo, como se nu de um naufrágio.

4. Por isso, cuidei de deixar a carga e livrar-me das pesadas vestes para nadar, desimpedido de toda a roupagem da carne e das preocupações com o dia seguinte (Mt 6,34), por ordem e com a ajuda de Cristo, e atravessar o mar da vida presente, que se interpõe entre nós e Deus, sob o ladrar dos pecados. Não me jacto por havê-lo completado. Embora pudesse jactar-me, jacto-me no Senhor (2 Cor 10,17), a quem cabe aperfeiçoar (Rm 7,18) o querer que já está à nossa disposição. Mas minha alma ainda cobiça desejar os juízos do Senhor (Sl 118,20). Vê quando será realizada a vontade de Deus, que eu ainda desejo desejar. Pois, por minha parte, amei a beleza da Casa Sagrada (Sl 25,8) e, o quanto me cabia, escolhi ser o último na Casa do Senhor (Sl 83,11). Mas agradou-lhe separar-me, desde o ventre de minha mãe (Gl 1,15), da amizade da carne e do sangue, para levar-me à sua graça. Agradou-lhe tirar-me, ainda que eu seja carente de todo bom merecimento, da terra, do lago das misérias, e conduzir-me, da lama, para colocar-me com os príncipes de seu povo, e, por minha parte em tua sorte, para que, enquanto te sobressaias em méritos, sejamos iguais no dever.

5. Não por presunção minha, mas por decisão e plano de Deus, usurpo para mim o direito à tua fraternidade, e, embora indigno, reputo-me digno de tamanha honraria. Pois sei que tu, por tua santidade, pois sabes pela verdade, tu não estimas as alturas, mas te reúnes aos humildes (Rm 12,16). Por isso, espero que pronta e sinceramente admitirás o amor de nossa humildade, e de fato confio que já o recebeste por intermédio do nosso pai, o beatíssimo sacerdote Alípio, porque a isso ele se dignou. É, pois, indubitável que ele te deu mostras de estimar-nos antes mesmo de nos conhecer, e fê-lo acima de nossos méritos, apesar de sermos desconhecidos para ele e de estarmos separados pela distância que há entre o sol e o mar. Graças ao espírito da verdadeira estima, que em todas as partes penetra e espalha-se, ele pôde ver-nos e, dirigindo-se a nós, alcançar-nos com sua fala. Ele nos deu,

como primeira manifestação de seu afeto e penhor de tua caridade, o digno supradito presente dos livros. E quanto se esforçou para que a tua santidade, não só por meio de suas palavras, mas por tudo pleno de tua eloquência, possamos conhecer e amar profundamente, temos de crer ter ele cuidado de que tu nos estimes tanto quanto ele próprio, por tua semelhança com ele. Esperamos que a graça de Deus, como está, permaneça sempre contigo, irmão unânime em Cristo Senhor, venerável e estimadíssimo. Saudamos com afeto imenso e unânime fraternidade toda tua casa e todos os companheiros e emuladores em Deus de tua santidade. Rogamos que, aceitando, abençoes o único pão, que enviamos à tua caridade como sinal de unidade.

Carta XXVII
Escrita em 394.

Agostinho saúda o senhor irmão Paulino, verdadeiro santo e venerável, digno de ser louvado em Cristo.

1. Ó bom homem e bom irmão, eras oculto de minha alma, e agora digo a ela que tolere que estejas oculto de meus olhos, e que apenas me obedeça. Mas ela não me obedece. Mas será que deveras tolera? Por que o desejo por ti dentro de minha alma me atormenta? Pois se padecesse de moléstias do corpo, e essas não perturbassem o equilíbrio de minha alma, eu diria que ela as tolerava; como, porém, não tolero com ânimo equilibrado não te ver, é intolerável chamar isso de tolerância. Mas, sendo tu quem és, seria mais intolerável ser tolerado sem ti. Está bem, porque não posso tolerar com ânimo equilibrado, pois se eu tolerasse com equilibrado ânimo, com ânimo equilibrado eu não seria tolerado. É espantoso, mas é verdade o que me ocorre. Dói-me não te ver, e essa dor me consola. Pois a mim desagrada a fortaleza pela qual com paciência se tolera a ausência dos bons, como és tu. De fato, também desejamos a Jerusalém futura, e com quanto maior impaciência a desejamos, tanto mais pacientes tudo toleramos por ela. Quem, pois, pode se alegrar por te ver, de modo que enquanto não te vê, não sofre? Logo, nem um nem outro eu posso, e, se eu pudesse, poderia cruelmente. Portanto, alegro-me por não poder e no que me alegro está meu consolo. A dor não sedada, mas considerada, consola-me em minha dor. Não me respondas, peço, pela mais santa gravidade, pela qual prevaleces, e não digas que sofro desordenadamente, porque ainda não te conheço, quando me abriste tua alma e deixaste ver teu interior. O que é? Se em algum lugar em tua cidade terrena te houvesse conhecido, irmão e estimador meu, sendo tu tal e tão grande homem em Deus, pensas que eu não sentiria dor se não me fosse permitido conhecer a tua morada? Como, então, não sofrerei, já que não conheci teu rosto, ou seja, a morada de tua alma, que eu conheço como a minha?

2. Li tua carta, que verte leite e mel (Ex 3,8), e ela mostra a simplicidade de teu coração (Sb 1,1). Nela, buscas o Senhor, sentindo-o tu na bondade, dando-lhe glória (Sl 28,2) e honra. Leram-na os irmãos, e alegraram-se infatigável e inefavelmente, por teus dons, dons de Deus, tão férteis e tão excelentes. Todos quantos a leram arrebataram-na, porque foram arrebatados quando as leram. Impossível dizer quão suave é o perfume de Cristo (2 Cor 2,15) que dela exala. Aquela carta oferece contigo que sejas visto, e quanto nos excita que sejas buscado. Pois tanto te faz visível quanto desejável. Afinal, tanto mais nos mostra tua presença quanto mais não nos consente tolerar a tua ausência. Por ela, todos te amam e desejam ser amados por ti. Louvado e bendito seja Deus, por cuja graça tu és quem és. Nela é despertado Cristo, para que se digne a acalmar os ventos e os mares para ti, para que chegues à sua estabilidade (Mt 8,26). Lá aparece aos leitores tua esposa, não levando o esposo à relaxação, senão reconduzindo os teus ossos à fortaleza. A ela, por teu intermédio, saudamos, pela obrigação devida à vossa santidade, contida e compreendida em vossa unidade, vinda a vós por laços espirituais tanto mais firmes quanto mais castos. Ali estão os cedros do Líbano abatidos em terra, ajustados pela caridade para fabricar a Arca, e singram sem corrupção as ondas, destemidos (1 Re 5,6). Ali se adquire a glória, desprezando, e obtém-se o mundo, abandonando-o. Ali, os pequeninos e os crescidinhos filhos da Babilônia são esmagados contra os escolhos (Sl 136, 8-9), que são os vícios da corrupção e da soberba secular.

3. Esses e outros espetáculos parecidos, suaves e sacratíssimos, tua carta mostra aos leitores. Aquela carta é carta de fé não fingida, carta de boa esperança, carta de pura caridade. Como nos anseiam tua sede, o desejo e a saudade que tua alma sente pelo átrio do Senhor (Sl 83,3). Como transcende dela o santo amor, quanta opulência do sincero coração. Quantas graças dá a Deus, quantas graças lhe pede. É mais branda ou mais ardente, mais luminosa ou mais fecunda? O que, pois, assim nos acaricia, assim acende e nos inunda, sendo tão serena? O que é, indago-te, ou o que te pagarei por ela, senão dizendo que sou todo teu, naquele de quem todo és? Se é pouco, decerto não mais tenho. Tu, porém, fizeste que me pareça que não sou pouco, pois te dignaste em tua carta a honrar-me com tantos elogios que, se a ti

eu não me entregar, o que em si parece pouco, demostrarei que em ti não acreditei. Envergonho-me por acreditares haver tantos bens em mim, mas mais me envergonha não crer em ti. Isso é o que farei: não me crerei qual tu pensas, já que não me reconheço; e crerei que sou estimado por ti, porque sinto e percebo. Desse modo, não serei ingrato nem comigo nem contigo. E como a ti todo me entrego, não é pouco; pois ofereço a quem ardentemente estimas; ofereço, se eu não sou qual tu me imaginas ser, aquele pelo qual pedes que eu mereça ser tal. Isso é o que mais peço que faças, e não te descuides em pedir que eu seja mais que sou, quando me creias ser o que não sou.

4. Eis que aí está o meu caríssimo amigo [Romaniano, N.T.], unido intimamente a mim desde o princípio da adolescência, que porta esta carta a tua eminência e excelsa caridade. Seu nome está no livro *Da Verdadeira Religião*, que tua santidade, como indicas na carta, leste com prazer. Acontece que estou mais feliz em recomendar-te esse homem do que em enviar-te o livro. No entanto, eu gostaria que não cresses desse meu amigo íntimo nos elogios que por acaso disser a meu respeito. Pois percebo que muitas vezes, não pelo propósito de mentir, ele é enganado no julgamento pela propensão em me amar; e julga que eu já tenha recebido os dons que desejo receber do Senhor, a quem abria a boca do anelante coração. Se isso ele faz diante de minha face, quem não conjectura que em minha ausência derramará, alegre, coisa melhores que as verdadeiras? Que ele ofereça à tua solicitude meus livros, pois não sei de algo que eu tenha escrito, seja para aqueles que estão fora da igreja de Deus, seja para os ouvidos dos irmãos, que ele não tenha. Mas tu, quando os leres, meu santo Paulino, que não te arrebatem as coisas que, por nossa debilidade, a verdade fala, de modo que não te advirtas diligentemente das coisas que eu mesmo faço; que, enquanto ávido, sorves as boas e retas coisas dadas pelo ministro, não ores pelos pecados e erros que eu mesmo cometo. Naquilo que a ti, quando meditares, te desagradar, eu mesmo sou visto; naquilo, porém, que pelo dom do Espírito Santo recebeste, razoavelmente te agradar em meus livros, ele deve ser amado e louvado, ele junto de quem está a fonte da vida (Sl 35,10), e em cuja luz vemos a luz não em enigmas, mas face a face (1 Cor 13,12), porque agora o vemos em enigma. Naquelas coisas que eu mesmo expeli o velho fermento (1 Cor 5,7), quando lendo as

encontro, julgo-me com dor; naquelas coisas que disse no ázimo da sinceridade e verdade, exulto com temor. Pois o que temos, que não tenhamos recebido (1 Cor 4,7)? Mas é melhor o que vem com mais e maiores dons de Deus do que vem com menores e poucos. Quem negará? Mas, por outro lado, é melhor dar graças a Deus por um pequeno dom que querer se apropriar das graças por um grande dom. Para que eu sempre confesse tudo isso da alma, e meu coração não seja dissonante de minha língua, ora por mim, irmão. Ora, eu suplico, para que eu não queira ser louvado, mas que louvando eu invoque Deus, e eu serei salvo de meus inimigos (Sl. 17,4).

5. Há ainda algo pelo que mais estimarás esse irmão. Pois é parente do venerável e verdadeiramente santo bispo Alípio, a quem, com razão, abraças com todo o coração, pois quem pensa benignamente sobre esse homem, pensa sobre a grande misericórdia de Deus e sobre o maravilhoso dom divino. Quando Alípio leu tua petição, pela qual tu indicaste desejar que ele escreva para ti sua história, e queria fazê-lo em razão de tua benevolência, mas não queria em função de seu acanhamento, quando o vi vacilante entre o amor e o pudor, transferi dele para meus ombros a carga; pois também a mim encarregou por uma carta. Se o Senhor ajudar, logo inserirei todo Alípio em teu coração. O que eu mais temia era que ele se acanhasse de mostrar todos os dons com que o Senhor o favoreceu; porque a leitura não seria feita só por ti, e a alguém menos inteligente poderia parecer que ele não predicava os dons divinos concedidos aos homens, mas a si próprio; e tu, que sabes como ler essas coisas, deixarias de conhecer, como devido irmão, em razão de ele evitar a debilidade dos outros. Já pois, eu o teria feito e o lerias, se não decidíssemos de repente a partida do irmão Romaniano. Assim, recomendo esse a teu coração e tua língua, para que afavelmente te ofereças a ele, como se antes o houvesses conhecido comigo, e não só agora. Se ele não hesitar em se confiar a teu coração, ou inteiramente ou em grande parte, ele será amado por tua língua. Desejo que ele seja mais e mais beneficiado pelas vozes daqueles que não amam secularmente os amigos.

6. Seu filho, também filho nosso [Licêncio, N.T.], cujo nome encontrarás em alguns de nossos livros, embora ele não se apresente à tua caridade, eu havia decidido pô-lo em tuas mãos para ser consolado,

exortado e instruído, não tanto pelo som de tua voz quanto pelo exemplo de tua robustez. Desejo ardentemente, agora que sua idade está verdejante, que o joio se converta em trigo, e ele creia, pelos que experimentaram, no que perigosamente deseja experimentar. Pois, por seu poema e pela carta que a ele enviei, tua benevolência e imensa prudência entenderão o que quanto a ele me causa dor, o que eu temo e o que desejo. Espero que o Senhor o auxilie, para que, por meio de teu ministério, eu me livre de tantos estos de preocupação. E porque decerto lerás muitos escritos meus, muito grata me será tua estima se naquilo que te desagradar me corrigires, justo na misericórdia, e golpeares minha cabeça. Pois tu não és tal que eu tema que teu óleo venha a ungir minha cabeça. Os irmãos, não só os que conosco vivem, e os que onde quer que vivam servem igualmente a Deus, mas também quase todos que amigavelmente nos conhecem em Cristo saúdam, veneram e desejam tua fraternidade, tua beatitude e humanidade. Não ouso pedir, mas se estiveres livre das ocupações eclesiásticas, vê o que deseja comigo toda a África.

Carta XXX
Escrita entre 394 e 395.

Dos pecadores Paulino e Terásia ao senhor irmão unânime e venerável Agostinho.

1. Já há bastante tempo, meu irmão unânime em Cristo, que nos santos e pios trabalhos teus, sem que tu soubesses, te conheço; e, mesmo ausente, vi-te, abracei-te com toda a minha mente e, em conversa íntima e fraterna por meio de cartas, apressei-me em fazer-me presente. E creio às tuas mãos haverem chegado, pela graça de Deus, minhas palavras; mas, tendo atrasado ainda o rapaz que antes do inverno enviei para saudar-te e a outros diletos, não podemos mais diferir nosso ansioso desejo de receber tuas palavras. Assim, escrevemos outra vez, se nossa primeira carta teve a sorte de chegar a ti, ou pela primeira vez, se ela não teve a felicidade de chegar às tuas mãos.

2. Mas tu, irmão espiritual que julgas todas as coisas (1 Cor 2,15), não peses nosso amor apenas por esse protocolo de saudar-te, ou pela data das cartas. Pois Deus, ele que é único e por toda parte opera nos seus sua caridade (2 Cor 12,11), é testemunha de que, quando pelo obséquio dos veneráveis bispos Aurélio e Alípio, por tuas obras contra os maniqueus te conhecemos, percebemos nascer uma tal estima por ti, que não nos pareceu o surgimento de uma mera amizade nova, mas como que a retomada de uma antiga afeição. E agora, de novo, embora pela palavra, mas não incipientes no carinho, te escrevemos e voltamos a te ver no espírito, graças ao homem interior. E não é estranho que, embora ausentes, estejamos presentes, e que embora desconhecidos, nos conheçamos. Como de um único corpo, somos os membros (Ro 12,4; 1 Cor 12,12; Ga 6,10), temos uma só cabeça, somos inundados por uma só graça, vivemos de um só pão, percorremos um só caminho, habitamos a mesma casa. Enfim, em tudo que somos, com toda esperança e fé com que nos havemos no presente e nos esforçamos para o futuro, tanto no espírito quanto no corpo do Senhor, somos um e seremos nada se do Um nos separarmos.

3. Quanto, pois, a ausência corporal nos priva de nós, senão decerto daquele fruto com que se alimentam os que veem com os olhos temporais, ainda que essa graça corporal, que deveria ser chamada de temporal, seja espiritual, já que a ressurreição nos concederá a eternidade dos corpos, ousamos presumi-la na virtude de Cristo e na bondade de Deus Pai, posto que indignos? Tomara, pois, a graça de Deus nos conceda também essa mercê, pelo Senhor nosso Jesus Cristo, que ainda em carne vejamos tua face. Não só a nossos desejos seria concedida grande alegria, mas também acrescentaria luz à mente, e por tua abundância enriqueceria nossa pobreza. Mas, ainda ausentes, podes conceder, sobretudo, nesta ocasião, que nossos filhos unânimes e caríssimos em Deus, Romano e Ágile, que como se fossem nós mesmos recomendamos a ti, em nome do Senhor retornem, tendo cumprido a obra de afeição; no que rogamos em especial que os auxilies, pelo carinho de tua afeição. Sabes bem que glória promete o Altíssimo ao irmão que ajuda o irmão (Pr 18,19). Por eles, se quiseres retribuir-nos com algum dom da graça, que te foi dada, faze com segurança. Pois são conosco, desejo que creias, um só coração e uma só alma no Senhor (Hc 4,32). Contigo a graça de Deus, como está, permaneça pela eternidade, irmão unânime em Cristo, venerável, diletíssimo e desejado. Saúda por nós todos os santos em Cristo, que, sem dúvida, vivem junto de ti. Recomenda-nos a todos os santos, para que se dignem a orar contigo por nós.

Carta XXIX
Escrita no final de 395.

Do presbítero de Hipona Régia a Alípio, bispo de Tagaste, sobre o dia natalício de Leôncio, outrora bispo de Hipona.

1. Sob o encargo, de que não posso me descuidar, nada certo no momento pude escrever, estando ausente o irmão Macário, que, dizem, logo voltará; e o que, com a ajuda de Deus, puder ser feito, será. Embora os concidadãos irmãos nossos, que estavam aqui, possam te certificar acerca de nossa preocupação com eles, outra coisa digna da conversa epistolar, com que mutuamente nos consolamos, foi oferecida por Deus. Creio que por tua solicitude fomos muito auxiliados para merecer o êxito, que pode haver, com certeza, sem tuas orações por nós.

2. Assim, não vamos preterir narrar a tua caridade o que se passou, para que conosco dês graças a Deus pelo benefício recebido, tu, que rezaste conosco para o recebermos. Como depois de tua partida nos foi anunciado que pessoas haviam se tumultuado, dizendo que não podiam tolerar que fosse proibido aquele festival chamado de *laetitia* – nome que tenta em vão esconder a embriaguez –, e que, estando presente já se anunciava; por oportuna ordenação do onipotente Deus, ocorreu-nos que na quarta-feira seguinte eu trataria daquele capítulo do Evangelho: "*Não queirais dar o santo aos cães, nem lanceis vossas pérolas aos porcos* (Mt 7,6)". Tratei, então, de cães e porcos, forçando-os a se envergonhar de se haverem rebelado com perverso latir contra os preceitos de Deus, e de se darem à sordidez carnal; a conclusão era tal que vissem quão vergonhoso era fazer entre as paredes da igreja, em nome da religião, o que não poderiam fazer dentro de suas casas sem se afastarem dos santos e das pérolas eclesiásticas.

3. Mas embora essas palavras tenham sido gratamente aceitas, uma vez que poucos haviam comparecido, não foi o bastante para assunto tão relevante. Além disso, quando aquele sermão foi propalado por aqueles que ali estavam, segundo a capacidade e o esforço de cada um, encontrou muitos contraditores. Depois, quando raiou o primeiro

dia da quaresma, e imensa multidão correu à hora da homilia, foi lida a passagem do Evangelho onde o Senhor, expulsando do tempo os vendilhões de animais e virando as bancas dos cambistas, disse que a casa de seu Pai fora feita de casa de orações em covil de ladrões (Mt 21,12); e, como estavam atentos, chamei-lhes a atenção para o assunto da embriaguez, e como e eu mesmo recitei também o capítulo, ajuntei um debate, pelo qual mostrei com quanto maior motivo e mais veemência nosso Senhor expulsaria os ébrios banquetes, porque são torpes por toda parte, quando expulsou o comércio lícito dos que vendiam os animais, que naquele tempo era necessários aos lícitos sacrifícios; e perguntei-lhes o que consideravam mais parecido com o covil dos ladrões – se a venda de coisas necessárias ou a imoderada bebedeira.

4. E uma vez que eu trazia algumas leituras preparadas, ajuntei, então, que o próprio povo dos judeus, embora carnal, naquele templo, onde ainda não se ofereciam o corpo e o sangue do Senhor, não só a embriaguez, mas nem mesmo sóbrias refeições jamais celebrou; e disse que não encontrei na história notícia de que eles publicamente, em nome da religião, se embriagassem, senão quando celebraram a festa para o ídolo fabricado por eles (Ex 32,6). Dizendo isso, tomei o códice e li toda aquela passagem. Aduzi também, com todo sentimento que pude, uma vez que o Apóstolo disse, diferenciando o povo cristão da obstinação dos judeus, que sua carta não fora escrita em tábuas de pedra, mas nas tábuas dos corações carnais (2 Cor 3,3), pois Moisés, servo de Deus, por causa daqueles príncipes, quebrou as tábuas de pedra, como podemos partir o coração daqueles que são homens do Novo Testamento, e que, para celebrar os dias santos, querem solenemente exibir o que o povo do Velho Testamento apenas uma vez, e para um ídolo, celebrou.

5. Então, devolvido o códice do Êxodo, o quanto o tempo permitia, pondo em relevo o crime da embriaguez, tomei o apóstolo Paulo, e mostre entre quais pescados era posta, lendo aquela passagem: "Se algum irmão é condenado como fornicador, idólatra, avaro, maledicente, ébrio ou ladrão, com ele não consumirás comida (1 Cor 5,11)". Admoestando-os com gemidos, disse com quanto perigo participaríamos da refeição com aqueles, mesmo em casa se embriagam. Li aquilo que com pequeno intervalo se segue: "Não queirais vos enganar: nem os fornicadores, nem os idólatras, os adúlteros, os afeminados, os que

se deitam com varões, os ladrões, os avaros, os ébrios, os maledicentes ou os que praticam furtos terão o reino dos céus. E assim de fato fostes, mas estais lavados, estais justificados em nome do Senhor Jesus Cristo e pelo Espírito de Nosso Senhor Deus (1 Cor 6,9-11)". Terminadas as leituras, disse que considerassem como podem os fiéis ouvirem "mas estais lavados", eles que ainda podem tolerar tais sórdidas concupiscências, contra as quais se fecha o reino dos céus, no seu coração, ou seja, ao templo interior de Deus. Daí cheguei àquela passagem: "Desse modo, quando vos reunis, já não é para comer a ceia do Senhor, porquanto mal vos pondes à mesa, cada um se apressa a tomar sua própria refeição; e enquanto uns têm fome, outros se fartam. Porventura não tendes casa onde comer e beber? Ou menosprezais a igreja de Deus (1 Cor 11, 20-22)?". Recitada a passagem, diligentemente adverti que na igreja de fato não se devem celebrar sequer honestos e sóbrios banquetes. Quanto mais que o Apóstolo não dissera: "Porventura não tendes casa onde comer e beber?", como se apenas se embriagar fosse proibido na igreja. Mas para comer e beber, o que se pode ser feito honestamente, mas não na igreja, por aqueles que têm casa, para que com necessários alimentos possam se restaurar. Então, nestas aflições dos tempos corruptos e dissolução dos costumes, escolhamos ser levados não já não a moderados banquetes, mas ao menos à embriaguez no âmbito doméstico.

6. Recordei do capítulo do Evangelho de que na véspera eu havia exposto, que trata sobre os falsos profetas, dizendo: "Por seus frutos os conhecereis (Mt 7,16)". Daí, trouxe-lhes à memória que naquela passagem chamam-se frutos às obras; então, perguntei entre quais frutos seria contada a embriaguez, e li aquela passagem de *Gálatas*: "Ora, as obras da carne são essas: fornicação, impureza, libertinagem, idolatria, superstição, inimizades, brigas, ciúmes, ódio, ambição, discórdias, partidos, invejas, bebedeiras, orgias e outras coisas semelhantes. Dessas coisas vos previno, como já vos preveni: os que as praticarem não herdarão o reino de Deus" (Ga 5,19-21). Depois dessas palavras, indaguei-lhes se os cristãos serão conhecidos pelo fruto da embriaguez, eles que Deus mandou serem conhecidos pelo fruto. Fiz também que fosse lido o que se segue: "Os frutos do espírito são a caridade, a alegria, a paz, a paciência, a afabilidade, a

bondade, a fé, a mansuetude e a continência (Ga 5,22-23)". Forcei que considerassem quão vergonhoso e lamentável era não só viverem do fruto da carne privadamente, mas também que desejassem tirar a dignidade da igreja e, se lhes fosse dado poder de encherem tão grande espaço da basílica com turbas de glutões e ébrios; com os dons dos frutos do espírito, porém, os que foram convidados pela autoridade das divinas Escrituras e por nossos gemidos não queiram levar os dons a Deus, e, antes de tudo, celebrar a festa dos santos.

7. Acabado tudo isso, devolvi o códice, pedida uma prédica, o quanto pude e o quanto me urgia o perigo, com as forças que Deus se dignava a conceder-me. Apresentei diante de seus olhos o perigo comum, tanto daqueles que foram confiados a mim, quanto o meu, que deles deveria prestar contas ao Príncipe dos pastores, por cuja humildade, grandes afrontas, bofetões, cusparadas na face, tapas, coroa de espinhos, cruz e sangue eu supliquei que, se eles mesmos em algo haviam falhado, se apiedassem de mim, e meditassem sobre a inefável caridade do vetusto Valério em relação a mim, ele que não hesitou em me impor o perigoso fado de expor as palavras da verdade, e que sempre lhes disse que suas orações haviam sido ouvidas com a minha chegada, contente porque eu não vinha morrer com eles nem para o espetáculo de sua morte, mas para esforçar por alcançarmos juntos a vida eterna. Por fim, eu ainda disse que tinha certeza e confiava naquele que não sabe mentir, e que prometeu pela boca de seus profetas quanto a nosso Senhor Jesus Cristo: "Se, porém, seus filhos abandonarem minha Lei e não seguirem meus preceitos, se violarem minhas prescrições e não obedecerem às minhas ordens, eu punirei com cara a sua transgressão, e a sua falta castigarei com o açoite, mas não retirarei a minha misericórdia (Sl 88,31-34)". Eu disse que confiava em Deus que, se eles desprezassem todas aquelas coisas que para eles li, o Senhor os puniria com a vara e o açoite, e que não permitiria que eles se danassem com este mundo. Nessa queixa, assim fiz conforme nosso tutor e governante me infundia o ânimo e a inteligência em correspondência com a magnitude da tarefa e do perigo. Porém, com minhas lágrimas neles não provoquei lágrimas, pois, confesso que enquanto eu dizia tais coisas, com o choro deles não pude evitar que se sucedesse o meu. E quando juntos chorávamos, com plena esperança de sua correção, findei minha fala.

8. No amanhecer do dia seguinte, quando eles costumavam preparar as gargantas e os ventres, foi-me dito que alguns dos que estiveram presentes ao sermão ainda não haviam cessado o resmungo. Era para eles tanta a força do péssimo costume que, deixando-se levar pela imensa voz da prática, diziam: "Por que agora? Pois os que antes não proibiram, não deixavam de ser cristãos". Ouvido isso, eu não sabia que máquinas maiores eu deveria preparar para os convencer. Eu dispunha ainda, se decidissem perseverar, que fosse lido aquele trecho do profeta Ezequiel: "Seja absolvida a sentinela se denunciar o perigo, ainda que aqueles para os quais foi anunciado não quiseram se precaver (Ez. 33,9)", e que sacudisse minhas roupas e partisse. Mas então o Senhor mostrou que não nos abandona e por todos os modos exorta-nos que nele confiemos, pois, antes da hora em que eu subiria à cátedra, entraram para me ver aqueles mesmos de que eu ouvira que se lamentavam pela oposição ao antigo costume. Eles foram recebidos com brandura e, com poucas palavras, levei-os ao bom pensamento. Quando chegou a hora da prédica, omiti a leitura que eu preparara, porque já não me parecia necessária para dissertar sobre essa pequena questão, dizendo que nada mais breve e verdadeiro eu poderia responder aos que dizia "Por que agora?" senão que "ao menos agora".

9. No entanto, para que, àqueles que antes de nós ou permitiam tão manifestos crimes da multidão ignorante ou não ousavam proibir, não parecesse que eu lançava alguma reprimenda, expus-lhes por qual precisão pareceram serem introduzidos tais abusos na igreja. Com certeza, depois de tão grandes e cruéis perseguições, quando se estabeleceu a paz, a multidão de gentios, desejando vir ao nome de cristãos, era por isso impedida, pois, acostumada a celebrar os dias de festa de seus ídolos com abundância de comida e bebida, não podia abster-se de tão antigos e perniciosos prazeres. Então, pareceu conveniente a nossos antepassados que deveriam transigir com aquela parcela de fraqueza naquele tempo, e deixarem celebrar os dias festivos, em substituição àqueles que deixavam, outros em honra dos santos mártires, em não símile sacrilégio, mas com luxo similar. Já congregados sob o nome de Cristo e submetidos ao jugo de tão grande autoridade, seriam levados aos salutares preceitos da sobriedade, e não se atreveriam a resistir, por honra ou temor, àqueles preceitos. Por isso, era tempo, para quem

não se ousava negar cristão, de começar a viver conforme a vontade de Cristo, recusando, como cristãos que são, o que lhes foi permitido para que se fizessem cristãos.

10. Logo, os exortei a queremos imitar as igrejas transmarinas, nas quais em parte esses abusos nuca foram recebidos, em parte já foram corrigidos no obediente povo pelos bons diretores. E já que citavam exemplos de quotidiana embriaguez na basílica do Apóstolo Pedro, eu disse que ouvira que fora muitas vezes proibido, mas que o lugar estava longe da inspeção do bispo, e que em uma cidade tão grande havia uma multidão de mundanos, sobretudo estrangeiros, que vinham chegando e eram tanto mais violentos quanto mais ignorantes na manutenção daquele costume, e ainda não podiam reprimir ou sedar tão terrível peste. De fato, se queríamos honrar o Apóstolo Pedro, deveríamos ouvir seus preceitos e examinar muito mais devotamente a epístola onde aparece sua vontade que a basílica em que esta não aparece. Em seguida, recebendo o códice, li onde diz: "Assim, pois, como Cristo padeceu na carne, armai-vos também vós desse pensamento: quem padeceu na carne rompeu com a carne, a fim de que, já não pelos desejos dos homens, mas pela vontade de Deus, viva o tempo restante na carne. Baste-vos que no tempo passado tenhais vivido segundo os caprichos dos homens, andando em libidinagens, concupiscências, embriaguez, glutonerias e nefanda idolatria (Pe 4,1-3)". Acabado isso, quando percebi que todos, com um único ânimo, manifestavam de boa vontade e repudiavam o mau-costume, exortei a que viessem assistir à tarde à leitura divina e aos salmos. Assim, aquele dia seria celebrado com muito prazer e com mais pureza e sinceridade. E decerto, da multidão reunida, poderia facilmente revelar quem seguia a mente, quem o ventre. Assim, lido tudo, terminei a fala.

11. E naquele dia à tarde, a multidão foi maior que pela manhã, e até a hora em que saímos com o bispo, lia-se e salmodiava-se alternadamente. E ao sairmos, mais dois salmos foram lidos. Então, eu estava ansioso, porque desejava já terminar aquele dia tão perigoso. Mas o ancião mandou e me obrigou a falar algo. Fiz, então, um breve sermão, em que dei graças a Deus. E uma vez que ouvíamos da basílica dos hereges os costumeiros banquetes celebrados por eles, quando ali, ao mesmo tempo em que fazíamos nossas práticas, eles prosseguiam nas

bebedeiras, eu disse que a beleza do dia se ressaltava em comparação com a noite, e que a cor branca era mais agradável na vizinhança com a preta; e que assim nossa reunião para a celebração espiritual talvez fosse menos divertida se comparada com a voracidade carnal da outra parte, e exortei que se apetecessem com os alimentos espirituais e que provassem quão suave é o Senhor; e que aqueles outros eram, porém, amedrontadores, pois seguem como principal o que deve ser destruído; e como cada um se torna companheiro daquilo que cultua, o Apóstolo Paulo os insultou dizendo que "Deles o Deus é o ventre (Fl 3,19)", do mesmo modo que disse em outro lugar que "Os alimentos são para o estômago e o estômago para os alimentos; Deus destruirá tanto aqueles como este". Convém-nos, portanto, seguir aquilo que não será destruído, o que será mantido muito distante da afecção da carne na santificação do espírito. E nessa conclusão, chegado o tempo, quando foram ditas as coisas que o Senhor se dignou a me inspirar, findei a prática vespertina que ocorre todos os dias; e, saindo eu com bispo, os irmãos no mesmo lugar entoaram um hino, e não pequena multidão de ambos os sexos lá permaneceu salmodiando até o dia escurecer.

12. Narrei para vós, com a brevidade que pude, o que ninguém duvidaria que desejásseis ouvir. Orai para que Deus se digne a afastar de nossos esforços todo escândalo e todo enfado. Em grande parte descansamos em vós com álacre fervor, porque com frequência nos são anunciados os dons espirituais da igreja de Tagaste. Porém, ainda não chegou o barco com os irmãos. Em Hasna, onde o presbítero é o irmão Argêncio, os circunceliões invadiram nossa basílica e destruíram o altar. Iniciou-se agora um processo. Pedimos a vós que oreis muito para que esse processo, pacatamente como convém à igreja católica, leve à reprimenda as línguas hereges da turba. Mandamos uma carta ao asiarca. Beatíssimos, perseverai no Senhor e lembrai-vos de nós. Amém".

Carta XXVIII
Escrita entre 394 e 395

De Agostinho para o senhor diletíssimo, irmão digno
de ser abraçado e obedecido com culto sinceríssimo
da caridade, o presbítero Jerônimo.

1. Nunca ninguém foi tão conhecido de outro pelo semblante quanto para mim foi a tua ocupação nos estudos do Senhor, quieta, leda e verdadeiramente liberal. Embora eu deseje com ardor conhecer-te, tenho como a presença corporal como coisa menor de ti. Desde que foi vista pelo beatíssimo e agora bispo, o irmão Alípio, já então em verdade digno do episcopado, permanece impressa em mim, não posso negar que em grande parte pelo relato que ele me fez. E mais ainda porque, antes de ele retornar, ele aí te viu, e, por isso, eu também te vi, mas com seus olhos. Pois quem nos conhece dirá que somos dois não pela alma, mas pelo corpo, tais são nossa concórdia e intimidade leal, embora em méritos ele me supere. E creio que, primeiro pela comunhão do espírito com que eu e tu nos esforçamos por sermos um, e depois pela boca Alípio, já me estimas. Por isso, não imprudentemente me consideras um desconhecido para recomendar à tua fraternidade o irmão Profuturo, ele que, por nossos esforços, e por tua ajuda, esperamos que seja verdadeiramente de futuro; a não ser que ele, sendo qual é, seja acolhido por ti graças a seus méritos, mais do que por minha recomendação. Talvez eu pudesse ter escrito antes para ti, mas não queria me contentar com o estilo das cartas solenes, pois ferve-me a alma por conversar contigo sobre nossos estudos comuns, que temos em Cristo Jesus Senhor nosso, aquele que se dignou a prestar-me ajuda pelo caminho que me mostrou, e não pouca, por meio de tua caridade.

2. Logo, eu peço, e comigo pede toda a sociedade estudiosa das igrejas africanas, que na tradução daqueles livros, que em grego tratam tão bem de nossas escrituras, não te pese empregar teu cuidado esforço. Pois podes fazer que nós também conheçamos aqueles homens, e especialmente aquele que tu de bom grado citas em teus escritos. Por outro

lado, na versão em língua latina das santas Escrituras canônicas, eu não queria que trabalhasses senão do modo como interpretaste Jó, para que, pelos sinais que utilizas, apareçam as diferenças de interpretação entre a tua tradução e a dos *Setenta*, dos quais é muito grande a autoridade. Não posso exagerar o espanto se algo encontro aqui nos originais hebreus que fugiu a tantos peritíssimos naquela língua. Não ouso, por minha parte, formular uma decisão quanto aos *Setenta*, se a unânime coincidência se deu ou por acordo ou por inspiração, melhor do que se fosse obra de um só homem. Mas creio que lhes deva ser atribuída sem controvérsia a proeminência a autoridade nesse ofício. Eles mais me impressionam, porque os tradutores depois dele, prendendo-se ferozmente, como se diz, ao estilo, normas das palavras e às locuções hebraicas, não só entre si não encontraram um consenso, mas ainda deixaram de fora muitas coisas, que tempos depois permanecem para ser encontradas e mostradas. E ou as Escrituras são obscuras, ou manifestas; se, pois, são obscuras, cremos que tu também podes nelas falhar; se manifestas, não cremos que eles nelas pudessem ter falhado. Nesse ponto, pois, por tua caridade, eu rogo que, expondo as causas, dês-me a certeza.

3. Li, ainda, alguns escritos atribuídos a ti sobre as epístolas do apóstolo Paulo, dos quais caiu-me nas mãos uma explicação dos Gálatas, naquele trecho em que o apóstolo Pedro é chamado de volta de sua perniciosa dissimulação. Ali eu encontrei a defesa da falsidade, ou por ti, homem tamanho, ou por algum outro, se outro escreveu essas coisas. E confesso que não imoderadamente sofro enquanto não são refutadas, se o podem ser, as coisas que me impressionam. Pois me parece desastroso crer haver alguma mentira nos livros santos, isto é, que aqueles homens, pelos quais foram escritas e entregues a nós as Escrituras, houvessem mentido em seus livros. Pois uma questão é se alguma vez pode um homem bom mentir, outra questão é se poderia mentir o escritor das santas Escrituras. Não há aí uma questão, não há dúvidas. Pois, admitida uma vez alguma mentira, por exigência do ofício em tão alta autoridade, não permanecerá nenhuma parte daqueles livros. Pois, usando a mesma regra perniciosa, poderá ser referida à intenção do mentiroso autor em qualquer passagem que se apresente difícil aos costumes ou inacreditável na fé.

4. Pois, se o apóstolo Paulo mentiu quando, repreendendo o apóstolo Pedro, disse: "Se tu, sendo judeu, vives como gentio e não

como judeu, como obrigas os gentios a se judaizarem? (Ga 2,14)", quando parecia, então, ser correta a conduta de Pedro, e ainda assim Paulo disse e escreveu que não era correta tão só para acalmar o ânimo dos agitadores. O que, então, responderemos quando surgirem os homens perverso a proibir as núpcias, como ele mesmo profetizou que haveria (1 Tm 4,1-3)? Diriam que tudo aquilo que o mesmo apóstolo falou sobre direito que garante os matrimônios foi uma mentira em razão daqueles homens que poderiam se inquietar pelo amor conjugal (1 Cor 7,10-16), ou seja que não dissera o que sentia, mas para aplacar deles a animosidade. Não são necessários muitos exemplos. Pois podem parecer ser mentiras de ofício os louvores a Deus, para que o amor a ele inflame os homens indolentes. E assim nunca será certa nos santos livros a autoridade da casta verdade. Acaso não vemos o mesmo apóstolo, com imenso cuidado de afirmar a verdade, dizer: "Se, então, Cristo não ressuscitou, nossa prédica é vazia, e vazia também é nossa fé; somos considerados falsas testemunhas de Deus; porque lançamos testemunho contra Deus ao dizermos que ressuscitou Cristo, que não ressuscitou?" (1 Cor 15,14). Se alguém dele disser: "Por que te espantas tanto com essa mentira quando dizes, ainda que seja falso, muito contribui para a glória de Deus?" Não detestaria sua insânia, com as palavras e expressões que pudesse, não abriria à luz os penetrais de seu coração clamando que não é menor crime, ou talvez seja maior crime louvar a falsidade em Deus do que vituperar a verdade? É necessário, portanto, que quem aceder ao conhecimento das divinas Escrituras seja um homem tal que estime tão santa e verdadeiramente os santos livros que não queira se deleitar em nenhuma parte delas por meio da mentira de ofício, e que antes passe por alto pelo que não entende, que seu coração não prefira a si antes que à verdade. Pois, decerto, quando diz algo falso, prefere que creia nele, e faz assim para que não creiamos na autoridade das santas Escrituras.

5. Eu, de fato, com todas as forças que Deus me deu, mostraria que todos os testemunhos que foram dados para provar a autoridade da mentira devem ser entendidos de outro modo, para que possamos em toda parte mostrar sua firme verdade. Pois se tais testemunhos não devem ser mentira, também não devem favorecer a mentira. Mas deixo isso à tua inteligência. Pois levada uma reflexão mais diligente à

tua leitura, talvez vejas muito mais facilmente do que eu. Essa reflexão exige de ti a piedade, pela qual perceberás vacilar a autoridade das Escrituras divinas quando nelas cada um crê no que quer, e não crê no que não quer, por se haver persuadido uma vez que nos homens, pelos quais nos foram elas entregues, em seus escritos poderiam pelo ofício mentir. A não ser que nos dês fortemente regras, pelas quais saibamos quando convém mentir, quando não convém. Se isso for possível, expliques-me isso com algum argumento que não seja de modo algum dúbio ou mentiroso, eu te rogo. E não me julgues irritante ou impertinente, pela verdadeira humanidade de nosso Senhor. Pois, se na tua opinião, a verdade por corretamente justificar a mentira, eu não direi que nenhuma, mas decerto não haverá grande culpa se o meu erro justificar a verdade.

6. Mas outras coisas eu desejava conversa com teu sinceríssimo coração, e discutir sobre o estudo cristão. Mas, para esse desejo meu, nenhuma carta é bastante. Posso fazê-lo de modo mais fértil por meio do irmão que alegro por te haver enviado, para que possa participar e se alimentar de tuas úteis a agradáveis conversas. Talvez, o quanto eu quero, ele (que me desculpará de assim dizer) talvez não colha, embora em nada a ele eu me anteponha. Eu te confesso que sou mais capaz, mas vejo que ele está mais cheio de doutrina e, sem dúvidas, me sobrepuja. Quando ele voltar (com a ajuda de Deus, eu espero que ele prospere), tornar-me-á partícipe de tudo o que de ti acumulou em seu peito, ainda que não encha o que em mim ainda estará vazio e ávido por tuas opiniões. Assim, acontecerá, então, que eu serei o mais pobre, e ele o mais rico. Esse irmão leva consigo alguns escritos meus, que, se dignares a os ler, peço que tenhas sincera e fraterna severidade. Não entendo de outro modo o que está escrito: "Corrigir-me-á o justo na misericórdia, e me reprovará; o óleo dos pecadores, porém, não ungirá minha cabeça" (Sl 140,5); senão porque mais ama que, curando, repreende, do que quem adula ungindo a cabeça. Eu, porém, dificilmente sou bom juiz quando leio o que escrevi, sendo, ou mais tímido do que o razoável, ou mais ambicioso, do que o justo. Vejo, às vezes, meus vícios, mas prefiro ouvir isso dos melhores, para depois não me elogiar, parecendo que pronunciei uma opinião mais meticulosa do que justa.

Carta XXXVI
Escrita em abril de 397.

Do bispo Agostinho a Casulano.

14. Indicarei o que me respondeu, quando o consultei sobre esse assunto, o venerável Ambrósio, bispo de Milão, por quem fui batizado. Estava comigo na mesma cidade minha mãe; e como nós, como catecúmenos, não cuidávamos dessa matéria, mas ela trazia ansiedade se devia jejuar aos sábados, como era costume em nossa cidade, ou se deveria comer, como era costume da igreja milanesa, para a livrar da inquietação interroguei aquele supradito homem de Deus. Mas ele disse: "O que posso ensinar além daquilo que eu mesmo faço?" Eu achei que, com essa resposta, ele não preceituava outra coisa senão que comêssemos aos sábados, pois eu sabia que ele próprio o fazia. Mas ele acrescentou, dizendo: "Quando estou aqui, não jejuo no sábado; quando estou em Roma, jejuo no sábado; e em qualquer igreja em que estiverdes", prosseguiu, "observai seu costume, se não quiserdes sofrer ou causar escândalo". Essa resposta eu transmiti a minha mãe, que aceitou e não duvidou que devesse obedecer. E isso eu também segui.

Carta LIV.
Escrita por volta do ano 400.

Do bispo Agostinho a Januário.

3. Minha mãe, que me seguira até Milão, encontrou que naquela igreja não se jejuava aos sábados. Começou a se perturbar e a hesitar em relação ao que fazer. Eu, na ocasião, não me preocupava com tais problemas, mas, por causa dela, consultei quanto isso Ambrósio, homem de beatíssima lembrança. Ele me respondeu que nada poderia ensinar senão aquilo que ele mesmo praticava, pois se conhecesse prática melhor, antes a observaria. Eu acreditei que, como ele não me dava nenhuma explicação, apenas por meio de sua autoridade ele quisesse nos recomendar que não jejuássemos aos sábados. Mas ele disse: "Quando vou a Roma, jejuo no sábado; quando estou aqui, não jejuo. Do mesmo modo, também tu, quando fores por acaso a uma igreja, observa suas práticas, se não quiseres causar escândalo ou te escandalizares em relação a alguém". Quando isso eu transmiti a minha mãe, ela de bom grado aceitou.

Carta XXII
Escrita antes de 392.

Do presbítero Agostinho para o bispo Aurélio.

1. Como, hesitando durante muito tempo, eu não me decidia em como responder a carta de tua Santidade – pois a tudo vencia a emoção de minha alma, que espontaneamente se eleva, e pela leitura de tua carta mais ardentemente se excitou –, confiei-me a Deus para que, na medida de minhas forças, operasse em mim e eu pudesse responder o que fosse conveniente tanto ao nosso empenho ao Senhor quanto ao zelo eclesiástico, por meio de tua elevada posição e minha colaboração. Em primeiro lugar, o que crês que te auxiliam minhas orações, não só não rejeito, mas de bom grado concordo. Assim, se não pelas minhas preces, decerto pelas tuas, nosso Senhor me escutará. Por haveres benevolamente aceitado deixar em nossa companhia o irmão Alípio, para ser exemplo aos irmãos que desejam evitar as preocupações do mundo, dou-te graças, que não posso expressar por nenhuma palavra. Deus te pague em tua alma. Toda a comunidade de irmãos, que junto de nós começou a se formar, fica-te agradecida por tal favor, pois, apesar de tão longa extensão de terra a nos separar, tu te preocupaste conosco, como se estivesses presente em espírito. Por isso, incumbimo-nos de preces quanto pudemos, para que o Senhor se digne a sustentar a grei confiada a ti, e nunca te abandone; e ele esteja sempre presente como colaborador nas oportunidades, prestando, com tua igreja, por meio de teu sacerdócio, sua misericórdia, como esses homens espirituais pedem que ele faça, interpelando-o com lágrimas e gemidos.

2. Saibas, pois, Senhor beatíssimo e digno de ser venerado com plena caridade, que nós não perdemos as esperanças, mas que aguardamos com ardor que Deus nosso Senhor, pela autoridade pessoal que tu ostentas e que cremos ter sido conferida não à tua carne, mas ao teu espírito, que muitas torpezas carnais e doenças que a igreja africana padece em muitos membros, e em poucos se lamenta, pela autoridade tua e dos concílios possa ser curada. Pois quando o Apóstolo em um só

lugar expôs brevemente três tipos de vícios que devem ser detestados e evitados, dos quais brota a seara de inumeráveis erros, um deles, que ele dispôs em segundo lugar, é castigado acremente na igreja; os dois restantes, por sua vez, ou seja, o primeiro e o último, parecem toleráveis aos homens, e assim, aos poucos, pode acontecer de não serem considerados vícios. Pois diz o Vaso de Eleição: "Não em glutonerias e ebriedades, não em fornicações e impudências, não em disputas e dolo; mas revesti-vos do Senhor Jesus Cristo, e não cuideis da carne nas concupiscências".

3. Desses três vícios, a fornicação e a impudência são consideradas crime tão grave, que ninguém é considerado digno não só do sacerdócio eclesiástico, mas da própria comunhão dos sacramentos, que se mancharia por esses pecados; e isso, de modo correto. Mas por que só? Glutonerias e ebriedade são consideradas tão aceitáveis e lícitas que são celebradas em honra aos santíssimos mártires não só nos dias solenes (pois quem não vê que isso é deplorável, contempla tais atos com os olhos da carne), mas todos os dias. Se essa torpeza fosse só vergonhosa, e não também sacrílega, pensaríamos que poderia ser mantida por todas as forças da tolerância. No entanto, onde está aquele trecho em que o mesmo Apóstolo, após enumerar muitos vícios, entre os quais inclui o dos ébrios, disse que com esses não se deveria comer o pão? Mas toleramos tais coisas no luxo e na relaxação doméstica, e naqueles banquetes que não acontecem entre as paredes privadas, com eles recebemos o corpo de Cristo, embora sejamos proibidos de com eles comermos o pão. Ao menos dos sepulcros dos corpos dos santos, ao menos do lugar dos sacramentos e das casas de orações afastemos tamanha desonra. Pois quem ousa proibir no privado o que, costumeiro nos lugares santos, é chamado de honra aos mártires?

4. Embora tenha sido a África a primeira a tentar suprimir essas práticas, seria digna de imitação pelas outras terras; mas já que na maior parte da Itália, e em todas, ou quase todas as igrejas transmarinas, em parte porque nunca foram praticadas, em parte porque, ou iniciadas ou praticadas, foram suprimidas ou apagadas pelo cuidado e diligência dos santos bispos preocupados com a verdadeira vida futura, como podemos duvidar em corrigir tamanha torpeza de costumes, ante tão grande exemplo? E nós aqui temos um bispo daquelas partes, pelo

que damos graças a Deus. Embora sua modéstia e mansidão, e sua prudência e solicitude em Deus, ainda que fosse africano, rápido se persuadiria pelas escrituras de que deveria curar a ferida que um livre costume licencioso e mau infligiu. Mas é tamanha a pestilência desse mal que, como me parece, para saná-lo de todo, apenas a autoridade de um concílio. Ou, se a medicina deve começar por uma única igreja, parece-me audácia tentar mudar o que a igreja cartaginesa mantém, como será grande imprudência o que igreja cartaginesa corrigiu. E para essa atuação, que outro bispo seria escolhido, se não o que execrava essas práticas?

5. Mas o que então se deveria deplorar, agora se deve retirar, não com aspereza, mas assim como está escrito, no espírito da suavidade e mansidão. Tua carta dá-me grande confiança, índice de purificada caridade, porque ouso falar contigo como se fosse comigo. Quanto creio, essas práticas não são combatidas nem com dureza nem por modo imperioso, mas mais por ensinamento que por imposição; mais por admoestação que por ameaça. Assim, deve-se proceder com a multidão. E se ameaçarmos, façamos com dor, cominando, pelas escrituras, castigos futuros, para que não nós, por nossa própria autoridade, mas Deus seja temido em nossas prédicas. Assim, primeiro serão convertidos os homens espirituais e seus próximos, por cuja autoridade, e suaves, mas firmes admoestações, a multidão restante cederá.

6. Essa ebriedade e as luxuriosas glutonerias nos cemitérios, não só em honra dos mártires, mas para consolo dos mortos, são costumeiras da plebe inculta e carnal. Parece-me mais fácil poder dissuadi-los dessas vergonhas e torpezas se as escrituras as proibirem, e se as oblações aos espíritos dos mortos sobre suas sepulturas, que eles creem que em algo ajudarão as almas, sejam feitas por todos que pedem, sem orgulho e com fervor. E que as oferendas não sejam vendidas, embora se alguém religiosamente quiser ofertar algum dinheiro, que o distribua aos pobres no cortejo. Desse modo, as sepulturas dos entes queridos não parecerão abandonadas, o que poderia gerar pesada dor no coração, e será celebrado na igreja o que é pia e honestamente conveniente. Isso é o suficiente a se dizer sobre as glutonerias e ebriedade.

7. Quanto às disputas e enganos, o que me convém dizer, quando esses vícios, não no povo, mas entre nós, são os mais graves? A mãe de

todos as enfermidades é a soberba, a avidez pelos louvores humanos, que sempre gera a hipocrisia. A eles não é possível resistir, se não se infundem o temor e o amor a Deus, frequentes nos testemunhos dos livros divinos. Mas aquele que assim age deve se apresentar como exemplo de paciência e humildade, aceitando menos que lhe é oferecido, mas não aceitando tudo nem nada com que o honram, mas apenas os pequenos louvores e honras não razão de si, que devem viver na presença de Deus e desprezar as coisas humanas, mas para aqueles que oferecem, já que não poderão servi-los se se rebaixarem em excesso. Em verdade, isso se aplica àquilo que é dito, "que ninguém despreze tua juventude", uma vez que assim falou quem alhures disse que "se eu quisesse agradar aos homens, não seria servo de Cristo".

8. Grande é não se alegrar com as honrarias e louvores dos homens, mas, desconsiderando toda pompa vã, dirigir-se inteiramente à salvação e à utilidade dos que honram o que se considera necessário. Não em vão foi dito que "Deus quebrará os ossos dos que querem agradar aos homens". Pois, o que é mais frágil, o que é tão instável e sem fortaleza do que o homem, simbolizado pelos ossos, o homem, que é debilitado pela língua dos elogiadores, quando sabe que são falsas as coisas que dizem? A dor não dilaceraria as vísceras da alma se o amor pelos homens não quebrasse seus ossos. Confio na robustez de tua alma, e assim digo a mim mesmo o que a ti confio. Creio que te dignarás a considerar comigo quão graves e difíceis são esses males. Pois não sente as forças desse inimigo senão quem lhe faz guerra. Porque se a qualquer um é fácil ficar sem elogios quando se lhes negam, é difícil não se deleitar quando lhos oferecem. No entanto, tanta deve ser a elevação da mente a Deus que se não nos elogiam com razão, corrigimos os que pudermos, para que não julguem que temos o que não temos, ou que é nosso o que a Deus pertence, ou para que não elogiem aquilo que não nos falta ou que temos em excesso, mas que não é elogiável, como todos os bens que temos em comum com os rebanhos ou com os ímpios. Se, porém, formos elogiados em razão de Deus, congratulemo-nos com aqueles a quem agrada o bem verdadeiro, e não conosco, por agradarmos aos homens. E sejamos perante Deus como creem que somos, e não sejam atribuídas a nós, mas a Deus, de quem são todos os dons, as coisas que são elogiadas por verdadeiro mérito. Repito esses conselhos

para mim todos os dias, ou melhor, repete-me aquele cujos preceitos salutares são encontrados ou nas leituras divinas ou me são sugeridos no intrínseco da alma; e, lutando contra o adversário com ardor, dele às vezes recebo feridas, quando não posso afastar de mim o deleite do elogio que me oferecem.

9. Tudo isso escrevi, ainda que à tua santidade não seja necessário, tanto para que tu próprio medites mais e melhor sobre as coisas, seja para que, posto que esse remédio não seja necessário à tua santidade, quanto para tu conheças meus males, a fim de que te dignes a rogar a Deus por minhas fraquezas. Peço-te que o faças com afinco, pela misericórdia de quem nos deu o preceito de carregarmos reciprocamente nossos fardos. Muitas são as coisas de nossa vida e conduta que devo lamentar, mas não queria que chegassem a ti por carta, e que não houvesse entre meu coração e o teu coração de homem outros mensageiros senão minha boca e teus ouvidos. Se, porém, o velho Saturnino, venerável para mim e querido com toda sinceridade por todos nós, ele cuja fraterna presença, benignidade e solicitude contigo eu percebi, se ele se dignar, quando parecer oportuno, vir até nós, o que eu falar com sua santidade e com sua devoção espiritual não se distanciará em nada, ou não muito, do que tratarei com tua dignidade. Rogo-te, já que tantas palavras não bastam, que dignes a unires a tantas solicitações minhas, o teu pedido a ele. Pois minha ausência para muito longe os hiponenses veementemente temem, e de modo algum querem crer em mim, assim como eu creio em ti. Sobre o campo dado aos irmãos por tua provisão e liberalidade, soubemos antes de recebermos tua carta, pelo santo irmão e conservo nosso Partênio, de quem ouvimos muitas outras notícias que desejávamos ter. Concederá Deus que também as outras coisas que desejamos sejam alcançadas.

Esta edição de *Confissões* foi impressa para a Autêntica Editora
pela Formato Artes Gráficas e Editora em fevereiro de 2023, ano em que se celebram:

c. 2800 anos de Hesíodo (séc. VIII a.C.);
c. 2800 anos de Homero (séc. VIII a.C.);
c. 2500 anos dos mais antigos textos bíblicos (séc. VI a.C.);
c. 2213 anos de Terêncio (c. 190 a.C.-159 a.C.);
2125 anos de Julio Caesar (102-44 a.C.);
2093 anos de Virgílio (70-19 a.C.);
2088 anos de Horácio (65-8 a.C.);
2066 anos de Ovídio (43 a.C.-18 d.C.);
2022 anos do fim do uso da escrita cuneiforme (1 a.D.)
1669 anos de Agostinho de Hipona (354-430)
e
26 anos da fundação da Autêntica (1997).

O papel do miolo é Off-White 70g/m².
A tipografia é a Adobe Garamond.